U0516510

出土戰國文獻字詞集釋

卷六

曾憲通 陳偉武 主編

林志强 胡志明 編撰

中華書局

卷六部首目録

卷 六

木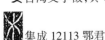

古陶文字徵,頁 124

集成 12113 鄂君啟舟節 楚帛書　　陶彙 6·224　　睡虎地·日甲 87 背叁

○鄭家相(1942)　右布文曰木,在左,在右。按木爲沐省,《公羊傳》:天子有事於泰山,諸侯皆有湯沐之邑焉。又《定四年》:相土之東都。杜注:爲湯沐邑,王巡守,以助祭泰山。即宋都商丘也。

《泉幣》11,頁 32

○鄭家相(1958)　文曰木。《説文》:"木,冒也。冒地而生,東方之行。"又木爲沐省,即湯沐邑。參見木邑方足小布。

《中國古代貨幣發展史》頁 41

○饒宗頤(1958)　五方五色之木,古謂之五木。(中略)古者取火四時,各異其木。又依五方之位,配以五色。是畵四隅所繪樹木,當指四時之木。惟中央缺之,諒因黄色日久易退落,故漫滅不可見。

《長沙出土戰國繒書新釋》頁 14

○李學勤(1960)　第二節中五木精炎可能與《尸子》等書所述五木取火的禮俗有關。

《文物》1960-7,頁 68

○蔡全法(1986)　"木"字陶盆

一件,爲泥質灰陶殘口沿,戰國時器。1983 年 5 月東城(XH)T2 井 5 出土。"木"陰文,豎向刻寫於盆沿上。該字書體爲鄭韓陶文偶然一例,與信陽竹簡之"木"、《陶香錄》之"木"都有差別,這種字體更晚一些。疑爲陶工私名。

《中原文物》1986-1,頁 80

○曹錦炎(1992)　所謂"八音",是指由八類不同的樂器發出的聲音,即《周禮·大師》所説的:"皆播之八音:金、石、土、革、絲、木、匏、竹。"據鄭玄注:

“金,鐘鎛也;石,磬也;土,塤也;革,鼓鼗也;絲,琴瑟也;木,柷梧也;匏,笙也;竹,管簫也。”事實上,這裏是指由以上八種不同的物質所構成的樂器,鄭玄所説只是舉例而已。八音,在早期平肩弧足空首布面文中也有反映:

土 232—237(《大系》誤釋爲士);

石 227;

木 296—300;

竹 315—317;

系(即絲)308;

金(?)261—262。

《大系》所釋的“金”字還有疑問。八音中尚未出現“革、匏”,這兩種面文,有待今後之發現。

《中國錢幣》1992-2,頁 59

○陳茂仁(1998)　朱(木)(中略)訓作“樹”,《管子·權修》:“十年之計,莫如樹木。”

《楚帛書研究》頁 175

○何琳儀(1998)　木,甲骨文作朮(甲三五一〇),象樹木枝、幹、根之形。金文作朮(含鼎)。戰國文字承襲商周文字。《説文》:“朮,冒也。冒地而生,東方之行。从中,下象其根。”許慎以冒釋木屬聲訓(雙聲)。

《戰國古文字典》頁 397

△按　“木”字乃樹木之象形,上象其末,下象其本,自古皆然。《説文》謂“从中,下象其根”,從整體象形中析出“中”符,非是。

【木丫】《中國錢幣大辭典·先秦編》頁 297

○黃錫全(1993)

1528	丫朮	木□	木子	其地待考	待定	方

《先秦貨幣研究》頁 354,2001;原載《第二屆國際中國古文字學研討會論文集》

○梁曉景(1995)　【木丫·平襠方足平首布】戰國晚期青銅鑄幣。鑄造國別不詳,流通於三晉、兩周等地。屬小型布。面文“木丫”,待考,或釋爲木干、木子,爲古地名,地望待考。1963 年山西陽高出土 1 枚,通長 4.7、寬 2.5 釐米,重 5.5克。罕見。

《中國錢幣大辭典·先秦編》頁 297

○吳良寶(2000)　所謂“木子”布,我們認爲也是“郎子”的省文。“郎”字省

去"邑"旁,再將寫得像"木"形的"長"字豎寫,即成了所謂"木子"。最直接的
證據就是上引圖一·1、2所示布文"長"旁即寫作"木"形或接近於"木"形。
這種寫法的"長子"布,目前有確切出土地點的,只是在山西陽高縣天橋村出
土過一枚。同出貨幣多爲趙國"安陽、平陽"及韓、魏方足小布。從出土地點、
貨幣種類及面文變異規律等方面綜合考慮,釋"木子"爲"長子"的變體也是合
理的。(中略)

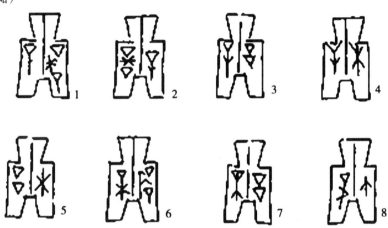

圖一

　　幣文"郖子"可讀爲長子,見於文獻記載。《史記·趙世家》成侯:"五年,
韓與我長子。"《水經·濁漳水注》引《竹書紀年》:"梁惠成王十二年,鄭取屯
留、尚子、涅。尚子,即長子之異名也。"可見其地曾隸屬於趙、鄭(韓)二國。
戰國時各國疆域犬牙交錯、朝秦暮楚,"郖子"方足布的國別一時還難以遽定,
也許屬韓國的可能性較大。

《古文字研究》22,頁133—134

【木邑】《古錢大辭典》第五三圖

○**丁福保**(1938)　木即沐省。《公羊傳》:"天子有事於泰山,諸侯皆有湯沐之
邑焉。"去湯字,省文也。方小東云,此即今之沐陽,説亦可參。

《古錢大辭典》頁1178,1982

○**鄭家相**(1943)　右布文曰木邑,注見木字空首布。

《泉幣》20,頁31

○**鄭家相**(1958)　文曰木邑。木爲沐省。《公羊傳》:"天子有事於泰山,諸侯
皆(編按:"皆"下脱"有"字)湯沐之邑焉。"按湯沐邑,即宋都商丘也。

《中國古代貨幣發展史》頁105

○**吴良寶**（2000）　　《大系》（編按:指《中國歷代貨幣大系·先秦貨幣》）還有一種"木邑"方足布（1529—1534號，圖一·5 編按:圖已見上引吴良寶文，此從略。），舊以爲"沐"或"沐陽"之省，不可信。此布曾與"長子"（圖一·4 所謂"沐子"）布一起出土于山西陽高（4枚），山西黎城及河北燕下都也有零星出土（各1枚）。"木邑"不見於文獻記載，我們認爲它可能也是"郎子"布的省變。推測其形成有兩種可能:1、"郎"可省成"邑"，"子"變作"木"形可能是由圖一·6或圖一·7"子"形省變而來;2、面文可能是"郎"字，即"郎子"省稱。這與"言陽"省稱"言"（橋形布，《大系》1387、1388）等相仿。不論實際情况如何，貨幣文字刻寫的草率、急就，以及省變、斷裂、借用邊框等特色，在"郎子"方足布上得到了充分的體現。

　　（中略）幣文"郎子"可讀爲長子，見於文獻記載。《史記·趙世家》成侯:"五年，韓與我長子。"《水經·濁漳水注》引《竹書紀年》:"梁惠成王十二年，鄭取屯留、尚子、涅。尚子，即長子之異名也。"可見其地曾隸屬於趙、鄭（韓）二國。戰國時各國疆域犬牙交錯、朝秦暮楚，"郎子"方足布的國別一時還難以遽定，也許屬韓國的可能性較大。

《古文字研究》22，頁133—134

【木貝】《中國錢幣大辭典·先秦編》頁297

○**鄭家相**（1943）　　右布文曰木貝，貝者，貝貨也，乃木邑之貨，亦猶平丘所鑄之曰平貝也。

《泉幣》20，頁31

○**鄭家相**（1958）　　文曰木貝。貝者，貝貨也，乃木邑所鑄之貨，猶平丘所鑄之曰平貝也。

《中國古代貨幣發展史》頁105

○**梁曉景**（1995）　　【木貝·平襠方足平首布】戰國晚期青銅鑄幣。鑄造國別不詳，流通於三晉、兩周等地。屬小型布。面文或釋爲"木貝"。背無文。"木貝"，古地名，地望待考。通長4.1、身長2.9、肩寬2.3、足寬2.5釐米。罕見。

《中國錢幣大辭典·先秦編》頁297

【木器】包山266

○**何琳儀**（1998）　　楚簡"木器"，見《荀子·禮論》:"木器不成斲，陶器不成物。"

《戰國古文字典》頁397

【木關】集成12113鄂君啟舟節

○**何琳儀**（1998） 鄂君舟節“木鄘（關）”，地名。

《戰國古文字典》頁 397

橘 橘
糒封成 2221

【橘官】《秦文化論叢》9，圖 44

○**周曉陸、陳曉捷**（2002） 橘官（圖 44），半通，《風》頁 164。參見《集》一・
五・29，30，“橘監，橘印”。

《秦文化論叢》9，頁 269

△**按** 《説文》：“橘，果，出江南。从木，矞聲。”“橘官”或爲掌管橘柚之官。
《文選・左思〈蜀都賦〉》：“夾江傍山，棟宇相望，桑梓接連。家有鹽泉之井，
戶有橘柚之園。”注：“大曰柚，小曰橘。犍爲南安縣出黄甘橘。《地理志》曰：
‘蜀都嚴道，巴郡朐忍、魚復二縣出橘，有橘官。”

櫨 櫖 櫖 檿

 陶彙 3・336　　陶彙 3・340　　陶彙 3・344

陶彙 3・512　　陶彙 3・513　　陶彙 3・514

陶彙 3・499　　陶彙 3・503

○**吴振武**（1992） （30）楚章遷里何（《季》四五・一）

　　　　　　（31）王卒左叚（廄）□圖里宝（同上六〇・九——一二）

　　　　　　（32）城圖里宝（同上三九・三——五、七四・二）

　　　　　　（33）城圖里淖豆（同上三八・一——一三九・二）

此四字《説文古籀補補》和《古匋文香録》《匋文編》也皆誤釋爲“葦”（一・五、
一・二、五頁）。從辭例上看，（30）和上述齊陶文（20）（編按：即《季》四五・二之“楚
章遷里賞”）同，（31）和（21）（編按：即《季》三七・七、九、一一之“王叚（廄）里寽”）相近，
又都和“里”連爲一詞。故此四字很可能就是“蘆”字異體，皆从“櫨”得聲。
“櫨”字見于《説文・木部》。

《古文字研究》19，頁 495

○**何琳儀**（1998） 檿，从木，薇聲。疑櫨之繁文。《説文》：“櫨，櫨果，似梨而

酢。从木,盧聲。"

齊陶櫨,地名。

《戰國古文字典》頁 572

○**何琳儀**(1998) 櫨,从木,蘆聲。櫨之省文。見欐字。

齊陶櫨,地名。或作欐、叡。

《戰國古文字典》頁 573

△**按** "櫨"爲木名,又指稱木之果實。司馬相如《子虛賦》"櫨梨梬栗,橘柚芬芳",《世説新語‧品藻》"櫨梨橘柚,各有其美"。字又作"柤"(《莊子‧人閒世》有"柤梨橘柚"),後世或作"楂"。"櫨、欐"皆爲"櫨"之繁文。"櫨"增"艸"符,"欐"則既增"艸"符,復增"又"符。上引陶文,《古陶文字徵》(133—134 頁)以爲"櫨"字,《戰國文字編》"櫨"字下亦收《陶彙》3‧344 一文,《戰國古文字典》以爲"櫨"字。其字从且,當以釋"櫨"爲是。

梅 檏 楳

璽彙 3625

○**吳振武**(1983) 3625 耿‧耿楳(梅)。

《古文字學論集》(初編)頁 517

○**何琳儀**(1998) 楳,从木,某聲。梅之異文,某之繁文,見某字。

《戰國古文字典》頁 132

△**按** 史梅兄簋作""(《金文編》頁 389),與""同構。初文作"某",詳"某"字。

杏 杏

木杏秦陶 473

杏包山 95   杏包山 95

○**高智**(1996) 包山楚簡中有字作"杏"(95)、"杏"(95)兩形,原《包山楚簡》釋爲"杏"。按此字下明顯从"口"而不从"日",與《汗簡》中的"杏"作"杏"形、《古文四聲韻》作"杏"形完全相同,故此字應釋爲"杏",在原簡中用爲姓氏字。

《于省吾教授百年誕辰紀念文集》頁 183

○何琳儀（1993）　（編按：包山 95）米埋人杏 95

　　△原篆作🔸，應釋"㕭"。《玉篇》："㕭，噴也。"或釋"本"之繁文。

《江漢考古》1993-4，頁 58

○何琳儀（1998）　杏，从木从口，會意不明。《説文》："杏，果也。从木，可省聲。"或説，會杏之果實可口之意。

《戰國古文字典》頁 627

△按　包山簡之🔸、🔸，"木"符豎筆上的短橫爲飾筆。《楚文字編》已將該字形列在"杏"之下，注云："與《汗簡》古文相近。"

奈

包山 236　🔸包山 239　🔸包山 245　🔸包山 247

🔸新蔡甲三 112

🔸陶彙 5・374

○林澐（1992）　236、239、243、245 諸簡均有柰字，所从之木，除 236 號簡作米外，皆作米。其辭均爲"母又（有）柰"。釋文認爲"讀作祟"，甚確。今略加補充論證。

　　木旁之省作米，馬王堆帛書《春秋事語》李字作🔸，正與此同。

　　《説文》："柰，果也。从木示聲。"柰即後世之奈字。漢石經"奈何"之奈仍作柰。但馬王堆帛書中"奈何"之奈已作🔸或🔸，故隸書多作奈，楷書因之。奈字"从木示聲"之説，絶不可信。奈字古音屬月部，三體石經以从奈的🔸爲介字的古文，介字古音亦屬月部。而示字古音在脂部，故柰字不可能以示爲聲符。

　　甲骨文中已有柰字，作🔸或🔸，又作🔸、🔸或🔸、🔸、🔸，從辭例看可以認爲是同一字。估計是會意法的表義字。古文字中从柰之字有🔸（前 8・10・4，米和↑借劃）、🔸（林 1・10・10）、🔸（師龢鼎）、🔸（雲夢秦簡）、🔸（秦高奴權）。

　　《説文》另出祟字，"祟，神禍也，从示从出"。又有🔸字，"楚人謂卜問吉凶曰🔸，从又持祟，祟亦聲，讀若贅"。但先秦古文字中至今未見有从示从出之字或偏旁。而根據《説文》隸字的篆文作🔸，並説篆文是"從古文之體"；🔸字的或體作款（即後世之款字），可以推斷《説文》中的祟和🔸，實際上是甲骨文早已有的柰和款的後起異體字。所以，段玉裁説祟字"出亦聲"，朱駿聲説祟字"從出亦聲",古音韻學者又從而把祟歸入微部或物部,均不足憑信。特別是在楚簡中發現了把柰字當作占卜吉凶的祟字用的實例之後,更可確認柰、祟古本一字。甲骨文中的 𤰞 和 𡧗,也就是《説文》中的 𥏫 和 𥏪 字。祟字古音亦應在月部。從祟的款字就是元部字,月、元正是對轉關係,可以爲證。

《江漢考古》1992-4,頁 85

○ **施謝捷**(1998)　鳳翔高莊 37 號秦墓出土陶甕刻文中有字作:

　A(編按:原文以圖表方式統一列出古字形,行文中則用 A、B、C、D、E、F、G、H、I、J、K、L、M、N、O、P 代表古字形,本編直接以原古字植入。A 即 𥝌 字)雍 𥝌 里,《陶彙》5·374

　袁仲一、高明等把它釋爲"祉"(《秦陶》字録 35 頁,《陶徵》172 頁),或"祟"(《秦陶》上編 73 頁)。

　按 𥝌 字下半所從爲"示"是没有疑問的;上半所從決不是"止"字,秦漢文字中"止"無從寫作 𥝌 上半所從形者(參《篆隸》"止""走""辵""足"等部字,《秦陶》字録 21—24 頁),可見原釋 𥝌 爲"祉"字是錯誤的。檢秦漢文字中"柰"及"隸"所從之"柰"與上揭陶文 𥝌 形近,"柰"字或作:𣝗 老子甲 80,《篆隸》362 頁

　(中略)"隸"字或作:𣜩　睡虎地簡 10·16,《篆隸》202 頁

　(中略)顯然陶文 𥝌 字也應該釋爲"柰"字,其上半所從實是"木"之訛省形,猶"李"字在秦漢文字中可作下列諸形:𣓀　李虎,《珍秦》54

　(中略)同"柰"字形變情形相似,亦爲釋 𥝌 爲"柰"之佐證。至于釋"祟",亦誤。陶文中"柰"用爲里名。

《考古與文物》1998-2,頁 69—70

○ **何琳儀**(1998)　叡,甲骨文作 𣏌(前一·三七·五)。從又從木從示,會燃木於示前卜問神祇之意,引申爲"神禍"(見祟字下)。(中略)戰國文字省又作柰(原篆作柰),小篆訛作祟。其木旁省變序列爲 𣎳、𣎴、𣎵、出。《説文》款或體作款,隸篆文作 𣜩,均其佐證。故叙、叡、柰、柰實則一字之省變。《説文》:"叡,楚人謂卜問吉凶曰叡。從又持祟,祟亦聲。讀若贅。(之芮切。)""祟,神禍也。從示從出。(雖遂切)(中略)""柰,果也。從木,示聲。(奴帶切。)"《廣韻》:"柰,果木名……奴帶切。五。奈,如也,遇也,那也。本亦作柰。又致簡切。"(去聲十四泰)祟爲叡之省,音義相關。柰雖爲祟之初文,然或用爲"果木名",故音轉爲"奴帶切"(仍屬月部)。至於奈因用法不同,又音轉爲"致簡切",則對轉入歌部。戰國文字柰與《廣韻》形體吻合,但應隸定爲柰,即叙(叡)之省文。叡據《廣韻》有"之芮切"(舌音)、"雖遂切"(齒音)兩讀,後

者與祟讀"雖遂切"相同。舊多據叡之另讀"之芮切"歸叡、祟爲舌音脂部,菲是。茲據古文字及《廣韻》"雖遂切"建叔聲首。並定叡、祟爲心紐月部。

包山簡奈,讀祟。

秦陶奈,地名。

《戰國古文字典》頁 946

○褟健聰(2006)　《説文》:"奈,果也。从木,示聲。"又:"祟,神禍也。从示从出。纛,籀文祟从纛省。"又《説文》"欪"或體作"款","隸"或體作"隸"。

包山簡 236、239、243、245 諸簡有一字作"奈"(245)若"奈"(239),其在簡文所處的語法位置與"咎、祟"等相同,整理者釋爲"奈",讀爲"祟"。林澐先生舉馬王堆帛書《春秋事語》"李"字的寫法,以證明"奈"上所從乃"木"字之省,指出"奈"即後世之"奈"字。

按,林澐先生所説是。"木"字中豎不下穿的情況,楚簡不乏其例,如上博《孔子詩論》簡 17"菜(采)葛"之"采"作"埜"、簡 15"壴"字所從的"木"作"火",上博《魯邦大旱》簡 4"木"字或作"火",等等。另外,"奈"所從的"大",可分解爲⊥、人兩部分,楚簡文字有一種書寫現象是把原本連貫的筆畫斷開,分作兩部分書寫,如上博《緇衣》簡 9"燊"字所從之"米",簡 18"林"字所從之"林"等皆是,張守中先生稱之爲"斷筆"。

新蔡簡甲三 112、甲三 184-2+185+222 等簡有字作"米",用法亦同於"祟",徐在國先生以爲"宋"字,以音近讀爲"祟"。

按,此字與楚簡"宋"字字形差距較大,所釋可疑。我們認爲,此字可分解爲上從"山",下從"禾"。"禾"即"示"字,楚簡"示"上之短橫常可省,郭店《老子》甲本"景"(簡 34)、"魚"(簡 31)等字所從之"示",與此正同。"山"即"大"之省。上博《性情論》簡 1"喜"字作"喜",上從"屮",而上博《孔子詩論》"喜"字作"喜"(簡 18)或"喜"(簡 22),上從"火"或"屮"。"屮"可繁作"火","大"也可省作"山",包山簡"新"字作"新"(簡 6),左上從"大",即"木"之省體;字又或作"新"(簡 202),左上所從即"山"。因此,"米"即"奈"的省體。而"祟"字所從之"出",則可能是疊加"山"形而來,本非"出"字。

基於以上的分析,我們認爲,"奈"即"奈","米"又是"奈"的省體,"祟"乃"米"之變;奈、祟古本一字。《説文》"款、隸"等字所從之"奈"即"奈",故有從"祟"之或體。

《許慎文化研究》頁 310—311

△按 與奈(柰)有關的"款"字,現作"款","隸"字,一作"隸",又作"隸",説明"柰"所从之"木"符,在演變的過程中既有訛作"出"者,亦有變爲"士"者,這些變化都可從戰國秦漢文字材料中得到驗證。

 李 李 梓

珍秦99 珍秦120 集粹 陶彙9·54 睡虎地·日甲145背

璽彙3611 包山22 包山23 楚帛書 新蔡零230

新蔡甲三220

曾侯乙77

○蔡季襄(1944) 李,按《説文》教作𢼝,此或教之變體。

《晚周繒書考證》頁8

○饒宗頤(1958) 釋"季"。

《長沙出土戰國繒書新釋》頁19

○安志敏、陳公柔(1963) 季。

《文物》1963-9,頁53

○商承祚(1964) 孛,非指彗星之孛,而用爲違、逆、乖之悖,《禮記·月令》:"毋悖於時。"注:"悖,猶逆也。"第七行孛意同。

《商承祚文集》頁354,2004;原載《文物》1964-9

○饒宗頤(1968) 李即孛字,從商釋。孛字,逆甚之謂也。

《史語所集刊》40本上,頁13

○朱德熙、裘錫圭(1979) 戰國貨幣裏有一種方足布,面文作"𡥀一釿"。第一字舊來多認爲是倒寫的"京",我們曾根據三體石經"殽"字古文作𡥀,釋爲"殽"字。長沙帛書B2"是胃(謂)李歲……","胃"下一字或釋"季",或釋"孛",都不可信。我們認爲也是"殽"字。《廣雅·釋詁三》:"殽,亂也。"帛書上文(B1)説"日月星辰,亂達其行","是謂殽歲"一句是承上文説的,文義正相應。

《朱德熙文集》5,頁94,1999;原載《文物》1979-1

○李學勤(1982) "是謂孛。""孛"據《春秋》文公十四年(公元前613)注,即彗星。

"孛歲□月",意指出現彗星的年月。"人月七日、八日",同樣文例見於馬王堆帛書,即初七、初八日。"七日"兩字原爲合文,前人多以爲一字,是錯誤的。

(中略)篇中稱彗星爲孛。按古籍所述之孛,有廣、狹二義:廣義泛指彗星,狹義專指一種芒短而其光四出的彗星。《漢書・五行志》:

> 孛者,惡氣之所生也。謂之孛者,言其孛孛有所防蔽,暗亂不明也。

《開元占經》卷八十八《候彗孛法》:

> 董仲舒曰:孛星者,彗星之屬也。芒偏指曰彗,芒氣四出曰孛。孛者,孛孛然也。謂之孛者,言其暗昧不明之貌也。一說云孛即彗也。彗星所蔽爲孛,《春秋》言星孛者,皆星蔽也。

帛書所言,是用"孛"的廣義,故上云"天棓",下云"是爲孛",以天棓爲孛。

《開元占經》同卷引《荊州占》云:

> 歲星逆行過度宿者,則生彗星,一曰天棓,二曰天槍,三曰天欃,四曰蚩星,此四者皆爲彗。

文獻中彗星的名稱很多,《天文氣象雜占》也有不少,但後者未見天棓之名。

《簡帛佚籍與學術史》頁39—43,2001;原載《湖南考古輯刊》1

○**吳振武**(1983)　3611 孛□・□□。

《古文字學論集》(初編)頁517

○**饒宗頤**(1985)　孛字有重文號"="。

漢人觀察天象,分別彗星、孛星、長星爲三類。見劉熙《釋名》,其言曰:"彗星,星光梢似彗也;孛星,星旁氣孛孛然也。"文穎注《漢書・文帝紀》"長星"亦分孛、彗、長爲三星,謂:"其占略同,然其形象小異。孛星光芒短,其光四出,蓬蓬孛孛也;彗星光芒長,參參如埽彗。"此孛星與彗星之別也。楚帛書言孛星,不言彗星;言天棓,不言天毚。(中略)向來解孛星者,皆重言曰孛孛。《御覽》七:祅星引《天文錄》:"孛星者,彗星之屬也。偏指曰彗,芒氣四出曰孛,孛謂孛孛然也。"與《開元占經》八十八引董仲舒說同。《漢書・五行志》:"孛者,惡氣之所生也。謂之孛者,言其孛孛有所防蔽,闇亂不明也。"是孛星乃指芒四出而光暗昧不明者,與彗星、長星有所分別。

《楚帛書》頁46—47

○**曾憲通**(1985)　李學勤先生謂"孛"據《春秋》文十四年注,即彗星。

《楚帛書》頁244

○**何琳儀**(1986)　"孛",原篆作"孛="。商釋"悖"。朱德熙、裘錫圭(中略)釋"殼"。"悖"訓"逆","殼"訓"亂",義相近,然孰是待考。字右下方原有"=",

乃裝飾性筆畫，無義。

《江漢考古》1986-1，頁 53—54

○鄭剛（1988）　　戰國璽印中有兩方从來从子的印，寫作（《古璽文編》3503）、（同上 3611），都可以隸定爲㜝。

　　這兩方印都是私名印，其中的㜝都用作姓，但此姓很難在古籍或出土文物中找到，它們相當於後代的什麼姓氏還是個有待於解決的問題。但是本文前面部分的探討可以爲此字的解決提供一定的線索。由於北方的"陵"字在楚文字中寫成陸，那麼楚文字中从來聲的字也就相當於北方从㚇聲的字，"㜝"就應該與从㚇从子的字相當。

　　古文字中的"㚇"字寫爲（見上引陵字所从），字在篆文中變成了。（中略）而上半部分就是聲符，也就是"陸"字所由得聲的"坴"字。（中略）

　　確定了从聲之後，从㚇从子的就容易發現了。戰國璽印中有一個大姓就是从㚇从子，寫作（《古璽彙編》2829）。（中略）從這個字的形音義諸方面來看，它就是常見的姓氏李。（中略）

　　"㜝"就是"李"的本字，寫成李是後代字形訛變的結果，"李"（即"㜝"）是一個从子，坴聲的形聲字。（中略）

　　現在我們回過頭來看楚文字中的"㜝"字。由於我們已經明確了北方文字中"㚇"聲與楚文字中"來"聲的關係，那麼可以認爲這個字就是"㜝（李）"字在楚文字中的異構。（中略）與南方的"陵"从"來"聲，北方的"陵"从"㚇"聲一樣，南"李"从"來"，北"李"从"㚇"。（中略）在後代的文字統一過程中，北方系統被保存了下來，而楚文字的陵、李卻被合流了。

　　這個"㜝（李）"字又見於楚帛書，寫法和璽印完全一樣，過去的解釋很多，分別釋爲"季、㜝、殽"等。其中"㜝"字說較易爲人接受。但是從字形上看，這個字所从的絕非"㜝"字所从的，釋"㜝"于字形未安。由於以前對字的認識不足，此字也未能確認。但是把它與楚文字中的"陸（陵）、㜝（李）"的寫法聯繫起來看，就可以確認它爲"李"字。

　　以前的"㜝"字說將它釋爲彗星，雖然對字本身的認識有所不當，但基於對全帛書的理解將它解釋爲星名還是正確的。李即李星，《史記·天官書·東宮》房宿南方左角有星名爲"李"，字又作"理"，《漢書·天文志》即寫爲"理"。"李"與"理"同音通假字。李星和帛書中的歲星、天梧星一樣同爲古代占星術中引用的星名，或爲天理星。《靈臺秘苑》卷十、《唐開元占經》卷六

十九都有專節論述天理的運行,占驗。天理又見於睡虎地秦簡日書,字正作
"天李"。第751反至750反號簡云:"天李正月居子,二月居子,三月居午,四
月居酉,五月居子,六月居卯,七月居午,八月居酉,九月居子,十月居卯,十一
月居午,十二月居辰,凡此日不可入官及入室,入室必戚,入官必有辠。"這是
以天理星在天空十二官的位置來決定行事的占星術。

在帛書中,李星都是與其他星一起出現的。(中略)

因此,將㱙(李)釋爲李星,與帛書的天文學内容是相符的。

《楚簡道家文獻辨證》頁65—72,2004;原古文字學會第七次年會論文

○**饒宗頤**(1993)　　字字有重文號"＝"。

漢人觀察天象,分別彗星、孛星、長星爲三類。見劉熙《釋名》,其言曰:
"彗星,星光梢似彗也;孛星,星旁氣孛孛然也。"文穎注《漢書·文帝紀》"長
星"亦分孛、彗、長爲三星,謂:"其占略同,然其形象小異。孛星光芒短,其光
四出,蓬蓬孛孛也;彗星光芒長,參參如埽彗。"此孛星與彗星之別也。楚帛書
言孛星,不言彗星;言天棓,不言天欃。(中略)向來解孛星者,皆重言曰孛孛。
《御覽》七:袄星引《天文録》:"孛星者,彗星之屬也。偏指曰彗,芒氣四出曰
孛,孛謂孛孛然也。"與《開元占經》八十八引董仲舒説同。《漢書·五行志》:
"孛者,惡氣之所生也。謂之孛者,言其孛孛有所防蔽,闇亂不明也。"是孛星
乃指芒四出而光暗昧不明者,與彗星、長星有所分別。

孛字下有重文號。第二字字可連下句讀。孛字或釋"李",但將何以解
"李李"之文,李李於義難通!

《饒宗頤二十世紀學術文集·卷三·簡帛學》頁262—263,2003;
原載《楚地出土文獻三種研究》

○**饒宗頤**(1993)　　孛字或釋"李",此處有重文號。"李李"於義不通。《御
覽》引《天文録》解孛星云:"芒氣四出曰孛,孛謂孛孛然也。""孛孛"重言,惟
孛星可以當之。孛歲指有彗星出現之年。孛亦作茀,《天官書》:"朝鮮之拔,
星茀于河戌;兵征大宛,星茀招摇。"索隱:"音佩,即孛星也。"《御覽》八七五
咎徵部二有"孛"一項,又八七七有"雨土"一項。土身無異指土星,説已見前。

《左傳·昭公十七年》:"有星孛于大辰西及漢。"杜注:"夏之八月,晨星
見在天漢西。"

《公羊傳·昭公十七年》冬:"有星孛于大辰。孛者何?彗星也。其言于
大辰者何?在大辰也。大辰者何?大火也。大火爲大辰,伐爲大辰,北辰亦
爲大辰。"何休注:"大火謂心,伐謂參伐也。大火與伐,天所以示民時早晚,天

下所取正,故謂之大辰。辰,時也。北辰,北極,天之中也。常居其所。”

《廣雅·釋天》:“參伐謂之大辰。”

《饒宗頤二十世紀學術文集·卷三·簡帛學》頁 338—339,2003;

原載《楚地出土文獻三種研究》

○**曾憲通**(1993)　此字朱德熙、裘錫圭先生據三體石經殷字古文作𦥑與帛文近而釋爲殷,訓亂。商錫永先生釋李,李學勤謂“李”據《春秋》文十四年注,即彗星。

《長沙楚帛書文字編》頁 30

○**陳茂仁**(1996)　帛書“李”,即今俗“悖”字。“悖”字重文作“悖悖”。上“悖”字作動詞,作“違逆”解,《禮記·中庸》:“道並行而不悖。”下一“悖”字作名詞解,意指《説文》所云之諸災禍事。“悖悖”簡言之即違逆常則招致災禍之謂。(中略)考諸帛書文例,于“是謂”之下,皆接雙音節詞,如“是謂逆終”(《天象篇》三·29—32)、“是謂亂紀”(《天象篇》四·10—13)、“是謂德匿”(《天象篇》九·21—24),準此,則此句“悖悖”亦當連言,而不應析分爲二,方符合帛書文例。

《楚帛書研究》頁 199—200

○**劉信芳**(1996)　字或釋“李”,不可信,説詳拙文《从㐱之字彙釋》(中國古文字研究會 1994 年廣州學術研討會論文)。“李”即火星,古稱“熒惑”,《史記·天官書》:“熒惑爲勃亂、殘賊、疾、喪、饑、兵。”此所以帛書將山陵傾圯之類災害歸咎於熒惑。該句讀法尚存疑問,或謂“李”下“歲”字有重文符,但不清晰。若有重文符,則應理解爲“李星和歲星”,謹録以存參。

《中國文字》新 21,頁 86

○**李零**(1997)　在現已發表的楚文字材料中,“李”字一般是寫成𦱌,其辭例主要有:

　　(1)楚帛書:“是謂～”“～歲□月”“惟～德匿”。

　　(2)楚燕客銅量:“少攻(工)差(佐)～癸。”

　　(3)包山楚簡,一種同例(2),也作姓氏;一種作“某某識之,某某爲～”。

　　這些例子,例(1),商承祚先生釋“李”,朱德熙先生和裘錫圭先生釋“殷”;例(2)(3),學者多從商氏之説釋“李”。1986 年中國古文字研究會在長春舉行第七次會議,值得注意的是,鄭剛先生提出一種新看法,他認爲楚文字中的這個字應是由上來下子構成,“來”與“李”都是來母之部字,古音相同,應即楚“李”字。但多數學者都認爲這一釋讀於例(2)(3)可通,但於例(1)不合,故不予采用。對鄭説,本來我是持猶疑態度,因爲一方面,據 1993 年我在美國整理新發現的楚帛書殘片,其中提到“□桓(樹)桑桃～”,讀爲李比較合適;但另一方面這個字同我們印象中的“李”字差距較大,用於例(1)的讀法不能肯定,我又不敢馬上相信這個字就是“李”字。只是最近,我們從新的材料(尚未公布)再次見到這個字,才終於肯定鄭説確無可易。也就是説,楚文字中用爲姓氏的“李”字其實是一個从“來”得聲的字。

《中國哲學史》1997-2,頁 42

○**劉信芳**(1998)　李字屢見於楚簡帛,或釋楚帛書之“李”爲“李”,按之近出包山簡,明顯不合句例。筆者傾向於釋爲“李”字(已有鄭剛、何琳儀諸位先生主此説),《説文》解“李”字爲从木从子聲之形聲字,按既是形聲字,則“李”是形符。“李”多省作“木”形,如李可作李,李字或作李、李、李(參《金文編》頁890);由李至李,是文字簡化趨勢使然。

從辭例來看,包山簡“李”字一作爲姓氏,計 20 餘例,釋“李”自可讀通這一類簡文,可以不論。其二是作爲司法術語,如簡 85“正吉識之,秀淖爲李”,已有學者指出李讀爲理,《管子·法法》:“皋陶爲李。”又《大匡》:“國子爲李。”又《五行》:“后土辯乎北方,故使爲李。”《史記·天官書》:“房南衆星曰騎官,左角李,右角將。”索隱:“李即理,理,法官也。”釋李爲刑獄官,或用如動詞釋爲“理獄”,這一類簡文亦可讀通。其中簡 133“陰鄔之慶李百宜君”,百宜君是人名,“慶李”是其官號,慶讀如卿,曾侯乙簡 142“慶士”即卿士,楚國之“慶李”應與曾國之“卿士”相類。

問題主要在於楚帛書中的“李”字,茲録帛書乙中的有關例句:

是謂李,李歲八(?)月内(入),月七日□☑

隹十又二□,隹李惪匿,出自黄胐(淵)。

按此“李”即秦簡《日書》之“天李”,751 簡反面(依報告編號):“天李正月居子,二月居子,三月居午,四月居酉,五月居子,六月居卯,七月居午,八月居酉,九月居子,十月居卯,十一月居午,十二月居辰。凡此日不可入官及入室,入室必滅,入官必有罪。”《疏勒河流域出土漢簡》437:“七月廿七日壬午開天李。”“十一日甲午破,血忌天李。”《史記·天官書》:“熒惑爲李(今本誤爲李字),外則理兵,内則理政。故曰:雖有明天子,必視熒惑所在。”在肉眼所能見到的五大行星中,火星(即熒惑)距地球的距離僅次於金星,其運行周期爲687 天,偏心率爲 0.0934。故古人認爲火星出入無常,《史記·天官書》:“甘、石曆五星法,唯獨熒惑有反逆行。”又描繪其運行規律:“出東行十六舍而止,逆行二舍，六旬，復東行，自所止數十舍，十月而入西方，伏行五月，出東方，其出西方曰方明，主命者惡之。東行急，一日行一度半。"帛書所謂"李歲八(？)月入"，是謂火星於是月入於西方，"隹李悳匿"，謂火星隱匿不見。悳謂德星，詳下"附識"所述。"出自黄淵"，黄淵猶言黄泉，是古人認爲火星入於黄泉而又復出於黄泉。帛書所記應是當時火星運行實録，遺憾的是幾個關鍵字或殘缺，或漫漶，已不可能據此與當時的實際天象進行對比分析。

《容庚先生百年誕辰紀念文集》頁612—614

○**何琳儀**(1998)　孷，从子，來聲。疑孷之異文。《集韻》："孷，《方言》陳楚之閒凡人獸乳而雙産謂之孷孳(今本作釐孳)。或省作孷。"商周文字孷左上或从來，來亦聲。參釐字。

李倚壺，楚璽李，姓氏。讀來(《唐書·宰相世系表》)或釐(《路史》)。包山簡"爲李"，讀"爲理"。來、理相通，參來字。《禮記》："令理贍傷。"注："理，治獄官也。"亦作李。《史記·天官書》："左角李。"索隱："李即理，法官也。"包山簡一三三李，人名。包山簡一七三李，姓氏。帛書李，疑讀釐。《後漢書·梁統傳》："豈一朝所釐。"注："釐，猶改也。"

《戰國古文字典》頁80

《説文》："李，果也。从木，子聲。杍，古文。"

晉璽李，姓氏。皋陶爲堯大理，因官命族爲理氏。商季，理氏改爲李氏。見《通志·氏族略·以官爲氏》。

秦璽李，姓氏，见c。

《戰國古文字典》頁90

橲，从木，孷聲。疑檕之異文。《類篇》："檕，木名。條可爲大索。"

《戰國古文字典》頁80

○**施謝捷**(1998)　3611 孝·孝(？)逌。

《容庚先生百年誕辰紀念文集》頁650

○**曾憲通**(1999)　帛書乙篇："隹李德匿。""李"字作，朱德熙、裘錫圭先生釋"殺"，商錫永、李學勤、饒選堂先生釋"孛"。《文字編》從之。然郭店楚簡《老子》乙組有"明道如孛"句，"孛"字作，整理者謂與《古文四聲韻》引《古孝經》悖字同形。則帛文非孛字明矣。近時鄭剛、何琳儀、劉信芳相繼釋爲"李"字，可信。字乃从子來省聲，楚簡"來"字每作或可證。包山"疋獄"簡簡文末了每署"某某之李"之"李"讀爲"理"，乃指法官，帛文則專指李星。

《中國古文字研究》1，頁92

○**李零**（1999）　楚“李”字从來从子，與小篆寫法異。參看鄭剛《戰國文字中的陵和李字》（中國古文字研究會第七次會議論文，1986 年）。過去商承祚《戰國楚帛書述略》（《文物》1964 年 9 期）釋“季”，朱德熙、裘錫圭《平山中山王墓銅器銘文的初步研究》（《文物》1979 年 1 期）釋“殷”皆誤。美國賽克勒美術館藏楚帛書殘片有“□桓（樹）桑、桃、李”一句，“李”字同此，可爲鄭說佐證。這裏所收“李”字有三種用法：一種作姓氏；一種是法律術語，據辭例“XX識之，XX 爲李”，應讀爲“受理”之“理”（古代法官稱“理”，字亦作“李”，如傳説黄帝作“李法”，“李法”即“理法”）；還有一種是見於楚帛書，辭例作“是胃（謂）李”“李歲□月”“佳（惟）李德匿”，讀法待考。

《出土文獻研究》5，頁 148—149

○**李守奎**（2001）　“李”字寫作从“來”从“子”，是古文字中常見的變形音化。“木”與“來”在用作偏旁時，有時可以通用，“來”與“李”都是來聲之部字，聲韻並同，變“木”爲“來”，是爲了表音的需要。這與“保”字在中山王器中寫作“保”的道理是一樣的。（中略）“季”字釋“李”不僅字形上有據可依，更重要的是在四十七用例中，讀作“李”都很順暢，了無疑義。

《煙臺師範學院學報》2001-2，頁 73

○**劉信芳**（2003）　李：字讀爲“理”，《管子·法法》：“皋陶爲理。”尹知章《注》：“古治獄之官。”又《大匡》：“國子爲李。”又《五行》：“后土辯乎南方，故使爲李。”《史記·天官書》：“房南衆星曰騎官，左角李，右角將。”《索隱》：“李即理，法官也。”知“李”爲刑獄官之名，用如動詞，則可釋爲“理獄”。

《包山楚簡解詁》頁 78

△**按**　楚簡文字中“李”字主要作 𣏟 和 𣏟 兩種形體，差別在最上面兩筆是否交叉。新甲 3·220 寫法較異。楚帛書之“𣏟”，初釋“季、孛”，繼釋“殷”，從楚系文字的書寫習慣來看，當以後釋之“李”爲是。曾侯乙 77 𣏟 即“李”字繁文，《戰國文字編》及《楚文字編》皆入“李”字下。《説文》“李”字古文作“杍”，以曾侯乙 77 𣏟 字觀之，當釋爲从木李省聲。

【樗車】曾侯乙 77

○**何琳儀**（1998）

隨縣簡“樗車”，讀“李車”。《左·僖三十》：“行李之往來。”注：“行李，使人也。”

《戰國古文字典》頁 80

○劉信芳（1998）　曾侯乙簡 77:"☒□麗時栲車。"何琳儀先生釋"栲車"爲李車,可信。《廣雅‧釋詁》:"李,驛也。"李爲"使人"。"小行人",王念孫疏證説之甚詳。是李車即驛站備行李往來之車。

《容庚先生百年誕辰紀念文集》頁 615

桃　枤

秦文字集證 160‧433　　 璽彙 2404　　 璽彙 2405

睡虎地‧日甲 24 背叄　　 睡虎地‧日甲 36 背壹

包山 10

○丁福保（1938）　字不可識,陳壽卿謂似桃原。【錢匯】

（中略）鮑康泉説空首布作朿者,陳介祺釋爲宋,作 8 者,釋爲莒省,是也。若尖足布之𦎧,釋爲韋,云即韓省。按韓从韋𠦡省聲,不當其聲,使人不曉。至方足布作𣖆者,釋爲桃原,則附會矣。【葉氏古泉雜詠注】

有釋桃原左讀者,非也。爲桃鄉,鄉刻失,榆鄉可互證。【補録】

《古錢大辭典》頁 1217—1218,1982

○吳振武（1983）　2404 𣗳□‧桃□。

2405 𣗳字同此釋。

《古文字學論集》（初編）頁 506

○何琳儀（1998）　《説文》:"桃,果也。从木,兆聲。"

晉璽桃,姓氏。《周官》攻金之工有桃氏爲劍,以官爲氏。見《古今姓氏書辯證》。望出山陽。戰國桃應、晉桃豹。見《姓苑》。

包山簡"少桃",地名。

《戰國古文字典》頁 312

△按　以上所謂"桃原、桃鄉",乃爲"榆即"之誤釋,詳下"榆即"條。

【桃更（梗）】睡虎地‧日甲 54 背貳

○睡簡整理小組（1990）　桃梗,桃木刻的人象,用以避鬼。《戰國策‧齊策》:"今者臣來,過於淄上,有土偶人與桃梗相與語……土偶曰:'……今子東國之桃梗也,刻削子以爲人。'"

《睡虎地秦墓竹簡》頁 218

△按　桃梗亦稱桃人。桃能避邪,因削桃木爲人形,用以驅鬼。《論衡‧訂

鬼》引《山海經》：“黃帝乃作禮以時驅之，立大桃人，門户畫神荼、鬱壘與虎，懸葦索以禦。”

桂 桂

桂 睡虎地·日甲 67 背壹　　**桂** 包山 259

○ **何琳儀**（1998）　《説文》：“桂，江南木，百藥之長。从木，圭聲。”

包山簡“桂冕”，讀“桂冠”。繁欽《弭愁賦》：“整桂冠而自飾，敷綦藻之華文。”以桂葉所作之冠。

《戰國古文字典》頁 740—741

【桂冠】包山 259

○ **劉彬徽、彭浩、胡雅麗、劉祖信**（1991）　冕，冠字。桂疑讀作獬，《淮南子·主術》：“楚文王好服獬冠，楚國效之。”

《包山楚簡》頁 61

○ **劉信芳**（2003）　讀爲“觟冠”，望山簡 2-62：“二觟冠。”其字又作“獬冠”。《太平御覽》卷八六四引《淮南子·主術》“楚莊王好服觟冠”，今本作“楚文王好服獬冠”。“觟冠”又作“鮮冠”，《墨子·公孟》：“昔者楚莊王鮮冠組纓，絳衣博袍，以治其國，其國治。”“鮮冠”自來無確詁，孫詒讓《墨子閒詁》引《禮記·玉藻》“玄冠朱組纓”以釋之，實未及“鮮”之具體含義。今按“鮮冠”即“鮮卑之冠”，《莊子·天運》“鮮規之獸”，《釋文》云：“鮮規，小獸也。”王逸《章句》：“鮮卑，衮帶頭也。言美女之狀，腰支細少，靖然而特異，若以鮮卑之帶，約而束之也。”洪興祖《補注》：“《前漢匈奴傳》‘黃金犀毗’，孟康曰：要中大帶也。張晏曰：鮮卑郭洛帶，瑞獸名也。東胡好服之。師古曰：犀毗，胡帶之鈎，亦曰鮮卑。《魏書》曰：鮮卑，東胡之餘也。別保鮮卑出，因號焉。”這一大段文字考證“鮮卑”極爲確當，由此知鮮卑又讀犀毗，本爲瑞獸名，以其皮作腰帶，故名其腰帶爲“鮮卑”，如此之説，以其皮作冠，自應名其冠爲“鮮冠”，此《墨子》“鮮冠”之所由來。

鮮卑、犀毗、鮮規三詞，鮮、犀古音同在心母，是爲雙聲：卑、毗、規古音同在支部，是爲疊韻，作爲聯綿詞，其義自相通。鮮卑急讀如“獬”（桂、觟），鮮、獬雙聲，卑、獬疊韻。桂、觟古讀如眭，皆一音之轉也。“獬、觟”又作“獬豸、觟䚦”，豸、䚦皆支部字，是一字讀音又分解爲二。《論衡·是應》：“觟䚦者，一角之羊也,性知有罪,皋陶治獄,其罪疑者,令羊觸之,有罪則觸,無罪則不觸。”應劭《漢官儀》:“秦滅楚,以其冠賜近臣,御史服之,即今獬豸冠。古有獬豸獸,觸不直者,故執憲以共角形爲冠。今觸人也。”“獬豸冠”(鮮冠、桂冠、觟冠)自東漢以後,多稱之爲“法冠”,司馬彪《續漢書・輿服制》:“法冠,一曰柱後,高五寸,以纚爲展筩,鐵柱卷,執法者服之,侍御史、廷尉正監平也。或謂之獬豸冠,獬豸神羊,能別曲直,楚王嘗獲之,故以爲冠。”以後歷代解釋“法冠”皆沿襲此説,《通典》卷五十七:“大唐法冠,一名獬豸冠。”是唐代尚服之。

　　綜上,“鮮卑”是羊名以及鮮卑氏族稱名的統一體。鮮卑本爲東方民族,漢初居遼東。後漢始移居匈奴故地,《説文》謂觟爲長角的母羊。郝懿行《爾雅義疏・釋畜》:“吳羊牝者無角。其有角者別名觟也。”稱羊爲“觟”,應該是鮮卑族古語音的遺迹,《大招》中的“鮮卑”爲衣帶名,以鮮卑族所放養的羊之皮爲之,詩中省去“帶”字,漢人尚知其釋義,漢以後已鮮爲人知。《墨子・公孟》之“鮮冠”即鮮卑之冠,亦即用鮮卑族之羊皮所作之冠。由於無漢人訓解,致使後世長期不得確詁。鮮卑族稱羊爲“觟”,故其冠亦名觟,楚簡記作“桂、觟”,這是最可寶貴且可靠的記載。以後觟冠、鮮冠異稱紛出,已如上述。究其所以,實因中原、南方之人各因其方音而記吳地方言“鮮卑”,故文字差異甚大。後人不知其語源,加上“觟冠”爲官方沿襲,增加了神秘色彩,於是杜撰出“獬豸、觟觟”之類瑞獸、神羊傳説。並附會上刑獄之官應以“直”執法的義理,郢書燕説,雖不爲無可,然距其本義則差得實在太遠了。

《包山楚簡解詁》頁 269—270

棠 棠 梇

![上博一・詩論 10] ![上博一・詩論 24] ![上博一・詩論 15]

○**何琳儀**(1998)　《説文》:“梇,牡曰梇,牝曰杜。从木,尚聲。”
　　汝陽戟梇,人名。

《戰國古文字典》頁 681

△**按**　上博簡“棠”主要用作“甘棠”之“棠”。

杜 杜 𣏗

![珍秦 114] ![集粹] ![陶彙 5・172] ![睡虎地・日甲 149 背]

墾彙 2415　　　上博一·詩論 18

○**羅福頤等**（1981）　从木从土，古文字偏旁常倒置，如杞字，杞伯毁作 。

《古璽文編》頁 121

△**按**　此條所論爲《墾彙》1920 之 字，或以爲此爲"釟"字簡省。

○**袁仲一**（1987）　杜建、杜越。"建"和"越"爲人名；"杜"爲縣名。《史記·秦本紀》："（武公）十一年（公元前 687 年）初縣杜、鄭。"《正義》注："括地志云：下杜故城在雍州長安縣東南九里，古杜伯國。"《集解》："地理志京兆有鄭縣、杜縣。"1973 年在西安市南郊山門口鄉北沉村曾出土秦國杜虎符一件，銘文云："兵甲之符，右在君，左在杜……"在距今發現虎符的北沉村約 2 公里處，有杜城村，位於丈八溝鄉與山門口鄉之間，去西安約 4 公里。可見此處似疑爲秦杜縣的故址。

《秦代陶文》頁 48

○**黃盛璋**（1991）　杜：《史記·秦本紀》：武公"十一年初縣杜。"遠在此之前秦已有杜縣，原爲周杜伯之國，秦得之，后以爲縣。今西安城南稍偏西唐故城外尚有杜城，《水經注》所謂狗枷川水北逕杜陵東，陵之西北，有杜縣故城是也，"南去宣帝陵五里"，宣帝更名爲杜陵，因陵治此改名。其東南尚有下杜城，加"下"以與杜別。《漢書·宣帝紀》"曾孫尤樂杜、鄠之間，率常在下杜城"，應劭以爲"故杜陵之下聚落"是也，《水經注》以下杜城爲杜伯之國，《長安志》亦以下杜城爲杜伯所築，並以此即杜城，漢宣帝修杜之東原爲陵曰杜陵，更名此曰下杜城，城東有杜原，城在原下故曰下杜，清《一統志》已指《水經注》與《長安志》皆屬誤解，杜、杜縣、杜城最先，皆爲一地，下杜在後，爲杜之下聚落，宣帝改名杜陵，是杜而非下杜。杜國爲杜伯所築，自爲前者。瓦書之杜自指杜城而非下杜。

杜爲大地區，封歂宗邑之地屬於杜縣一部，而非全部，具體地區則由酆邱與潏水二地限定。

《考古與文物》1991-3，頁 85—86

○**周偉洲**（1997）　杜丞之印

杜，爲秦最早設置的縣之一。《史記·秦本紀》云：武公十一年（公元前 687 年）"初縣杜、鄭"。後沿而不改，地在今西安西南杜城。秦併六國前後，其爲秦內史屬縣，丞係縣令之長吏。

《西北大學學報》1997-1，頁 33

○**何琳儀**（1998）　《說文》：“杜，甘棠也。从木，土聲。”

　　齊璽杜，姓氏。亦曰唐杜氏，祁氏。帝堯之後，建國於劉，爲陶唐氏，裔孫劉累以能擾龍事孔甲，故在夏爲御龍氏，在商爲豕韋氏，在周爲唐杜氏。見《通志·氏族略·以國爲氏》。

　　晉璽、趙兵杜，姓氏。見 a。趙兵“杜波”，疑趙名將廉頗。中山王圓壺杜，讀土或埜（野）。

　　秦器杜，地名。《左·襄廿四年》“在唐爲唐杜氏”，注“唐、杜二國名”。在今陝西長安東北。

《戰國古文字典》頁 529

○**王望生**（2000）　“杜秦”“杜徐”“杜□”（圖二，14—16）。杜爲縣名，西周杜伯國，前 687 年秦武公置縣。治所在今陝西西安市東南。西漢元康元年（前 65 年）因宣帝築陵於此，改名杜陵。“秦”“徐”均爲陶工名。

圖二

《考古與文物》2000-1，頁 9—10

△按　“杜”字从木从土，上揭文字中，或作左“木”右“土”，或作左“土”右“木”，亦戰國文字異形之一例。

【杜主】睡虎地·日書甲 149 背

○**睡簡整理小組**（1990）　杜主，《史記·封禪書》：“於杜亳有三杜主之祠、壽星祠，而雍菅廟亦有杜主。杜主，故周之右將軍，其在秦中，最小鬼之神者。各以歲時奉祠。”索隱云：“秦寧公與亳王戰，亳王奔戎，遂滅湯社。皇甫謐亦云：周桓王時自有亳王號湯，非殷也。”又引徐廣云：“京兆杜縣有亳亭。”索隱又云：“案《地理志》：杜陵，故杜伯國，有杜主祠四。《墨子》云：周宣王殺杜伯不以罪，後宣王田於圃，見杜伯執弓矢射，宣王伏弢而死也。”

《睡虎地秦墓竹簡》頁 227

【杜亭】秦陶 1279

○**袁仲一**（1987）　“杜亭”：杜縣的故址在今西安市西南郊，屬於咸陽的近畿。杜亭是杜縣并官署的代稱。

《秦代陶文》頁 57

楢 楢

楢龍崗38　　**楢**璽彙2889

○**中國文物研究所、湖北省文物考古研究所**（2001）　楢，音yóu，木名，木性堅韌。《説文》木部：“楢，柔木也，工官以爲耎輪。”《山海經·中山經》郭《注》：“楢，剛木，中車材，剛木即柔木，蓋此木堅韌，固柔剛異稱而實同耳。”又用於取火，《周禮·夏官·司爟》鄭《注》：“秋取柞楢之火。”

《龍崗秦簡》頁89

△**按**　《璽彙》2889字作楢，右上一點未印出，《戰國古文字典》將其併入“栖”字。《戰國文字編》“楢”下列從“酋”和從“酉”兩類字形，《楚文字編》亦將包山簡之“𦱺”列在“楢”下。滕壬生認爲“栖”是“楢”字或“酉”字的異體，見《楚系簡帛文字編》增訂本539頁和1253—1254頁。按“楢、栖、酉”三字用法相通，然字形有別。參下“栖”字。龍崗秦簡“楢”字所在句子爲“諸取禁苑中柞、棫、楢、楢産葉及皮□”。詳下“楢”字。

楛 楛

石鼓文·作原

○**强運開**（1935）　薛尚功、趙古則俱作“格”，非是。楊升庵作“楛”。張德容云，《説文》楛，從木㿹聲，讀若皓。《爾雅》作“㮚”，亦未確。段氏於《説文》楛下注云，《六書故》以烏臼當之，未知是否。按，《正字通》云，烏桕，木名，本作烏楛。《迴瀾字義》亦云，楛俗作柏，非是，楛乃柏之本字也。但鼓文“櫯、楛”二字連文，竊疑只是一木，如梧桐、楊柳之類。櫯一名栟櫚，《説文》有栟無櫚，楛或即櫚之借字。今人謂椶爲椶櫚，亦曰椶櫚，櫚、柳二音相近。又糸部絒讀若柳，絒從㿹得聲，楛亦從㿹得聲，是讀楛爲柳音，固亦可也。

《石鼓釋文》己鼓，頁8—9

○**何琳儀**（1998）　《説文》：“楛，木也。從木，㿹聲。讀若皓。”
　　石鼓楛，楛木。

《戰國古文字典》頁180

△**按**　《戰國文字編》注：“同柏。”

㯐 㯐　㯐

石鼓文·作原

○**吳大澂**（1883）　㯐，古㯐字。石鼓。

《説文古籀補》頁 22，1988

○**强運開**（1935）　薛尚功、鄭漁仲、趙古則均作“㯐”。潘云疑古“㯐”字。張德容云，按《説文》㯐，栟櫚也，可作草。㯐，承㯐也。鼓文柞、棫、楰等皆木名，㯐廁其閒，殊不倫類。潘則猶以字形相近疑之耳。容又按，舟部“艭”下云，从舟㕟聲，讀若莘。木部“梓”，从木宰省聲，又或文作宰，不省。以艭字讀若之例推之，疑此爲籀文梓字，但以字形不類，不敢臆定也。運開按，《説文》木部之“㯐”與舟部之“艭”，小徐俱作子紅切，是二字本同音矣。又郭注《方言》云，艭，古屆字。段氏於讀若莘下注云，此音與子紅爲雙聲，與屆亦雙聲，漢時語如此。又按，艸部之“莘”，阻史、子亥二切，是讀若莘，乃讀若屆音也。張氏疑爲籀文梓字，實屬誤會。又按，夊部㕟，斂足也，子紅切。斂足有不行意，故舟著沙不行，从㕟作艭，㕟、艭同爲子紅切，是从㕟作㯐者爲小篆，从艭作㯐者爲籀文，不過緐省之分耳，斷㯐爲籀文㯐字，可以無疑矣。按此上闕三字。

《石鼓釋文》己鼓，頁 8

△**按**　“㯐”爲木名，即棕櫚。丁佛言《説文古籀補補》卷六：“石鼓作㯐，俗作棕。”

椅　椅

椅聖彙 4127

○**何琳儀**（1998）　《説文》：“椅，梓也。从木，奇聲。”奇下或加曰爲飾。
　　戰國文字椅，人名。

《戰國古文字典》頁 852

△**按**　“椅”本木名，《詩·鄘風·定之方中》：“樹之榛栗，椅桐梓漆，爰伐琴瑟。”毛傳：“椅，梓屬。”後爲座椅之“椅”，則爲“倚”之別字。《正字通》木部：“椅，坐具後有倚者，今人俗呼椅子。”

柀 柀

睡虎地·日乙 58　　　睡虎地·答問 26

○**睡簡整理小組**（1990）　柀，讀爲疲，《莊子·齊物論》簡文注：“病困之狀。”

《睡虎地秦墓竹簡》頁 186

○**張守中**（1994）　柀　通破。柀入內中。封七七。通被。柀污頭北及地。封五七。

《睡虎地秦簡文字編》頁 83

○**王子今**（2003）　柀。整理小組均寫作“柀（破）”。今按：柀，原有析破之義。《說文·木部》：“柀，黏也。”“一曰析也。”段玉裁注：“‘析’，各本訛‘折’。今正。葉石君寫本及《類篇》正作‘析’。按‘柀’‘析’字見經傳極多，而版本皆訛爲手旁之‘披’，‘披’行而‘柀’廢矣。《左傳》曰：‘披其地以塞夷庚。’《韓非子》曰：‘數披其木，毋使木枝扶疏。’《戰國策》范雎引《詩》曰：‘木實繇者披其枝，披其枝者傷其心。’《史記·魏其武安傳》曰：‘此所謂枝大于本，脛大于股，不折必披。’《方言》曰：‘披，散也。東齊聲散曰廝，器破曰披。’此等非‘柀’之字誤，即‘披’之假借。《手部》‘披’訓從旁持，《木部》‘柀’乃訓分析也。陸德明、包愷、司馬貞、張守節、吳師道皆音上聲，普彼反，是可證字本從木也矣。”簡牘資料中則“‘柀’‘析’字”多作“柀”，可知所謂經傳“皆訛爲手旁之‘披’”應是後來事。除睡虎地秦簡《日書》甲種此例外，又有睡虎地秦簡《封診式·穴盜》：“其穴壞在小堂上，直穴播壤，柀入內中。”

《睡虎地秦簡〈日書〉甲種疏證》頁 51

△**按**　秦簡“柀”用作“疲、破、被”，各字皆從皮得聲。《封診式》簡五七“柀污頭北及地”，“北”即“背”。《睡虎地秦簡·封診式》釋文該句作“柀（被）污頭北（背）及地”。

棫 棫

石鼓文·作原　龍崗 38

○**强運開**（1935）　《說文》：“棫，白桵也。”散盤作，易木於下耳。

《石鼓釋文》己鼓，頁 7

○**何琳儀**(1998) 《説文》:"棫,白桵也。从木,或聲。"

　　石鼓棫,木名。見《説文》。

《戰國古文字典》頁 20

○**中國文物研究所、湖北省文物考古研究所**(2001) 棫,音 yù,木名,木性堅韌。《説文》木部:"棫,白桵也。"《毛詩》陸璣《疏》云:"……其材理全白,無赤心者爲白桵,直理易破,可爲檛車,又可爲矛戟矜。"

《龍崗秦簡》頁 89

△**按** 龍崗秦簡"棫"字所在句子爲"諸取禁苑中柞、棫、橎、楢産葉及皮□"。詳下"橎"字。

櫝 櫝

包山 259

○**劉彬徽、彭浩、胡雅麗、劉祖信**(1991) 櫝,讀如續。

《包山楚簡》頁 61

○**何琳儀**(1998) 槍,从木,會聲。栟之繁文。《玉篇》:"栟,柱上枅櫨也。亦作開。"

　　包山簡槍,不詳。

《戰國古文字典》頁 1068

△**按** 此字當釋爲"櫝",《戰國文字編》(頁 356)、《楚文字編》(頁 341)均已釋爲"櫝"。

【櫝枳】包山 259

○**李家浩**(1998) 包山竹簡中的"枳"字凡三見:

　　(1)一櫝枳,又(有)錦綉縞序。259 號

　　(2)一竹枳,錦序。260 號

　　(3)二枳錢(盞)。265 號

　　(中略)(1)(2)的"枳"跟起居用的"縞席、寢鏷"等記在一起,説明它也是指起居用品。(中略)按枕在古代又叫做"庋"。《玉篇》立部説:"庋,枕也。"《廣韻》紙韻過委切詭小韻也説:"庋,枕也。""庋"有支載之義。《廣韻》寘韻詭僞切𧹞小韻:"庋,庋戴物。"《廣雅·釋詁二》:"庋,載也。""戴"與"載"古通。《急就篇》"奴婢私隸枕牀杠",顏師古注:"枕,所以支頭也。"枕又叫做

“攱”，當是因枕是支載人頭用的而得名。攱載之“攱”或以“枝”爲之。(中略)古文字多以“枳”爲“枝”。簡文(1)(2)的“枳”，顯然都應該讀爲枕的別名的“攱”。

　　包山二號楚墓出土枕二件，分別編號爲 2:425、2:430。據枕座的形態，《包山楚墓》把 2:425 號稱爲框形座枕，把 2:430 號稱爲盒形座枕。框形座枕的兩側木座中部和下部分別鑿長方框，枕面由七根竹片組成，長 66.6 釐米、寬 17.4 釐米、高 13.2 釐米。盒形座枕的枕座用整塊木頭鑿成，呈長方盒狀，枕面由六根竹片組成，出土時盒內還裝有半盒花椒，長 62.5 釐米、寬 13.6 釐米、高 13.2 釐米。

　　(1)的“櫝”應該讀爲“櫃”。“櫃”是小匣。《韓非子·外儲説左上》：“楚人有賣其珠於鄭者，爲木蘭之櫃，薰以桂椒，綴以珠玉，飾以玫瑰，輯以翡翠。”簡文“櫃攱”之“櫃”即用此義。“櫃攱”當指墓內出的盒形座枕。因盒形座枕的枕身是櫃，兼有枕和櫃兩種功能，故簡文把它叫作“櫃枕”。

《著名中青年語言學家自選集·李家浩卷》頁 289—291，2002；
原載《徐中舒先生百年誕辰紀念文集》

○劉信芳(2003)　《説文》：“櫭，椐也。”《詩·大雅·皇矣》：“其檉其椐。”陸璣(疏)云：“節中腫，似扶老，今人以爲馬鞭及杖”。《爾雅·釋木》：“椐，櫭。”郭璞《注》：“節腫可以爲杖。”《漢書·孔光傳》：“賜太師靈壽杖。”服虔曰：“靈壽，木名。”孟康曰：“扶老杖也。”師古《注》：“木似竹，有枝節，長不過八九尺，圍三四寸，自然有合杖制，不須削治也。”“枳”讀爲“枝”，《莊子·齊物論》：“師曠之枝策也。”該墓北室出土有“龍首杖”一件(標本 2:224)，由銅質首、鐏和積竹柲等三部分構成，通長 155.2 釐米。該杖與席、枕、几、盍、梳、篦、瑟同出，與簡文所記大略相合。簡 260 記有“一竹枳”，疑是竹杖。

　　信陽簡 2-203：“一栿枳。”李家浩釋“枳”爲桃枝席(《信陽楚簡中的“柿枳”》，《簡帛研究》第 2 輯)。“櫭枳”究竟是杖名還是席名，尚有待於更多的辭例才能判明。

《包山楚簡解詁》頁 273—274

△按　包山簡 259 的“櫭枳”，《包山楚簡》原釋爲“櫭柷”，並謂“櫭，讀如續。柷，讀作梳。續梳即繪有紋飾的梳”(參《包山楚簡》37、61 頁)。按“柷”字釋誤，應爲“枳”字，詳下“枳”字條。據以上研究，“櫭枳”有枕名、杖名和席名三義，按諸出土實物，當以枕名爲是。

栩　栩

澂秋 35

△按　《説文》：“栩，柔也。从木，羽聲。其皁一曰樣。”《詩·唐風·鴇羽》：“蕭蕭鴇羽，集于苞栩。”孔疏引陸璣云：“今柞櫟也，徐州人謂櫟爲杼。或謂之爲栩。”“柔”同“杼”。

杙　㭲

㭲 曾侯乙 164　　㭲 曾侯乙 169

㭲 郭店·窮達 6

○何琳儀（1998）　《説文》：“杙，劉杙也。从木，弋聲。”（編按：大徐本《説文》作“杙，劉，劉杙。从木，弋聲”。）

　　隨縣簡“杙人”，讀“弋人”。《法言·問明》：“弋人何篡。”《漢書·百官公卿表》少府屬官“左弋”，官名，掌弋射。

《戰國古文字典》頁 70

△按　古文字裏，偏旁“戈”往往有用爲“弋”的現象，當是由於“弋”加飾筆而與“戈”相混。説詳李家浩《戰國㞢布考》。“杙”字隨縣簡从戈，郭店簡从弋，屬同類現象。

【杙檋】郭店·窮達 6

○荊門市博物館（1998）　杙，讀作“桎”。檋，其右旁下从“夆”，朱德熙、裘錫圭認爲，“夆”即桍之表意初文（《平山中山王墓銅器銘文的初步研究》，《文物》1979 年 1 期）。檋，似可讀作“梏”。

《郭店楚墓竹簡》頁 146

○李家浩（1999）　見本卷木部“檋”字條。

○李零（1999）　“械桪”，上字原作“杙”，下字从木从古甲字，整理者讀“桎梏”，字音不合（“桎”是質部字，“梏”是覺部字，而這兩個字則是之部[編按：“之部”爲“職部”之誤]和葉部字）。按上字疑讀“械”（“械”是匣母職部字，“杙”是喻母職部字，讀音相近），下字則是古“柙”字。“械”是“桎梏”類刑具的總稱（“桎”是手械，“梏”是足械，屬於手銬腳鐐類刑具），“柙”是囚車（本指獸籠，亦指囚籠,用爲動詞,字亦作"押")。此事見《管子·小匡》,有"遂生束縛而柙以予齊"之説,注曰:"柙,檻。"《韓詩外傳》卷七作"管夷吾束縛自檻車",《説苑·雜言》作"管夷吾束縛膠目,居檻車中",《史記·齊太公世家》説"鮑叔牙迎受管仲,至堂阜而脱桎梏",可參看。

《道家文化研究》17,頁 494—495

○劉釗(2003)　"杕"字讀爲"械"。"杕、械"古音都在職部,聲紐一爲喻紐,一爲匣紐,古代有許多相諧的例子,故"杕"可以讀爲"械"。"橪"字據研究即見於《玉篇·木部》的"橪"字,爲"柙"字異體,在此即用作"柙"。"械柙"指囚繫罪人的"檻車"。

《郭店楚簡校釋》頁 171

△按　古文字材料中"夲"或從"夲"之字皆與兵胄器械相連屬,中山王壺和伯晨鼎分別是"夲胄、甝胄"連言,小盂鼎則"甝、胄"並舉,包山簡 18 之"虜",辭謂"兵虜",以義言之,郭店簡《窮達以時》之"橪"讀爲械柙之"柙"是合乎情理的。"杕橪"讀"械柙"可信。

桔　桔

睡虎地·日乙 104 壹

△按　《説文》:"桔,桔梗,藥名。從木,吉聲。一曰,直木。"秦簡"桔"用爲"結",見《日書乙種釋文注釋》,《睡虎地秦墓竹簡》頁 238,文物出版社 1990 年。

柞　柞

石鼓文·作原　　龍崗 38

○强運開(1935)　《説文》:"柞,木也。從木,乍聲。"《詩·大雅》"柞棫斯拔",與鼓文言"柞棫其□"文義正相同也。

《石鼓釋文》己鼓,頁 7

○何琳儀(1998)　《説文》:"柞,木也。從木,乍聲。"

　　石鼓"柞棫",見《詩·大雅·緜》:"柞棫撥(編按:當作"拔")矣,行道兑矣。"箋:"柞,櫟也,棫,白桵也。"

《戰國古文字典》頁 579

○中國文物研究所、湖北省文物考古研究所（2001）　柞，音 zuò，木名，木性堅韌。《詩·大雅·緜》：“柞棫拔矣。”《本草綱目》李時珍説：“此木堅韌，可爲鑿柄，故俗名鑿子木。”

《龍崗秦簡》頁 89

△按　龍崗秦簡“柞”字从“作”聲。《詩經》除“柞棫”連言外，亦有單用“柞”者，如《小雅·采菽》：“維柞之枝，其葉蓬蓬。”龍崗秦簡則“柞棫播楢”連用。詳下“楢”字。

楷 楷 𣏾

璽彙 0264　　　新蔡甲三 74　　　新蔡甲三 224

新蔡零 11　　　新蔡零 529

○何琳儀（1998）　楷（編按：指上引《璽彙》0264 之形），从木，晉省聲。《説文》：“楷，木也。从木，晉聲。《書》曰，竹箭如楷。”

　　楚璽“楷□公”，讀“晉□公”，封君名。

《戰國古文字典》頁 1153

△按　新蔡簡中有“楷里（零 529）、楊里（零 72）、堵里”（零 116）等。“里”是先秦的一種基層組織，“楷里”爲里社名。

檕 𣒲

陶彙 3·27　　　陶彙 3·29

○何琳儀（1998）　《説文》：“檕，木也，可以爲大車軸。从木，齊聲。”

　　齊陶“昌檕”，地名。

《戰國古文字典》頁 1269—1270

△按　陶文“木”符與“齊”符有共用筆畫，“木”之豎畫並加點爲飾，皆爲古文字常見現象。

樸 櫠 欛

郭店·老甲 9

郭店·老甲 32　　　天星觀

○**荊門市博物館**（1998）　"保"下一字（編按：即"僕"字），其下部从"臣"，與《說文》"僕"字古文从"臣"相合，故釋爲"僕"。

《郭店楚墓竹簡》頁 114

△**按**　《說文》木部："樸，棗也。从木，僕聲。"簡文借"樸"爲"僕"。"僕"字古文从"臣"，較之从"人"，"給事者"之意更爲顯豁。

柧 柧

柧 信陽 2・18　　柧 信陽 2・21

○**中大楚簡整理小組**（1977）　柜即鐻字，《考工記・梓人》爲虡，本以木，始皇乃易以金，李斯小篆乃改从金豦聲。司馬賦云，千古之鐘萬石之鉅，正謂秦物。按此將鉅寫成鐻，原從木製之鉅可寫成柜，故柜即後之鉅字，也即鐻、虡（虞）字，均指鐘鼓之樹（簨足）也，《說文》作虡，隸省爲虡。

《戰國楚簡研究》2，頁 22

○**劉雨**（1986）　柜。

《信陽楚墓》頁 129

○**郭若愚**（1994）　柝，《集韻》《類篇》《韻會》並闥各切，音託。柝櫨，木名。

《戰國楚簡文字編》頁 87

○**李家浩**（1998）　"柧"字原文作 A：

A 柧

此字舊有"柜、柝"等不同釋法，皆不可信。按秦漢簡帛文字"瓜"字和从"瓜"之字或作如下之形：

巳 瓜　《睡虎地秦簡文字編》114 頁　　　 孤　同上 219 頁

狐　《文物》1983 年 2 期 33 頁圖三・3　　柧　《廣西貴縣羅泊港灣漢墓》圖版四一

弧　《馬王堆漢墓帛書［肆］》圖版 25 頁二二五行　　瓤　同上圖版 32 頁三五二行

把 A 所從右旁跟這些"瓜"字和所從的"瓜"旁進行比較，不難發現應當是"瓜"。那麼 A 無疑是"柧"字。據《說文》所說，"柧"指有棱之木。銀雀山漢墓竹簡《孫臏兵法・陳忌問壘》："將戰書柧，所以哀正也。"此處的"柧"即指棱形的木簡，古書往往借"觚"爲之。上揭貴縣羅泊灣漢墓木牘的"柧"用爲"弧"。

《簡帛研究》3，頁 5

○**何琳儀**（1998）　《說文》："柧，棱也。从木，瓜聲。又柧棱，殿堂上最高處也。”

　　楚簡柧，疑懸挂鐘磬木架，出土物多呈圓角四棱形。條讀修，《説文》訓飾。

《戰國古文字典》頁 481

△按　此字劉洪濤釋爲“柧”（《上博竹書〈民之父母〉研究》，北京大學 2008 年碩士學位論文），今從之。

【柧條】信陽 2・18

○**李家浩**（1998）　現在我們進一步討論“棧鐘”的附屬物“柧棨，漆豙，金玙”。“柧棨，漆豙”還見於下文所記編磬的部分。“柧”字原文作 A：

A 柧

此字舊有“柜、杔”等不同釋法，皆不可信。按秦漢簡帛文字“瓜”字和從“瓜”之字或作如下之形：

	瓜	《睡虎地秦簡文字編》114 頁		孤	同上 219 頁
	狐	《文物》1983 年 2 期 33 頁圖三・3		柧	《廣西貴縣羅泊港灣漢墓》圖版四一
	弧	《馬王堆漢墓帛書[肆]》圖版 25 頁二二五行		瓠	同上圖版 32 頁三五二行

把 A 所從右旁跟這些“瓜”字和所從的“瓜”旁進行比較，不難發現應當是“瓜”。那麼 A 無疑是“柧”字。據《説文》所說，“柧”指有棱之木。銀雀山漢墓竹簡《孫臏兵法・陳忌問壘》：“將戰書柧，所以哀正也。”此處的“柧”即指棱形的木簡，古書往往借“觚”爲之。上揭貴縣羅泊灣漢墓木牘的“柧”用爲“弧”。

　　（中略）“棨”字原文作 B：

B 棨

　　此字舊有“棨、棨”等不同釋法。按當以釋作“棨”爲是，此字上半所從“丰”的寫法與戰國鷹節銘文的“丰”相似，可以比較。“棨”字應該分析爲從“木”從“攴”從“丰”聲，頗疑是“栔”字的異體。

　　古代懸鐘磬的架子叫作“筍虡”。《考工記・梓人》：“梓人爲筍虡。”鄭玄注：“樂器所縣（懸），橫曰筍，植（直）曰虡。”“筍”或作“簨”，《禮記・明堂位》：“夏后氏龍簨虡。”鄭玄注：“簨虡，所以縣（懸）鐘磬也。橫曰筍，飾之以鱗屬；植（直）曰虡，飾之以贏屬、羽屬。”我們認爲簡文的“柧棨”就是指懸鐘磬的筍虡。上古音“柧”屬見母魚部，“虡”屬群母魚部，二字聲母都是喉音，韻部相同。“筍”屬心母真部，“栔”屬溪母月部。從表面上看，“筍、栔”二字的讀音不類。但是，杜子春關於“筍”字的讀音頗值得注意。《周禮・春官・典庸器》"及祭祀,帥其屬而設筍虡",鄭玄注引杜子春云:"筍讀爲博選之選。" "選"跟"筍"字的異文"籑",都從"巺"聲。可見杜子春對"筍"字的注音是有所本的,不是隨便説的。上古音"巺、選"都是心母元部字。在形聲字裏,溪、心二母有通諧的現象。例如"契"屬溪母,從"契"得聲的"楔、偰"屬心母。元月二部陽入對轉。頗疑"柧栔"應當讀爲"虡籑"。

"漆彖"之"彖",舊讀爲"緣",非是。"彖"還見於 2-01、2-03、2-026 號等簡。這些"彖"都是指器物上繪畫的紋飾。《莊子·達生》"苟生有軒冕之尊,死得于腞楯之上、聚僂之中則爲之",成玄英疏:"腞,畫飾也;楯,笭車也。謂畫輴車也。"我們認爲簡文的"彖"皆應當讀爲《莊子·達生》"腞楯"之"腞",訓爲"畫飾也"。

"虡籑,漆腞"的意思是説,棧鐘的虡籑上,有漆繪的花紋。信陽一號楚墓出土的鐘架,是由兩根帶足柎的立柱的虡和一根橫梁的籑構成。足柎的外側有浮雕對稱捲雲紋和朱色彩繪。立柱上端兩側有浮雕獸面紋和朱色彩繪。橫梁也有彩繪。簡文所記"虡籑、漆腞"與之相合。

前面説過,"虡籑、漆腞"還見於下文所記編磬的部分。在信陽一號楚墓出土文物中,未見有編磬,是簡文所記的編磬没有隨葬。但是,位於一號墓東側的二號墓,出土木質編磬十八枚和磬架一件。磬架的形制與一號墓的鐘架大致相同,唯磬架的籑是兩層。磬架上有雕刻的花紋和漆繪的花紋。估計簡文所記的磬架形制與二號墓的磬架相同或相似。若此,與簡文所記編磬的"虡籑、漆腞"也是相合的。

《簡帛研究》3,頁 5—6

△按　此當釋"柧絛"爲是,詳可參劉國勝《楚喪葬簡牘集釋》(21—22 頁,科學出版社 2011 年)。

桜　栘

侯馬 156:20　　璽彙 2403

○**何琳儀**(1998)　《説文》:"桜,木也,從木,孚聲。"
　　侯馬盟書桜,人名。

《戰國古文字典》頁 936

○**何琳儀**(1998)　《説文》:"桜,履灋也。從木,爰聲。讀若指撝。"

楚璽援,姓氏,疑讀爰。出濮陽,亦舜裔胡公之後。見《廣韻》。

《戰國古文字典》頁 937

△按　《璽彙》2403 之“ ”字,原釋“援”,《戰國文字編》入“援”字下。按字之右邊上從爪下從又,中有一畫,《楚文字編》釋“将”,當是,此從之。“寽”與“爰”形近,應爲一字分化。典籍中“鋬、鋝”相混,見於《書·呂刑》。參《戰國古文字典》頁 936“爰”字條。

枸 枸

睡虎地·秦律 135　　　包山 97　　　上博五·三德 21

十鐘

○**睡簡整理小組**(1990)　枸櫝欙杕,均爲刑具。枸櫝應爲木械,如枷或桎梏之類。

《睡虎地秦墓竹簡》頁 51

○**何琳儀**(1998)　《説文》:“枸,枳椇也。從木,句聲。”(編按:大徐本《説文》作:“枸,木也。可爲醤,出蜀。從木,句聲。”何氏引據《説文通訓定聲》,見需部。)

包山簡枸,地名。

《戰國古文字典》頁 343

△按　睡虎地·秦律 147“枸”字,《睡虎地秦墓竹簡》頁 53 釋爲“拘”,誤。

枋 枋

集成 9734 舒遲壺　璽彙 0325　睡虎地·日甲 66 背壹　上博三·亙先 9

○**張政烺**(1979)　枋讀爲方。

《古文字研究》1,頁 240

○**張守中**(1994)　通柄。牡棘枋。

《睡虎地秦簡文字編》頁 84

○**何琳儀**(1998)　《説文》:“枋,木可作車。從木,方聲。”

中山王圓壺“枋�百里”讀“方數百里”。《孟子·梁惠王》下“文王之囿,方七十里”。參方字。

《戰國古文字典》頁 715

○李守奎、曲冰、孫偉龍（2007）　按：簡文"先友囻焉又枋"之"枋"讀爲"方"。

《上海博物館藏戰國楚竹書（一——五）文字編》頁 292

△按　中山王圓壺"枋數百里"，鼎銘作"方數百里"，可見"枋"用同"方"。

楊 楊

珍秦 60　　石鼓文・汧殹　　集粹　　璽彙 2392

包山 192　　天星觀　　新蔡零 72

珍秦 96　　陶彙 3・310

○袁仲一（1987）　楊工積，楊爲縣，積爲人名，工是積的身份。楊本姬姓小國，周宣王少子尚父封於楊，稱爲楊侯。楊於春秋時併於晉，成爲羊舌肸的采邑。秦置縣，故城在今山西洪洞縣東北。

（《秦代陶文》頁 50

○何琳儀（1998）　《説文》："楊，楊木也。从木，易聲。"

齊陶楊，地名。

晉璽楊，姓氏。周武王子唐叔虞封於晉，出公遜子齊生伯僑，天子封爲楊侯，子國，以國爲姓。見《元和姓纂》。

包山簡楊，姓氏，見 c。

《戰國古文字典》頁 669

△按　《珍秦》96 與《陶彙》3・310 之"楊"乃正書，故印文爲反書。

【楊民】秦陶 485

○袁仲一（1987）　（9）楊民居貲大［教］（拓片 485）。

（10）［楊］民居貲公士富（拓片 486）。

（11）楊民居貲武德公士契必（拓片 487）。

《秦代陶文》頁 28

○袁仲一（1987）　（7）楊民　"楊民"一名見於三件瓦文上，但史籍不見此名，漢有"楊氏"縣，屬鉅鹿郡，後漢因之，晉省入瘿陶縣，故城在今河北寧晉附近。"民"與"氏"二字形近混淆。漢之"楊氏"似爲秦"楊民"之誤，姑存疑。

《秦代陶文》頁 33

○黃文傑（1998）　秦代有如下三件瓦文，内容是：

楊民居貲大教（《秦代陶文》485）

　　　　［楊］**氏**居貲公士富（同上 486）

　　　　楊**氏**居貲武德公士契必（同上 487）

這三件瓦文均是出自秦始皇陵西側趙家背户村修陵工人墓坑内的墓志瓦文，第二字袁仲一先生均釋“民”，恐誤。從字形考慮，這三個字可以釋“氏”，也可以釋爲“民”，但與有關的文例對照看，這三個字就應該釋爲“氏”了。同坑的瓦文還有：

　　　　平陰居貲北游公士滕（同上 488）

　　　　闌陵居貲便里不更牙（同上 491）

　　這兩句話與上述三句話句式相同，“居貲”之前“平陰、闌（應是‘蘭’之訛）陵、楊氏”均是縣名。查《漢書·地理志》有“楊氏”縣，古屬鉅鹿郡，“平陰”縣，古屬河南郡，“蘭陵”縣，古屬東海郡。而史籍似未見有“楊民”之名，故上述三字自應釋“氏”。疑漢之“楊氏”即來自秦之“楊氏”。“居貲”爲役徒，“楊氏居貲”即楊氏縣的役徒。

　　　　　　　　　　　　　　　《容庚先生百年誕辰紀念文集》頁 704—705

柳 楙

　　石鼓文·汧殹　　　　睡虎地·日甲 57 正壹　　　　陶彙 5·2

　　貨系 491

○**强運開**（1935）　　柳，《説文》：“小楊也，从木，丣聲。丣，古文酉。”張德容云，朱茮堂有卯丣偏旁説，謂今本《説文》“丣，古文酉”數字爲後人淺説羼入。桂未谷云，《御覽》《初學記》皆引作丣聲，桺並从丣。今觀石本亦確是作丣，知朱、桂之説爲可信。張燕昌云，按，石本半泐，諸橅本作桺，或作桺，及見天乙閣本作桺，乃知橅本之非。《説文》丣爲春門萬物已出，丣爲秋門萬物已入，一，閉門象也。此柳字石本丣旁作卝，是以一閉在下，所以別於卯字者與。運開按，芭堂此説殊誤。天乙閣本卝旁中畫相連，實係石紋破裂所致。今據明安桂坡藏本橅拓如上，柳字甚明，毫無破損，中畫並不相連，足證一閉在下之説爲無稽。惟所引錢塘梁不翁曰《説文》以開、閉分二字是也，然虞翻傳有字同音異之説，不分開閉，故徐邈讀“言采其茆”作“柳”音。徐鍇《繫傳》丣字下亦載丣字，注曰“同義，此二字古通用久矣”等語，則爲通論，與朱、桂二氏之説可互相發明矣。又按，散氏盤柳作桺，留鐘留作桺，均係作卝，是同字異音不分開閉

之説爲可信也。

《石鼓釋文》乙鼓，頁 14—15

○**鄭家相**（1942）　右布文曰柳，在右。按柳即柳棼，見宣九年，杜注鄭地。

《泉幣》10，頁 18

○**蔡運章、余扶危**（1985）　柳　《公羊傳·宣公元年》載："冬，晉趙穿帥師侵柳。柳者何？天子之邑也。"古代的人們往往以地名來命名天上的列星，以辨別夜裏行走的方位，所以天文二十八宿中便有柳宿。《漢書·地理志》説："周地，柳，七星，張之分野也。今之河南、雒陽、谷城、平陰、偃師、鞏、緱氏，是其分也。"《史記·天官書·正義》曰："柳八星、星七星、張六星，爲鶉火，於辰在午，皆周之分野。"《后漢書·光武帝紀上》注引《續漢志》曰："柳，河南也。"可見，柳爲天子之邑，地在今洛陽市一帶。

《中國錢幣論文集》頁 91

○**劉樂賢**（1994）　［八］柳，二十八宿之一。《開元占經·南方七宿占》引《石氏星經》曰："柳八星。"

《睡虎地秦簡日書研究》頁 22

○**何琳儀**（1998）　《説文》："柳，小楊也。从木，丣聲。丣，古文酉。"

石鼓柳，柳樹。秦陶"當柳"，地名。

《戰國古文字典》頁 264

△**按**　"柳"字小篆之"丣"旁，乃古文字之"卯"旁的變寫。"留"字古作、，小篆作，也是从"卯"變爲"丣"，可以比勘。

樗 樗

秦陶 1241　　集成 11430 樗矛

○**何琳儀**（1998）　《説文》："樗，大木可爲鉏柄。从木，罗聲。"（《説文》："罗，驚詞也。从兮，旬聲。"）樗从兮或作丂形，参詛楚文義作。

秦器樗，讀枸，地名。《史記·樊酈滕灌列傳》："周類軍枸邑。"在今陝西縣東北（**編按**："縣"當作"枸邑縣"）。

《戰國古文字典》頁 1112

【枸邑】秦陶 1241

○**袁仲一**（1987）　（13）枸邑□，所缺一字爲工匠名。枸邑的枸字印文寫作

“枸”。此字《唐韻》和《集韻》並音苟。《史記·高祖功臣侯者年表》《漢書·酈商傳》以及《漢書·地理志》都寫作“枸邑”,秦權寫作“旬邑”。可見秦漢時枸邑的枸字有如上三種寫法。《漢書》記酈商曾“破章邯別將於烏氏、枸邑、泥陽”。顏師古注:“烏氏,安定縣也;枸邑今在豳州;泥陽,北地縣。”故城在今陝西省枸邑縣東北。

《秦代陶文》頁 50

栘　栘

 包山牘 1

○**何琳儀**(1998)　《説文》:“栘,棠棣也。从木,多聲。”

　　包山牘栘,不詳。

《戰國古文字典》頁 862

棣　棣

棣 香續一 92

△**按**　該字右邊从木,左邊从又从尾省,即“隶”(“逮”本字)。《説文》:“棣,白棣也。从木,隶聲。”

枳　枳

枳 信陽 2·23　　枳 包山 259　　枳 包山 265　　枳 郭店·唐虞 26　　枳 上博五·鬼神 4

枳 郭店·語四 17

枳 睡虎地·日甲 49 正叁

○**睡簡整理小組**(1990)　枳,魏地,古書多作軹,今河南濟源南。

《睡虎地秦墓竹簡》頁 8

○**張守中**(1994)　通支。與枳刺艮山之胃離日。日甲四九。

《睡虎地秦簡文字編》頁 84

○**李家浩**(1996)　信陽 2-203 號簡所記的隨葬物中,有一種作如下兩個从“木”的字:

A 

B 

A 的右旁是“市”字，其豎畫下部加有一短横。2-023 號簡的“帛”和 2-02 號簡的“帶”等字，所从“巾”旁豎畫下部也加有一短横，與此情況相同。古代“市、朩”二字形音皆近，可以通用。“旆”字《説文》篆文寫作从“朩”而曾侯乙墓竹簡寫作从“市”，即其例，因此，A 有可能是《説文》所謂的“陳楚謂櫝（牘）爲柹”之“柹”。此字篆文寫作“林”，从“朩”。這一意見是否正確，單從文字本身無法作出判斷，只有把它和 B 結合起來考慮，才能確定。

B 的右旁還見於信陽 2-024 號簡和隨州出土的銅器銘文：

C 《信陽》圖版一二七・2-024　　D 《殷周金文集成》9.4661

B、C、D 三者所从的偏旁寫法略有不同：

E1 （B）　　E2 （C）　　E3 （D）

區别是中閒豎畫的尾部，E1 向左曳，E2 向右曳，E3 屈曲以求字形的藝術性。E1 的字形很像是孑孓之“孓”，但它們不同的地方在於頭部，前者作古文字“兄”字頭，後者作古文字“子”字頭，區别甚嚴。舊釋 E 爲“孓”，非是。

古文字从“只”的字作如下之形：

《金文編》811 頁　　《睡虎地秦墓竹簡》圖版一一五・一五三背

《馬王堆漢墓帛書［叁］》圖版二〇・二三二

第一字林義光認爲从“女”从“䩭”，即“媒”字。第二字是“枳”字，第三字是“軹”字，這些字所从的“只”旁皆寫作“兄”字形。E 很像是上揭古文字“只”旁的反寫，唯“只”左側的短畫向左下斜，E 右側的短畫向右上翹。古代文字正反往往無别。頗疑 E 是“只”字的變體。大概是爲了避免跟“兄”字相混，有意把“只”字寫作 E 之形的。根據這一認識，我們認爲 B、C、D 應該分别釋爲“枳、鈬、盤”。“盤”是“鈬”字的繁體，因爲“鈬”是器皿名，故又增加形旁“皿”（參看下文）。

如果把 B 釋爲“枳”是正確的，那麽就可以由此確定 A 是否是《説文》所説的“陳楚謂櫝（牘）爲柹”之“柹”了。2-023 號簡説：

（1）□□錦㠯縑。一錦終枕。一寢莞，一寢筵，屯結芒之純。六篾筵，屯錦純。一柹枳，錦純，組繡。又腎、緣、枕、枳，皆……

“柹枳”之前記的是寢莞、寢筵和篾筵三種席，之尾綴以“錦純”，與寢莞、寢筵和篾筵之後綴以“結芒之純”和“錦純”文例相同，於此可見，“柹枳”也應該是席一類的東西。

古代的席種類很多，除了莞、筵等席之外，還有一種席叫作“桃枝”。桃枝

本來是一種竹子的名字,桃枝席就是用這種竹子編織成的而得名。這裏舉一條《周書·器服》有關桃枝席的記載作爲例子:

桃枝、蒲席,皆素獨(襡)。

江陵鳳凰山一六八號漢墓竹簡把桃枝寫作"逗枳"。竹簡原文説:

逗枳、逗枳錦因(茵)各一。《考古學報》1993 年 4 期圖版拾伍·44

"逗枳"與"桃枝"古音相近。"逗、桃"二字的聲母都屬定母。"逗"的韻母屬侯部,"桃"的韻母屬宵部,古代宵、侯二部的字音有關。《詩·小雅·棠棣》以侯部的"豆、具、孺"與宵部的"飫"押韻。此是押韻的例子。《詩·小雅·皇皇者華》"我馬維駒",陸德明《釋文》説"駒,本亦作驕"。"駒"屬侯部,"驕"屬宵部,此是異文的例子。《説文》説"橾""讀若藪"。"橾"屬宵部,"藪"屬侯部。此是注音的例子。"枳、枝"都是章母支部字,可以通用。例如:馬王堆漢墓帛書《五十二病方》有"取桃東枳"之語,以"枳"爲"枝";《説文》肉部"胑"字重文作"肢",所以桃枝可以寫作"逗枳"。

值得注意的是,信陽楚簡的"柹枳"與江陵鳳凰山漢簡的"逗枳",不僅都是席名,而且它們的第二個字相同。因此,我們有理由認爲"柹枳"是桃枝的另一種寫法;"柹枳"之"柹"不是《説文》所説的"陳楚謂櫝(牘)爲柹"之"柹",而是一個從"鬧"省聲的字。

(中略)(1)的"一柹(桃)枳(枝),綿純,組繡",是説一張桃枝席,其上有錦的緣邊和"組繡"的裝飾。此墓左後室出竹席六,絹緣邊,當是簡文所記的篾筵。寢莞、寢筵和桃枝三種席未見,大概是當時没有隨葬。

以上對信陽楚簡"柹枳"等的意見,我們早在十年前就已寫出,有人還引用了稿中對上揭銅器銘文器名 D 的釋法。由於 F 跟上揭金文和簡帛文字所从的"只"字字形有一定差别,所以一直不敢自信。近年公布的包山楚簡中也有从 E 的字,爲我們這一意見提供了新的證據。

包山 258 號簡説:

(3)蒉茈二箕,蘸 f 二箕,菽二箕。　　《包山》二〇二·258

此簡文記的是隨葬的食物。"菽"這種食物在 2:191-3 號、2:202-2 號竹笥所繫的竹籤上作"苢"。前者从"枳"聲,後者从"只"聲,它們當是同一個字的異體。爲了便於比較,現在把這三個字的字形揭示於下:

《包山》圖版二〇二·258

《包山》圖版四六·191

《包山》圖版四七·202

其所从"只"旁的寫法與 E2 相近。（中略）

　　（3）的"薽芷、蕛 f"是兩種水生植物。那麼位於其後的"萩"也應該是水生植物,據 2:191-3 號、2:202-2 號竹笥所繫竹籤文字,這兩件竹笥當是簡文所記載的"萩二笥"。2:202-2 號竹笥内盛的都是菱角,2:191-1 號竹笥内也盛有菱角。菱角也是水生植物,與薽芷、藕同類。簡文所記的"萩"和籤文所記的"芰"顯然是指竹笥内盛的菱角。楚人把菱角叫做"芰"。《國語·楚語上》"屈到嗜芰",賈逵注:"蔆,芰也。楚人謂陵（蔆）爲芰。"《説文》艸部:"蔆,芰也。从艸,淩聲。楚謂之芰。"以上文所引馬王堆漢墓帛書"枝"作"枳"和《説文》"胑"字重文作"肢"例之,包山竹簡的"萩"和竹籤的"芰",無疑是"芰"字的異體,與後世出現的草名"芨其"之"芨",當非一字。於此可證,我們把 E 釋爲"只"是合理的。

　　在包山楚簡中,除了上面所説的兩個"芰"字的異體从"只"之外,還有兩個从"只"的字:

　　　　（4）邟陽《包山》圖版一六八·173

　　　　（5）邟女《包山》圖版一二六·83

　　　　（6）周迟《包山》圖版一七三·185

　　（4）的"邟陽"是地名。"邟"不見於字書,應該分析爲从"邑"从"只"聲。《水經注·沔水注》記枝水出大洪山,西南流經襄陽都縣、漱城,而注於敖水。水北爲陽。疑（4）的"邟"應該讀爲"枝","枝陽"可能因位於水之陽而得名。

　　（5）的"邟女"和（6）的"周迟"都是人名。"邟女"之"邟"是氏,疑也應該讀爲"枝"。《姓觿》卷一支韻"枝"字下注:"《國名紀》云'古枝國在楚。《左傳》'戎伐楚,侵訾枝'是也,因氏'。《世本》云'楚大夫枝如子弓（躬）之後'。《千家姓》云'楚郡族'。""周迟"之"迟"是名字。此字見於《説文》,訓爲"曲行也"。

　　最後談談本文開頭提到的 C、D 兩個器名之字。原文説:

　　　　（7）四盒（合）釸,一爲釸,屯又（有）盍（蓋）。

　　　　（8）卲之御盤（釸）

"釸"字見於《玉篇》,訓爲"金也"。（7）（8）的"釸"當非此義。《集韻》支韻:"鈘,器名。"頗疑（7）（8）的"釸"應該讀爲"鈘"。

《簡帛研究》2,頁 1—8

○劉信芳（1997）　信陽簡二·二三:"一柀枳,錦純,組績。"（中略）

　　"枳"字李家浩謂讀如"枝",可信。《周禮·春官·司几筵》:"加次席,黼純。”鄭玄注:“次席,桃枝席,有次列成文。”疏云:“鄭亦見漢世以桃枝竹爲席,次第行列有成其文章,故言之也。”《爾雅·釋草》:“桃枝四寸有節。”疏引《竹譜》:“桃枝,皮赤,編之滑勁,可以爲席。”

簡文“梽枳”乃桃枳竹編成的牀笫。該墓出土牀一件(標本一:六九六),牀上橫撑上鋪有竹片,此“梽枳”之謂也。“梽枳”應有編聯,簡文記爲“組績”,“梽枳”應有緣邊,簡文記爲“繢純”。

《中國文字》新 23,頁 108—109

○**何琳儀**(1998)　　椇,從木,足聲。

包山簡椇,讀足。

《戰國古文字典》頁 385

○**何琳儀**(1998)　　《説文》:“枳,木似橘。從木,只聲。”

楚簡枳,橘類。見蓻字。

睡虎地簡枳,枳木多刺。《韓非子·外儲説》:“樹枳棘者,成而刺人。”

《戰國古文字典》頁 747

○**李守奎**(1998)　　字在下例衆字中用作偏旁:

①梽 包山 259　　　枅 包山 260

②綎 仰天湖 2　　　綎 仰天湖 4　　　綏 仰天湖 6　　　綎 仰天湖 33

③郓 曾侯乙 137

④䇓 包山 125　　　䇓 包山 219　　　䇓 包山 220

①形包山楚簡《考釋》隸作“梽”,讀作“梳”,甚是。“梽”字與“枅”字同出一簡,二字均見於《集韻》,分別是“梳、櫛”二字的異寫。包山二號墓出土物中有此二物,與簡文所記相合。

《簡帛研究》3,頁 23—24

○**李家浩**(1998)　　我曾經寫過一篇《信陽楚簡中的“梽枳”》的小文,對信陽竹簡中的“枳”字和包山竹簡中從“只”的“蓻、郓”等字進行了討論。其實包山竹簡中也有“枳”字。由於當時對包山竹簡“枳”字之義的解釋還存在一定的問題,所以在該文裏没有論及。後來經過探索,包山竹簡“枳”字之義的問題終於得到解決。現在就把我的意見寫在下面,供大家參考。

包山竹簡中的“枳”字凡三見:

(1)一檯枳,又(有)錦綉縞序。(259 號)

(2)一竹枳,錦序。(260 號)

（3）二枳錢（蓋）。（265號）

（1）（2）的“枳”字所從“只”旁的寫法，跟信陽竹簡 2-023 號“枳”字所從
“只”旁相近；（3）的“枳”字所從“只”旁的寫法，跟信陽竹簡 2-024 號“枳”字
所從“只”旁相近。《包山楚墓》把（1）（2）的“枳”釋爲“柢”或“椹”，（3）的
“枳”釋爲“椹”，皆不可信。

（1）（2）的“枳”跟起居用的“縞席、寢鏷”等記在一起，説明它也是指起居
用品。雖然《包山楚墓》把（1）（2）的“枳”誤釋爲“柢”或“椹”，但是該書 122
頁認爲 2 的“一竹枳”是指墓内出土的枕卻是值得注意的。按枕在古代又叫
做“攱”。《玉篇》立部説：“攱，枕也。”《廣韻》紙韻過委切詭小韻也説：“攱，枕
也。”“攱”有支載之義。《廣韻》寘韻詭僞切賟小韻：“攱，攱戴物。”《廣雅·釋
詁二》：“攱，載也。”“戴”與“載”古通。《急就篇》“奴婢私隷枕牀杠”，顔師古
注：“枕，所以支頭也。”枕又叫作“攱”，當是因枕是支載人頭用的而得名。攱
載之“攱”或以“枝”爲之。《文子·上德》：“葯之縞也，或爲冠，或爲絑。冠則
戴枝之，絑則足躧之。”《淮南子·説林》有與此類似的文字，“枝”作“致”。
“致”無“枝”義，王念孫説當爲“攱”字之誤。按其説甚是。我在前面提到的
那一篇小文裏曾經指出，古文字多以“枳”爲“枝”。簡文（1）（2）的“枳”，顯然
都應該讀爲枕的別名的“攱”。

包山二號楚墓出土枕二件，分別編號爲 2:425、2:430。據枕座的形態，
《包山楚墓》把 2:425 號稱爲框形座枕，把 2:430 號稱爲盒形座枕。框形座枕
的兩側木座中部和下部分別鑿長方框，枕面由七根竹片組成，長 66.6 釐米、寬
17.4 釐米、高 13.2 釐米。盒形座枕的枕座用整塊木頭鑿成，呈長方盒狀，枕面
由六根竹片組成，出土時盒内還裝有半盒花椒，長 62.5 釐米、寬 13.6 釐米、高
13.2 釐米。

（1）的“櫝”應該讀爲“櫃”。“櫃”是小匣。《韓非子·外儲説左上》：“楚
人有賣其珠於鄭者，爲木蘭之櫃，薰以桂椒，綴以珠玉，飾以玫瑰，輯以翡翠。”
簡文“櫃攱”之“櫃”即用此義。“櫃攱”當指墓内出的盒形座枕。因盒形座枕
的枕身是櫃，兼有枕和櫃兩種功能，故簡文把它叫做“櫃枕”。

據古書記載，像“櫃攱”這樣一類的枕，除了裝花椒之外，還可以裝書等。
例如《越絶書·外傳枕中》所説的枕：“以丹書帛，置之枕中，以爲邦寶。”後世
把這類枕叫作“枕函、枕盝、枕匣”等。例如：唐司空圖《楊柳壽杯詞》之六“偶
然樓上捲珠簾，往往長條拂枕函”；《敦煌歌辭總編》［一二八〇］首“枕盝妝函
金花細”；《宋史·李光傳》李光説他“嘗實匕首枕匣中”。“櫃、函、盝、匣”

同義。

　　説到這裏，順便説説《説文》對“櫝”的解釋。《説文》木部説：

　　　　櫝，匱也。从木，賣聲。一曰木名。又曰櫝，木枕也。

《説文》説解列舉了“櫝”字的義項共有三個。第三義項，大徐本作“大梡”，小徐本和唐寫本作“木枕”。《玉篇》木部對“櫝”字的解釋也是列舉了三個義項：

　　　　櫝，匱也，亦木名，又小棺。

第一、二義項與《説文》相同，第三義項與《説文》有別。《説文》學家多認爲《玉篇》對“櫝”字的解釋是本《説文》的，所以認爲《説文》第三義項不論是作“大梡”還是作“木枕”，都是“小棺”之誤。謂“棺、梡”二字形音皆近，先誤爲“大梡”，再誤爲“木枕”。前面説過，簡文(1)把盒形座枕名爲“櫝竝”，是因爲該盒形枕兼有櫝和枕兩種功能。“匱”與“櫝”是同一個字的異體。《説文》“櫝”字的第一義項是“櫝”，第三義項是“木枕”。我們認爲這應該是“櫝”兼有櫝和枕兩種功能，故“櫝”既可以作爲櫝的名字，又可以作爲枕的名字。“大梡”與“木枕”字形相近，“大梡”應該是“木枕”之誤。至於《玉篇》所説的“小棺”，應該是“櫝”的另一義項，與《説文》的第三義項“木枕”無關。

　　根據前文所説，簡文(1)所記的“一櫝竝”是指墓内出的盒形座枕，那麽簡文(2)所記的“一竹竝”當是指墓内出的框形座枕。

　　(中略)古人席地而臥，席地而坐。晚上睡覺時，把臥席鋪在地上；第二天早晨起來，要把臥席和枕收起來，裝在有關的東西裏，然後鋪上坐席。所以簡文(1)(2)在記枕的同時，也記了裝枕的袋子。《禮記·內則》：“少者執牀與坐，御者舉几，斂席與簟，縣(懸)衾，篋枕，斂簟而襡之。”此以篋裝枕，與簡文以袋裝枕，所用的工具雖然不同，但作用卻是相同的。

　　(3)的“二枳盞”，《包山楚墓》105頁認爲是指墓内出土的兩件銅敦，甚是。按楚國文字往往把敦稱爲“盞”，例如望山二號墓竹簡46號的“卵盞”，53號的“合盞”，指的就是敦。“卵盞”之“卵”和“合盞”之“合”，都是對“盞”的形制的説明。“卵盞”是因盞的形狀像圓卵而得名，“合盞”是因盞由器蓋相合成而得名。(3)的“枳盞”與“卵盞、合盞”文例相同，“枳”也應該是對“盞”的形制的説明。《廣雅·釋詁三》：“頍，圓也。”王念孫《廣雅疏證》説：“頍者，《開元占經·歲星占篇》引《淮南子·天文訓》注云：‘規者，員也。’規、頍、圓、員，並通。”據《説文》頁部説解“頍”“从頁，枝聲，讀若規”。疑簡文“枳盞”之“枳”應該讀爲“頍”，訓爲“圓”。若此，(3)的“頍盞”與望山竹簡的“卵盞”同義,也是指圓形的盞。包山二號墓出的銅敦,器蓋扣合後是圓球狀,其形態與簡文所記相同。

《著名中青年語言學家自選集·李家浩卷》頁289—294,2002;

原載《徐中舒先生百年誕辰紀念文集》

○**劉信芳**(2003)　枳錢

　　"錢"讀爲"盞","枳錢"謂三足盞。《詩·小雅·大東》:"跂彼織女。"毛《傳》:"跂,隅貌。"《疏》引孫毓釋云:"織女三星,跂然如隅。然則三星鼎足而成三角,望之跂然,故云隅貌。"从"只"與从"支"之字相通,説參簡258"萩"字注。報告謂出土的二件三足銅敦即簡文所記"錢",是正確的。該器由蓋、身各半合成,蓋、身等大(標本1:175,2:168)。

《包山楚簡解诂》頁287

△**按**　《戰國古文字典》385頁把包山簡259之字隸定爲从木从足之字,讀爲"足",747頁則歸爲"枳"字,處理有矛盾,前者非而後者是。《包山楚簡》原釋爲"柶",並謂"柶,讀作梳"(參《包山楚簡》37、61頁)。亦非。楚簡"只"之作、、等形,不僅與"只"的通常寫法有異,還與"也"字的寫法混同。據此,先秦文獻中的語氣詞"只",如《詩經·鄘風·柏舟》"母也天只,不諒人只"中的"只",應該是"也"字之訛。參見楊澤生《説"既曰'天也',猶有怨言"評的是〈鄘風·柏舟〉》(簡帛研究網站2002年2月7日,又見《新出土文獻與古代文明研究》,上海大學出版社2004年;《戰國竹書研究》頁138—142,中山大學出版社2009年)。相關文章可參看黃德寬《説"也"》(《第三屆國際中國古文字研討會論文集》,問學社有限公司1997年),何琳儀、房振三《"也"、"只"考辨》(《民俗典籍文字研究》3輯,商務印書館2006年),趙平安《對上古漢語語氣詞"只"的新認識》(2001年中國社會科學院語言研究所"海峽兩岸漢語史研討會"論文,收入《新出簡帛與古文字古文獻研究》,商務印書館2009年)等。

權　橯

睡虎地·封診65

○**睡簡整理小組**(1990)　橯,疑讀爲橼。

《睡虎地秦墓竹簡》頁159

△**按**　《説文》:"櫂,黃華木。从木,藋聲。"《睡虎地秦簡》"櫂"字共五見:《封診式》四見,疑讀爲椽;《爲吏之道》一見,用爲權衡義,云:"不知所使,則以權衡求利。"劉釗、陳偉武等有釋。

柜　柜

枈　睡虎地·爲吏 19 貳

柾　仰天湖 8　　**柾**　信陽 2·3　　**柾**　璽彙 0051

○**饒宗頤**(1957)　《禮》言"皆木桁久之"。簡 8 云:"一攼柜玉見(首),一樸柜又綵繡。六柋梌……"攼字未詳,柾从木从巨,巨形與《説文》古文同,即柜字。《周禮·掌舍》"設梐柜再重",注:"故書柜爲柜。"按柜有内外列,《古文苑·揚雄〈城門校尉箴〉》:"家有柝柜。"胡培翬云:"樹木爲藩落謂之柜。"(《儀禮正義》)。按此處兩言柜。柜當指木桁也。鄭注:"桁所以庪'苞、甕、瓹'也,每器異桁。"聶氏引阮梁正等圖云:"桁制若今之几,狹而長,以承藏具。"(長沙出土漆器有放置食物之俎,見商承祚《長沙出土楚漆器圖録》圖版二,可參照。)

《金匱論古綜合刊》1,頁 62

○**中大楚簡整理小組**(1977)　柜。

《戰國楚簡研究》2,頁 23

○**劉雨**(1986)　柾。

《信陽楚墓》頁 128

○**郭若愚**(1994)　柜,《正韻》:"篋也,亦作匱。"今蘇人謂櫃曰柜。

《戰國楚簡文字編》頁 122

○**商承祚**(1995)　柜,亦見第一七簡,指鐘鼓架的足柎。柜爲木名,質堅實。《説文》:"柜,木也。从木,巨聲。"又:"虡,鐘鼓之柎也。飾爲猛獸。从虍,異象其下足。鐻,虡或从金,豦聲。虡,篆文虡省。"《爾雅·釋器》:"木謂之虡。"《詩·大雅·靈臺》:"虡業維樅。"《周禮·春官·磬師》:"掌教擊磬,擊編鐘。"又《典庸器》:"設筍虡……廞筍虡。"《冬官·考工記》:"梓人爲筍虡。"《史記·秦始皇本紀》:"收天下兵,聚之咸陽,銷以爲鐘鐻。"《漢書·司馬相如傳》中《子虛賦》:"撞千石之鐘,立萬石之虡。"《漢書·輿服志》:"樔文畫輈。"以及本簡之柜,皆名同而實異。或从金,或从木,皆言其質,而虡、豦、巨爲其聲。

《戰國楚竹簡匯編》頁 24

○**何琳儀**(1998) 《説文》:"柜,木也。从木,巨聲。"

　　燕璽"柜易",讀"沮陽",地名。《戰國策·魏策》"癘疽",《史記·孔子世家》作"雍渠"。是其佐證。"沮陽",見《漢書·地理志》上谷郡。在今河北懷來東南。三孔布作"邔陽"。

　　楚簡柜,見《正韻》:"柜,篋也。亦作匱。"柜,溪紐;匱,見紐。均屬牙音。

《戰國古文字典》頁 497

△**按** 表木名的"柜"音 jǔ,表匱篋的"柜"音 guì,二者同形。"匱"後作"櫃",清·翟灝《通俗編·器用》:"(匱),唐或有从木作'櫃'者。"現以"柜"爲"櫃"的簡化字。"柜"音 hù,行馬,即古時官府門前阻擋通行的障礙物,用木頭交叉制成(徐鍇《説文解字繫傳》:"漢魏三公門施行馬。柜者,交互其木也。"),字亦作"柜",或源於二者小篆字形相似之故。

槐 槐

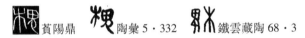 蒉陽鼎　　槐 陶彙 5·332　　林木 鐵雲藏陶 68·3

○**何琳儀**(1998) 《説文》:"槐,木也。从木,鬼聲。"

　　陶彙槐,地名。

《戰國古文字典》頁 1186

△**按** 《陶彙》68·3 之"林木"當係正書反印。

榖 榖 槃

槃 包山 274

○**何琳儀**(1998) 槃,从木,榖聲。疑榖之異文。《説文》:"榖,楮也。从木,殼聲。"

　　包山簡槃,讀榖。

《戰國古文字典》頁 351

楮 楮

 睡虎地·日甲 130

包山 149

璽彙 0181

○**睡簡整理小组**（1990）　楮讀爲佇，站立。

《睡虎地秦墓竹簡》頁 201

○**劉樂賢**（1994）　楮，讀爲佇，站立。

《睡虎地秦簡日書研究》頁 155

○**何琳儀**（1998）　《説文》：“楮，穀也。从木，者聲。柠，楮或从宁。”

楚璽楮，讀堵，地名。見堵字。包山簡“偖楮”，地名。

《戰國古文字典》頁 520

△**按**　《睡虎地秦簡日書》：“凡民出行，出其門，毋敢顧，毋止……小顧是謂小楮，吝；大顧是謂大楮，凶。”其中之“楮”讀爲“佇”，站立之意，文意順暢，音理可通，然於文獻，似爲首見。

櫟　櫟

睡虎地·效律 38　　集成 11502 櫟陽矛　　集成 11361 四年相邦樛斿戈

秦陶 368　　陶彙 5·335

○**袁仲一**（1987）　“櫟市、樂”：都是櫟陽市的省文。秦獻公由雍城（今陝西鳳翔）遷都櫟陽，到秦孝公十二年又由櫟徙都咸陽。故址在今陝西省臨潼縣武屯一帶。《史記·貨殖列傳》記載：“櫟邑北卻戎翟，東通三晉，亦多大賈。”是個四方輻輳、市井貿易繁華的都市之一。

《秦代陶文》頁 57

○**林泊**（1991）　2.“櫟”字印文 1 件。小篆體。陰文，無邊框，位於一小罐腹部。

　　3.“櫟市”印文係兩字合寫，共 3 件。均爲小篆（**中略**）。寫法布局安排上略有區別，但都是“木”字爲一旁，“樂”字和“市”字爲一旁。有邊框，邊框有長方形和正方形之別。長方形爲 2.5×2 和 2.3×2 釐米兩種，正方形爲 2×2 釐米。分別位於盆内底、盒内底和盒蓋内側等部位。（**中略**）

　　其中有的陶文，如“芷、櫟、櫟市、櫚、麗亭、宮屯、宮泳、宮光、大水沈、杜亭”等，在秦始皇帝陵區也有發現，字體風格也完全相同，應屬始皇時代。但秦東陵所葬幾位君王及大量陪葬墓從時閒上講,都在秦始皇之前,所以這批陶文無疑應是始皇統一之前的陶文,或者說屬於戰國晚期的陶文。這批陶文大部分發現於器物上,這些器物均出土於陪葬墓中。從一些墓的鼎、罐、壺、敦等器物組合看,也應爲秦統一之前的戰國晚期墓葬。所以這批陶文的時代是無所質疑的。

《考古》1991-5,頁 409、412

【櫟陽】睡虎地·效律 38、集成 11502

○**睡簡整理小組**(1990)　櫟陽,地名,今陝西臨潼東北。秦獻公二年(公元前383 年)至孝公十二年(公元年前 350 年)在此建都。

《睡虎地秦墓竹簡》頁 26

○**何琳儀**(1998)　《說文》:"櫟,木也。从木,樂聲。"

　　秦兵"櫟陽",地名。《史記·秦本紀》獻公十八年:"雨金櫟陽。"在今陝西臨潼東北。秦陶櫟,即櫟陽。《左·襄十一年》:"秦晉戰於櫟。"在今陝西臨潼北。

《戰國古文字典》頁 301

△**按**　"櫟"字甲骨文已見,見於《合集》36746,辭云:"乙卯卜,在櫟貞:王步亡災。"乃作地名用。其字作𣐑,右形左聲,與後世之左形右聲者異。

梂 梂

𣖾 郭店·五行 41

𣖺 上博一·詩論 10　　𣗀 上博一·詩論 11　　𣗀 上博一·詩論 12

○**馬承源**(2001)　梂木,今本《詩·國風·周南》作《樛木》。《說文》云:"梂,櫟實。一曰鑿首。从木,求聲。""樛、梂"爲同部音近字。

《上海博物館藏戰國楚竹書》(一)頁 140

△**按**　《郭店·五行》"梂"字所在句子爲"不强不梂,不剛不柔",注(《郭店楚墓竹簡》頁 154):"帛書本作'不勮不救,不剛不柔'。《詩·商頌·長發》作'不競不絿,不剛不柔'。"按《說文》:"絿,急也。从糸,求聲。"《詩·商頌·長發》"不競不絿,不剛不柔",毛傳:"絿,急也。"孔疏:"不競爭,不急躁。"則"絿"爲本字,"梂、救"皆借字。

柘 柏

柏 曾侯乙 39

○**何琳儀**（1998）　《說文》:"柘,桑也。从木,石聲。"

隨縣簡柘,姓氏。楚大夫以地爲氏。見《元和姓纂》。

《戰國古文字典》頁 549

○**何琳儀**（1998）　桍,从柘,毛爲疊加音符。柘之繁文。

信陽簡桍,讀柘。

《戰國古文字典》頁 549

△**按**　"柘"字《戰國文字編》失收。

榮 榮

榮 秦文字集證 182·717　　**榮** 集成 11322 七年命氏戈　　**榮** 齊魯古陶文字 5·50　　**榮** 睡虎地·日甲 81 背

△**按**　金文之**艹**(井侯簋)、**艹**(盂鼎),變而爲**艹**(五七字衛簋)、爲**艹**(弭伯簋),已近"榮"字上部之"熒"符。舊釋爲"艾",非。裘錫圭認爲先秦的"艹"字,象燋燭燃燒形,就是"熒"的初文,可以隸定爲"熒"(參《文字學概要》162頁)。方濬益首釋爲"榮"之古文,並謂其象木枝柯相交之形,其端从炊,木之華也。華之義爲榮(《綴遺齋彝器款識考釋》卷二十七)。若從"榮"字說,後之"榮"字,殆因"熒"之形義不顯,遂增"木"符以足義。金文未見从木作者,以上字例當爲全形之"榮"的早期資料。

桐 桐

桐 集粹　　**桐** 璽彙 5335　　**桐** 璽彙 3983　　**桐** 睡虎地·日甲 52 背叄

桐 曾侯乙 212　　**桐** 新蔡甲三 317　　**桐** 新蔡甲三 325　　**桐** 新蔡甲三 409

○**吳振武**（1983）　3983 空侗劈·空桐劈。

《古文字學論集》（初編）頁 520

5335 桐·□。

5336 同此改。

《古文字學論集》（初編）頁 524

○**何琳儀**（1998）　《説文》：“桐，榮也，从木，同聲。”

　　隨縣簡“桐樵”，讀“桐奚”，桐木俑。《淮南子·繆稱》：“魯以偶人葬而孔子歎。”注：“偶人，桐人也。”

《戰國古文字典》頁 421

△**按**　銅器銘文“桐”多爲上“木”下“同”（參《金文編》393 頁），楚簡則多爲上“同”下“木”，《汗簡》及《古文四聲韻》所録古文同，秦國等其他系別文字則爲左“木”右“同”，或爲時代、地域與系別書寫習慣使然。睡虎地秦簡日書：“一室人皆癃體，癘鬼居之，燔生桐其室中，則已矣。”“桐”爲木名。《璽彙》5335 之桐，其“同”旁寫法與古文字“同”字有異，吴振武認爲此字釋“桐”可疑，應暫入附録，字待考，參見《古璽文編校訂》（66 頁，人民美術出版社 2011 年）。

橎 橎

新蔡甲三 318　　龍崗 208

○**中國文物研究所、湖北省文物考古研究所**（2001）　橎，音 fán，木名，木性堅硬。《集韻》：“一曰剛木，不華而實。”

　　【校正】橎，《龍》文引《説文》曰“檐木也”，不知出自何本。

《龍崗秦簡》頁 89

△**按**　龍崗秦簡 208（新編號 38）：“諸取禁苑中柞、棫、橎、楢産葉及皮☒。”《龍崗秦簡》整理者釋其大意云“凡在禁苑中采取柞樹、棫樹、橎樹、楢樹所生樹葉和樹皮”，並認爲后面殘去部分有兩種可能，一種是“勿論、毋罪”，一種是“與盜同法”。以秦律之嚴苛推測，似以後者的可能性爲大。值得注意的是，這幾種樹木都是可以製作工具的木材。參《龍崗秦簡》（89 頁）。

榆 榆

睡虎地·日乙 67　　秦印　　秦陶 490

貨系 949　　　璽彙 2406　　　聚珍 230

○**羅福頤等**（1981）　貨幣文楡字同此。

《古璽文編》頁 123

○**裘錫圭**（1978）　上引各幣面文的“俞”旁往往簡寫作、等形。由此可知《古徵》附錄所收的古印文（39 頁）、（34 頁）等字，都應該釋作“俞”。

《古徵》附錄又有、二字（7 頁），古印中都用作姓氏。第一字顯然是“楡”字，第二字疑是“楡”字簡體。（中略）《姓觿》卷二“楡”字下引《姓苑》：“炎帝裔路子分居楡，後滅於晉，因氏。”

《北京大學學報》1978-2，頁 70

【楡即】東亞錢志 3・5

○**丁福保**（1938）　楡八匕　見第四五四—四五六圖

面右一字，或釋爲楡，姑從之。《國策》：“智氏見伐趙之利，而不知楡次之禍也。”【錢匯】

右布面文（中略）右作，江秋史釋爲鄃字。《漢志》鄃屬清河郡，顏師古曰即隃字，此北陵小隃之隃。【錢略】

有釋楡八化者，非也。爲楡鄉二字並書，左爲半。【補錄】

《古錢大辭典》頁 1242，1982

○**鄭家相**（1943）　右布文第一品或釋桃鄉，第二品或釋桃原，然桃字從不從，洮字布可證，乃鄉字傳形，有缺筆，非原字，釋桃原固非，釋桃鄉亦非，應釋楡鄉，尖足布文可證。按楡鄉即楡次，見《秦策》，今山西楡次縣西北有楡次故城，即春秋之魏楡也，戰國屬趙。

《泉幣》20，頁 30

○**鄭家相**（1958）　文曰楡鄉。按楡鄉即楡次，見《秦策》，今山西楡次縣西北，有楡次故城，即春秋時之魏楡，戰國爲趙地，稱楡次。此布文曰楡鄉者，因鄉之稱，與邑字丘字同也。

文曰楡鄉。楡鄉半。楡字省木旁作俞，鄉字省兩旁作良。注見大尖足布及方足小布。

文曰楡鄉。按楡鄉即楡次，見《秦策》，今山西楡次縣西北，有楡次故城。參見楡鄉方足小布。

文曰榆鄉。注見前。

《中國古代貨幣發展史》頁 102、111、109

○ **裘錫圭**（1978）

　　尖足大布《東亞》　　　同左

　　尖足小布《奇觚》　　　方足布《東亞》

方若《言錢補錄》釋這種幣文爲"榆鄉"（《辭典》下 23 及 35 頁）。"榆"旁一字顯然是"即"，釋作"鄉"是錯誤的。

　　《古泉匯》（元 4·14）所收方足布有下引一品：

　　附注説："字不可識，陳壽卿謂似'桃原'。"《言錢補錄》改釋"桃鄉"。其實這也是榆即布，只要把它跟上引第三、第四品榆即布對照一下，就可以明白了。

　　榆即所鑄的還有一種面文有"半"字的小尖足布：

　　《辭典》353 號　　　同左 356 號　　　《奇觚》12.22　　　《東亞》3.6

　　《言錢補錄》以爲這種幣文右"爲'榆鄉'（當作'榆即'）二字並書，左爲'半'"，是正確的。大陸（陰）尖足布面文有時省併爲"阞"（《辭典》359 號），跟"榆次"的省併爲"䣙"是同類的現象。

　　榆即就是古書上的榆次。"即、次"二字古音極近，可以通用。《説文》"坴"字古文作"𡎸"，山節藻梲之"節"《説文》作"榕"，可證。

　　《水經·洞過水》注引《竹書紀年》："梁惠成王九年，與邯鄲、榆次、陽邑。"《史記·秦本紀》："（莊襄王）三年……攻趙榆次、新城、狼孟，取三十七城。"由此可知榆次在戰國前期屬於魏國，後入於趙，到晚期又改屬於秦。榆次布和榆次半布大都是尖足布或型式近於尖足布的方足布。這兩種類型的布錢，根據它們的地名來看，幾乎都是趙幣（《發展史》107—115 頁）。榆次布和榆次半布無疑也是榆次屬趙時所鑄的。

　　上引各幣面文的"俞"旁往往簡寫作、等形。由此可知《古徵》附錄所收的古印文（39 頁）、（34 頁）等字，都應該釋作"俞"。

　　《古徵》附錄又有、二字（7 頁），古印中都用作姓氏。第一字顯然是"榆"字，第二字疑是"榆"字簡體。（中略）《姓觿》卷二"榆"字下引《姓苑》："炎帝裔路子分居榆，後滅於晉，因氏。"

《北京大學學報》1978-2，頁 70

○ **曹錦炎**（1984）　　（p.128）

　　《文編》釋爲"俞"。此爲"榆即"二字的合文，應入合文部分。古文字中的合文,往往省去兩字的某一部分,如"大陰"尖足布合文有時作"阹"(《古錢大辭典》359 號)。"榆即"布面文有時不省,如《東亞錢志》35 號。"榆即"當讀爲"榆次",戰國趙地。又《古泉匯》著錄的一品"榆即"布(元 4.14),榆字作𢑥,即字殘作𠂤,《文編》將前者釋爲"桃"(75 頁),後者入於附錄,不妥。

《中國錢幣》1984-2,頁 69

○**張頷**(1986)　按此種布幣榆字多作𢑥、𢑥、𢑥諸形,皆爲𣎻之或體,左旁多與幣紋中之中閒欄紋相合作𢑥,有的不與中閒欄紋相合作𢑥、𢑥諸形,有的省去𣎻(𣎻之省體)而作𠂤、𠂤,皆𠂤(餘)字,而榆即之即省作𠂤、𠂤、𠂤、𠂤諸形,詳即字條。

《古幣文編》,頁 209

○**張頷**(1992)　以往對"𠂤貝"(左讀)或"貝𠂤"(右讀)釋作"貝丘"的"丘",實則"榆"字的簡化,"俞"字的再簡化"𠂤"字。（中略）

《東亞》卷三
5 頁

"俞𠂤"就是"榆即"。"榆即"二字以往譜録中多誤釋爲"榆鄉"。裘錫圭先生釋爲"榆即"而且認爲"榆即"就是"榆次",其論證是令人信服的。但對"𠂤貝"二字尚未涉及。榆次的地望在戰國時屬於趙國,趙國的布幣大致有這樣一個演變規律,即早期流行一種大型的尖足布,幣面文字比較正規。就以"榆即"布爲例,如:

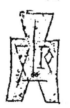

到早中期又流行一種折半的尖足布,而文字出現簡化字形,作俞𠂤半,如:

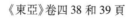

《東亞》卷三 6 頁

（中略)到了晚期,趙國除了流行刀布之外便大量流行方足布了,這種方足布相當於尖足"半"布,但幣面上一律省去"半"——"𠂤"字,只有簡化再簡化"𠂤貝"或"𠂤貝"兩字了,如:

《東亞》卷四 38 和 39 頁　　　　　　　《辭典》137

從以上幣形與文字的圖例看,不但可以看到趙國布幣演變的過程,更可以看到"榆即"二字從繁體到簡體遞嬗的迹象。

《古文字研究》19,頁 300—303

○**石永士**（1995）　【榆即·平襠方足平首布】戰國晚期青銅鑄幣。鑄行於趙國，流通於三晉、兩周、燕等地。屬小型布。面文“榆即”，形體多變。背無文。“榆即”，即榆次，古地名，戰國屬趙，在今山西榆次境内（參見“榆即·尖足平首布”條）。1956 年以來遼寧遼陽，山西祁縣、芮城，内蒙古土默特左旗，河北易縣燕下都遺址、灤平，河南鄭州等地屢有出土。一般通長 4.3—4.6、身長 2.9—3.2、肩寬 2.3—2.5、足寬 2.5—2.8 釐米，重 4.2—4.6 克。

《中國錢幣大辭典·先秦編》頁 266

○**何琳儀**（1996）　“榆即”（《辭典》248），讀“榆次”。《水經·洞過水》：“梁惠成王九年，與邯鄲、榆次、陽邑。”隸《地理志》太原郡。在今山西榆次北。“榆即”亦見趙尖足布。

《古幣叢考》頁 209

○**何琳儀**（1998）　《說文》：“榆，白枌，从木，俞聲。”

晉璽“榆平”，地名。晉璽“榆”，姓氏。榆氏出姜姓，炎帝榆罔之後。見《路史》。趙幣“榆即”，讀“榆次”，地名。《水經·洞過水注》引《竹書紀年》：“梁惠成王九年，與邯鄲、榆次、陽邑。”在今山西榆次北。

《戰國古文字典》頁 374—375

△**按**　裴錫圭文中的“𣂏”字，作者後改釋爲“栠”。參見《古文字釋讀三則》（《古文字論集》397—398 頁）；詳下“栠”字。張頷文中的𧶠或釋“貝也、貝它”，讀爲“貝地”，參見“貝”字條。“榆即”即古書中的“榆次”，地名。“榆”字曾被誤釋爲“桃”，“即”字曾被誤釋爲“鄉”或“原”，“榆即”舊有“榆鄉、桃鄉”或“桃原”等不同考釋，皆因幣文之合文省變所致。《古幣文編》所錄“榆、即”字，繁簡變異甚劇，前人不識，亦情理中事。裴錫圭首正舊釋之誤，詳明可信，“榆即”之釋，當不可易。張頷繼論省變之由，以“𧶠”亦“榆即”之進一步省變，亦頗有理致。

梗 樬

睡虎地·日甲 71 背

△**按**　《說文》：“梗，山枌榆，有束莢，可爲蕪荑者。从木，更聲。”睡虎地秦簡日書簡 71 反：“盜者壯，稀須，面有黑焉，不全於身，從以上臂臑梗，大疵在臂……”整理者對“梗”字無說。按“梗”有病害義，《廣雅·釋詁一》：“梗，病

也。”《字彙》木部：“梗，害也。”《詩·大雅·桑柔》：“誰生厲階，至今爲梗。”毛傳：“梗，病也。”對照簡 70 反“盜者大鼻，長頸，大臂臑而僂”句，“梗”或與“僂”相反，“僂”指彎曲，“梗”指僵直。待考。

松 松 㞦

集成 12113 鄂君啟舟節　　　　璽彙 2402

貨系 312　　　　上博四·逸詩·多薪 2

○丁福保（1938）　松　見第七一四—七一七圖

　　松　一二在左右，三四傳形，亦在左右。松疑亦地名，俟考。【錢匯】

　　右松字　《春秋》有旅松。襄十七年杜注：旅松近防。【錢略】

　　見第七一八圖

　　松　見前譜，此字分爲二，木旁置上，公字作川〇，尤爲奇異。古文往往有偏旁點畫顛倒錯落者。【錢匯】

《古錢大辭典》頁 1262,1982

○蔡運章（1995）【松·平肩空首布】　春秋中晚期青銅鑄幣。鑄行於周王畿。屬大型空首布。面文“松”，形體稍異。背無文。1972 年以來河南洛陽、臨汝出土 2 枚。一般通長 9.1—9.6、身長 5.6—5.9、肩寬 4.6—4.9、足寬 4.7—5.1 釐米，重 24.3—30.5 克。罕見。

《中國錢幣大辭典·先秦編》頁 127

○何琳儀（1998）　《説文》：“松，木也。从木，公聲。𥤮，松或从容。”

　　晉璽松，姓氏。秦始皇遇雨避松下，封松爲五大夫，後人氏焉。見《元和姓纂》。戰國已有松姓，非始於秦始皇。

　　鄂君舟節“松昜”，讀“樅陽”。《禮記·學記》“待其從容”，注：“從或爲松。”是其佐證。《史記·封禪書》：“浮江，自尋陽出樅陽。”《漢書·地理志》廬江郡作“樅陽”。在今安徽樅陽。

《戰國古文字典》頁 410

△按　“松”字或作㞦（貨幣文），或左“公”右“木”作㞦（貨幣文、楚簡），或“公”旁从“口”施點作松（璽文），或从“容”作𥤮，皆“松”之異形。《汗簡》所收古文與《説文》或體同。

檜　檜

檜 仰天湖 20　　　檜 仰天湖 20

○**饒宗頤**(1957)　檜即髻,《儀禮·士喪禮》:"髻用組乃笄。"鄭注:"用組,組束髮也;古文髻皆爲括。"《周禮·弁師》:"王之皮弁,會五采玉璂。"注:"故書會作體。"又鄭司農説引《士喪禮》"髻"作"檜",是鄭司農所見《儀禮》本作"檜"。與此簡合,可見檜即髻,亦指笄,所以供死者束髮之用,故以入壙。

《金匱論古綜合刊》1,頁 63

○**郭若愚**(1994)　檜,《左傳·成公二年》:"棺有翰檜。"鄭注:"翰,兩旁飾,檜,棺上飾,皆王禮。"此謂八枝戟上皆有紋飾。據楚墓出土古兵,其柄往往繪有紋飾,此或指此。

《戰國楚簡文字編》頁 126

○**劉信芳**(1997)　仰天湖簡二〇:"黃邨之矢八,又檜。""矢"即簡矢,"檜"古讀如"合",簡文既與"矢"連帶述及,可知"檜"是矢箙之類。

《中國文字》新 22,頁 188

○**何琳儀**(1998)　《説文》:"檜,柏葉松身木也。从木,會聲。"

仰天湖簡檜,讀栝。《廣韻》:"檜,木名,柏葉松身。栝,上同。"是其佐證。《釋名·釋兵》:"矢末曰栝,栝,會也,與弦會也。"

《戰國古文字典》頁 894

○**何琳儀**(1998)　仰天湖簡"檜",應讀"栝"。《書·禹貢》"杶榦栝柏",其中"栝"即"檜",木名。《廣韻》"檜,木名,柏葉松身。栝,上同"是其確證。簡文"栝"則指箭栝。《集韻》:"栝,一曰矢栝,築弦處。"

《簡帛研究》3,頁 112—113

○**許子濱**(2000)　至於仰天湖竹簡裏的"檜"字,假如讀爲"繪",那麼,所謂"有檜"就指矢上之畫飾。但同批竹簡裏本來就有"繪"字,因此這個"檜"字是否"繪"字之借字,還有待進一步的探討。

《嶺南學報》新 2,頁 25—26

△**按**　諸家所釋"檜"或爲紋飾,或爲箭栝。與矢連用時,應爲箭栝,指箭末扣弦處。

樅 樅

璽彙 2393　　璽彙 2395

○**何琳儀**（1998）　《説文》：“樅,松葉柏身。从木,從聲。”

晉璽樅,姓氏。樅公,見《漢書·高祖帝紀》。

《戰國古文字典》頁 430

△按　璽文右形左聲,聲符“從”从“止”。

柏 柏

睡虎地·日甲 35 背壹　　[图]珍秦 134　　[图]近出 1102 柏人戈

[图]璽彙 2396　　[图]集粹

○**張守中**（1994）　柏,日甲 35 背。通白。令人色柏然毋氣。

《睡虎地秦簡文字編》頁 85

○**何琳儀**（1998）　《説文》：“柏,鞠也。从木,白聲。”

晉璽柏,姓氏。大費拜受佐舜,調訓鳥獸,鳥獸多馴服,是爲柏翳,舜賜嬴姓。見《史記·秦本紀》。

柏人戈“柏人”,地名。《左·哀四年》：“齊國夏伐晉會鮮虞,納荀寅于柏人。”在今河北柏鄉南。

《戰國古文字典》頁 602

【柏（白）然】睡虎地·日甲 35 背壹

○**睡簡整理小組**（1990）　人毋（無）故而鬼取爲膠,是是哀鬼,毋（無）家,與人爲徒,令人色柏（白）然毋（無）氣。

《睡虎地秦墓竹簡》頁 212

△按　睡虎地秦簡日書甲種簡 35 背之“柏（白）然毋（無）氣”指人臉色煞白無精神,“柏”用作“白”,音理相通,文義順暢,然傳世典籍未有（據《古字通假會典》）“柏（白）然”一詞,亦屬首見。

机 朹 楷

[图]望山 2·45　　[图]望山 2·45

槒 信陽 2・8

○李家浩(1994)　信陽簡和望山簡説：

　　　(10)一鈔(繰)席，羊綿(縵)之純。一房槒。《信陽》圖版一二一・
2—08

　　　(11)一房机。《文物》1966 年 5 期圖版伍第二簡，52 頁圖二四第
二簡。

(中略)根據(11)，(10)的“槒”顯然是“机”字的異體，(中略)“机”是“几”字的異
體，即在“几”字上加注意符“木”，所以古代的“几”往往以“机”爲之。例如：
馬王堆一號漢墓 216 號簡“木變机一”，《莊子・齊物論》“南郭子綦隱机而
坐”，《大戴禮記・武王踐祚》“於机爲銘焉”。古人生活習慣，先在室內地上
鋪席，然後在席上設几，人就屈膝坐在席上，坐累了可以靠在几上休息。由於
席、几用途相關，所以古書中往往席、几連言。例如《周禮・春官・司几筵》：
“設莞筵紛純，加繰席畫純，加次席黼純，左右玉几。”(10)“繰席、房机”連言，
與《周禮》文例相似。可見“房机、房槒”皆應當讀爲“房几”。

　　　　　《著名中年語言學家自選集・李家浩卷》頁 237—238，2002；
　　　　　　　　　　　　　　　　　　　　　原載《國學研究》第二卷

○郭若愚(1994)　古璽“空侗”空有作“宎”者。見《古璽文字徵》卷七第六
頁。椌字从木从宎，是爲椌，《説文》：“柷樂也。从木，空聲。”段注：“謂之椌
者，其中空也。”《禮記・樂記》：“鞄鼓椌楬。”注：“大椌曰柷。”《書・益稷》：
“合止柷敔。”注：“柷狀如漆桶，方二尺四寸，深一尺八寸，中有椎柄，連底挏
之，令左右擊。”

　　　　　　　　　　　　　　　　　　　　　　　《戰國楚簡文字編》頁 74

○朱德熙、裘錫圭、李家浩(1995)　“柜”疑當讀爲“虡”。《方言》卷五：“俎，
几也……几其高者謂之虡。”此墓所出漆几中有一個兩旁爲立板，几面安在立
板中部的(邊箱二一號)，疑即“房柜”。

　　　疑“柜”當讀爲“虡”(看考釋〔八八〕)，指此墓所出之漆凭几(頭三
九號)。

　　　四五號簡記“一房柜”，四七號簡記“一柜”，“柜”字原文作柜形。按“柜”
字仰天湖八號簡作𰙎，包山二六一號簡作𣏢，皆與柜字有別，可見將其釋爲
“柜”是有問題的。楚簡“几”字或作几形，柜字所从右旁與之相同，應當釋爲

“机”,讀爲“几”。“房机(几)”亦見信陽二〇八號簡,參看一號墓竹簡考釋〔三九〕。四七號簡文記“一needs光之佢”,“佢”字原文作,所从右旁也是“几”字。此字應當釋爲“凥”,包山一五六號簡“凥”字作,與此相近可證。據《説文》所説,“凥”是居住之“居”的本字。簡文“一需光之凥”位於起居用的“机(几)、因(茵)”之後,疑“凥”應當讀爲“裾”。《玉篇》:“裾,被也。”

《望山楚簡》頁124、125、132

〇**何琳儀**(1998) 《説文》:“机,木也。从木,几聲。”

望山簡机,讀几。《禮記·檀弓》下:“有司以几筵舍奠於墓左。”《文選·張衡〈東京賦〉》“度室以几”,注:“綜曰,几,俎也。”

梠,从木,旮聲。机之繁文。見机字。

信陽簡机,讀几。見机字。

《戰國古文字典》頁1191

△**按** 字《望山楚簡》先釋爲“柜”,後釋“机”,以後釋爲是。字釋“梡”,非是。李家浩以爲是“机”的異體,何琳儀以爲是“机”的繁文,均可從。古文字中增“日”繁化常見。《楚系簡帛文字編》(增訂本543頁)即作“机”的異體字處理。《戰國文字編》《楚文字編》皆入“机”字頭下。

某  某

睡虎地·爲吏49肆 曾侯乙146

新蔡甲三224 九店56·44 新蔡甲三367 包山255 包山13

〇**中大楚簡整理小組**(1977) 某(梅)。

《戰國楚簡研究》2,頁28

〇**商承祚**(1983) 按某爲酸果,不應从甘。泧長不得其義,故闕之也。金文禽簋作,與篆文同。某當爲某人之某之本字。从殆象未成碩果之形,與孰果从作有坼裂文者不同。果未孰,其味酸,既孰則甘。在未孰與孰之間,故有不定義,後以其形象从甘,而徑以爲甘字。言其義則是,舉其从則非也。

《説文中之古文考》頁57

○劉雨（1986）　（編按：信陽2·21）某（梅）。

《信陽楚墓》頁130

○劉彬徽、彭浩、胡雅麗、劉祖信（1991）　某，簡文作𣏌，《史梅兄簋》楳字作𣏌，《汗簡》某字作𣗥，所從之某部與簡文形近。《説文》梅字或作楳。某借作梅。

《包山楚簡》頁60

○何琳儀（1993）　𣏌瘧12

原篆作𣏌，亦作𣏌95，隨縣簡作𣏌143，應釋“某”。《説文》古文作𣗥，可資參證。以上“某”均讀“謀”。《風俗通》：“周卿士祭公謀父之後，以字爲氏。”至於“窖某”255則應讀“蜜梅”。

《江漢考古》1993-4，頁55

○張守中（1994）　通謀。某不可遺。爲四九。

《睡虎地秦簡文字編》頁85

○商承祚（1995）　某，金文或作𣏌，從甘。《説文》同，訓“酸果”。字書通梅，亦作楳。簡文從口，作呆。金文史桼兄簋作棗，侯馬盟書作某，而《説文》古文作𣗥，云：“某從口。”徐箋：“古文𣗥，或省作呆，皆從木，象形。”段注：“從口者，甘之省也。”

《戰國楚竹簡匯編》頁32

○何琳儀（1998）　某，金文作𣏌（禽簋）。從甘從木，會梅子酸甜之意。木亦聲。某、木均屬明紐，某爲木之準聲首。某，梅之初文。《説文》：“梅，柟也。可食。從木，每聲。楳，或從某。”戰國文字承襲金文。甘旁多省作𠮛、廿形。《説文》：“某，酸果也。從木從甘。闕。（莫厚切。）𣗥，古文某，從口。”某爲會意兼形聲，楳爲某之繁文，梅爲形聲，均一字之孳乳。

侯馬盟書某，見《玉篇》：“某，不知名者曰某。”

楚璽、包山簡、隨縣簡某，讀梅，姓氏。系出子姓。殷王太丁封弟于梅，是爲梅伯。後以國爲氏。見《唐書·宰相世系表》。信陽簡：“某酒”，讀“梅漿”。《禮記·內則》“漿水醷濫”，注：“醷，梅漿。”包山簡“某溪”，地名。包山簡“窖某”，讀“蜜梅”。

睡虎地簡某，見c。

《戰國古文字典》頁131—132

○周鳳五（2001）　“某”字的指稱

《告武夷》全篇屢見“某”字,究竟指稱何人? 學者於此頗有爭議。李零認爲“某”是祝者,“可以任意替换”。夏德安認爲“某”指死者,也就是“兵死者”。李家浩不贊成兩家的意見,他根據簡文“今日某將欲食”一語,結合包山卜筮禱詞簡,認爲“某”並没有死,“某”不可能是兵死者,“某”應該指病人。“某”既然是病人,當然還活着,所以李家浩把簡文在“某敢以其妻□妻汝”讀斷,解讀爲病人“某”願意把自己的妻子嫁給武夷。但,這不但違反人情與倫理,而且於史無徵。此外,“思某來歸食如故”的“某”,李家浩又有不同的解釋,他比附《楚辭·招魂》的“魂兮來歸”,認爲這裏的“某”應當指“病人之魂”。

按,《告武夷》篇中所見稱代詞的用法是一致的。簡文“爾”字三見,“汝”字與“君”字各一見,都用以指稱武夷;“某”字共五見,所指稱的對象都是“兵死者”,没有例外。至於職司祝禱的巫筮,在《告武夷》篇中並没有現身,以下略加申説。

首先,必須理解先秦時代“兵死者”在家族與社會中的身份與地位。《周禮·春官·冢人》:

> 冢人掌公墓之地,辨其兆域而爲之圖。先王之葬居中,以昭穆爲左右。凡諸侯居左右以前,卿、大夫、士居後,各以其族。凡死於兵者不入兆域。凡有功者居前。

鄭《注》於“凡死於兵者不入兆域”云:

> 戰敗無勇,投諸塋外以罰之。

原來,所謂“兵死者”被視爲“戰敗無勇”,是没有資格入葬於公墓之地的。正因爲“戰敗無勇”,他們不能享受後世子子孫孫祭祀祖先的“血食”,運氣好,遇上秦穆公“封殽尸”,這批在“殽之戰”陣亡的秦國將士可以享受一次祭祀。或者如楚國禱祠陣亡將士,兵死者也可以享受如《九歌·國殤》所描述的祭祀。但這些都出於特定的目的,偶一爲之而已。此外,兵死者如同無主孤魂一般,若想接受祭祀,恐怕只能如《包山楚簡》所載,出之以“作祟”一途了。

《告武夷》是一篇祝禱辭,祝禱的對象是掌管兵死者的武夷,若用後世的説法,武夷就是“鬼王”了。但,祝禱的對象雖是武夷,目的卻是祭祀兵死者。簡文略謂:巫祝代表兵死者“某”祝禱武夷云:兵死者“某”差遣妻子用“芳糧”召請武夷,用“攝幣”爲“某”贖罪,請求武夷允許兵死者“某”暫時脱離武夷的管轄,接受家人祭祀,享受美食。簡文“君向受某之攝幣、芳糧,思某來歸食如故”應當如此理解。（中略）

　　這裏還有一個問題,既然祭祀兵死者,何以出面的人不是兵死者的子孫,而須假借妻子之名?原因很簡單,如上文所述,兵死者由於"戰敗無勇",必須受懲罰。如果由子孫出面,兵死者就算"有後"了,所謂"後世血食矣",就不受懲罰了。簡文假借妻子的名義,由妻子出面,祭品再豐盛,兵死者也等於"絕後"了,成了孤魂野鬼,這才是兵死者最大的悲哀!所謂"戰陣無勇,非孝也",正是這個意思。兵死者死後"不入兆域",上貽父母之羞,下絕後世血食,人生至此,真是情何以堪!"考終命"爲《尚書·洪範》"五福"之一,其故正在於此。如此理解先秦時代兵死者的遭遇,《告武夷》方可通讀無礙。

　　應當指出,《告武夷》是一篇通用的祝禱辭,篇中兵死者夫婦出於虛擬,並非實有其人。至於反映的時代背景與社會生活,則毫無疑問,當然是真實的。

《史語所集刊》72 本 4 分,頁 953—955

○**劉信芳**(2003)　某

　　作爲姓氏,讀爲"梅",信陽簡 2-021"某牺"即梅醬。《詩·召南》"摽有梅",《韓詩》"梅"作"楳"。

《包山楚簡解詁》頁 20

△**按**　《説文》:"某,酸果也。从木从甘。闕。𣏂,古文某从口。"其字从"甘",而訓"酸果",故諸家以爲矛盾。從古文字來看,其所從之"甘",實爲從"口"形加點或橫畫衍化而來(楚簡文字仍以作𠙵、廿之形爲常),實非"甘"字,而"口"之所象,丁山以爲乃指果未熟,《説文闕義箋》云:"某上從𠙵與從凵同……蓋果尚未熟之象。既熟則有龜坼紋,字不從凵而從田作𤓰矣……周人尚別,故別以龜坼之紋。以坼紋之有無象果之熟否。果未熟,其味必酸。然則某訓酸果,乃一切果實未熟之共名也。"高鴻縉《中國字例》亦云:"廿象酸果,非甘字也。前人於説解甘下注一闕字,乃不得甘字之解之謂也。"商承祚《説文中之古文考》亦以果未熟則酸爲説,並以爲"某當爲某人之某之本字","在未孰與孰之間,故有不定義",其説甚有理致,然似求之過深。

【某牺】信陽簡 2·021

○**劉信芳**(2003)　讀爲"梅",信陽簡 2-021:"一㪅某牺。"窨梅即醃梅,亦梅醬之名。或讀爲"蜜",則"蜜梅"是以蜜與梅熬煮,加食用膠冷凝而成的蜜餞。古代多以鳥喙、獸皮熬膠,例可食用,蜜餞加工方法並不複雜,惟先秦是否有此食品加工工藝,尚有待進一步證明。

《包山楚簡解詁》頁 260

【某溪】包山 2·182

○劉信芳（2003）　“某”讀爲“梅”，參簡 12 注。《水經注·淯水》：“淯水又南,梅溪水注之,水出縣北紫山。”熊會貞《參疏》：“《地形志》：宛縣有梅溪水。《初學記》八引《南雍州記》：南陽縣西七里有梅溪。《類聚》六十四引盛弘之《荆州記》：梅溪源出紫山,山在今南陽縣西北二十五里,一名紫靈山。”某溪邑當因梅溪而得名。

《包山楚簡解詁》頁 190

樹 𣗳　敊 櫃 壴

石鼓文·作原　郭店·語三 46

考古學集刊 5,頁 166　陶彙 3·857　九店 56·39

上博一·詩論 15

○强運開（1935）　《説文》：“樹,木生植之總名也,从木,尌聲。對,籀文。”石鼓作,从又與从寸義同。運開按,尌中敊作𡱦,與鼓文微異,亦可爲證。丁佛言云尌、樹、豎古通。

《石鼓釋文》己鼓,頁 12

○顧廷龍（1936）　梪,吳大澂云：《説文·豆部》：“梪,木豆謂之梪,从木、豆。”“登,禮器也,从廾持肉在豆上,讀若鐙。同。”此从木从亦豋字,从肉之意。

《古匋文舂録》卷 5,頁 2

○何琳儀（1998）　尌,从又从木,會以手立木之意,豆聲。“樹立”之樹的初文。《説文》：“樹,生植之總名。从木,尌聲。,籀文。”是其確證。尌所从又,或作寸形,或作右形,均屬繁化。《説文》：“,立也。从壴从寸,持之也。讀若駐。”“壴,陳樂立而上見也。从屮、豆。”許慎分析壴之構形有誤。壴應爲尌之省文,可隸定壴。其“陳樂立而上見”乃鼓字之義訓。許慎張冠李戴,殊爲桀（編按：當爲“舛”之誤）錯。參鼓字。

石鼓尌,讀樹,樹木。

《戰國古文字典》頁 372

○李家浩（2000）　“櫃”字右下側兩點,表示此字是作爲“櫃木”二字來用的。古陶文字中有一個字作(《古陶文字徵》309 頁),按此字也是“櫃”,唯將“木”旁移到“豆”旁之上,與“臣”旁並列;舊釋爲“梪”,非是。“櫃”字應當分析爲從“木”從“豐”聲。“豐”字常見於戰國文字(《古璽文編》70 頁、《古陶文字徵》222 頁),即"豎"字的省寫。"豎、樹"音近古通。《儀禮·鄉射禮》"君國中射則皮樹中",鄭玄注:"今文'皮樹'【爲】'繁豎'。""櫄"當是"樹"字異體。"樹木",植樹。

《九店楚簡》頁 103

○**馮勝君**(2000)　《性自命出》第 8、9 號簡有如下一段話:

　　　剛之桓也,剛取之也;柔之約,柔取之也。四海(海)之内,其性弌(一)也。其甬(用)心各異,敎(教)使肰(然)也。

　　這段話的前兩句,又見於《語叢三》第 46 號簡:

　　　強之樹也,強取之也。

　　這是裘先生已在按語中指出的。對這段話,整理者未作解釋。

　　今按,以上這段話同《荀子·勸學篇》關係十分密切。簡文:"剛之桓也,剛取之也;柔之約,柔取之也。"實即《勸學篇》中的"強自取柱,柔自取束"。桓、樹、柱均定紐侯部字,古音極近。《説文》:"尌,立也。从壴从寸。寸,持之也。讀若駐。"亦可證豆、主聲系相通。簡文"約",《勸學篇》作"束"。《詩·小雅·斯干》"約之閣閣",毛傳:"約,束也。"《論語·雍也》"約之以禮",皇疏:"約,帶也。"《廣雅·釋詁三》:"約,束也。"可見,"約"訓"束"爲典籍常訓。

　　簡文"桓、樹"及《勸學篇》之"柱"應依王引之説讀爲"祝":

　　　"強自取柱,柔自取束"楊注曰:"凡物強則以爲柱而任勞,柔自見束而約急,皆其自取也。"引之曰:"楊説'強自取柱'之義甚迂。'柱'與'束'相對爲文,則'柱'非屋柱之'柱'也。'柱'當讀爲'祝'。哀十四年《公羊傳》'天祝予',十三年《穀梁傳》'祝髮文身',何范注並曰:'祝,斷也。'此言物強則自取斷折,所謂太剛則折也。《大戴記》作'強自取折',是其明證矣。《南山經》:'招搖之山有草焉,其名曰祝余。''祝余'或作'柱荼',是'祝'與'柱'通也。(自注:'祝'之通'柱',猶'注'之通'祝'。《周官·瘍醫》'祝藥',鄭注曰:'祝,當爲注,聲之誤也。')"

　　典籍中與"強自取柱,柔自取束"相類似的説法還有:

　　　剛者折,柔者卷。《鹽鐵論·訟賢》

　　　太剛則折,太柔則卷。《淮南子·氾論》

　　　夫太剛則折,太柔則卷。《文子·上仁》

　　　太剛則折,太柔則卷。《劉子·和性》

　　其中,"折"即斷折之"折"。這也進一步證實了"柱、桓、樹"三字均爲斷折意。"卷"義同於"束",《淮南子·兵略》"旗不解卷",注:"卷,束也。"

　　另外,簡文"四海(海)之内,其性弌(一)也。其甬(用)心各異,設(教)使肰(然)也"與《勸學篇》"干、越、夷、貉之子,生而同聲,長而異俗,教使之然也"語意亦十分相近。

《古文字研究》22,頁 210—211

○**楊澤生**(2001)　　五、剛之桓也,剛取之也。(《性自命出》8 號)彊(強)之樹也,彊(強)取之也。(《語叢三》46 號)

　　簡文"樹"字從"木"從"豆"從"攴",關於它和"桓"字的意義,馮勝君先生認爲應該和《荀子·勸學篇》"強自取柱"的"柱"字一樣,讀爲"祝髪文身"的"祝",訓爲"斷也"。這是很好的意見。這裏我們想指出的是,訓爲"斷也"的"祝"其實是個假借字,其本字恰恰應該是《語叢三》46 號簡從"木"從"豆"從"攴"的所謂"樹"字。該字意符是"木",聲符是從"豆"從"攴"的"誅"。郭店簡的"誅"字有兩種寫法,一種寫作從"豆"從"戈",另一種就是從"豆"從"攴"。"誅"有殺戮砍伐之義:"木"和"誅"相結合表示砍伐的對象是樹木,從而會斷折之意。可以説這個"樹"所從的"誅"是具有兼表意義和讀音的作用的。大家知道,"彊"字是強大的"強"的本字,而"強"字是表示"彊大"和"彊"的假借字和通用字。這樣,《語叢三》46 號簡的"樹"和"祝"的關係與"彊"和"強"的關係是完全一樣的。至於《性自命出》8 號簡的"桓"可以看作從"誅"聲的"樹"字的簡體,它與《説文》作爲"豆"字繁體的"桓"應該是同形字。

《中國文字》新 27,頁 168

○**馬承源**(2001)　　敬蝕其壺　即"敬愛其樹","壺"讀爲"樹",即甘棠。今本《詩·國風·召南·甘棠》云:"蔽芾甘棠,勿翦勿伐,召伯所茇。"鄭玄箋云見第十簡"保"下所引(**編按**:鄭箋云:"召伯聽男女之訟,不重煩勞百姓,只舍小棠之下而聽斷焉。國人被其德,説其化,思其人,敬其樹。")辭意即指此。

《上海博物館藏戰國楚竹書》(一)頁 144

○**李零**(2002)　　"剛之樹也,剛取之也;柔之約,柔取之也"(4 章:簡 8—9)

　　"樹",原從木從豆。楚文字中的"樹"字多這樣寫。我們理解,簡文是以"樹"爲直,"約"爲曲。但馮勝君先生指出,簡文此句及《語叢三》簡 46 的類似説法"強之樹也,強取之也",實即《荀子·勸學》中的"強自取柱,柔自取束"。《勸學》篇中的"柱"字,王引之《讀書雜誌·荀子雜誌》讀"祝",以爲折斷之義。簡文"樹"也應讀"祝",是同樣的意思。"約"可訓"束",則與"柱"相反,是卷束之義(《讀〈郭店楚墓竹簡〉札記(四則)》)。如果這樣理解,則簡文的意思是説,剛物易折,是因爲其性太剛;柔物易卷,是因爲其性太柔,皆物性使然。

《郭店楚簡校讀記》(增訂本)頁 112

○郝士宏(2002)　《郭店楚墓竹簡·性自命出》簡8—9“凡物無不異也者,剛之桓也,剛取之也;柔之約,柔取之也”。整理者没有進一步注釋此句。裘錫圭先生按謂此句與《語叢三》簡46“强之敼(尌)也,强取之也”句意相近。

　　裘先生的按語是正確的。剛、强義近,“桓”和“敼”都是从豆得聲,二字聲必近。桓,从木豆聲,《説文·豆部》:“桓,木豆謂之桓。”諸家皆以爲桓乃豆之後起字,專用以記録“食肉器”之豆字。敼,依古文字演化規律,也應从豆得聲。《説文·木部》“樹”之籀文作“尌”,古文字中,从攴旁和从寸旁有時可以通用,所以簡文“敼”很可能就是“樹”之籀文“尌”,整理者隸釋作“尌”似不確。何琳儀先生認爲:“尌(𧮮),从又从木,會以手立木之意,豆聲。‘樹立’之樹的初文……壴應爲尌之省文,可隸定壴。其‘陳樂立而上見’乃鼓字之義訓。許慎張冠李戴,殊爲舛錯。”

　　《荀子·勸學》“强自取柱,柔自取束”似與簡文文意同。約和束詞義相近,所以簡文也可説成“强之桓也,强取之也;柔之束,柔取之也”。二句比較發現,只是句式繁簡的不同,所表達的意思没什麽兩樣。因此簡文的“桓”或“敼(樹)”均應讀如柱。舊注《荀子》文多以“支柱”之義解之。王引之讀“柱”爲“祝”,並訓爲“斷”,則文意暢達無礙。《廣雅·釋詁》“祝,斷也”,王念孫疏證引《公羊傳·哀公十四年》“天祝予”、《穀梁傳·哀公十三年》“祝髮文身”何休及范甯注“祝”並訓“斷”。《書·泰誓》“祝降時喪”,僞孔傳訓“祝”爲“斷”。《列子·湯問》“祝髮而裸”,張湛引僞孔傳爲證亦訓作“斷”。王引之之説已成定論,所以簡文“桓、敼(樹)”讀“柱”訓作“斷”應無問題。

　　从豆、从主以及从尌之字,古聲多相通。《方言·卷七》“傺、眙,逗也”,郭璞注:“逗,即今住字也。”《漢書·匈奴傳》“逗留不進”,顔注:“讀與住同。”《後漢書·光武帝紀下》“不拘以逗留法”,李注:“逗,古住字。”《説文·人部》:“侸,立也,从人豆聲,讀若樹。”段注云:“按侸,《玉篇》作偳,云今作樹。《廣韻》曰偳同尌。蓋樹行而侸、尌、豎廢,並偳亦廢矣。”楊樹達云:“《左傳·成公二年》‘樹德而濟同欲焉’,《左傳·昭公元年》‘引其封疆而樹之官’,《公羊傳·僖公三年》‘無易樹子’,《莊子》‘猶有未樹立’,《吕氏春秋·不廣篇》‘且以樹譽’,《方言·卷七》‘燕之外郊,凡言置立者謂之樹植’,許君以樹字从木,乃樹木之義,經傳以樹爲立,如上文所舉者,皆此侸字之假借。二字相假其音必同,故云侸讀若樹矣。”《玉篇》:“偳,《説文》作侸,今作樹。”又:“尌,立也,又作駐。"《文選・洞簫賦》"聲礚礚而澍淵",李注:"《説文》曰注,灌也。澍與注,古字通。"《儀禮・鄉射禮》"君國中射,則皮樹中",鄭注:"今人皮樹爲繁豎。"江陵九店竹簡第 39 簡"橙"（編按:此字右下从豆,摹誤）,李家浩先生釋作"樹"。由以上例證可見,"桓、斀"與"柱"在上古讀音應該是相同或相近的,所以讀"桓、斀"爲"柱"亦可肯定。

《古文字研究》23,頁 143—144

○**陳偉武**（2003）　桓:"豆"多木製,故加"木"旁。《説文》:"桓,木豆謂之豆。从木、豆。"又:"豆,食肉器也。"包山簡 2・266:"五皇盤,四合桓。"與"盤"相承而言,"桓"當然指木製之豆。包山簡 2・250:"且徙其處而桓之。"整理者注:"桓,讀如逗。"其實當讀爲樹立之"樹"。

《華學》6,頁 100

△按　《眘録》解《陶彙》3・857 之 ▨ 字,認 ▨ 爲肉,而釋爲"登",非是。字乃从木从壴（"豎"的省寫）聲,爲"樹"字,已詳李家浩説。《戰國古文字典》析《陶彙》3・857、3・858 之樞爲"柩豆"二字,將字上部之 ▨、▨ 析出而釋爲"柩",云:"柩,从木,臣聲。桭之異文。《集韻》:'桭,屋梠也。兩楹閒謂之桭。或从臣。'《韻會》:'桭,或作柩。'"並謂"齊陶柩,讀桭",非是。參見該書頁 1127。"桓"作爲"樹"的異體,與《説文》豆部"木豆謂之桓"的"桓"同形,當依不同語境而別之。就字形而言,在目前所見的戰國文字中,作爲"樹"的"桓",繁者作 ▨,簡者作 ▨、▨、▨,基本上都是"木"上"豆"下,而木豆之"桓"作 ▨,則一致作左"木"右"豆"之形,兩者的區別還是很明顯的;若依形隸定,庶幾可免混同。木豆之"桓",《説文》歸豆部,見第五卷。

本 ＊ 杏 杲

　睡虎地・秦律 38　　　上博一・詩論 16

　行氣玉銘　　　郭店・六德 41　　　郭店・成之 12　　　上博一・詩論 5

　上博四・曹沫 20

○**于省吾**（1932）　春通盅。《説文》:"盅,器虛也。"《老子》:"道盅而用之。"字亦以沖爲之。天地之道,以有爲體,以無爲用。《老子》曰:"三十輻,共一轂,當其無,有車之用。"此以天地譬人身之上下,故曰"天其春在上,地其春在下"。

《雙劍誃吉金文選・附録・刀毖銘》頁 386,1998

○**聞一多**(1956)　新氣既經納入,還要設法固守,不使它泄散。《玉秘銘》曾發揮過這派理論:"行氣居則迶,迶則神,神則下,下則定,定則固,固則明,明則菮,菮則優,優則天,天其春在上,地其春在下,順則生,逆則死。"

《聞一多全集》1,頁 166

○**鄭家相**(1958)　文曰本。取基本之義。

《中國古代貨幣發展史》頁 155

○**郭沫若**(1972)　石刻文中有《行氣玉佩銘》(中略)銘文的内容用今天的通用文字譯述如下:

行氣,深則蓄,蓄則伸,伸則下,下則定,定則固,固則萌,萌則長,長則退,退則天。天几春在上,地几春在下。順則生,逆則死。

《考古》1972-3,頁 9

○**張光裕**(1974)　"天丌(其)杏(本)在上,墜(地)其杏在下。"(中略)字于氏釋春,《三代》十四・八著録白春盃,春字作,與玉刀秘銘相似。然其字形結構亦自有別。金師祥恆以《説文》古文"本"作"杊",小篆作杊,謂字所从之或爲之訛,觀乎文義,春本可互訓,其義亦一,然自字形言之,則以釋"本"之説爲長。

《中國文字》52,頁 4

○**陳邦懷**(1982)　"天丌杏才上,墜(編按:陳文隸作隆,下同)丌杏才下",兩個杏字原篆作,于、郭皆釋春,(中略)顯然釋春不對。杊,實爲本字。从等於从一。玉銘墜字、生字所从之土皆作,可爲旁證。杏是戰國時的古文。《説文解字》:"本,从木,一在其下。杊,古文。"段玉裁注説:"从木,象形也,根多竅,似口,故从三口。"段説是對的。杏,因根竅似臼,故从臼,這與杊从三口意思是一樣的。《莊子・齊物論》篇裏有這一段文字:"大木百圍之竅穴,似鼻、似口、似耳、似枅、似圈、似臼、似洼者、似污者。"可引來解釋杏、杊的字形。

《古文字研究》7,頁 188—189

○**商承祚**(1983)　杊　《説文》:"本,木下曰本,从木,一在其下。杊,古文。"按金文作杊(本鼎)。大木之本多竅,故作以象之。木根或隆起如節,則作以象之。

《説文中之古文考》頁 57

○**許國經**(1989)　:楷化作"春",聞、郭二説爲是,但詮釋欠妥。若依陳説楷化爲"本"則費解。"春"有上下反復衝動之義。《老子》四十二章:"萬物負陰而抱陽,沖氣以爲和。"其中"沖"字有陰陽二氣交沖激蕩之義,與銘文中的

"春",形雖異而音同義通,用爲詮釋,當有助於對行氣的理解。

○**林志强**(1990)　(行氣玉銘)有一字作从本从臼(見附圖 6)(編按:即"🐝"字),于省吾、郭沫若釋"春",陳邦懷釋"本"。陳釋是。"本"《説文》古文作木下從三口(見附圖 7)(編按:即"米"字),段注云:"木,象形也,根多竅,似口,故从三口。"(中略)古多大木,"本"之本字當作"木"下从三"口"字之形,後爲簡省起見,去掉下部之"口",而在"木"下加一小橫以示根本之所在。行氣玉銘中"本"字,是綜合繁體和省體而成的。這個字揭示了"本"字的源流,很有價值。

○**睡簡整理小組**(1990)　本,《周禮·大司徒》注:"猶舊也。"有本,疑指田中有作物。

○**商承祚**(1995)杏,字書未見,與《説文》古文米同意,從陳邦懷説。簡文亦作"根竅似臼"形,當以釋本爲是,實乃本之異體。行氣玉銘:"天其本在上,地其本在下。"本作🐝,象根竅似臼。

○**趙峰**(1998)　兩個"杏"字原文作"🐝",于省吾、郭沫若皆釋爲"春"。而《三代吉金文存》著録的白春盉,"春"字作"🐝",(中略)顯然它們的形體還是有一定的差別,故不應將之釋作"春"。《説文》:"本,从木,一在其下。"戰國時期文字的繁化現象占很大的比例,而下邊所从之臼,也可以認爲是增繁標義偏旁,即在"本"字這一原有的形符基礎上再增加一個形符臼。(中略)故可以將"🐝"字看作是"本"字的古文,是由"本"繁化而産生的。

○**何琳儀**(1998)　本,金文作米(本鼎)。从木,圓點表示樹木之根。指事。木亦聲。本,幫紐;木,明紐。幫、明均屬脣音,本爲木之準聲首。戰國文字承襲金文。圓點或作圓圈,或作橫筆。《説文》:"本,木下曰本,从木,一在其下。米,古文。"

　　睡虎地簡本,根基。

△**按**　《行氣玉銘》的"🐝"字,以釋"本"爲是。後出之戰國文字材料可以進一步證明,如郭店簡《成之聞之》篇簡 12"不反其本"之"本"作"🐝"、《六德》篇

簡 41"孝,本也"之"本"作"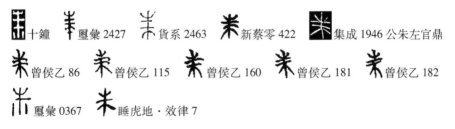",可以比勘。其下所從之"臼",與《説文》"本"字古文所從之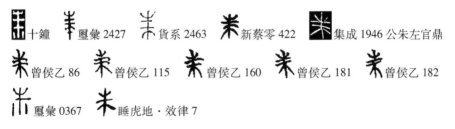,當屬同一性質,何琳儀認爲這是戰國文字增繁的表現,通過增加象形標義偏旁,以突出該字的屬性特點(參何琳儀《戰國文字通論》[訂補]220—221 頁,江蘇教育出版社 2003 年)。古多大木,從取象的角度來説,"本"字作"本"下從"臼",或作"木"下從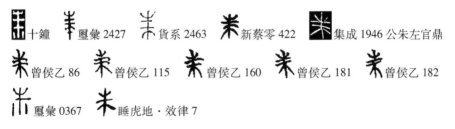,應該更爲形象。上博所藏戰國楚竹書[四]《曹沫之陳》簡 20 作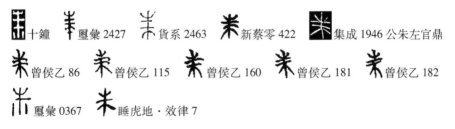,特異,李零疑是"本"字的異寫(參《上海博物館藏戰國楚竹書》[四]256 頁,上海古籍出版社 2004 年)。其字木、臼上下互易,説明書寫者已視其爲偏旁組合成字,而非象木根竅之形也。

柢　柤

睡虎地 · 語書 11

○**睡簡整理小組**(1990)　冒柢,冒犯。

《睡虎地秦墓竹簡》頁 16

○**張守中**(1994)　語一一,通抵。而有冒柢之治。

《睡虎地秦簡文字編》頁 85

△**按**　《説文》:"柢,木根也。從木,氏聲。"柢、抵通用,如《戰國策 · 趙策一》:"今乃以抵罪取伐。"漢帛書本"抵"作"柢"。《史記 · 司馬相如列傳》:"犧雙觡共抵之獸。"《文選 · 封禪文》"抵"作"柢"(見《古字通假會典》頁 565)。

朱　朱

十鐘　璽彙 2427　貨系 2463　新蔡零 422　集成 1946 公朱左官鼎

曾侯乙 86　曾侯乙 115　曾侯乙 160　曾侯乙 181　曾侯乙 182

璽彙 0367　睡虎地 · 效律 7

○**商承祚**(1964)　"未有日月"的未作,此形與之相符,但從上句之青,下二句之黃、墨(黑)顔色字看,在此不應作未,當爲"朱"之筆誤。

《商承祚文集》頁 361,2004;原載《文物》1964-9

○**嚴一萍**(1967)　　商氏謂"未有日月的未作,此形與之相符,但從上句之青,下二句之黃、墨(黑)顔色字看,在此不應作未,當爲'朱'之筆誤"。按據李棪齋先生目驗繪書,此字豎筆中閒特粗如今摹,則與未字原有分別。朱,毛公鼎作朱,訟鼎作朱,師兌簋作朱。皆中有點,與此形同,當是朱字無疑。

《中國文字》26,頁 8

○**羅福頤等**(1981)　師酉殷朱字與璽文同。

《古璽文編》頁 123

○**吳振武**(1983)　0367 右未貞鋢 · 右□貞鍴。

《古文字學論集》(初編)頁 492

○**劉雨**(1986)　"朱"即"朱"字。《汗簡》"朱"作"朱",金文亦如是。"朱"在此假爲"銖",亦用來表示重量。由上述情況看,這條簡是講某種東西的重量的。

《信陽楚墓》頁 135

○**何琳儀**(1986)　〔25〕"朱",原篆作"朱",中閒橫畫向上彎曲,致使其字與上文"未有日月"之"未"同形,可能是書寫者的誤筆。《汗簡》引王庶子碑"朱"作"彩",亦誤從"未"。

《江漢考古》1986-2,頁 81

○**曾憲通**(1993)　朱四喦,甲四 · 一八　據上下文當是朱字,與未字形同字異。

《長沙楚帛書文字編》頁 31

○**郭若愚**(1994)　益,同鎰。朱,同銖。衡名。《漢書 · 律曆志》:"一龠容千二百黍,重十二銖。兩之爲兩,二十四銖爲兩,十六兩爲一斤。"

《戰國楚簡文字編》頁 86

○**張守中**(1994)　通銖。三朱以上。效六。

《睡虎地秦簡文字編》頁 85

○**劉信芳**(1996)　伥(長)曰青榦(榦),二曰未四(?)喦(單?),三曰䛒黃難,四曰□墨榦(榦)。千又百戠,日月夋生。(中略)

　　"朱",與上文"未又日月"之"未"同形,無論如何也不可能是"朱"字。信陽簡二 · ○一六"朱"字作"朱",包山簡從朱之"邾"作"邾","絑"作"絑",例多見。朱、未字形判然有別。《説文》解"未"之字形云:"象木重枝葉也。"字實即"蔚"之本字,蓋"未"既爲地支名,故經典多以"蔚"代之,《淮南子 · 兵略》:"設蔚施伏。"高誘注:"草木繁盛曰蔚。"帛書"未"用其本義。

　　按以上四樹述帛書丙篇四角所繪四木之名,各自爲春、夏、秋、冬之神樹,至於各自本於何樹,則不必深究。帛書所記四木實以形象化的語言表達歲月流逝之意,猶如説:在只知歲和四時的洪荒年代,人們以樹木之抽青發芽、枝繁葉茂、葉黄飄零、枯枝兀立來記載四季和歲,就這樣從春到夏,從秋到冬,過了"千有百歲"才開始有了以餘分推算一歲有多少日、多少月的曆法。

《中國文字》新 21,頁 78

○**何琳儀**(1998)　朱,甲骨文作米(珠一二一)。从木,加一短橫表示根株在土上者。指事,木亦聲(均屬侯部)。朱爲木之準聲首。朱爲株之初文。《説文》:"株,木根也。从木,朱聲。"《繫傳》:"入土曰根,在土上者曰株。"朩爲地下根部,短橫正在其上。金文作米(吳方彝)、米(師酉簋)。後者加二短橫,仍爲指事符號。戰國文字承襲商周文字。燕系文字作米、米,地域特點明顯。《説文》:"朱,赤心木,松屬。从木,一在其中。"

燕璽朱,讀廚。《文選·嘯賦》"跐踷步趾",注:"《廣雅》曰,蹢躅,跢跦也。跢跦與跐踷古字通。"是其佐證。《説文》:"廚,庖屋也。从广,尌聲。"燕璽朱,姓氏。本高陽氏後。周封於邾,子孫去邑爲氏。見《姓苑》。

公廚器、韓陶朱,讀廚。見 a。趙三孔布、銀節約朱,讀銖。重量單位。《漢書·律曆志》:"一龠容千二百黍,重十二銖,兩之爲兩,二十四銖爲兩,十六兩爲斤。"

楚金、信陽簡朱,讀銖。見 c。隨縣簡朱,赤色。"朱迻"讀"朱路"。《禮記·月令》"乘朱路",疏:"色淺曰赤,深曰朱。"隨縣簡朱,姓氏。見 b。

秦器讀銖(見 c),或姓氏(見 b)。

古璽朱,姓氏。見 b。

《戰國古文字典》頁 398—399

○**何琳儀**(1998)　朱,見正編。

周空首布朱,讀東。《春秋·昭二一》:"蔡侯朱出奔楚。"《穀梁》朱作東。是其佐證。

《戰國古文字典》頁 1467

△**按**　"朱"字古來皆从木,中豎一筆透下,中閒加點或橫畫,然曾侯乙墓"朱"字字形作米、米者,中閒豎筆不作連筆寫,致使字分上下兩部分,包山簡"株"字所从之"朱"亦多如此,乃屬楚系特殊變寫,有失"朱"字本形。"束"字中閒豎筆也有類似寫法,然中閒由"口"連接,與"朱"之點、橫迴别。

【**朱四單**】楚帛書甲 4·18

○**饒宗頤**(1993)　朱四單者,即朱樧檀。《爾雅·釋木》:"魄,樧�。"郭注:

"魄,大木細葉似檀,齊人諺曰:上山斫檀,楔楷先彈。"《廣韻·十二齊》:"楔,楔蘇木名,似檀。""楷,木名。"音呼雞切。又《十五海》:"楷,楔楷,木名,似檀。"呼改切。陸璣《詩疏》作"繫迷",《齊民要術》引《廣志》作"繫彌",稱其樹子赤。《唐本草》注:"英迷子,色赤味甘。"楔楷、繫迷、繫彌、英迷皆一音之轉,説詳郝《疏》。帛書之朱四單(檀),四字殆楔楷之合音急讀,是朱四單乃即楔楷檀。其子赤色,故云朱,可以《爾雅·釋木》證之。

《饒宗頤二十世紀學術文集·卷三·簡帛學》頁 248,2003;

原載《楚地出土文獻三種研究》

【朱器】《古文字研究》第七輯,頁 224 圖 9

○李先登(1982)　五、"朱器":共五件,其中出土一件,采集四件。長方形或正方形陰文印,皆鈐印於戰國灰陶淺盤豆豆盤上。長方印者,陰文印框高 2.3 釐米,寬 2.2 釐米。方形印者,印文印框高、寬皆爲 2.3 釐米。

　　"朱器"二字爲陰文,橫排一行,自左至右。"朱"字通假爲廚。"器"字較大,章法活潑。"朱器"即廚器,此乃陽城官廚用器之印記。

　　六、"朱":共九件,皆鈐印於戰國灰陶豆豆盤内或豆柄上。其中告東 H19 出土三件、T8 出土一件、井 2 出土一件,此外,采集四件。長方形陰文印,外框高 1.1 至 1.2 釐米,寬 1.08 至 1.1 釐米。《金文編》六·二《師酉簋》之"朱"字作"米",與此相近。此"朱"字乃"朱器"之簡稱。

《古文字研究》7,頁 211—212

根　根

根
睡虎地·爲吏 6 叁

○張守中(1994)　爲六,通墾。根田人邑。

《睡虎地秦簡文字編》頁 85

△按　秦簡"根"字寫法較爲特別,所從之"艮"分爲"日、匕"而左右排列,"木"旁豎筆不上透,亦較少見。整理小組把"根田人邑"録爲"根(墾)人(仞)邑",注:"仞邑,使城邑人口充實。《吕氏春秋·勿躬》:'墾田大邑。'"參《睡虎地秦墓竹簡》(170—171 頁)。

株　株

株
包山 108　　株
包山 117　　株
包山 189　　株
包山 182

璽彙 2397

○**何琳儀**（1998）　《說文》：“株，木根也。从木，朱聲。”

晉璽株，讀朱，姓氏。見朱字。

包山簡“株易”，地名。

　　　　　　　　　　　　　　　　　　《戰國古文字典》頁 399

△**按**　或以“株”爲“朱”之後起字，義指樹幹，則與“木根”之訓，頗有出入。包山簡“株”字所从之“朱”，中筆不連寫，有失“朱”字本形，乃楚系文字特殊變寫，參上“朱”字按語。

末　末

睡虎地·封診 65　　郭店·成之 11　　上博四·曹沫 20　　集成 11915　悍距末

上博四·采風 1　　郭店·性自 63　　望山 2·13

○**朱德熙、裘錫圭、李家浩**（1995）　《儀禮·士喪禮》記銘旌之制云“爲銘，各以其物，亡（無）則以緇長半幅，經末，長終幅”，鄭注：“今文‘末’爲‘旆’也。”簡文的“末”大概也是指“旆”一類東西。

　　　　　　　　　　　　　　　　　　《望山楚簡》頁 121

○**何琳儀**（1998）　末，春秋金文作（蔡侯申鐘）。从木，豎筆上短橫表示樹木末端。指事。戰國文字承襲春秋金文。短橫或延長，或收縮爲圓點。《說文》：“末，木上曰末。从木，一在其上。”

戎趄鐘“石末”，疑讀“石買”，越國將領，《越絕書·外傳記地傳》：“句踐與吳戰於浙江之上，石買爲將。”悍距末“距末”，器名，或歸雜兵類。

　　　　　　　　　　　　　　　　　　《戰國古文字典》頁 957

△**按**　“末、朱、本”三字，以指事符號之不同位置，表示不同之意義：“末”謂樹梢，“朱”謂樹干，“本”謂樹根。古人製字，匠心獨運，於此可見一斑。

果　果

吉林 185　　睡虎地·日甲 3 背　　曾侯乙 82　　璽彙 0936　　曾侯乙 37

郭店·尊德 13　　郭店·老甲 7　　新蔡零 63

○**張守中**(1994)　通裏,果以賣而遠去之。日甲五六背。

《睡虎地秦簡文字編》頁85

○**何琳儀**(1998)　果,金文作⬤(果簋),从木,上果實之形。借體象形。戰國文字承襲金文,省四點。《説文》:"果,木實也。从木,象果形在木之上。"

　　睡虎地簡果,見《孟子·公孫丑》下"聞王命而遂不果"。注:"果,能也。"

《戰國古文字典》頁846

○**李家浩**(2000)　"不果",秦簡《日書》甲種楚除結日占辭作"不成"。

《九店楚簡》頁79

△**按**　甲骨文之⬤,或以爲即"果"字,象果實生於木之形。從形象看,比較近真,然從源流看,⬤與后世之⬤、⬤等寫法,仍有較大距離,故又或以⬤爲"枼"(葉)字,疑不能定。

枝　枝

上博39　秦代印風87

△**按**　《説文》:"枝,木別生條也。从木,支聲。"段注:"榦與莖爲艸木之主,而別生條謂之枝。"《璽彙》0287之⬤,形與"枝"近似,《璽彙》釋爲"枝",《古文字詁林》亦編入"枝"字下,《戰國文字編》隸爲"杘",當以后者爲是。

條　條

郭店·性自31　信陽2·18

○**中大楚簡整理小組**(1977)　槾即槷(刊)字,《説文》槷,槎識也,段注説:槎識者,邪斫以爲表志也,斫之以爲表識(壁中古文作槷,今文尚書作栞,夏書曰:隨山槷木,讀若刊)。

《戰國楚簡研究》2,頁22

○**何琳儀**(1993)　"條"可讀"脩",(中略)"脩"同"修"。《説文》:"修,飾也。从彡,攸聲。"

　　簡文兩處"柧條剢劃",均可讀爲"柧修漆畫",分別指鐘、磬架的立柱與橫梁"最高轉角處"飾有漆畫,(中略)當然也不排除"柧"指鐘磬木架。

《文物研究》8,頁175

○**郭若愚**（1994） 桼，《説文》：“車歷録束文也。”《詩·秦風·小戎》：“五桼梁輈。”毛傳：“五，五束也，桼，歷録也……一輈五束，束有歷録。”疏：“五桼是輈上之飾，故以五爲五束，言以皮革五處束之桼。歷録者，謂所束之處，因以爲文章歷録然，歷録，蓋文章之貌也。”邤緣，朱色之邊飾也。此謂一架樂鐘，以杒木爲架，飾以“歷録”之束文，朱紅之邊飾。

《戰國楚簡文字編》頁 87

○**何琳儀**（1998） 《説文》：“條，小枝也。从木，攸聲。”

信陽簡條，讀修。《説文》：“修，飾也。从彡，攸聲。”

《戰國古文字典》頁 208

○**李家浩**（1998） “桼”字原文作 B： B 𣏂

此字舊有“桼、桼”等不同釋法。按當以釋作“桼”爲是，此字上半所從“丰”的寫法與戰國鷹節銘文的“丰”相似，可以比較。“桼”字應該分析爲從“木”從“攴”從“丰”聲，頗疑是“挈”字的異體。

古代懸鐘磬的架子叫作“筍虡”。《考工記·梓人》“梓人爲筍虡”，鄭玄注：“樂器所縣（懸），橫曰筍，植（直）曰虡。”“筍”或作“簨”。《禮記·明堂位》“夏后氏龍簨虡”，鄭玄注：“簨虡，所以縣（懸）鐘磬也。橫曰簨，飾之以鱗屬；植（直）曰虡，飾之以嬴屬、羽屬。”我們認爲簡文的“柧挈”就是指懸鐘磬的筍虡。上古音“柧”屬見母魚部，“虡”屬群母魚部，二字聲母都是喉音，韻部相同。“筍”屬心母真部，“挈”屬溪母月部。從表面上看，“筍、挈”二字的讀音不類。但是，杜子春關於“筍”字的讀音頗值得注意。《周禮·春官·典庸器》“及祭祀，帥其屬而設筍虡”，鄭玄注引杜子春云：“筍讀爲博選之選。”“選”跟“筍”字的異文“簨”，都從“巽”聲。可見杜子春對“筍”字的注音是有所本的，不是隨便説的。上古音“巽、選”都是心母元部字。在形聲字裏，溪、心二母有通諧的現象。例如“挈”屬溪母，從“挈”得聲的“楔、偰”屬心母。元月二部陽入對轉。頗疑“柧挈”應當讀爲“虡簨”。

《簡帛研究》3，頁 5—6

○**周鳳五**（1999） 條，讀作“悠”，《爾雅·釋詁下》：“悠、傷、憂，思也。”是悠、思皆訓“憂”。

《張以仁先生七秩壽慶論文集》頁 361

○**吕浩**（2001） 條，猶言條條也。《爾雅·釋訓》：“條條，智也。”郭注：“智思深長也。”此義正是簡文“條然以思”之確詁。

《中國文字研究》2，頁 286

△按　郭店《性自命出》簡 31“條肰（然）以思”之“條然”，當以周鳳五讀“悠然”爲宜。信陽簡之字參看“枳條”條。

枚　枚

故宮 456

○**何琳儀**（1998）　枚，甲骨文作枚（粹一〇六〇）。从攴从木，會取木爲杖之意。木亦聲。枚、木均屬明紐，枚爲木之準聲首。金文作枚（枚家卣）。秦文字承襲金文。《説文》：“枚，榦也，可爲杖。从木从攴。《詩》曰，施於條枚。”
　　秦金枚，箇。《方言》十二“箇，枚也”，注：“謂枚數也。”

　　　　　　　　　　　　　　　　　　　　　　　　　《戰國古文字典》頁 1303

△按　故宮 456“姚枚”，“枚”作人名。

檝　檝　檝

秦代印風 233

信陽 2·15　信陽 2·15

○**中大楚簡整理小組**（1977）　檝字未詳，帛檝與下面的組檝，按文例也應該是指衣裳上的附屬物。

　　　　　　　　　　　　　　　　　　　　　　　　　《戰國楚簡研究》2，頁 21

○**裘錫圭、李家浩**（1989）　《儀禮·既夕》“貳車白狗攝服”，鄭玄注：“攝，猶緣也。”（中略）此二“檝”從“木”“聑”聲，即“攝”字的異體，在此亦當讀爲“攝”，訓爲緣。

　　　　　　　　　　　　　　　　　　　　　　　　　《曾侯乙墓》頁 503

○**郭若愚**（1994）　帛，繒也。眮，《玉篇》：“與瞿同。”檝，從木從瞿，爲欋。《淮南子·説林訓》：“大木則根欋。”

　　　　　　　　　　　　　　　　　　　　　　　　　《戰國楚文字編》頁 85

○**何琳儀**（1998）　檝，從木，聶省聲。《説文》：“欟，木葉搖白也，从木，聶聲。”
　　信陽簡檝，讀攝。見聶字。

　　　　　　　　　　　　　　　　　　　　　　　　　《戰國古文字典》頁 1433

△按 "橐"字有從二"耳"、三"耳"之別,郭若愚釋從二"目"之"䀠",非是。《説文》謂"橐,木葉搖白也",段注以爲"凡木葉面青背白,爲風所攝,則獵獵然背白盡露,故曰搖白"。或以爲"白也"乃"皃"字之訛。參馬敍倫《説文解字六書疏證》卷十一。

梃 梴

睡虎地・答問90

○睡簡整理小組(1990) 梃,棍棒。

《睡虎地秦墓竹簡》頁114

△按 《孟子・梁惠王上》:"殺人以梃與刃,有以異乎?""梃"即棍棒之義。"梃"之棍棒義,睡虎地秦簡有明確解釋,殊爲可貴。《法律答問》簡91:"'以梃賊傷人',何謂'梃'?木可以伐者爲'梃'。"

朵 枽

珍秦137

○何琳儀(1998) 枽,從禾,禾穗上短豎表示其下垂。指事。禾亦聲。朵爲禾之準聲首。稬之初文。《易・頤》"觀我朵頤",釋文:"朵,京作稬。"是其佐證。《説文》:"稬,禾垂皃。從禾,耑聲。讀若端。"漢代文字朵作枀(帛書《老子》乙前一〇三上),承襲戰國文字,小篆則訛變。《説文》:"朵,樹木垂朵朵也。從木,象形。此與采同意。"
　　秦璽朵,人名。

《戰國古文字典》頁840

△按 "朵"字小篆上下分離,上從几,下從木。徐鍇《説文解字繫傳》:"今謂花爲一朵,亦取其下垂也。此下從木,其上几但象其垂形。"雖係重解,亦有理據。"朵"字楷書或作"朶",表下垂的"几"形,又訛爲"乃"。"染"字所從之"杂",亦"朵"之訛變。《龍龕手鑒》即以"杂"爲"朵"的俗字。"染"(談部)以"朵"(歌部)爲聲,與"那"(歌部)以"冉"(談部)爲聲相類(參見陶安、陳劍《〈秦讞書〉校讀札記》,《出土文獻與古文字研究》4輯,上海古籍出版社2011年)。

柖 柖

睡虎地・日甲 58 正壹　　睡虎地・封診 81

○**睡簡整理小組**（1990）　柖（音韶），《廣雅・釋器》：“浴牀謂之柖。”此處竹柖當爲一種竹牀。

　　　　　　　　　　　　　　　　　　　　《睡虎地秦墓竹簡》頁 161

○**張守中**（1994）　通招。招搖。日甲八四。

　　　　　　　　　　　　　　　　　　　　《睡虎地秦簡文字編》頁 85

【柖榣】睡虎地・日甲 47 正壹,等

○**睡簡整理小組**（1990）　[六]招搖,有兩星都名爲招搖。一爲北斗的第七星,《史記・天官書》：“杓端有兩星：一內爲矛,招搖；一外爲盾,天鋒。”一屬氐宿,《開元占經・石氏中官・上一》：“招搖一星,梗河北。”此處的招搖,應係前者。

　　　　　　　　　　　　　　　　　　　　《睡虎地秦墓竹簡》頁 188

△**按**　秦簡日書中的“招搖”多見,都作“柖榣”。

榣 榣

睡虎地・爲吏 14 伍　　睡虎地・日甲 58 正壹

○**張守中**（1994）　通搖,即置益水中榣之。封八八。

　　　　　　　　　　　　　　　　　　　　《睡虎地秦簡文字編》頁 86

【榣貳】睡虎地・爲吏 14

○**睡簡整理小組**（1990）　榣貳,疑惑。

　　　　　　　　　　　　　　　　　　　　《睡虎地秦墓竹簡》頁 174

△**按**　秦簡“榣貳”句在《爲吏之道》簡 14：“百姓榣（搖）貳乃難請。”注（《睡虎地秦墓竹簡》174 頁）：“此句意思是,百姓心中疑惑,事情就不好辦了。”此詞典籍似未見。“榣”通“搖”,動搖；“貳”謂不專。整理小組釋爲“疑惑”。

樛 樛

集成 11361 四年相邦樛斿戈　　珍秦 83

○**何琳儀**（1998）　《説文》：“樛，下句曰樛。从木，翏聲。”

四年相邦樛斿弋樛，姓氏。南越王趙嬰齊在長安時，娶邯鄲樛氏女。見《通志・氏族略》。亦作摎，見斁字。

《戰國古文字典》頁 239

△**按**　《説文》“下句”，指樹木向下彎曲。《詩・周南・樛木》：“南有樛木，葛藟纍之。”毛傳：“木下曲曰樛。”

枓　枓

枓 古陶文字徵，頁 125　　枓 上博三・周易 45　　枓 上博三・周易 45

○**中大楚簡整理小組**（1977）　枓，同樛，木下曲。《爾雅・釋木》：“下句曰枓。”

枓，亦見第十三簡，於此疑爲糾之假借字。糾，繩三合也。

《戰國楚簡研究》3，頁 50、53

○**商承祚**（1995）　枓，同樛，木下曲。

枓，亦見第一三簡，於此疑爲糾之假借字。

《戰國楚竹簡彙編》頁 106、110

○**濮茅左**（2003）　“枓”，讀爲“救”，同韻部，挽救，或讀爲“收。”

《上海博物館藏戰國楚竹書》（三）頁 197

△**按**　望山簡 2.2、2.11 之“枓”，或釋“枕”。就字形看，當以釋“枕”爲是。《戰國文字編》《楚文字編》皆定爲“枕”。詳下“枕”字。上博三・周易 45・5“枓”字，帛書本作“芷”，今本作“渫”。上博三・周易 45・37“枓”字，帛本、今本皆作“收”。參《上海博物館藏戰國楚竹書》（三）頁 197—198。

枉　桂　桎

桎 包山 266　　桎 郭店・性自 61　　桎 郭店・成之 21　　桎 上博二・從甲 15

○**何琳儀**（1998）　《説文》：“桂，衺曲也。从木，生聲。”

包山簡枉,讀廣。參趙圜錢"坓坪"讀"廣平"。

《戰國古文字典》頁 634

○**黃德寬、徐在國**(1998)　語一 93 有字作🌿,原書隸作"桯",誤。語二 3 有字作坓、🌿,原書隸作"室、憲",釋爲"望"。恐誤。郭店簡中"望"字多次出現,(中略)所從"室"字作坒、坒,均與坓形異。我們認爲"坓"字應釋爲"坓"。(中略)"🌿"字從"木"從"坓",應釋爲"枉"。語一 93"悬(仁)嫠(義)爲之枉"。《説文・木部》:"枉,衺曲也。"《禮記・少儀》:"毋循枉。"孔穎達疏:"循猶追述也;枉,邪曲也。人非圓熙,不免時或邪曲,若前已行之,今當改正,不得猶追述已之邪事也。""枉"有邪曲義。

《吉林大學古籍整理研究所建所十五周年紀念文集》頁 108

○**張光裕**(2002)　"桯(枉)",楚簡中有讀爲"往"者,《郭店楚墓竹簡・成之聞之》第二十一簡:"戩(勇)而行之不果,其悇(疑)也弗枉(往)悇(矣)。"

《上海博物館藏戰國楚竹書》(二)頁 229

△**按**　郭店簡《語叢一》93"仁義爲之🌿",《郭店楚墓竹簡》隸定爲桯(198頁),《郭店楚簡文字編》及《戰國文字編》皆入"枉"字下。或隸爲"桯",釋爲"梡(桌)",據字形及文意,似較爲妥切。待考。詳下"桯"字。

【枉内】郭店・性自 61

○**孟蓬生**(2002)　《性自命出》簡 61:"句(苟)毋(無)大害,少枉内(人)之可也,已則勿復言也。"整理者無説。

　　今按:"枉内"當讀"枉詘(屈)",枉詘(屈)爲同義連文。《説文・言部》:"詘,詰詘也。一曰屈襞,从言,出聲。誳,或从屈。"《吕氏春秋・雍塞》:"宋王因怒而詘殺之。"注:"詘,枉也。"出聲與内聲古音相通。《爾雅・釋獸》:"豻,無前足。"《經典釋文》:"豻,本又作豽。"《集韻・黠韻》:"豽,獸名。《説文》:'漢律,能捕豺豽購百錢。'或作豻"。

《簡帛語言文字研究》1,頁 33—34

【枉梩】包山簡 266

○**李家浩**(1994)　簡文的"梩"分爲"枉梩、昃梩、糙梩、宰梩"四種。這些"梩"前之字大多費解,我們試作推測如下,不一定對。

　　"枉"字原文作從"坓"聲。據下面所説,"昃梩"指面板狹窄的梩,那麼位於它之前的"枉梩"應該是指面板寬廣的梩。"廣"有寬廣之義。(中略)"广(廣)"從"黄"聲。"坓、黄"音近古通。例如銅器銘文中的器名"匡"從"坓"

聲,字或寫作从"黃"聲。疑簡文"枉橜"應該讀爲"廣橜"。

《著名中年語言學家自選集·李家浩卷》頁 224,2002;

原載《國學研究》第二卷

○**陳偉武**(1997)　包山簡 266:"木器:一枉㞕,一㞕㞕,一粘㞕,一剤㞕,一大房,一小房……"整理者注:"枉,讀如廣。㞕,簡文从尾从止,爲屈字異體。㞕,讀作柮。《説文》:'斷木也。'柮在此似指木案。枉柮,大的木案。"

今按,㞕字原簡作㞕,而包山簡屈字既作屈(223),又作屈(125),辭例相同,都是"屈欒之月",知整理者釋㞕字形體無誤。讀㞕爲柮指木案則有待論證。《説文》有柮無㞕,大徐本作"柮,斷也。"《集韻·迄韻》:"㞕,斷木也。"以㞕、柮爲一字異體當無問題。㞕何以有"木案"義? 古書撅亦同掘,剧或作刷。如《逸周書·周祝》:"獮有蚤(爪)而不敢以撅。"朱右曾校釋:"撅、掘同。"《集韻·月韻》:"掘,穿也。亦書作㩻。"《説文》:"刷,剞刷。"《廣雅·釋器》:"剞刷,刀也。"王念孫疏證:"……刷與刷同。"因此,楚簡㞕當是橛之異體。古代斷木以爲几俎,故《集韻》訓㞕爲"斷木"。俎本爲切肉之薦,轉而亦用以陳列犧牲。《廣雅·釋器》:"橛,几也。"《禮記·明堂位》:"俎,有虞氏以梡,夏后氏以嶡,殷以椇,周以房俎。"鄭玄注:"嶡之言蹶也,謂中足以横距之象。周禮謂之距。"嶡正與橛同,指盛放犧牲祭品的几案。《集韻·祭韻》:"橛,夏俎名。通作嶡。"《禮記》羅列上古几俎異稱,可能含僞託成份,不過,其中有"嶡(橛)"和"房俎",而包山簡歷數諸種"㞕(橛)"器和"大房、小房",適可合證。據《禮記》鄭注,知稱爲"嶡"的几俎足閒有横木,故頗疑楚簡"枉㞕"之"枉"當讀爲"横","枉㞕"即指足閒有横木之俎。整理者讀"㞕㞕"之"㞕"爲"仄"訓"陜也"、讀"粘㞕"之"粘"爲"楮"訓"榖木",均有道理,而謂"剤㞕"之"剤"借爲"荸"訓"羹菜也"則不可從。剤从刀,宰聲,應是殺牲義的專用字。此處借爲梓,《説文》:"梓,楸也。从木,宰省聲。榟,或不省。"楚簡稱"剤㞕",實指梓木做成的俎,正與"粘(楮)㞕"指榖木做成的俎相類。

《第三屆國際中國古文字學研討會論文集》頁 647—649

○**劉信芳**(2003)　"枉"讀爲"橫",《説文》:"橫,所以几器。"段《注》:"謂所以庋擱物之器也。几可庋物,故凡庋曰几。"㞕讀爲"橛",古音从屈从厥之字例可通轉,如"䎃"又作"㫰","刷"亦作"㩻",《荀子·禮論》"屈然"即"闕然",《左傳》僖公二十五年"闕地下冰"即"掘地下冰",皆是其證。《禮記·明堂位》:"俎,有虞氏以梡,夏后氏以嶡,殷以椇,周以房俎。"又"俎用梡嶡"。《疏》云:"梡嶡者,兩代俎也。虞俎名梡,梡形四足如案,《禮圖》云:梡長二尺四寸，廣一尺二寸，高一尺，諸臣加雲氣，天子犧飾之。夏俎名嶡，嶡亦如梡而横柱，四足中央加距也。”《釋文》“嶡”亦作“橛”。

《包山楚簡解詁》頁 288

△按　“枉”字之解，或爲“廣”，或爲“横”，或爲“櫎”，於音理皆可通。然簡文有“枉橛、昃橛、糙橛、宰橛”四種，“橛”前之字，當爲修飾成份，或爲形制，或爲質料，釋“廣”釋“横”，往往不能兼顧，備其一説可也。而“櫎”本爲庋擱物品之器具，橛亦几案之义，則“櫎橛”之稱，似不能成立。

橈　橈

貨系 4176　　貨系 4179

貨系 4183　　璽彙 5362

○**丁福保**（1938）　殊布當十化　幣最大者，長四寸，今稱十貨幣，以幕文得名，其實面之左文，亦曰當十化也。或讀其右文爲扶比，且以形制同十布，疑莽所鑄。余謂扶是比非，莽鑄則尤非也。（中略）【癖談】

　　古幣文有云扶比當十斤者，考古家皆以扶比二字爲北布。按第一字係枎字，枎扶相通，古扶疏字多互用，（中略）扶比當十斤者，謂四幣合而當十斤。（中略）【董祐誠文甲集】

　　鄭家相曰，殊布當十化，背十貨，面背周郭，上有圓好，中有豎畫。面文《通志》釋“商化莊布”四字，實近牽强，《泉匯》釋“殊布當十化”五字，似爲較妥。（中略）按，殊，異也，大也，當十化，言一枚當化金十也。

　　周斾戔布，此布有好有肉，郭面背中有直文，舊譜未詳何代，洪遵、李孝美僉云文不可識，後人有莊布殊布各説，聚訟紛紜，不能定也。今折衷諸家，釋第一字爲斾，是布出土大都在沛縣等處，意者地名之沛，或通叚作沛歟？（中略）【健志】

《古錢大辭典》頁 2164—2165，1982

○**鄭家相**（1958）　此布面文曰斾戔當鉇，背文曰十貨。按前人釋此布文不一，《通志》謂“商貨莊布”。《吉金録》謂“扶比當十斤”。《文字考》謂“斾比當斤十”。《古泉匯》謂“殊布當十化”。《古泉雜詠》謂“市布當十化”。《遺篋録》謂“斾戔銅十斤”。或謂商湯所鑄，或謂新莽所鑄，聚訟蜂喧，輒無定讞。予曰，第一字《文字考》與《遺篋録》釋斾，篆文甚合，斾古通沛，地名，此布亦紀地也,且其出土多在泗水豐沛之閒,尤爲明證。(中略)全文應讀斾戔當釿,謂斾地之錢,可當平賈之釿也。(中略)按斾通沛,古之沛地,在今江蘇沛縣東十三里,戰國屬楚,此布爲戰國楚鑄無疑。蓋沛地西北近魏,東北鄰齊,既受魏布之同化,乃仿其制作布化,又受齊刀之影響,乃變其式爲狹長。

《中國古代貨幣發展史》頁 133—134

○**李家浩**(1973)　"殊布"之"殊"字,有人釋爲"沛",謂"沛"與"四布"之四均爲地名,即今江蘇境内的沛縣和山東境内的泗水二地。這種説法不足爲信。"殊布"的"殊",應作"大"解,張衡《西京賦》"超殊榛,撦飛鼯",薛綜注:"殊,猶大也。""殊布當釿"就是一個大布值一釿的意思。"四布當釿"就是四個小布值一釿的意思。

　"朱匕當斤",朱字與"殊布"殊字所从相同,當爲殊字之省。匕即化字省文,就是貨字,即貨幣的名稱。也可能是"布"字的異文或誤摹。斤字左旁没有十,直書作斤,顯然此布非值一斤,以"殊布"文字互證,當爲釿字之省或誤摹。似此,其文應讀爲"殊化當釿"。"殊化"就是大幣的意思。

《考古》1973-3,頁 194、194

○**李家浩**(1980)　"斾"字原文作𣏟(a),右旁很像是"木"字,但從以下三點看,這個字實非"木"字。

　(一)"木"作爲偏旁往往寫在左邊,這個偏旁寫在右邊。(二)楚布此字有時省去左旁(見[b]),説明右旁是主要部分,如果釋爲"木"字,無法讀通幣文。(三)《遺篋録》3.5 下著録一枚與(5)同樣形態的布幣(見 376 頁圖四,《古錢大辭典》上編 22 頁著録一枚與《遺篋録》相同的布幣,面文筆畫稍有出入。圖四即采自《古錢大辭典》。此布左邊第一字上部作斜筆,疑與右邊"堂"字上部"八"公用。《商周金文録遺》96.541 著録一件所謂的"鍵",上有銘文二字,合文作𤔲,以"安"字的"广"[即"宀"]旁兼充"還"字的"辵"旁,與[b]字上部斜筆兼充"堂"字上部左斜筆屬於同一現象),此字省作𣏟(b),與"木"字迥異,足證(a)的右旁不是"木"字。

　漢印"郭"字作𨛜(《漢印文字徵》6.26 下),"𡥉"旁是一個从"子"从"市"聲的字。印文"市"旁亦寫作似"木"非"木"之形,與楚布(5)第一字右旁相近,疑(b)即"市"字,而(a)是一個从"市"聲的字。舊或釋(a)爲"斾",當然不一定對,但"斾"也是一個从"市"聲的字,爲了行文方便起見,姑且從舊釋把幣文(a)寫作"斾"。按从"市"之字多有大義。《左傳》宣公十二年"拔斾投衡”,杜預注:“斾,大旗也。”《管子·揆度》“焚沛澤”,尹知章注:“沛,大澤也。”《淮南子·天文》“賁星墜而勃海決”,高誘注:“勃,大也。”《集韻》:“綍,大索也。”(5)“斾比”與(6)“四比”對言,當猶梁布“夸釿”之意,疑“斾”或“市”亦作“大”解。“斾比當釿”,即一枚大幣相當一釿。“四幣當釿”,即四枚小幣相當一釿。於此可見(5)與(6)的比值是1∶4。據實測:

　　(5)31—37克　　(6)7.5克

兩者重量的比例也是基本符合的。

《中國語文》1980-5,頁 375

○**蔡運章**(1983)　平首平肩方足銅布,其中大型的形體狹長,正面鑄有“斾戔當圻”,背面鑄有“十貨”字樣,重 35 克左右。小型的形體較短,錢的正反兩面分別鑄有“四戔”和“當圻”四字。過去,有人因認定楚國不鑄行布錢,就不把這種平首布列爲楚國的貨幣。近年來,越來越多的人都主張這種貨幣是戰國時期楚國的鑄幣,楚國銀布幣的出土,爲這種平首布找到了淵源。我們認爲形體狹長的“斾戔當圻”大布,可能就是從長型實首銀布幣發展來的。至於這種平首布變成平襠方足,以及“四戔當圻”布的形體驟然變短等,可能是受三晉地區鑄行平首平肩方足布影響的結果。

　　特別應該指出的是,這種平首布銘文中的“斾戔當圻”,“斾”,通作沛,爲地名,戰國屬楚,在今江蘇沛縣東十三里;“戔”,爲錢字省文;“圻”,爲釿字省文,就是説沛地鑄造的錢一個相當於一釿的重量。“四戔當圻”,就是説這種錢四個相當於一釿的重量。可見,這兩種平首布都自銘爲“錢”,它與古文獻中把楚國的貨幣通稱爲“錢”的記載正相吻合。因此,這也可以作爲楚國曾鑄行布錢的佐證。

《楚文化研究論文集》頁 146

○**曹桂岑**(1983)　“殊布當忻”,殊,猶大也,殊布即大布;“四布當忻”,“忻”即“釿”,是我國古代金屬的計量單位。三晉有“半釿、一釿、二釿”布。“殊布當忻”可釋爲大布值一釿。“殊布當忻”的背面有“十貨”二字,十貨即指十枚銅貝的意思。按:上海博物館館藏的四枚“殊布當忻”的平均重量爲 34.385克,而長沙 272 號墓出土的銅貝一般重 3.5 克,“殊布當忻”約等於十個銅貝的重量。“四布當忻”布,一枚重 7.5 克,四枚總重 30 克,比“殊布當忻”的最輕者的重量還輕一克。以上殊布、四布的時代應屬戰國晚期。

《楚文化研究論文集》頁 131

○**朱活**(1984)　面文(中略)舊譜釋爲殊布、端布、邾布、沛錢、扶比等等。(中略)

什麼叫做"斾錢"呢？就是長條狀而有燕尾形的大錢,通稱也就是"大錢"。(中略)而這種斾錢一般長 10.1—13 釐米、寬僅 3.1—3.5 釐米,厚大抵爲 0.18—0.2 釐米。其形狀恰恰是長條而下面有兩個方足如燕尾。

《古錢新探》頁 203

○**汪慶正**(1984)　關於此布面文的釋讀,歷來有分歧:"商貨莊布"(鄭樵《金石略》)、"殊布當十化"(李佐賢《古泉匯》)、"斾比當十斤"(馬昂《貨布文字考》)、"杕比當十斤"(初尚齡引劉青園語)、"斾錢銅十斤"(秦玉瓚《遺篋録》)等等。此外,第一字尚有"端、市、莊、沛"等等不同讀法。

　　此布面文應自右而左,上下順讀,其面文第三、第四兩字讀"當忻(釿)",背文讀"十貨",在錢幣學界已比較統一。幣面第一、第二兩字,較多人習慣上讀爲"殊布"。從文字結構分析,第二字讀"錢"或"鎛"的異體爲宜。(中略)至於第一字,其右半爲"木",左半多數作"夻"。近年出土的中山國青銅器銘文中"嗇夫"的"夫"字,往往作"夻"或"夫"。戰國文字多見左右旁互易,因此,"朩"似可釋"杕"。(中略)"杕戔"可作四方流通之錢布解。

《中國歷代貨幣大系·先秦貨幣總論》頁 24

○**湯餘惠**(1986)　(枖)右偏旁寫法差別不大,從土從人,可隸定爲"夫"(中略)。關於"夫",《説文》中存在解決的線索。《説文》堯部:

　　　　堯,高也。從垚在兀上,高遠也。𡚶,古文堯。

　　從古文堯的寫法看,似"夫"即"堯"之省體。從土在人上的"夫"和甲骨文堯字從二土在𠂔上作𡙙(《後》下 32·16)構形原理頗有一致處。《説文》古文堯作"扶",又見於《汗簡》《古文四聲韻》等書,應是兩"夫"相併組成的複體。(中略)《六書通》下平聲"蕭"引古文奇字"堯"作𡙙,而引《希裕略古》作𡙙,恰好可以表明兩者的對應關係。如此看來,"夫"和"扶"單複雖有別,但毫無疑問都是堯字的古文。

　　夫旁既已得到解決,那麼(中略)例 8 左從木,字亦見《説文》:"橈,曲木也。從木,堯聲。"

　　值得注意的是,楚國布幣面文也有橈字。

　　戰國時期,南方楚國的貨幣除金幣、"鬼臉錢"以外,尚有大小異制而體式略同的兩種布幣。(中略)大布面文"杕比(幣)竺(當)釿",幕文"十貨"。杕字舊釋爲"殊"、爲"杕"、爲"市"、爲"端"、爲"斾",意見紛紜,莫衷一是,現在看來應該是橈字。

　　然而楚之大布何以自名"橈幣"卻令人費解,下面提些不成熟的看法。

　　(中略)大布面文能否與形制有關? 很值得研究。據稱,此種大布全長 11,身長 8.3,肩寬 3.3,足寬 4 釐米,寬狹比例和他國迥然不同,顯著特點是狹而長。(中略)從文字上説,橈字從堯得聲,《説文》訓"堯"爲"高",《廣雅·釋言》:"堯,嶢也。"《説文》:"嶢,焦嶢,山高貌。"按高、長字義相因,"橈幣"的"橈"似應讀爲"堯"或"嶢",取義與幣式狹長有關。

《古文字研究》15,頁 17—18

○王毓銓(1990)　　傳世的和近年出土的布錢中還有一種四字長方形布,大小兩型。都像新朝王莽鑄造的"貨布""大布黃千"。大的小的都有四個字的錢文,大型的文曰"旆比當忻",小型的文曰"四比當忻"(圖版貳伍,1—4)。旆"𣎴"原作旆(編按:此句可能是"旆原作旆'𣎴'",另𣎴字誤摹,下文亦誤,當作𣎴),過去的釋文似乎没有可信從的。忻字一般以爲是釿之省文,近來也有以爲不是的。從前我以爲是秦漢淮泗地區物,所以没收入舊作。吳榮曾和耿宗仁二位先生都説它們是戰國晚期貨幣,應該收入本書楚國貨幣章中。吳先生並説,這種布錢曾在杭州、蘇州、丹陽等地出土。吳先生以爲"長江下游的江南一帶,戰國早期爲越地無疑。後楚懷王滅越,乃爲楚所有"(以上均見"附録"二)。1980 年得知河南扶溝出土銀布後,我以爲吳、耿二先生的意見應當考慮,故於此補記如上。

　　𣎴字,王獻唐釋爲柣,音逸,與嶧山之嶧聲通。王先生説"向見濟上市肆,新收柣化多品,詢爲鄒縣紀王城出土。魯南各處亦屢發現,柣化較多,四化極少"。又謂"古紀王城爲邾都,在鄒縣嶧山下,兩幣殆爲邾造"。"紀王之稱,傳自古昔,志書不審何指,疑紀即柣,音亦相通。邾王都柣,稱柣王,後訛爲紀王"(《中國古代貨幣通考》上册頁 352—353,1979)。李家浩君主姑從舊釋作"旆"。"旆"字有大義,同鄭家相説。

《中國古代貨幣的起源和發展》頁 156—157

○郭若愚(1991)　　楚的北鄙地區,和三晉接鄰,尤其是出於和韓、魏經濟貿易的需要,楚國鑄造了一種釿布。通高 10 釐米左右,重 34—38 克,面文"殊布當釿",背"十貨"。另一種小型釿布,似兩釿相連,因稱"連布",通高 8 釐米,重 7.5 克左右,面背文"四布當釿"。這兩種釿布文字的釋義有多種,都很難相信。我查看《古璽彙編》第 485 頁,單字璽 19,第 5362 號有"𣏌"字印,和此布第一字比較,是爲釿布第一字的反轉。我認爲應該以璽文爲準,釿布第一字作"𣏌",釋爲"杜",地名,今河南商丘縣東南有"杜集",居南岔北岔二沙河中閒,即其地。1984 年 5 月,河南永城縣北魚山的東南山腳下,發現楚幣六十餘枚,50 年代此地曾出土四枚。永城在戰國時屬宋,公元前 286 年齊滅宋,即轉爲齊地。永城距商丘甚近,此釿布爲杜地鑄品是可信的。

《中國錢幣》1991-2,頁 60

○**馬世之、蔡萬進、李德保**(1992)　　"枕戔當忻"布陶範的"枕"字右半部爲"木",左半部多數依(編按:當爲"作"字)"𢪒"。中山國青銅器銘文中"嗇夫"的"夫"字,往往作"𢪒"或"夫"。戰國晚期文字多見左、右偏旁互易。因此,"𣚚"字可釋爲"枕"。

《江漢考古》1992-2,頁 73

○**曹錦炎**(1992)　　在楚系貨幣中,有一種形制特殊、長而重大的平首布,爲二等制。關於此布大者面文的釋讀,歷來有較大的分歧,有"商貨莊布、殊布當十化、𥃩比當十斤、扶比當十斤"等,《總論》讀爲"扶戔當忻(釿)"。

按此布面文第一字作𣚚,从木从𢪒,𢪒即堯字。《説文》堯字古文作𡺂(編按:《説文》堯字古文作𡺂,略異),古璽文同,《通書六》下平聲蕭部引古文奇字堯作𡺂,而引《希裕略古》作𡺂。從兩者對應的關係可以看出,𢪒、𡺂單雙雖有別,但毫無問題都是堯字的古文,爲小篆堯字的省體,可證幣文的𣚚即橈字。

《説文》:"堯,高也。""橈,曲木也。"《説文》又有"嶢"字,訓"山高貌"。可見"堯"有高大之義。比,讀爲"幣",見上述。所謂"橈幣",是以這種布幣形制長(高)大的特點而稱之,這和大型的梁布面文稱"夸布"是同樣道理。前人已經指出,王莽改制鑄行的布幣十品,形制均與這種楚系布幣相同。十品中最大的即稱"大布黃(衡)千",其面文與這種布的面文稱"橈幣當釿"何其相似乃爾! 或許王莽時還認識這個"橈"字。可證首字"橈"訓爲高大之義不誤。

至於這種布幣的小者文字,面文與背文應連讀,爲"四比(幣)當忻(釿)",也就是說四個小幣當一釿,其與大幣之比爲 4:1,恰與這兩種布幣本身的重量比值相合。

附帶指出,過去的研究者根據這類布幣的出土地多在淮泗一帶而定爲楚幣,這種看法值得商榷。據《大系》附錄二《先秦貨幣出土情況表》所載,建國後在江蘇省的徐州市高皇廟遺址、丹陽縣練湖農場;安徽省的宿縣固鎮及浙江省的臨平(50 年代出土)、山東省的臨沂、陝西省的咸陽均有發現,僅丹陽縣一次發現就達 35 枚。近年在浙江省餘杭縣獐山河港內,以及臨安縣、仙居縣又有發現。另外,1959 年在紹興西施山越國冶鑄遺址中也有發現。而在楚國的本土範圍内卻從未有出土記録,不免使人滋生疑竇。上述地區除陝西外,在戰國時期正屬於越國的疆土及勢力範圍之内,所以筆者懷疑這類布幣有可能是越國貨幣。

春秋末期,越王句踐經過"十年生聚、十年教訓",勵志圖强,終於滅掉了吳國,稱霸於東方,並一度遷都琅玡。戰國時期,越國一直活動於政治舞臺,直到公元前333年,楚威王殺越王無疆,"而越以此散,諸族子爭立,或爲王,或爲君,濱於江南海上,服朝於楚"。越國雖敗,但並未國滅,直到秦始皇二十五年(公元前222年)"王翦遂定荊江南地,降越君,置會稽郡",越國才亡。很難設想,在戰國時期各國都鑄行金屬貨幣的同時,越國王停留在物物交易的初級階段或稱量貨幣的時期。越國必定有自己的鑄幣,只是我們目前還不認識罷了。

另外,越國文字雖和楚文字屬同系,但它受徐文化影響特深。這類布幣的"當"字從"立"(或以爲是土字異構),並不是楚文字的特點,反而有齊魯與三晉交界地域的文字的特點。而且楚國的"釿"字也不大會省作"圻"。再説楚國的金屬鑄幣除了金版外,主要是銅貝,況且楚國也不屬於布幣的流行範圍。

基於上述原因,特別是考慮到在越都紹興的西施山越國冶煉遺址中,曾經發掘出土過這種布錢,所以我們有理由懷疑,這類布幣應爲越國貨幣。

《中國錢幣》1992–2,頁60

○劉宗漢(1993)　"枑比堂圻"(編按:原文"枑"字所從之"旡"皆作"无",誤,今改,下同)布的面文舊有多種讀法,其中不少讀法已爲學者捨棄,只有"枑戔(錢)堂(當)圻、旆戔(錢)堂(當)圻"和"橈比(幣)堂(當)圻"三種説法尚爲人所接受。我們認爲🔲釋"枑"、釋"旆"都是不正確的。因爲🔲下面兩筆併合,與夫字不同,所以🔲不可能是"枑",🔲中無論如何也不存在"㫃"這一偏旁,所以不可能是"旆"。(中略)第三種讀法,雖然遠比上兩種讀法爲好,但也有進一步商榷的餘地。

堯字上面本從二土作🔲(《説文·垚部》堯字古文)(編按:《説文》堯字古文作🔲,略異),至秦漢時繁化爲從三土作"堯"。(中略)未見省作"先"者。所以把從🔲的🔲釋爲"橈"是可商的。🔲實是无字,上面出頭是戰國秦漢時一種習慣寫法(中略)。近日何琳儀先生撰《説无》詳論此字,其説理詳明,當可信從。

既然🔲是无字,那麼🔲自然就是枑字。文獻中從无得聲的字每有大意。如《説文·亡部》:"𣞤,豐也。"(《詩·周頌·豐年》毛《傳》:"豐,大也。")大屋曰廡,見《釋名·釋宮室》,大塊魚肉曰臐(見《儀禮·公食大夫禮》鄭《注》)。又《詩·小雅·巧言》毛《傳》:“憮,大也。”《爾雅·釋詁》:“憮,大也。”《方言》卷一:“憮,大也。東齊海岱之間,(大)或曰憮。”“枑比堂忻”布幣形較大,正與“枑”有大意相合。楚國晚期攻占的魯國等地,因爲經濟較南部地區發達,應是鄭地商人經商的重點對象,其地正在東齊海岱範圍之內,鄭地商人大約是爲了適應當地的習慣,才把自己鑄造的大型稱量貨幣稱爲“枑比堂忻”的。

　　釿,本是重量單位,據各家對戰國信安君鼎、平安君鼎的實測計算,1釿約在30—35克之間。春秋、戰國時,三晉布幣多有自標釿字者,測其重量,春秋時爲25克左右,戰國時降（編按:或漏“爲”字）12—16克。其重量與用鼎測算出來的並不一致。這大約是因爲布幣的釿已由稱量貨幣的重量單位,逐漸變爲鑄幣名稱,而與實際釿重脫節的原故。“枑比堂忻”布的重量約在34克左右,與用鼎測算而得的釿重最高值接近,忻字從十,斤聲,表示1釿之重殆無疑問,問題在於它何以不從金而從十。《說文繫傳·通釋·言部》:“計,會也,算也。從言、十。臣鍇曰:十者總成數。會意。”計是計算,計算必然要用口說數字,故從言從十。“十”代表總成之數。忻字構形原理與“計”相同。“十”在“忻”中也是“總成數”之意,表示“忻”係計量而算,以區別於已成爲鑄幣名稱的“釿”。“堂”讀爲“尚”。《廣雅·釋詁》:“尚,上也。”“堂忻”即是“上忻”。《方言》卷十二:“上,重也”。據此,“堂忻”也就是“重忻”,其意爲“重量十足的稱量的忻”(表示是重34克左右的那種忻)。比,有相同之意。綜上所述,“枑比堂忻”意爲“大(布)(重量)同於重忻”,表明它是斤兩十足的稱量貨幣,依此類推,“四比堂忻”意爲“四布(重量)同於重忻”。大約是因爲鄭地商人要取信於楚國的“客户”,才使用這樣帶有商業氣息的語言。

《中國錢幣》1993-2,頁30—31

○**黃錫全**(1994)　　大布面文第一字,是個老大難問題,過去有多種釋讀,頗有分歧,然多不可信。目前主要有釋殊、絉、枎、橈、枑等幾種意見。此字的關鍵是左旁如何確定的問題。至於右旁,當是從木,與古文字中的朱、市不同。 ﹢ 與古文字中的歹、肰也並不類同。因此,前兩種意見可能性不大。如將此字釋爲橈,訓高、大之義,固然可以講通,可是,古文中可以肯定的堯或秦文字的堯均從二土或三土,與布文有別。橈與此布或省作“木”者音不可通。因此,釋橈一說,也有疑問。如釋爲枎（編按:原文誤作扶,下同,徑改）,與省形之“木”音近可通,“枎比”可以讀如“大幣”,但古文字中的“夫”與布文之形並不相同。所以,釋枎一説,也難以令人信服。與秦漢文字中的“无”形相近。如將此形釋爲“无”,戰國文字中从此形之字可以全釋从“无”,“无”與省作之“木”音也相近。根據目前的材料,我們暫且傾向於何琳儀先生釋无一説。无即橅。論者讀“橅比”爲“模幣”,義爲“法錢”。我們主張讀爲“母幣”,即“母錢”。(中略)

我國古代貨幣有“母子相權”或“子母相權”的制度。所謂母幣,就是重幣或重錢、大錢。子幣,就是輕幣或輕錢、小錢。母幣的幣值是子幣的一倍或數倍。買貴重物品用母幣,以子幣相調節。買賤物者用子幣。這種制度,爲的是便於人民貿易往來,見於大家熟知的文獻《國語·周語》:

> 景王二十一年,將鑄大錢。單穆公曰:“不可。古者,天災降戾,於是乎量資幣,權輕重,以振救民。民患輕,則爲作重幣以行之,於是乎有母權子而行,民皆得焉。若不堪重,則多作輕而行之,亦不廢重,於是乎有子權母而行,小大利之。”

韋昭注:

> 重曰母,輕曰子。以子貿物,物輕則子獨行,物重則以母權而行之也。子母相通,民皆得其欲也……以重者貿其貴,以輕者貿其賤也。子權母者,母不足則以子平而行之。故錢小大,民皆以爲利也。

《漢書·食貨志》録上述單穆公之語顔師古注引應劭曰:

> 母,重也,其大倍,故爲母也。子,輕也,其輕少半,故爲子也。

又引孟康曰:

> 重爲母,輕爲子,若市八十錢物,以母當五十,以子三十續之。

楚大布是“連布”的 2 倍,是小布的 4 倍,即所謂“其大倍,故爲母也”,“其輕少半,故爲子也”。1 個大布又大約相當於 7 個(或七值重)銅貝。大布與連布、小布,以及銅貝的關係,應該就是所謂的“母子”關係。由此可見,我國古代的確存在過“母子相權”的貨幣制度。

《史記·循吏列傳》有一段楚莊王試圖改變幣制的記載,也是大家熟知的:

> 莊王以爲幣輕,更以小爲大,百姓不便,皆去其業。市令言之相(孫叔敖)曰:“市亂,民莫安其處,次行不定。”相曰:“如此幾何頃乎?”市令曰:“三月頃。”相曰:“罷,吾今令之復矣。”……王許之。下令三日而市復如故。

楚莊王欲改幣制未能成功,原因可能是多方面的。他大概是想全部“更以小爲大”，所以“百姓不便”。恢復舊制，也不見得是全部廢除大錢而只行小錢。不論怎樣理解這段話，至少可以看出，楚於莊王時，不僅鑄過大錢，而且錢有大小之分。

這種“母子相權”或“子母相權”的貨幣制度，先秦他國也實際存在着。如布幣多有大小兩種或兩等幣值，應該就是“母子”關係。這一點，王獻唐先生論述甚詳。

將“枘（母）比（幣）堂（當）忻、四比（幣）堂（當）忻”這種作爲母錢、子錢性質的文字直接鑄在銅布上，這就好比王莽“復古改制”時，爲了符合古代“母子相權”的遺意而鑄行名目爲“大布黃（衡）千、次布九百、小布一百”等一樣。至於爲什麽假“枘”爲“母”而不直接書作母字，這與布上以比爲幣、以堂爲當、以忻爲釿等屬同一道理。先秦貨幣文假借字甚多，所以，不足爲怪。

　　　　　　　　《先秦貨幣研究》頁 203—204，2001；原載《中國錢幣》1994-2

○梁曉景（1995）　【桡比當忻·平襠方足平首布】戰國中晚期青銅鑄幣。鑄行於韓、楚等地。屬大型布。渾樸厚重，鑄作精整，形體狹長。首有圓孔，以便穿繫，腰向内凹，周沿有廓。面文“桡比當忻”，意爲大錢相當於一忻之重。“比”同幣，“忻”通作釿。或釋爲“殊布當忻、旆戔當忻”等。背鑄“十貨”，意爲這種錢相當於十枚蟻鼻錢的價值。1956 年以來浙江杭州，湖北天門，安徽阜陽、宿縣，江蘇徐州、丹陽，陝西咸陽，山東臨沂，河南永城等地有出土。1982 年河南新鄭鄭韓故城遺址内出土有“桡比當忻”錢範。一般通長 10.1—10.4、身長 7.5—7.9、肩寬 3—3.2、足寬 3.7—3.9 釐米，重 28—37 克。

　　【桡忻當比·平襠方足平首布】戰國中晚期青銅鑄幣。鑄行於韓、楚等地。面文“桡忻當比”，實爲“桡比當忻”的交錯對讀，意爲大錢相當於一釿之重。背鑄“十貨”，意爲這種錢相當於十枚蟻鼻錢的價值。（參見“桡比當忻·平襠方足平首布”條）通長 9.5、身長 7.2、肩寬 3、足寬 3.2 釐米，重 17 克。

　　【木斤當比·平襠方足平首布】戰國中晚期青銅鑄幣。鑄行於韓、楚等地。面文“木斤當比”，“木”即“桡”字簡筆。“桡斤當比”，實爲“桡比當忻”的交錯對讀，意爲大錢相當於一釿之重。

　　【木比當斤·平襠方足平首布】戰國中晚期青銅鑄幣。鑄行於韓、楚等地。面文“木比當斤”，有反書。“木”，“桡”之省體。“比”同幣，“斤”通作釿。意爲大錢相當於一釿之重。背鑄“十貨”意爲這種錢相當於十枚蟻鼻錢的價值。

　　　　　　　　《中國錢幣大辭典·先秦編》頁 285、287、272、274

○**何琳儀**（1996）　《貨系》4176 著録燕尾布，銘文四字。首字原篆作：

以往有釋“殊、莊、端、邾、沛、旃、枎”等説。筆者曾經釋“橈”，後來又據《秦漢》904“无”作：

改釋“杬”，讀“模”，並謂“杬（模）比（幣）”猶“法錢”。“杬”字的隸定，近來已得到若干學者的認同，但對其釋讀仍有分歧。或謂讀“杬（橆）”有“大”義，或讀“杬”爲“母”。

今按，從“無”得聲字確有“大”義。檢《爾雅・釋詁》：“橆，大也。”郝懿行曰：“橆者，《説文》云，覆也。覆冒亦爲大。故《方言》云，橆，大也。《詩》‘亂如此橆’，毛傳同。通作膴。《儀禮・公食大夫禮》及《周禮・腊人》鄭注並云，膴，大也。膴義與廡同。韋昭《晉語》注云：廡，豐也。豐亦大也……膴、荒聲轉。《詩・天作》傳：荒，大也。凡聲同、聲近、聲轉之字，其義多存乎聲，皆此例也。”

（中略）

燕尾布“杬比堂釿”應讀“橆幣當釿”，指一枚大型布幣相當一釿。如果此釋不誤，燕尾布銘文可與新莽布幣銘文“大布黄（衡）千”對讀。“杬比、大布”均指大型布幣。依此類推，連布銘文“四比（幣）堂（當）釿”應是小型布幣。燕尾布的重量大約三十克左右，連布的重量大約十五克左右。二者之間顯然有“子母相權”的關係。這也是“杬”有大義的又一旁證。

順便説明“无”字的形體來源。檢《説文》“無”奇字作：

故“无”理所當然與“無”形體有關。衆所周知，“無”爲“舞”之初文，象“大”形持尾狀物而舞，春秋金文“無”所從“大”形或作“夫”形：

毛叔盤　　　　　　　　子璋鐘

“夫”形完全對稱，然而也有不對稱者：

庚兒鼎　　　　　　　　王子申盞盂

戰國秦漢文字之“无”即由這類不對稱者演變而來。換言之，截取“無”中閒“夫”形即是“无”。其演變序列爲：

大 —→ 夫 —→ 夫 —→ 夫 —→ 无

最近新出郭店楚簡《窮達以時》3“堯舜”之“堯”頗似“无”形。這是否能使燕尾布“杬”字的釋讀又回到“橈”字的老路？其實楚文字這一明確無疑的

"堯"字,與楚文字"无"字不盡相同:

堯　　＊郭店·窮達3　　　　　无　　＊貨系4176

具體而言,前者在豎筆上施圓點,而後者在豎筆上施短橫,這是區別二字的癥結所在。凡此與古文字在豎筆上施圓點爲"由",施短橫爲"古",同屬微妙的區別文字手段,值得古文字研究者特加重視,以免產生不必要的混淆。總之,郭店簡"堯"字並不影響燕尾布"杬"字的釋讀。

　　　　　　　　　　　　　　　　　　　《古幣叢考》頁 229—231

○何琳儀(1998)　杬,從木,无聲。疑橅之省文。《集韻》:"橅,《說文》法也。亦作橅。"或省无旁,或无旁作𠂤形,均爲鑄造時致誤。

楚燕尾布"杬比",疑讀"橅幣"。《爾雅·釋詁》:"橅,大也。""橅比"與新莽幣"大布黃千"之"大布"均指大型布幣。

　　　　　　　　　　　　　　　　　　　《戰國古文字典》頁 615

○蔡運章(1998)　面文"旆錢當圻"是說這種大錢相當於一釿的重量。春秋戰國時一釿等於 2 兩,約合 31.2 克。

　　　　　　　　　　　　　　　　　　　《中國錢幣論文集》3,頁 160

○郭若愚(2001)　楚的北鄙地區和三晉接壤,尤其是和韓、魏經濟貿易頻繁,需要一種釿幣。楚國貨幣現在可以見到一種大型釿布,通高 10 釐米左右,重 34—38 克。面文"杜布當釿",背"十貨"。另一種小型釿布,似兩釿足部與足部相連,因稱"連布"。通高 8 釐米,重 7.5 克左右,面背文字連讀"貨布當釿"。大小兩型釿布上的文字釋文有多種,但都很難相信。我查到《古璽彙編》第 485 頁單字璽 19,第 5362 號有"𣏾"字印,此字和大型布右上第一字比較,是爲釿布第一字的反轉體。我認爲此字應該以璽文爲準,因此大型釿布第一字應該是"𣏾",從木從土,土下兩曲劃是爲飾筆。《鄂侯鼎》"𥩟"字從土從不,土下有一曲劃是飾筆。《秦公簋》"在帝之坏"坏字作𥩟,右邊土字之下有一飾筆。據此𣏾字可釋爲杜,地名。今河南商丘縣東南有"杜集",居南岔北岔二沙河之間,即其地。1984 年 5 月河南永城縣北魚山東南山腳下,發現大型楚布六十餘枚。50 年代此地也曾出土此類楚布四枚。永城距商丘甚近,此釿布爲杜地所鑄是可信的。

　　　　　　　　　　　　　　　　　《先秦鑄幣文字考釋和辨僞》頁 66

△按　《璽彙》5362 號字作𣏾,上引郭若愚 1991 年文摹作𣏾,誤,釋爲"杜",非。郭氏 2001 年文字略有差異,個別地方有增補,所引《璽彙》5362 號字摹寫

不誤。即,左右偏旁互易。其字之釋,真可謂衆説紛紜。在諸多考釋當中,"橈、杫"兩説較有理致,而以釋"橈"信從者較多。《戰國文字編》及《楚文字編》皆定爲"橈"。2014 年 10 月在"紀念容庚教授誕辰 120 周年學術研討會暨中國古文字研究會第 20 屆年會"上,李守奎以爲此字乃从木从方,釋爲"枋",讀爲"方","方布"即方形布,很有道理,勝於舊説。

杕 枆

集成 2701 公朱左官鼎　　集成 9715 杕氏壺

睡虎地·秦律 147

○**郭沫若**(1935)　杕即《詩·杕杜》"有杕之杜"之杕,序釋文"本或作夷狄字"。《顔氏家訓·書證》:"詩'有杕之杜',江南本並木旁施大,而河北本皆爲夷狄之狄,讀亦如字。"疑此杕氏蓋自狄人,諱其字而改書爲杕也。

《兩周金文辭大系考釋》頁 481

○**睡簡整理小組**(1990)　杕,讀爲鈦(音第),套在囚徒足脛的鐵鉗。

《睡虎地秦墓竹簡》頁 51—52

○**何琳儀**(1998)　《説文》:"杕,樹特生兒。从木,大聲。《詩》曰,有杕之杜。"

戰國文字杕,讀狄,姓氏。《詩·唐風·杕杜》"有杕之杜",釋文:"杕,本或作夷狄字。"《太平御覽》九五八引杕作狄。是其佐證。狄姓,春秋狄國之後,望出天水。見《廣韻》。

《戰國古文字典》頁 925

△**按**　"杕"已見於甲骨文。《戰國古文字典》把《璽彙》3713 之""字亦釋爲"杕"。《戰國文字編》未收。

格 𣝔

集成 11327 六年格氏令戈　　陶彙 6·42　　陶文編,頁 40

○**何琳儀**(1998)　《説文》:"格,木長兒。从木,各聲。"

韓器"格氏",地名。

《戰國古文字典》頁 489

　　△按　據《説文》,格之本義爲"木長皃",經典多用爲"格至"義,乃其借義。"格至"義的本字是"各",後起字是"佫、逤"。

【格氏】陶彙 6·42、43 等

○牛濟普(1984)　"格氏"爲古地名,今爲春秋末至戰國時期的一組印陶所證實。這批印陶的陶文有"格氏、格氏左司工、格氏右司工、公"……我在《鄭州、滎陽兩地新出陶文印樣介紹》一文中,曾作過簡述,並提出"格氏"可能就是古文獻所記載的葛鄉城。

　　格氏在西周時爲一諸侯國的所在地,鮮見於文獻,其地域也不可知。與格氏有關的,過去僅見傳世的西周銅器,有"格伯段"及其近是者十六件(唐蘭稱其爲"倗生簋",對銘文内容的解釋有新見,與郭沫若有别)。這些銅器的銘文,郭沫若《兩周金文辭大系圖録考釋》中存有精拓本。另外是解放後從鄭韓故城發現的一批戰國兵器,兵器的銘文中曾出現"格氏"地名。以上材料與戰國"格氏"印陶相印證,可知"格氏"一地在西周時曾有格伯封於此,東周時歸鄭韓所轄。其地域由於戰國時期一批印陶的發現,可以確定是今鄭州市滎陽縣縣北一帶地方。

　　我認爲"格氏"即古文獻中所記的"葛鄉城"。

　　《路史·國名紀》第一卷"黄帝後姬姓國"下有葛:"郡國志,高陽有葛城,今鄭西北有葛鄉城,一名依城。"其記載葛鄉城在鄭(鄭——指新鄭縣)西北,與格氏所在地理位置相吻合。格氏(古百切)與葛(古達切)古音相近,葛乃格的通假字。可以説文獻所記的葛、葛地、葛鄉城、葛伯均與"格氏"有關。

　　今之滎陽縣以北區或即古時之葛(格)地,西周時此地有格伯(西周銅器"格伯段"銘文中記有格伯,文獻上記有葛伯城),東周時此地有格氏(戰國印陶可證格氏爲氏國城市地名)。這個葛地距鄭州商城僅六十餘里,鄭州商城據鄒衡等人的研究,認爲即湯始都的亳。鄭州商城遺址附近出現有一批帶"亳"字的戰國印陶,拙文《"亳丘"印陶考》有詳述。我以爲滎陽縣北部葛(格)地的發現,也有助於鄭州商城爲亳都的考證。它與孟軻所説"(亳)與葛爲鄰"及"使亳衆往爲之耕"的記載相符。當然這裏還有兩點需要説明,一是《路史·國名紀》中"黄帝後姬姓國"下還記載説:"……葛鄉城,故葛城,乃在寧陵北十五、郾城北三十,周四里,去亳城百里即葛伯國。"此説鄭西北的葛鄉城,故城在寧陵北十五里,去亳城(此亳城指商丘縣以南的亳地)百里。我認爲這則文獻,提到了葛城的變遷,葛先是在商丘附近距亳百里之地的寧陵,后遷至新鄭縣西北的滎陽附近。這與我所認爲的商之亳都不僅僅限於一處的觀點相合。我們知道商早期凡遷之都均可稱亳,根據文獻與考古發掘,認爲是亳的便有商丘的亳(東亳)、鄭州的亳(中亳)與偃師的亳(西亳)三處。再一點是,葛鄉城的記載出於《路史·國名紀》的"黄帝後姬姓國"下,而在同書的"少昊後李姓國"下記載有:"魯附庸,齊昭公母葛嬴,在河内修武有葛伯城、葛伯墓(九域志湯始征者)。"修武距滎陽不遠,僅一河之隔,我認爲可能是齊昭公母葛嬴乃出自姬姓所封的諸侯國葛伯一族,或是姬姓與李姓均有封於葛地爲伯者。葛(格)者,乃以封地名爲氏姓也。"葛"在商代應爲地名,爲殷商氏族所占據,商人自稱爲殷,殷與衣音近相通,今山東一帶念殷爲衣。文獻所記葛鄉城,又名依城,依城得名與殷有關。另外,爲大家所熟知鄭州市滎陽附近,古文獻記載此地有索城,有索水,有索氏族居於此,索氏乃殷七族之一。"索城"的位置與本文所考的"葛鄉城"(格氏)一地基本上爲同一區域,因此索氏索城與葛鄉城之間的關係還是個有待解決的問題。

《中原文物》1984-1,頁20—21

○**牛濟普**(2003)　十多年前我曾在《中原文物》1981年第1期發表了《鄭州、滎陽兩地新出戰國陶文介紹》一文。該文通過對滎陽所發現的印陶(考古工作者通常稱之爲"陶文戳記")"格氏、格氏右司工、格氏左司工"等的考釋,不但明確了"格氏"爲一戰國時期的地名,而且確定了這一古城的準確遺址,即今河南省滎陽市北1.5公里的張樓村。

圖一 格氏

圖二 格氏左司空

圖三 格伯作晉姬簋銘

有關格氏的歷史資料並不多,就我所知大約有三條。一是新鄭市發現的鄭韓兵器銘文中出現過"格氏";其二便是滎陽市張樓村古城遺址上所發現的印陶文字"格氏"(圖一);其三是傳世的有關"格伯"的銅器。與"格氏"印陶相關的印陶文字尚有"格氏右司工、格氏左司工(圖二)、公"等,這説明東周時期的"格氏"並非一般小城邑,它有左、右司工(司空)官職的設置,説明是沿襲了一個氏族封國的建置與規模,有理由相信"格氏"在西周時期是一個諸侯國。有關格國的歷史文獻雖乏於記載,但從傳世的青銅器中仍然可以説明它的存在和顯赫輝煌的歷史。比如《三代吉金文存》卷八·5頁第四器的《格伯作晉姬簋》,銘文:"唯三月初吉,格伯作晉姬寶簋,子子孫孫其永寶用。”(圖三)這是西周恭王時期格國的格氏首領格伯爲其妻子晉姬所作的銅簋。另外有 6 件著名的《倗生簋》(舊稱《格伯簋》),見於《三代吉金文存》卷九·14 頁至 16 頁。6 件銅銘內容相同,記載格伯曾以卅田(約今三百畝地)換得倗生的四匹良馬,倗生爲此鑄簋“用典格伯田其萬年子子孫孫永保用享”。(中略)既然西周中晚期倗國的倗生以良馬換格伯田,勢必兩國地域相鄰,也就是説在今滎陽市張樓“格氏”古城附近應該有“倗”地。我認爲文獻中提到的“馮”,即是金文中的“倗”國所在。

(中略)

綜上所述,我們可以肯定今鄭州市滎陽市北張樓村的古城遺址就是西周時期的格氏族國所在地,其西南一帶的馮地即是倗國故地,直到東周時期這裏尚有“格氏”城與“馮”地的稱謂。

《中原文物》2003-4,頁 63—64

枯 柧

粘 吉大 129　　枯 睡虎地·日甲 55 背叁
柧 璽彙 4050　　柧 璽彙 4049　　柧 璽彙 4051

○何琳儀(1998)　《説文》:“枯,槁也。从木,古聲。《夏書》曰,唯箘簬楛枯木名也。”

晉璽“枯成”,讀“苦成”,複姓。郤犨食采於苦,號苦成。見《潛夫論》。

《戰國古文字典》頁 475

△按　《璽彙》字偏旁左右互置,其聲符“古”之口內多一橫,乃飾筆,古文字常見。

【枯骨】睡虎地·日甲 55 背叁

△按　睡虎地秦簡日甲 55 背(《睡虎地秦墓竹簡》216 頁):“而非人也,必枯骨也。”“枯骨”即指死者的朽骨。《列子·楊朱》:“矜一時之毀譽,以焦苦其神形,要死後數百年中餘名,豈足潤枯骨?”

槀 槀 槁

槀 郭店·成之 30　　槀 集成 2693 廿四年槀朝鼎

○**何琳儀**(1998)　槁,从木,高省聲。《説文》:"槁,木枯也,从木,高聲。"

廿三年槁朝鼎槁,讀蒿,姓氏。春秋時齊地,以地爲氏。見《姓氏考略》。

《戰國古文字典》頁 292

○**李學勤**(2002)　"槁",疑讀爲"喬"。"喬木三年,不必爲邦旗",是講樹木雖生長三年,仍不能作國中建旗之用,這是因爲樹木尚未充分生長。

《中國歷史文物》2002-1,頁 32

○**陳偉**(2003)　槁,疑當讀爲"矯",爲矯正之義。《荀子·性惡》云:"故枸木必將待檃栝烝矯然後直,鈍金必將待礱厲然後利。"楊倞注:"枸,讀爲'鉤',曲也……檃栝,正曲木之木也。烝,謂烝之使柔。矯,謂矯之使直也。"《韓非子·外儲説右下》云:"是以説在椎鍛者平夷,榜檠矯直。"榜檠,亦作"排撽"。《荀子·性惡》云:"繁弱、巨黍,古之良弓也,然而不得排撽則不能自正。"楊倞注:"排撽,輔正弓弩之器。"由此可知,對木料或木器的矯正,需要專門的器械和工序,並且因而可能會花費比較長的時閒。簡文"爲邦旗",當是指用作邦國旗幟的杆。《廣雅·釋天》"旗幟"條云:"天子杠高九仞,諸侯七仞,大夫五仞。"杠即旗杆。邦旗之高由此可見。對這種旗杆矯直加工的過程勢必非常複雜,爲時較長。"矯木三年,不必爲邦旗",恐即指此種情形而言。

《郭店竹書別釋》頁 144

△**按**　"槁"字漢印始見有左右結構者,先秦則以上下結構爲常。

【槁木】郭店·成之 30

○**周鳳五**(2003)　簡文"槁木三年,不必爲邦旗"意思是説,經砍伐、乾燥的成材大樹,若棄置三年,即使可供製作邦旗的良材也必不堪使用。"曷"是請問"何故"?"言夾之也"是答"木材已經腐朽了"。槁木,指經過砍伐、乾燥,可供工匠使用的木材。《墨子·耕柱》:"譬若匠人然,智槁木也而不智生木。"以槁木、生木對舉,證據確鑿。(中略)邦旗的旗杆當然用最好的木材。簡文記君子之言:"雖有其亙而可能,終之爲難。"這是強調君子進德修業必須有始有終。接着又以木材爲喻,"槁木三年,不必爲邦旗",這是強調進德修業必須及時。

《古墓新知》頁 67

△**按**　郭店簡《成之聞之》30:"槁木三年,不必爲邦旗。""槁木"一詞,整理者無説。李零以爲此句"出典不詳,有待查考""簡文上文説'唯有其恆而可,能終之爲難'(簡 29—30),這裏似乎是説木久而枯朽,不可爲邦旗,以其樹之則偃,不能終其事"(《郭店楚簡校讀記》增訂本 124、127 頁)。劉釗以爲"朽

木",整句譯爲"朽木三年,不必當作封疆的標志"(《郭店楚簡校釋》144 頁)。李學勤讀"槁"爲"喬",陳偉讀"槁"爲"矯",矯正之義,已見上引。按郭店簡此數句乃以爲事能終爲主旨,與《詩》"靡不有初,鮮克有終"旨意相近,槁木不能恆久,難以有終,似以李零説爲長。周鳳五以"及時"爲説,意思比較接近。

樸 𣜹

石鼓文·吾車

○**何琳儀**(1998)　《説文》:"樸,木素也。从木,菐聲。"
　　石鼓樸,讀犑。《集韻》:"犑,特牛。"

《戰國古文字典》頁 396

△**按**　望山簡 2·38 之 𣜹,或以爲"樸"字,菐旁省廾。《戰國文字編》收録,《戰國古文字典》未收,《楚文字編》入"棧"字下,詳下"棧"字。

楨 楨

陶彙 3·575　　　陶彙 3·1329　　　奤録 6·1

○**何琳儀**(1998)　《説文》:"楨,剛木也。从木,貞聲。"
　　齊陶楨,人名。

《戰國古文字典》頁 794

△**按**　《奤録》"楨"字反書。就目前發現的出土材料而言,"楨"字似僅見於戰國陶文,其他品類未見。然古文獻有"楨"字,如《詩·大雅·文王》:"王國克生,維周之楨。"毛傳:"楨,幹也。"

柔 𣏗 𣐌

𣏗郭店·性自 8　　　𣐌郭店·性自 9

𣐌睡虎地·爲吏 35 壹

𣐌郭店·老甲 33

○**何琳儀**(1993)　原篆作𣏗,應隸定"枭"(**編按**:《戰國古文字典》隸定爲枭,見 219 頁),

“柔”之異文。“柔和”之“柔”本作“脜”，正从“肉”聲（段注）。“脜”《説文》“讀若柔”。簡文“楺”（柔），地名，讀“鄾”。《史記·夏本紀》“擾而毅”，集解引徐廣曰：“擾一作柔。”《韓非子·説難》：“柔可狎而騎也。”《史記·老子韓非子列傳》作“可擾狎而騎也”。《國語·楚語》下“民神雜糅”，《史記·曆書》引“糅”作“擾”，均其佐證。“鄾”見《左·桓九》“鄧南鄙鄾人攻而奪之幣”，注：“在今鄧縣南沔水之北。”在今湖北襄陽市北。

《江漢考古》1993-4，頁 60

○**荊門市博物館**（1998）　　（編按：郭店·老甲 33“骨溺堇楺而捉固”）楺（柔）。

《郭店楚墓竹簡》頁 113

○**何琳儀**（1998）　《説文》：“柔，木曲直也。从木，矛聲。”

　　晉璽柔，姓氏。柔僕嬴土，帝嚳之末裔，見《姓氏考略》。

《戰國古文字典》頁 258

○**孟蓬生**（2002）　　（編按：郭店·老甲 33“骨溺堇楺而捉固”）生按：這裏有兩個問題需要探討，一是楺的構形本意是什麽，二是楺是否可以借作“柔”字。

　　楺，从矛，求聲，蓋即厹矛、仇矛之厹、仇的本字。古音求聲、九聲相通。《説文·言部》：“訄，迫也。从言，九聲。讀若求。”《易·鼎卦》：“我仇有疾。”馬王堆帛書“仇”作“救”。中山王鼎：“救人在側。”“救”讀作“仇”。《説文·勹部》：“勼，聚也。从勹，九聲。讀若鳩。”《尚書·堯典》：“共工方鳩僝功。”又《辵部》：“述，斂聚也。从辵，求聲。《虞書》曰：旁述屢功。”《詩·小雅·小戎》：“厹矛鋈錞。”傳曰：“厹矛，三隅矛也。”厹矛或作仇矛。《釋名·釋兵》：“仇矛，刃有三叉，言可以討仇敵之矛也。”《吕氏春秋·權勳》：“中山之國有厹繇者，智伯欲攻之而無道也，爲鑄大鐘，方車二軌以遺之。”高注：“厹繇，國之近晉者也，或作仇酋。”《戰國策·西周策》：“昔智伯欲伐厹由，遺之大鐘，載以廣車，因隨入以兵，厹由卒亡，無備故也。”高注：“厹由，或作仇首。”《史記·樗里子傳》作“仇猶”，《韓非子·説林》下作“仇由”。

　　古音九聲與酋聲相通。《説文·矛部》：“矛，酋矛，建於兵車，長二丈。”酋矛即仇矛、厹矛。《説文·木部》：“柷，山柷也。从木，尻聲。讀若糅。”《説文》：“楢，柔木也。从木，酋聲。讀若糅。”《説文·言部》：“訄，迫也。从言，九聲。讀若求。”又：“遒，迫也。从辵，酋聲。遒，遒或从酋。”古音九聲、酋聲亦與柔聲相通。《説文》：“内，獸足蹂地也。象形，九聲。《爾雅》曰：狐、狸、貛、貉醜。其足蹞，其迹厹。蹂，篆文从足，柔聲。”又：“楢，柔木也。从木，酋聲。讀若糅。”以柔訓楢，是聲訓。郭店楚簡《老子》甲：“骨溺堇楺而捉固。”

今本《老子》作"骨弱筋柔而握固"。然則秣之與柔猶夶(仇)之與内(踝)也。

《古文字研究》24,頁 404

△按 郭店簡《老子》甲 33"柔"字从求从矛,當爲雙聲符字,"求"旁或由"木"旁變形而聲化。睡虎地秦簡《爲吏之道》35:"勇能屈,剛能柔。"郭店簡《性自命出》簡 8、9:"剛之梪也,剛取之也;柔之約,柔取之也。"皆剛柔相對爲用。

枂 㭋

璽彙 0841

○**何琳儀**(1998) 《説文》:"枂,木之理也。从木,力聲。平原有枂縣。"晉璽枂,人名。

《戰國古文字典》頁 85

△按 《璽彙》0841 印文爲"長晶枂"。《璽彙》"晶枂"二字未釋。

材 杍

郭店·尊德 32 郭店·語四 24

睡虎地·秦律 120

○**睡簡整理小組**(1990) 材,古書或作財、裁等,酌量。

《睡虎地秦墓竹簡》頁 48

○**張守中**(1994) 通財,貨材。法二〇九。通裁,材衣。日甲一一四背。

《睡虎地秦簡文字編》頁 86

○**劉樂賢**(1994) [六]《禮記·喪大記》注:"裁,猶制也,字或爲材。"

《睡虎地秦簡日書研究》頁 62

○**劉釗**(2003) "材"讀爲"財","民財"指民之財物器用。《墨子·節用上》:"其籍斂厚,民財不足。"《管子·揆度》:"田野充則民財足,民財足則君賦斂焉不窮。"

《郭店楚簡校釋》頁 128

○**陳偉**(2003) 材,似應讀爲"裁",指取捨裁定。新就,原讀作"親戚"。"就"是幽部字,"舊"是之部字,或可旁轉通假。"裁此新舊遠近,唯其人所在”,是説在廣泛的範圍内考察人選,而無論其關係的新舊遠近。

《郭店竹書别釋》頁 116

○**陳偉**(2003)　材,才能,與勇力相對。

《郭店竹書别釋》頁 242

△**按**　上引劉釗所論之“材”,爲郭店《尊德義》簡 32“依惠則民材足”之“材”。陳偉前條所論之“材”,爲郭店《六德》簡 11 接簡 48“材此新就遠近”之“材”;后條所論之“材”,爲郭店《語叢四》簡 24“雖勇力聞于邦不如材”之“材”。

【材衣】睡虎地·日甲 119 背等

△**按**　“材衣”即“裁衣”,謂裁剪衣料縫製衣服。“材衣”當爲“裁衣”的早期書寫形式,見於睡虎地秦簡日書甲種,用例較多,如“十一月丁酉材衣,終身衣絲”“月不盡五日,不可材衣”。《睡虎地秦墓竹簡》224 頁注釋[一]:《禮記·喪大記》注:“裁,猶制也,字或爲材。”

【材厹】《秦文化論叢》9,頁 264,圖 8

○**周曉陸、陳曉捷**(2002)　8.□中材厹(圖 8),《風》P162。因缺一字,影響釋讀。所謂“材厹”,當指材木或箭材之積藏,參見“斡都丞、少府斡丞”《集》一.二.34,45。

《秦文化論叢》9,頁 264

【材埶】郭店·六德 13

△**按**　“材埶”即“材藝(才藝)”。郭店《六德》簡 13、14:“大材埶(藝)者大官,少(小)材埶(藝)者少(小)官。”劉釗云(參《郭店楚簡校釋》113 頁):“‘材藝’即‘才藝’,指才能。(中略)有大才能者任大官,有小才能者任小官。”

柴 柴

新收 1113 柴内右戈

△**按**　《説文》:“柴,小木散材。从木,此聲。”小木散材謂柴薪。柴内右戈,柴,姓氏。

榑 榑

十鐘　榑 璽彙 0290

○**何琳儀**（1998）　《説文》：“榑，榑桑，神木日所出也。从木，専聲。”

　　齊璽榑，人名。

《戰國古文字典》頁 599

△**按**　古陶文之**🅼**（補），吳大澂、顧廷龍皆釋爲“榑”，因専本从甫聲也。郭店簡、包山簡皆有“補”字。參下“補”字條。

杲　杲

　秦陶 1365　　　陶彙 5·68　　　包山 87

○**商承祚**（1964）　語辭：日將出爲杲。《詩·伯兮》：“杲杲日出。”《廣雅·釋訓》：“杲杲，白也。”此“少杲”當如《楚辭·遠遊》“陽杲杲其未光兮”的意思。

《商承祚文集》頁 364，2004；原載《文物》1964-9

○**曾憲通**（1993）　錫永先生謂：“日將出爲杲。”《詩·伯兮》：“杲杲日出。”《廣雅·釋訓》：“杲杲，白也。”俱其證。選堂先生認爲“少杲”意義當如《楚辭·遠遊》“陽杲杲其未光兮”。又説：“少杲見於余月，余月爲四月，其氣如初陽之杲杲未光，故於是月提及少杲之名。”曹錦炎則以少杲爲少暤。

《長沙楚帛書文字編》頁 44

○**劉信芳**（1996）　杲　讀如“昊”，《爾雅·釋天》：“夏爲昊天。”或以爲“少杲”即“少暤”，則殊爲可疑，因少暤爲司秋，司西方之神，出現在夏曆四月的文字中，甚爲突兀。

《中國文字》新 21，頁 101

○**楊澤生**（1997）　杲　M　杲　《古陶》5.67

　　此字又見於《古陶》5.68，《古陶》和《陶徵》273 頁釋爲“鼎”。按 M 从“日”从“木”，即“杲”字。《古陶》5.58“某”字作“某”，5.301“未”字作“未”，所从的“木”均與 M 的“木”旁相近，而 M 與古文字的“鼎”相差甚遠，釋“鼎”非是。

《中國文字》新 22，頁 255

○**何琳儀**（1998）　杲，甲骨文作杲（類纂一四五一），从日从木，會日出木上之意（參杳字）。《玉篇》：“杲，日出也。”戰國文字承襲商代文字。日旁或橫置作⊕形。《説文》：“杲，明也。从日在木上。”（中略）

　　帛書“少杲”，或讀“少暤”。

《戰國古文字典》頁 298

△**按**　諸家論楚帛書之“杲”，字作旱，或以爲“旱”字。“杲”與“杳”，皆从木

從日，互爲上下，以偏旁位置表意，日在上者爲“杲”，日在下者爲“杳”，亦古人造字精妙之一例也。

【杲杲】信陽1·23

○**中大楚簡整理小組**（1977）　昊昊杲杲，比喻光明偉大。（中略）《詩·衛風·伯兮》：“其雨其雨，杲杲出日。”

　　　　　　　　　　　　　　　　　　　　　　《戰國楚簡研究》2，頁10

○**何琳儀**（1998）　信陽簡“杲杲”，見《詩·衛風·伯兮》“杲杲出日”，傳：“杲杲然日復出矣。”

　　　　　　　　　　　　　　　　　　　　　　《戰國古文字典》頁298

△**按**　信陽1·23之句子爲“州昊昊杲杲有臂日”（見《信陽楚墓》125頁），杲字或以爲“楑”字。李零云（《出土文獻研究》第五卷147頁，1999）：“‘楑’字所從杲乃‘楑’字。‘楑’即‘楑櫨’之‘楑’，見《玉篇》《廣韻》《集韻》。楑櫨是木瓜類植物（參《本草綱目》），其字正像瓜在木上。”

杳　尚

陶文編6·40　　　叕録6·1

○**何琳儀**（1998）　杳，從日從木。會日落木下之意。《説文》：“杳，冥也。從日在木下。”

　　古陶杳，人名。

　　　　　　　　　　　　　　　　　　　　　　《戰國古文字典》頁282

△**按**　《匋文編》6·40或即《古匋文叕録》第六之尚，但字形摹寫有所區別。其下若視爲“甘”，則非“杳”字。包山楚簡中有字作杳（95）、杳（95），原《包山楚簡》釋爲“杳”，實爲“杏”字，參上“杏”字條。

栽　栽

睡虎地·秦律125　　上博四·曹沬32

○**睡簡整理小組**（1990）　栽，筑牆用的長板。

　　　　　　　　　　　　　　　　　　　　　　《睡虎地秦墓竹簡》頁49

○**劉彬徽、彭浩、胡雅麗、劉祖信**（1991）　栽，簡文作栽，才聲。

　　　　　　　　　　　　　　　　　　　　　　《包山楚簡》頁43

△按　《説文》：“栽，築牆長版也。从木，戈聲。《春秋傳》曰：楚圍蔡里而栽。”

築　　箴

睡虎地・封診 97

楚帛書

○嚴一萍（1967）　《説文》築之古文作𡐦，段氏改𡐦爲𡐦，云：“从土，竹聲。”按《説文》毒之古文作𧯗，“从刀、毒”。段氏改𧯗作箴，云：“从刀者，刀所以害人也，从竹爲聲。竹，厚也，讀若篤。劃字鍇本及《汗簡》《古文四聲韻》上从竹，不誤。而下詑从副从副，鉉本則竹又誤爲艸矣。古文築作𡐦，亦竹聲。”按段説是。《汗簡》引裴光遠《集綴》築作𨥨，鄭氏《箋正》曰：“左旁當作从𡐦，古築字如此。或省作𡐦。”繒書之𨥨，从攴，竹聲，築字無疑。

《中國文字》26，頁 19

○饒宗頤（1968）　箴室者，箴即竹益攴旁。《説文》：“竹，厚也，从亯，竹聲，讀若篤。”竹通竺。《爾雅・釋詁》：“竺，厚也。”《釋文》竺作篤。《釋名》：“篤，築也。”故箴可通築。

《史語所集刊》40 本上，頁 25

○李零（1985）　箴，《説文》築字古文作𡐦，《汗簡》卷五第 23 頁築作𨥨、《古文四聲韻》卷五第 4 頁築作𡐦、𨥨、𨥨，嚴一萍據釋築，甚確。

《長沙子彈庫楚帛書研究》頁 75

○高明（1985）　箴過去多釋爲築字，可信。

《古文字研究》12，頁 390

○饒宗頤（1985）　帛書箴爲竹之繁體。

《楚帛書》頁 74

○曹錦炎（1985）　箴，同敦。《説文》：“敦，怒也，詆也。一曰誰何也。”朱駿聲《説文通訓定聲》云：“此字本訓摘也，故从攴。《詩・北門》：‘王事敦我。’《箋》：‘猶投擲也。’《傳》訓厚貌，借爲惇，失之。”按朱説甚是，敦之本義當以訓摘爲長，《詩・閟宮》“敦商之旅”，宗周鐘“王𢀝（敦）伐其至”，敦字用法與比（編按：當爲“此”之誤）同。

《江漢考古》1985-1，頁 64

○**何琳儀**（1986）　　“簸”，原篆作“䇹”。嚴釋“築”，至確。

《江漢考古》1986-2，頁 84

○**曾憲通**（1993）　　嚴一萍氏以爲帛文簸即築字，其説云：“《説文》築之古文作篁，段氏改篁爲篁，云：‘從土，管聲。’按《説文》毒之古文作䇏，‘從刀、蕳’。段氏改䇏作䇤，云：‘從刀者，刀所以害人也，從管爲聲。管，厚也，讀若篤。劃字鍇本及《汗簡》《古文四聲韻》上從竹，不誤。而下訛從副從副，鉉本則竹又誤爲艸矣。古文築作篁，亦管聲。’按段説是。《汗簡》引裴光遠《集綴》築作䇦，鄭氏《箋正》曰：‘左旁當作從篁，古築字如此。或省作㫄。’繒書之䇤，從攴，管聲，築字無疑。”（《楚繒書新考》中，頁 19）曹錦炎以爲簸字通敦，據《説文通訓定聲》敦訓爲擿。謂帛文八月言敦（**編按**：敦字曹文原作簸，下同）室，二月言敦邑，邑當指封邑也，即公邑；室乃指私室，先秦文獻中所謂“分其室、兼其室、納其室”即此“敦室”之意。

《長沙楚帛書文字編》頁 109

○**何琳儀**（1998）　　簸，從攴，管聲。帛書，讀築。

《戰國古文字典》頁 192

○**謝光輝**（2002）　　嚴氏以段玉裁改《説文》筑之古文篁爲篁及毒之古文䇏爲䇤等爲是，其實是不對的。《説文》毒字本從中，謂“害人之艸，往往而生”。古文字從中與從艸常相通用，故毒字古文從艸而以副爲聲。段氏改䇏爲䇤，字從刀，應歸入刀部而非艸部，乃强爲曲解説：“從刀者，刀所以害人也。”用從刀來説明“害人”之義，未免可笑，而且這與毒字作爲艸屬的這個本義又有什麽關係呢？段氏增删篆文，類多如此主觀武斷，難免失當，前人亦屢有譏評。而改篁爲篁，更是毫無根據，恐怕就有“淺人妄改”（段玉裁語）之嫌。至於《汗簡》引裴光遠《集綴》築作䇦，鄭氏《箋正》説：“左旁當作從篁，古築字如此。或省作㫄。”説明築字古文確爲從管得聲，其或作㫄聲者，是由於形體省訛所致。嚴氏據之釋簸爲築是靠不住的。

　　（**中略**）曹錦炎先生認爲簸字通敦，據《説文通訓定聲》敦訓爲擿，指出先秦文獻中所謂“分其室、兼其室、納其室”即此“敦室”之意。以簸爲敦，確屬灼見，但把它們作爲通假關係來看待，卻未必恰當。我認爲簸字徑可釋爲敦，乃敦字的一種繁構形式。戰國文字中存在大量的字形繁化現象：即在原字形的基礎上增添一些形體、偏旁或筆畫。這種增繁的形體、偏旁或筆畫，有的是具有一定的含義和作用的，或表意，或表音，或是爲了和别的字加以區別；有的則並不包含任何意義或具有任何作用，只是一時一地的習慣寫法或者是作爲裝飾而已。（中略）簽字帛書作🀫，从敦从竹。"竹"是無義偏旁，既不表意也不表音。而以"竹"爲裝飾性的無義偏旁，也是戰國文字中的一種習慣作法。如中山王䁗方壺"夙夜匪解（懈）"的"匪"字，上从竹，就是一種裝飾性的無義偏旁。因此，簽可徑釋爲敦。

《古文字研究》24，頁 352—353

【簽邑】

【簽室】楚帛書

○**饒宗頤**（1968）　簽室者，簽即管益攴旁。《説文》："管，厚也，从㫃，竹聲，讀若篤。"管通竺。《爾雅·釋詁》："竺，厚也。"《釋文》竺作篤。《釋名》："篤，築也。"故簽可通築。簽室猶言築室。繒書他辭云"簽邑"，簽可讀爲敦。《詩》"敦商之旅"，鄭箋："敦，治也。"故簽邑、簽室，解作治邑、治室，亦通。《淮南子·時則訓》："仲秋之月，可以築城郭、建都邑。"語同此。

《史語所集刊》40 本上，頁 25—26

○**曹錦炎**（1985）　簽，同敦。《説文》："敦，怒也，詆也。一曰誰何也。"朱駿聲《説文通訓定聲》云："此字本訓摘也，故从攴。《詩·北門》：'王事敦我。'《箋》：'猶投擲也。'《傳》訓厚貌，借爲惇，失之。"按朱説甚是，敦之本義當以訓摘爲長，《詩·閟宮》"敦商之旅"，宗周鐘"王辜（敦）伐其至"，敦字用法與比（編按：當爲"此"之誤）同。邑，帛書中有"城、邑、室"三種名稱，當各有別，邑應指封邑而言。

　　此言"簽室"，二月言"簽邑"。邑當指封邑也即公邑，室乃指私室。室除了擁有器物、財富、妻妾、子女及奴隸外，主要擁有土地，而這種土地正是奴隸制家庭的私有性質的財産。先秦文獻中所謂"分其室、兼其室、納其室"即此"簽室"之意。

《江漢考古》1985-1，頁 64、65

○**何琳儀**（1986）　"簽室"，即"築室"。《詩·小雅·斯干》："築室百堵，西南其户。"

　　"簽"，原篆作"🀫"。嚴釋"築"，至確。（中略）"築邑"，見《禮記·王制》"興事任力"，注："事謂築邑。"疏："築邑，則築城也。"《淮南子·時則訓》仲秋之月"可以築城郭、建都邑"，注："都曰城，邑曰築。"

《江漢考古》1986-2，頁 85、84

○**湯餘惠**（1993）　"築邑"，築城邑。下文又有"築室"，謂築宮室。

《戰國銘文選》頁 170

○**劉信芳**（1996） 籤（築）室 秦簡《日書》七四五：“盈日……可以筑官室。”
八二九：“凡啻爲室日不可以筑室。”類似例多見。《吕氏春秋・仲秋紀》：“是
月也，可以築城郭、建都邑，穿竇窌，修囷倉。”孟秋天氣多晴好，蓋古人以土築
室，須避雨季，此所以帛書謂是月“可以籤室”。或謂“可”上闕文爲“不”字，
尚未可信。

《中國文字》新 21，頁 103

○**何琳儀**（1998） “築邑”，見《禮記・王制》“興事任力”，注：“事謂築邑。”
疏：“築邑，則築城也。”“築室”，見《詩・大雅・緜》：“築室于兹。”

《戰國古文字典》頁 192

○**謝光輝**（2002） 從帛書文義看，“籤邑”與“籤室”顯然指的是同一回事。
春秋時的“邑”，有官邑和私邑兩種。所謂官邑，即采邑、封邑，是貴族通過分
封而得到的公有土地；私邑則是士大夫的私有土地。在《左傳》《國語》等書
中，這種私邑和其他財産一起，被稱爲“室”。（中略）因此，帛書“籤室”之“室”
即是“邑”，而不是指家室、居室而言的。若釋籤爲築，則“籤邑、籤室”的“邑”
和“室”就應分别理解爲城邑和宫室。這與帛書和先秦文獻中“邑、室”二字的
實際含義是不相符合的。

曹錦炎先生認爲籤字通敦，據《說文通訓定聲》敦訓爲摘，指出先秦文獻
中所謂“分其室、兼其室、納其室”即此“籤室”之意。以籤爲敦，確屬灼見，但
把它們作爲通假關係來看待，卻未必恰當。我認爲籤字徑可釋爲敦，乃敦字
的一種繁構形式。（中略）

帛書中的“敦邑、敦室”都與軍旅之事相聯繫。如丙二“可以出師敦邑”，
則“出師”的目的是爲了“敦邑”。又丙八曰：“不可以敦室，不可以□（出）師：
胝（次）不復，其邦有大亂。”這句話説：（本月）不宜出動軍隊去“敦室”：因爲
軍隊駐扎在外，久久不歸，則其國内必有大亂。這裏的“出師”和“敦室”雖然
分而言之，其實也還是同屬一回事。“敦邑、敦室”需要出動軍隊，可見是一種
對外的軍事行動，與“分室、兼室、納室”等主要是對内的、不一定要動用武力
的兼併行爲恐怕還不完全是一回事，而與築邑築室之事則更是全不相干。史
書中屢見“俘邑、取邑”的記載，如《左傳・定公十五年》“胡子盡俘楚邑之近
胡者”，又《公羊傳・襄公十二年》“伐而言圍者取邑之辭也”，《左傳・昭公四
年》“凡克邑不用師徒曰取”。“俘邑”是通過戰爭、用武力來進行掠奪，而“取
邑”則不必動用軍隊、不用通過武力。“敦邑、敦室”應該類似於“俘邑”，也是
一種攻人都邑、掠人田地的軍事行爲。

　　綜上所述,楚帛書中"籤邑、籤室"之"籤"原是敦若敦的繁構,有攻擊、俘掠之意。所謂"邑",原指的是官邑,"室"指私邑,後來混用無別。帛書"敦邑、敦室"每與軍旅之事相聯繫,是一種以攻人都邑、掠人田地爲目的的軍事行爲。時人多以"籤邑、籤室"爲建築城邑宮室之事,恰與帛書原意相左。

《古文字研究》24,頁 352—354

△按　睡虎地秦簡《封診式》97"三月中遛築宮廿日"(見《睡虎地秦墓竹簡》頁 163),其中的"築宮",或稱"築宮室、築室","築"字多假"筑"(《説文》"筑,以竹曲五弦之樂也")爲之,如:

　　日書甲 16:"盈日……可以築宮室、爲嗇夫。"(《睡虎地秦墓竹簡》183頁,按"築"字簡文作"筑"。)

　　日書甲 100 正:"凡爲室日,不可以筑(築)室。"(《睡虎地秦墓竹簡》195 頁)

　　日書甲 142 背:"冬三月之日,勿以筑(築)室及波(破)地。"(《睡虎地秦墓竹簡》226 頁)

　　日書乙 110:"勿筑(築)室。"(《睡虎地秦墓竹簡》240 頁)

　　日書乙 117:"以筑(築)室,室不居。"(《睡虎地秦墓竹簡》241 頁)

　　以秦簡"築宮、築宮室、築室"觀之,帛書"築室"一詞信有之。秦簡多以"筑"爲"築",楚帛則以"籤"爲"築",或正是地域用字不同之表現。

幹 𣒦　樅 㫃

睡虎地・雜抄 24

楚帛書　　楚帛書　　上博三・周易 18

集成 9734　舒蓋壺

中國錢幣 1992-4,頁 9　　貨系 2340　　東亞錢志 4・48

○饒宗頤(1958)　樅即楊字从昜,(中略)借作陽。

《長沙出土戰國繒書新釋》頁 11

○李學勤(1960)　四時神的春神名"青樅",與《爾雅》和《漢書・禮樂志》所記春爲青陽相近。

《文物》1960-7,頁 68

○**商承祚**（1964）　其字實从木韓聲，而非从旍。

《文物》1964-9，頁 16

○**嚴一萍**（1967）　椫　商氏謂："椫从韓，璽文韓省作岸、𩏬，姚讀青椫爲青陽，可从。但其字實从木韓聲，而非从旍。"按此字又見本行第三十字，作"墨椫"。倘以讀"陽"爲是，雖"青陽"可以傅會，不知"墨陽"又將何説。此字疑即子禾子釜築桿之桿，楚曾侯鐘之易字加止作𩏬，則繒書之桿自亦可加止作𩏬。

此字《説文》所無。吳大澂謂即《説文》之榦，築牆耑木也。

《中國文字》26，頁 8

○**張政烺**（1979）　隹（惟）邦之榦。《毛詩·大雅·崧高》："維申及甫，維周之翰。"傳："翰，榦也。"箋："申，申伯也。甫，甫侯也。皆有賢知，入爲周之楨榦之臣。"壺銘仿詩，用以美司馬貫。

《古文字研究》1，頁 241

○**徐中舒　伍士謙**（1979）　榦，《詩·大雅·崧高》"維邦之翰"，毛傳："翰，榦也。"《詩·大雅·文王》"維周之楨"，毛傳："楨，榦也。"故榦楨同義。榦今通作幹。此言先王爲國之楨幹。

《徐中舒歷史論文選輯》頁 1340，1988；原載《中國史研究》1979-4

○**于豪亮**（1979）　"隹（惟）邦之旟（榦）"，《詩·崧高》"維申及甫，惟周之翰"，傳："翰，榦也。"

《考古學報》1979-2，頁 182

○**饒宗頤**（1985）　青楠及墨楠二字皆从𣝚聲。故釋榦爲是。

《楚帛書》頁 22

○**高明**（1985）　椫字安志敏、李學勤均釋爲楊，甚確。

《古文字研究》12，頁 378

○**李零**（1985）　舊釋櫔是錯誤的，林巳奈夫（1965）隸定作楺，近是。按此字原文从木从𩏬，𩏬即《説文》隸定爲𣝚者，與戰國文字𩏬（用爲韓字）同，但帛書此字既从木从𩏬，則實際上就是榦字，榦字別體作幹，即由此字右旁演化。《説文》："榦，築牆耑木也。从木，𣝚聲。"朱駿聲《説文通訓定聲》："按植於兩邊者曰榦，植於兩耑者曰楨。"《書·費誓》"峙乃楨榦"，中山王圓壺銘"惟邦之榦"（參《詩·大雅·文王》"惟邦之楨"）。這裏的四木也就是四神所立的四根擎天柱。在帛書的布圖中，這四木的作用與古代出土占盤上面的四維相同（四獸鏡當中的四瓣花也是起同一作用）。馬王堆帛書《十六經·果童》"夫天有榦,地有恆常",《行守》"天有恆榦,地有恆常",四木也就是四天榦。

《長沙子彈庫楚帛書研究》頁 69—70

○**何琳儀**(1986)　橔,即"樕",嚴釋"榦",可從。

《江漢考古》1986-2,頁 81

○**睡簡整理小組**(1990)　榦,《説文》:"築牆耑木也。"即築夯土牆所用的立木。

《睡虎地秦墓竹簡》頁 85

○**饒宗頤**(1993)　四神之名,皆作三字,"青"下有斷裂,而且協韻。以顏色青、朱、烮(白)、墨分別以配四時。考四時用顏色區分,文獻所載:

《爾雅·釋天》及《尸子》	《漢郊祀歌·鄒子》
春　青陽	春　青陽
夏　朱明	夏　朱明
秋　白藏	秋　白顥
冬　玄英	冬　玄冥

可與帛書比照。帛書四隅繪有四時之木,施以顏色。下文復云:"青木、赤木、黃木、白木、墨木之精。"惟黃木不見於圖繪。右辭青榦與墨榦俱有榦之號,則四者應即爲四木。《説文》:"榦,一曰本也。"《詩》多以翰爲榦。《毛傳》及《爾雅·釋詁》俱云:"翰,榦也。"榦、翰訓木之本,俱从倝聲。《子禾子釜》:"築桿。"吳大澂謂是榦字,古璽"千榦"作𣏕(**編按**:疑有誤,下當从木),從倝省。青楠及墨楠二字皆从倝聲。故釋榦爲是。

《饒宗頤二十世紀學術文集·卷三·簡帛學》頁 246—247,2003;

原載《楚地出土文獻三種研究》

○**曾憲通**(1993)　選堂先生以爲帛文青樕、墨樕二樕字皆釋爲榦。帛書四神均以木名,長幼二神則以樕爲號,所謂青樕、墨樕者,或以圖中表示四時異色之木有關。

《長沙楚帛書文字編》頁 103—104

○**陳茂仁**(1996)　故帛書𣏕亦可隸作樕,嚴氏讀爲"榦"甚是。

《楚帛書研究》頁 170

○**何琳儀**(1998)　榦,从木,倝聲。晉系文字早與木旁借用豎筆。《説文》:

"榦,築牆耑木也。从木,倝聲。"

　　晉璽榦,姓氏。見《姓苑》。中山王圓壺榦,楨榦,喻重臣。

　　帛書榦,擎天神木。《字彙》:"幹(榦),草木莖也。"

　　𣏟,从木,放聲。疑榦之省文。《説文》:"榦,築牆耑木也。从木,倝聲。"

　　燕方足布"𣏟刀",讀"寒號",地名。《左·襄四》"寒浞",《漢書·古今人表》作"韓浞"。《世本》"韓哀",《吕覽·觀表》作"寒哀"。是其佐證。《水經·聖水注》:"王肅曰,今涿郡方城有韓侯城,世謂寒號。"在今河北固安南。

　　　　　　　　　　　　　　　　　　　　　《戰國古文字典》頁 968、969

○**馮時**(2001)　橌,讀如榦。青榦乃四神之長者,也即東方春分神名。

　　　　　　　　　　　　　　　　　　　　　《中國天文考古學》頁 23

○**濮茅左**(2003)　橌,讀爲"幹"。《類篇》:"幹,能事也。"《玉篇》:"幹,體也。"《象》曰:"'幹父之蠱',意承考也。"幹父之事,承考盡心,承繼其業,一依父命,量事制宜,成父之美。有子如此,父則無咎。

　　　　　　　　　　　　　　　《上海博物館藏戰國楚竹書》(三)頁 162

△**按**　《戰國文字編》已將"𡊄"置于"榦"之下(365 頁)。由𣏟而𣏟而𡊄,省變之迹可以尋見。榦,爲秦系寫法;𣏟,爲楚系寫法;𡊄,爲燕系寫法。

桴 𣏟

集成 9735 中山王方壺　　陶彙 6·94

○**徐中舒　伍士謙**(1979)　桴與枹同。《史記·田叔傳》:"提桴鼓,立軍門。"《司馬穰苴傳》作"枹鼓"。《左傳》成公十二年"左援枹而鼓",注:"枹,鼓槌也"。

　　　　　　　　　　　　　　　　　　《中國史研究》1979-4,頁 91

○**何琳儀**(1998)　《説文》:"桴,棟名。从木,孚聲。"

　　中山王鼎桴,見《禮記·禮運》"蕢桴而土鼓",釋文:"桴,鼓槌。"亦作枹。《一切經音義》二:"枹、桴同體。"《説文》:"枹,擊鼓杖也。从木,包聲。"

　　　　　　　　　　　　　　　　　　　　　《戰國古文字典》頁 250

柱 桂 梌

等 望山 2·15　　杆 望山 2·16　　梌 上博一·性情 28

○**朱德熙、裘錫圭、李家浩**（1995）　此字亦見一六號簡,右旁與本簡"梌"字所從之"于"相同,也與一號墓一〇九號、一一〇號等簡"宝"字所從之"主"相同。因此,此字既可能是"杆"字,也可能是"柱"字。

《望山楚簡》頁 121—122

○**滕壬生**（1995）　杆。（**編按:**《楚系簡帛文字編》[增訂本]545 頁已改釋"柱"）

《楚系簡帛文字編》頁 453

○**何琳儀**（1998）　《説文》:"柱,楹也。从木,主聲。"
　　望山簡"柱易",疑讀"堵陽",地名。見庄字。

《戰國古文字典》頁 359

○**李零**（1999）　非"杆"字。《望》121 頁注[六六]釋"杆"或"柱"。二説應以後説爲是。

《出土文獻研究》5,頁 160

○**濮茅左**（2001）　"梌"字下有重文符,讀爲"注"。注,集中心意、專注、專心。

《上海博物館藏戰國楚竹書》（一）頁 261

△**按**　望山簡"柱"字在簡 2·15 及簡 2·16,《戰國古文字典》誤標爲 2·25 及 2·26。見頁 359。簡文"柱易馬",或以"柱易馬"爲詞,或以"柱易"爲詞。前者指"承車蓋之柱",《文選·景福殿賦》"承以陽馬,接以員方",李善注:"陽馬,四阿長桁也。"參劉信芳《楚簡器物釋名》（《中國文字》新 22 期 169 頁）。後者疑讀"堵陽",用作地名（《戰國古文字典》）。彭浩對此有新説,認爲"柱"指支撐轎頂的立柱,"易馬"讀作"陽馬",指轎頂四角的桁條（《望山二號墓遣册的"緵"與"易馬"》,《江漢考古》2012 年 3 期）,可參看。

檐 檑 槍

槍 集成 12110 鄂君啟車節　　檔 集成 12097 王命龍節　　檔 九店 56·1

○**張振林**（1963）　《鄂君啟節》車節銘文裏有這樣一句:"女（如）檔徒,屯廿

檜台(以)堂(當)一車。"(中略)對檜字的解釋,各家是不一致的,且有很大的分歧。一、江德量釋棓,云"疑借作倍";二、吳東發釋榙,讀作菴,方濬益、吳大澂等從之;三、馮雲鵬釋天槍天棓之棓,謂"天文紫薇垣外,右爲天槍左爲天棓,即此棓字";四、劉心源謂爲《公羊·成》二年"踊于棓而闚客"之棓,即今之案板;五、唐蘭先生釋爲栖,讀作輄;連同郭、殷、羅、流火三説的解釋,便有八種了。(中略)那麼,檜究竟當爲何字? 便有重新考慮的必要了。我根據多方面的心得體會,認爲是"檐"字,茲提出三點理由,向前輩和讀者們請教。

一、(中略)即以此兩節的檜字而論,其聲符就是《國差鑰》的"鑰"字之簡。意即是説,由"𧵽"省而爲"𦥑";雖然僅省去一二筆,因筆勢結構已變,便令人一時難於捉摸。這講的是形。

二、檐字在古籍中,除用爲建築物上的名詞簷、闌、棇、楠的訓釋外,還有解作動詞的儋(擔)。《管子·七法篇》"不明于則,而欲錯儀畫制,猶立朝夕于運均之上,擔竿而欲定其末"的擔字,據《管子集注》説,現在能看到的最古的宋楊忱本和明刻趙用賢本均作从木之"檐",明刻的劉績本、朱東光本和無注古本改檐爲"擔"。可見古代的"檐"字同今天的"擔"字在音義上是相同的。到了王引之,乃將擔字改爲"撍",謂即"摇"字。此後,學者多沿其説(見《管子集校》83 頁),我以爲那是臆改,不妥當的。《國語·齊語》有"負任擔荷"句,注云:"背曰負,肩曰擔。任,抱也。荷,揭也。"很明顯,《七法篇》該句的比喻,是謂竿檐於肩上,欲其兩端不動是很難的,從而説明"不明于則,而欲錯儀畫制"一定得不到什麼效果。肩不能恆靜,其末就不定止,尹知章《管子注》説的"夫欲定其末,必先靜其本"正是這個意思。這講的是音義。

三、《爾雅·釋天》郭璞注:"今荆楚人呼牽牛星爲檐鼓。檐者,荷也。"《楚辭·哀時命》:"負檐荷以丈尺兮,欲伸要(腰)而不可得!"王逸注:"背曰負,荷曰檐……檐一作擔。"洪興祖補注:"檐、擔並都濫切。"這是據楚方言談的。

綜上所言,檐以肩訓荷,是齊語也是楚方言;若按照文字的源流和發展看,先有从木之"檐",然后才有从手之"擔";從古今文字形體結構轉變而言,檜即是檐字。因此,我認爲以楚方言釋楚器上的檜字爲檐,再聯繫該國人民負重用肩擔而不用背負的習慣(鄂、湘、皖、贛諸省至今仍然如此),所釋是較爲恰當的。

《文物》1963-3,頁 48—49

○**于省吾**(1963)　　此節與"王命傳"的檜字均从"會",節文上一字从"𦥑",下

一字从"𥏬"（中閒橫畫向上彎），二形一變一正，楚器棠字習見，有的上从
"𡴆"，可互證。𥏬从"𠬞"乃从"八"的連畫，非从"冂"。金文"冂"字作"𠁥"，
左右都爲直畫，與八有別。𥏬字以从八作"𥏬"形爲正體，其所从的言作"𫜵"或
"𫜶"，中閒缺直畫，乃晚周"言"字的省變。（中略）𥏬即詹的初文，𥏬字孳乳从
"厂"作"𤪙"，（中略）小篆孳乳从"户"作"詹"。（中略）𥏬係从八言聲的形聲字，《説
文》訓八"象分別相背之形"，𥏬有分擔之意，故从八。清代學者不主張从"言
聲"者，因爲古韻言屬元部，詹屬談部，二部很少通協。其實言音二字同源異
流，金文言字所从之口，往往加之以點或小橫，與音字無別。伯矩鼎"用言王
出入使人"，言應讀作音，通歆，歆謂歆饗；楚王領鐘"其聿其言"，即"其聿其
音"。再以典籍證之，《墨子·非樂上》的"黄（簧）言孔章"，《吕氏春秋·順
説》的"而（如）言之與響"，《列子·説符》的"言美則響美"，三個"言"字並應
讀作"音"。古韻音屬侵部，詹屬談部，侵談通協。檐爲檐的初文，古籍"擔荷"
字本作"檐"或"儋"，擔爲後起的俗體字。《漢書·貨殖傳》稱"漿千儋"，顔注
"儋，人儋之也"，《楚辭·哀時命》稱"負檐荷以丈尺兮"，王注謂"荷曰檐"。
節文言"如檐徒屯二十檐以堂一車"，堂應讀作"當"，古化文有"坐十斤"即當
十斤，《説文》古文堂作坐。節文是説檐荷的人徒，屯集二十檐以當一車。（中
略）基於以上的論證，則"𥏬"爲"从八言聲"的形聲字，孳乳爲"𤪙"爲"詹"，檐
即"檐"和"儋"的初文，今作"儋"或"担"，這就尋出了"𥏬"和从"𥏬"的字的
演化規律。這不僅可以知道古稱肩挑者爲"檐徒"和今日量物以擔爲計的來
源之遠，同時也可以看出古代勞動人民從事笨重體力勞動的擔負和車載的
比重。

《考古》1963-8，頁446

○許學仁（1984）　　就文字形體結構觀之，國差譫鐕鐕字偏旁作𤪙，齊侯甗甗字偏
旁作𤪙，漢印"儋耳"儋所从之𤪙，皆節文𥏬字之孳乳。𥏬，从八，言聲。八象分
別相背之形，𥏬有分擔之意，義正相承。（中略）知𥏬爲字根，孳乳而爲𤪙詹。檐
即檐儋之初文，古籍擔荷字本作檐或儋，《漢書·蒯通傳》："守儋石之禄者。"
注："一人之所負儋也。"今則作"擔"。

　　次就其音韻言之，《説文》："檐，棵也。从木，詹聲。"而詹字从言从八从
户，段注謂从户聲，徐灝謂从广聲，皆不主从言聲，于省吾推尋其故，略稱："古
韻言屬元部，詹屬談部，二部很少通協。其實言音二字同源異流，金文言字所
从之口，往往加之以點或小橫，與音字無別。伯矩鼎'用言王出入使人'，言應
讀作音，通歆，歆謂歆饗；楚王領鐘'其聿其言'，即'其聿其音'。再以典籍證

之,《墨子·非樂上》的'黄(簧)言孔章',《吕氏春秋·順説》的'而(如)言之與響',《列子·説符》的'言美則響美',三個'言'字,並應讀作'音'。古韻音屬侵部,詹屬談部,侵談通協。"

　　檐字於古籍之義訓,除《説文》"檐,槾也"之義外,尚有解爲"擔""儋"之義者,《楚辭·哀時命》:"負檐荷以丈尺兮,欲伸要而不可得。"王逸注:"背曰負,荷曰檐。"又云"檐一作擔",洪興祖補注,並都鑑切。又《爾雅·釋天》郭璞注:"今荆楚人呼牽牛星爲檐鼓。檐者,荷也。"後者且爲楚地方言之音證。

　　準此,檐徒,亦即檐荷之人。猶今言"挑夫",節文謂"檐荷之挑夫皆以二十檐以抵一車",而龍節則描敘驛傳之制,行抵該地,除依常規供館舍,尚須供應"一檐之饌食"。

　　　　　　　　　　　　　　　　　　　　　　《中國文字》新7,頁101—102

○何琳儀(1998)　《説文》:"檐,槾也。从木,詹聲。"

　　楚器檐,讀儋。見儋字。

　　　　　　　　　　　　　　　　　　　　　　　《戰國古文字典》頁1457

○李零(1999)　簡文"檐"見於楚王命節和鄂君啓節(圖一),是與傳食制度(驛傳配給糧食的制度)有關,可見也是稱量粟米的衡制單位。在銘文中,其讀法相當古書中的"担"(繁體从手从詹),是擔夫負重的單位,可與車載負重的單位换算(1車=20檐)。"担"字本爲負荷擔舉之義,作爲衡制單位,相當一石之重(合120斤)。這段的三種衡制單位,其换算比例爲:10來等於1秭(或1稷),1秭等於2檐。

　　　　　　　　　　　　　　　　　　　　　　　《考古學報》1999-2,頁142

○李家浩(2000)　簡文"檐"字原文皆寫作橝,从"木"从"八"从"言"。此字還見於楚國的龍節、鄂君啓節和包山竹簡等。早在本世紀30年代,日本學者高田忠周在其所著的《古籀篇》裏(八五·八),就根據齊國差鐂銘文"鐂"字的寫法,指出龍節的"橝"是"檐"字。由於《古籀篇》在中國不易見到,高田忠周的説法未能引起人們的注意。1957年安徽壽縣鄂君啓節出土以後,經于省吾、張振林考證釋"橝"爲"檐",才被人們所認識。于釋見《鄂君啓節考釋》,《考古》1963年8期445、446頁;張釋見《"橝徒"與"一橝飤之"新詮》,《文物》1963年3期48、49頁。《吕氏春秋·異寶》記伍員從楚國逃往吳國避難的途中,江上丈人對他説:"荆國之法,德五(伍)員者,爵執圭,禄萬檐(擔),金千鎰。"此以"檐"爲禄的單位,與楚國文字用法相合。

　　　　　　　　　　　　　　　　　　　　　　　《九店楚簡》頁57—58

○陳偉武（2003） 櫅：九店簡、包山簡寫作“櫅”，此字亦見於楚之龍節、鄂君啟節等。經日本學者高田忠周、于省吾和張振林諸先生考定爲“櫅”字。楚簡用爲量名專字，後世多寫作“擔”，詳參李家浩先生説。

《華學》6，頁 101

△按 ▨字之釋，舊説紛紜。高田忠周首釋爲“櫅”，于省吾、張振林補以新證，後之諸家，遞有補説，可爲定論。

植 植 橐

侯馬 79：3 　▨集成 10407 鳥書箴銘帶鉤

橐 郭店·緇衣 3

○何琳儀（1998） 《説文》：“植，户植也。从木，直聲。櫃，或从置。”
　侯馬盟書植，或作直、櫃，姓氏。參直、櫃字。

《戰國古文字典》頁 69

　櫃，从木，悳聲。疑植之繁文。
　侯馬盟書櫃，亦作直，姓氏。見直字。又越王後有植氏。見《路史》。

《戰國古文字典》頁 68

△按 郭店簡《緇衣》3：“情（靖）共尔立（位），好氏（是）貞（正）植（直）。”“植”用作“直”。楚簡之“植”，多爲上下結構。

樓 樓

▨睡虎地·爲吏 22 叁

△按 《説文》：“樓，重屋也。从木，婁聲。”睡虎地秦簡《爲吏之道》22“樓椑矢閱”，注（《睡虎地秦墓竹簡》171 頁）：“椑，讀爲陴（音皮），城上的女牆。閱，讀爲穴，參看《説文》段注。矢穴，當指城上射箭用的穴口。”皆城上建築，則“樓”指城樓。

櫺 櫺

▨望山 2·2

○**朱德熙、裘錫圭、李家浩**（1995）　橺即欄杆的孔格。古書又有“轀”字,亦作“軨”,專指車上的欄杆,是“橺”的分化字。屏橺疑即漢代人所謂的屏星,是車前屏蔽之物。《後漢書·輿服志》劉昭注引《謝承書》:“州別駕從事車前,舊有屏星,如刺史車曲翳儀式。”又引《説文》（或謂是《通俗文》之誤）:“車當謂之屏星。”《廣雅·釋器》作“箳星”。

《望山楚簡》頁 116

△**按**　《説文》:“橺,楯閒子也。从木,需聲。”“橺”字望山簡所在句作“其并橺”。“并”讀爲屏蔽之“屏”。參《望山楚簡》頁 116。

郭店·六德 26

璽彙 2468

○**裘錫圭**（1998）　疑“道宋”即以上一篇的篇名,“止”即此篇至此完了之意。“宋”也有可能當釋“柞”或“枼”,待考。

《郭店楚墓竹簡》頁 189

○**李零**（1999）　“御”,原从木从亡。按此字亦見於《緇衣》簡 6,加有水旁,讀爲“御”。

《郭店楚簡校讀記》（增訂本）頁 133,2002;原載《道家文化研究》17

○**吕浩**（2001）　仔細審察原簡圖版,“衍”字下有一小短劃。該短劃似不應視爲編繩留下的痕迹,而應爲重文符號或合文符號(《郭簡》中多處用到一短劃表示重文或合文)。這樣,簡文就存在五種釋讀可能:一、衍衍;二、衍人;三、行衍;四、人衍;五、衍行。根據文例,前三種可能性可先排除掉。第四種釋法於上下文義大體一致,上文言“君子不變知道”,“君子如欲求人道”（**中略**）。然而根據文義,《六德》篇所言之“道”皆指“人道”（與“天道”相對）,似此處不必明言“人道”。況且,若此處釋“人道”,則下一“宋”字没有著落。（**中略**）疑“宋”字讀爲“罔”——二者古音皆在陽部明紐,且文獻中亦不乏“亡”或从亡之字與“罔”換用的例子,如《易·大壯》:“君子用罔。”漢帛書本“罔”作“亡”。《國語·魯語下》:“汪芒氏之君也。”《史記·孔子世家》“汪芒”作“汪罔”。又《山海經·中山經》“芒草”,《本草經》作“蔄草”,芒蔄異構。

　　《字彙·网部》:“罔,誣也。”即無中生有之義,與“訕”之毁謗義正合。聯繫上下文,此處言人道行則誣罔止,文通辭暢。要之,此處簡文宜釋作"衍(道)行枀(罔)止"。

《中國文字研究》2,頁 279—280

○**陳偉**(2003)　困,原釋爲"枀"。裘錫圭先生按語云:"疑'道枀'即以上一篇的篇名,'止'即此篇至此完了之意。'枀'也有可能當釋'柞'或'枀',待考。"其上所從,也有可能是"止"。然則此字就應是《説文》"困"字古文與《古文四聲韻》卷四所録《古尚書》中的"困"字。此形帶"水"旁的寫法,亦見於郭店簡書《緇衣》6 號簡,似應釋爲"涸",讀爲"困"。相關文句是:"故君民者,章好以視民欲,懂惡以涸(困)民淫(淫),則民不惑。"傳世本寫作:"故君民者,章好以示民俗,慎惡以御民之淫,則民不惑矣。""困"有阻礙義,與"御"訓阻止的義項相通,故可換用。在這個意義上,本篇"困"前的"道"字,恐當讀爲"導"。二字正反爲文,大概也是《緇衣》"章好以示民俗,慎惡以御民之淫"一類的意思。

《郭店竹書別釋》頁 122—123

○**廖名春**(2003)　《六德》簡 23 至 26 云:"故夫夫,婦婦,父父,子子,君君,臣臣,六者各行其職而愯逆無由作也。觀諸《詩》《書》則亦在矣,觀諸《禮》《樂》則亦在矣,觀諸《易》《春秋》則亦在矣。親此多也,欽此多[也],美此多也,衍朱止。""衍朱止"三字如何釋讀,一直是一難題。《郭店楚墓竹簡》一書的釋文作"衍(道)枀止",裘按:疑"道枀"即以上一篇的篇名,"止"即此篇至此完了之意。"枀"也有可能當釋作"柞"或"枀",待考。李零釋文作"道御止",説:"'御',原從木從亡。按此字亦見於《緇衣》簡 6,讀爲'御'。"筆者曾疑"枀"讀爲"亡"。"道枀止"即"道無止"。涂宗流、劉祖信讀爲"道世止",認爲"'世'通'大'……'止',助詞",譯爲"道的確博大"。陳偉認爲"道可讀'導',指引導"。第二字亦可釋爲"困",指阻止,正好是與"導"相反的意思。呂浩仔細審察原簡圖版,發現"衍"字下有一小短劃。認爲:該短劃似不應視爲編繩留下的痕迹,而應爲重文符號或合文符號(《郭簡》中多處用到一短劃表示重文或合文)。這樣,簡文就存在五種釋讀可能:一、衍衍;二、衍人;三、行衍;四、人衍;五、衍行。根據文例,前三種可能性可先排除掉。第四種釋法於上下文義大體一致,上文言"君子不變知道","君子如欲求人道"。然而根據文義,《六德》篇所言之"道"皆指"人道"(與"天道"相對),似此處不必明言"人道"。因此,他將所謂"枀"讀爲"罔",釋作"衍(道)行枀(罔)止"。以爲此處言人道行則誣罔止。

　　現在看來,簡文的第二字與《窮達以時》第二、《語叢四》簡 3、《尊德義》簡
25 的五個"殊"字的右旁同,也與郭店《緇衣》簡 6 的"枾"字上部同,得隸定爲
"朱",而不應隸作"宋"或"枼"。李零依《緇衣》的異文將其讀爲"御",可從。
疑"止"當讀爲"之"。兩字音同形近,文獻通假屢見。"衍_朱止"可讀爲"行
道御之"。"衍_"可視爲"行衍"的合文。"行"可訓爲言或説。《爾雅·釋詁
下》:"行,言也。"郭璞注:"今江東通謂語爲行。"清洪頤煊《讀書叢録》卷八:
"《左氏·哀公元年傳》:'因吳太宰嚭以行成。'服虔注:'行成,求成也。'《管
子·山權數篇》:'行者,道民之利害也。'是皆行爲言也。""衍朱止"即"以道
御之"。《大戴禮記·子張問入官》:"欲民之速服也者,莫若以道御之也……
不以道御之,雖服必强矣。"《孔子家語·入官》也説:"欲民之速服也,莫善乎
以道御之。"《三國志·魏書一》:"吾任天下之智力,以道御之,無所不可。"
《後漢書·東夷列傳》:"天性柔順,易以道御。"又《西羌傳》:"知夷貊殊性,難
以道御。"《宋書》卷九九:"未有以道御物,教化明厚。"又卷一〇〇:"使君以
道御物,前所以懷德而至。"《大唐元陵謚册文》:"伏惟大行皇帝,昭休七聖,
臨照八極,以至道御群有,以至懷化遠方。"皆"道御"連言。此"道"指"夫
夫、婦婦、父父、子子、君君、臣臣","之"指《詩》《書》《禮》《樂》《易》《春秋》
"六經","道御之",就是説要以"夫夫、婦婦、父父、子子、君君、臣臣"之
"道"來駕馭"六經",來治"六經"。《國語·周語上》:"百官御事。"韋昭注:
"御,治也。"簡文上稱"故夫夫,婦婦,父父,子子,君君,臣臣,六者各行其職
而悗逆無由作也。觀諸《詩》《書》則亦在矣,觀諸《禮》《樂》則亦在矣,觀諸
《易》《春秋》則亦在矣",《詩》《書》《禮》《樂》《易》《春秋》"六經"都是載
道,都是講"夫夫、婦婦、父父、子子、君君、臣臣"的,"親此多矣,密此多矣,
美此多矣",親近它們就好了,切近它們就好了,珍視它們就好了。"行道御
之",即"言以道御之",這是對上文文義的概括。意爲上文説的就是要以
"夫夫、婦婦、父父、子子、君君、臣臣"之"道"來駕馭"六經"。也就是説,上
文是講讀經的方法,只有突出"夫夫、婦婦、父父、子子、君君、臣臣"之"道",
才能掌握"六經"的精髓和實質。如做別解,上下文意就銜接不起來,簡文
就難以講通。

　　由此可見,郭店簡從"朱"之字有七,或讀爲"世",或讀爲"御",原因就在
於"世"本從止得聲;而在某楚方言裏,"御"也與"止"音近。

　　附記:2003 年 1 月 16 日在荊門市博物館珍寶館會議室舉行的郭店楚墓
竹簡研討會上,我宣讀本文後,丁原植先生和館方商量,調出了《六德》篇第 26

簡的原件,發現確如呂浩所言,"衍"字下有一短劃。李家浩先生主張讀爲"人衍";李鋭認爲也可讀爲"衍行"或"行衍",私下與我交談,以爲"行道御之"即"以道御之";陳偉主張讀爲"道導",並告知我呂浩早已有發現。而徐在國先生則告據上海簡《容成氏》簡46,"欽"當隸作"蜜",讀作"密"。據此筆者對本文進行了修改。

《華學》6,頁 81—82

○**李守奎**（2003）　妛(編按:下"又"當作"木",即"柞"字)、枼均有省爲宋之例。

《楚文字編》頁 348

△按　《説文》:"宋,棟也。从木,亡聲。《爾雅》曰:宋廇謂之梁。"《戰國文字編》"宋"字下録《郭店·六德》26 之 及《璽彙》2468 之 二形。後者上从"亡",然有變寫(《戰國古文字典》59 頁以爲"相"字);前者上部爲"亡、乍"抑或"止",似乎還不能論定,待考。

杅　杇

杇氏鼎

○**何琳儀**（1998）　《説文》:"杇,所以涂也。秦謂之杇,關東謂之鏝(編按:大徐本作"槾")。从木,于聲。"

　　杇氏鼎"杇氏",讀"烏氏",地名。烏與於古爲一字,而於與于通用典籍習見,是其佐證。《史記·匈奴傳》:"涇北有烏氏之戎。"在今甘肅平涼西北。

《戰國古文字典》頁 460

△按　小徐本"杇"作"杅",隸定不同。

柤　粗

集成 4096 陳逆簠　　　曾侯乙 214

○**何琳儀**（1998）　《説文》:"柤,木閑也(編按:大徐本《説文》無"也"字)。从木,且聲。"

　　陳逆匜"坓柤坓祂",讀"皇祖皇妣"。

《戰國古文字典》頁 574

○**湯餘惠等**（2001）　用作祖。

《戰國文字編》頁 366

△**按**　陳逆匠右下似从"又"，曾侯乙 214 右下从"口"，皆贅符，古文字常見。

槍　槍

睡虎地・爲吏 23 叄

○**睡簡整理小組**（1990）　槍，一種兩端尖銳的木製武器。

《睡虎地秦墓竹簡》頁 171

△**按**　《説文》："槍，距也。从木，倉聲。一曰：槍㰦也。"睡虎地秦簡《爲吏之道》23"槍闌（蘭）環殳"，皆守城武器。參《睡虎地秦墓竹簡》171 頁注〔一四〕。

桓　桓

睡虎地木牘　　粗天星觀

○**何琳儀**（1992）　"桓"，又見圜錢（《貨系》4072）。《史記・秦本紀》：昭襄王"十五年，大良造白起攻魏，取垣"。隸《地理志》河東郡，在今山西垣曲境。

《古幣叢考》（增訂本）頁 181，2002；原載《吉林大學社會科學學報》1992-2

○**何琳儀**（1998）　《説文》："桓，亭郵表也。从木，亘聲。"

　　天星觀桓，不詳。

《戰國古文字典》頁 1054

△**按**　天星觀字形録自《戰國古文字典》，《戰國文字編》及《楚文字編》未收。

杠　杠

望山 2・11

○**中大楚簡整理小組**（1977）　杠，古車蓋之柄，見《考工記・輪人》注，兩物（編按：指"軹"和"杠"）皆以木爲之。

《戰國楚簡研究》3，頁 53

○**朱德熙、裘錫圭、李家浩**（1995）　杠當指蓋柄。《考工記・輪人》"輪人爲

蓋……桯圍……六寸”，鄭玄注引鄭司農曰：“桯，蓋杠也。”《說文》：“軥，軶下曲者。”簡文以軥、杠並列，軥也應是車蓋部件，義當與《說文》有別。《方言》卷九有“車枸簍”，即車蓋弓。但此墓邊箱所出傘蓋骨，蓋弓及蓋柄皆黑漆無紋，似此處所謂“敝”即指漆飾而言。

《望山楚簡》頁 119

○**何琳儀**（1998）　《說文》：“杠，牀前横木也。从木，工聲。”

　　望山簡杠，車蓋柄下節。《周禮·考工記·輪人》：“輪人爲蓋常（編按：“常”前漏“達”字）圍三寸桯圍倍之六寸。”注：“鄭司農云，桯，蓋杠也。”疏：“蓋柄有兩節，此達常是上節，下入杠中也。”

《戰國古文字典》頁 415

△**按**　望山 2·11“杠”字所在句爲“軥、杠皆敝（雕）”。

桯　桯

十鐘　　包山 124

上博 39

○**何琳儀**（1998）　《說文》：“桯，牀前几也。从木，呈聲。”

　　包山簡桯，姓氏。疑讀程。見邘字。

《戰國古文字典》頁 805

△**按**　《戰國古文字典》把《陶彙》3·1162 之 桯 字收入，寫法略有變化。《戰國文字編》未收。此録以備考。

桱　桱

包山 266

○**中大楚簡整理小組**（1977）　桱。

《戰國楚簡研究》2，頁 23

○**劉雨**（1986）　2-020：“……彫者二十二足桱。”

　　“桱”即“桱”，亦即“桯”字。《說文》訓爲“牀前几”，《廣雅·釋器》訓爲“几也”。故可知此簡的含義是：……有花紋的二十二只几。

《信陽楚墓》頁 134

○**裘錫圭**(1987)　　桱桯之爲酒器,是沈元在《“急就篇”研究》一文中論定的。他説:

居延簡中有一片記載將軍的器物,内有“桱桯二”(引者按:此簡出土號爲293·1+293·2,即《居延漢簡甲編》1572 號。桯,簡文原作程,二字皆从呈聲,可通用)。《説文》六篇上《木部》:“桱,桯桱也,東方謂之蕩。”由這裏並不能瞭解什麽是桱桯。段玉裁正因不瞭解桱桯的含義,所以竟徑自删去桱字,謂“桱,桯也”,把桱當作桯(牀前几)的同義詞來解釋……但王筠對段説是提出過疑問的,他見在《玉篇》中桱與案、杓、杵、欟、楄等字排在一起,所以懷疑桱桯本爲雙音詞,應當也屬於酒食器之屬(《説文句讀》)。他的這種假説,在《急就篇》中可以得到證實。《急就篇》第十五章(按:應爲十六章)有此詞,唯字作“檠程”(按:《急就篇》各本中,“程”字亦有从“木”作“桯”者,如宋克摹本、趙孟頫正草二本。松江本中此字正好屬於缺去的部分),云“酤酒釀醪稽檠程”,檠程顯然是一種酒器。此詞在《韓詩外傳》内字作“經程”,其文曰:“齊桓公置酒,令諸大夫曰:‘後者飲一經程。管仲後,當飲一經程。’”(按:見卷十)桱桯、檠程、經程爲一詞異體,無疑應訓爲酒器(《歷史研究》1962 年 3 期77 頁)。沈元的意見顯然是正確的。

今本《説文》“桱”字列在“桯”字和“牀”字之間,但是在唐寫本《説文·木部》殘本裏,“桱”字卻列在“欟”字和“椑”字之間。周祖謨教授在《唐本〈説文〉與〈説文〉舊音》一文裏,曾由此出發對“桱”字的意義作過深入的討論。他説:

今考《萬象名義》桱字亦不列桯下,而次於欟字之下,楄椑二字之上。《萬象名義》多本於顧野王《玉篇》,而《玉篇》又多依《説文》之字次排列,足證《説文》古本桱字確與椑楄爲一類;而桱之義訓,蓋亦酒器也。桂馥《説文義證》於椑下云:“案椑亦以竹作。《廣志》:‘漢竹大者一節受一斛,小者數升爲椑楄。’”是古人盛酒之器或以木作,或以竹作也。許氏所謂“東方謂之蕩”者,即以竹作酒器之名。蕩,唐本今本均作蕩,《萬象名義》作篗是也。篗,《説文》云:“大竹筩也。”《玉篇》云:“篗,竹器也,可以盛酒。”玄應《一切經音義》卷十四云:“篗,以木若瓦爲之,短闊于桶。”據是則篗爲酒器,桱亦爲酒器矣。酒器之所以名爲桱者,以其徑直而長,與匾楄之椑不同,故名。其所以又名爲篗者,篗與蕩同,蕩者大竹也,竹闊節者曰蕩(見《爾雅》孫炎注),故斷闊節大竹所爲之酒器亦名之曰蕩。(《問學集》729 頁)

周先生認爲《説文》"桱"字説解中的"蕩"本應作"簜",十分正確。《説文》訓"簜"爲"大竹筩(今多用'筒')",這一意義在考古資料裏可以得到印證。大墳頭一號墓中木牘所記隨葬物中有"竹簜四",發掘者認爲就指墓中所出的用成節的竹子做成的竹筒。這應該是可信的。(中略)桱桯又稱爲簜,説明原始的桱桯應是盛酒的大竹筒,即"斷闊節大竹所爲之酒器"。

《文物》1987-9,頁 29—30

○**劉彬徽、彭浩、胡雅麗、劉祖信**(1991)   桱,《説文》:"桯也。"桯,《説文》:"牀前几也。"飤桱即食几,用於放食物,其下有銅足。

《包山楚簡》頁 64

○**李家浩**(1994)   《包山》認爲簡文的"桱",即《方言》《説文》訓爲榻或牀前几的"桯",並且還指出此墓東室出土的一件"矮足案"(2:6)即簡文所記的"桱"。這些意見都是可取的。不過《包山》對《説文》"桱"字説解的斷句、理解有誤。《説文》原文作"桱,桱桯也,東方謂之蕩"。意思是説"桱"與"桯"構成複音詞"桱桯","桱桯"這種器物在東方叫做"蕩(簜)",不是説"桱"就是"桯"。桱桯是一種圓桶形器,與《説文》訓爲"牀前几"的"桯"無關。《廣雅·釋器》"桯,几也",王念孫《疏證》説:

> "桯"之言"經"也,横經其前也。牀前長几謂之"桯",猶牀邊長木謂之"桱"。

"桯、桱"都是耕部字,按照《説文》的説法,"呈、巠"二字都从"壬"聲。王氏認爲訓爲"几"的"桯"受名於"經"。簡文"桱"正從"巠"得聲。不過簡文"桱"是承放飲食用的,與《説文》等訓爲牀几的"桯"在用途上有所不同。

上面提到此墓出的 2:6"矮足案",案面呈長方形,四周略高。位於案面兩端 32.8 釐米處安獸蹄形銅足,足上端有獸面鋪首銜環。黑漆。長 182.8 釐米、寬 85.4 釐米、高 13.6 釐米。

望山楚墓和信陽楚墓也出有"矮足案"。望山"矮足案"一,其形制與包山"矮足案"基本上相同,不同的是獸蹄形足是木的,足上端沒有鋪首銜環。通體黑漆,案面有朱繪圓形圖案兩排,每排五個。長 82 釐米、寬 43 釐米、高 10 釐米。因爲案面繪有朱繪圖案,所以望山簡稱爲"雕桱":

(17)一敷(雕)桱。(《文物》1966 年 5 期圖版伍第二簡,52 頁圖二四第二簡)

"雕"是彩畫的意思,參看上文一。

信陽"矮足案"二,報告稱爲"Ⅲ式案",其形制與包山"矮足案"相同,

也是銅獸蹄形足和銅獸面鋪首銜環。標本 1-718，案面朱漆地上繪綠、金、
黑三色圓綢紋三十六個，分兩行排列。案沿黑漆地上繪金、黄、紅、綠四色連
雲紋。長 150 釐米、寬 72 釐米、高 12.4 釐米。標本 1-160，僅殘存五塊殘片
和三個銅足、二個銅鋪首銜環。下面信陽簡所記之器，大概就是指這二件
"矮足案"：

　　　　（18）☒□，屯四鈇（鋪）頁（首），又（有）鐶。（《信陽》圖版一二〇·
　2-05）

此簡上端殘缺。"屯"上一字當是器名，從殘畫看似非"桱"字。在此器名之字
之前，還缺一個數目字和一個"漆、彫"之類的字。"屯"是"皆"的意思。因此
它前面所缺的數目字當在"二"以上，據出土實物應當是"二"字。

　　　信陽 2-017 號簡所記的一件木器也有"鋪首、鐶"：

　　　　（19）其木器：一鄒（漆）槀（?），〔四〕鈇（鋪）頁（首），屯又（有）鐶。
（《信陽》圖版一二四·2-017）

此"一漆槀（?）"當是指另一種木器。在該墓出土物中未發現與"漆槀（?）"相
當的器物，疑原器已殘損。在殘損的器物中有三件鋪首銜鐶（1-148、1-149、
1-237），其中當有屬於"漆槀（?）"的。

　　　在信陽簡所記的器物中，還有一種叫做"脛"的，與"桱"字所從聲旁相同，
但是"脛"字原文所从的"坙"旁將下部省去。簡文説：

　　　　（20）皇脛二十又五，□脛二十又五，屯□象（豫）；一豕（?）脛。（《信
　陽》圖版一二七·2-026）

　　　　（21）一鋏杚，一脛……其木器，一□脛。（《信陽》圖版一二八·
　2-026）

該墓右側室出"Ⅰ式俎"二十五，"Ⅱ式俎"二十五，"Ⅲ式案"一和"陶俎"一。
"Ⅰ式俎"的形態與包山"窄面俎"相似，唯足板兩側没有橫側板。黑漆地上繪
朱色三角紋。大小略有出入，長 21—25.8 釐米、寬 10.5—12.8 釐米、高 13.1—
15 釐米。"Ⅱ式俎"大小與"Ⅰ式俎"相近，面板兩端各安三根竹足，足下安竹
跗，出土時已全殘，尺寸不詳。面板表面黑漆地上繪朱色三角紋。"Ⅲ式案"
未見圖像，《信陽》説"案面平滑，無雕飾。從平面看，兩端稍寬，中部略收，四
隅各有一足。通體髹黑漆，案板四周沿及側棱上有朱色雲紋"。看來其形制
像現在的板凳。"陶俎"的形制也像現在的板凳，長 19.5 釐米、高 8.5 釐米。
與簡文對照，"Ⅰ式俎"和"Ⅱ式俎"當是（20）所記的皇脛和□脛；"Ⅲ式案"
當是（20）所記的豕（?）脛或（21）所記的□脛，出土實物比簡文所記少一件；

(21)的"一脛"不是木器,當是指"陶俎"。這些"脛"的形制與包山、望山"桱"的形制有明顯的區別,"脛"與"桱"大概不是同一個詞。《方言》卷五:"俎,几也,西南蜀漢之郊曰杫。"郭璞於"杫"字下注"音賜"。《玉篇》木部:"杫,思漬切,肉几也。楂,同上;又思井切。"按"楂"字見於《説文》,訓爲"木三交以枝(支)炊篡者也",與《玉篇》訓爲"肉几也"有別。上古音"杫"屬心母錫部,"楂"屬心母耕部。二字聲母相同,耕、錫二部陽入對轉,故"楂"可以讀爲"杫"。"脛"屬匣母耕部。上文一説過,古代心、匣二母的字有互諧的現象。頗疑(20)(21)的"脛"跟"楂"字一樣,也讀爲"杫"。

《著名中年語言學家自選集・李家浩卷》頁 252—256,2002;
原載《國學研究》2

○**朱德熙、裘錫圭、李家浩**(1995)　《説文》:"桱,桱桯也,東方謂之蕩。"桱桯爲一種直筒形盛酒器,不知是否即簡文所記之桱。

　　四五號簡記"一廏(雕)桱"。按包山二六六號簡記"一䭀(食)桱,金足",與出土實物對照,指一件銅足漆案(參看《包山楚墓》上册 125、514、515 頁)。看來簡文的"桱"與《説文》所説的"桱桯"無關。《方言》卷五:"俎,几也……榻前几江沔之閒曰桯。"《廣雅・釋器》:"桯,几也。"王念孫《廣雅疏證》説:"桯之言經也,橫經其前也。牀前長几謂之桯,猶牀邊長木謂之桯。""桯、經"古音相近,據《説文》的説法,"呈、坙"二字都从"壬"聲。王氏認爲訓爲"几"的"桯"受名於"經"。疑簡文"桱"應當讀爲"桯"。不過簡文的"桯"是承飲食的几,與《方言》等所説的榻前几在用途上有所不同。

《望山楚簡》頁 124、131—132

○**劉信芳**(1997)　信陽簡二・二〇"彫者二十二足桱,屯□彫,八金足"。該墓出土Ⅳ式"矮足案"一件,其下有銅足。

　　望二・四五:"一彫桱。"出土實物有矮足案一件(標本 B 三八),四獸蹄形足爲木足。

　　包山簡二六六:"一䭀桱,金足。"該墓出土一"矮足案"(標本二:六),銅足。按"桱"讀如"桯",《方言》卷五:"榻前几,江沔之閒謂之桯。"《廣雅・釋器》:"桯,几也。"王念孫疏證:"桯之言經也,橫經其前也。"曹憲《博雅音》讀"桯"爲餘經切,知桱、桯音通。

《中國文字》新 23,頁 88

○**何琳儀**(1998)　《説文》:"桱,桯也。東方謂之蕩。从木,坙聲。"

　　楚簡桱,讀桯。《方言》五:"桯,榻前几,江沔之閒曰桯。"信陽簡作脛。參脛字。

《戰國古文字典》頁 786

○**劉信芳**（2003） 桱：讀爲“桯”，《方言》卷五：“榻前几，江沔之閒曰桯。”《廣雅·釋器》：“桯，几也。”王念孫《疏證》：“桯之爲言經也，横經其前也。”曹憲《博雅音》讀“桯”餘經切，知桱、桯音通。出土實物有矮足案一件（標本 2:6），下套接馬蹄形銅足，該銅足即下文所云“金足”。信陽簡 2-20：“彫者二十二足桱，屯□彫，八金足。”該墓出土Ⅳ式“矮足案”一件，其下有銅足（《信陽楚墓》第 42 頁）。望山簡 2-45：“一彫桱。”出土實物有矮足案一件（標本 B38），四獸形蹄足爲木足（《江陵望山沙塚楚墓》第 144 頁）。

《包山楚簡釋詁》頁 292

△按 簡文之“桱”，與出土實物對照，指銅足漆案，與《説文》所説的“桱桯”無關。《望山楚簡》131—132 頁已指出這一點。此説當屬可信。

牀 牀

璽彙 3277　　包山 260　　睡虎地·日甲 125 正叁

○**吳振武**（1983） 3277 疒慶·牀慶。

《古文字學論集》（初編）頁 514

○**何琳儀**（1989） 《中山》犀、虎、牛（124）和帳橛（126）諸器銘文，均有“△▽嗇夫”職官名。其中“△”原篆作：牀

按，“牀”從“爿”從“木”，應隸定爲“牀”。“爿”，甲骨文作“爿”，象臥牀豎立之形。戰國文字或作“爿、爿”等形，亦有作“爿”形者。如：

贓　贓《仰天》12　　　　牀　牀《信陽》2.011

槳　槳《信陽》2.018　　　牀　牀《包山》260

其中包山簡“牀”字，與上揭“牀”字基本吻合。《説文》：“牀，安身之几坐也。”《中山》諸銘均應讀“藏”。“牀、藏”均從“爿”得聲，例可通假。上揭仰天湖簡亦讀“藏”，即其明證。

《戰國文字通論》（訂補）頁 270—271

○**何琳儀**（1998） 《説文》：“牀，安身之几坐也。從木，爿聲。”（編按：大徐本作“安身之坐者”）

晉璽牀，姓氏。中山雜器牀，讀藏。

《戰國古文字典》頁 702

△按　睡虎地秦簡日書甲種125“牀”字所在句爲“戌不可以爲牀”。見《睡虎地秦墓竹簡》頁 200。

【牀麄】《中山》犀、虎、牛（124）

○何琳儀（1989）　《中山》犀、虎、牛（124）和帳橛（126）諸器銘文,均有“牀麄嗇夫”職官名。其中“牀”原篆作:牀

按,“牀”從“爿”從“木”,應隸定爲“牀”。“爿”,甲骨文作“爿”,象臥牀豎立之形。戰國文字或作“爿、爿”等形,亦有作“爿”形者。如:

　　　　膩　　《仰天》12　　　　　牺　　《信陽》2.011

　　　　槳　　《信陽》2.018　　　牀　　《包山》260

其中包山簡“牀”字,與上揭“牀”字基本吻合。《説文》:“牀,安身之几坐也。”《中山》諸銘均應讀“藏”。“牀、藏”均從“爿”得聲,例可通假。上揭仰天湖簡亦讀“藏”,即其明證。

“麄”,原篆作:麄

《中山》50 隸定爲“麄”,未識。其實此字應隸定爲“麄”,其所從“厂”乃鹿身之省形。“麄”應讀“鑢”,《説文》:“鑢,昷器也。從金,麄聲。一曰,金器。”段注:“一曰金器,則非炊物器也。”《淮南子・本經》:“木工不斲,金器不鏤。”所謂“金器”應指黄金鑄造之器。

總之,《中山》諸器“牀麄”可讀“藏鑢”,應是中山國掌管昷器或黄金器的特殊職官。

《戰國文字通論》（訂補）頁 270—271

△按　“牀麄（藏鑢）”作爲職官名,典籍似未見。

枕 槐 楷

信陽 2・23

○李家浩（1996）　終枕。

《簡帛研究》2,頁 2

○趙平安（2002）　李先生的文章没有展開論證,但他的結論是可信的。（中略）“槐”（中略）還是（中略）隸作楷（中略）爲好。

《古文字研究》24,頁 283

△按　《説文》:“枕,臥所薦首者。從木,尤聲。”楚簡“枕”字右下從“臼”,與

"本"字加"臼"符作當屬於同類現象。二"臼"或皆有表意作用，"枕"之"臼"示臥處，"本"之"臼"示根竅。

櫝　櫝　櫜

睡虎地·秦律 147　　詛楚文

曾侯乙 153

○**睡簡整理小組**（1990）　枸櫝欙杕，均爲刑具。枸櫝應爲木械，如枷或桎梏之類。

《睡虎地秦墓竹簡》頁 51

○**何琳儀**（1998）　《説文》："櫝，匱也。从木，賣聲。一曰，木名。又曰，大棺也。"

詛楚文櫝，見《廣雅·釋器》："櫝，棺也。"

櫜，从木，韋聲。櫝之異文。《説文》："櫝，匱也。从木，賣聲。一曰，木名。又曰，大棺也。"

隨縣簡櫝，姓氏。

《戰國古文字典》頁 401、402

○**李家浩**（1998）　説到這裏，順便説説《説文》對"櫝"的解釋。《説文》木部説：

櫝，匱也。从木，賣聲。一曰木名。又曰櫝，木枕也。

《説文》説解列舉了"櫝"字的義項共有三個。第三義項，大徐本作"大棺"，小徐本和唐寫本作"木枕"。《玉篇》木部對"櫝"字的解釋也是列舉了三個義項：

櫝，匱也，亦木名，又小棺。

第一、二義項與《説文》相同，第三義項與《説文》有別。《説文》學家多認爲《玉篇》對"櫝"字的解釋是本《説文》的，所以認爲《説文》第三義項不論是作"大棺"還是作"木枕"，都是"小棺"之誤。謂"棺、棺"二字形音皆近，先誤爲"大棺"，再誤爲"木枕"。前面説過，簡文（1）把盒形座枕名爲"櫝杖"，是因爲該盒形枕兼有櫝和枕兩種功能。"匱"與"櫃"是同一個字的異體。《説文》"櫝"字的第一義項是"櫃"，第三義項是"木枕"。我們認爲這應該是"櫝"兼有櫝和枕兩種功能,故"櫝"既可以作爲櫃的名字,又可以作爲枕的名字。"大梡"與"木枕"字形相近,"大梡"應該是"木枕"之誤。至於《玉篇》所説的"小棺",應該是"櫝"的另一義項,與《説文》的第三義項"木枕"無關。

《著名中青年語言學家自選集·李家浩卷》頁 291—292,2002;

原載《徐中舒先生百年誕辰紀念文集》

△按　楚簡字聲符下部从牛,秦系字聲符下部从貝,或爲系別特徵。按此字聲符"賣"本是賣(音 yù)字,从貝,㚆(古文睦)聲,讀若育。這個聲符在隸變過程中與買賣之"賣"混同,如"讀、牘、犢、贖、瀆、賭、續"等字皆是。

櫛 櫛

包山 259

○**劉彬徽、彭浩、胡雅麗、劉祖信**(1991)　椰,讀如櫛,梳篦的總稱。四件梳篦放於一竹筒中。

《包山楚簡》頁 61

○**何琳儀**(1998)　椰,从木,即聲。《廣韻》:"椰,椰栗,木名。"

椰可忌豆,讀節,姓氏。

包山簡椰,讀櫛。《説文》:"櫛,梳比之總名也。从木,即聲(編按:"即聲"爲"節聲"之誤)。"

《戰國古文字典》頁 1097

○**劉信芳**(2003)　椰:同"櫛"。《周禮·考工記》"椰人"即"櫛人"。《説文》:"櫛,梳比之總名也。"出土竹簡(標本 2:433)內置木梳二件,木篦二件,即簡文所記"四椰,一笄"。

《包山楚簡解詁》頁 273

△按　椰从即聲,櫛从節聲,節亦从即聲,故字通用。《集韻》櫛韻:"櫛或作椰。"

梳 梳 櫑

仰天湖 5

○**史樹青**（1955）　梳。

《長沙仰天湖出土楚簡研究》頁 25

○**中大楚簡整理小組**（1977）　鬣從歷，歷從厂，疋（疏）聲，疋《説文》作𤴆，似足而開口，疏窗的䀁，疏通的㐬皆從疋（疏）音，胥字亦然，則歷亦當讀疏聲，從厂，猶如䀁之從囪，㐬之從爻，各有其涵義，鬣從齒義，此字後以梳代之。

《戰國楚簡研究》4，頁 9

○**許學仁**（1983）　簡文"一齒歷𠚕"，"歷𠚕（齒）"即櫛髮之疏，亦即《釋名・釋首飾》"梳，言其齒疏也"之"梳"，而上一齒字爲梳比之單位。

《中國文字》新 7，頁 89

○**郭若愚**（1994）　齒，《説文》："口斷骨也，象口齒之形。𠚕，古文齒字。"與此簡相同。鬣，從歷從齒。歷即疋字，此字從疋聲，當爲梳字。《説文》："理髮也。從木，疏省聲。"梳有木齒，故曰"齒梳"。仰天湖二五號木槨墓出土有木梳一件，高 9、寬 6、厚約 1 釐米，背作半圓形。梳齒長 4.7 釐米。

《戰國楚簡文字編》頁 123

○**朱德熙、裘錫圭、李家浩**（1995）　仰天湖五號簡"一齒鬣"指象牙梳。

《望山楚簡》頁 115

○**李守奎**（2003）　從梳之象形，從歷聲。

《楚文字編》頁 349

△**按**　《説文》："梳，理髮也。從木，疏省聲。"此字下部象梳箆之形，上部爲聲符歷。歷即疋，"厂"符爲贅加，古文字常見（參《戰國文字通論》［訂補］216頁）。梳之古字或作"柂"。詳下"柂"字。許文誤拆"鬣"爲"歷、𠚕"二字。

㭘 㭘 梩

　貨系 2474　　　璽彙 2469　　　璽彙 2470　　　璽彙 2471

　璽彙 2413　　　璽彙 2414　　　璽彙 3701

○**何琳儀**（1998）　《説文》："㭘，臿也。從木，㠯聲。一曰，徙土輂，齊人語也。梩，或從里。"

　晉璽㭘，姓氏。趙三孔布㭘，讀貍，地名。《史記・趙世家》悼襄王："九年，趙攻燕，取貍、陽城。"或作狸。《戰國策・燕策》二："又使燕攻陽城及狸。"疑在今河北任丘北。

　　桿，从木，里聲。柶之異文。《説文》:"柶，畗也。从木，已聲。一曰，徙土
輂，齊人語也。桿，或从里。"

　　　齊璽桿，讀里，姓氏。本理氏，春秋時改。魯里革，晉里克、里析，楚里
史皆是。見《姓考》。

《戰國古文字典》頁 59、84

△按　《璽彙》2468 之 ，《戰國文字編》（366 頁）入"㝵"字下，《璽彙》（239
頁）及《戰國古文字典》（59 頁）皆以爲"柶"字，當以"㝵"字爲是。

枱 枱

 睡虎地・日甲 24 背叁

△按　《説文》:"枱，耒耑也。从木，台聲。"睡虎地秦簡日甲 24 反之 柏，乃
"棓"字誤字，參《睡虎地秦墓竹簡》214 頁;秦律之 枲，見於簡 91 及簡 131，爲表
粗麻之"枲"字，參《睡虎地秦墓竹簡》41—42、50—51 頁，《戰國文字編》（368
頁）入"枱"字下，誤。

柫 柫

 曾侯乙 133　　　　曾侯乙 167

○何琳儀（1998）　《説文》:"柫，擊禾連枷也。从木，弗聲。"
　　隨縣簡柫，人名。

《戰國古文字典》頁 1294

△按　"連枷"爲農具名。《方言》卷五:"僉，自關而西謂之棓，或謂之柫。"郭
璞注:"今連枷，所以打穀者。"故《説文》釋爲"擊禾連枷也"。

杵 杵

 睡虎地・日甲 8 背貳

△按　《説文》:"杵，春杵也。从木，午聲。"睡虎地秦墓竹簡"杵"字兩見，日

甲 8 反云(《睡虎地秦墓竹簡》209 頁):“月生五日曰杵,九日曰舉,十二日曰見莫取,十四日謨詢,十五日曰臣代主。代主及謨詢,不可取妻。”日甲 50 反云(《睡虎地秦墓竹簡》216 頁):“人無故一室人皆垂涎,爰母處其室,大如杵,赤白,其居所水則乾,旱則淳,掘其室中三尺,燔豕矢焉,則止矣。”

栝 𣙇 杯

信陽 2·20　　睡虎地·封診 93

○河南省文物研究所(1986)　杯　30 件。大部分已殘,出於右側室。器身爲橢圓形,兩側作翼形。外部髹黑色,内爲朱紅,口沿外側繪朱紅紋飾,翼面和沿外兩端有兩個 S 形紋。

《信陽楚墓》頁 35

○郭若愚(1994)　杯三十(合文)　釋文見上。一號墓右側室出土三十件,器身橢圓,兩側有翼。外髹黑色,内爲朱紅。口沿外側繪朱紅之飾紋。

《戰國楚簡文字編》頁 90

○何琳儀(1998)　杯,從木,不聲。《集韻》:“栝,《説文》㲃也。蓋今飲器,或作杯。”《説文》:“栝,㲃也。從木,否聲。區,籀文栝。”栝爲杯之繁文。

信陽簡“杯豆”,見《大戴禮·曾子事父母》:“執觴觚杯豆而不醉。”注:“杯,盤盂盆盞之總名也。豆,醬器。”

《戰國古文字典》頁 119

△按　信陽、望山楚簡之“杯”皆從“不”作,秦簡則從“否”作,“不”與“否”或有地域系别之不同,有待進一步證實。

【杯豆】信陽 2·20

○河南省文物研究所(1986)　在 2 組 2-020 簡中記有“……其木器:杯豆三十,杯三十……”簡文中所稱之“杯”,當爲“羽觴”;所稱之“杯豆”,當爲帶有高坐之“羽觴”;此墓所出杯和杯豆的數量與簡文記載相符。(中略)

杯豆的上部有盤,盤狀和圖案與杯相同;中閒有把,把外涂紅色垂線;座實心,喇叭狀,外髹黑漆,並施以紅色的放射狀圖案。盤、把及座是以榫卯套扣在一起的。

《信陽楚墓》頁 35

○郭若愚(1994)　杯,《説文》:“㲃也。從木,否聲。”飲器,本作栝,或作盃。

豆,古食肉器。釋見二-一二簡。"杯豆"爲信陽楚墓初見之木器。一號墓右側室出土三十件,上部有盤,中閒有把,把外塗紅色垂線,座外髹黑漆,並有紅色圖案。

《戰國楚簡文字編》頁 90

【梧器】睡虎地·封 93

○**睡簡整理小組**(1990)　杯器,見《漢書·地理志》:"都邑都放效吏及内郡賈人,往往以杯器食。"《大戴禮記·曾子事父母》注:"杯、槃、盎、盆、盞之總名也。"杯器指當時通行的以耳杯爲主的飲食用具。

《睡虎地秦墓竹簡》頁 163

槃　槃　盤　盤　盬

集成 10158 舍𢀗盤　　集成 975 盤埜爲匕　　　包山 167　　　包山 265

聖彙 0640

集成 10171 蔡侯申盤　　集成 10072 蔡侯盤

○**劉雨**(1986)　"槃"者,大也;"首"者,端也。故"一槃呈首"即指一部大的懸掛鐘、磬的架子。《信陽圖録》圖十有"一槃呈首鐘"復原後的彩色照片,可以爲證。

《信陽楚墓》頁 135

○**李學勤**(1989)　(編按:集成 10072 蔡侯盤)蔡器尊盤的寶貴之處,是銘文有器的自名。尊 16:1 的器名,字左上從"金",下從"皿",因中段磨損,右上是否從"余",難於論定。陳夢家先生説"其字待考",態度是慎重的。盤 25:1、25:2的器名,字都很清楚,都是從"酉"從"皿",表示屬於酒器,聲符一從"酉"聲,一從"舟"聲。按上古音"酉"爲從母幽部,"舟"爲章母幽部,彼此極近,故實爲一字的不同寫法。這個器名,我認爲就是文獻中的"舟"。

　　"舟"這個器名,見於《周禮·司尊彝》:

　　　　司尊彝掌六尊六彝之位,詔其酌,辨其用與其實。春祠夏禴,裸用雞彝、鳥彝,皆有舟;其朝踐用兩獻尊,其再獻用兩象尊,皆有罍,諸臣之所昨(酢)也。秋嘗冬烝,裸用斝彝、黃彝,皆有舟;其朝獻用兩著尊,其饋獻用兩壺尊,皆有罍,諸臣之所昨也。凡四時之閒祀追享、朝享,裸用虎彝、蜼彝,皆有舟;其朝踐用兩大尊,其再獻用兩山尊,諸臣之所昨也。

(中略)《説文》：“槃，承槃也。”段玉裁注：“承槃者，承水器也……槃引伸之義爲凡承受者之偁（稱），如《周禮》珠槃、夷槃是也。”“盤”則爲字的籀文。由此可知，所謂舟乃是承放尊的一種盤形器。

蔡昭侯尊 16:1、盤 25:1 的銘文，分別自名爲“彝某”和“彝舟”，並説用於禮享嘗禘，與文獻所説適相符合。這種成組的尊盤，就是祼器。當然，它們的形制不全同於《周禮》所述，這可能是由於有時代和地域的差別，但其用途性質是可以推定的。希望將來會有更多實物，對這一看法作出驗證。

《江漢考古》1989-4，頁 38—39

○**郭若愚**（1994）　（編按：信陽 2·1）槃，《説文》：“承槃也。從木，般聲。古文从金。”《汗簡》作鎜。古璽文“滕”字左“舟”旁作“♀”與此字同。故知此爲盤字。

《戰國楚簡文字編》頁 64

○**何琳儀**（1998）　《説文》：“槃，承槃也。从木，般聲。鎜，古文从金。盤，籀文从皿。”

信陽簡“槃坐”，讀“盤座”，盤曲之座。

《戰國古文字典》頁 1058

（編按：集成 10158 舍虛盤）盤，从皿，般聲。槃之異文。見《説文》槃之籀文作鎜。參槃字。

楚器盤，姓氏。出盤瓠氏之後。與冉、元、巴、李、田爲巴南六姓。見《通志·氏族略》。

《戰國古文字典》頁 1058

△**按**　槃、鎜、盤，分別从木、从金、从皿，从木从金者，示其材料質地，从皿者，示其器皿之用。从皿、从金之“槃”，參《戰國古文字典》1058 頁。《璽彙》0640 之圖，《璽彙》未釋，《戰國文字編》錄之，其左邊之“舟”訛爲“用”形，右上則類化爲“反”聲。此變形聲化之例也。蔡侯器“盤”字右上从“舟”，字形較爲特殊，何景成、王彥飛釋爲“舟”，參見氏著《自名爲“舟”的青銅器解説》（《古文字研究》30 輯 162—167 頁，中華書局 2014 年）。

案 鳳

睡虎地·語書 7　　璽彙 3587

○**商承祚**（1991）　案爲承食器之具。（中略）案與几，注釋家皆以類屬，其實非是。據兩器形制,分別甚大。案,長方有周闌,而體平扁,爲承食之具。几,高足體狹,爲憑倚之器。兩者形與用風牛馬不相及也。《説文》:案,"几屬",是漢人對案之形狀已不明了,而以當時變形變制之通用器訓之。至徐鍇謂案"所以憑也",《玉篇》又謂"几屬,食器也",案與几益不可分。追原其嬗遞混淆之迹,案名爲几所專有,當在牀産生之世。繼牀之後,又發明匟牀、臥牀。臥牀置於内室,而匟牀則陳於堂,以延賓客,故又名坐牀。牀上不能空無所有,於是變更案制,去闌成平面,易二直足,增高作四隅足,陳於坐牀之閒,以承茶具,並可憑肘,遂稱之曰匟几。日久而忘其初,此案几互訓之所由來也。

《文物》1991–11,頁 53—54

○**何琳儀**(1998)　《説文》:"桉,几屬。从木,安聲。"

齊璽桉,姓氏。見《姓苑》。

《戰國古文字典》頁 966

△**按**　几屬之"桉"同"案",偏旁位置不同。桉又音 ān,指桉樹。桃金娘科桉樹屬植物的泛稱。

【案行】睡虎地・語書7

○**睡簡整理小組**(1990)　案行,巡行視察。《管子・度地》:"與三老、里有司、伍長行里,因父母案行閲具備水之器。"《漢書・蓋寬饒傳》:"躬案行士卒盧室,視其飲食居處。"

《睡虎地秦墓竹簡》頁 14

△**按**　睡虎地秦簡《語書》簡"案行"所在句原文爲:"今且令人案行之,舉劾不從令者,致以律,論及令、丞。"

料 樖 李

璽彙3293

○**何琳儀**(1998)　《説文》:"料,勺也。从木,斗聲。"

晉璽料,讀斗,姓氏。見《姓氏考略》。

《戰國古文字典》頁 356

○**陳偉武**(2003)　此字見於天星觀簡,如:"二彤周料。"《説文》:"料,勺也。从木,斗聲。"

《華學》6,頁 100

△**按**　《戰國文字編》及《楚文字編》皆未録此字形,《璽彙》未釋。

杓 杓

睡虎地·日甲 138 背

△按　《説文》:"杓,枓柄也。从木从勺。"小徐本及唐寫本木部殘卷作"从木,勺聲"。睡虎地秦簡日書甲種 138 反:"正月申,四月寅,六月巳,四月亥,是謂地杓,神以毁宫,毋起土功,凶。""地杓"與"地衝"等皆專有名詞。

椑 椑

椑睡虎地·爲吏 22 叁

○**睡簡整理小組**(1990)　椑(編按:當作"椑"),讀爲陴(音皮),城上的女牆。

《睡虎地秦墓竹簡》頁 171

△按　《説文》:"椑,圜榼也。从木,卑聲。"本爲一種酒器。睡虎地秦簡《爲吏之道》句作"樓椑矢閲"。參"樓"字。

㫚 㫚 㮚

㫚十鐘　㫚睡虎地·日乙 156　㮚陶彙 3·418　㮚陶彙 3·422

○**饒宗頤**(1982)　杜預注十二時以巳,禺中;午,正中,未,日昳。然秦簡則云"㫚未",則㫚亦即日虒也。㫚讀爲禺,禺即隅,《淮南子》作隅中,可證。隅,《説文》云:"陬也。"陬訓角(《廣雅》)。漢簡於日正中外又分日東中及日西中,東中即禺中,是爲東隅,西中及日昳,應爲西隅,未時爲西中,亦可稱隅,故知㫚或可音借爲隅,謂日在西隅,以别於東隅也。

《雲夢秦簡日書研究》頁 32

○**睡簡整理小組**(1990)　㫚,《廣雅·釋詁一》:"舉也。"㫚屋,樹立屋架。

　　這是迄今爲止關於十二時最早的記載,又是以十二辰表示十二時最早的記載。簡文"㫚未"應爲"日失未"之誤,馬王堆帛書《隸書陰陽五行》日昳亦作日失。由于日失二字抄在一起,與㫚字相似,遂誤爲㫚字。

《睡虎地秦墓竹簡》頁 241、244

○**高明、葛英會**（1991）　《説文》所無，《玉篇》棋，枳棋也。

《古陶文字徵》頁 130

○**何琳儀**（1998）　椿，从木，畁聲。疑檟之異文，參畁字。《玉篇》：“檟，木叢生也。今作灌。”

　　齊陶檟，人名。

《戰國古文字典》頁 1003

△按　《十鐘》之字从目，《陶彙》之字从貝，秦簡之梟字則亦目亦貝（與廾共用筆畫）。戰國文字目、貝可互作（參《戰國文字通論》[訂補]235 頁），故以上諸字可釋爲“梟”。《戰國文字編》皆收歸“梟”字下。然《陶彙》字作左右結構，以偏旁位置論之，亦可隸爲“棋”。《戰國古文字典》又釋爲“檟”，殆非。“梟未”在睡虎地秦簡日書乙 156，簡文作：“【雞鳴丑，平旦】寅，日出卯，食時辰，莫（暮）食巳，日中午，梟未，下市申，舂日酉，牛羊入戌，黃昏亥，人定【子】。”“梟未”之“梟”，通假説（音借爲隅）與抄誤説（“日失未”之誤）均有一定道理，從簡文上下文看，似以抄誤説爲長。

榎 櫝　梪

包山牘 1

包山 270

○**劉信芳**（1997）　包牘：“一綢榎。”“榎”讀輹，《説文》：“輹，車軸縛也。从革（編按：當作“車”），复聲。《易》曰：輿説（編按：大徐本《説文》作“脱”）輹。”段注：“謂以革若絲之類纏束於軸，以固軸也。縛者，束也。古者束舟曰䉤，曰歷録；束軸曰輹，亦曰䡆；約轂曰約軝；衣衡曰幝。皆所以爲固，皆見於許書。”

　　《左傳》僖公十五年：“車説其輹。”杜注：“輹，車下縛也。”疏云：“子夏《易傳》云：輹，車下伏兔也。今人謂之車屐，形如伏兔。以繩縛於軸，因名縛也。”如是則“輹、緮”所指爲同一物。由於包牘與簡文内容相映，且榎、緮古讀音近，似可以音假視之。惟《説文》“輹、椱”並見，段氏又力辨輹、椱“迥然二物”，則以簡文“椱”爲伏兔，“榎”爲伏兔之纏縛爲妥。

《中國文字》新 22，頁 176

○**何琳儀**（1998）　《説文》：“椱，機持繒者。从木，复聲。”

包山牘椱,讀輹。《説文》:"輹,車軸縛也。从車,复聲。"

栖,从木,缶聲。

包山簡栖,讀䋏。《説文》:"䋏,刀握也。从刀,缶聲。"

《戰國古文字典》頁 255、247

○**李守奎**(2003)　竹簡異文作栖。

《楚文字編》頁 350

△**按**　"椱"之異文作"栖",《楚系簡帛文字編》(增訂本 548 頁)亦已指出。椱从复聲,栖从缶聲。缶、复聲皆幫紐,韻則幽、覺陰入對轉,依例可通。

椵 橺

郭店・語二 15　　　　郭店・語二 15

○**何琳儀**(2000)　(編按:郭店・語二 15)"椵"應讀"諛",《説文》:"諛,詐也。"

《文物研究》12,頁 204

△**按**　《戰國文字編》"椵"字下收録《璽彙》2403 之圝字,《楚文字編》釋"枒",當是,參上"枒"字條。《説文》:"椵,履法也。从木,爰聲。讀若指撝。"郭店楚簡《語叢》2・15 句作:"椵生於欲,吁生於椵。"其中之"椵",非用本義,讀"諛"可從。

棧 橼

詛楚文

○**何琳儀**(1998)　《説文》:"棧,棚也。竹木之車曰棧,从木,戔聲。"

詛楚文"棧輿",讀"棧車"。《周禮・春官・巾車》"士乘棧車",注:"不革鞔而漆之。"

《戰國古文字典》頁 1043

△**按**　《楚文字編》350 頁録望山 2・38 之圝於"棧"字之下,望山楚簡整理者將此字隸定爲"樸"(見《望山楚簡》111 頁),《戰國文字編》入"樸"字,參上"樸"字條。按楚簡之圝(業)符可以用作"察、淺、竊"的偏旁,但只是借音偏旁(參見劉釗《釋"價"及相關諸字》,《中國文字》新 28 期 123—132 頁;又見《古文字考釋叢稿》229 頁)。就形體而論,圝之右旁爲"業"形之省,非"戔"形,應

以隸爲“樸”字爲是。

桊  栚

信陽2·3 包山260

○**郭若愚**(1994) 【三粎緹栚】 栚,从木,幷聲。此字可寫作桊。《唐韻》居倦切,《集韻》古倦切,並音眷。又《集韻》:“驅圓切,音弮,屈木盂也。”盂,《説文》:“飯器也。”《急就篇》“橢杅槃案杯問盌”注:“杅,盛飯之器也。一曰齊人謂盤爲杅,無足曰盤,有足曰案,所以陳舉食也。”粎緹,大紅色。見二-〇二簡釋文。此謂三枚大紅色的杅盤。

《戰國楚簡文字編》頁68

○**劉信芳**(1996) “桊”,《説文》:“牛鼻上環也。”(**編按**:大徐本《説文》作“牛鼻中環也”)按簡文“桊”謂瑟柱,蓋瑟柱之形正與穿牛鼻之“桊”形近,用以捲弦,讀音亦合,且“桊”之辭例皆與“瑟”相屬,其爲瑟柱無疑。

《于省吾教授百年誕辰紀念文集》頁186

○**何琳儀**(1998) 《説文》:“桊,牛鼻上環也(**編按**:大徐本《説文》作“牛鼻中環也”)。从木,𢍏聲。”

信陽簡桊,見《集韻》:“桊,屈木盂也。”

《戰國古文字典》頁1005

○**李家浩**(1998) 簡文的“桊”應該是瑟上木製的附件。瑟上木製的附件有軫、柱。軫稱爲枘,是調弦的鈕。柱是承弦用的。軫有轉義。(**中略**)跟“桊”所从聲旁相同的“卷”等字有收捲義,與軫的意思相通。(**中略**)頗疑簡文的“桊”是軫的别名。

《簡帛研究》3,頁12

○**劉信芳**(2003) 《説文》:“牛鼻環也。”(**編按**:大徐本《説文》作“牛鼻中環也”)按簡文“桊”謂瑟柱。蓋瑟柱之形正與穿牛鼻之“桊”形近,用以捲弦,讀音亦合。信陽簡2-03:“三漆瑟,桊。”桊與瑟連帶述及,其爲瑟柱無疑。

《包山楚簡解詁》頁276

△**按** 《信陽楚墓》隸作“栚”(128頁),《包山楚簡》隸作“栚”(37頁),以後者爲準確。此字當即“棙”字楚寫,與“桊”異,參見范常喜《信陽楚簡“樂人之器”補釋四則》(《中山大學學報》2015年3期)。

𣪊 𣏌

𣏌 曾侯乙 74　　𣏌 曾侯乙 73　　𣏌 曾侯乙 120　　𣪊 睡虎地·日甲 40 背貳

𣏌 包山 274

○**睡簡整理小組**（1990）　叚，《説文》：“椎物也，从殳，耑省聲。”

《睡虎地秦墓竹簡》頁 217

○**張守中**（1994）　日甲二五背，二例。通叚，“以鐵椎𣪊之”，日甲四〇背。

《睡虎地秦簡文字編》頁 88

○**何琳儀**（1998）　《説文》：“𣏌，箠也。从木，耑聲。一曰，𣏌，度也。一曰，剟也。”

　　包山簡“𣏌敄”，讀“彫毄”，見耑字。隨縣簡“𣏌毄”，或作“端毄”。亦讀彫。

《戰國古文字典》頁 1028

△**按**　“𣏌”之“耑”旁，隨縣簡下部皆多出一橫畫，當爲贅加之筆。包山簡的寫法也有變異。睡虎地整理小組以爲通“叚”，釋文括注爲“𣪊（叚）”（見《睡虎地秦墓竹簡》213 頁）。

【𣏌毄】包山 274 等

○**陳偉**（1996）　耑毄（二字均从木）。由簡書稱爲“一乘”，可知也是車名。曾侯乙墓竹簡 73、74、120 號有耑（从木）毄，176 號有端毄，實指同一乘車。包山簡耑毄應該相當於那裏的耑（端）毄。鑒於這種車在曾侯乙墓竹簡中分述和總述時均使用同一稱謂，當是得名於特定結構或形制。《禮記·雜記上》：“大夫以布爲輤而行，至於家而説輤，載以輲車。”鄭玄注：“輲讀爲輇，或作槫。許氏《説文解字》曰：‘有輻曰輪，無輻曰輇。’《周禮》又有蜃車，天子以載柩。蜃、輇聲相近，其制同乎？輇崇蓋半乘車之輪。”孔疏云：“有輻，謂別施木爲輻。無輻，謂合大木爲之，不施輻，曰輇。”《儀禮·既夕禮》：“既正柩，賓出，遂匠納車於階間。”鄭玄注：“車，載柩車，《周禮》謂之蜃車，《雜記》謂之團，或作輇，或作槫，聲類皆相附耳，未聞孰正。其車之輿，狀如牀，中央有轅，前後出，設前後輅，輿上有四周，下則前後有軸，以輇爲輪。”胡培翬《正義》云：“《雜記》注謂輇崇半乘車之輪。乘車之輪，六尺有六寸，輇車半之，則止三尺三寸，輪低於乘車矣。輪低則小，故不必有輻，輪低則去地近，故《遂師》注謂爲迫地而行也。此注記柩車之制尚詳。轅有前後，爲設輅也。輅有前後，爲屬引也。轅直而輅橫，引屬於輅之兩端，在車之左右挽之。又二軸而四輪，皆取其安穩也。”專指專一，全指完整。團、槫或輇均應是指“合大木爲之”、“無輻”之輪的完整形態。輴則可能是團或槫的假借。《禮記・曲禮上》：“乘安車。”孔疏引《書傳略說》云：“致仕者以朝，乘車輴輪。”可以資證。對有輻之車來說，轂用於植輻；而於無輻之車，輪則即應是轂的直接延展。在這個意義上，輴轂應就是輴輪，從而也就是崗。如然，包山簡的崗轂、曾侯乙墓竹簡的輴（端）轂，當即古書中的輴，爲出葬時運載棺柩的專用車。

《考古與文物》1996-2，頁 72

○**劉信芳**（1997）　包山簡二七四：“一窀槤樔。”曾侯乙簡作“槤轂”或“端轂”，見簡七三、七四、一二○、一七六。裘錫圭、李家浩讀“槤”爲“彫”，釋云：“簡文‘端轂’是車名，大概由於車轂彫鏤有花紋而得名，猶兵車‘長轂’（見《左傳》昭公五年）以轂長而得名。”舒之梅讀如“輴轂”，其説是也。《禮記・雜記》：大夫士死，“載以輴車”，鄭玄注：“輴讀爲輇，或作槫。許氏《説文解字》曰：有輻曰輪，無輻曰輇。《周禮》又有蜃車，天子以載柩。蜃、輇聲相近，其制同乎？輇崇蓋半乘車之輪。”喪車因便於載柩，故其輪爲半乘車之輪。所謂“無輻曰輇”者，蓋以大木拼合爲輪，不設車輻，其制如近世江南農村牛車之實心車輪。《説文》：“轂，輻所湊也。”喪車之輪因無輻，輪、轂實爲一體，此所以稱“輇”、稱“槫”、稱“輴轂”者，輴轂之字面義謂崗有其轂耳。喪車以“輴轂”爲特徵，故又以爲車名。後世易“輴”爲“輀”，《釋名・釋喪制》：“輿棺之車曰輀，輀，耳也，縣於左右前後銅魚搖絞之屬，耳耳然也。”劉熙已不知“輀”爲“輴”之借。《後漢書・明帝紀》：“安車頓輪。”章懷太子注：“頓輪，以蒲裹輪。”此別爲一制，與喪車“輴轂”無涉。

《中國文字》新 22，頁 167—168

○**舒之梅**（1998）　包山簡 274 有車名“槤樔”，字又見曾侯乙簡 73、74、120、176，“槤”或作“端”。裘錫圭、李家浩先生讀“槤”爲“雕”，釋云：“簡文‘端轂’是車名，大概由於車轂雕鏤有花紋而得名，猶兵車‘長轂’（見《左傳》昭公五年）以轂長而得名。”

　　按“槤樔”應讀爲“輴轂”，《禮記・雜記》：大夫士死，“載以輴車”，鄭玄注：“輴讀爲輇，或作槫。許氏《説文解字》曰：有輻曰輪，無輻曰輇。《周禮》又有蜃車，天子以載柩。蜃、輇聲相近，其制同乎？輇崇蓋半乘車之輪。”喪車因便於載柩，故其輪爲半乘車之輪，若輪高，則柩之上下不易。所謂“無輻曰輇”者,蓋以大木爲輪,不設車輻,其制如近世江南農村牛車之實心車輪(北方獨輪車亦多用實心車輪)。《説文》:“轂,輻所湊也。”喪車之輪因無輻,輪、轂實爲一體,此所以稱“輇”、稱“槫”、稱“輴轂”者,字面義謂峕有其轂耳。喪車以“輴轂”爲特徵,故又以之爲車名。後世易“輴”爲“輀”,《釋名·釋喪制》:“輿棺之車曰輀。輀,耳也,縣於左右前後銅魚摇絞之屬,耳耳然也。”劉熙已不知“輀”爲“輴”之借,其説盡失其音義。《後漢書·明帝紀》:“安車頓輪。”章懷太子注:“頓輪,以蒲裹輪。”此别爲一制,與喪車“輴轂”無涉。

《容庚先生百年誕辰紀念文集》頁 594—595

○劉信芳(2003)　車名,字又見曾侯乙簡 73、74、120、176。裘錫圭、李家浩讀“耑”爲“彫”,釋云:“簡文‘端轂’是車名,大概由於車轂彫鏤有花紋而得名,猶兵車‘長轂’(見《左傳》昭公五年)以轂長而得名。”

舒之梅認爲字應讀爲“輴轂”,《禮記·雜記》:大夫士死,“載以輴車”。鄭玄《注》:“輴讀爲輇,或作槫。許氏《説文解字》曰:有輻曰輪,無輻曰輇,《周禮》又有蜃車,天子以載柩。蜃、輇聲相近,其制同乎? 輇崇蓋半乘車之輪。”所謂“蜃車”,《周禮·地官·遂師》:“共丘籠及蜃車之役。”《注》:“蜃車,柩路也。柩路載柳四輪,迫地而行,有似於蜃,因取名焉。”喪車爲便於載柩,故其輪半乘車之輪:重心低,有如迫地而行。所謂“無輻曰輇”者,蓋以大木拼合爲輪,不設車輻,其制有如近世江南農村牛車之實心車輪。《説文》:“轂,輻所湊也。”喪車之輪因無輻,輪、轂實爲一體,此所以稱“輇”、稱“槫”、稱“輴轂”者,輴轂之字面義謂峕有其轂耳。喪車以“輴轂”爲特徵,故又作爲車名,後世易“輴”爲“輀”,《釋名·釋喪制》:“輿棺之車曰輀,輀,耳也,縣於左右前後銅魚摇絞之屬,耳耳然也。”劉熙已不知“輀”爲“輴”之借。《後漢書·明帝紀》:“安車頓輪。”章懷太子《注》:“頓輪,以蒲裹輪。”此别爲一制,與喪車“輴轂”無涉。

《包山楚簡解詁》頁 316

○白於藍(2005)　簡文中屢見車名“耑轂”,又作“端轂”(中略)。《考釋》注〔一五二〕將“耑(或端)轂”讀作“雕轂”,並云“簡文‘端轂’是車名,大概由於車轂彫鏤有花紋而得名,猶兵車‘長轂’(見《左傳》昭五年)以轂長而得名”。介於(編按:當作“鑒於”)“雕轂”一詞於典籍無徵,而且端、雕二字韻部相隔過遠(上古音端爲元部字,雕爲幽部字),故《考釋》未能令人信服。(中略)

其後,舒之梅、陳偉二先生分别撰寫文章對此詞加以討論,他們的結論相同,即認爲曾侯乙墓之“耑(或端)轂”和包山簡之“耑(轂)”均應讀爲“輴轂”,

是指"喪車"或"出葬時運載棺柩的專用車"。此説亦頗可疑,首先,典籍中未見有車名"輲轂"一詞,僅見"輲車"。另有"輲輪",專指車輪。"輲車"是否就是"輲轂",典籍無證。其次,就上引曾侯乙墓簡(73)(74)來看,樿轂車上所使用的各類物件,亦同樣見於曾侯乙墓所記的其他各車(如各類旆車、殿車以及佾車、魚軒、安車等),而且簡(176)所記"端轂"車的駕車之馬分爲"左騑、左驂、左服、右服、右驂、右騑",其駕馭方式與"佾車"(中略)等車亦相同,未見有何特別之處。因此,很難説"樿轂"就一定是"喪車"或"出葬時運載棺柩的專用車"。

(中略)筆者以爲"輲(端)轂"當讀爲"短轂",樿、端俱从尚聲,上古音尚、端和短俱爲端母元部字,三字雙聲疊韻,例可相通。今本《老子》"長短相較,高下相傾",馬王堆漢墓帛書甲本《老子》作:"長短之相刑(形)也,高下之相盈也。"郭店楚簡《老子》中作:"長尚之相型(形)也,高下之相涅(盈)也。"此是楚簡當中尚可讀爲短的確證。又《老子》:"揣而鋭之,不可長保。"馬王堆漢墓帛書乙本《老子》"揣"作"掘"。亦可證。包山楚簡中有人名"李瑞"(簡22),或作"李偳"(簡30)、又作"李逗"(簡24),瑞、偳具从尚聲,逗、短具(編按:二"具"字當作"俱")从豆聲,亦其例。

"短轂"一詞見於古代典籍。《周禮·考工記·車人》:"行澤者欲短轂,行山者欲長轂。短轂則利,長轂則安。"以"短轂"和"長轂"相對。轂是車輪中心穿軸承輻的部分,因古代兵車之轂往往較長,所以兵車亦稱爲"長轂"。《左傳·昭公五年》:"長轂九百。"杜預《注》:"長轂,戎車也。"又《穀梁傳·文公九年》:"長轂五百乘。"范甯《集解》:"長轂,兵車。"又《文選·班固〈封燕然山銘〉》:"元戎輕武,長轂四分。"《晉書·涼武昭王李玄盛傳》:"將建朱旗以啟路,驅長轂而迅征。"亦均是以"長轂"指兵車。兵車"長轂"既可以轂長得名,此車稱"短轂"蓋是以其轂短而得名。《鹽鐵論·散不足》:"今富者連車列騎,三貳輜軿;中者微輿短轂,繁髦掌蹄。"王利器《校注》:"長轂者兵車,短轂者非兵車。微輿短轂,蓋取其輕利。"據此,"短轂"是指兵車之外的車。

(中略)筆者認爲"樿(短)轂"只是"非兵車"中的某一種車,而並非指"非兵車"的全部。

《中國文字》新30,頁196—199

△按 "樿轂"之"樿",有"彫、輲、短"三讀,按之古文獻,當以後説爲長。

椎 椎

曾侯乙 123　　秦代印風 206　　睡虎地·日甲 40 背貳

○**何琳儀**（1998）　《説文》：“椎，擊也。齊謂之終葵。从木，隹聲。”

隨縣簡椎，或作唯，讀維。見維字。

《戰國古文字典》頁 1206

○**何琳儀**（1998）　梠，从木，𦥑聲。椎之異文，槌之省文。《廣韻》：“椎，椎鈍不曲橈。亦棒椎也。又椎髻。槌，上同。梠，俗。”

戰國文字梠，人名。

《戰國古文字典》頁 1214

△**按**　《戰國古文字典》所論“梠”字，指《璽彙》3312 之𣏾和《陶彙》3·1150之𣏵，當爲“棺”字省文，詳下“棺”字條。睡虎地秦簡日書甲種簡 40—41 背“椎”字所在句爲：“以鐵椎楯（段）之，必中蟲首。”用爲名詞義。其字作椎，當隸定爲“椎”。

柄 柄

睡虎地·爲吏 5 伍

△**按**　《説文》：“柄，柯也。从木，丙聲。棅，或从秉。”睡虎地秦簡《爲吏之道》簡 5：“操邦柄，慎度量，來者有稽莫敢忘。”注（《睡虎地秦墓竹簡》173—174 頁）：“邦柄，國家的權柄。”

㭒 㭒

睡虎地·日甲 64 正叁

△**按**　《説文》：“㭒，籆柄也。从木，尸聲。柅，或从木，尼聲。”睡虎地秦簡日書甲種簡 64：“二月楚夏㭒，日八夕八。”夏㭒爲楚五月，相當於秦二月（參《睡虎地秦墓竹簡》190—191 頁）。楚月名之“㭒”字也作“夷、尸”。

梧 梧　梣

集成 11663 虞公劍

○**何琳儀**(1998)　梣,从木,巪聲。疑梧之省文。《説文》:"梧,礨也。从木,昏聲。"

　　虞公劍梣,讀厥。"吉梣金"爲"梣吉金"之誤,讀"厥吉金"。厥上□可補擇。

　　　　　　　　　　　　　　　　　　　　　　《戰國古文字典》頁 907—908

△**按**　《戰國文字編》未收録此字。

棊 棊　朵

朵陶彙 6·181

○**何琳儀**(1998)　朵,从木,丌聲。疑棋之省文。《説文》:"棊,博棊也(編按:大徐本《説文》無"也"字)。从木,其聲。"

　　韓陶朵,人名。

　　　　　　　　　　　　　　　　　　　　　　　　《戰國古文字典》頁 24

△**按**　《戰國文字編》未收録此字。"棊"同"棋"。《集韻》之韻:"棊,《説文》:'博棊。'通作棋。"

桜 桜

桜睡虎地·爲吏 33 肆

○**張守中**(1994)　通接。夜以桜日。

　　　　　　　　　　　　　　　　　　　　《睡虎地秦簡文字編》頁 88

△**按**　《説文》:"桜,續木也。从木,妾聲。"睡虎地秦簡《爲吏之道》簡 33 之"夜以桜(接)日",即典籍所見之"夜以繼日"。銀雀山漢墓竹簡《孫子兵法·四變》"深入則後不利桜"之"桜",亦通"接"。

桶 桶

 望山 2·38　　天星觀

○**何琳儀**（1998）　《説文》：“桶，木方受六升。从木，甬聲。”

望山簡桶，見鋪字。

《戰國古文字典》頁 424

△**按**　《望山》2·38 之“赤金桶”，考釋云（《望山楚簡》123 頁）：“天星觀一號墓竹簡記車馬器有‘齒桶’，毛公鼎、師兑簋等銘文記車馬器有‘金甬’，疑皆指同一種車器。”

樂 樂

　石鼓文·田車　　　　　集成 9719 令狐君嗣子壺　　　集成 11338 三年□令戈

　集粹　　　郭店·語一 34　　　陶彙 3·804

　陶彙 3·823　　　珍秦 86　　　集粹　　　睡虎地·日乙 241

　集成 2105 上樂廚鼎　　　璽彙 5314

　郭店·老甲 4　　　郭店·性自 27　　　包山 261　　　集成 424 姑馮勾鑃

○**强運開**（1935）　《説文》：“五聲八音總名，象鼓鞞木虞也。”段注云：“象鼓鞞，謂丝也，鼓大鞞小，中象鼓，兩旁象鞞也。樂器多矣，獨象此者，鼓者春分之音。《易》曰，雷出地奮，先王以作樂崇德，是其意也。”又云：“引申爲哀樂之樂。”運開按，邵鐘及龕公釧鐘作，與鼓文同。王孫鐘作，沇兒鐘作，齊鞏氏鐘作，下均不从木，蓋亦象虞形，所謂筆迹小異者也。

《石鼓釋文》丙鼓，頁 15—16

○**中大楚簡整理小組**（1977）　樂字下从火不从木，與《王孫鐘》《沇兒鐘》《子璋鐘》同。

《戰國楚簡研究》3，頁 25

○**商承祚**（1995）　第二四簡　樊，即樂。簡文下从火，不从木，與王孫鐘、沇兒鐘、子璋鐘同。甲骨文已从木，金文絕大多數亦从木。

《戰國楚竹簡匯編》頁 233

○**何琳儀**（1998） 樂，甲骨文作🎵（後上一○・五），从幺（絲之初文）从木，會弦樂器絲弦附於木器之意。或作🎵（京津三七二八），木旁省作✕形。西周金文作🎵（瘋鐘），附加�🔺爲調弦之器。或以爲兒之省，爲疊加音符。樂、兒均屬宵部。春秋楚系金文作🎵（沇兒鐘），木旁訛作✕形，中閒短橫、兩側斜點皆爲飾筆。戰國文字承襲兩周金文。幺或省作丝、彡、㇐㇏、㇁㇏等形，楚系文字木演變爲夬、炎、丈、大、㚈等形，《説文》：“樂，五聲八音之總名。象鼓鞞木虡也。”

樂𡫷磬樂，樂器。齊陶樂，姓氏。樂氏之先，與宋同姓，戴公生樂父衎，是稱樂氏。見《姓氏急就篇》。

晉器樂，姓氏。見 a。上樂廚鼎“上樂”，宮室之名。令狐壺“康樂”，見《史記・樂書》“而民康樂”，正義：“樂，安。”

楚璽、包山簡“樂成”，地名，隷《漢書・地理志》南陽郡。在今河南鄧縣西南。信陽簡“樂人”，樂師。《儀禮・燕禮》：“樂人懸。”《穆天子傳》：“大奏廣樂，是曰樂人。”

天星觀簡樂，見《一切經音義》二：“樂，喜也。”隨縣簡樂，樂成，地名。見上。

石鼓樂，喜。見 d。十四年相邦冉戈樂，讀櫟，地名。見櫟字。

《戰國古文字典》頁 300

△**按** “樂”字構形變化較多。上部所从之“白”，亦有作“目”者，如《集粹》之🔲；上部之“幺”，變化亦多，如上舉之🔲，何琳儀先生論之已詳；上部三個部件亦有類化爲一者，如襄安君鈚之🔲。下部之“木”，楚系文字仍有从木作者，如郭店・語叢一之🔲，亦演變爲㚈等形，已見何氏説。李守奎等也指出上部“幺”訛變成“糸”，下部“木”旁訛變與“矢、内、大、火、止”同形。參見《上海博物館藏戰國楚竹書（一—五）文字編》297—298 頁。

【樂人】信陽 2・18

○**郭若愚**（1994） 樂，《説文》：“五聲八音之總名。”《禮記・樂記》：“鐘鼓管磬羽籥干戚，樂之器也。”樂人，《周禮》作“樂師”：“樂師掌國學之政，以教國子小舞。”（《周禮・春官宗伯》）

《戰國楚簡文字編》頁 87

○**何琳儀**（1998） 信陽簡“樂人”，樂師。《儀禮・燕禮》：“樂人懸。”《穆天子傳》：“大奏廣樂，是曰樂人。”

《戰國古文字典》頁 300

△**按** 信陽簡 2・18 有“樂人之器”語。參《信陽楚簡釋文與考釋》，《信陽楚

墓》129 頁。

【樂成】包山 261

○**何琳儀**（1998）　楚璽、包山簡“樂成”，地名，隸《漢書・地理志》南陽郡。
在今河南鄧縣西南。

《戰國古文字典》頁 300

△**按**　《璽彙》0179 有“樂成里璽”，“樂”字剥蝕，《璽彙》未釋。包山簡 261 有
“樂成之純，亡裏，霝（靈）光之繡”之句，參《包山楚簡》38 頁。

【樂府】考古與文物 1982-4,頁 93 等

○**袁仲一**（1982）　1976 年春節期間，我留守秦俑考古工地，藉機對秦始皇陵
進行了一次普查。在普查過程中，于 2 月 6 日下午發現錯金銀編鐘一件，鈕上
刻“樂府”二字，故名“樂府鐘”。（**中略**）特別值得注意的是在鐘鈕的一側刻小
篆體“樂府”二字。關於“樂府”的名稱始於何時？《漢書・禮樂志》記載，漢
武帝時“乃立樂府，条（**編按**：“采”之誤）詩夜誦，有趙、代、秦、楚之謳”。顏師古
注：“始置乃立樂府，條詩夜誦之也（**編按**：此兩句《漢書》實作“始置之也”）。樂府之名
蓋起於此，哀帝時罷之。”秦始皇陵“樂府鐘”的發現，證明顏師古的說法不確。
“樂府”之名秦代已經出現，漢承秦制，樂府之名繼續沿用。《史記・樂書》說，
漢惠帝、文帝和景帝時，關於樂章“無所增更，於樂府習常肄舊而已”。《漢書・
禮樂志》：“孝惠二年，使樂府令夏侯寬備其簫管……”這說明在漢武帝以前樂府
一名早已存在，並非始置。

　　漢武帝“乃立樂府，采詩夜誦……”的真實含意，不應理解爲漢武帝草創
了這一機構，而應該理解爲他建立了利用樂府采詩的制度。

《考古與文物》1982-4,頁 92

○**袁仲一**（1987）　另外，1976 年在始皇陵還發現錯金銀編鐘一件，上刻“樂
府”二字。是寢園祭祀用的樂器之一。它和麗山飤官、麗邑、東園等刻辭一
樣，對於研究秦的官制，尤其是對瞭解秦的陵園制度具有重要的意義。

《秦代陶文》頁 72

○**中國社科院考古研究所漢長安城工作隊**　樂府丞印　5 件，TG1:15，灰色。
近圓形。文爲“樂府丞印”，字迹較清晰，無界格。徑 2.3—2.4、厚 0.9 釐米。

《考古學報》2001-4,頁 531

△**按**　作爲主管音樂的官署，《辭源》《漢語大詞典》皆根據《漢書・禮樂志》，
以爲樂府始於漢代。以秦金文和陶文觀之，則秦代已有“樂府”之名，可補文
獻之不足。

【樂師】《秦文化論叢》9,頁264

○**周曉陸、陳曉捷**（2002）　12.樂師丞印,北京某家藏。《周禮・春官・樂師》:"樂師,掌國學之政。以教國子小舞。"在秦時,樂師與樂府、太樂之關係待考。

《秦文化論叢》9,頁264

札 札

睡虎地・效律41

○**睡簡整理小組**（1990）　古時的甲,穿在上身的稱爲上旅,下身的稱爲下旅,甲葉稱爲札,參看《考工記・函人》注及正義。

《睡虎地秦墓竹簡》頁73

○**趙平安**（1997）　札是鎧甲上用皮革或金屬製成的葉片。《左傳・成公十六年》:"潘尪之黨,與養由基,蹲甲而射之,徹七札焉。"即此物。札又稱旅札。如《周禮・函人》:"函人爲甲,犀甲七屬,兕甲六屬,合甲五屬。"鄭玄注:"屬讀如灌注之注,謂上旅下旅札續之數也。"

《中文自學指導》1997-1,頁3—4

○**何琳儀**（1998）　《説文》:"札,牒也。从木,乙聲。"

　　睡虎地簡札,見《左・成十六》:"潘尪之黨與養由基,蹲甲射之,徹七札焉。"注:"札,甲葉也。一葉爲一札。"

《戰國古文字典》頁889

△**按**　睡虎地秦簡"札"字見於《效律》41（《睡虎地秦墓竹簡》73頁）:"甲旅札贏其籍及不備者,入其贏旅衣札,而責其不備旅衣札"。趙平安認爲應標點爲"甲、旅札贏其籍及不備者,入其贏旅、旅札,而責其不備旅、旅札"。譯爲:"甲、旅札數多出或不足簿籍登記數的,上繳多出的甲、旅札,責令賠償不足的甲、旅札。"參《睡虎地秦簡"伊闢"、"旅_札"新詮》（《中文自學指導》1997年1期,收入《新出簡帛與古文字古文獻研究》）。

檢 檢

集成11523 鄳王喜矛　　　　睡虎地・答問202

○**睡簡整理小組**（1990）　檢，即封檢。古時重要物品用木片加封，稱爲檢；檢上書寫物品情況，稱爲署。《釋名・釋書契》：“檢，禁也，禁閉諸物使不得開露也。”“書文書檢曰署。”《急就篇》注大致相同。

《睡虎地秦墓竹簡》頁 142

△**按**　睡虎地秦簡之“檢”字，《戰國文字編》未收，當補。

槑　檠

睡虎地・秦律 131

○**張守中**（1994）　槑，《説文》所無。秦一三一。通柔。令縣及都官取柳及木槑可用書者，方之以書。

《睡虎地秦簡文字編》頁 90

△**按**　《説文》：“槑，車歷録束文也。从木，敄聲。《詩》曰：五槑梁輈。”《文字編》謂“《説文》所無”，誤。

极　楖

石鼓文・霝雨

○**強運開**（1935）　鄭漁仲、趙古則均釋作楖，薛尚功作枝，非是。運開按，《説文》：“极，驢上負也。从木，及聲，或讀若急。”《廣韻》云：“驢上負版。”蓋极訓驢上負是其本義，极、楖音近，古或叚爲楖字，故鄭、趙均釋爲楖也。

《石鼓釋文》戊鼓，頁 8

○**何琳儀**（1998）　《説文》：“极，驢上負也。从木，及聲。讀若急。”（**編按**：大徐本作“或讀若急”）

　　石鼓极，不詳。

《戰國古文字典》頁 1374

△**按**　此訓“驢上負”之“极”，與“極”之簡化字同形。

枯　楛　枲

郭店・唐虞 12

○李零(1999)　　"法",釋文作从木从去,但從照片上看,似是上从去下从未。
《道家文化研究》17,頁500

○劉釗(2003)　　"秦"字不識。(中略)"秦用恨(威)"亦應是"亂用威"的意思。
《郭店楚簡校讀》頁155

△按　《説文》:"枯,极也。从木,去聲。"郭店楚簡之,整理者隸定爲"枯",並在字后打"?"以示存疑。《郭店楚簡文字編》入"存疑字"。劉釗謂"字不識",李零釋"法",證據不足。《戰國文字編》入"枯"字下。馮勝君博士後出站報告引施謝捷説,釋"暴"(見陳偉等著《楚地出土戰國簡册》[十四種]197頁),當可從。

槁　槁
南錢典1221

○鄭家相(1958)　　文曰甈釿。此布形制同垣釿而方首,面文不著數字,亦制不分等也。甈即周厲王所居,注見甈邑方足小布。此類釿字布屬趙地者,僅見此一枚,蓋甈亦近汾水之地,偶仿魏布而作也。
《中國古代貨幣發展史》頁132

○何琳儀(1992)　　"槁",舊釋"甈",殊誤。按,字从"木",从"鬲"省。"鬲",空首布作南(《貨系》333),可資旁證。《説文》:"槁,大車輮。从木,鬲聲。""槁"與"核"雙聲可通。《文選・蜀都賦》"肴槁四陳",注:"《毛詩》曰:肴核惟旅。槁與核義同。"《集韻》:"核,果中核。或作槁。"均其佐證。槁形布"槁"應讀"郂"。《説文》:"郂,陳留鄉。从邑,亥聲。"在今河南開封東南,戰國屬魏。
《古幣叢考》(增訂本)頁181,2002;原載《吉林大學社會科學學報》1992-2

○何琳儀(1998)　　槁,从木,鬲省聲。《説文》:"鬲,大車輮。从木,鬲聲。"
魏橋形布槁,讀郂。《集韻》:"核,果中核。或作槁。"是其佐證。《説文》:"郂,陳留鄉。从邑,亥聲。"在今河南開封南。
《戰國古文字典》頁764

△按　此字《戰國文字編》卷六"木"部未收錄。

標　標
睡虎地・秦律135

○**睡簡整理小組**（1990）　檑，讀爲縲（音雷），係在囚徒頸上的黑索。

《睡虎地秦墓竹簡》頁 51

△**按**　《説文》：“檑，山行所乘者。从木，纍聲。《虞書》曰：予乘四載，水行乘舟，陸行乘車，山行乘檑，澤行乘軌。”睡虎地秦簡《秦律》135“枸櫝檑杖”，均爲刑具。

橋 橋 橋

珍秦 81　　十鐘　　集粹　　睡虎地·爲吏 14 叁

○**張守中**（1994）　橋，爲一四，二例。通驕，橋悍。封三七。通矯。正以橋之。爲二一。

《睡虎地秦簡文字編》頁 89

○**何琳儀**（1998）　《説文》：“橋，水梁也。从木，喬聲。”

秦璽橋，姓氏。黄帝葬橋山，群臣守冢不去者爲橋氏。見《姓氏急就篇注》。

《戰國古文字典》頁 295

△**按**　“橋”字所从之“喬”，在秦漢簡帛、印文中多作从高，又聲，非小篆之从高省，夭聲（參趙平安《〈説文〉小篆研究》15—16 頁），上述“橋”字所从之“喬”，皆如此。

【橋悍】睡虎地·封診 37

○**睡簡整理小組**（1990）　驕悍，驕横强悍，這是對進行反抗的奴隸的侮蔑。

《睡虎地秦墓竹簡》頁 154

△**按**　睡虎地整理小組注釋的“驕悍”，秦簡原文作“橋悍”。作“驕悍”較早的文例，見於《史記·梁孝王世家》：“彭離驕悍，無人君禮，昏暮私與其奴、亡命少年數十人行剽殺人，取財物以爲好。”

梁 梁 沙 梁

郭店·成之 35

集成 2746 梁十九年鼎　集成 11330 卅三年大梁戈　貨系 1340　璽彙 3229

秦印　璽彙 0814

○**丁福保**（1938）　乘正尚金尚爱　正書，面背無郭。考《管子》有虞莢乘馬及請問幣乘馬云云，《路史》以此幣當之，諸譜多從其説。贖金釋文，乘之爲言四也,猶四矢曰乘矢、四壺曰乘壺之類。此只取四馬爲乘之義,故得策乘馬之稱……合而言之,此布直四枚,正書,一金之貨,乃最上之金,可敵贖罪之鍰也。【錢匯】

右面文六字,曰梁正當金當鍰(中略)。按前諸貨之文,其曰安邑者,應是魏武侯二年以後、惠王三十一年以前之所鑄,其曰梁者,應是惠王徙治大梁以後所鑄,蓋商賈集於都會,徙梁之鑄,自沿安邑之舊,故範形及行用之法並同。考之《史記》,其爲時先後都邑之徙悉合,後此約四十年始見秦紀行錢書,因定此爲魏地之貨,而次於齊莒之後。

按魏地諸貨之文,曰安邑,曰梁及斤金當鍰,其爲銖兩權通輕重,明皆六數乘算,合前貨貝之說,逐字皆有著落矣。《路史》不察於此,指此類爲策馬貨,又曰策乘馬幣,繆引《管子》,屬之舜制。殊不知《管子》乘馬諸篇,乃統言古之國賦,非敘此範銅而言也。按策,畫計也;乘,登也;馬,算也。有如《禮記・投壺》立馬得算也。羅長源誤識梁爲乘,正爲馬,即便牽合《管子》,妄自發揮,何不思之甚哉。至鄭漁仲之《錢幣考》,其《金石略》序曰"采三皇五帝之泉幣",任己臆斷,影響其文字,輒定爲上古之物。見今幸諸貨布猶存,按可考正其非是。然自宋元而後,論錢幣者,雖賢智不能外鄭、羅兩家之說,朱竹垞《錢表》、張林長《錢録》並載太昊軒轅上古諸幣,此無他,乃好高騖遠之通病,又爲讀古書不考古字之蔽,究無實指,不足怪也。【文字考】

(中略)尚齡按:此布《路史》謂是舜策馬幣,前四字曰策馬當金,後二字泉貨。彙徵讀曰穀受,引《管子》"春則與民以幣,秋則受其穀,以權衡其重輕"數語以證之。今按首一字與前品隸字同,後二字據周召鼎釋作當鍰,鍰作爰,省去金傍。【所見録】

按此布《路史》作舜策馬幣,曰策馬當金,後二字泉貨。彙徵讀曰穀受,引《管子》"春則與民以幣,秋則收穀以權輕重"數語證之,後二字當謂之穀受,謂與之幣而受其穀,不惟與文甚符,而大聖人製作之本原,亦可推求而得之矣。【彙考】

《古錢大辭典》頁 1205—1210,1982

○**王毓銓**(1957)　梁,原作𣎵、𣎵、𣎵。以往古文字學家和古錢研究者都釋作梁。裘錫圭先生以爲此字不是"梁"字,並説有人釋作㼱、潁,似可信(見"附録"一)。裘先生在古文字學方面造詣很深,他的話很有分量,應當遵從。但梁當寽布是一種特殊布錢,似乎是爲不同貨幣地區貨幣等比便利貿易這一特殊目的而鑄造的(詳下),它的鑄造地應是當時在經濟上、商業上、交通上乃至政治上相當重要的地方;而戰國時代之以潁爲地名者(沿潁水城市),似乎没有能當此地位的。釋東、釆爲采（梁）不一定對，在未有確釋以前，姑仍舊讀。

　　正釋爲正，半釋爲半，尚釋爲當，釿釋爲釿，夸釋爲寽，均無疑義。尚字從李家浩先生釋作尚（幣），全字從裘錫圭先生據戰國中山王墓器銘釋作百，乐作五十。夸字舊讀作充，今鄭家相先生釋作夸。如此釋讀，則錢文的含義如下：

　　1.采的正尚，百枚當一寽。

　　2.采的半尚，二百枚當一寽。

　　3.采的夸釿，百枚當一寽。

　　4.采的夸釿，五十當一寽。

　　（中略）地名稱梁的在先秦文獻中至少有三個。一在今河南省臨汝縣境，原爲周邑，魯哀公四年被楚奪取。這就是所謂“南梁”。一在今陝西韓城縣境，原爲周一小國，魯僖公十九年被秦所滅。這就是歷史上所說的“少梁”。另一個是戰國魏國的都城，通稱“大梁”，即今河南開封。因爲它的都城叫梁，所以戰國時期魏也稱梁。這三個地方，少梁和南梁都壤地偏小，且遠離中原經濟和政治的中心地區，而此二地本身在經濟上也不見得有什麼重要和繁榮，不可能而且也沒有必要鑄造這樣的特殊的布錢，制定這樣複雜的特殊貨幣制度。在經濟活動上和政治地位上可能有這種創制的只有魏國的大梁。

　　　　　　　　　　　　　　　　　　《中國古代貨幣的起源和發展》頁 55—57

○**鄭家相**（1958）　　文曰：“梁正尚金當爰、梁半尚二金當爰”。舊譜沿《路史》之誤，釋梁爲乘，正爲馬，謂是策乘馬幣，繆引《管子》，屬之舜制，孰知《管子》乘馬諸篇，乃統言古之國賦，非言範銅也。此布文曰梁者，亦屬惠王三十一年徙都大梁後所鑄，惟形質輕薄，有緣或無緣，足微圓，其鑄時當在梁夸釿之後。

　　　　　　　　　　　　　　　　　　　《中國古代貨幣發展史》頁 124

○**罗福颐**（1981）　（編按：璽彙 3229）與貨幣文梁字形近。

　　　　　　　　　　　　　　　　　　　　　　　《古璽文編》頁 126

○**汪慶正**（1984）　　“梁”釿布是魏惠王三十一年（公元前 339 年），魏徙治大梁後，開始鑄造的。屬“二釿、一釿、半釿”三等制。其幣面文字比較特殊。從河北平山中山國墓發現的金文中證實“全”可讀作“百”，這就解決了四種梁釿布的讀法。（1）“梁充（夸）釿二，五十當寽”（此爲二釿布，五十枚當一寽）。（2）“梁充（夸）釿百當寽”。（3）“梁正尚百當寽”。（4）“梁半尚百當寽”。這裏的“充（夸）”字，或可釋作“奇”字，（中略）由此可證實梁釿布，可能爲“奇釿”。“梁奇釿”，當指魏梁所鑄的厚重、特好的釿布。其“二釿”布，五十枚當一寽。

"一釿"布,一百枚當一寽。

《中國歷代貨幣大系·先秦貨幣總論》頁 19

○**黃錫全**(1993)

1334—1342	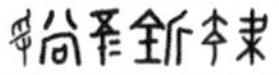 平尚系釿平束	梁新二釿五十当寽	梁夸釿五十当寽	河南开封	魏	橋
1343—1349	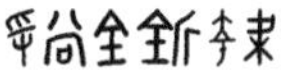 平尚全釿平束	梁新釿百当寽	梁夸釿百当寽	河南开封	魏	橋
1350—1369	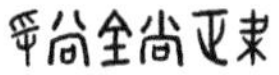 平尚全尚正束	梁正尚百当寽	梁正币百当寽	河南开封	魏	橋
1370—1372	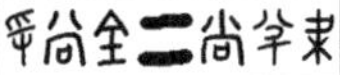 平尚全二尚半束	梁半尚二百当寽	梁半币二百当寽	河南开封	魏	橋

《先秦貨幣研究》頁 353,2001;原載《第二屆國際中國古文字學研討會論文集》

○**梁曉景**(1995) 【梁正尚百當寽·弧襠方足平首布】戰國早中期青銅鑄幣。鑄行於魏國,流通於三晉、兩周等地。屬中型布。面文"梁正尚百當寽"。背平素。"梁",即大梁,古地名,在今河南開封。公元前 361 年魏惠王自安邑遷都於此。"寽"爲重量單位。錢文意爲梁國一個單位的貨幣一百枚相當一寽的重量。

《中國錢幣大辭典·先秦編》頁 215

○**何琳儀**(1998) 《説文》:"梁,水橋也。从木从水。刅聲。𣲖,古文。"

晉璽梁,姓氏。梁氏,伯益之後。秦仲有功,周平王封其少子康於夏陽梁山。子孫以國爲氏。見《通志·氏族略·以國爲氏》。

《戰國古文字典》頁 698

沴,从水,刅聲。疑是梁之省文。見梁字。

隨縣簡"石沴",地名。

《戰國古文字典》頁 698

�,从木,刅聲。疑梁之省文。見梁字。

晉璽杧,讀梁,姓氏。見邪字。魏器杧,"大杧",地名。見邪字。

《戰國古文字典》頁 698

△**按** 王文中所提到的朵形,何琳儀從舊説釋爲"禾",認爲"禾"頭彎曲之"禾"是晉系文字的地域特點(參見《戰國文字通論》[訂補]283 頁)。就文字源流的邏輯關係來説,"梁"字本當作沴或杧,前者从水,后者从木,皆與"水橋"之義相關。"梁"則既从木,又从水,是綜合而成的後起字。古代有从禾之梁(如包山簡 157 之"禾"),或爲稻梁之梁的本字;又有从邑之梁(如梁廿七年鼎之▉),當爲地名之梁的專字。

校 校

校 睡虎地·效律 56　　　校 陶彙 5·282

○**何琳儀**(1998)　《説文》:“校,木囚也。从木,交聲。”

秦陶校,官名。《周禮·夏官·校人》:“校人,掌王馬之政。”《左·成十八年》:“校正屬焉。”注“主馬官”。

《戰國古文字典》頁 296—297

△**按**　睡虎地秦簡《效律》56:“計校相繆(謬)殹(也)。”用爲校核之義。秦陶5·282 爲“右校”二字。

【校長】睡虎地·封診 25

○**睡簡整理小組**(1990)　校長,見《續漢書·百官志》,注:“主兵戎盜賊事。”《封泥彙編》有“校長”半通印封泥。

《睡虎地秦墓竹簡》頁 152

【校券】睡虎地·答問 197

○**睡簡整理小組**(1990)　古時契券中剖爲左右兩半,參上“亡久書”條注〔一〕。右券起核驗憑證的作用,如《商君書·定分》:“即以左券予吏之問法令者,主法令之吏謹藏其右券木柙,以室藏之,封以法令之長印。即後有物故,以券書從事。”《史記·平原君列傳》:“操右券以責。”校券右,即作爲憑證的右券。

《睡虎地秦墓竹簡》頁 135—136

○**湖南省文物考古研究所、湘西土家族苗族自治州文物處**(2003)　[9]1 正:卅年四月辛丑朔丙午,司空騰(1)敢言之:陽陵宜居(2)士五(伍)毋死(3)有貲(4)餘錢八千六十四。毋死戍洞庭郡(5),不智(知)何縣署。今爲錢校券(6)一,上謁言洞庭尉,今毋死署所縣責以受(7)陽陵司空,[司空]不名計(8),問何縣官(9),記年爲報,已訾(10)其家,[家]貧弗能入,乃移戍所。報署主責發(11)敢言之。

(中略)(6)校券,作爲憑證的符券。古時契券中剖爲左右兩半,右券起核驗憑證的作用,如《商君書·定分》:“即以左券予吏之問法者,主法令之吏謹藏其右券木柙,以室藏之,封以法令之長印。即後有物故,以券書從事。”同出的簡牘中有一種形制特殊的簡,正面削成兩坡狀,兩側刻齒,以示數量,再前後剖開,可能是符券。

《中國歷史文物》2003-1,頁 14—15

△按　睡虎地秦簡《法律答問》簡 197:"亡校券右爲害。"整理者以"校券右"爲詞;里耶秦簡則以"校券"爲詞。按"校券"指作爲憑證的符券,其實就是右券,因此"校券右"中的"校券"與"右"當是同位結構,以"校券"爲詞似較合適。

采　𤔲

𥝩　秦文字集證 141·129　　𥝩　睡虎地·答問 7　　𤓡　郭店·性自 45

○劉樂賢(1991)　《香港中文大學文物館藏印集》(1980 年初版)213 號"𥝩遂成",第一字原書隸定爲𥝩。按此即采字。江陵一六七號漢墓簡七三有采字作𥝩,馬王堆一號漢墓竹簡一五有菜字作𦱡(見《秦漢魏晉篆隸字形表》392 頁、49 頁)。采爲古璽及漢印中常見的姓氏。

《考古與文物》1991-6,頁 84

○張守中(1994)　采,通菜。采羹。秦一七九。

《睡虎地秦簡文字編》頁 89

○何琳儀(1998)　采,甲骨文作𤔲(鐵二四·二·一)。從木從爪,會以手采取果實或樹葉之意。爪亦聲。采,清紐;爪,精紐。精、清均屬齒音,采爲爪之準聲首。金文作𤔲(趙卣)。戰國文字承襲商周文字。《説文》:"采,捋取也。從木從爪。"

　　睡虎地簡采,見《説文》,亦作採。

《戰國古文字典》頁 97

○劉釗(2003)　"采"即"彩",意爲"文飾",指外表華麗,徒有虛名。

《郭店楚簡校釋》頁 102

△按　郭店簡《性自命出》"采"字所在句爲:"又(有)其爲人之迎迎女(如)也,不又(有)夫柬柬之心則采。"見《郭店楚墓竹簡》頁 181。

【采山】睡虎地·雜抄 21

○睡簡整理小組(1990)　采山,即采礦,《文選·吳都賦》:"采山鑄錢。"

《睡虎地秦墓竹簡》頁 85

△按　睡虎地秦簡"采山",出自《秦律雜抄》簡 21:"采山重殿,貲嗇夫一甲,佐一盾。"意謂"采礦兩次評爲下等,罰其嗇夫一甲,佐一盾"。參見《睡虎地秦

墓竹簡》84—85 頁。

【采青】《秦文化論叢》9,頁 265

○**周曉陸、陳曉捷**(2002)　　17.采青丞印(**中略**)。秦漢印、封泥,“采”,常作采礦之意,睡虎地秦簡有左、右采鐵,參見“采司空印”《集》一.二.69。故采青,或爲采青玉,如《詩·齊風·著》“充耳以素(**編按:“素”爲“青”字之誤**)乎而”,毛傳:“青,青玉。”或爲采取青色染料,《呂氏春秋·季夏紀》:“是月也,命婦官染采,黼黻文章,必以法故,無或差忒,黑黄蒼赤,莫不質良,勿敢僞詐,以給郊廟祭祀之服,以爲旗章,以別貴賤等級之度。”或爲采礦物青色料,如孔廣居《説文疑疑》謂:“丹,青類也,故青从丹,生聲。”

《秦文化論叢》9,頁 265

【采羹】睡虎地·秦律 179

○**睡簡整理小組**(1990)　　菜羹,加鹽、菜的肉湯。

《睡虎地秦墓竹簡》頁 60

○**張守中**(1994)　　采,通菜。采羹。秦一七九。

《睡虎地秦簡文字編》頁 89

△**按**　　睡虎地秦簡《秦律十八種》簡 179:“御史卒人使者,食粺米半斗,醬駟(四)分升一,采(菜)羹,給之韭蔥。”見《睡虎地秦墓竹簡》頁 60。

【采鐵】睡虎地·雜抄 23

○**睡簡整理小組**(1990)　　右采鐵、左采鐵,應即《史記·太史公自序》所説“秦主鐵官”。丁冕圖《璽印集英》有“右冶鐵官”秦印。西漢封泥有“臨菑采鐵”,是郡國的鐵官,參看《漢書新證》卷一。

《睡虎地秦墓竹簡》頁 85

△**按**　　睡虎地秦簡“采鐵”,出自《秦律雜抄》簡 23:“大(太)官、右府、左府、右采鐵、左采鐵課殿,貲嗇夫一盾。”見《睡虎地秦墓竹簡》85 頁。

柿　柿

柿信陽 2·23　　柿鐵續

○**何琳儀**(1998)　　柿,从木,市聲。柿之異文。《正字通》:“柿,今俗亦作柿。”《説文》:“柿,削木札朴也。从木,宋聲。陳留謂櫝爲柿。”

信陽簡柿,櫝。見《説文》。

《戰國古文字典》頁 951

○**李守奎**(2003) 李家浩先生以爲从鬮(編按:"鬮"爲"鬮"之誤)省聲,與《説文》之柿非一字。

《楚文字編》頁 352

△**按** 信陽簡之柿,郭若愚釋"陳留謂櫝爲柿"之"柿",與《戰國古文字典》同;劉信芳釋"柹",讀如"第";李家浩則以爲从木从鬮省聲,與《説文》之"柿"非一字。詳下【柿杍】條。《鐵雲藏印續集》之柿字,《戰國文字編》録於"柿"字下(373 頁),其右邊與"市"有別;或以爲"柲"字,亦難遽定,待考。

【柿杍】信陽 2·23

○**郭若愚**(1994) "柿杍"

柿,《唐韻》芳吠切,《集韻》《韻會》芳廢切,並音肺。《説文》:"削木札朴也。从木,朱聲。陳楚謂櫝爲柿。"徐鍇曰:"即木牘也。"徐灝箋:"謂削木與札之朴,皆謂之柿也。"杍,《集韻》《韻會》並同梓,治木器。此謂一套簡牘的製削工具。楚墓所出多見。信陽一號墓左後室出土書寫工具箱一件,箱内裝有十二件修治竹簡的工具,有銅鋸、鏟、削、夾刻刀、刻刀、錐和毛筆等。

《戰國楚簡文字編》頁 94

○**李家浩**(1996) 信陽 2-023 號簡所記的隨葬物中,有一種作如下兩個从"木"的字:

          A 柿   B 杍

A 的右旁是"市"字,其豎畫下部加有一短橫。2-023 號簡的"帛"和 2-02 號簡的"帶"等字,所从"巾"旁豎畫下部也加有一短橫,與此情況相同。古代"市、朱"二字形音皆近,可以通用。"旆"字《説文》篆文寫作从"朱"而曾侯乙墓竹簡寫作从"市",即其例。因此,A 有可能是《説文》所説的"陳楚謂櫝(牘)爲柿"之"柿"。此字篆文寫作"柹",从"朱"。這一意見是否正確,單從文字本身無法作出判斷,只有把它和 B 結合起來考慮,才能確定。

B 的右旁還見於信陽 2-024 號簡和隨州出土的銅器銘文:

    C   𨦠《信陽》圖版一二七·2-024   D   𨦠《殷周金文集成》9·4661

B、C、D 三者所从的偏旁寫法略有不同:

    E1   𠂤 (B)   E2   𠂤 (C)   E3   𠂤 (D)

區別是中閒豎畫的尾部,E1 向左曳,E2 向右曳,E3 屈曲以求字形的藝術性。E1 的字形很像是孑孒之"孒",但它們不同的地方在於頭部,前者作古文字

“兄”字頭，後者作古文字“子”字頭，區別甚嚴。舊釋 E 爲“了”，非是。

　　古文字从“只”的字作如下之形：

　　　　　鷖《金文編》811 頁　　　　　枳《睡虎地秦墓竹簡》圖版一一五・一五三背

　　　　　軹《馬王堆漢墓帛書［叁］》圖版二〇・二三三

第一字林義光認爲从“女”从“軹”，即“娏”字。第二字是“枳”字，第三字是“軹”字。這些字所从的“只”旁皆寫作“兄”字形。E 很像是上揭古文字“只”旁的反寫，唯“只”左側的短畫向左下斜，E 右側的短畫向右上翹。古代文字正反往往無別。頗疑 E 是“只”字的變體。大概是爲了避免跟“兄”字相混，有意把“只”字寫作 E 之形的。根據這一認識，我們認爲 B、C、D 應該分別釋爲“枳、鈘、盨”。“盨”是“鈘”字的繁體，因爲“鈘”是器皿名，故又增加形旁“皿”（參看下文）。

　　如果把 B 釋爲“枳”是正確的，那麼就可以由此確定 A 是否是《説文》所說的“陳楚謂櫝（牘）爲柿”之“柿”了。2-023 號簡説：

　　　　（1）□□錦目緣。一錦終枕。一寢莞，一寢筵，屯結芒之純。六篾筵，
　　　屯錦純。一柿枳，錦純，組縫。又髀、緱、枕、枳，皆……

“柿枳”之前記的是寢莞、寢筵和篾筵三種席，之後綴以“錦純”，與寢莞、寢筵和篾筵之後綴以“結芒之純”和“錦純”文例相同，於此可見，“柿枳”也應該是席一類的東西。

　　古代的席種類很多，除了莞、筵等席之外，還有一種席叫作“桃枝”。桃枝本來是一種竹子的名字，桃枝席就是用這種竹子編織成的而得名。這裏舉一條《周書・器服》有關桃枝席的記載作爲例子：

　　　　桃枝、蒲席，皆素獨（襡）。

江陵鳳凰山一六八號漢墓竹簡把桃枝寫作“逗枳”。竹簡原文説：

　　　　逗枳、逗枳錦因（茵）各一。《考古學報》1993 年 4 期圖版拾伍・44

“逗枳”與“桃枝”古音相近。“逗、桃”二字的聲母都屬定母。“逗”的韻母屬侯部，“桃”的韻母屬宵部，古代宵、侯二部的字音有關。《詩・小雅・棠棣》以侯部的“豆、具、孺”與宵部的“飫”押韻。此是押韻的例子。《詩・小雅・皇皇者華》“我馬維駒”，陸德明《釋文》説“駒，本亦作驕”。“駒”屬侯部，“驕”屬宵部。此是異文的例子。《説文》説“櫄”“讀若藪”。“櫄”屬宵部，“藪”屬侯部。此是注音的例子。“枳、枝”都是章母支部字，可以通用。例如：馬王堆漢墓帛書《五十二病方》有“取桃東枳”之語，以“枳”爲“枝”；《説文》肉部“胑”字重文作“肢”，所以桃枝可以寫作“逗枳”。

　　值得注意的是,信陽楚簡的"柿枳"與江陵鳳凰山漢簡的"逗枳",不僅都是席名,而且它們的第二個字相同。因此,我們有理由認爲"柿枳"是桃枝的另外一種寫法;"柿枳"之"柿"不是《説文》所説的"陳楚謂櫝(牘)爲柿"之"柿",而是一個從"鬧"省聲的字。

　　"鬧"字見於《廣韻》去聲效韻,是"夾"字的重文。"夾"字也見於《玉篇》人部,注説"與鬧"同,可是在該書門部並沒有"鬧"。《説文》不僅沒有"鬧",而且也沒有"夾",但是新附卻收有"鬧",從"門"。"鬧、夾"二字一般寫作從"市",但也有寫作從"市"的。從有關文字資料看,當以寫作"市"近古。《古文四聲韻》卷四效韻"鬧、夾"二字引《籀韻》都寫作從"朱"。馬王堆漢墓竹簡《天下至道談》有"直脊鬧尻"之語,"鬧"字原文作 F:

　　　　　F　　𨷵　《馬王堆漢墓帛書[肆]》圖版一一二・三三

此字的下半與馬王堆三號漢墓遣册"心肺"之"肺"的右半寫法相同。《説文》説"肺"字從"肉""朱"聲。由此可見,F從"門"從"朱",即"鬧"字。舊把 F 釋爲"開",非是。在馬王堆漢墓竹簡中,跟《天下至道談》同類性質的《十問》,有"直脊橈尻"之語。古代"鬧、橈"二字同音,《廣韻》效韻都音奴教切、如昭切二音。徐幹《中論・貴言》:"昔倉梧丙娶妻而美,而以與其兄,欲以爲讓也。"《淮南子・氾論》和《孔子家語・六本》記此事,"倉梧丙"分別作"倉梧繞"和"倉梧嬈"。孫詒讓説:"'丙'與'繞、嬈'形聲並遠,疑當作'丙'。《一切經音義》三云:'《韻集》丙,猥也;從市從人,作鬧,俗。'蓋'嬈、丙'古今字。徐書本作'嬈',傳寫或作'丙',又訛作'丙'耳。"按"丙"即"夾"。從字形和字音兩個方面來看,孫氏的説法無疑是可信的。此是"鬧、橈"二字可以通用的例子。馬王堆漢墓竹簡《天下至道談》的"直脊鬧尻"之"鬧"與《十問》的"直脊橈尻"之"橈",顯然是同一個詞的不同寫法。從這一點來説,也可以證明我們把 F 釋爲"鬧"是合理的。馬王堆漢墓的年代是漢文帝十二年(公元前168 年)。像馬王堆漢墓竹簡那樣寫法的"鬧"字,其出現年代可以早到戰國時期。《籀韻》"鬧"字寫作從"門"從"朱",與馬王堆漢墓竹簡"鬧"字相同。可見《籀韻》"鬧、夾"二字的寫法是有所本的。前面説過"朱、市"二字形音皆近,所以從"朱"的字可以寫作從"市"。1957 年甘肅武威漢墓出土的雜占木簡"鬧"字就寫作從"市"。"市"與"市"形近易訛,故後世把"鬧"字所從的"市"旁訛誤作從"市"。"門"與"鬥"形近,大概寫作從"鬥"的"鬧"是"鬧"的進一步訛誤,而《説文》新附所收的"鬧"則是根據這種訛體製造的篆文。傳統觀念認爲"鬧"是正體,"鬧"是訛體,顯然與事實不符。至於"鬧"字爲什麼從

“門”從“市”,目前還説不清楚,只好留待以後考證了。

戰國文字最顯著的一個特點是簡體字很多。造成簡體字的方式之一是把文字的某一部分省去,即使是形聲字,也有把聲旁的某一部分省去的。《説文》所説的“從某,某省聲”的形聲字中,有一部分即屬於這種情況。疑簡文“柿”就是《説文》所説的那種省聲字,應該分析爲從“木”“鬧”省聲。古代“鬧、桃”都是端組宵部字,音近可通。前面曾經指出,馬王堆漢墓竹簡《天下至道談》“直脊鬧尻”之“鬧”與《十問》“直脊橈尻”之“橈”是同一個詞。《廣韻》筱韻“磽”字重文作“磓”,“橈、磽”二字都從“堯”得聲,“桃、磓”二字都從“兆”得聲。可見“鬧”可以讀爲“桃”,所以我們説簡文的“柿枳”可能是“桃枝”的另一種寫法。

(1)倒數第二字也是“枳”字。這個“枳”字之前的兩個字,分別見於上文“目”之下和“終”之下。“又髀、綫、枕、枳”當是重複上文所記之物。“皆”後的文字當在另一簡上,意思是説“髀、綫、枕、枳”這些東西皆有某物,若上引《周書·器服》所説的“素褕”之類。古代雙音節的詞可以單説。就拿雙音節的席名桃枝、符簁來説,據古書記載可以説成“桃、簁”。《文選》卷五《吳都賦》“桃笙象簟”注:“桃笙,桃枝簟也。吳人謂簟爲笙。”《方言》卷五:“符簁,……南楚之外謂之簁。”以此例之,(1)倒數第二字“枳”,應該是上文“柿枳”的省稱。《吳都賦》把桃枝省稱爲“桃”,是取第一個字,簡文把桃枝省稱爲“枳(枝)”,是取第二個字,其省稱情況剛好相反。不過簡文的省稱情況卻與《方言》所説的南楚之外把符簁省稱爲“簁”的情況相同。

(1)“組繢”之“繢”,原文所從“嗇”旁寫作從“來”從“貝”,與《古璽文編》119頁著録的0112號印“嗇”字寫法相似。

“繢”字還見於信陽2-07號簡:

(2)一繡緅衣,綿緂之夾,純德(裼),組緣(緣),弁(辮)繢。

此簡文自“綿緂之夾”之後,記的都是“繡緅衣”上的裝飾。“組繢”與此“辮繢”文例相同,義亦相近,當是指桃枝席上的裝飾。《廣韻》職韻:“繢,緯也。”簡文“繢”當非此義。

綜上所述,(1)的“一柿(桃)枳(枝),綿純,組繢”,是説一張桃枝席,其上有錦的緣邊和“組繢”的裝飾。此墓左後室出竹席六,絹緣邊,當是簡文所記的箋筵。寢莞、寢筵和桃枝三種席未見,大概是當時没有隨葬。

以上對信陽楚簡“柿枳”等的意見,我們早在十年前就已寫出,有人還引用了稿中對上揭銅器銘文器名 D 的釋法。由於 F 跟上揭金文和簡帛文字所从的"只"字字形有一定差別,所以一直不敢自信。近年公布的包山楚簡中也有从 E 的字,爲我們這一意見提供了新的證據。(下略。參見"枳"字條)

《簡帛研究》2,頁 1—6

○劉信芳(1997) 信陽簡二 · 二三:"一柿枳,錦純,組績。""柿枳"李家浩隸定爲"柿枳"。按"柿"字原簡作"𣏌",《説文》市字正篆作"𣎵",𣎵字正篆作"𣎵",解云:"从宋盛而一横止也。"故上引簡文應隸作"柿"。《説文》:"柿,赤實果,从木,𣎵聲。"段注:"俗作柿,非。"簡文"柿"讀如"第"。《方言》卷五:"牀,齊魯之閒謂之簀,陳楚之閒或謂之第。"《左傳》襄公二十七年:"牀第之言,不踰閾。"疏云:"《釋器》云:簀謂之第。孫炎曰:牀也。郭璞曰:牀版也。然則牀是大名,簀是牀版。《檀弓》云:大夫之簀與。簀名亦得統牀,故孫炎以爲牀也。"《周禮 · 天官 · 玉府》:"掌王之燕、衣服、衽席、牀第。"鄭玄注:"第,簀。"《禮記 · 檀弓上》:"華而睆,大夫之簀與。"注:"簀謂牀第也。""第"字包二六○作"策",説參"策"字條。

"枳"字李家浩謂讀如"枝",可信。《周禮 · 春官 · 司几筵》:"加次席,黼純。"鄭玄注:"次席,桃枝席,有次列成文。"疏云:"鄭亦見漢世以桃枝竹爲席,次第行列有成其文章,故言之也。"《爾雅 · 釋草》:"桃枝四寸有節。"疏引《竹譜》:"桃枝,皮赤,編之滑勁,可以爲席。"

簡文"柿枳"乃桃枳竹編成的牀第。該墓出土牀一件(標本一:六九六),牀身横撑上鋪有竹片,此"柿枳"之謂也。"柿枳"應有編聯,簡文記爲"組績","柿枳"應有緣邊,簡文記爲"絵純"。

"柿枳"之構詞有如"𦳊茦"(另見),"柿"(第)"𦳊"(策)同爲牀簀之名;"枳"爲編席之竹,"茦"(莞)爲織席之草。

《中國文字》新 23,頁 108—109

△按 信陽簡之"柿枳",郭若愚隸定爲"柿杼",指一套簡牘的製削工具;李家浩認爲"柿枳"是"桃枝"的另一種寫法,是指一種席的名稱;劉信芳隸定爲"柿枳","柿"讀如"第","柿枳"乃桃枳竹編成的牀第。似以李説爲長。

横 橫

十鐘

△按 《説文》:"横,闌木也。从木,黄聲。"就目前材料來看,"横"字似未見

於更早的古文字資料中。

柧 枏

璽彙 2605

△**按**　信陽簡有柧(信陽 2·18)、枏(信陽 2·21)字，學者多以爲“柧”字。劉洪濤釋爲“枏”，今從之。參“枏”字條。

棱 棱

璽彙 3127　　璽彙 3813　　陶彙 3·14　　陶彙 3·6

○**何琳儀**(1998)　《説文》：“棱，柧也。从木，夌聲。”

　　齊器棱，人名。

《戰國古文字典》頁 154

△**按**　戰國文字棱之聲符“夌”，下不从“夊”，與小篆不同。

櫱 櫱 朮

朮璽彙 5446

○**何琳儀**(1998)　朮，从木，而截斷豎筆上半部。截體象形。《説文》：“櫱，伐木餘也。从木，獻聲。《商書》曰，若顛木之有㽙櫱。蘖，櫱或从木，辥聲。朮，古文櫱，从木無頭。㮆，亦古文櫱。”朮、櫱爲月元對轉。

　　古璽朮，讀蘖，姓氏。今東莞人，本姓薛，避仇改爲蘖氏。見《姓苑》。

《戰國古文字典》頁 909

△**按**　《璽彙》5446 朮字未釋，其形與《説文》所謂“从木無頭”吻合，釋朮可從。朮爲象形字，櫱、蘖、㮆皆形聲字。

枰 枰

枰璽彙 3419

○**何琳儀**(1998)　《説文》：“枰，平也。从木从平，平亦聲。”

趙璽“枰西”,疑地名,讀“平陶”、或“平遥”。參平字。

《戰國古文字典》頁 832

△按　《璽彙》3419 印文爲“枰西都”,《古璽彙編》歸爲姓名私璽,見《璽彙》319 頁,吳振武改定爲官璽,説見《〈古璽彙編〉釋文訂補及分類修訂》(《古文字學論集》[初編]528 頁)。

 包山 258

○**劉彬徽、彭浩、胡雅麗、劉祖信**(1991)　檮,簡文作，疑爲桃字。

《包山楚簡》頁 61

○**劉信芳**(1992)　十二、“檮脯一笲”,原釋:“檮,簡文作，疑爲桃字。”按:檮與擣通。擣脯是一種捶擣加工的乾肉。《儀禮・有司》:“取糗與膴脩。”鄭玄注:“膴脩,擣肉之脯。”《禮記・内則》:“擣珍,取牛羊麋鹿麕之肉,必脄,每物與牛若一,捶反側之。”鄭玄注:“脄,脊側肉也。捶,擣之也。”擣脯用料考究,僅取動物裏脊肉捶擣而加薑桂之屬,看來屬精加工食品。

《江漢考古》1992-3,頁 77—78

○**劉信芳**(1997)　包山簡二五八:“檮肴一笲。”“檮”讀如“擣脯”又稱膴脩,《儀禮・有司》:“取糗與膴脩。”鄭玄注:“膴脩,擣肉之脯。”《禮記・内則》:“擣珍,取牛羊麋鹿麕之肉,必脄,每物與牛若一,捶反側之。”鄭玄注:“脄,脊側肉也。捶,擣之也。”

《中國文字》新 23,頁 112—113

○**何琳儀**(1998)　《説文》:“槒,斷木也。从木,弓聲。《春秋傳》曰,槒杌。”亦作檮。

　　包山簡檮,疑讀桃。

《戰國古文字典》頁 204

○**劉信芳**(2003)　讀爲“擣”,“擣脯”又稱膴脩。《儀禮・有司》:“取糗與膴脩。”鄭玄《注》:“膴脩,擣肉之脯。”《禮記・内則》:“擣珍,取牛羊麋鹿麕之肉。必脄,每物與牛若一,捶反側之。”鄭玄《注》:“脄,脊側肉也。捶,擣之也。”

《包山楚簡解詁》頁 266—267

△按　包山簡“檮”有讀桃、擣兩説,似以通“擣”之説爲長。

析 析 析

析 璽彙 2398　　析 睡虎地・封診 60　　析 陶彙 3・694

析 集成 11214 析君戟　　析 璽彙 3632

○**睡簡整理小組**(1990)　析,楚地,在今河南西峽境。《史記・秦本紀》和《六國年表》僅記此年伐楚。

《睡虎地秦墓竹簡》頁 8

○**張守中**(1994)　析,封六〇。通皙。析色。封六〇。

《睡虎地秦簡文字編》頁 89

○**何琳儀**(1998)　析,甲骨文作析(乙一五六八)。從木從斤,會以斧斤破木之意。金文作析(格伯簋)。戰國文字承襲金文。《説文》:"析,破木也。一曰,折也。從木從斤。"

晉璽析,姓氏。齊大夫析白歸父之後。見《風俗通》。

《戰國古文字典》頁 770

△**按**　《璽彙》3632 作析,乃是右旁因近似於左旁而被類化和對稱化的結果,亦象"破木之狀"。《陶彙》3・694 爲反書。

枽 枽 枼

枽 集成 9693 十三年壺　　枼 集成 12045 私庫衡飾

枽 睡虎地・日乙 180　　枼 璽彙 1986　　枼 秦駰玉版

○**李學勤**(1980)　枼,或釋爲年字,是没有根據的。字應釋爲枽,讀爲世,假借爲歲字。《禮記・曲禮》:"去國三世。"《釋文》引虞王注:"世,歲也。"以若干世紀年,是中山器銘特有的用法。十四歲,中山王𫮹的十四年。

《文物》1980-9,頁 27

○**張守中**(1981)　𫮹器中凡三十五見,寫法大同而小異,從上下文意審釋當爲年字,今學者多疑即年字異體,一説是葉字。

《中山王𫮹器文字編》頁 24

○**容庚**(1985)　枼,孳乳爲葉。《詩・長發》:"昔在中葉。"傳云:"世也。"

《金文編》頁 400

○**朱德熙**（1987）　平山中山王器𣏟字凡三十餘見。此字或釋年或釋枼,均不可信。今按是祀字。《説文》祀字或體作禩。碧落碑“有唐五十二祀”祀字亦從異作禩,中山王器𣏟字顯然即此字所從異字的下半部。𣏟字或寫作𣏟,字形尤爲近似。中山器𣏟字可能是異字的簡體,假借爲祀,也可能本來就是祀字的或體。

禩字除《説文》之外,還見於《汗簡》及《古文四聲韻》等書。碧落碑之可貴在於異字偏旁有一下垂的豎筆。如果没有中山器的印證,我們很可能認爲這種寫法是晚見的訛體,絶對不會想到它可以追溯到先秦。後世古文字資料之不可一概輕視,於此可見。

《朱德熙文集》5,頁 172,1999;原載《文物》1987–11

○**張守中**（1994）　枼,日乙一八〇,三例。通世。三枼之後。爲二〇。

《睡虎地秦簡文字編》頁 89

○**何琳儀**（1998）　枼,春秋金文作枼（王孫鐘）。从木,世聲。枼,定紐;世,透紐。透、定均屬舌音,枼爲世之準聲首。戰國文字承襲春秋金文。在偏旁中或省音符世（枼或作𣏟）,相當罕見。《説文》:“枼,楄也。枼,薄也。从木,世聲。”

戰國文字枼,除人名之外均讀世。參《説文》:“世,三十年爲一世。”

《戰國古文字典》頁 1431

○**徐少華**（1999）　簡 130　恆思少司馬屈矛以足金六鈞聽命于枼,枼邑大夫、左司馬越□弗受。盛公邊之歲,恆思少司馬□乘或以足金六鈞予枼,枼邑大夫、集陽公蔡録□受。

簡 170　枼人□厚

簡文之“枼”當即春秋楚葉公之邑,“枼邑大夫”應是楚葉縣之官吏。葉邑,爲楚方城口外戰略要地,就文獻記載所見,至遲於春秋中期即已興起。《左傳》宣公三年（公元前 606 年）載“（鄭）公子士朝于楚,楚人酖之,及葉而死”,杜預注:“葉,楚邑,今南陽葉縣。”即漢晉南陽郡葉縣,故址在今河南葉縣南三十里之舊縣鎮,春秋晚期楚於此設縣,戰國時亦爲楚北方要邑。公元前 301 年,齊、韓、魏三國聯兵伐楚,突破方城防線,進入南陽盆地,葉邑爲韓、魏所取。《戰國策・西周策》“薛公以齊爲韓、魏攻楚”章載韓慶爲西周謂薛公曰:“君以齊爲韓、魏攻楚（九）［五］年,取宛、葉以北以强韓、魏,今又攻秦以益之……”即爲明證。簡文所載爲公元前 301 年垂沙之戰以前的史實,葉爲楚邑，正與文獻材料相印證。

《考古》1999-11，頁 75

○**何琳儀**（2003）　　形聲字的音符一般不能省，“省聲存形”就不成其爲形聲字。然而在西周金文中的確已出現這類特殊現象。如“黻”省作“菷”，“霸”省作“雨”，“皇”省作“自”，“旗”省作“㫃”等。當然這類省簡至爲罕見。（中略）戰國文字中也有類似的簡化字，而以貨幣文字中最爲習見，（中略）其他品類文字中也有類似現象。例如：（中略）

　　　　葉　　葉《三代》20.23.2 戈　　茉《中山》24

　　（中略）“葉”，从“世”得聲。

《戰國文字通論》（訂補）頁 207—208

○**劉信芳**（2003）　　簡 170 作“鄴”，並讀爲“葉”。《左傳》宣公三年：“楚人酖之，及葉而死。”杜預《注》：“葉，楚地，今南陽葉縣。”《漢志》南陽郡：“葉，楚葉公邑，有長城，號曰方城。”《水經注·汝水》：“醴水又屈而東南流，逕葉縣故城北。《春秋》成公十五年許遷于葉者也。”楊守敬《疏》：“在今葉縣南三十里”。

　　或釋“葉”爲“柊”（白於藍《包山楚簡零拾》，《簡帛研究》第 3 輯）。按“葉”字上部一撇一捺相互錯開，而“冬”字上部一撇一捺相互連接。二字筆勢不同。原簡“葉”字有簡省，故形似“柊”字。

《包山楚簡解詁》頁 122—123

△**按**　　包山簡 129、130 有茉字，整理者及一些學者釋“葉”，其字上部與“葉”字所从筆勢不同，白於藍釋“柊”，可從。參“柊”字。秦駰玉版有詞組“世萬子孫”，陳侯因資敦有“茥（世）萬子孫，永爲典尚（常）”。

休　休

　　　休 集成 2840 中山王鼎　　　休 璽彙 0833　　　休 新蔡甲三 65

　　　休 陶彙 6·204　　　休 集成 10583 郾侯載器

○**何琳儀**（1989）　　山西文水新出一件燕國銅壺，銘文“永用△涅”。

　　第三字或釋“析”，或釋“札”。按，郾侯載簋銘“△台（以）馬（百）醬”，其首字舊釋“休”，與壺銘“△”顯然是一字：

　　　　休 郾侯載簋（編按：字摹有誤，當作休）　　　　休 休涅壺

"休"，从"人"从"木"，但簋銘、壺銘"休"之偏旁位置互易，與一般形體有別，當是燕系文字特點。戰國文字偏旁往往左右無別。

（中略）

壺銘"休涅"讀"休澄"，即"休美之沉齊（醝）"，這與壺爲酒器正相吻合。

《戰國文字通論》（訂補）頁 282，2003；原載《戰國文字通論》

○**何琳儀**（1998） 休，甲骨文作休（後上一二・八），从木从人，會意。金文作祣（楊鼎）。戰國文字承襲金文。燕系文字人與木旁互易。《説文》："休，息止也。从人依木。麻，休或从广。"

戰國文字休，多有美善之義。《爾雅・釋詁》："休，美也。"《集韻》："休，善也。"

中山王鼎"休命"，見《易・大有》："順天休命。"《左・僖二十八年》："奉揚天子丕顯休命。"

《戰國古文字典》頁 162

△**按** 戰國"休"字承襲金文風格，不少字形所从之"木"爲"傾頭木"，上部彎曲，似"禾"，與甲骨文不同。高田忠周、高鴻縉皆以爲字當隸定爲"保"，爲休美之專用字。從典籍用字及"休"的意義看，不必另析出"保"字。另，古文字中亦有以"和"爲"和"者，如《璽彙》0177、陳肪簋、史孔盉等，則"木、禾"亦可通用。

桎 桎 桎 銇

包山 144

上博二・容成 44　　上博二・容成 45

○**劉彬徽、彭浩、胡雅麗、劉祖信**（1991） 桎，簡文作桎。《説文》："桎，足械也。"

《包山楚簡》頁 50

○**何琳儀**（1998） 桎，从木，佺聲。疑桎之繁文。《説文》："桎，足械也。从木，至聲。"

包山簡桎，讀桎。

《戰國古文字典》頁 1087

△**按** 包山簡 144"桎"字，所从之"佺"爲上下結構，《戰國文字編》標明"从

侄"（頁 374）,《楚系簡帛文字編》也隸定爲"桎"（增訂本頁 552）。該字所在句子爲："甲辰之日,小人取愴之刀以解小人之桎,小人逃至州巷……" "桎"爲足械義無疑,則"桎"同"桎",前者乃增繁之形。

【桎梏】

○**李零**（2002）　（鞏）字見於商代甲骨文,朱芳圃釋"枷",得此可知當釋"梏"。參看于省吾主編《甲骨文字詁林》（中華書局 1996 年）第三册,頁 2582—2583。"桎"是足械,"梏"是手械（見《説文・木部》）,此字正像手械之形。

《上海博物館藏戰國楚竹書》（二）頁 284—285

△**按**　上博簡《容成氏》44："不從命者從而桎梏之。" "桎梏"作"桎鞏"（《上海博物館藏戰國楚竹書》[二]284 頁）。"梏"字又從木作檌,見上海博物館藏《周易》簡 22,參下"檌"字。"梏"字確定了,郭店簡《窮達以時》之櫜非"梏"字可明。參下"櫜"字條。

棺櫬　棺

詛楚文

璽彙 3312　　集成 10478 中山兆域圖

○**朱德熙**（1973）　戰國銅器刻辭裏常常出現"自"字。（中略）這類自字過去多讀爲師。左師、右師固有此官名,但以自爲師是商代和西周文字的習慣,戰國時代的兵器刻辭和璽印文字裏,師字通常都寫作帀,從來沒有寫作自的。我們認爲這些自字都是官字的簡體。（中略）

　　戰國璽印文字裏有以下幾個从"自"的字：

館 徵附 16　上　　　輨 徵 14・2 上　　　韓 徵附 29　上

棺 尊一 5・19　　　縮 徵 13・2 上　　　館 簠 55 下（與左爲一字）

如果我們機械地根據"自"字偏旁來分析這些字,那麼這五個字全都不可識,只能説是"今字所無"。現在我們既然知道戰國時代的"官"字可以簡化爲"自",那麼這五個字就都有了著落,它們應分别釋爲:館、輨、韓、棺、縮。這幾個字都見於《説文》,而且是很常見的字,並不是"今字所無"。

《朱德熙文集》5,頁 83—85,1999;原載《文物》1973-12

○**吳振武**（1983）　3312□棺・□棺。

《古文字學論集》（初編）頁 514

○**容庚**(1985)　棺,从官省。中山王䀠兆域圖,革棺。

《金文編》頁402

○**林素清**(1990)　(21)六·四下3312隸定爲梋,云:"《説文》所無,《廣韻》:梋同槌。"按,璽文官多省作或,故應可釋爲棺。

《金祥恒教授逝世周年紀念論文集》頁103

○**何琳儀**(1998)　《説文》:"棺,櫬也(**編按**:大徐本《説文》作"關也"),所以掩屍。从木,官聲。"

戰國文字棺,見《説文》。

《戰國古文字典》頁1073

梋,从木,𠂤聲。椎之異文,槌之省文。《廣韻》:"椎,椎鈍不曲橈。亦棒椎也。又椎髻。槌,上同。梋,俗。"

戰國文字梋,人名。

《戰國古文字典》頁1214

△**按**　《戰國古文字典》所論"梋"字,指《璽彙》3312之和《陶彙》3·1150之,就字形而言,該字可隸定爲"梋",但究竟是否"椎"之異文,因無辭例,尚難斷定。《廣韻》所録俗體之"梋"與戰國時期之"梋",恐爲異代同形之字。當爲"棺"字省文。"官"省作,是戰國文字的時代特色。中山王䀠兆域圖的"棺"字,《戰國文字編》未收録。

椁  𩫖

璽彙2416　璽彙2443　璽彙2452　陶彙4·163　陶彙9·44

中山東庫84

○**朱德熙**(1983)　釋椁

璽印文字裏有一個从木从亯的字,用爲姓氏字。字形變化不大,摘引二例如下:

徵附三一下　　同上

這個姓璽印中屢見,《古璽文字徵》就引了𩫖閒、𩫖暲等十三例,可見是個大姓。

邾公釛鐘云"陸䵣之孫邾公釛(作)氒(厥)禾(龢)鐘",王國維説:

䵣字从䖵𩫏聲。𩫏古墉字。以聲類求之,當是螽。陸螽即陸終也。

《大戴記·帝繫篇》:"陸終娶於鬼方氏,鬼方氏之妹謂之女隤氏,産六子,其五曰安,是爲曹姓。曹姓者邾氏也。"《史記·楚世家》語同。其説蓋出於《世本》。此邾器而云陸䵣之孫,其爲陸終無疑也。

按長沙帛書有一個从虫从橐的字:䵣

帛書説"炎帝乃命祝䵣",饒宗頤讀祝䵣爲祝融,甚是。參照邾公釛鐘陸䵣之爲陸終,䵣和䵣顯然是同一個字。橐字所从的啚實際上是亯字,只是把下邊一部分省去了。這種省略的辦法在戰國文字裏是很常見的。據此我們可以確定璽印文的橐字从木从亯省,應釋爲椁,讀作郭。

《説文》於部首亯字下云:"度也,民所度居也。从回,象城亯之重,兩亭相對也。"許慎用聲訓的辦法説"亯度也",可見它是把亯讀作城郭之郭的。此外,木部"椁"字注云:"葬有木亯也,从木,亯聲。"又邑部"郭"下云"从邑,亯聲"。凡此都證明亯讀如郭。但許慎在土部墉字下又説亯是墉字的古文。按亯可以讀作庸,這在古文字材料裏有不少證據。上引邾公釛鐘的陸䵣應讀爲陸終就是一例。此外如毛公鼎"余非亯又昏",亯讀爲昏庸的庸,召伯簋"僕亯土田"就是《詩·魯頌》的"土田附庸"。段玉裁《説文解字注》墉字下云:

　　《玉篇》曰:亯度也,民所度居也。字音古博切。此云古文墉者,蓋古讀如庸,秦以後讀如郭。

如果亯字真像段氏所説的那樣秦以前讀如庸,秦以後讀如郭,那麼凡是直接或間接从亯得聲的字先秦也必然讀如庸,不可能讀如郭。可是在《詩經》裏,"廓、鞹"等从亯得聲的字都跟魚部字叶韻,例如《大雅·皇矣》一章"廓"字叶赫、莫、獲、度、宅,《齊風·載驅》一章鞹字叶薄、夕。而且段氏自己也没有貫徹他的主張,在《十七部諧聲表》裏,他仍把郭聲歸入魚部(段氏第五部),可見段氏的説法是站不住的。我們認爲亯字在先秦就有庸和郭兩種讀法。因爲墉和郭意義相近,所以古人就用同一個亯字代表這兩個來源不同的詞。

璽印文字的橐除了用作姓氏字之外,还有假借爲城郭之郭的例子。北京大學考古專業藏戰國官印照片,文曰: 釋爲左橐司馬。"左橐"當讀爲左郭。(中略)

璽印文字裏還有一個从邑从啚的字,用爲姓氏字。

徵六　　　　　　　同上　　　　　　　同上

這個字上从啚,下从邑。中間的囗形公用。啚字璽印文字一般寫作啚,囗形中有一橫畫。這裏省去橫畫,是爲了要讓它跟下端的𠁥合起來成爲邑字。我們

認爲這個字所从的亯,實際上也是𩫏字的省略。字應釋爲郭。(中略)

從甲骨文金文一直到小篆,亯和𩫏的寫法始終是有區別的。戰國文字才開始把从𩫏的字簡化爲从亯。今隸椁、郭、崞等原来从𩫏的字省爲从亯,就是承袭了戰國文字的寫法。戰國时期亯字的寫法和金文還是一致的,漢代在亯字下邊加了一豎筆。

新嘉量　同上

以後又因爲要區别亯字薦神和飪物兩種意義,在豎筆上加一横畫,把亯字分化爲享和亨兩個字。而"享"這個字形除了代表亯本字和𩫏字(僅作偏旁用)之外,還代表"𦎫"字(淳、錞、熟等字偏旁),這個形體的職能就更加紛繁了。

《朱德熙文集》5,頁154—155,1999;原載《古文字研究》8

○**陳漢平**(1989)　三一　説槨

古璽文有字作(2416至2464),《文編》隸定作棺而無説。中山王墓棺槨木槨字作㰏,與此形同,知此字當釋槨,作爲姓氏字當讀郭。

《屠龍絶緒》頁291

○**陳松長**(1991)　09.□□.直径1.7釐米,高1.5釐米。此印亦見《彙編》2826,字形均作,无釋,待考。

《湖南博物館文集》頁110

○**王人聰**(1996)　五.㰏疨

銅質,壇鈕,1.2×1.2,通高1.3釐米。香港中文大學文物館藏,未經著録。璽文"㰏"爲"𩫏"之異體,金文邾公釛鐘融字作"䵎",从𩫏;長沙楚帛書融字則作"䵐",从㰏,與此璽文同。㰏、𩫏互作,可證。

《古璽印與古文字論集》頁36,2000;原載《于省吾教授百年誕辰紀念文集》

○**魏宜輝、申憲**(1999)

一、

古璽印文字中多見有""字,一般都作爲姓氏出現,今摘引數列如下:

(1)《彙》2797　(2)《彙》2800　(3)《彙》2815

(4)《彙》2819　(5)《彙》2824　(6)《彙》2835

此字《古璽彙編》未釋。曹锦炎先生的《古璽通论》将其釋爲"韓"字。我們認爲此説不妥。戰國文字中"韓"的寫法基本上比較固定,例如:

《彙》2360　《彙》2371　《彙》2359

鳳羌編鐘　王三年鄭戈

經比較可以認定"𦥑"絕非"韓"字。分析"𦥑"的字例可以確定,(3)—(6)爲(1)(2)之變體。(1)(2)左右兩邊豎畫對稱,或縮短(5),或省去豎畫如(3)(4)(6)。而"韓"字往往只有一豎畫,王三年鄭戈的"韓"字明顯有訛誤,一豎畫被省去,雖然與(3)(4)相似,但缺少了比較關鍵的上下兩部分相連接的"Ⅴ",亦不是𦥑字。何琳儀先生認爲此字爲"孝",由兩個偏旁構成,上部爲"耂",下部所從爲"子"。然而參照古文字中的"孝"字,如:

𢼁 陳侯午錞　　　𢼇 郳孝子鼎　　　孝 長沙銅量　　　𢼃 嶧山碑

我們發現"孝"與"𦥑"的形體還是有一定差距的。顯然,𦥑既不從耂,又非從子,子不會省作(2)中的"𠂤"形。

　　彙2563著錄一朱文印,隸定作"垍南閔"。裘錫圭先生認爲古璽印中的"閔"字是"門"的借字。

《彙》2563

　　"垍南閔"即"垍南門"。其中"南"字寫作"𦥑"。"南"的這種寫法實際上與西周金文中的"南"字一脈相承,只是局部有所省減而已。

𩲁 盂鼎　　　𩲁 牆盤　　　𩲁 鄂侯鼎　　　𩲁 虢仲盨

　　以上的"南"字和我們所討論的"𦥑"字在字形上有一定的相似之處,卻又不完全一致。

　　下面再討論與"𦥑"相關的另外一個字:"槨"。槨於璽印文字中多見,朱德熙、何琳儀二先生皆隸定爲"槨",讀爲"郭"。朱先生認爲槨字所從的啇實際上是章字,只是把下邊的一部分省去了。這種省略的辦法在戰國文字里是很常見的。據此我們可以確定璽印文的槨字從木從章省,應釋爲槨,讀作"郭"。朱、何先生的觀點是非常正確的。同樣,根據朱先生的考釋,我們也有理由認爲"𦥑"的中間部分啇就是章的省簡字"啇"。"𦥑"應是"𦥑"與"啇"结合在一起組成的合文字,當讀作"南郭"。

　　"南郭"這一姓氏於文獻中多見,而且先秦時期多見於齊國。《左傳·宣公十七年》:"齊侯使高固、宴弱、蔡朝、南郭偃會。"《左傳·哀公六年》:"陽生駕而見南郭且于。"河北涿鹿縣發現的一件春秋晚期有銘銅戈,器主姓氏寫作"𦥑",發表者隸定作"索"。很明顯這個字也應釋爲"南郭"。

　　"南郭"在古文字中亦有非合文形式,但僅見於地名,如齊國陶文中有"左南郭鄉"(《陶彙》3.474—483)、"左南郭鄙辛罟里賅"(《季木》60.1)、"南郭南尋里寺"。

　　古文字中的合文字有多种情況,何琳儀先生《戰國文字通論》對此進行了詳細的歸納。古璽文字中的"𩫖"似可歸入借用形體的合文字,卻又與之不甚相類,而又屬於一種比較特殊的例子:即二字雖然結合在一起,借用部分形體,而借用的部分卻不完全吻合,結果往往是保留了其中一個字的形體,而在一定程度上改變了另一個字的形體,而使人不易識別,如:

　　　　𩫖高安　《發展史》130頁。　　　　𩫖公卿　《匋文》附48

　　　　𩫖膚虎(盧虒)　《古泉》元8.12

在以上三例來看,此類合文字多呈上下結構,下面的字借用上面字的形體,而稍稍改動了上面的字。"𩫖"亦應屬於此例。

　　另外,黃德寬先生在《釋𠬪》一文中認爲,古璽文字中的"西郊"應讀爲"西郭",亦可備一説。但齊國差鑪銘文中有"攻(工)帀(師)𩫖鑄西䣜(郭)寶鑪四秉","郭"即寫作"䣜"。

《東南文化》1999−3,頁96—97

○田煒(2006)　我們認爲𩫖、𩫖、𩫖諸字均从䣜,可以釋爲"椁"而讀爲"郭"。該字上部的構形有兩種可能:一、从中。在古文字中,"中"和"木"屬於義近義符,可以互換。二、从木,木旁和䣜旁共用"∧(或∩)"。戰國文字中,木旁居上方時,往往收縮中間的豎筆,如"栖"字作𩫖、"柰"字作𩫖、"李"字作𩫖等等。考慮到義近義符換用有其適用的條件,我們傾向於後一種解釋。

《古文字研究》26,頁387

楬 𣐺

十鐘

𣐺璽彙1046

○羅福頤(1981)　《汗簡》楬字作𩫖,所从曷字與璽文近似,是知此爲楬字。

《古璽文編》頁127

○何琳儀(1998)　《説文》:"楬,楬桀也。从木,曷聲。"《一切經音義》十四引《説文》:"楬,櫫杙也。"

　　戰國文字楬,人名。

《戰國古文字典》頁902

△按　《璽彙》1046印文作"肖楬"。

梟

梟 楚帛書

○**饒宗頤**(1968)　梟字,下从木上从梟甚顯,林氏釋須,未確。按《説文》:"梟,不孝鳥也。日至捕梟磔之。从鳥頭在木上。"其字从鳥頭,金文鳥頭有似梟者,蔡侯鐘鳴字作鳴(《金文編》頁 209),故知繒書梟字,即从鳥頭,其爲梟字無疑。

《史語所集刊》40 本上,頁 25

○**饒宗頤**(1985)　梟爲惡鳥。《周禮·秋官》之硩蔟氏,是對付妖鳥之專職。其法:

以方(版)書十日之號(由甲至癸),十二辰之號(由子至亥),十有二月之號(由陬月至荼月),十有二歲(鄭注攝提至赤奮若),二十有八星(角至軫)。縣其巢上,則妖鳥自去。(《司寇》下)

《晏子春秋·雜下》記齊景公使柏常騫禳梟,築新室,爲置白茅,夜用事而梟死。築室必須禳除妖鳥,古有此俗。故楚帛書屢言及篏(築)新室事。

《饒宗頤二十世紀學術文集·卷三·簡帛學》頁 322,2003;原載《楚帛書》

○**李零**(1985)　梟　讀爲盜。

《長沙子彈庫楚帛書研究》頁 101

○**曾憲通**(1985)　此字上从倒首,下从木,當是梟字。《説文》梟訓倒首,引賈侍中説此斷首倒懸字,顧野王説懸首於木上及竿頭(慧琳引),與此文正合。帛書言"有梟内于上下"則指梟鳥之梟,梟、梟俱古堯切,二字互通。《廣韻·三蕭》引《漢書》具五刑有梟首,今《漢書·刑法志》作梟首。《説文》訓梟爲不孝鳥。故日至捕梟磔之。楚人忌梟,以爲不祥之鳥。帛文意謂有惡鳥之梟,入於上下,故於邦國大不訢和。

《楚帛書》頁 264—265

○**李學勤**(1987)　"梟"字從李棪先生釋,字從"梟"。《漢書·郊祀志》云:"祠黄帝,用一梟、破鏡。"注引孟康云:"梟,鳥名,食母;破鏡,獸名,食父。黄帝欲絶其類,使百吏祠皆用之。"可知古代有用梟祭祀的習俗,所以帛書説"内於上下",上下即指神祇而言。

《湖南考古輯刊》4,頁 111

○**何琳儀**(1989)　末字原篆作"梟",應釋"梟"(參上引曾函)。此字从"梟"

从"木",並借用部分筆畫,頗值得注意。"梟"在古人心目中是"惡鳥"(《太平御覽》卷九二七・羽族部一四)。楚人忌梟,詳饒文。

○**饒宗頤**(1993)　梟字从木上从鳧(鳥)甚顯,見於蔡侯鐘銘之鳥旁,下半从木,省去右側一筆。至五月啟下一字則稍變其形。木下減筆而增戈旁,取梟斬之義。《説文》梟訓倒首。引賈侍中説,此斷首倒懸字,顧野王謂懸首於木上及竿頭。(原注:慧琳引)

梟字從鳥戈會意,此爲梟首字無疑。《説文》另有梟字在木部,訓不孝鳥,故曰至捕梟磔之。鳧、梟俱古堯切,二字互通。《廣韻・三蕭》下引《漢書》具無幸有鳧首。

帛書此二字當定爲梟。或釋須,非是。七月下云:"有梟内于上下。"謂梟妖也。内作肉,内,入也。言有惡鳥之梟,入於上下,故於邦國大不順和。楚人忌梟,以爲不祥鳥。宋《歲時廣記》卷二三羹梟鳥條云:"漢史曰:五月五日作梟羹……"《荊楚歲時記》云:"鷤大如鳩,惡聲,飛入人家,不祥,其肉堪爲炙。"羅願《爾雅翼》六釋鳥梟云:"土梟穴土以居,故曰土梟。而《荊楚歲時記》稱鴝鵒爲土梟。"《西京雜記》:"長沙俗以鵩鳥至人家,主人死,(賈)誼作鵩鳥賦,齊死生、等榮辱,以遣憂累焉。"具見楚人以梟爲不祥鳥,由來已久。《品物圖考》謂:"鷤,一名梟,又名鵩。"三者爲一鳥之異名,向來説者紛紜,今姑不論(原注:俱見王先謙《漢書補注》),然皆惡鳥也。

○**曾憲通**(1993)　此字从鳥頭在木上,正是梟字。金文鳴字鳥旁蔡侯鐘作鳧,王孫鐘作鳧,王孫遺者鐘作鳧。曾侯乙編鐘鈌字鳥旁作鳧,與帛書鳥形尤近。據此,帛文梟字當釋爲戙,梟字當釋爲鵙,梟則是梟字。《説文》:"梟,不孝鳥也,日至捕梟磔之。从鳥頭在木上。"楚人忌梟,以爲不祥,故在日至捕而磔之。《史記・封禪書》及《漢書・郊祀志》:"祠黄帝,用一梟。"帛文謂邦有不訓(順),則用梟爲祭祀,納於上下神祇。

○**何琳儀**(1993)　原篆作梟,與帛書"梟"(曾憲通釋)同形。《正字通》:"《漢儀》五月五日,作梟羹賜百官,以惡鳥,故食之。"

○**曾憲通**(1996)　　楚文字中鳥形的變化比較複雜。過去由於作偏旁用的鳥形不易辨認，以致有關的簡帛文一直未獲得確解。近年來楚文字出土日多，爲我們提供了相互參證的有利條件。金文鳴字鳥旁蔡侯鐘作🐦、王孫𠳿鐘作🐦，王孫遺者鐘作🐦，而曾侯乙編鐘鴃字鳥旁作🐦，包山楚簡雞字鳥旁作🐦，更與楚帛書鳥旁如出一轍。

　　🐦　楚帛書丙篇"倉"月云："曰倉：不可以川，□。大不訓于邦，又🐦，內于上下。"🐦字上從🐦，即鳥頭之鳥。鳥頭下從木乃梟字。《説文·木部》："梟，不孝鳥也，日至捕梟磔之。從鳥頭在木上。"楚人忌梟，以爲不祥，故於日至之日捕梟磔之。《漢書·郊祀志》："祀黄帝，用一梟。"當與楚俗有關。帛文言"大不訓（順）于邦，有梟，納于上下"，意謂於倉月邦有大不順者，則用梟爲祭，納於上下神祇。包山楚簡於"飤室"內有"梟二𥴔"（簡258），與"熬雞一𥴔""煮魚二𥴔"等同列。字亦作🐦，與帛文同。整理小組隸作暴而釋爲椹，非是。

《中山大學學報》1996-3，頁63

○**劉信芳**(1996)　　梟　讀如"蜩"，《禮記·月令》孟秋月："寒蟬鳴。"鄭玄注："寒蟬，寒蜩，謂蜺也。"《夏小正》七月："寒蟬鳴。"傳云："寒蟬也者，蜺蟟也。"《方言》卷十一："蟬，楚謂之蜩。"蜩、梟皆以蟬鳴之聲名，此所以相通。若以音理論之，《史記·李將軍列傳》："是必射雕者也。"服虔注："雕，鶚也。"《廣雅·釋鳥》："鶚，雕也。"然《品物圖考》云："鶚，一名梟，又名鵰。"如是則雕、梟爲一物之異名歟？擬（编按：當爲"抑"之誤）或音近而有相混歟？然可作爲帛書"梟"即"蜩"之佐證，蓋古音宵部與幽部多旁轉之例也。

《中國文字》新21，頁102

○**何琳儀**(1998)　　梟，商代金文作🐦（🐦偬簋），從鳥從木。會梟鳥集於樹木之意。集，從隹從木，與梟不盡相同。北海相景君銘作🐦，《五經文字》："從鳥在木上。"均可證梟本從鳥。商代金文或作🐦（父癸爵），上從鳥省鳥足，爲小篆所本。戰國文字鳥與木借用兩筆，即🐦與🐦借用豎筆和右斜筆。楚系文字鳥旁參見鳴作🐦（蔡侯鐘），鴃作🐦（曾樂律鐘）。《説文》："梟，不孝鳥也。日至捕梟磔之。從鳥頭在木上。"

　　楚文字梟，惡鳥名，亦作鵃。《漢書·郊祀志》注："五月五日作梟羹以賜百官，以其惡鳥，故食之。"是證梟可食用。《漢書·郊祀志》上："祠黄帝，用一梟、破鏡。"注："孟康曰，梟，鳥名，食母；破鏡，獸名，食父。黄帝欲絶其類，使百吏祠皆用之。"亦可祭祀。

《戰國古文字典》頁 297

○**李零**(2000)　原釋"鼂",饒文、高文同(但饒文又以爲同"梟"字,李文直接釋"梟"),不一定對。〔補注:何琳儀《校補》引曾憲通説釋"梟",但寫法實與上甲篇七行十四字和丙篇五章一行三字所從相同。〕

《古文字研究》20,頁 174—175

○**劉信芳**(2003)　原釋作"梟",與字形不合。按字又見楚帛書丙篇:"又梟内于上下。"《史記・武帝本紀》:"祠黄帝用一梟。"《集解》引如淳:"漢使東郡送梟,五月五日爲梟羹以賜百官,以惡鳥,故食之。"

《包山楚簡解詁》頁 265

△**按**　劉文(1996)所舉《禮記》《夏小正》《方言》等書證,可以證明"寒蟬即蜩",所舉《史記》《廣雅》《品物圖考》諸書證,可以證明"雕又名梟",但都不能證明帛書"梟"即"蜩",其説似不可據。再説,梟爲猛禽,蜩乃寒蟬,相去甚遠,實難相類。"梟"字的寫法,應有兩個傳統:一從全鳥,一從省略之鳥。省略之鳥或爲鳥頭,或爲鳥省足,不盡相同。王念孫《漢隸拾遺》據《北海相景君銘》"梟"字寫法及《五經文字》"從鳥在木上"之説,認爲"梟"字上本從鳥,當爲有據,然謂《説文》篆文作"梟"爲謬誤,並謂《説文》"從鳥頭在木上"之"頭"字爲後人所改,驗之楚文字,則恐未必。以篆文及後世之隸楷"梟"字論,王氏謂"梟"字"上半鳥形已具,但無足耳",不得稱"鳥'頭'在木上",其説亦有據,但從楚文字來看,"梟"字也有從鳥頭者,則王氏之論亦有失偏頗。

朹

○**何琳儀**(1998)　朹,从木,九聲。《爾雅・釋木》:"朹,檕梅。"《説文》篆古文作朹。

秦璽朹,人名。

《戰國古文字典》頁 167

杶

栉 信陽 2・27　杼 天星觀

△按 爲"匕"字異體,見卷八匕部"匕"字條。

杚

文博 1998-1,頁 43

○岳起(1998) 14.咸卲里杚。出自一墓、一器、2 處,戳印在罐腹下部,左右對稱(圖二:18)。《史記·司馬相如列傳》:"揚翠葉,杚紫莖。"裴駰集解引郭璞注:"杚,搖也。"《字匯補·木部》:"杚,檮杚,惡獸名,楚人取以名史。"《通志·氏族略四》:"杚氏,《左傳》楚檮杚之后。""卲里"類第一次發現做器者爲"杚"。

《文博》1998-1,頁 41—43

枫

包山 183

○張守中(1996) 同"楓"。

《包山楚簡文字編》頁 88

△按 "枫"字《説文》"木"部未收。《集韻》凡韻:"枫,木名。俗呼此木皮曰水柯。"包山簡整理者隸定爲"栅",用爲地名。參《包山楚簡》31 頁。

杸

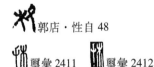集成 11402 杸里瘟戈

△按 此字《戰國文字編》收録,字書所無,音義未詳。

枔

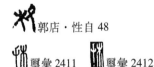郭店·性自 48

璽彙 2411 璽彙 2412

○何琳儀(1998) 枔,從木,父聲。疑椡之省文。《篇海》:"椡,木欑也。"
晉璽枔,姓氏。

《戰國古文字典》頁 594

○湯餘惠（1998）　🦅　同楠。

《戰國文字編》頁 376

○施謝捷（1998）　2411 校隸・校（楠）隸

　　　　　　　　　2412 同此釋。

《容庚先生百年誕辰紀念文集》頁 648

○濮茅左（2001）　校，讀爲“敷、補、輔”等皆通。

《上海博物館藏戰國楚竹書》（一）頁 275

○陳偉武（2002）　　郭簡云“弗校不足”（11.48），又云“水反楠大（太）一”（2.1）。“校、楠”均讀爲“輔”。“甫”從“父”聲，“校”當是“楠”之初文，後復孳乳出“榑”字。甲骨文“甫”作甴，象田中有蔬，爲圃之初文，金文聲化爲從父。

《中國文字研究》3，頁 125

△按　郭店簡《性自命出》48、上博簡《性情論》39“校”字所在句文字同，皆作“弗校不足”。“楠”之初文説可從。謂“校”爲“楠”之省文則顛倒文字發展序列。《上海博物館藏戰國楚竹書（一—五）文字編》認爲並讀爲“補”（299 頁）。

柾

赫連 15

△按　此字《戰國文字編》收録，原收入《赫連泉館古印存》，從木從壬，音義未詳。

杧

包山 277

○何琳儀（1998）　杧，從木，毛聲。《玉篇》：“杧，桃之冬熟者。亦作旄。”

　　包山簡杧，讀旄。見毣字。

《戰國古文字典》頁 329

○李家浩（2003）　（4）的“杧”也是從“毛”得聲，也可能應當讀爲“鑣”，《玉篇》木部“楸”字重文作“杧”，當與簡文“杧”字無關。

　　此墓出馬鑣二十六對，計骨質的十對，角質的六對，木質的八對，銅質的二對，其中二十對套在馬銜兩端的環內。《説文》“鑣”字重文作“鑣”，前者從

“金”，後者从“角”，當是分別爲金鑣、角鑣而造的專字。簡文“骱”从“骨”，“枆”从“木”，大概是分別爲骨鑣、木鑣而造的專字。

《古籍整理研究》2003-5，頁 5

△按　簡文之“枆”與《玉篇》之“枆”當爲異代同形之字。簡文作“二馬之枆”，李家浩説可從。

板　枀

包山 43　上博一·緇衣 4
郭店·緇衣 7　郭店·窮達 7

○**劉彬徽、彭浩、胡雅麗、劉祖信**（1991）　板，讀如版。《周禮·秋官·職金》：“則供其金版。”楚國金幣有版金，自銘爲“郢爯、陳爯”。

《包山楚簡》頁 43

○**何琳儀**（1998）　板，从木，反聲。《玉篇》：“板，木片也。”

包山簡板，讀版。《周禮·春官·小宰》：“聽閭里以版圖。”注：“户籍也。”

《戰國古文字典》頁 980

△按　“板”字《説文》木部未收。《玉篇》木部：“板，片木也。”《集韻》潸韻：“版，《説文》：‘判也。’或从木。”《正字通》木部：“板，同版。”包山簡 43 云“不歸板於登人以致命於郢”，簡 44 云“不歸登人之金”，可知簡文之“板”讀“版”，當從整理者説，指版金。

【板板】

○**劉釗**（2003）　“板板”意爲反復無常。

《郭店楚簡校釋》頁 54

△按　簡文“板板”，見於郭店簡、上博簡之《緇衣》篇所引《詩經》（見《詩·大雅·板》）：“上帝板板，下民卒癉。”毛傳：“板板，反也。”

【板枀】

○**李零**（1999）　“板枀”，待考，可能與牧牛有關。

《道家文化研究》17，頁 495

○**何琳儀**（2000）　簡文“枀”疑讀“校”。（中略）《易·噬嗑》“何校滅耳”，注：“校，若今枷項也。”《説文》：“校，木囚也。”據《史記·秦本紀》載，百里傒初爲“秦穆公夫人媵於秦”，嗣後“亡秦走宛，楚鄙人執之”，秦穆公以“五羖羊皮”

從楚人手中買回百里傒。"穆公釋其囚,與語國事"。所謂"釋其囚"與簡文
"釋板(校)"意同。或讀"板桎"爲"板梏",亦可通。

○**白於藍**(2001) 現在,我們再回過頭來討論關於郭店簡中"板桎"一詞的解
釋,筆者以爲此詞於此似當讀作"鞭箠"。上古音板、鞭均是幫母元部字,則板
自可通作"鞭"。至於"桎"字,前已云可通作"綏",綏從妥聲,妥字上古音爲
透母歌部字,箠字爲端母歌部字,則與箠聲紐同爲舌音,韻則同韻。典籍中綏
可通隋,《集韻·真韻》:"隋,尸所祭肝脊黍稷之屬,或作綏。"又《支韻》:"隋,
祭食也。一曰釁薦血。或作綏。"朱駿聲《説文通訓定聲·履部》:"綏,假借爲
隋。"而從垂聲之桙字亦可與隋字相通,《史記·貨殖列傳》:"果隋蠃蛤,不待
買而足。"張守節《正義》:"隋,今作桙,音同,上古少字也。"可見"桎"可通
"箠"。箠字古亦有馬鞭之義。《玉篇·竹部》:"箠,擊馬箠也。"《集韻·紙
韻》:"箠,一曰策也。"又《史記·張耳陳餘列傳》:"夫武臣,張耳、陳餘杖馬箠
下趙城數十。"此箠字亦是馬鞭之義。

"鞭箠"一詞於傳世文獻中屢見,如《國語·吳語》:"越國固貢獻之邑也,
君王不以鞭箠使之。"《鹽鐵論·詔聖》:"故罷馬不畏鞭箠,罷民不畏刑法。"司
馬遷《報任安書》:"且人不能蚤自則繩墨之外,已稍陵夷至於鞭箠之間,乃欲引
節,斯不亦遠乎!"《説苑·談叢》:"騏驥日馳千里,鞭箠不去其背。"《越絕書·
荊平王內傳》:"荊平王已死,子胥將卒六千,操鞭箠笞平王之墓而數之。"

從郭店簡本段文字之整體文義來審察,"爲敀(伯)斁(牧)牛,戁(釋)板
(鞭)桎(箠)而爲嚚(朝)卿",文義上亦很契合。《窮達以時》篇中又有邵繇
(依文獻當爲"傅説")"戁(釋)板箮(築)而差(佐)天子""完(管)寺(夷)虐
(吾)⋯⋯戁(釋)杸(桎)樏(柙)而爲者(諸)侯相"的文句,可與本句相比較。

○**劉釗**(2003) "板桎"疑讀作"鞭箠"。"板"從"反"聲,"反、鞭"古音皆在
幫紐元部,故可相通。"桎"字從"木"從"坙","坙"從"攵"得聲,"攵"在心紐
微部,"箠"在禪紐歌部,音似不通,但"攵"古又作"綏",《詩·國風·南山》:
"南山崔崔,雄狐綏綏。"《玉篇》引作:"雄狐攵攵。""綏"從"妥"聲,而"妥"古
音就在歌部。禪、心二紐古亦常有相諧的例子,如以"甚"字爲聲的字就分屬
於心紐和禪紐。因百里奚牧羊,所以手持"鞭箠"。"鞭箠"就是"鞭子"。《國
語·吳語》:"君王不以鞭箠使之,而辱軍士使寇令焉。"《説苑·談叢》:"騏驥
日馳千里,鞭箠不去其背。"(中略)

　　此句簡文説百里奚以五羊之皮自賣，爲伯氏放牛，放掉鞭子爲卿大夫，是遇見了秦穆公的緣故。

《郭店楚簡校釋》頁 172

△**按**　"板柽"見於郭店簡《窮達以時》7："釋板柽而爲朝卿，遇秦穆。"從聲韻關係來看，"板柽"讀"鞭箠"可從。

柊

○**陳偉武**（1995）　26.柊　《文字徵》第 128 頁"柊"字下："㭬 3.399，關里馬柊。《説文》所無。《集韻》梳字別體作柊。"今按，此字當從湯餘惠先生釋柊，他説："陶文有一個从木、从乏的字，用作人名。《鐵云》76.1 著録的陶文云：闗（關）馬里㭬。字又作㭬、䇿（見《匋文編》附録 29 頁），當即古文柊字。《玉篇》：'柊，扶嚴切。木皮可以爲索。'"

《中山大學學報》1995-1，頁 125

○**何琳儀**（1998）　柊，从木，乏聲。《玉篇》："柊，木皮可爲索。"
　　齊陶柊，人名。

《戰國古文字典》頁 1439

△**按**　中山王器上的"乏"字作𠃊，亦可佐證"㭬"爲"柊"字。字亦見於《禮器碑》，《説文》"木"部未收。

枀

　　𦧍上博二·容成 38　　枀包山 278 反

○**陳秉新、李立芳**（1998）　簡 278 有字作　枀
　　釋文、字表釋采。又有以此字作偏旁的兩個字　珱　錸
　　釋文、字表分別隸作珱和錸。
　　按：第一字見《古璽彙編》1053，字作枀
　　這方印是肖（趙）氏私璽，《文編》四·八隸作脙。《包山楚簡》及《古璽文編》的隸定均不妥。此字从木从夕，疑是櫽的古文異體。《説文》木部："櫽，崐崘河隅之長木也。从木，㬎聲。"曾憲通先生《説㬎》一文正確分析了鼬字初文

及相關各字。他指出陶文（古文繇）字所从之，即䌛字初文。歌謠之謠本當作繇，瓦器之䍃本當作繇，兩字均从䌛字古文（隸變作）得聲，䛐和䍃乃繇和繇的簡化。《說文》謂䛐从言，肉聲，䍃从缶，肉聲，實皆爲从（䌛字古文變體）省聲。漢印瑤作（《漢印文字徵》5頁），从玉，繇省聲。《說文》訓繇爲隨從，分繇、䛐爲二字，正文又失收繇字，後世字書以繇爲繇之或體，皆由未見䌛字初文，不明繇和䛐、繇和䍃之間的關係所致。櫾字古音屬喻紐幽韻，本當作繇，後省作采（編按：當作"条"）。簡278爲殘簡，意當義不明。

《江漢考古》1998-2，頁 77—78

○**何琳儀**（1993）　原篆作，應隸定"枀"（編按：《戰國古文字典》隸定爲条，見頁219），"柔"之異文。"柔和"之"柔"本作"腬"，正从"肉"聲（段注）。"腬"《說文》"讀若柔"。簡文"枀"（柔），地名，讀"鄾"。《史記・夏本紀》"擾而毅"，集解引徐廣曰："擾一作柔。"《韓非子・說難》："柔可狎而騎也。"《史記・老子韓非子列傳》作"可擾狎而騎也"。《國語・楚語》下"民神雜糅"，《史記・曆書》引"糅"作"擾"，均其佐證。"鄾"見《左・桓九》"鄧南鄙鄾人攻而奪之幣"，注："在今鄧縣南沔水之北。"在今湖北襄陽市北。

《江漢考古》1993-4，頁 60

○**顏世鉉**（1999）　六帝興于古，咸（由）此也　《唐虞之道》簡八

　　咎（繇）內用五刑（《唐虞之道》簡一二）

　　君子弗（由）也（《忠信之道》簡六）

　　《郭簡》將以上三則未隸定之字釋作"采"，注《唐虞之道》簡之二字云："裘按……采，讀爲'由'，《說文》'袖'字正篆即以之爲聲旁。""裘按，'采'音'由'，與'繇'通。"按，裘先生的說法仍待確證，以上三字的釋讀似存有兩種可能性。

　　（一）作"采"。《說文》："褎，袂也，从衣，采聲。袖，俗褎从由。""采，禾成秀人收者也，从爪、禾。穗，俗从禾，惠聲。"段《注》："采與秀古互訓，如《月令》注'黍秀舒散'，即謂黍秀也。""（从爪、禾）會意，小徐作爪聲，非。此與采同意。"由、褎，余紐幽部；繇，余紐宵部，幽宵旁轉。均音近可通。（下略）

　　（二）作"枀"。包山楚簡簡三四有人名"周"，簡二七八反"脰尹"（按，首字爲地名），"者滅鐘"有"自乍鐘"，所从""之形，何琳儀釋爲"从木，肉聲"之字，此字似爲"柔"或"腬"之異文。他說："《說文》：'腬，面和也。从百从肉。讀若柔。'朱駿聲《說文通訓定聲》'按，肉聲，讀若柔，字亦作腬。

《詩·抑》輯柔爾顔,《禮記·内則》柔色以温之,《國語》戚施面柔,皆以柔爲之.'舊説可信。凡此説明,從'木'、'矛'聲的'柔',與從'百'(或從'頁')、'肉'聲的'脜',乃至從'木'、'肉'聲的'柔',均爲一字之變。'矛'與'肉'均屬幽部……"包山的地名柔讀爲"鄮",者滅鐘的"鶏鐘"即"鶏鐘",讀爲"調鐘"。上面所討論《郭簡》三字也有可能是"柔"字的訛變。(下略)

總之,《郭簡》的、、三字與"柔"和"采"的關係,在字形方面近似,而聲音方面也相近,可通假。故該釋作"柔"或"采",皆有可能,在此兩説並陳,以待進一步證明。

《張以仁先生七秩壽慶論文集》頁 389—390

△按　"肉"形和"爪"形的書寫筆勢不同,郭店簡中的、、三字上部乃是從"爪",不宜釋爲從"肉"。《楚系簡帛文字編》增訂本(51 頁)認爲"柔"是"瑶"的省形異體字。《楚文字編》(354 頁)將包 278 隸定爲柔,是。上博簡"",即瑶臺之"瑶"。

【柔脰尹】

○劉信芳(2003)　職官名。曾侯乙簡 1:"畢趄執事人書入車。"由文例可知"柔脰"即"畢趄"。畢爲"冑"之異體,"脰"或讀爲"鞃",《説文》:"車軾具也。"裘錫圭、李家浩因以認爲"畢趄執事人似是管理人馬甲冑和車馬器的辦事人員"。

《包山楚簡釋詁》頁 319

【柔蝥】

○李零(2002)　柔蝥應即"瑶臺"。《竹書紀年》有桀"飾瑶臺"之説。

《上海博物館藏戰國楚竹書》(二)頁 280

枸

湖南 26

○何琳儀(1998)　枸,從木,勻聲。《集韻》:"枸,絲梳。"
　　古璽枸,人名。

《戰國古文字典》頁 1113

杭

望山 2·15　　 上博一·性情 28

○**何琳儀**(1998)　　栲,从木,夸聲。《集韻》:"栲,木名。"

　　望山簡栲,見《集韻》。

《戰國古文字典》頁 1468

○**李守奎**(2003)　　桱,《集韻·用韻》有橦字。

《楚文字編》頁 355

△**按**　望山 2·15 之栲字,《望山楚簡》釋爲"栲",《戰國古文字典》同,《戰國文字編》入"附録",《楚文字編》隸定爲"桱",以爲"橦"字。陳劍釋字之右邊爲"亢"(見《試説戰國文字中寫法特殊的"亢"和從"亢"諸字》,《出土文獻與古文字研究》3,收入《戰國竹書論集》)。今從之。此"杭"字與卷十二"抗"字之異體"杭"當爲同形字。

杭

望山 2·2　　　　望山 2·11　　　　望山 2·11

○**朱德熙、裘錫圭、李家浩**(1995)　　疑當讀爲"右楯",指楯欄的右邊,下文"杭中",則指楯欄的中部。

　　杭,疑當讀爲"楯"。"允、盾"二字古音同部,聲母亦相近。《漢書·敘傳上》"數遣中盾請問近臣",師古曰:"盾讀曰允。"《説文》:"楯,闌檻也。"簡文之"楯"似當指車闌,即車廂的欄杆,龍楯疑指有龍紋裝飾的車闌。

《望山楚簡》頁 120、114—115

○**劉信芳**(1997)　　望山簡二·二:"女(?)䡱一䡱,龍杭。"報告釋云:"杭,疑當讀爲'楯'。'允、盾'二字古音同部,聲母亦相近。《漢書·敘傳上》'數遣中盾請問近臣',師古曰:'盾讀曰允。'《説文》:'楯,闌檻也。'簡文之'楯'似當指車闌,即車廂的欄杆。龍楯疑指有龍紋裝飾的車闌。"

　　按:謂允、盾二字古音相通,其説可信。惟簡文"杭"述喪車之制,應讀如"輴"。其字《説文》作"軘",《玉篇》《廣韻》皆謂軘、輴同。《説文》謂"下棺車曰軘",即載棺入墓穴之車也。《禮記·檀弓上》:"天子之殯也,菆塗龍輴以椁。"鄭玄注:"菆木以龍輴,如椁而塗之。天子殯以輴車,畫轅爲龍。"又《檀弓下》:"孺子䵷之喪,哀公欲設撥,問於有若,有若曰:'其可也,君之三臣猶設之。'顏柳曰:'天子龍輴而椁幬,諸侯輴而設幬。爲楡沈,故設撥。'"鄭注:

“輀,殯車也。”

　　望二·一一:“又㭬,鉐膚之純,㭬中,躠婁紫☐。”“又㭬”謂輀車之右,“㭬中”謂輀車之中。“鉐膚之純”“躠婁紫☐”應指車右、車中之“撥”,鄭玄釋“撥”爲引車之絥。

　　　　　　　　　　　　　　　　　　　　《中國文字》新 22,頁 168—169

○**何琳儀**(1998)　㭬,从木,允聲。疑梭之省文。《説文》:“梭,梭木也。从木,夋聲。”

　　望山簡㭬,不詳。

　　　　　　　　　　　　　　　　　　　《戰國古文字典》頁 1341—1342

△**按**　望山簡 2.2、2.11 之“㭬”,舊釋“杽”,於字形不符。參上“杽”字條。

杻

璽彙 0066

○**何琳儀**(1998)　杻,从木,丑聲。杽之異文。《集韻》:“杽,《説文》械也。或从丑。”

　　晉璽杻,地名。

　　　　　　　　　　　　　　　　　　　　　　《戰國古文字典》頁 198

△**按**　“杻”字既作爲“杽”之異體,亦用作木名。《爾雅·釋木》:“杻,檍。”《詩·唐風·山有樞》:“山有栲,隰有杻。”

柁

睡虎地·日甲 119 正貳　　　璽彙 3334

○**睡簡整理小組**(1990)　柁,疑讀爲袘,《儀禮·士昏禮》:“纁裳緇袘。”注:“袘謂緣,袘之言施,以緇緣裳。”袘衣裳,衣裳鑲邊,這是一種比較考究的衣服。

　　　　　　　　　　　　　　　　　　　　《睡虎地秦墓竹簡》頁 200

○**何琳儀**(1998)　柁,从木,它聲。《集韻》:“柁,正船木。或作柂。”《釋名·釋船》:“其尾曰柁。柁,拖也。”

　　晉璽柁,人名。

　　　　　　　　　　　　　　　　　　　　　　《戰國古文字典》頁 865

○**施謝捷**（1998）　3334 潘（杝）・潘柂。

《容庚先生百年誕辰紀念文集》頁 649

△**按**　睡虎地秦簡《日書》甲種 119：“則光門，其主昌，柂衣常（裳），十六歲弗更，乃狂。”

榜

香續一 62

△**按**　此字字書所無，待考。隸定據《戰國文字編》（頁 377）。

柂

墨彙 0054　　墨彙 0287　　墨彙 5552

○**吳振武**（1983）　0287　枝渾都□鉌・□渾都□鉌。

《古文字學論集》（初編）頁 491

○**何琳儀**（1992）　戰國文字中從“弓”（巳）諧聲者甚多。其中若干字舊或不識，或誤釋。自中山王圓壺“屮”被識出之後，以此爲基點，其他銅器、璽印、繒帛文字中的“弓”及從“弓”得聲之字皆可貫通，今疏證如次：

（中略）“”（《璽彙》0054）、“”（《璽彙》0287）、“”（《璽彙》5552），均應隸定爲“柂”，屬燕系文字。“柂”，疑亦“棗”之異文。“岂”本此（編按：當爲“從”字之誤）“中”，復增“木”作“柂”，是疊加形符的結果。璽文“柂渾”，地名。《水經》卷十一“（易水）東過范陽縣西南”，注：“（梁門）淀水東南流，出長城注易，謂之范水。易水自下有范水通目，又東逕范陽縣故城南，即應劭所謂范水之陽也。”璽文“柂渾”應讀“范渾”。《補補》六・二讀“枝渾”，並以遠在四川的“梓渾”附會之，失之。以“范渾”聯文案驗，“渾水”應在范水附近。待考。

《古文字研究》19，頁 483、485

○**何琳儀**（1998）　柂，從木，岂聲。

燕璽“柂渾”，地名。

《戰國古文字典》頁 1401

△**按**　《璽彙》0054、5552，缺釋。0287 據舊説釋爲“枝”。《戰國文字編》隸定爲柂。“柂”當爲“范”之異體。

【枑渾】

○**何琳儀**（1992）　璽文“枑渾”，地名。《水經》卷十一“（易水）東過范陽縣西南”，注：“（梁門）淀水東南流，出長城注易，謂之范水。易水自下有范水通目，又東逕范陽縣故城南，即應劭所謂范水之陽也。”璽文“枑渾”應讀“范渾”。《補補》六·二讀“枝渾”，並以遠在四川的“梓渾”附會之，失之。以“范渾”聯文案驗，“渾水”應在范水附近。待考。

《古文字研究》19，頁 485

○**何琳儀**（1998）　燕璽“枑渾”，地名。

《戰國古文字典》頁 1401

枳

　郭店·老甲 25　　　郭店·老甲 37

○**荊門市博物館**（1998）　枳，从“木”“之”聲，讀作“持”。

《郭店楚墓竹簡》頁 116

○**荊門市博物館**（1998）　枳，从“木”“之”聲，疑讀作“殖”。《廣雅·釋詁一》：“殖，積也。”

《郭店楚墓竹簡》頁 117

○**劉信芳**（1999）　簡甲二五：“其安也，易枳也。”簡甲三七：“枳而涅（盈）之。”“枳”乃《說文》“困”之古文。其字《韓非子·喻老》、帛書本、王本均作“持”。其誤久矣。“困而盈之”謂事物由困而盈，向相反的方向發展，物極必反是也。《國語·越語下》：“日困而還，月困而匡。”韋昭注：“困，窮也。”

《中國古文字研究》1，頁 106

○**陳偉武**（2002）　郭店簡《老子》甲 25：“其安也，易枳也。”整理者注：“枳，从‘木’‘之’聲，讀作‘持’。”簡 27：“枳而涅（盈）之。”注：“枳，从‘木’‘之’聲，疑讀作‘殖’。《廣雅·釋詁》：‘殖，積也。’”

今按，兩處簡文雖可讀爲“持”或“殖”，論其字，則當是“植”之異寫。同篇簡 36“賏”用爲“得”，“得”是入聲職部字，亦以“之”爲聲符，故“植”爲入聲職部字，亦可用“之”爲聲符。

《尊德義》簡 28：“悳（德）之流，速虗（乎）檔虫而遷（傳）命。”檔字作𣚔，裘先生按語引了《孟子·公孫丑上》相同的句子作比對，且説：“‘檔’从‘之’聲，

‘畱’從‘又’聲,故兩字可讀爲‘置郵’。”“檔”讀爲“置”不容置疑,論其字,亦
“植”之異體。疑此字本來應是從“木”,以幽部的“首”字爲聲符。而因爲
“植”是“職”部字,與“之”部相對應,於是又將“首”旁上端的頭髮聲化爲
“之”。璽印文字“首”字或作🔶(《古璽彙編》3376)、🔶(又 3487),天星觀簡作
🔶。可證郭店簡所謂“檔”字當隸定爲“楢”,釋爲“植”,讀作“置”。經過高本
漢和董同龢等先生研究,知“之”部字與“幽”部字通押是上古楚方音的特色之
一,兩部合韻見於《老子》《楚辭》和金文各 4 次。若前文所述不謬,則郭店簡
“植”字以“首”爲聲符,可視爲“之、幽”兩部聲近的新證。

《古文字研究》24,頁 363

○滕壬生(2008)　讀持。

《楚系簡帛文字編》(增訂本)頁 548

△按　《戰國文字編》把此字隸定爲“杚”,另立字頭。《楚文字編》把此字隸
屬“梀”字之下。

枭

包山 120　　包山 121　　上博三・周易 23

○濮茅左(2003)　“枭”,字待考,疑兵器。馬王堆漢墓帛書《周易》作“瞿”,
或釋兵器。《書・顧命》:“一人冕,執瞿。”今本《周易》作“何天之衢”,意處畜
之極,四通八達,爲天之衢,亨道大行。《象》曰:“‘何天之衢’,道大行也。”

《上海博物館藏戰國楚竹書》(三)頁 168

△按　包山簡 120、121 之𥝌字,上部寫法與楚簡“丘”字同(參見《楚文字編》
504 頁),當隸定爲“枭”,與上博簡《周易》23 同。上博簡之字或釋爲茉。因楚
簡“丘”字與“羊”字形近,或誤爲“羡(样)”。參“羡”字條。

柊

🔶包山 129　　🔶包山 130

○徐少華(1999)　簡 130　恆思少司馬屈矛以足金六鈞聽命于葉,葉邑大夫、
左司馬越□弗受。盛公邊之歲,恆思少司馬□乘或以足金六鈞予葉,葉邑大
夫、集陽公蔡錄□受。

簡 170　葉人□厚

簡文之"葉"當即春秋楚葉公之邑,"葉邑大夫"應是楚葉縣之官吏。葉邑,爲楚方城口外戰略要地,就文獻記載所見,至遲於春秋中期即已興起。《左傳》宣公三年(公元前 606 年)載"(鄭)公子士朝于楚,楚人酖之,及葉而死",杜預注:"葉,楚邑,今南陽葉縣。"即漢晉南陽郡葉縣,故址在今河南葉縣南三十里之舊縣鎮,春秋晚期楚於此設縣,戰國時亦爲楚北方要邑。公元前 301 年,齊、韓、魏三國聯兵伐楚,突破方城防線,進入南陽盆地,葉邑爲韓、魏所取。《戰國策·西周策》"薛公以齊爲韓、魏攻楚"章載韓慶爲西周謂薛公曰:"君以齊爲韓、魏攻楚(九)[五]年,取宛、葉以北以强韓、魏,今又攻秦以益之……"即爲明證。簡文所載爲公元前 301 年垂沙之戰以前的史實,葉爲楚邑,正與文獻材料相印證。

《考古》1999-11,頁 75

○**白於藍**(1996)　簡文中有一個從"木"的字,作如下之形:

　　　　　𣔬(129)、𣔬(130)、𣔬(130)、𣔬(164)

　　前三字字表釋爲"葉",後一字字表釋爲"宋"。考察後一字之形體,"木"旁上部應是从"𠂤",而非"人(冖)",故同前三字應爲一字。

　　簡文中又有一個从"見"的字,作:

　　　　　𧠗(138)、𧠗(164)、𧠗(175)

此字劉釗師隸作"䁞",釋爲"曤",可信。此字又見於鄂君啟節,作"𧠗",右旁又見於鼄羌鐘,作"𣔬",讀爲"永世毋忘"的"世"。以上諸字所從之"世"均與上引"𣔬"字上部所從不類,故此字不當釋"葉"。

　　包山簡中"冬欒之月"的"冬"字多見,作:

　　　　　𣥄(2)、𣥄(81)、𣥄(83)、𣥄(206)

　　上部所从與"𣔬"字上部全同。《説文》:"冬,四時盡也,从仌从夂,夂古文終。"故"𠂤"應即"終"字。甲骨文終字作"∧",金文作"𠂤",簡文之"𠂤"與之一脈相承,但稍有變異。故"𣔬"字可隸作"橤",終與冬音近,典籍中經常通假,如《易·比》:"終來有它,吉。"漢帛書本終作冬;《老子》五十二章柊:"是以聖人終日行不離輜重。"漢帛書本終作冬。故"橤"可釋作"柊"。"柊"字見於《集韻》等字書。在簡(129)(130)中,柊字用爲地名,地望待考。簡(164)中柊字用作姓氏字,疑當讀作"冬",古有冬姓,見《通志·氏族略》。

《簡帛研究》2,頁 41—42

○**劉信芳**(2003)　簡 170 作"鄩",並讀爲"葉"。《左傳》宣公三年:"楚人酖之,及葉而死。"杜預《注》:"葉,楚地,今南陽葉縣。"《漢志》南陽郡:"葉,楚葉公邑,有長城,號曰方城。"《水經注・汝水》:"醴水又屈而東南流,逕葉縣故城北。《春秋》成公十五年許遷于葉者也。"楊守敬《疏》:"在今葉縣南三十里。"

　　或釋"枼"爲"柊"(白於藍《包山楚簡零拾》,《簡帛研究》第 2 輯)。按"葉"字上部一撇一捺相互錯開,而"冬"字上部一撇一捺相互連接。二字筆勢不同。原簡"枼"字有簡省,故形似"柊"字。

　　　　　　　　　　　　　　　　　　《包山楚簡解詁》頁 122—123

○劉信芳(2003)　或隸作"宋",白於藍謂字从木,冬聲,應是"柊"字(《包山楚簡零拾》,《簡帛研究》第 2 輯),有一定道理。惟楚無柊氏,頗疑"宋"本从"冬"聲,故有是體。《説文》:"宋,尻也。"而"終、處"同有"止"義。該字之最後論定尚有待更多的辭例。

　　　　　　　　　　　　　　　　　　　　《包山楚簡解詁》頁 173

△按　此字當以釋"柊"爲是。《戰國文字編》隸定爲从"木"从"終"(380頁),不如直接隸定爲从"木"从"冬"。

柔

信陽 2・14

○中大楚簡整理小組(1977)　柔即承字。"承熐之鎜"指盛某種食物的鎜。

　　　　　　　　　　　　　　　　　　　《戰國楚簡研究》2,頁 31

○李家浩(1983)　"柔熐之鎜"應讀爲"承燭之盤"。"柔"與"承"並从"柔"(編按:當作"承")聲。"承"字見於《廣韻》和《集韻》,即"承"字的初文。"熐"从"火""朡"聲,當是"膏燭"之"燭"的異體。"承燭之盤"即漢車宮承燭盤銘文所説的"承燭柈"。長臺關一號墓出土一件"空柱陶盤",與漢車宮承燭盤形制相同,應即簡文所記"承燭之盤"。陶盤中閒凸起的"空柱",即承燭之處。

(《著名中年語言學家自選集・李家浩卷》頁 203,2002;原載《中國語言學報》1

○郭若愚(1994)　枻熐之盤

　　枻,或作椻。《荀子・非相》:"故君子之度已則以繩,接人則用抴。"楊注:"抴當爲枻。韓侍郎云:枻者檠枻也,正弓弩之器也。"按燈架曰檠,韓愈有《短檠歌》。此謂一枚固定燈燭之盤也。

　　　　　　　　　　　　　　　　　　　　《戰國楚簡文字編》頁 84

○**何琳儀**（1998）　槑，从木，承聲。

信陽簡槑，讀承。

《戰國古文字典》頁 148

△**按**　《信陽楚墓》隸定爲"槑"，《戰國文字編》隸定爲"柸"，《楚文字編》隸定爲"柔"。

柾

𣏛集粹　𣏚璽彙 2400　𣏚侯馬 67:37

○**吳振武**（1983）　2400 柾兄・柾（楚）兄。

2401"柾"字同此改。

3272□柾・□柾（楚）。

《古文字學論集》（初編）頁 506、514

○**何琳儀**（1998）　柾，从木，疋聲。梳之異文。《集韻》："梳，或作柾。"《説文》："梳，理髪也。从木，疏省聲。"（《説文》："疏，通也。从㐬从疋，疋亦聲。"）

晉璽柾，讀疏，姓氏。疏氏，望出東海。見《通志・氏族略》。

《戰國古文字典》頁 583

△**按**　《戰國文字編》"楈"下錄包山 259 之𣏚，及《集粹》《璽彙》从木从疋之字。包山 259 之𣏚，乃"枳"字，非"楈"字，詳"枳"字條。其他从木从疋之字，當隸作柾，應另立字頭。柾可通楚，侯馬盟書之𣏚，亦用作"楚"，人名；亦通梳、疏，參上引何琳儀説。

羕　样

𥾼包山 184　𥾼包山 190

○**高智**（1996）　包山楚簡中"羕"字作"𥾼"（121）、"𥾼"（120），《包山楚簡》未收入字表，在包山楚簡中用爲姓氏字。

《于省吾教授百年誕辰紀念文集》頁 183

○**何琳儀**（1998）　样，从木，羊聲。《方言》三："槌，齊謂之样。"

楚璽"样猺"，疑讀"養陰"，地名。參漾字。包山簡样，姓氏。疑讀養。楚邑名。食采者以爲氏。見《姓氏考》。

《戰國古文字典》頁 676

△按　包山 120、121 之**字,與包山 184、190 之**字,上部所從不同,前者從
"丘",當隸定爲"枀",后者從"羊",可隸定爲"羏"(样)。包山簡整理者及
《戰國文字編》《楚文字編》皆處理爲一字,可商。參"枀"字條。

栖

珍秦 191

△按　栖,從木,西聲。《廣韻》齊韻:栖,同"棲"。參"棲"字。

柚

信陽 2・21

○何琳儀(1998)　柚,從木,曲聲。
　　信陽簡柚,讀曲。

《戰國古文字典》頁 349

△按　此字字書未見。《信陽楚墓》釋作"柜"(130 頁),其右邊所從與楚文字
"巨"字寫法不同,故釋"柜"恐非。

柭　椒

睡虎地・封診 66

○睡簡整理小組(1990)　椒,讀爲蠀(音醋)。

《睡虎地秦墓竹簡》頁 159

○張守中(1994)　柭　《説文》所無。封六六。通椒。索迹椒鬱。

《睡虎地秦簡文字編》頁 89

△按　其字從木,未聲,或"椒"之省體。

【椒鬱】

○睡簡整理小組(1990)　蠀鬱,指繩套勒束處的青紫瘀血。

《睡虎地秦墓竹簡》頁 159

△按　"椒(麚)鬱"一詞,典籍似未見。

橑

璽彙 3159

─────────────────────

○何琳儀(1998)　橑,从木,虖聲。疑樛之省文。《類篇》:"樛,或省作橑。"《説文》:"樛,樛木也,从木,號省聲。"

晉璽"橑丘",地名。

《戰國古文字典》頁 447

△按　《璽彙》《戰國文字編》皆隸作"橑"。

桁

璽彙 0300　　　　山東 009　　　　山東 011

璽彙 1398

─────────────────────

○石志廉(1980)　"左廩桁(橫)木"璽

圖二　　　　　此璽曾經郭申堂《續齊魯古印捃》、黃濬《尊古齋古鉢集林》等書著録。形如圓筒,中空,下有一穿孔,後部縮進一圈,猶如子母口。黑灰色銹,印面徑 3.3 釐米,長 6.4 釐米,孔徑 2.8 釐米,外徑 3.4 釐米,孔距印底端 3.7 釐米,傳爲山東臨淄出土,爲周叔弢先生舊藏,現歸天津藝術博物館。戰國璽中有"右廩、左廩之鉢、平阿左廩、懷裏廩鉢、君之廩"等。戰國陶量中有"廩量"。此璽之廩字書作,與子禾子釜、陳純釜的廩字書作鼓,河北靜海古城址發現的陳和志左廩陶量殘片的廩字書作鼓,相同。另外從其黑色堅銹的質地特徵看,它也應是山東出土的戰國齊器。

左廩桁木璽文的桁即橫,音同,可互通假。玉璜也稱玉桁,可爲其證。此璽既非秤杆所用者,也不是用來鈐打在裝糧食口袋上封泥所用的。杆秤最早見於南北朝時期。戰國時尚無杆秤,故無法嵌銀秤杆上。戰國的橫(衡)杆,已發現者如長沙左家公山出土的橫(衡)杆爲木製,扁平長方形。中國歷史博物館藏的戰國楚"王"字銅衡,傳安徽壽縣出土,也是作扁平長方形。湖北雲夢睡虎地出土的西漢嬰家木衡,也是扁平長方形。迄今尚未發現有戰國時的圓形秤杆,故此璽不應是鑲嵌圓形秤杆所用者。戰國時只有衡杆,大都作扁平長方形,有用竹木或銅製作者,但大小不一耳。

　　這件銅璽作圓筒形,一端下面有一穿孔,應是安裝木柄使用的烙印。安木柄後,可以釘貫其穿,以防脫落。璽文左廩桁木陽文四字,應是打烙在左廩公用的木橫(衡)上面的烙印。這種木橫(衡)體形寬大,衡值甚重,如戰國三晉時的五年司馬成公大銅權,重六十餘斤的所謂禾石權,估計即爲這種木衡所用者。烙印應打烙在衡的中間部位,表示此衡是已經取得公家承認的標準器,可以正式通行於市。

　　戰國璽中尚有"右正(征)桁木"方形陽文四字銅璽一紐。正即征,"勿正(征)關鉢"的正字和"正(征)官之鉢"的正字可爲其證。右正(征)桁(橫)木,即右廩徵收糧食所用的木衡之義。過去人們有的將其釋爲右正木行木,這種釋文是不對的。左廩桁(橫)木和右正(征)桁(橫)木都是同一類形的銅璽,它們對研究戰國時的度量衡制度具有十分重要的價值。

《中國歷史博物館館刊》1980-2,頁 108—109

○**吳振武**(1984)　《古璽彙編》0300 重新著録並釋爲"左桁稟木"。石志廉同志在《戰國古璽考釋十種》(《中國歷史博物館館刊》1980 年 2 期)一文中根據它的形制定爲烙印並釋爲"左廩桁(橫)木",他認爲此璽"應是打烙在左廩公用的木橫(衡)上面的烙印"。按古璽中又有"左桁正木、右桁正木"兩璽(《古璽彙編》0298、0299)可知"左桁"當爲一詞。"左桁、右桁"似是一種機構。"左桁稟木、左桁正木、右桁正木"的確切含義均待考。

《考古與文物》1984-4,頁 82

○**朱德熙**(1985)　戰國璽印裏有一個上從行下從木的字,見於下列印文:

　　(1)平易桁木(簠齋手拓古印集一九,圖 1)
　　(2)左桁正木(尊古齋古璽集林一、二、一一,圖 2)
　　(3)右桁正木(同上二、四、三,圖 3)
　　(4)左桁歎木(同上一、二、四,圖 4)

　(編按:原文圖三、圖四錯置,今正)

又匋文裏也有與印文同辭的例子:

　　(5)左桁正木(鐵雲藏匋七二下二,圖 5)

按桁當讀爲衡。《禮記·雜記》"甕、甒、筲、衡,實見間",鄭注"衡當爲桁"。《漢書·百官公卿表》"水衡都尉",應劭注"古山林之官曰衡"。上引各辭或單言"衡",或言"左衡、右衡",並當是掌管山林的職司。《周禮·地官·林衡》:“掌巡林麓之禁令而平其守,以時計林麓而賞罰之。若斬材木,則受灋於山虞,而掌其政令。”又《地官·山虞》:“掌山林之政令。物爲之厲(鄭司農云:遮列守之),而爲之守禁。仲冬斬陽木,仲夏斬陰木。凡服耜,斬季材,以時入之。令萬民時斬材,有期日。凡邦工入山林而掄材,不禁。春秋之斬木不入禁。凡盜木者有刑罰。”(中略)

　　綜上所述,本文討論的(1)至(5)各辭應是齊國的官印。

《古文字研究》12,頁 327—328

○**尤仁德**(1990)　　左廩桁木(圖一,6)。

　　　　　　　　銅質,體呈圓筒形,無鈕,筒壁有一穿孔。長 7.3 釐米,直徑 3.6
　　　　　　　　釐米。陳介祺《陳簠齋手拓古印集》《尊古齋古璽集林》、周叔弢《弢庵藏印》著録。(中略)

　　《玉篇》:“桁,屋桁,屋橫木也。”《集韻》:“檩,屋上橫木。”據知,璽文之桁木,即指廩屋所用的檩木。

《考古與文物》1990-3,頁 63—64

○**裘錫圭**(1996)　　傳世六國官印中有“平易(陽)桁、左桁正木、右桁正木、左桁斁木”等印(原文桁字都寫作上行下木之形),前人對這些印文的意義不得其解。朱德熙先生在《釋桁》中指出,這些印文中的“桁”當讀爲林衡之“衡”,釋主山林之官;並據印文字體風格等定各印爲齊印(《朱德熙古文字論集》166—167 頁,中華書局 1995 年)。這些意見十分正確。1964 年山東五蓮盤古城邊曾發現十三方戰國銅印,印文都是“左桁正木”(孫敬明等《山東五蓮盤古城發現齊兵器和璽印》,《文物》1986 年 3 期)。這是這類衡官印屬於齊國的確證。

《于省吾教授百年誕辰紀念文集》頁 158

○**王人聰**(1996)　　左桁奠木　　銅質,2.9×3,通高 8.2 釐米。香港中文大學文物館藏,未經著録。

　　此璽之形制、文字與山東五連縣遲家莊戰國遺址所出銅璽中之一號、二號、四號璽相同。璽文第二字,朱德熙釋“桁”,並云:桁當讀爲衡,即《周禮·地官》之林衡,爲掌管山林之官。又《鐵雲藏陶》七二下著録一片陶文亦與此璽內容相同,其第三字與此璽之第三字構形一致。(見圖一)。該片陶文第三字朱德熙釋“正”;高明《古陶文字徵》釋“立”。今按,上引兩家所釋均不確。陶文此字下部不從止,與立字構形亦不同,不得釋爲正或立字。《古璽彙編》零二零八號著録一璽,文爲“𢼠木之鉨”,第一字朱德熙釋“奠”,甚確。又《金薤留珍·府二三》著録一璽,璽文作“奠木之鉨”,璽文第一字當係上舉璽文"又"之簡化,亦應釋"奠"。今將文物館所藏此璽之第三字與《金薤留珍》著錄之璽文第一字比較,二者構形相同,是知亦應釋"奠",璽文"奠木"當係林衡之屬官。

《古璽印與古文字論集》頁 36,2000;原載《于省吾教授百年誕辰紀念文集》

○**王人聰**(1996)　左桁正木　銅,2.9×2.9,通高 6.4 釐米。館藏號 90.99

此璽下端近方形,稍上變爲圓筒狀,筒口捲沿,璽面四周邊欄凸起。此璽之形制、文字内容、字體風格與 1964 年 11 月山東五連縣遲家莊戰國遺址所出之銅璽相同(《文物》1986 年 3 期 33 頁)。又,《古璽彙編》0298、0299、0300 號三璽及《簠齋手拓古印集》十九著錄之"平易桁璽",其形制、璽文風格亦與上述五蓮縣所出之銅璽相同,可知均屬同一時期之物。

文第二字,朱德熙釋"桁",並考云:"按桁當讀爲衡。《禮記·雜記》'甕、甒、筲、衡,實見閒',鄭注'衡當爲桁'。《漢書·百官公卿表》'水衡都尉',應劭注'古山林之官曰衡'。上引各辭或單言'衡',或言'左衡、右衡',並當是掌管山林的職司。《周禮·地官·林衡》:'掌巡林麓之禁令而平其守,以時計林麓而賞罰之。'"又云:"'桁'下或言'正木',或言'敦木'。據《金薤留珍》(府二三·四)著錄的'正木之璽'一印,可知'正木'是官職名,那麼'敦木'也應是官職名,二者都是林衡的屬官"。(《古研》12 輯 328 頁)

此璽字體具有齊國文字風格,再由與此璽同類之璽印出土於臨淄或山東五蓮縣,可以推知應係齊國之官璽。據上引《文物》報道説:五蓮縣所出之銅璽"外表尚附着泥土,筒孔内壁尚有朽木灰,可知它們從出土至今未經打磨清洗。璽體作筒狀便於納柄"(《文物》1986 年 3 期 34 頁)。今此璽形制與五蓮縣出土銅璽相同,可知其筒口亦係作納木柄之用。

《香港中文大學文物館藏印續集一》頁 162—163

○**劉釗**(1997)　編號 3、4 兩璽釋文分別作:"左桁正木"和"左桁奠木",並引朱德熙先生説讀"桁"爲"衡",指出"衡"爲掌管山林的職官,"正木"和"奠木"當爲"林衡"之屬官。按釋 4 號璽璽文第三字爲"奠"字可商。此字似應按朱德熙先生釋爲"正",視爲"正"字的變體更爲妥當。文中所舉朱德熙先生所釋爲"奠木之鉥"的"奠"字亦可疑。字似爲"虍"字變體,形體與《古璽彙編》3447 號"慮"字和 3521 號"虐"字所從之"虍"旁非常接近。"虍"可讀爲"虞","虞"即"虞人",爲掌管山澤禽獸之官,"虞木"或是"左虞正木"一類官名之省稱。關於"正木"之"正",朱德熙先生和王人聰先生都没有解釋,裘錫圭先生在《戰國文字釋讀二則》(載《于省吾教授百年誕辰紀念文集》)一文中指出"正木"之"正"應讀作"征",正木應該是主管收木材税的官。這一解釋十分正確。包山楚簡140、140號反有記載謂:"小人各征於小人之地,無嘉,登人所斬木四百先於仆君之地襄溪之中,其百又八十先於畢地卷中。"説的就是徵收木材税的事。古代"門、關、市"都要徵收商業税,而檢驗徵税與否的憑據就是璽節。《古璽彙編》0295號楚璽"勿正(征)關璽"和楚鄂君啓節,都是楚國商業活動中徵税用璽節爲憑據的證明。上舉編號3、4兩方"左桁正木"璽的形制與1964年出土於山東五蓮縣遲家莊戰國遺址的銅璽相同,璽的整體立起來呈筒狀,下端璽面爲方形,上端漸變爲圓筒狀,筒口捲沿。這種筒是留着裝納木柄用的。推測這種璽印具體使用時是用火炙燒璽面加熱,所以必須加有一定長度的柄以便把持,然後把熱後璽烙在已經徵收過税的木材上,這樣這些烙有璽印的木材在通過"門、關"和"市"的時候就可免交商業税了。巧合的是60年代發掘的湖北江陵望山楚墓中的部分槨板上就烙有"既正(征)于王"的印文。"既正(征)于王"是已經在王那裏徵收過税的意思。這種烙印從形制到用途都很有特色,是古璽印中一種特殊的品類,與《古璽彙編》0293號"日庚都萃車馬"印的形制和用途很接近。"日庚都萃(烊)車馬"印也有用於納柄的方孔,只不過"左桁正木"印是烙在木材上,而"日庚都萃(烊)車馬"印是烙在馬身上而已。

《中國篆刻》1997-4,頁45—46

○**何琳儀**(1998)　桁,从木,行聲。《玉篇》:"桁,屋桁也。"《新論》:"夫檉柏之斷也。大者爲之棟梁,小者爲之椽桁。"

　　齊器桁,疑足械或頸械。《莊子·在宥》"桁楊相推刑戮相望",疏:"桁楊者,械也。夾脚及頸,皆名桁楊。"又疑葬具。《儀禮·既夕禮》"皆木桁"注:"桁,所以庪苞筲甕瓴也。"

《戰國古文字典》頁625

△按　《璽彙》1398印文爲"宋桁","宋"字作𡩶,"桁"字作𣏌,可能是爲了兩字風格的協調而刻意美化的結果。𣏌字也可能是从木从衣之字,待考。古璽"桁"讀爲林衡之"衡",釋主山林之官,可從。

栯

璽彙2410　　 璽彙2407

○**林素清**(1990)　(104)附錄一八🀄,从木从受(參[173]附錄七五),可隸定爲椵字。

《金祥恆教授逝世周年紀念文集》頁 110

○**裘錫圭**(1992)　最后附帶談一下戰國古印裏的🀄字。我在《戰國貨幣考》裏把這個字釋爲"榆"(70 頁),現在看來,這個字應該釋爲"栜"。"舟、周"同音,"栜"有可能是《説文·木部》"椆"字的異體。

《古文字論集》頁 397—398,1992;原載《徐中舒先生九十壽辰紀念文集》

○**施謝捷**(1998)　2407 🀄　🀄·栜緹(繡)

2408、2410 同此釋。

《容庚先生百年誕辰紀念文集》頁 648

○**何琳儀**(1998)　栜,从木,舟聲。

燕璽栜,姓氏。

《戰國古文字典》頁 186

△**按**　裘錫圭在上引《古文字釋讀三則》中説(《古文字論集》396 頁):"李家浩同志在《信陽楚簡"滄"及从"关"之字》一文裏已經指出,在戰國文字裏"舟"字可以寫作🀄、🀄等形。"因此🀄、🀄二字釋"栜"可從。

桯

🀄包山牘 1　🀄郭店·窮達 7

🀄天星觀

🀄包山 269

○**劉信芳**(1997)　包山簡二六九:"車𨏸,……戗,……一桯,有𣝑之首。"牘:"車𨏸,……戗,……一桯,冢𣝑之首。"

"桯"讀如"殳",簡文"桯"與𨏸、戗並述,曾侯乙簡三:"一𨏸,……一殳。"簡一四:"一𨏸,三果,一翼之翢;一晉殳。"計十餘例無例外(果、翢是𨏸的附屬物),以辭例對勘,知"桯"即"殳"。"殳"之或體作"𠬝"。包山二號墓出土實物有"𠬝"二件(標本二:二二五;二:四〇三)。曾侯乙墓出土𠬝七件,其中六件有相同的銘文:"曾侯邸之用𠬝。"

《中國文字》新 22,頁 192

○**何琳儀**(1998)　桯,从木,坙聲。

包山牘一桎，疑讀校。《儀禮‧既夕禮》“校在南”，注：“校，脛也。”

《戰國古文字典》頁 284

椞，从木，窣聲。疑椻之異文。《類篇》：“椻，木名，櫨李也。”

包山簡椞，讀袘。《集韻》：“袘，欑木以殯也。”

《戰國古文字典》頁 881

○**何琳儀**（2000）　“桎”讀若“嚻”，參《海篇》“侳，驕也，音嚻”。簡文“桎”疑讀“校”。《詩‧小雅‧北山》“或不知叫號”，釋文“叫本又作嚻”。《山海經‧北山經》：“是名曰鵁鵁，其鳴自詨。”《讀書通》：“叫、訆通作詨。”是其旁證。包山牘 1“桎”讀“校”，亦可資參考，詳拙著《戰國文字聲系》284。《易‧噬嗑》“何校滅耳”，注：“校，若今枷項也。”《説文》：“校，木囚也。”據《史記‧秦本紀》載，百里傒初爲“秦穆公夫人媵於秦”，嗣後“亡秦走宛，楚鄙人執之”，秦穆公以“五羖羊皮”從楚人手中買回百里傒。“穆公釋其囚，與語國事”。所謂“釋其囚”與簡文“釋板（校）”意同。或讀“板桎”爲“板梏”，亦可通。

《文物研究》12，頁 199

○**白於藍**（2001）　白（百）里迌迶（饋）五羊〔九〕，爲敀數牛〔一〇〕，斁（釋）板桎而爲嚻（朝）卿，堣（遇）秦穆。《窮以達時》簡 7

　　〔注九〕：“白里迌，各書作百里傒（或作奚）。迶，从‘旨’聲，唐蘭釋作‘饋’（《論周昭王時代的青銅器銘刻》，《古文字研究》第 2 輯）。裘按：各書多言百里奚以五羊之皮賣身，‘五羊’上二字疑當與‘賣’義有關。疑第二字从‘辵’‘奝’聲，即‘遺’字，讀爲‘賣’，通‘鬻’。第一字从‘旦’聲，似可讀爲‘轉’。《淮南子‧脩務》：‘百里奚轉鬻。’”〔注一〇〕：“裘按：‘敀’讀爲‘伯’，‘數’讀爲‘牧’。《韓詩外傳》卷七言百里奚事有‘爲秦伯牧牛’語。”

　　關於上引釋文中之“板桎”一詞，原注釋中未作解釋。我們先來討論“桎”字，此字从木夅聲，未見於字書。此字原篆作“桎”，筆者以爲其“土”旁上部所从實即《説文》“戈（夂）”（編按：“戈”爲戈之誤）字。（**中略**）

　　至於“桎”字所从之“夅”旁，筆者以爲或即《説文》之“坻”字異構。《説文》：“坻，小渚也。《詩》曰：‘宛在水中坻。’从土氏聲。汦，坻或从水从夂。泜，坻或从水从耆。”“夅”字从土表義，與“坻”之篆文相同；從“夂”聲，則與“坻”之或體“汦”相同。若此，則“桎”或即《説文》之“柢”字。

　　此字亦見於包山楚簡的遣策文字當中，作“桎”，其前後相關之文句如下：

一紛正車；……亓（其）上軙（載）：絑（朱）猏（旌），百條四十攸（條）翠（翠）之頁（首）。笔（旌）中干（竿），絑（朱）縞七翌（就）。車軙（載），戠（侵）習（羽）一翌（就）；亓（其）會（施），術五翌（就）。敓（纘），三翌（就）。

一桯，緣（蒙）覒（旌）首。　　　牘一

據李家浩先生考證，此段文字所記載的隨葬物都與古時車上所載之旌旗之類物品有關。惟獨"桯"字，李先生未作解釋。筆者以爲，"桯"字在此當讀作"綏"。

《玉篇·夊部》："夊，行遲皃。《詩》云：'雄狐夊夊。'今作綏。"此引《詩》見今本《詩·齊風·南山》。"桯"字既從夊聲，自亦可讀作"綏"。《禮記·明堂位》："有虞氏之旂，夏后氏之綏。"鄭玄《注》："綏亦旌旗之屬也。"《周禮·天官·夏采》："夏采掌大喪，以冕服復於大祖，以乘車建綏，復於四郊。"鄭玄《注》："綏以旄牛尾爲之，綴於幢上，所謂注旄於干首者。"綏又可通作緌，《集韻·脂韻》："緌，注旄於干首，或作綏。"《禮記·王制》："天子殺，則下大綏；諸侯殺，則下小綏。"鄭玄《注》："綏，當爲緌，緌，有虞氏之旌旗也。"《釋名·釋兵》："緌，有虞氏之旌也，注旄竿首，其形緌緌然也。"由此可知，綏乃車上所載之旌旗之屬，此與包山簡此段文字之整體文義相合，而其特徵是注旄於干首，則又與包山簡之"緣（蒙）覒（旌）首"相合。可見，此處之"桯"無疑應讀爲"綏"。此亦可佐證"桯"之從"夊（夊）"聲應該是可信的。包山簡269號中有一段與上引牘文內容基本相同的文字，惟將"桯"寫作"𡹀"，此字亦從"坴"聲，惟其所從之"夅"與其下部所從之"土"旁發生借筆關係而已。

現在，我們再回過頭來討論關於郭店簡中"板桯"一詞的解釋，筆者以爲此詞於此似當讀作"鞭箠"。上古音板、鞭均是幫母元部字，則板自可通作"鞭"。至於"桯"字，前已云可通作"綏"，綏從妥聲，妥字上古音爲透母歌部字，箠字爲端母歌部字，則與箠聲紐同爲舌音，韻則同韻。典籍中綏可通隋，《集韻·寘韻》："隋，尸所祭肝脊黍稷之屬，或作綏。"又《支韻》："隋，祭食也。一曰臠薦血。或作綏。"朱駿聲《說文通訓定聲·履部》："綏，假借爲隋。"而從垂聲之棰字亦可與隋字相通，《史記·貨殖列傳》："果隋蠃蛤，不待買而足。"張守節《正義》："隋，今作棰，音同，上古少字也。"可見"桯"可通"箠"。箠字古亦有馬鞭之義。《玉篇·竹部》："箠，擊馬箠也。"《集韻·紙韻》："箠，一曰策也。"又《史記·張耳陳餘列傳》："夫武臣，張耳、陳餘杖馬箠下趙城數十。"此箠字亦是馬鞭之義。

"鞭箠"一詞於傳世文獻中屢見，如《國語·吳語》："越國固貢獻之邑也，君王不以鞭箠使之。”《鹽鐵論・詔聖》：“故罷馬不畏鞭箠，罷民不畏刑法。”司馬遷《報任安書》：“且人不能蚤自則繩墨之外，已稍陵夷至於鞭箠之閒，乃欲引節，斯不亦遠乎！”《説苑・談叢》：“騏驥日馳千里，鞭箠不去其背。”《越絶書・荆平王内傳》：“荆平王已死，子胥將卒六千，操鞭箠笞平王之墓而數之。”

　　從郭店簡本段文字之整體文義來審察，“爲敀（伯）𢿗（牧）牛，𢏏（釋）板（鞭）桱（箠）而爲𦣞（朝）卿”，文義上亦很契合。《窮達以時》篇中又有邵縣（依文獻當爲“傅説”）“𢏏（釋）板篢（築）而差（佐）天子”“完（管）寺（夷）虘（吾）……𢏏（釋）杸（桱）㮰（枊）而爲者（諸）侯相”的文句，可與本句相比較。

　　郭店簡《窮達以時》篇中又有一“荅”（簡13）字，原釋文中將此字釋爲“茖”，《説文》：“茖，艸也。从艸，各聲。”前已云“𡥀”乃攵（夂）字，而且楚簡文字中“各”字習見，從未見其所从之“夂”（倒止之形）上有加一“⺊”者，故可知此字絶非“艸也”之“茖”。筆者以爲此字應即《説文》之“葰”字。《説文》：“葰，薑屬。可以香口。从艸，俊聲。”《廣雅・釋草》：“廉薑，葰也。”葰字之或體又可作“菱、荽、芟”，《集韻・脂韻》：“葰，薑屬。或作菱、荽、芟。”“芟”正从“弋（夂）”聲，與楚簡此字相合。綏亦可假借爲葰，《儀禮・既夕禮》：“茵著用荼，實綏澤焉。”鄭玄《注》：“綏，廉薑也。”這與我們前面云“桱”於包山簡中當讀爲“綏”也是相符的。《窮達以時》此“葰”字出現在如下之文句當中：

　　　　……嗅而不芳，無葰菫愈𡊅山石不爲……

由於竹簡上下均殘斷，現已無法復原該句之原貌。但該句中“葰”字是與“菫”字在一起出現的，而典籍中“葰、菫”二字亦有在一句話中出現的例證。如《文選・晉潘安仁（岳）〈閑居賦〉》：“菫薺甘旨，蓼菱芬芳。”李善《注》：“鄭玄《儀禮》注曰：‘葰，廉薑也。’”此外，《文選・左思〈吳都賦〉》：“薑彙非一。”李善《注》引劉逵曰：“《異物志》：‘菱，一曰廉薑，生沙石中，薑類也。其累大，辛而香。’”葰既“生沙石中”，而簡文中“葰”字後亦有“山石”二字，恐正與此有關。

　　　　　　　　　　　　　　　　　　《簡帛研究二〇〇一》頁193—195

○**劉信芳**（2003）　牘1作“桱”，應即“杸”之異構。簡文“桱”與戟、矛並述，曾侯乙簡3：“一戟，……一杸。”簡14：“一戟，三果（戈），一翼之翶：一晉杸。”計十餘例無例外（果、翶是戟的附屬物），以辭例對照，知“桱”即“杸”。“杸”

之或體作"殳"。出土實物有殳二件(標本 2-225、2-403)。曾侯乙墓出土殳七件,其中六件有相同的銘文:"曾侯邸之用殳。"

《包山楚簡解詁》頁 310

○**劉釗**(2003)　"桎"字從"木"從"圣","圣"從"爻"得聲,"爻"在心紐微部,"箠"在禪紐歌部,音似不通,但"爻"古又作"綏",《詩·國風·南山》:"南山崔崔,雄狐綏綏。"《玉篇》引作:"雄狐爻爻。""綏"從"妥"聲,而"妥"古音就在歌部。禪、心二紐古亦常有相諧的例子,如以"甚"字爲聲的字就分屬於心紐和禪紐。

《郭店楚簡校釋》頁 172

△**按**　據包山簡、牘之文例,"桎、桎"當爲一字之異體,從宀爲贅加偏旁。滕壬生懷疑"桎"與"桎"爲一字異寫,見《楚系簡帛文字編》增訂本 553 頁。《戰國文字編》《楚文字編》則分別隸定爲桎和桎。《戰國古文字典》也分爲兩字,一作"桎",一作"桎"。"桎"字之解,以白於藍説爲長。

柛

郭店·太一 3　　 包山 175　　 陶彙 3·1194　　 陶彙 3·1199

○**顧廷龍**(1936)　柛,《説文》所無,按《説文》有榑字,"榑,桑,神木,日所出也。從木,專聲"。專本從甫聲,是此即榑字也。

《古匋文春錄》卷 6,頁 2

○**何琳儀**(1998)　柛,從木,甫聲。《篇海》:"柛,木欑也。"

　　信陽簡"柛首",疑讀"輔道"。《漢書·史丹傳》贊:"丹之輔道副主。"

《戰國古文字典》頁 597

○**荊門市博物館**(1998)　柛,讀作"輔",字亦作"俌"。《廣雅·釋詁二》:"俌,助也。"

《郭店楚墓竹簡》頁 125

○**趙建偉**(1999)　"柛"讀爲"輔",與《老子》六十四章"輔萬物之自然"的"輔"相同(簡文《老子》之"輔"亦作"柛")。

《道家文化研究》17,頁 383

○**陳偉**(1999)　薄,原作"柛",下同。整理者讀爲"輔"。恐當讀爲"薄",爲迫近、交接之意。《周易·説卦》云:"天地定位,山澤通氣,雷風相薄。"（中略）

《淮南子・氾論訓》云："夫雌雄相接，陰陽相薄。"（**中略**）簡書"反楠、相楠"也就是"反薄、相薄"之意。《禮記・樂記》云："地氣上齊，天氣下降，陰陽相摩，天地相蕩，鼓之以雷霆，奮之以風雨，動之以四時，暖之以日月，而百化興焉。"《淮南子・泰族訓》云："神明接，陰陽和，而萬物生之。"古書中這些關於天地、神明、陰陽等交互作用而生成萬物的記載，與本篇所云有一定相似之處。

《古文字與古文獻》頁 67

○**陳偉**（2000）　　這一部分多次出現的"楠"字，整理者讀爲輔助的"輔"，學者從之。我們覺得恐當讀爲"薄"，爲迫近、交接之意。《周易・説卦》云"天地定位，山澤通氣，雷風相薄"；《淮南子・氾論訓》云"夫雌雄相接，陰陽相薄"，簡書"反甫（从木）、相甫（从木）"也就是"反薄、相薄"之意。水、天、地均由太一生成，又反過來與之發生作用，進而生成新的範疇。自天、地生成以後，神明、陰陽、四時、滄熱、濕燥均是一對或一組相關範疇，它們相互作用，生成新的範疇。《禮記・樂記》云："地氣上齊，天氣下降，陰陽相摩，天地相蕩，鼓之以雷霆，奮之以風雨，動之以四時，暖之以日月，而百化興焉。"《淮南子・泰族訓》云："神明接，陰陽和，而萬物生之。"古書中這些關於天地、神明、陰陽等交互作用而生成萬物的記載，與本篇所云多有相似之處。《老子》所説的"沖氣"，陳鼓應先生解釋爲"陰陽兩氣互相交沖"。從這個角度看，也以讀"薄"爲好。

《古文字研究》22，頁 228

○**陳偉武**（2002）　　郭簡云："弗杸不足。"（11.48。）又云："水反楠大（太）一。"（2.1。）"杸、楠"均讀爲"輔"。"甫"從"父"聲，"杸"當是"楠"之初文，後復孳乳出"榑"字。甲骨文"甫"作屮，象田中有蔬，爲圃之初文，金文聲化爲从父。

《中國文字研究》3，頁 125

○**陳偉**（2003）　　薄，原作"楠"，下同。整理者讀爲"輔"。恐當讀爲"薄"，爲迫近、交接之意。《周易・説卦》説："天地定位，山澤通氣，雷風相薄，水火不相射，八卦相錯。"又説："戰乎乾。乾，西北之卦也，言陰陽相薄也。"《淮南子・氾論訓》説："夫雌雄相接，陰陽相薄，羽者爲雛鷇，毛者爲駒犢，柔者爲皮肉，堅者爲齒角，人弗怪也。"簡書"反楠、相楠"也就是"反薄、相薄"之意。《荀子・禮論》説："天地合而萬物生，陰陽接而變化起，性僞合而天下治。"《禮記・樂記》説："地氣上齊，天氣下降，陰陽相摩，天地相蕩，鼓之以雷霆，奮之以風雨,動之以四時,暖之以日月,而百化興焉。"《淮南子・泰族訓》説:"神明接,陰陽和,而萬物生之。"古書中這些關於天地、神明、陰陽等交互作用而生成萬物的記載,與簡書所云有一定相似之處。

《郭店竹書別釋》頁 26

○劉釗(2003)　"柿"讀爲"輔",義爲"輔助"。"反輔"是表示正反合式的三極循環。

《郭店楚簡校釋》頁 43

△按　郭店簡《太一生水》篇之"柿",讀"輔"可通,故研究者多直接隸定爲"輔"。簡文《老子》丙 13—14:"是以能柿萬物之自然,而弗敢爲。""柿"今本作"輔",可資佐證。"柿"讀"薄"可備一説,典籍"相薄"有之,"反薄"鮮見。

栖

璽彙 2974

璽彙 3543

包山 27　包山 40　包山 89　包山 167　包山 174

集成 12112 鄂君啟節　包山 68　九店 56・21　九店 56・26

集成 10373 鄔客問量

○吳振武(1983)　3102 ・稟(廩)豕子。

3543 ・稟(廩)豕子。

《古文字學論集》(初編)頁 512

○何琳儀(1998)　栖,从木,西聲。楚系文字或移木旁於西内。《字彙》:"栖,同橁。"《説文》:"橁,積火燎之也。从木从火,西聲。《詩》曰,薪之橁之。《周禮》橁燎祠司中、司命。禌,柴祭天神。或从示。"

鄂君啟車節"栖焚",讀"柳焚"。《説文》西古文作卯(卯),是其佐證。"柳焚",地名。《左・宣九年》:"鄭伯敗楚師于柳焚。"在今河南南部,地望不詳,戰國屬楚。廿八宿漆書栖,讀柳。見《吕覽・有始》。其它栖,讀西,地支字。

《戰國古文字典》頁 211—212

○李家浩(2000)　簡文"栖"字原文皆作形,將"木"旁寫在"西"旁下部的

裏面,比較特別。這種寫法的"栖"還見於鄂君啟節和包山竹簡等楚國文字。《廣韻》卷三有韻:"栖,柞栖,木。"簡文用爲十二地支申酉之"酉"。

《九店楚簡》頁 65

○**劉信芳**(2003)　楚系文字多假"栖"爲"酉"。作爲姓氏,字讀爲"柳",馬王堆漢墓帛書《五行》第 216 行:"酉下子見其如斬也。""酉下子"即"柳下子。"

《包山楚簡解詁》頁 140

△**按**　"栖"字異形現象比較多,主要是偏旁的移動變化。《璽彙》之🜛與包山簡之🜛,皆上下結構,然"木"符與"酉"符上下異位;鄂君啟節、包山簡之🜛,則移"木"符於"酉"内,頗爲奇特。"栖"字多用作紀日和人名。滕壬生認爲是"楢"字,或"酉"字的異體,見《楚系簡帛文字編》增訂本 539 頁和 1253—1254 頁。參"楢"字。《璽彙》3543 之🜛字,《璽彙》無釋,吳振武釋"槀",《戰國文字編》則入"楅"字下。

梘

新蔡甲三 380

△**按**　信陽簡 2・3 有🜛字,或釋"梘",或釋"欘"。今歸"欘"字,見"欘"字條。

桿

集成 10374 子禾子釜

○**何琳儀**(1998)　桿,從木,旱聲。《篇海》:"桿,木也。"

《正字通》:"桿,俗杆字。杆,木梃也。"

子禾子釜桿,讀杆。

《戰國古文字典》頁 993

梋

璽彙 2910

○**高智**（1997） 二、釋栯

《古璽彙編》著録如下一印：

2910

此印"𣏗"字，舊不識。《古璽文編》《古璽彙編》皆隸釋爲"栯"，今按：此字左從"𣏗"右從"木"。"𣏗"上從"𠙵"，"𠙵"爲"口"，下"二"當爲戰國文字中常見的筆飾現象，尤其古璽文字常常在"口"下增"二"，（中略）下從"肉"爲"肉"是古璽文的代表性寫法，故此字當是一個從木從肙的"栯"字。古璽中用爲人名。

《第三屆國際中國古文字學研討會論文集》頁 852

△**按** 《戰國文字編》頁 378 把《璽彙》0189 之𣏗、0122 之𣏗、3039 之𣏗（《璽彙》皆釋爲"和"）與𣏗列爲同字，恐無據，待考。

栟

栟 睡虎地・日甲 2 背

○**張守中**（1994） 栟，《説文》所無。

《睡虎地秦簡文字編》頁 89

△**按** 《廣韻》模韻："栟，木名。"

【栟山】睡虎地・日甲 2 背

○**睡簡整理小組**（1990） 栟山，古書多作塗，《説文》作盦，《書・益稷》："娶於塗山，辛壬癸甲。"此言癸丑、戊午、己未，與《書》不合。

《睡虎地秦墓竹簡》頁 209

精

精 楚帛書

○**蔡季襄**（1944） 精，古文精字。精，神也。

《晚周繒書考證》頁 7

○**嚴一萍**（1967） 精，各家釋精。按《説文》："精，擇也。從米，青聲。"段玉裁注："引伸爲最好之稱。"繒書從木青聲，釋精是。

《中國文字》26，頁 11

○**李零**（1985）　𣘍，讀爲精。

　　　　　　　　　　　　　　　　　　　　　　　《長沙子彈庫楚帛書研究》頁 108

○**饒宗頤**（1985）青木、赤木、黃木、白木、墨木之精（精）。信陽竹簡青字作𢀰，形同。精字从木青聲，乃精之異構。武梁祠石刻云"伏羲蒼精"。

　　　　　　　　　　　　　　　　　　　　　　　　　　　《楚帛書》頁 27

○**曾憲通**（1985）此字从木青聲，宜讀爲精。（中略）或以爲精字異構。

　　　　　　　　　　　　　　　　　　　　　　　　　　《楚帛書》頁 285

○**何琳儀**（1986）　"精"，原篆作"𣘍"，"青木"之"青"作"𢀰"。這兩種"青"的異體均見於《古璽文編》5.7。《玉篇》："精，木名。"帛書"精"讀"精"，諸家無異辭。《説文》："精，擇也。"段注："引申爲最好之稱。"

　　　　　　　　　　　　　　　　　　　　　　《江漢考古》1986-2，頁 81

○**曾憲通**（1993）　此字从木青聲，宜讀爲精。青聲之𢀰與青木之𢀰雖小異，與信陽遣策"青黃之象"作𢀰者則同。或以爲精字之異構。

　　　　　　　　　　　　　　　　　　　　　　《長沙楚帛書文字編》頁 80

○**劉信芳**（1996）　精　諸家多釋"精"，無論如何解釋均不通暢。按字應讀如"旌"，包山簡二六九"絑䍚"，即"朱旌"，䍚、精音通。《爾雅·釋天》："注旄首曰旌。"注云："載旄於竿頭，如今之幢，亦有旒。"帛書謂以五色之木爲杆，製爲旌，蓋補足上文"違攻"之義。

　　　　　　　　　　　　　　　　　　　　　　《中國文字》新 21，頁 81

○**何琳儀**（1998）　"精"，从木，青聲。《玉篇》："精，木名。"
　　楚帛書精，神木。

　　　　　　　　　　　　　　　　　　　　　　《戰國古文字典》頁 822

○**李零**（2000）　"精"，舊多讀"精"，疑非是。《玉篇》："精，木名。"亦非所當之義。這裏"精"指五根擎天柱，疑讀爲槙榦之槙。槙爲端母耕部字，精爲精母耕部字，讀音相近。

　　　　　　　　　　　　　　　　　　　　　　《古文字研究》20，頁 171

△**按**　戰國之"精"，唯見於楚帛書，有"精、旌、槙"三説，以讀"精"者居多。

𥟖

　　𥟖陶彙 3·1112

○**何琳儀**(1998)　桼,从木,刲聲。(《説文》:“刲,刺也。从刀,圭聲。”)《廣韻》:“刲,刻也。”

齊陶桼,人名。

《戰國古文字典》頁741

棲　栖

睡虎地・雜抄35

○**睡簡整理小組**(1990)　棲,讀爲遲。

《睡虎地秦墓竹簡》頁88

○**陳偉武**(1998)　七、尚有栖未到戰所

《秦律雜抄・敦表律》:“軍新論攻城,城陷,尚有棲(栖)未到戰所,告曰戰圍以折亡,叚(假)者,耐。”整理小組注:“栖,讀爲遲。”

今按,古雖有“栖遲”一詞,但“栖”不等於遲,簡文不必破讀。居延新簡破城子探方五九・541號云:“□□留稚失期、職事毋狀,罪當死。”“留稚”猶言“栖遲”,因知栖當訓留而非訓遲。栖本指鳥類歇息,引申泛指居住、停留。如《國語・越語上》:“越王句踐栖於會稽之上。”韋昭注:“山處曰栖。”《敦表律》“栖”字釋爲“停留、逗留”即文從字順。

《胡厚宣先生紀念文集》頁206

△**按**　《戰國文字編》(380頁):“《説文》西部以爲‘西’之或體。”《説文》西部:“西,鳥在巢上。象形。日在西方而鳥棲,故因以爲東西之西……棲,西或从木、妻。”

棯　鈢

包山266

○**劉彬徽、彭浩、胡雅麗、劉祖信**(1991)　鈢,讀如鉿。《説文》:“可以勾鼎耳及爐炭。”出土物中有銅鼎鉤一對。

《包山楚簡》頁64

○**李家浩**(1994)　“鈢”字不見於字書。在左右結構的形聲字中,多數是左形右聲,但也有不少是右形左聲。以从“金”的字爲例,“銀”屬於前者,“錦”屬

於後者。因此簡文“鈢”字究竟是左形右聲還是右形左聲,從該字本身不好確定。《包山》認爲此字是左形右聲,説“讀如鉛”,指墓中出的銅鼎鉤。這一意見顯然是有問題的,簡文明明説“鈢”是木器,怎麽能説它是銅器呢? 根據“鈢”是木器這一線索,我們倒認爲此字是右形左聲。也就是説,“鈢”字應當分析爲从“木”从“金”聲。古代“金、禁”都是見母侵部字,音近可通。《説文》手部“捡”字重文作“撲”,《玉篇》衣部“袷”字重文作“襟”。此是諧聲字的例子。《戰國策·趙策一》第九章“韓乃西師以禁秦國”,馬王堆漢墓帛書《戰國縱横家書》第二一章與此句相當的文字“禁”作“唫”。此是異文的例子。疑簡文“鈢”應當讀爲“禁”。

此墓東室出木禁二,與簡文所記相合。木禁爲整板製成,長方形,禁面“兩邊各鑿長方形斜槽一周,形成兩個隆起的臺面”。黑漆地上繪白色花紋。標本 2:5,長 94.8 釐米、寬 40.4 釐米、厚 8 釐米。標本 2:102,長 92.4 釐米、寬40.4 釐米、厚 8 釐米。

禁是承酒器用的,禮書記載有禁、斯禁之分。據鄭玄的説法,禁的形制是“如今方案,隋長,局足,高三寸”;斯禁的形制是“禁切地無足者”。另外還有一種梜,鄭玄説是“無足禁”,故他以“斯禁”釋之。鄭玄以他當時的“方案”來解釋禁,説明漢代已經不使用禁了。據楚墓出土的實物,禁是無足的,有足的叫禁橛或禁梡,與鄭玄的説法不同。過去出土的銅禁,也有有足和無足兩種,有足禁的足很矮。既然禁是無足的,那麽斯禁大概是有足的,鄭玄可能將禁與斯禁的形制説反了。

《著名中年語言學家自選集·李家浩卷》頁 234—235,2002;原載《國學研究》2

○ **何琳儀**(1998)　檢,从木,金聲。疑枔之繁文。《廣韻》:“枔,木葉。”

包山簡檢,讀禁。《戰國策·趙策》一:“韓乃西師以禁秦國。”《戰國縱横家書》禁作唫。《説文》捡或作撲。是其佐證。《儀禮·士冠禮》“兩甒有禁”,注:“禁,承尊之器也。名之爲禁者,因爲酒禁也。”《禮記·禮器》“大夫士梜禁”,注:“如今方案,隋長曲足,高三寸。”

《戰國古文字典》頁 1395

○ **劉信芳**(1998)　16 望 2·45 釋文:“二旂,二□,一敞(雕)桱。”空圍之字原簡上从金,下从木,應隸作“檢”,字讀如“禁”。

《簡帛研究》3,頁 38

△ **按**　此字或隸作“鈢”,或隸作“檢”。按楷書“鈢”爲“鈝(璽)”之省變異體,爲避混淆,隸定作“檢”更爲合適。包山簡“檢”字列在“木器”之下,讀“禁”,訓“承尊之器”,此説可從。

楛　㮱

📜包山 266　　📜包山 266　　📜包山 266

○**中大楚簡整理小組**（1977）　㮱。

《戰國楚簡研究》2，頁 23

○**劉雨**（1986）　㮱。

《信陽楚墓》頁 129

○**劉彬徽、彭浩、胡雅麗、劉祖信**（1991）　楛，簡文从尾从止，爲屈字異體。楛，讀作柮。《説文》：“柮，斷木也。”柮在此似指木案。

《包山楚簡》頁 64

○**何琳儀**（1993）　一柾楛　　266
　　楛原篆作📜，應隸定“㮱”，釋“梡”，俎案。

《江漢考古》1993-4，頁 60

○**郭若愚**（1994）　一桷
　　角，酒器。釋見二一一六簡。

《戰國楚簡文字編》頁 90

○**李家浩**（1994）　“楛”字原文所从的“屈”旁作从“尾”从“止”，125 號簡月名“屈欒”之“屈”的寫法與此相同，可以比較。古文字“出、止”二字形近易訛。壽縣楚王銅器銘文“楚王酓肭”之“肭”所从“出”旁或寫作“止”，即其例。因此，寫作从“止”的“屈”當是訛體。

　　“楛”字不見於字書，根據漢字結構的一般規律，此字應當分析爲从“木”从“屈”聲。古代“屈、厥”二字音近。從聲母來説，它們都屬見母；從韻母來説，“屈”屬物部，“厥”屬月部，物、月二部字音關係密切。所以“屈、厥”二字可以通用。例如：《左傳》襄公元年晉人“韓厥”，《公羊傳》作“韓屈”；《荀子・法行》“夫魚鼈黿鼉猶以淵爲淺，而堀[穴]其中”，《大戴禮記・曾子疾病》與此句相當的文字，“堀”作“厥”；《玉篇》刀部“刷”字重文作“劂”。疑簡文“楛”即《廣雅・釋器》訓爲“几”的“橛”的異體。字或作“㮲”。《禮記・明堂位》“俎用梡、㮲”，陸德明《釋文》：“㮲，居衛反。又作‘橛’，音同。”

　　（中略）此墓東室出土四件“高足案”，疑是簡文所記的橛。這四件“高足案”形制相同，都是在長方形面板兩端各安三足，足下安跗。通體素飾。四件“高足案”大小不一。2:98 最大，長 138 釐米、寬 46 釐米、通高 57.6 釐米；其次是 2:3,長 118 釐米、寬 41.8 釐米、通高 49.6 釐米;再其次是 2:2,長 80 釐米、寬 40 釐米、通高 46 釐米;2:101 最小,長 72.8 釐米,寬 40 釐米、通高 46.4 釐米。按理來説,屠宰犧牲用的梡要大一些,疑 2:98、2:3"高足案"當是屠梡、宰梡,2:2、2:101"高足案"當是廣梡、昃梡。

"梡"字亦見於信陽簡,凡五見:

(2)一酨梡,刻(漆)[彫(雕)]。(《信陽》圖版一二二·2-011)

(3)其木器:……一梡。(《信陽》圖版一二四·2-017)

(4)其木器:……一梡。(《信陽》圖版一二五·2-020)

(5)其木器:……一梡。(《信陽》圖版一二七·2-025)

(6)其木器:一梡,刻(漆)彫(雕)。(《信陽》圖版一二八·2-029)

(2)原文"漆"之下漏寫一"彫"字,此據簡文(6)補。《禮記·少儀》"國家靡敝,則車不雕几",鄭玄注:"雕,畫也。"

信陽楚墓出"Ⅰ式案"五(1-246、1-679、1-765、1-768、1-772),其形制與包山"高足案"基本上相同,也是在長方形面板兩端各安三足,足下安跗。面板黑漆地上繪朱色捲雲紋。其中 1-246 案的案面比較特別,案面上浮雕兩個凹下的方框,框内有兩個稍凸出的圓圈。"在案的附近發現有高足彩繪方盒,其假圈足與此圓圈重合,因而辨認此案係置方盒用的"。這五件案的大小略有出入,長 96—100 釐米,寬 37—44 釐米,高 20.2—23 釐米。疑 1-679、1-765、1-768、1-772 案當是簡文(3)至(6)所記的梡,1-246 案當是簡文(2)所記的酨梡。酨梡之"酨",原文"关"旁寫在"酉"旁之上。此字亦見於望山簡,唯將"关"旁寫在"酉"旁之右,與前者的結構不同。

在望山簡中,跟包山簡和信陽簡"梡"相當的器名之字作"樎":

(7)一件樎,一豕樎,一羊樎,一酨樎。 《文物》1966 年 5 期圖版伍第二簡,52 頁圖二四第二簡

《望山楚簡》考釋説:

> 此簡"樎"字四見,據文義當是盛放牛、羊、豕等體積較大的食物的木器……此墓出大型"高足案"四,大小不等,疑即簡文所記之"樎"。四案中,邊箱 20 號最大,長 164 釐米,寬 47.5 釐米,當是牛樎;邊箱 18 號長 114.5 釐米,寬 37 釐米,當是豕樎;邊箱 10 號長 95,寬 35 釐米,當是羊樎。邊箱 19 號長 93,寬 38 釐米,"案面爲兩個低凹的方框"者,疑是酨樎。

這些意見無疑是正確的。《禮記·明堂位》説"俎用梡、嶡",又説"俎,有虞氏

以梡,夏后氏以嶡"。上古音"斷、完"都是元部字。"斷"的聲母屬清母,"完"的聲母屬匣母,看似相隔較遠。但是《說文》"斷"字正篆作"劗",許慎說從"囪"聲。"囪"的聲母屬心母,從"斷"得聲的"僁、躥"等字也屬心母。古代心、匣二母的字有互諧的現象,例如從"亘"得聲的字,"宣、愃"等屬心母,而"垣、狟"等屬匣母;從"旬"得聲的字,"荀、詢"等屬心母,而"昫"屬匣母;從"隹"得聲的字,"睢、雖"等屬心母,而"淮"屬匣母。又如"槥"字有相銳切、于歲切兩讀,前一讀音屬心母,後一讀音屬喻母三等,按照曾運乾的說法,上古音喻母三等歸入匣母。據此,疑簡文的"樓"應當讀爲"俎用梡、嶡"之"梡"。

值得注意的是,"橛、梡"二字不僅意義相同,而且上古音也十分相近。楊樹達《古音對轉疏證》在講上古音曷(月)部與寒(元)部對轉時,曾以"嶡"與"梡"爲例,是楊氏以"嶡"與"梡"爲入聲韻與陰聲韻對轉的關係。楊氏在該文中所舉的"捖讀爲刮"之例,也是屬於這種對轉的關係。《考工記·總敘》"刮摩之工五",鄭玄注"刮作捖",並引鄭司農云"捖讀爲刮"。"刮"從"舌(昏)"聲,而"舌(昏)"從"丩"聲。小徐本《說文》口部"昏"字說解說:"丩,古文厥。"金文"丩"多用爲"厥",與《說文》合。簡文"橛"作"楒",從"屈"聲。"屈、完"上古音也十分相近。《易·困》上六"于臲卼",《說文》出部"黜"字下引"卼"作"黜"。《左傳》文公十八年所記四凶之一"檮杌",《說文》木部"檮"字下引作"檮柮"。"屈、黜、柮"都從"出"聲。"完"從"元"聲,"卼、杌"從"兀"聲,古代"元、兀"本是一字。上面提到的壽縣楚王銅器銘文的"楚王酓朏",多數學者認爲即楚考烈王。考烈王的名字,《史記·楚世家》作"熊元",司馬貞《索隱》引《世本》"元"作"完"。據小徐本《說文》說解,"朏"字從"出"聲。此也是"屈、完"二字可以通用的例子。總之,"橛、梡"二字的音義關係十分密切,它們很可能是同源詞。後人不明白這一道理,以致誤認爲"梡"是有虞氏之俎,"嶡"是夏后氏之俎。

根據古代經師的說法,橛和嶡的形制是有區別的。《禮記·明堂位》"俎,有虞氏以梡,夏后氏以嶡",鄭玄注:

> 梡,斷木爲四足而已。嶡之言蹶也,謂中足爲橫距之象,《周禮》謂之距。

又"俎用梡、嶡",孔穎達疏:

> 梡、嶡,兩代俎也。虞俎名梡。梡形四足如案。《禮圖》云:"梡長二尺四寸,廣一尺二寸,高一尺。諸臣加雲氣,天子犧飾之。"夏俎名嶡。嶡

亦如梡,而橫柱四足中央如距也。賀氏云:"直有腳曰梡,加腳中央橫木曰嶡。"

此所説的梡、嶡(橛)形制與楚墓所出的梡、嶡不合。楚墓出的梡、嶡形制基本相同,都是長方形的面板兩端各安三支足,足下安跗,既不是四足,也没有橫距。如果鄭玄等人的説法不是出於猜測,而是有根據的話,當是根據後代的形制來説的。

前面説(2)的"酞橛"指信陽楚墓 1-246"I 式案",(7)的"酞梡"指望山楚墓邊箱 19 號"高足案",它們的面板都有兩個凹下的方框。包山楚墓所出的兩件木禁(2:5、2:102)面部也有這樣兩個類似的方框。值得注意的是,信陽楚墓和望山楚墓卻没有出木禁,而包山楚墓卻没有出酞橛或酞梡。這一情況説明酞橛或酞梡與禁的功用相似或相同,故有酞橛或酞梡就没有禁,有禁就没有酞橛或酞梡。"酞"從"关"聲。"关"即"朕"字所從的聲旁。"禁"從"林"聲。上古音"朕、林"都是端組侵部字,頗疑"酞"應當讀爲"禁"。"禁"是承酒器用的,故簡文從"酉"。禁橛、禁梡大概是因爲它們的面板似禁,並兼有禁的功用而得名。

《著名中年語言學家自選集·李家浩卷》頁 223—229,2002;
原載《國學研究》2

○**何琳儀**(1998)　橇,從木,遲省聲。(遲,從辵,犀省聲。辵與止通用,故橇本應作㯱。)參遲字。

楚簡橇,讀梐。《正字通》:"梐與杫同。"《廣韻》:"杫,肉机也。"《方言》五:"俎,几也。西南蜀漢之郊曰杫。"《集韻》:"杫、梐、㮡。《方言》俎,机。西南蜀漢之閒曰杫。或從徙,亦作㮡。"

《戰國古文字典》頁 884

○**李守奎**(2003)　《集韻·迄韻》有榾字。

《楚文字編》頁 355

△按　此字各家隸定不同,《戰國文字編》及《楚文字編》皆作"榾"。《集韻》迄韻:"榾,斷木也。"與簡文之"榾"恐非一字。"榾"字之釋,李家浩説可從。

楎

信陽 2·11

○**郭若愚**（1994） 椁，外棺也，《論語・先進》：“顏淵死，顏路請子之車，以爲之椁。”凋椁，凋繪之棺椁也。

《戰國楚簡文字編》頁 78

○**李家浩**（1994） 信陽簡寫作从“木”从“E”（編按：指𠬝形），大概是木瓚的專字。

《著名中年語言學家自選集・李家浩卷》頁 241，2002；原載《國學研究》2

△**按** 原簡字模糊，𠬝形之上還有筆畫，各家隸定有異。《信陽楚墓》隸定爲“楒”，見該書 129 頁。《楚文字編》摹作𣐻，隸定爲“梫”，見該書 354 頁，此暫從之。劉國勝（《楚喪簡牘集釋》20 頁，武漢大學博士學位論文）認爲字左旁从“木”，右旁作“𣁬”形。𣁬，見於上博《周易》51 號簡“日中見𣁬”，整理者釋爲“斗”（今本與帛書本均作“斗”）。斗，戰國文字一般寫作“𣁬”。“𣁬”之“斗”口内似从“主”，“主、斗”音近。《史記・張儀列傳》“乃令工人作爲金斗，長其尾”，《索隱》：“斗音主。凡方者爲斗，若按長柄，則名爲抖，音主。”“𣁬”所从“主”，大概是“斗”的附加聲符。簡文此字似可隸作“梫”，疑爲“枓”字的異體。《儀記・少牢饋食禮》“司官設罍水於洗東有枓”，鄭玄注：“高水用罍，沃盥用枓。”

棍

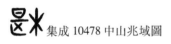

集成 10478 中山兆域圖

○**張守中**（1981） 讀爲題。兆域圖二例。其棍跓跾三尺。

《中山王嚳器文字編》頁 65

○**何琳儀**（1998） 棍，从木，是聲。匙之異文。《集韻》：“匙，匕也。或从木。”榹之異文。《集韻》：“榹，《方言》榻前几。趙魏之閒謂之榹。或作棍。一曰，衣架。”

兆域圖“棍跓”，讀“題湊”。《史記・滑稽傳》：“梗楓豫章爲題湊。”《漢書・霍光傳》：賜“便房、黃腸題湊各一具。”注：“蘇林曰，以柏木黃心，致累棺外，故曰黃腸。木頭皆向内，故曰題湊。”《禮記・檀弓》上：“柏椁以端長六尺。”注：“以端，題湊也。其方蓋一尺。”疏：“椁材並皆從下壘至上，始爲題湊。湊，嚮也。言木之頭相嚮而作四阿也。”釋文：“題，頭也。湊，聚也。”

《戰國古文字典》頁 752

△**按** 《戰國文字編》木部未收此字，當補。

桯

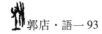郭店·語一93

○ **黃德寬、徐在國**（1998）　語一 93 有字作䢒，原書隸作“桯”，誤。語二 3 有字作壬、憲，原書隸作“室、憲”，釋爲“望”。恐誤。郭店簡中“望”字多次出現，（中略）所從“壬”字作壬、壬，均與壬形異。我們認爲“壬”字應釋爲“生”（中略）“䢒”字從“木”從“生”，應釋爲“枉”。語一 93“悬（仁）悬（義）爲之枉”。《説文·木部》：“枉，袤曲也。”《禮記·少儀》：“毋循枉。”孔穎達疏：“循猶追述也；枉，邪曲也。人非圓煨，不免時或邪曲，若前已行之，今當改正，不得猶追述已之邪事也。”“枉”有邪曲義。

《吉林大學古籍整理研究所建所十五周年紀念文集》頁 108

○ **劉釗**（2000）　《語叢》一説：

　　仁義爲之桯。

按“桯”字從木呈聲。“呈”字本是“兒”字的分化字，即在“兒”字人形下邊累加“土”形而成。古文字中如“重、廷、望”等字的變化相同。戰國古璽“郢”字或作“郢”（《古璽彙編》2127），正體現了這一變化。《集韻·屑韻》謂阰字：“《説文》：危也。徐巡以爲阰：凶也。賈侍中説阰：法度也。班固説：不安也。引周書‘邦之阢阰’。或作陧、臲、槷、槷、倪。”從中可看出“呈”與“兒”的關係。所以“桯”字也就是“槷”字，也就是“臬”字。“臬”字本義爲箭靶，又引申爲法度。簡文“仁義爲之桯（臬）”就是“以仁義爲準的”的意思。

《郭店楚簡國際學術研討會論文集》頁 90

○ **李零**（2002）　舊作從文義揣測，疑是“臬”字。按此字從木，聲旁同於下文簡 108 的“毀”字，或可讀爲“歸”。

《郭店楚簡校讀記》（增訂本）頁 164

○ **何琳儀**（2002）　釋　赻

　　郭店簡《語叢》2.3 和 1.93 兩條簡文如下：

　　　A 生於敬，恥生於 B。　　　仁義爲之 C。

　其中原篆分別作：A 壬　B 憲　C 䢒

　　《釋文注釋》隸定 A 爲“室”，釋“望”；隸定 B 爲從“心”從“室”，亦釋“望”。或釋 A 爲“枉”，讀“狂”。《釋文注釋》隸定 C 爲“桯”，未予解釋。或釋 C 爲"枉",訓"邪曲"。或釋 C 爲"梡",通"桌",訓"法度"。

上揭三字都有一共同的偏旁,以上學者或放在一起討論,無疑是十分正確的。然而其隸定則有可商。

下面列舉諸家所涉及相關郭店楚簡文字如次:

室:（形）郭店《語叢》1.1;　　　　往:（形）郭店《語叢》4.2;

毀:（形）郭店《語叢》1.108　　　兒:（形）郭店《語叢》4.27

其中"室"所從"亡"旁,"往"所從"之"旁,"毀"所從"臼"旁,"兒"所從"臼"旁,與上揭三篆同屬一批竹簡資料。細審各自形體判然有別,其間似無切合之點。三篆形體詭異,在現有古文字資料中恐怕很難找到可以比照者,大概只能在傳抄古文中尋覓。

檢《古文四聲韻》下平二十八引《古老子》"兢"作:（形）

此字與上揭 A 字比較,僅增一弧筆而已。其實這一弧筆也是可以解釋的。自西周以來,"兢"作下例各形:

（形）鬲比盨　　　　（形）七年相邦吕不韋戈　　　　（形）小篆

以上"兢"字上方爲三横筆或三斜筆,而郭店簡 A、B 這一部位爲二曲筆,無疑應屬簡化。至於 A、B 與 C 之間的遞變關係,應屬"收縮筆畫"現象。"（形）"是周秦文字,"（形）"是六國文字。儘管兩者間的演變關係尚缺少中間環節,然而據《古文四聲韻》隸定郭店簡"（形）"爲"兢"應該是有根據的。

郭店簡 A 之"兢"當訓"恐懼"。《詩·大雅·雲漢》"兢兢業業",傳:"兢兢,恐也。"《爾雅·釋訓》:"兢兢,戒也。"凡此皆由《説文》"兢,敬也"所引申。其中以"敬"訓"兢",恰好與郭店簡"兢生於敬"可以互證。先秦以後,這類詞彙甚多,諸如"兢栗、兢悚、兢恪、兢戒、兢畏、兢悸、兢業、兢懼、兢慚"等等,均可由"兢"之義訓而推求。簡文"兢生於敬",可參讀《新苑·反質》:"君子服善則益恭,細人服善則益倨;我以自備,恐有細人之心也。"

郭店簡 B 從"心"從"兢",應是"兢"之繁文。同文求異,所謂"避複"者也。《論語·學而》:"恭近禮,遠恥辱也。"可以爲郭店簡"恥生於敬"作注("恭"與"敬"對文見義)。

《語叢》2.3 簡文"兢生於敬,恥生於兢",大意謂"兢戒由恭敬而生,羞恥由兢戒而生"。郭店簡 C 從"木"從"兢",字書所無,疑是"楗"之異文。檢《老子》七十六章"木强則共",馬王堆漢墓帛書甲本"共"作"恆",乙本作"兢",乙本注:"兢,甲本作恆,疑讀爲楗,兢是假借字。"是其佐證。《説文》:"楗,竟也。从木,恆聲。亙,古文桓。”

郭店簡 C 應讀“恆”。《説文》:“恆,常也。”

《語叢》1.93 簡文“仁義爲之桓(恆)”,大意謂“以仁義爲典常”。這應是漢代“五常”之濫觴,參讀《漢書·董仲舒傳》:“夫仁誼(義)禮智信,五常之道。”《白虎通·性情》:“五常者何? 謂仁義禮智信也。”

《古籍整理研究》2002-5,頁 2—3

△按　簡文此字可隸作“桯”,參看卷八壬部“呈”字條。

樣

羕墾彙 3214

○吳振武(1983)　　3214 數樣·數柘。

《古文字學論集》(初編)頁 513

○何琳儀(1998)　　樣,从木,羕聲。《集韻》:“樣,木長貌。”

晉墾樣,人名。

《戰國古文字典》頁 298

△按　《戰國文字編》亦隸作“樣”。

梧

楚帛書

○嚴一萍(1967)　　疑即《爾雅·釋天》“天根”之根。根之篆文作梱,與昷形相近,傳寫訛作根。《國語·周語》:“天根見而水涸。”下文言“有淵厥涅”,即水涸之意,與此文義相承。

《中國文字》26,頁 11

○何琳儀(1986)　　梧,饒宗頤釋“梧”(轉引巴書),嚴釋“根”。按,原篆作“梧”,右上方从豆。畲忎鼎“脰”作“脰”,是其確證。《玉篇》“豆”作“豈”,猶存古意。至於“梧”右下方从“廿”,乃戰國文字習見的裝飾符號,無義。(中略)《説文》“木豆謂之桓”。豆、音均屬侯部字,音近可通。《説文》“音”或作“歆”,是其確證。然則“天桓”可讀“天梧”。《史記·天官書》:“紫宮左三星曰天槍,右五星曰天棓……天一、槍、棓、矛、盾動搖,角大,兵起。”天棓“動搖”,與帛書“作蕩”意同。(中略)《禮記・樂記》“天地相蕩”,注:“猶動也。”

《江漢考古》1986-1,頁 53

○**曾憲通**(1993)　此字嚴一萍氏疑即《爾雅・釋天》天根之根,因篆文形近,傳寫而訛作根。或以爲檐字。選堂先生謂棓之右旁實从豆,下益以口旁,隸寫作棓,乃桓之繁形。音字《説文》或體作欨,《廣韻》歌之異體作欨,故知天桓即天棓。天棓爲彗星,見《呂氏春秋・明理篇》及《開元占經》所引《荆州占》。

《長沙楚帛書文字編》頁 93—94

○**趙誠**(1994)　曾憲通撰集《長沙楚帛書文字編》所用的材料就是饒宗頤所得到的紅外線照片及其摹本。由於材料精善,也參考了諸家之釋,所以這本《文字編》增釋、改釋較多。(中略)260 號原釋棓現釋棓,(中略)如此多的補釋和改釋,從某種意義上來講當是楚帛書文字研究的一個階段性總結。

《康樂集》頁 9,2006;原載《書品》1994-2

槫

木𡍩 璽彙 0254

○**劉釗**(1990)　(十二)釋“槫”

《文編》六・五第 8 欄有字作“木𡍩”,《文編》隸作榑,以不識字列於木部。按字从木从專,應釋作槫。中山王方壺謹字作“𧨦”,古璽鄭字作“𩏑”,瘇字作“𤸕”,剸字作“𠜱”,傳字作“𤳊”(《文編》附錄三十二第十一欄),所从之“專”皆與“𡊏”形相近,故“木𡍩”應釋爲“槫”。

《考古與文物》1990-2,頁 46

○**何琳儀**(1998)　槫,从木,專聲。《集韻》:“槫,樞車也。”

晉璽槫,人名。

《戰國古文字典》頁 1025

△**按**　《楚文字編》以鄂君啟節之𣘗字爲“槫”,待考。

檊

檊 上博三・周易 22　　**𣘗** 上博五・姑成 9

○**濮茅左**（2003） 棙，从木从辠，會意，桎梏，讀爲"牿"，加於牛角上的横木；福設於角，衡設於鼻，止其觚觸。《象》曰："六四'元吉'，有喜也。"

本句馬王堆漢墓帛書《周易》作"六四：童牛之鞠，元吉"；今本《周易》作"六四：童牛之牿，元吉"。

《上海博物館藏戰國楚竹書》（三）頁 168

△**按** 棙、𣒚左右偏旁互易。上博五《姑成家父》簡 9"姑成家父捕長魚矞，𣒚諸廷"，用與"梏"同。

槃

信陽 2·18

○**中大楚簡整理小組**（1977） 槃。

《戰國楚簡研究》2，頁 22

○**郭若愚**（1994） 槃，同槃。《詩·衞風·考槃》："考槃在澗。"鄭箋："考，成也；槃，樂也。""一槃"謂一架樂器。

《戰國楚簡文字編》頁 87

○**李家浩**（1998） 位於"前鐘"和"前磬"之前的"槃坐"，從文義來看，似是量詞。古代鐘磬的量詞有"堵、肆"。例如：

邵黛鐘："大鐘八聿（肆），共竃四堵。"（《金文總集》（九）7136—7149 號）

子犯鐘："用爲龢（和）鐘九堵。"（《故宫文物月刊》第十三卷第一期）

郑公牼鐘："鑄辥（台）龢（和）鐘二鍺（堵）。"（《金文總集》（九）7084—7087）

《國語·晉語七》"歌鐘二肆"，韋昭注："肆，列也，凡懸鐘磬，全爲肆，半爲堵。"

《周禮·春官·小胥》"凡懸鐘磬，半爲堵，全爲肆"，鄭玄注："編懸二八十六枚而在一虡謂之堵。鐘一堵，磬一堵謂之肆。"

在這裏有幾點需要説明一下。第一，據邵黛鐘"大鐘八肆"和《國語》"歌鐘二肆"之語，鐘自爲"肆"，並非像鄭玄注所説那樣"鐘一堵、磬一堵"才"謂之肆"。第二，學者多認爲邵黛鐘的"竃"應該讀爲當副講的"箇"，"其箇"指與鐘相配的磬。既然鐘是"八肆"，那麼與之相配的磬也應該是"八肆"，銘文説是"四堵"，顯然是出於修辭的需要，爲了避免文字重複而改的。如此，《小胥》"半爲堵，全爲肆"的説法就有問題了。唐蘭先生曾根據邵鐘銘文，疑《小胥》之文本作"全爲堵，半爲肆"。我們認爲唐先生的意見是可取的。關於這一點還可以從下面第三、四點得到證明。第三，《晉語七》韋昭注"凡懸鐘磬，全爲肆，半爲堵"，顯然是襲用《小胥》文，疑韋昭所見本本作"半爲肆，全爲堵"，今本韋昭注當是後人據誤本《小胥》文而改的。第四，從現在知道的先秦編鐘的組合情況看，多以八枚爲一組，合兩組爲一套。這説明編鐘的"半"數當是八枚，"全"數當是十六枚。鄭玄注以十六枚謂之堵，正符合鐘磬的"全"數。

　　先秦時期，不同階級的人，使用的鐘磬數目和懸掛方式都不相同。根據鐘磬數的多寡，可以分爲宮懸、軒懸、判懸和特懸四種。《周禮・春官・小胥》"正樂縣之位。王宮縣，諸侯軒縣，卿大夫判縣，士特縣"，鄭玄注："樂縣，謂鐘磬之屬於筍虡者。鄭司農云：'宮縣，四面縣；軒縣，去其一面；判縣，又去其一面；特縣，又去其一面。四面象宮室四面有牆，故謂之宮縣。軒縣三面，其形曲……'玄謂軒縣去南面，辟王也。判縣左右之合，又空北面。特縣縣於東方或於階間而已。"《周書・大匡》"樂不牆合"，孔晁注："牆合，即所謂宮縣。"

　　"堵"有"牆"義。所以賈公彥於上引《周禮・春官・小胥》之文下説："云堵者，若牆之一堵。"王國維在《漢南吕編磬跋》一文中也説："案堵之名出於垣牆。""肆"有"列"義，見上引《國語》韋昭注。於此可見，鐘磬量詞的"堵"是由於鐘磬懸掛於室内的牆垣上邊而得名，"肆"是由於鐘磬懸掛的行列而得名。那麼上引邵鐘的"四堵"，即《小胥》所説的"宮懸"；郏公牼鐘的"二堵"，即《小胥》所説的"判懸"。"九"是"三"的三倍。子犯鐘的"九堵"可能是三套，即三套《小胥》所説的"軒懸"。

　　"牂"從"將"聲，"將"和"牆"皆从"爿"之象形初文"爿"得聲，所以"將、牆"二字可以通用。《左傳》成公三年《經》"晉郤克、衛孫良夫伐廧咎如"之"廧"，《穀梁傳》作"牆"，《公羊傳》作"將"。疑簡文"牂"應當讀爲"樂不牆合"之"牆"。"一牆坐"之"牆"與"肆堵"之"堵"的意思是相通的。

《簡帛研究》3，頁 3—4

△**按**　此字從陳劍釋，參見《甲骨金文舊釋"蠢"之字及相關諸字新釋》（載《出土文獻與古文字研究》2 輯 13—47 頁，復旦大學出版社 2008 年）。

橪　魶

魶 璽彙 5696　　橪 璽彙 0254　　魶 璽彙 2487

○**何琳儀**（1998）　　魶，从木，魚聲。穌之異文。《説文》：“穌，把取禾若也。从禾，魚聲。”

　　晉器魶，讀蘇，姓氏。見蘇字。

　　　　　　　　　　　　　　　　　　　　　　　　　　　　《戰國古文字典》頁 503

△**按**　　此字之“木”旁與“魚”旁，古字左右互作，似以左“魚”右“木”居多（參《戰國古文字典》503 頁），故《璽彙》和《戰國古文字典》皆隸定爲“魶”。《璽彙》0254、2479、5696，《陶彙》6·16 皆从左“木”，據書寫習慣亦可隸定爲“橪”。《戰國文字編》（379 頁）、《楚文字編》（356 頁）亦隸定爲“橪”。

檫

集成 11582 繁檫之金劍

○**何琳儀**（1998）　　檫，从木，湯聲。

　　繁檫之金劍“繁檫”，讀“繁陽”，地名。

　　　　　　　　　　　　　　　　　　　　　　　　　　　　《戰國古文字典》頁 668

△**按**　　此字字書未見。

櫺

櫺 包山 87　　櫺 望山 2·45　　櫺 望山 2·45　　櫺 望山 2·45

○**李家浩**（1994）　　在望山簡中，跟包山簡和信陽簡“椢”相當的器名之字作“櫺”：

　　　　（7）一牛櫺，一豕櫺，一羊櫺，一酓櫺。　　《文物》1966 年 5 期圖版伍第二簡，52 頁圖二四第二簡

望山楚簡考釋説：

　　　　此簡“櫺”字四見，據文義當是盛放牛、羊、豕等體積較大的食物的木器……此墓出大型“高足案”四，大小不等，疑即簡文所記之“櫺”。四案

中,邊箱 20 號最大,長 164 釐米,寬 47.5 釐米,當是牛棜;邊箱 18 號長 114.5 釐米,寬 37 釐米,當是豕棜;邊箱 10 號長 95 釐米,寬 35 釐米,當是羊棜。邊箱 19 號長 93,寬 38 釐米,"案面爲兩個低凹的方框"者,疑是馱棜。

這些意見無疑是正確的。《禮記·明堂位》說"俎用梡、嶡",又說"俎,有虞氏以梡,夏后氏以嶡"。上古音"嶡、完"都是元部字。"嶡"的聲母屬清母,"完"的聲母屬匣母,看似相隔較遠。但是《説文》"嶡"字正篆作"劂",許慎説從"囟"聲。"囟"的聲母屬心母,從"嶡"得聲的"僵、躑"等字也屬心母。古代心、匣二母的字有互諧的現象,例如從"亘"得聲的字,"宣、愃"等屬心母,而"垣、狟"等屬匣母;從"旬"得聲的字,"荀、詢"等屬心母,而"眴"屬匣母;從"隹"得聲的字,"睢、雖"等屬心母,而"淮"屬匣母。又如"橤"字有相銳切、于歲切兩讀,前一讀音屬心母,後一讀音屬喻母三等,按照曾運乾的説法,上古音喻母三等歸入匣母。據此,疑簡文的"棜"應當讀爲"俎用梡、嶡"之"梡"。

　值得注意的是,"梡、嶡"二字不僅意義相同,而且上古音也十分相近。楊樹達《古音對轉疏證》在講上古音曷(月)部與寒(元)部對轉時,曾以"嶡"與"梡"爲例,是楊氏以"嶡"與"梡"爲入聲韻與陰聲韻對轉的關係。楊氏在該文中所舉的"捖讀爲刮"之例,也是屬於這種對轉的關係。《考工記·總敘》"刮摩之工五",鄭玄注"刮作捖",並引鄭司農云"捖讀爲刮"。"刮"從"舌(昏)"聲,而"舌(昏)"從"屰"聲。小徐本《説文》口部"昏"字説解説:"屰,古文厥。"金文"屰"多用爲"厥",與《説文》合。簡文"梡"作"榾",從"屈"聲。"屈、完"上古音也十分相近。《易·困》上六"于臲卼",《説文》出部"㔌"字下引"卼"作"㔌"。《左傳》文公十八年所記四凶之一"檮杌",《説文》木部"檮"字下引作"檮柮"。"屈、㔌、柮"都從"出"聲。"完"從"元"聲,"卼、杌"從"兀"聲,古代"元、兀"本是一字。上面提到的壽縣楚王銅器銘文的"楚王酓朏",多數學者認爲即楚考烈王。考烈王的名字,《史記·楚世家》作"熊元",司馬貞《索隱》引《世本》"元"作"完"。據小徐本《説文》説解,"朏"字從"出"聲。此也是"屈、完"二字可以通用的例子。總之,"梡、嶡"二字的音義關係十分密切,它們很可能是同源詞。後人不明白這一道理,以致誤認爲"梡"是有虞氏之俎,"嶡"是夏后氏之俎。

《著名中年語言學家自選集·李家浩卷》頁 226—228,2002;
原載《國學研究》2

○**朱德熙、裘錫圭、李家浩**（1995）　此簡“欏”字四見，據文義當是盛放牛、羊、豕等體積較大的食物的木器。《墨子・節葬》：“又必多爲屋幕鼎鼓几梴……寢而埋之。”“曼、延”音近，疑“欏”當讀爲“梴”。此墓出大型“高足案”四，大小不等，疑即簡文所記之“欏”。四案中，邊箱 20 號最大，長 164，寬 47.5 釐米，當是牛欏；邊箱 18 號長 114.5，寬 37 釐米，當是豕欏；邊箱 10 號長 95，寬 35 釐米，當是羊欏。邊箱 19 號長 93，寬 38 釐米，“案面爲兩個低凹的方框”者，疑是酨欏。

　　　四五號簡説：“一牛欏，一豕欏，一羊欏，一酨欏。”考釋“八三”懷疑“欏”應該讀爲《墨子・節葬》“鼎鼓几梴”之“梴”。按此説欠妥。畢沅説“梴同筵”。古書中常見“几筵”連言，例如《荀子・哀公問》“俛見几筵”。《墨子》“几梴”與此文例相同，可見畢氏的説法是可取的。《禮記・明堂位》“俎，有虞氏以梡”，鄭玄注：“梡，斷木爲四足而已。”又“俎用梡嶡”，孔穎達疏：“梡形四足如案。”上古音“曼、完”都是元部字，頗疑“欏”當讀爲“梡”，但二字聲母不近，有待進一步研究。

《望山楚簡》頁 123、131

○**劉信芳**（1997）　望山簡二・四五：“一牛欏，一豕欏，一羊欏，一酨欏，一大房，四皇俎。”出土實物有四件高足案（標本 B 二○；一八；一九；一○）。

　　　此類器物包山簡稱作“梱”，是一物而二名歟？或謂“欏”讀如“梡”。

　　　其實俎（梡、嶡等）的用途相當於宰割牲體的砧板，置放牲體的案板，從器物演進的角度説，是後世案和砧板的統一體。《史記・項羽本紀》：“方今人爲刀俎，我爲魚肉。”又：“爲高俎，置太公其上。”索隱：“比太公於牲肉，故置之俎上。”古代凡祭祀禮儀所用器物，大多有專名。可以認爲“梱”是禮儀之雅名，“欏”是實用之俗名。望山二號墓墓主是女性，簡文依墓主的身份而記器物之俗名。是不必以通假視之。

《中國文字》新 23，頁 82

○**何琳儀**（1998）　梩，從木，耍聲。疑欏之省文，即櫺之省文。《集韻》：“欏，或作櫺。”“櫺，椚櫺。木名。子如馬乳。”

　　　望山簡梩，讀撰。《逸周書・允文》：“遷同氏姓位之宗子。”《玉海》五十引遷作選。是其佐證。《集韻》：“撰，切熟肉再煮也。”亦作膜。《集韻》：“膜，《説文》切熟肉内於血中和也。或作撰。”包山簡梩，讀遷。徙官。

《戰國古文字典》頁 1042

△**按**　楚簡“欏”字讀爲“梡”，以《望山楚簡》131 頁所釋及李家浩説爲長。

樦

樰 侯馬 156:26

○**何琳儀**（1998）　樦，从木，悳聲。疑植之繁文。

侯馬盟書樦，亦作直，姓氏。見直字。又越王後有植氏。見《路史》。

《戰國古文字典》頁 68

△**按**　侯馬盟書"樦"同"植"，參"植"字條。

棥

棥 仰天湖 8

○**何琳儀**（1998）　棥，从木，焚聲。

仰天湖簡棥，讀棥。《易·旅》："鳥焚其巢。"漢帛書焚作棼。《集韻》焚或作炎。是其佐證。《説文》："棼，香木也。"

《戰國古文字典》頁 1361

【棥柜】

○**郭若愚**（1994）　棥，从木从焚，當是棶字，音焚。《説文》："棶，香木也，从木，棼聲。撫文切。""棥柜"爲香木櫃也。

《戰國楚簡文字編》頁 122

橿　樫

橿 侯馬 156:19　　樫 侯馬 185:7

○**何琳儀**（1998）　樫，从木，弜聲。橿之省文，弸之異文。《集韻》："弸，或作橿。"參摑字。

侯馬盟書樫，或作埞、摑，人名。

《戰國古文字典》頁 648

△**按**　樫之"弓"旁有飾筆，"口"下之"＝"爲省略符號，皆戰國文字常見現象。字書未見。"樫"爲"橿"之初文。

瑑

璽彙 0172

△**按**　此字《璽彙》釋爲“埶”，非是。用作地名。裘錫圭釋“狱（邇）”字，似可參。

櫝

信陽 2·3

○**中大楚簡整理小組**（1977）　梘，《集韻》：“經電切，音見，栓也。”清理墓葬遺物中，發現有已殘斷的鳥腿四根，爲大鼓的四足，正好插入虎形鼓座肩部的榫眼（見《信圖》二八至三一圖）。因此，橐、梘可能是鼓座各部分的專門術語。

《戰國楚簡研究》2，頁 23

○**郭若愚**（1994）　櫝，从木，蜀聲，當是櫝。《説文》：“匱也。从木，賣聲。一曰木名，又曰大梡也。徒谷切。”《儀禮·聘禮》：“賈人西向坐，啟櫝取圭垂繅，不起而受宰。”注：“圭函，故凡緘藏物者皆曰櫝。”

《戰國楚簡文字編》頁 68

○**劉信芳**（1997）　關於“梘”，出土實物有四根鳳足狀的木柱（標本一：一六一），可插入鼓座虎背的方銎中。柱長 25 釐米，應即簡文之“四梘”。“梘”讀爲“楗”，謂樹立之本柱。

《中國文字》新 23，頁 80

○**何琳儀**（1998）　梘，从木，見聲。《集韻》：“梘，栓也。”
　　信陽簡梘，疑貫物。《集韻》：“栓，貫物也。”

《戰國古文字典》頁 997

○**李家浩**（1998）　簡文所記的“櫝”這一種樂器，很容易使人聯想到它是“鐲”，因爲這兩個字都从“蜀”得聲。事實上我們在上文三提到的那一篇文章裏，就是這樣認爲的。其實把“櫝”説成“鐲”是有問題的。（1）的 2-03 號簡所記的樂器，多是匏、木、革等製作的。“櫝”字从“木”，與這一情況是一致的，説明它是木製作的樂器，而不是金屬製作的樂器“鐲”。

　　《周禮·春官·笙師》“掌教龡竽、笙、塤、籥、簫、篪、篴、管、舂牘、應、雅”，鄭玄注引鄭司農云:"春牘,以竹大五六寸,長七尺,短者一二尺,其端有兩空,髤畫,以兩手築地。"鄭玄説:"牘、應、雅教其春者,謂以築地。"於此可見,鄭司農與鄭玄對"春牘"的意見有分歧。鄭司農認爲"春牘"是名詞,而鄭玄認爲"春"是動詞,"牘"是名詞。清人金鶚説:"'春'字統'牘、應、雅'三件,猶上以'歙'字統'竽、笙、塤、簫、簫、篪、篴、管'也。先鄭以'春牘'二字共爲器名,則亦當以'歙'字統之,此豈可歙之器邪?"金鶚的意見很有道理,當以鄭玄的説法爲是。古代"櫝、牘"二字音近可通。《文選》卷四八楊子雲《劇秦美新》"布濩流衍而不韞韣",李善注:"櫝與韣古字通。"同書卷四六王元長《三月三日曲水詩序》"甌牘相尋",五臣本"甌牘"作"軌韣"。疑簡文"櫝"應當讀爲《周禮・春官・笙師》"牘、應、雅"之"牘"。

信陽一號墓出土臼形漆木器一(1—794),"柱狀,上粗下細,兩側由上到下有似階梯的鋸齒形。其上端平面鑿圓窩(似臼窩)。通體髤黑漆,繪精緻而勻稱的朱色圖案。高20、圓徑6—8釐米"。該墓隨葬的樂器都集中在前室。此臼形漆木器出於前堂,大概也是樂器。其形態頗似上引鄭司農所説的"牘",唯臼形漆木器是木做的,只一端有空。臼形漆木器長度約相當當時的一尺,符合鄭司農所説的短牘長一二尺的説法。如果臼形漆木器是牘,那麼實物跟簡文所記"櫝(牘)"的數字不符。

《簡帛研究》3,頁11

△按　信陽簡2・3之字,有"梘、櫝"兩種釋讀。此字形右缺,中山大學古文字研究室載舊照片可證爲"櫝"字。

樽

睡虎地・秦律132

○張守中(1994)　樽,《説文》所無。

《睡虎地秦簡文字編》頁90

△按　此字從木,奪聲。所在句爲"各以其樽時多積之",據整理小組意見,讀爲"穫",指收穫。參見《睡虎地秦墓竹簡》50—51頁。

樳

郭店・窮達6

○**荊門市博物館**（1998）　櫟,其右旁下从“夲”,朱德熙、裘錫圭認爲,“夲”即
梏之表意初文(《平山中山王墓銅器銘文的初步研究》,《文物》1979 年 1 期)。
櫟,似可讀作“梏”。

《郭店楚墓竹簡》頁 146

○**李家浩**（1999）　《窮達以時》七號簡釋文:

完(管)寺(夷)吾拘縲棄縛,擇杙(桎)櫟(梏),而爲者(諸)侯相,遇齊
桓也。

注釋〔八〕説:

杙,讀作“桎”。櫟,其右旁下从“夲”,朱德熙、裘錫圭認爲,“夲”即
梏之表意初文(《平山中山王墓銅器銘文的初步研究》,《文物》1979 年 1
期)。櫟,似可讀作“梏”。

按注釋把“杙櫟”讀爲“桎梏”是有問題的。上古音“杙”屬喻母四等職部,
“桎”屬章母質部,二字的聲母和韻部都相隔閡。“櫟”从“虜”聲。我在 1993
年提交香港中文大學舉辦的第二屆國際中國古文字學研討會的論文中,談到
包山楚墓二六九號、二七○號簡和竹觚的“虜”字時説:

“虜”字亦見於包山八一號簡和仰天湖三十九號簡,从“虍”从“夲”
聲,庚壺作“虢”,金文多作“夲”,其義同“甲”。張政烺先生讀爲“介”,于
豪亮先生讀爲“甲”。我們過去是贊成張政烺先生的説法的,但現在考慮
到“介、甲”是同源詞,乃一聲之轉,認爲可以根據“虜、虢、夲”等字在古文
字資料中跟其他的字所構成的不同詞,按照古人的語言習慣作不同的讀
法,不必强求一致……

“夲”不論是讀爲“甲”還是讀爲“介”,都與“梏”的字音相隔甚遠。於此
可見,簡文的“杙櫟”絶不能讀爲“桎梏”。

既然説“杙櫟”不能讀爲“桎梏”,那麼到底應該讀爲什麼呢? 我們認爲應
該讀爲“械柙”,理由如下。

上古音“杙、械”都屬職部。二字的聲母亦近。“杙”屬喻母四等,“械”屬
匣母。在形聲字裏,喻母四等和匣母的字有互諧的情況。例如:“穴”屬匣母,
从“穴”聲的“欥”屬喻母四等;“号”屬匣母,从“号”聲的“骼”屬喻母四等;
“敥”屬喻母四等,从“敥”聲的“覎”屬匣母;“匀”屬喻母四等,从“匀”聲的
“昀”屬匣母。《尚書·康誥》:“式爾,有厥罪小,乃不可不殺。”《潛夫論·述
赦》引“式”作“戒”。《楚辭·天問》“吾告堵敖以不長,何試上自予,忠名彌
彰”,洪興祖《補注》所附《考異》説:“試,一作‘誡’。”“式”作“戒”和“試”作

"誠",它們之間的關係除了字形相近的因素外,恐怕還有字音相近的因素。"杙、式"二字都从"弋"得聲。疑簡文"杙"應該讀爲"械"。"杙"與"械"的關係,猶上引"式"與"戒"、"試"與"誠"的關係。《説文》禾部(編按:"禾部"當爲"木部"之誤):"械,桎械也。"

前面説過,"麀"可以讀爲"甲"。《玉篇》虍部有"虖"字,注云"今作狎"。又木部有"橆"字,即"柙"字的異體。我們認爲"麀"就是"虖"字的異體,"橆"就是"橆"的異體。此處"橆"字的用法和同墓竹簡《語叢三》"麀"字的用法,都可以證明這一點。

《語叢三》五〇號、五一號簡説:

志于道,麀于德,床于仁,游于艺。

這裏的"麀"應該讀爲"狎"。《國語·晉語四》"陽人未狎君德,而未敢承命",韋昭注:"狎,習也。""狎于德",即習於德的意思。這跟《玉篇》以"虖"字爲"狎"字的異體相合。可證"麀"確實是"虖"字。

《管子·小匡》有一段關於管夷吾從魯國回到齊國時的文字:

魯君……將殺管仲。鮑叔進曰:"……弊邑寡君願生得之以徇于國,爲群臣僇(戮)……"魯君乃不殺,遂生束縛而柙以予齊。

此段文字跟前面所録《窮達以時》文字,講的是同一件事。裘錫圭先生在該簡注釋[七]的按語中説:"'緣'疑當讀爲'囚'。'棄'疑當釋爲'束'。"把簡文跟《小匡》對照,"拘囚束縛"與"束縛"相當,那麼"杙橆"與"柙"相當。這跟《玉篇》以"橆"爲"柙"字的異體相合。可證"橆"確實是"橆"字。

竹簡整理者在《窮達以時》的"説明"中,説此篇"内容與《荀子·宥坐》、《孔子家語·在厄》、《韓詩外傳》卷七、《説苑·雜言》所載孔子困於陳蔡之間時答子路的一段語類似,與後二書所載尤爲相近"。現在就讓我們看看《韓詩外傳》卷七、《説苑·雜言》關於管夷吾的文字是怎樣説的:

管夷吾束縛,自檻車以爲仲父,則遇齊桓公也。《韓詩外傳》卷七

管夷吾束縛膠目,居檻車中,自車中起爲仲父,則其遇齊桓公也。《説苑·雜言》

儘管這些文字略有出入,但是它們有一個共同之處,即管夷吾是裝在檻車裏被送回齊國的。《説文》木部:"柙,檻也,可以藏虎兕也。"《釋名·釋車》:"檻車,上施闌檻,以格猛獸。亦因禁罪人之車也。"於此可見,柙與檻車的功用相同,它們都是裝罪人和猛獸的籠子,唯檻車的籠子設在車上的而已。

○**李零**(1999)　　“械柙”,上字原作“杙”,下字从木从古甲字,整理者讀“桎梏”,字音不合(“桎”是質部字,“梏”是覺部字,而這兩個字則是之部[編按:“之部”爲“職部”之誤]和葉部字)。按上字疑讀“械”(“械”是匣母職部字,“杙”是喻母職部字,讀音相近),下字則是古“柙”字。“械”是“桎梏”類刑具的總稱(“桎”是手械,“梏”是足械,屬於手銬腳鐐類刑具),“柙”是囚車(本指獸籠,亦指囚籠,用爲動詞,字亦作“押”)。此事見《管子·小匡》,有“遂生束縛而柙以予齊”之説,注曰:“柙,檻。”《韓詩外傳》卷七作“管夷吾束縛自檻車”,《説苑·雜言》作“管夷吾束縛膠目,居檻車中”,《史記·齊太公世家》説“鮑叔牙迎受管仲,至堂阜而脱桎梏”,可參看。

《道家文化研究》17,頁 494—495

○**白於藍**(1999)　　筆者所要討論的是此段文字中注八已解釋過的“欂”字,此字从木虜聲,在古文字材料中首次出現,而其所从之聲符“虜”於楚文字中倒是屢見不鮮。過去,已有一些學者將“虜”釋爲“柙”,或根據其用法而讀爲“甲”。此説實可信從。筆者以爲,欂、虜當是一字之異,欂字从木,乃追加之義符,欂、虜並即“柙”字。

典籍中關於管仲的記載頗多,與上述簡文內容相近者亦不少,就筆者所見就有如下諸條:

《管子·小匡》:“於是魯君乃不殺,遂生束縛而柙以予齊。”

《韓詩外傳·卷七》:“管夷吾束縛自檻車,以爲仲父,則遇齊桓公也。”

《苑·雜言》:“管夷吾束縛膠目,居檻車中,自車中起爲仲父,則遇齊桓公也。”

《抱樸子·博喻》:“是以夷吾桎檻而連匡合之續。”

《説文》:“柙,檻也,以藏虎兕。”沈濤《古本考》:“柙之爲檻,而非謂柙之專藏虎兕也。”《釋名·釋車》:“檻車,上施闌檻以格猛獸,亦囚禁皋人之車也。”柙、檻音近義通,故可通用。由文獻記載可知,管夷吾本是囚禁於囚車之內,而非拘束於桎梏之中。而且《抱樸子·博喻》中明是“桎檻”連言,正與郭店簡文記載相吻合。由此可見“欂”確係“柙”字,而非“梏”字。“欂”釋爲“柙”也可爲過去釋“虜”爲“柙”再補充一條新證據。

《中國古文字研究》1,頁 110—111

○**劉釗**(2003)　　“欂”字據研究即見於《玉篇·木部》的“㮏”字,爲“柙”字異體,在此即用作“柙”。“械柙”指囚繫罪人的“檻車”。

《郭店楚簡校釋》頁 171

△按　簡文之"梧"已有專字,作、桦(參"桱"字條、"桦"字條),因此,郭店簡《窮達以時》之"樗"不應再讀爲"梧",其讀爲械柙之"柙"當無可疑,參"杙"字條。

橷

包山 23

○何琳儀(1998)　橷,从木,裏聲。《集韻》:"橷,木長弱皃。"

包山簡橷,地名。

《戰國古文字典》頁 315—316

○劉信芳(2003)　字从木,裹聲,簡 119 反作"懷"。"裹"之字形可參郭店《緇衣》41"私惠不壞(懷)德",今本《緇衣》作"私惠不歸德"。《論語・里仁》:"君子懷德,小人懷土,君子懷刑,小人懷惠。""懷"字或隸定作"橄",或隸定作"橷",恐非是。

《包山楚簡解詁》頁 39

△按　此字《包山楚簡》(18 頁)隸作"橄"。"橷"音乃了切,音同"鳥",與"橷"不同音。包山之橷,確與郭店《緇衣》41"壞(懷)"的偏旁"裹"寫法近同。中間部分,《郭店楚墓竹簡》亦隸定爲"馬"。待考。

橷

十鐘

△按　橷,木名。《文選・吳都賦》:"(木則)文橷楨櫨。"李善注引劉逵曰:"橷木,樹皮中有如白米屑者,乾搗之,以水淋之,可作餅,似麬,交趾盧亭有之。"《正字通》木部:"橷木,一名莎木。"又行道樹,《玉篇》木部:"橷,道木也。"《集韻》漾韻:"橷,道上木。"

檊

曾侯乙鐘架

△按　此字从木从攴,从帚省。《戰國文字編》隸定爲"檊"。

東

○何琳儀（1998）　東，甲骨文作✕（燕四〇五），象囊橐束縛其兩端之形。束、東古本一字，其形體演變序列爲✕（燕四〇三）、✕（前一·四五·三）、✕（甲二二八九）、✕（京津四三九二）、✕（前七·四〇·二）。束，透紐侯部；東，端紐東部。端、透均屬舌音；侯、東陰陽對轉。東爲束之準聲首。金文作✕（㲃鐘）、✕（壐鼎），仍以束爲東。戰國文字承襲金文，亦以束爲東。齊系文字✕，楚系文字✕、✕、✕，地域特點明顯。《説文》：“東，動也。从木，官溥説，从日在木上（編按：“上”爲“中”字之誤）。”以動釋東屬聲訓。

　　齊壐“東武城”，地名。見《漢書·地理志》清河郡。在今山東武城西北。齊壐“東埜”，讀“東野”，複姓。周公之後，伯禽之少子名魚，食采於東野，因以爲氏。見《東野志》。亦爲地名。《左·定五年》“季平子行東野”，注：“東野，季氏邑。”齊壐東，姓氏。伏羲後，舜七友有東不識。見《尸子》。齊陶“東方”，複姓。伏羲之後，帝出於震，是爲東方，因氏。見《尚友録》。齊陶“東蔓圖”，讀“東畫陽”，地名。參蔓字。

　　燕壐“東易”，讀“東陽”，地名。燕壐“東方”，複姓。見 a。

　　東周器“東周”，國名。《史記·周本紀》：“乃封其少子於鞏，以奉王號東周惠公。”晉壐“東里”，複姓。鄭子産居東里，支庶亦以爲氏。見《姓氏考略》。晉壐“東陽”，複姓。爲春秋時齊、魯、晉邑名，其先列國大夫，以邑爲氏。見《古今姓氏書辯證》。

　　東陵鼎“東陵”，地名。《書·禹貢》：“過九江至于東陵。”《漢書·地理志》廬江郡“東陵鄉”。在今河南固始西南。楚壐“東或”，讀“東國”。《戰國策·西周策》：“欲王令楚割東國以與齊”，鮑彪注：“東國，楚之東地，即《楚策》下東國云。”在今安徽睢寧附近。望山簡“東邤公”（邤或作邿、石），墓主先人。天星觀簡“東方”，方位。《禮記·王制》：“東方曰夷。”包山簡“東鄢”，地名。包山簡“東周”，國名。見 c。包山簡“東陵”，地名。見東陵鼎。帛書“東或”，讀“東國”，泛指東方。帛書殘片“東伐”，見《史記・河渠書》：“欲龍之母令東伐。”隨縣簡東，姓氏。見 a。

　　秦陶“東武”，地名。見 a。秦陶東，方位。

《戰國古文字典》頁 363—364

△按　“東”象囊橐束縛其兩端之形，爲“橐”之本字，已爲學界共識。戰國時期，“東”字異形，楚系爲甚。包山簡的𣏟類寫法，連筆變爲斷筆，似乎正應了官溥“从日在木中”的説法。

【東方】璽彙 3957 等
○何琳儀（1998）　齊陶“東方”，複姓。伏羲之後，帝出於震，是爲東方，因氏。見《尚友録》。（中略）燕璽“東方”，複姓。（中略）天星觀簡“東方”，方位。《禮記・王制》：“東方曰夷。”

《戰國古文字典》頁 364

○李學勤（2000）　“東方”指關東。

《故宮博物院院刊》2000-2，頁 44

○王輝（2001）　“東方”本指陝西以東地區，與“東土”含義略同。《國語・鄭語》：“（鄭）桓公爲司徒，甚得周衆與東土之人。”韋昭注：“東土，陝以東也。”戰國時秦居函谷關以西，東方當指關東六國。

《考古學報》2001-2，頁 148

△按　燕璽複姓“東方”，見《古璽彙編》（頁 365）之 3957—3962。《秦駰禱神玉銘》有“東方”一詞，文曰：“東方又（有）士姓（生），爲刑灋氏，其名曰陘，潔可以爲灋，□可以爲正。”

【東井】睡虎地・日甲 49 正壹
○睡簡整理小組（1990）　東井，二十八宿之一。《開元占經・南方七宿占》引《石氏星經》曰：“東井八星，鉞一星。”輿鬼，二十八宿之一。《開元占經・南方七宿占》引《石氏星經》曰：“輿鬼五星。”

《睡虎地秦墓竹簡》頁 188

○劉樂賢（1994）　東，東壁，二十八宿之一。《開元占經・東方七宿占》引《石氏星經》曰：“東壁二星。”按：此處“東”當是“東井”的省稱。

《睡虎地秦簡日書研究》頁 22

○李家浩（2000）　“八月”，夏曆五月。“東井”，二十八宿南方七宿的第一宿。秦簡《日書》甲種楚除：“五月，東。”《禮記・月令》：“仲夏之月，日在東井。”按秦簡“東”是“東井”的省稱。

《九店楚簡》頁 129

【東户】《鶴廬印存》頁 114

△按　田煒(《古璽探研》115—116 頁)認爲“東户”爲複姓,漢印有“東户政”可以參照。《淮南子·繆稱訓》高誘注:“東户季子,古之人君。”夏樹芳《奇姓通》認爲東户氏即來源於東户季子。

【東邸】望山 1-109

○劉信芳(2003)　簡 171 作“東厇”,望 1-109、1-112 有“東邸公”。1-113 作“東厇公”,1-115 作“東石公”。厇從乇聲。讀爲“亳”,其字又作“薄”,如《左傳》哀公四年“亳社”,《公羊傳》作“蒲社”,《禮記·郊特牲》作“薄社”。亳本商都,傳説商都七遷,《尚書·立政》:“三亳阪尹。”三亳自古無確考,鄭玄《注》以成皋爲東亳,後世晉皇甫謐,北魏酈道元《水經注》,清魏源《書古微》俱有説,成爲聚訟。簡文有“東邸”,説明東亳戰國時已入楚疆域,惟其地望有待進一步研究。

《包山楚簡解詁》頁 194

【東邸(厇、石)公】望山 1-112 等

○中大楚簡整理小組(1977)　東石公,大概也是邸固先公。

《戰國楚簡研究》3,頁 32

○朱德熙、裘錫圭、李家浩(1995)　《汗簡》“石”字古文作“厈”,《説文》“磬”字古文“硁”所從之“石”作“厈”,皆與簡文“石”字形近。“石、乇”古音相近,“東石公”當即“東邸公”之異文。

此人屢見於簡文,“邸”或省作“厇”(見一一三號簡)。“厇”即“宅”字古文。《説文》“宅”字古文作“庀”,從“广”,但三體石經作“厇”,與簡文合。《左傳·宣公十一年》記楚莊王語,稱“諸侯、縣公皆賀寡人”。東邸公當爲東邸之地的縣公。東邸公在簡文中有時稱爲先君(見一一二號簡),當是邸固先人。

《望山楚簡》頁 101、99

○何琳儀(1998)　望山簡“東邸公”(邸或作邿、石),墓主先人。

《戰國古文字典》頁 364

【東里】璽彙 3991

○何琳儀(1998)　晉璽“東里”,複姓。鄭子産居東里,支庶亦以爲氏。見《姓

氏考略》。

《戰國古文字典》頁 364

△按　晉璽複姓"東里",見《古璽彙編》(368 頁)之 3991。

【東武】秦陶 481 等

○袁仲一(1987)　十八件墓志瓦文,其中十六件刻於殘板瓦的内側;另兩件,一件刻於殘筒瓦的内側,一件刻於殘筒瓦的外側。刻文的内容是:

　　(1)東武羅(拓片 477)。

　　(2)東武徠(遂)(板瓦内側正刻)。贛榆距(板瓦内測倒刻)(拓片 478)。

　　(3)東武居訾上造慶忌(拓片 479)。

　　(4)東武不更所肸(拓片 480)。

　　(5)東武東閒居訾不更鴄(睢)(拓片 481)。

　　(6)東武宿契(拓片 482)。

《秦代陶文》頁 27—28

○袁仲一(1987)　"東武"一名見於六件志文上。《史記·秦始皇本紀》記載,始皇十四年(公元前 233 年)"桓齮定平陽、武城"。《正義》注:"即貝州武城縣外城是也,七國時趙邑。"《漢書·郡國志》載,清河郡的屬縣有東武城。《清一統志》:"魯有二武城,東武城即今武城縣;南武城即今費縣。"可見秦之東武,原名武城,戰國時趙地,在今山東武城西北。

《秦代陶文》頁 32

○何琳儀(1998)　秦陶"東武",地名。

《戰國古文字典》頁 364

【東武城】璽彙 0150

○何琳儀(1998)　齊璽"東武城",地名。見《漢書·地理志》清河郡。在今山東武城西北。

《戰國古文字典》頁 363

△按　齊璽"東武城",見於《古璽彙編》(26 頁)之 0150。

【東周】貨系 639

○何琳儀(1998)　東周器"東周",國名。《史記·周本紀》:"乃封其少子於鞏,以奉王號東周惠公。"(中略)包山簡"東周",國名。

《戰國古文字典》頁 364

【東易】璽彙 3993、3994

○何琳儀(1998)　燕璽"東易",讀"東陽",地名。(中略)晉璽"東陽",複姓。

爲春秋時齊、魯、晉邑名，其先列國大夫，以邑爲氏。見《古今姓氏書辯證》。

《戰國古文字典》頁 364

△按　燕璽地名"東昜"，見《古璽彙編》(368 頁) 之 3993；晉璽複姓"東陽"，見《古璽彙編》(368 頁) 之 3994。

【東陵】包山 202 等

○何琳儀(1998)　東陵鼎"東陵"，地名。《書·禹貢》："過九江至于東陵。"《漢書·地理志》廬江郡"東陵鄉"。在今河南固始西南。(中略)包山簡"東陵"，地名。見東陵鼎。

《戰國古文字典》頁 364

○劉信芳(2003)　關於東陵的地望，《漢書·地理志》廬江郡："金蘭西北有東陵鄉，淮水出。"漢金蘭縣在今湖北麻城一帶。《水經注·江水》："江水又右得口，又東，得蘭溪水口，並江浦也。又東，左得青林口，水出廬江郡之東陵鄉。江夏有西陵鄉，故是言東矣。《尚書》云：江水過九江至於東陵者也。"楊守敬《疏》認爲："自商城、固始東南，至廣濟、黃梅爲古東陵地。"按楊説實本於清胡渭《禹貢錐指》，是以今湖北、安徽交接處的大別山爲東陵。古東陵今已難確指矣，或者以今大巴山之東麓爲西陵，以今大別山爲東陵，楚國主要活動區域江漢平原正位於東陵與西陵之閒。然簡文之東陵應以漢金蘭縣當之。

《包山楚簡解詁》頁 238

【東埜】璽彙 3992

○何琳儀(1998)　齊璽"東埜"，讀"東野"，複姓。周公之後，伯禽之少子名魚，食采於東野，因以爲氏。見《東野志》。亦爲地名。《左·定五年》"季平子行東野"，注："東野，季氏邑。"

《戰國古文字典》頁 363—364

△按　齊璽複姓"東埜(野)"，見《古璽彙編》(頁 368) 之 3992。

【東國】楚帛書等

○饒宗頤(1993)　西國、東國之名，占星家每用之。《天官書》云："出西逆行，至東正西國，吉；出東至西正東國，吉。"是其例。《左·昭四年傳》："東國水。"《左傳·成十六年》："南國蹙。"亦周人之恆言。

《饒宗頤二十世紀學術文集·卷三·簡帛學》頁 266，2003；
原載《楚地出土文獻三種研究》

○曾憲通(1993)　郘即國字。選堂先生説："西國、東國之名，占星家每用之。《天官書》云：'出西逆行，至東正西國，吉；出東至西正東國，吉。'是其例。"李學勤謂東國西國指邦之東土西土。

《長沙楚帛書文字編》頁 64

○**曹錦炎**(1996)　"東國"爲楚地名,見於典籍。據《左傳》昭公十四年:"夏,楚子使然丹簡上國之兵于宗丘,且撫其民……使屈罷簡東國之兵于召陵,亦如之。"又《戰國策・西周策》薛公以齊爲韓魏攻楚章:"所以進兵者,欲王令楚割東國以與齊也……而以楚之東國自免也。"高誘注:"楚東國,近齊南境者。"策文或稱"下東國",見《齊策》楚王死章:"君何不留楚太子,以市其下東國。"鮑彪注:"蓋楚國之東,其地近齊,楚地高而此下。"《史記・楚世家》記此事作:"不若留太子以求楚之淮北。"可見"東國"即楚之淮北地。

《古璽通論》頁 109

○**劉信芳**(1996)　西國、東國,猶西域、東域。王孫𩵋鐘"聞于四國",即聞於楚之四域也。凡星占家所謂東國、西國、南國、北國,多泛指其方位,《史記・天官書》:"出其卯南,南勝北方,出卯北,北勝南方。"又云:"太白出其南,南國敗;出其北,北國敗。"是南國即南方也。《左傳》昭公二年:"蘧啟疆城巢,然丹城州來,東國水,不可以城。"此"東國"謂楚東部地域,並非行政區劃概念。

《中國文字》新 21,頁 89

○**何琳儀**(1998)　楚璽"東或",讀"東國"。《戰國策・西周策》"欲王令楚割東國以與齊",鮑彪注:"東國,楚之東地,即《楚策》下東國云。"在今安徽睢寧附近。(中略)帛書"東或",讀"東國",泛指東方。

《戰國古文字典》頁 364

【東園】秦陶 71

○**袁仲一**(1982)　(3)東園

　　1975 年夏,我們在始皇陵內城西垣的外側晏寨村前,發現陶盆的口沿殘片,上刻"東園□……",園下的字殘缺。後來又發現一殘陶鉢,在陶鉢底的內側刻"東園"二字(圖二 3)。(中略)"東園"或"東園某"都不見於秦代的文獻記載。根據《漢書・百官公卿表》,少府的屬官中有"東園匠",顏師古注:"東園匠,主作陵內器物者也。"漢代大臣死,皇帝常賜東園秘器,即棺椁。另外,《漢書・百官公卿表》中還記載,將作大匠的"屬官有石庫、東園主章、左右前後中校七令丞,又主章長丞。武帝太初元年更名東園主章爲木工"。始皇陵發現的"東園"是"東園匠"呢?還是"東園主章"?從陶盆口沿的刻辭"園"下殘泐的一字,似爲"主"字的上半部。因此,疑是"東園主章"。顏師古注:"東園主章掌大材,以供東園大匠也。"修建陵園有大量的土木工程,東園主章參加始皇陵園的修建是順情合理的。這一刻辭的重要意義,一方面説明秦始皇時已有東園主章一官;另一方面説明將作大匠掌管了始皇陵的修建工程。

《考古與文物》1982-4,頁 95

△按　1987 年出版的《秦代陶文》頁 71—72 亦載之,文字略有差異。

林　林

官印 0003 　　 睡虎地·秦律 4 　　 集成 9734 孖盥壺 　　 上博二·容成 31

○**睡簡整理小組**(1990)　林,魏地,古書又稱林中,林鄉,今河南尉氏西。

《睡虎地秦墓竹簡》頁 8

○**何琳儀**(1998)　林,甲骨文作 林(粹七二六)。從二木,會叢林之意。金文作 林(尹姞鼎)。戰國文字承襲商周文字。《説文》:“林,平土有叢木曰林。從二木。”

　　晉璽林,姓氏。姬姓,周平王庶子林開之後,因以爲氏。見《通志·氏族略》。

《戰國古文字典》頁 1412

△按　“林”字古今無異構,筆勢有不同。

無　森　㮒

集粹  十鐘 　　 集成 9710 曾姬無卹壺 　　 集成 4695 鄴陵君王子申豆 　　 包山 16

郭店·老甲 31 　　 集成 287 曾侯乙鐘 　　 集成 9719 令狐君嗣子壺 　　 集成 980 魚鼎匕

侯馬 105:2

集成 11614 �}王喜劍　　 陶彙 4·20 　　 陶彙 4·18

○**陳漢平**(1989)　“古陶文㮒字(㮒𠊜市王□)亦當釋無,讀爲鄦。”

《屠龍絶緒》頁 283

○**楊澤生**(1996)　戰國時期的燕國文字中,有一個字作如下之形:

㮒(下面用△代替)

這個字出現在下列陶文和兵器銘文裏:

　　(1)△审市王刀(?)。(《陶彙》4.20)

（2）余△都鍴（瑞）。（《陶彙》4.18）

（3）左宫△墜（地）。（《古匋文香録》附 22 下）

（4）郾（燕）王職乍（作）武△鍺鍁（劍）。（《商周金文録遺》595）

（5）郾（燕）王職惡武△者鍁（劍）。（《考古與文物》1983 年 2 期 20 頁）

（6）郾（燕）王喜惡△者釱。　　劍（《三代吉金文存》20.44.3）

其中有兩點需要説明一下。一是（1）（4）△的字形。（1）△原文作𣓀，上部略殘。（4）△原文作𣓀，上面一横斷開，乃是殘泐所致。二是（5）（6）“者”和（4）“鍺”所從之“者”的釋法。“者”字原文作𡉡，與燕國文字“都”字所從“者”旁相同，是燕國文字的特有寫法。朱德熙在《戰國陶文和璽印文字中的“者”字》一文中，對其字形來源曾作過分析。有學者釋爲“旅”，非是。

△過去或釋爲“某”，或釋爲“業”，或釋寫作從“木”從“羋”聲之字。按“某”字燕國陶文作𣓀，楚簡作𣕅或𣕅，與△的字形有别。釋爲“業”乃是根據（4）的字形𣓀，上面已經指出，此字上部左右兩點是横畫殘泐所致，不足爲據。“業”字中山王壺作𢧵，小篆作𣓀，與△的字形相差甚遠。△上部的“廿”與“羋”的字形也相差甚遠。就文義來説，把（4）（5）（6）的△釋“某”而“疑讀爲警蹕之蹕”，説“當係燕王的侍衛”，雖不失爲一種似乎合理的猜測，但古代找不到“蹕市、余蹕”之類的地名，無法讀通陶文（1）及（2）。釋爲“某”和“業”更是無義可説。可見三説皆不可信。

我們認爲△是“無”字。爲了説明問題，把《金文編》所著録的“無”字，按字形的不同大致分成五類，每一類選擇一個字形作爲代表：

1.𣓀 盂鼎　　　2.𣓀 姬鼎　　　3.𣓀 封仲簋

4.𣓀 子璋鐘　　　5.𣓀 曾姬無卹壺

由 1 至 5 構成了一個非常明顯的發展序列，其中 5 是 4 的省寫。省寫是戰國文字的重要特點之一。例如衆所周知的“官”字省去“宀”旁作“𣓀”，“馬”字省去下部作“𣓀”。這裏我們再舉幾個將左右並列結構的字省去其中一個偏旁的例子：

羽　𦏧𦏧　𦏧《包山楚簡》269 號、牘 1　　　敢　𣓀　𣓀《侯馬盟書》335、336 頁

醜　𣓀　𣓀同上 352 頁　　　敬　𣓀　𣓀《古璽文編》229—232 頁

即　𣓀　𣓀《古幣文編》137—139 頁　　　陰　𣓀　𣓀同上 171、173 頁

姬　𣓀　𣓀同上 180 頁

　　以上諸字,後者都是前者的省寫。上揭"無"字的省寫 5 像兩個△並列之形,根據戰國文字左右並列結構的文字可以省去其中一個偏旁的特點,我們認爲△是"無"字 5 的進一步省寫。

　　以上説的是字形。從文義上看,把△釋爲"無(無)",(1)至(6)的有關文句都可以讀通。陶文(1)的"無审"和(2)的"余無"都是地名。古書裏有"無終"和"徐無"二地。"审"從"中"聲,中和終音近古通,故"無审"可讀爲"無終"。"徐"從"余"聲,徐和余可以相通,故"余無"可讀爲"徐無"。陶文(3)的"無地"是人名。《古璽彙編》2163 號私璽"鴞亡墜"的"亡墜"即"無地"。可見古人有用"無地"作爲名字的。兵器銘文(4)(5)(6)的"無"似應當讀爲"舞"。如果其下的"者"或"鍺"屬下讀,那麼"舞"或"武舞"是標明這種劍的性質和用途的。如果屬上讀,那麼"武舞者"或"舞者"便是標明這種劍的使用者。

《中國文字》新 21,頁 185—187

○**董珊**(1996)　　戰國晚期燕國的陶文和兵器文字中有"𦳋"字,目前知道有如下九見:

　　1.余"𦳋"鄌(都)鍴(瑞)(《古陶文彙編》4·18)

　　2.𦳋审市王勹(符)(同上,4·20)

　　3.左宫𦳋墜(地)(《籫齋藏陶》)

　　4.郾(燕)王職乍(作)武𦳋鏃鐱(《商周金文録遺》595 號)

　　5.郾(燕)王職惡武𦳋旅鐱(《考古與文物》1983 年 2 期 20 頁)

　　6—9.郾(燕)王喜惡𦳋旅鈇(《三代吉金文存》20·44·2;又 20·44·3;又 20·45·1;又《河北省出土文物選集》第 140 號。)

　　此字過去或不識,或釋"畢、葉、業"等,都於字形不符,並未解決問題。

　　這個字是"無"字。它可以與東周文字中"無"字的新體相比較:

　　A.𤀹曾姬無卹壺　　　　　　B.𤀹齊侯鼎　　　　　　𤀹子璋鐘

A 式是從 B 式省簡了中閒的筆畫而來的。"𦳋"正相當於 A 式的一半。所以我們可以認爲"𦳋"是 A、B 二式"無"的進一步簡省(詳後),也即"無"字。這個看法可以得到 1—3 陶文的明確辭例的支持。

　　1 與 2 的"余無"和"無审"都是燕國地名,分別讀作"徐無"和"無終",都是《漢書·地理志》右北平郡屬縣,戰國時代都位於燕國腹地。有關此二地名的進一步解釋詳後。

3.據《古陶文彙編》4.33—57 諸品燕陶文例，"右（或左）宮"後所接是人名。"無墜"即"無地"，古人常用此名，如《左・襄・十二》庶長無地，《襄・二七》公孫無地。《古璽彙編）2163 號三晉私璽作"𣥂亡墜"。

至此，已足以證明"𣎴"即是"無"字。

　　　　　　　　　　　　　　　　《于省吾教授百年诞辰纪念文集》頁 208—209

○**何琳儀**（1998）　　無，甲骨文作𣦼（粹一三一二），象人執舞具而舞蹈之形。舞之初文。《説文》："舞，樂也。用足相背，从舛，無聲。𦳊，古文舞，从羽，亡。"西周金文作𣦼（般甗），舞具上加口口，其義不明。或作𣦼（孟鼎），聲化爲从𣦼（《説文》某古文作𣦼）。無、某均屬明紐，無爲某之準聲首。或作𣦼（頌簋），𢆶連爲𢆶形。春秋金文作𣦼（秦公簋），戰國文字或下加𦥑繁化，或省作𣦼、𣦼、𣦼、𣦼、𣦼。《説文》："𣦼，豐也。从林、𣦼。或説規模字。从大、冊，數之積也。林者木之多也。冊與庶同意。《商書》曰：庶草繁無。"

魚顛匕"無智"，見《吕覽・分職》"無智、無能、無爲，此君之所執也"。侯馬盟書"無卹"，習見人名。令狐壺"無彊"，讀"無疆。"《詩・豳風・七月》："萬壽無疆。"傳："疆，竟也。"

無臭鼎"無臭"，讀"無斁"。《詩・周南・葛覃》"服之無斁"，傳："斁，厭也。"曾姬無卹壺"無卹"，習見人名，壺銘"無卹"爲女性。曾姬無卹壺"無鴲"，讀"無匹"。《史記・屈原列傳》："懷清抱質兮，獨無匹兮。"謂無匹配。郮陵君器"無彊"，見 c。望山簡"無佗"，讀"無它"。《大戴禮・禮祭》："即大敗之，此無它故也。"天星觀"無咎"，見《左・昭三十一年》"子必來，我受其無咎"。包山簡"無古"，讀"無故"。《孟子・盡心》上"父母俱存，兄弟無故，一樂也"。包山簡"無後"，無後嗣。《孟子・離婁》上："不孝有三，無後爲大。"包山簡無，姓氏。無澤，上古與舜爲友。見《尚友録》。曾樂律鐘"無鐸"，讀"無射"。《詩・周南・葛覃》"服之無斁"，《禮記・緇衣》引斁作射。《詩・大雅・抑》"矧可射思"，《説文繫傳・通論》引射作繹，是其佐證。《國語・周語下》"景王二十三年，王將鑄無射而爲之大林"，注："賈侍中云，無射，鐘名，律中無射也。"《禮記・月令・季秋》："其音商，律中無射。"

詛楚文"無遤"，讀"無道"。《戰國策・東周策》："夫秦之爲無道也，欲興兵臨周而求九鼎。"睡虎地簡"歌無"，讀"歌舞"。

　　　　　　　　　　　　　　　　　　　　《戰國古文字典》頁 612—613

△**按**　《説文》卷六之"無"篆作𣦼，卷十二亡部復收有"無"字，篆作𣦼，云："亡

也。从亡,無聲。元,奇字無。通於元者,虚無道也。王育説,天屈西北爲无。”“無”的構形,《説文》説不清楚,由古文字材料,方可明其源流。其形有由簡而繁者,復有由繁而簡者。上列楊澤生、董珊與何琳儀説可互參。奇字“无”,趙平安謂假“夫”字爲之,是漢代的産物,當可從,見《秦至漢初簡帛文字與假借改造字字源考證》(《簡帛研究》2 第 102—103 頁,1996 年)。

【無日】郭店·語四 4

○劉釗(2003)　“無日”是很快的意思。

《郭店楚簡校釋》頁 226

△按　郭店簡《語叢》四 4:“惡言復己而死無日。”《詩·小雅·頍弁》:“死喪無日,無幾相見。”“無日”直接的意思似即無須一日之意。

【無古(故)】包山 15

○何琳儀(1998)　包山簡“無古”,讀“無故”。《孟子·盡心》上“父母俱存,兄弟無故,一樂也”。

《戰國古文字典》頁 612

【無事】郭店·老甲 31

△按　郭店簡《老子》甲 31:“我無事而民自富。”“無事”即“無爲”。

【無味】郭店·老丙 5

△按　郭店簡《老子》丙 5:“淡可(兮)其無味也。”

【無咎】天星觀

○何琳儀(1998)　天星觀“無咎”,見《左·昭三十一年》“子必來,我受其無咎”。

《戰國古文字典》頁 612

△按　望山簡有“無大咎”之語,見《望山楚簡》73 頁。咎,災也。“無大咎”似即“無大災”。或以“無咎”爲人名。

【無後】包山 152

○何琳儀(1998)　包山簡“無後”,無後嗣。《孟子·離婁》上:“不孝有三,無後爲大。”

《戰國古文字典》頁 612—613

【無害】睡虎地·秦律 161

○睡簡整理小組(1990)　無害,秦漢文書習語,例如《墨子·號令》:“舉吏貞廉、忠信、無害、可任事者。”《史記·蕭相國世家》:“以文無害爲沛主吏掾。”意思是辦事没有疵病,參看楊樹達《漢書窺管》卷四。

《睡虎地秦墓竹簡》頁 56—57

△**按**　無害,秦簡原文作"毋害"。

【無爲】郭店·老丙 11

△**按**　郭店楚簡《老子》丙 11:"聖人無爲,故無敗也。"

【無斁】無斁鼎

○**何琳儀**(1998)　無斁鼎"無斁",讀"無斁"。《詩·周南·葛覃》"服之無斁",傳:"斁,厭也。"

《戰國古文字典》頁 612

【無違】詛楚文

○**何琳儀**(1998)　詛楚文"無違",讀"無道"。《戰國策·東周策》:"夫秦之爲無道也,欲興兵臨周而求九鼎。"

《戰國古文字典》頁 613

【無智】集成 980 魚鼎匕

○**何琳儀**(1998)　魚顛匕"無智",見《呂覽·分職》"無智、無能、無爲,此君之所執也"。

《戰國古文字典》頁 612

△**按**　魚顛匕作"下民無智"。智、知古同字。

【無嘼】集成 9710 曾姬無卹壺

○**何琳儀**(1998)　曾姬無卹壺"無嘼",讀"無匹"。《史記·屈原列傳》:"懷清抱質兮,獨無匹兮。"謂無匹配。

《戰國古文字典》頁 612

【無彊(疆)】集成 9719 令狐君嗣子壺

○**何琳儀**(1998)　令狐壺"無彊",讀"無疆"。《詩·豳風·七月》"萬壽無疆"。傳:"疆,竟也。"

《戰國古文字典》頁 612

【無鐸】集成 287 曾侯乙鐘

○**何琳儀**(1998)　曾樂律鐘"無鐸",讀"無射"。《詩·周南·葛覃》:"服之無斁。"《禮記·緇衣》引斁作射。《詩·大雅·抑》:"矧可射思。"《説文繫傳·通論》引射作繹,是其佐證。《國語·周語下》"景王二十三年,王將鑄無射而爲之大林",注:"賈侍中云,無射,鐘名,律中無射也。"《禮記·月令·季秋》:"其音商,律中無射。"

《戰國古文字典》頁 613

【無它坐】睡虎地·封診 15

○**睡簡整理小組**（1990）　　無它坐，秦漢法律文書習語，意爲没有其他罪行，如《居延漢簡甲編》一二九：“賀未有鞠繫時，毋（無）它坐，謁報，敢言之。”

《睡虎地秦墓竹簡》頁 150

△**按**　無它坐，秦簡原文作“毋它坐”。

【**無爲而可**】九店 56・19 下

○**李家浩**（2000）　　下二二號簡和三四號簡也都有“無爲而可”之語。（中略）“無爲而可”的意思是説：這一天什麽事也不作，就可以避免災難的發生。

《九店楚簡》頁 72

睡虎地・封診 66

○**何琳儀**（1998）　　芔，甲骨文作（前六・五三・四）。从林，夯聲。夯，从大从勹，會一人俯地任另一人踐踏而鬱抑之意。《吕覽・侈樂》“故樂俞（編按：“俞”爲“愈”之誤）侈而民愈鬱”，注：“鬱，怨也。”金文作（叔卣），或加＝爲飾作（小子生尊）、（孟戟父壺）。《汗簡》中二・四九鬱作，𢎜演變作（參令作、，石作、等）。大訛變作缶。《集韻》遂誤隸作彎。古文字無夯有芔，兹暫立芔聲首以代鬱聲首。《説文》：“鬱，木叢生者。从林，鬱省聲。”夯爲鬱結之初文，芔爲木叢生（鬱）之初文，鬱爲芳草（鬱）之初文，鬱爲鬱之異文（古文字未見）。許慎桀（編按：此字疑爲“解”字之誤）錯鬱與鬱之訓釋，參鬱字。

　　五十二病方芔，讀鬱。《左・昭二十九》“鬱湮不育”，注：“鬱，滯也。”“鬱血”即後世之“瘀血”。《説文》：“瘀，積血也。从疒，於聲。”瘀、鬱均屬影紐。

《戰國古文字典》頁 1172

　　鬱，从爵省，芔聲。鬱之初文，典籍亦作鬱。《説文》：“鬱，芳艸也。十葉爲貫，百廿貫，築以煮之爲鬱。从臼、冂、缶、鬯。彡，其飾也。一曰，鬱鬯，百艸之華。遠方鬱人所貢芳艸，合釀之，以降神。鬱，今鬱林郡也。”（五下二）《周禮・春官・序官》“鬱人”，注：“鬱，鬱金香草，宜以和鬯。”小篆鬯旁與秦簡叙（爵之省文）旁義近，彡旁爲又旁訛變。

　　睡虎地簡鬱，疑讀瘀。《説文》：“瘀，積血也。”參芔字。

《戰國古文字典》頁 1172

△**按**　秦簡鬱字，《睡虎地秦墓竹簡》直接隸定爲“鬱”。封診 66“索跡椒鬱”，

注(159 頁):"椒,讀爲醶(音醋)。醶鬱,指繩套勒束處的青紫瘀血。""梫"字考釋,亦可參見于省吾《甲骨文字釋林》下卷。

楚　楚

集成 287 曾侯乙鐘　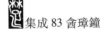集成 83 畲璋鐘　集成 10158 畲忑鐘

睡虎地·日甲 65 正叁　珍秦 116

包山 2　包山 226　郭店·窮達 8　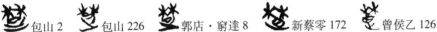新蔡零 172　曾侯乙 126

璽彙 0642　陶彙 3·1167　陶彙 3·1166

集成 2479 楚王畲前鼎

○**何琳儀**(1998)　《説文》:"楚,叢木。一名荆也。从林,疋聲。"

齊陶"楚亳",地名。

屬羌鐘"楚京",或説即"楚丘",地名。《春秋·僖二年》:"城楚丘。"在今河南滑縣東。

楚器楚,多爲楚國。包山簡一九二楚,姓氏。熊繹封楚,其後以國爲氏。見《姓苑》。

《戰國古文字典》頁 584

△**按**　"楚"字古从"足",後作"疋","足、疋"古同字。"楚"字所从之"林",或省作"木",《楚文字編》另出,隸定爲"走"或"趺",參《楚文字編》361 頁。

【楚王】

△**按**　楚王即楚國君王。出土材料多見,如楚王熊相、楚王畲璋等。

【楚先】

○**朱德熙、裘錫圭、李家浩**(1995)　楚先,指一二○號至一二三號諸簡所記的老童、祝融、媸畲等。

《望山楚簡》頁 103

【楚京】

○**何琳儀**(1998)　屬羌鐘"楚京",或説即"楚丘",地名。《春秋·僖二年》:"城楚丘。"在今河南滑縣東。

《戰國古文字典》頁 584

【楚亳】

○**何琳儀**（1998）　齊陶“楚亭”，地名。

《戰國古文字典》頁 584

㗊

集成 4503 西㗊簠

○**何琳儀**（1998）　㗊，从口，林聲。啉之異構。《廣韻》：“啉，酒巡匝曰啉，出酒律。啉亦書作㗊。”
　　西㗊器㗊，不詳。

《戰國古文字典》頁 1412

△**按**　《戰國文字編》歸林部。若何琳儀説可信，此字當歸口部。

萃

新收 1206 新城徒卒戈

○**何琳儀**（1998）　萃，从林，卒聲。疑萃之繁文。
　　下庫少萃戈萃，讀萃。見萃字。

《戰國古文字典》頁 1172

△**按**　字本从“衣”，“衣、卒”一字分化。

莃　蔕

璽彙 3115　　　璽彙 3116　　　璽彙 3118

包山 173

○**吳振武**（1983）　3083 五莃語·五蔕語。
　　3118 蔕余雔·林□余隹。

《古文字學論集》（初編）頁 512

○**朱德熙、李家浩**（1989）　从林从帝，古璽 131。

《朱德熙文集》5，頁 192，1999；
原載《紀念陳寅恪先生誕辰百年學術論文集》

○**何琳儀**（1998）　蔕，从林，帝聲。疑蒂之異文。

晉璽蒂,讀蒂,姓氏。

《戰國古文字典》頁 749

薹,从止,蒂聲。疑蒂之繁文。

包山簡薹,人名。

《戰國古文字典》頁 749

△按　包山 173 之**字,《戰國文字編》歸爲"蒂"字。

蓥

蓥 璽彙 3113　　**蓥** 璽彙 1506　　**蓥** 璽彙 3663

○何琳儀(1998)　蓥,从林,室聲。

燕器蓥,姓氏。疑讀室。見室字。

《戰國古文字典》頁 1088

軍

軍 津藝 28

△按　**軍**字从林,軍聲,字書所無。或即"葷"字異構。

離

離 貨系 2447　　**離** 璽彙 3119

○羅福頤等(1981)　與貨幣文離石離字同。

《古璽文編》頁 85

△按　當爲"離"字異體,參見卷四隹部"離"字條。

才 才

才 上博二·容成 9　才 郭店·老甲 4　才 上博一·詩論 12

才 包山 8　才 上博二·魯邦 2　集成 9735 中山王方壺

才 郭店·六德24　　十 集成287曾侯乙鐘

丗 集成9710曾姬無卹壺　　十 郭店·語三15

丗 信陽1·14　　㞢 上博二·民之8

十 新蔡乙四55

○鄭家相(1958)　文曰才。按才爲財省,取財貨之義。

《中國古代貨幣發展史》頁69

○中大楚簡整理小組(1977)　才爲在,甲骨、金文多作中、丰,簡文增一短畫。

《戰國楚簡研究》4,頁21

○吳振武(1983)　2179□才·□才。

3654 金中多·金才多。

《古文字學論集》(初編)頁504、517

○曹錦炎(1984)　中(p.317)

《文編》入於附録。古文字"才"字構形作此甚多,不煩舉。

《中國錢幣》1984-2,頁70

○李零(1985)　才,讀爲在。

《長沙子彈庫楚帛書研究》頁83

○何琳儀(1998)　才,甲骨文作十(續一·三·六),象鋭形器之形。西周金文作十(旂鼎)、中(才僎父鼎),春秋金文作十(秦公簋)。戰國文字承襲商周文字。或省作中、丰,或加飾筆作丰、丰、丰。《説文》:"才,艸木之初也。从丨,上貫一,將生枝葉。一,地也。"戰國文字才,多讀在。

行氣玉銘"才上",讀"在上"。《書·吕刑》:"穆穆在上,明明在下。"

包山簡才,讀載。

古璽才,姓氏。見《萬姓統譜》。

《戰國古文字典》頁99

○李家浩(2000)　本墓竹簡的"才"字,皆作才形。按古文字"才"或寫作中(《金文編》412頁),簡文"才"即在此種寫法的"才"字横畫下又加上一横畫。像簡文這種加横畫的"才"字還見於長沙五里牌楚墓竹簡(《長沙發掘報告》56頁圖四九、57頁圖五〇)、包山楚墓竹簡(《包山楚簡》圖版六·一三)和楚印(《古璽彙編》二一五·二一七九)等。"死生才□",秦簡《日書》乙種寅之占

辭作"死生在子"。按本簡"才"下之字僅存右邊一小半,從殘書看,不像是
"子"字,而像是"亥"字。

《九店楚簡》頁 121

○**白於藍**(2001)　父亡亞(惡),君猷(猶)父也,其弗亞(惡)也,猷(猶)三軍
之旆也,正也。所以異于父,君臣不相才(在)也,則可已;不敓(悦),可去也;
不我(義)而加者(諸)己,弗受也。(《語叢》三簡三—五)

　　關於"君臣不相才也"之"才"字,筆者以爲讀"在"不確。李零先生將此
字讀爲"戴",但未作任何解釋,亦不足信。筆者以爲"才"字於此當讀爲讒。
《説文》:"纔,讀若讒。从糸,毚聲。"典籍中从"才"聲之字與"纔"多可相通,
《荀子·勸學》:"口耳之間則四寸耳。"楊倞《注》:"韓侍郎云:'則當爲財,與
纔同。'"《史記·孝文本紀》:"太僕見馬遺財足。"司馬貞《索隱》:"財古字與
纔同。"《漢書·高后文功臣表》:"裁十二三。"顔師古《注》:"裁與纔同。"《漢
書·杜欽傳》:"小冠高廣材二寸。"顔師古《注》:"材與纔同。"《文選·羽獵賦
序》:"財足以奉郊廟。"李善《注》:"財與纔同。"均其例。又朱駿聲《説文通訓
定聲》:"纔假借爲才,毚、才一聲之轉。"可見才可讀爲讒。

　　《廣雅·釋詁三》:"讒、嫉,賊也。"《荀子·修身》:"傷良曰讒,害良曰賊。"
《楚辭·離騷》:"各興心而嫉妒。"王逸《注》:"害賢爲嫉。"可見,讒、嫉、賊三字
古義相通。嫉、疾古字可通,疾字亦有賊害之義,《後漢書·文苑傳·傅毅》:"二
事敗業,多疾我力。"李賢《注》:"疾,害也。"即其例。《逸周書·時訓》:"天氣不
上騰,地氣不下降,君臣相嫉,不閉塞而成冬。"《淮南子·主述》:"及至亂主,取
民則不裁其力,求於下則不量其積,男女不得事耕織之業以供上之求,力勤財
匱,君臣相疾也。"此"君臣相嫉(或疾)"與簡文之"君臣不相才(讒)"正可相參證。

　　"所以異于父,君臣不相才(讒)也,則可已;不敓(悦),可去也;不我(義)
而加者(諸)己,弗受也。"蓋謂君之所以不同於父親,是因爲君臣若不互相賊
害,則可矣;若不悦,則臣可離開君;若君以不義加諸臣,臣可不受也。從中可
以看出,君臣關係遠較父子關係疏遠。郭店簡《六德》:"爲父絶君,不爲君絶
父。"(簡二九)申述的也是這個道理。

《江漢考古》2001-2,頁 58

△按　"才"字構形,多以草木初生爲説。高鴻縉《中國字例》云:"才爲才始
之本字。從種子下才生根,上才生芽之形,而以一表地之通象。"

【才心】

○**劉釗**(2000)　《語叢》三説:

才（在）心，益。

對“在心”二字《郭店楚墓竹簡》一書未做解釋。按“在心”之“在”應用爲
“存”。《説文》：“在，存也。從土，才聲。”“在、存”同義換讀，故“在”可用爲
“存”。又《説文》：“存，恤問也，從子，才聲（小徐本作‘在省聲’）。”按《説文》
的解釋，“在、存”皆從“才”聲，故亦可相通。戰國古璽吉語璽中有“昌在”
（《古璽彙編》4564—4568）、“旗在”（《古璽彙編》4569、4570）二類璽文，“昌
在”和“旗在”的“在”字亦應用作“存”。銀雀山漢墓竹簡《孫臏兵法·見威
王》：“則可以在亡國而繼絶世也。”文中“在”字亦用爲“存”。所以郭店楚簡
簡文“才（在）心”也就是“存心”。

《孟子·離婁下》：“孟子曰：‘君子所以異于人者，以其存心也。君子以仁
存心，以禮存心。’”又《孟子·盡心上》：“存其心，養其性，所以事天也。”《春
秋公羊傳·宣公八年》：“其言萬人去龠何？去其有聲者，廢其無聲者，存其心
焉爾。存其心焉爾者何？知其不可而爲之也。”

以上是典籍言“存心”的例證。

《語叢》三又説：

　所以異于父，君臣不相才（在）也，則可已。

文中“才（在）”字疑亦用爲“存”，乃“恤問”之意。

《郭店楚簡國際學術研討會論文集》頁 88

攟

郭店·成之 35

○**裘錫圭**（1998）　（郭店·成之 35）此句似當釋讀爲：攟沏（梁）婧（爭）舟。第一
字左從“才”，右旁即注四所提到的“鳶”字異體，可讀“薦”音，當是此字聲旁。
此字出現在“梁”字之前，疑應讀爲“津”，參看《窮達以時》注六。

《郭店楚墓竹簡》頁 170

○**湯餘惠等**（2001）　（郭店·成之 35）攟。

《戰國文字編》頁 662

○**陳偉**（2002）　（郭店·成之 35）“梁爭舟”三字，從裘錫圭先生按語釋。其前一
字，裘先生按語云：“第一字左從‘才’，右旁即注四所提到的‘鳶’字異體，可
讀‘薦’音，當是此字聲旁。此字出現在‘梁’字之前，疑應讀爲‘津’。”裘先生

所説的注四,是針對 4、5 號簡"是故亡乎其身而存乎其辭"一句的。裘先生分析這個讀爲"存"的字説:"上端與'鹿'字頭相似。此字亦見於下第九簡,疑是'廌'字異體。古代'廌'有'薦'音,其字在此與'亡'爲對文,當讀爲'存'。"《説文》云:"存,恤問也。从子,才聲。"基於裘先生的分析,此字左旁的"才"蓋是疊加聲符,全字亦當釋爲"存"。簡書中,似當讀爲"栫"。《説文》:"栫,以材木雝也。"《左傳》哀公八年:"邾子又無道,吳子使大宰子餘討之,囚諸樓臺,栫之以棘。"杜預注:"栫,雝也。"釋文:"栫,本又作'荐'。"是"栫"有雝塞、阻擋義。"栫梁"應是指在橋梁上爭路。與"爭舟"屬於大致相同的事類,故可並舉。

《郭店竹書別釋》頁 140

○劉釗(2003)　(郭店・成之35)"橗"字从"才"从"廌",古音"廌"在精紐元部,"津"在精紐真部,故"橗"可讀爲"津"。

《郭店楚簡校釋》頁 143

㣥 㣥 㣥

信陽 1・5　曾侯乙衣箱　包山 155　郭店・老甲 38　上博二・子羔 8
詛楚文　集成 2840 中山王鼎　璽彙 1294

○姜亮夫(1980)　即若字,甲文作(44),象女子散髮而舞之象。

《蘭州大學學報》1980-4,頁 58

○吳振武(1983)　1294 申㣥・申若。

《古文字學論集》(初編)頁 497

○徐寶貴(1988)　三、釋㣥字

此字亦見於姓名私璽:

㣥,《古璽彙編》142 頁。釋文作"申□"。

此字該書亦以不識之字附以□符號。此字當釋爲"若"字。(中略)此古璽文㣥與中山王大鼎㣥,信陽楚簡㣥相同,尤其與兆域圖㣥最爲相同。此古璽文無疑是若字。而《古璽彙編》以爲不可識之字,《漢語古文字字形表》及《古文字類編》均未收此古璽文若字,是不對的。

《松辽學刊》1988-2,頁 84—85

○**林素清**（1990）　附録五十下🔣，可釋爲若。中山王𧻈壺鼎若字作🔣。

《金祥恆教授逝世周年紀念文集》頁 112

○**何琳儀**（1998）　若，甲骨文作🔣（甲二〇五），象人跽以雙手順髮之形。《爾雅·釋言》：“若，順也。”金文作🔣（盂鼎），跽形不顯，或作🔣（毛公鼎），加口爲飾。戰國文字承襲金文。或加🔣、🔣爲飾。或首髮與雙手分離，上似从屮。或从二屮，遂訛變爲从艸。《説文》🔣承金文，籀文🔣承戰國文字，🔣承秦文字，許慎誤析叒、若爲二篆。《説文》：“叒，日初出東方湯谷，所登榑桑、叒木也。象形。🔣，籀文。”“若，擇菜也。从艸、右。右，手也。一曰，杜若，香艸。”或釋商周文字叒（🔣）爲“擇菜也”之若，實不可據。

　　中山王鼎“若否”，見《詩·大雅·烝民》“邦國若否”，箋：“若，順也。順否猶臧否，謂善惡也。”中山王鼎、兆域圖若，讀赦。《史記·淮陰侯列傳》“猛虎之猶豫，不如蜂蠆之致螫”，《漢書·蒯通傳》螫作蠚。《淮南子·兵略》“有毒者螫”，《太平御覽》九四四引螫作蠚。是其佐證。《易·解》：“君子以赦過宥罪”，“赦，謂放免”。

　　信陽簡若，如。《書·盤庚》：“若網在綱。”《禮記·曲禮》上“儼若思”，疏：“若，如也。”

　　詛楚文“若壹”，讀“如一”。若、如音義均通，典籍習見。《漢書·董仲舒傳》：“其道如一。”睡虎地簡“若干”，未定之數。《禮記·曲禮》下：“問天子之年，對曰，聞之始服衣若干尺矣。”《漢書·食貨志》：“或用輕錢百，加若干。”注：“師古曰，若干，且設數之言也。干，猶箇也。謂當如此箇數耳。”

《戰國古文字典》頁 563—564

△**按**　《説文》卷六“叒”字，戰國文字似未見與之對應的字形，《戰國文字編》卷六字頭以“若”替換“叒”，《楚系簡帛文字編》（增訂本）則在“叒”下附“若”，故録“若”字若干字形。何琳儀以爲《説文》🔣承金文，籀文🔣承戰國文字，🔣承秦文字，許慎誤析叒、若爲二篆，可從。參見卷一“若”字條。

【若干】睡虎地·秦律 171

○**何琳儀**（1998）　睡虎地簡“若干”，未定之數。《禮記·曲禮》下：“問天子之年，對曰，聞之始服衣若干尺矣。”《漢書·食貨志》：“或用輕錢百，加若干。”注：“師古曰，若干，且設數之言也。干，猶箇也。謂當如此箇數耳。”

《戰國古文字典》頁 564

【若否】集成 2840 中山王鼎

○**何琳儀**（1998） 中山王鼎“若否”，見《詩·大雅·烝民》“邦國若否”，箋：
“若，順也。順否猶臧否，謂善惡也。”

《戰國古文字典》頁 563

【若惷】秦駰玉版

○**曾憲通、楊澤生、蕭毅**（2001） “惹惷”，指如此愚蠢或憂心。若，如此、這樣
的。惷，《説文·心部》：“愚也。”《禮記·哀公問》：“寡人惷愚冥煩。”或説惷
同“忡”，憂愁貌，《詩·邶風·擊鼓》：“不我以歸，憂心有忡。”

《考古與文物》2001-1，頁 52

【若嚣】《出土文獻研究》3，頁 87

○**吳振武**（1998） 筆者舊藏古璽鈐本中有下揭一枚未見於著録的陰文私璽：
此璽從風格上看，必是楚璽無疑。璽文四字，當釋爲“若嚣會璽”。
其中“若”字的寫法跟隨縣曾侯乙墓所出漆木衣箱（E·67）上的
“若”字極相似，只是璽文大概爲了對稱，右下方多了一個“口”旁
（看湖北省博物館《曾侯乙墓》圖版一二四·4，文物出版社 1989 年；又《古文
字研究》第 10 輯 197 頁，中華書局 1983 年）。

璽文“若嚣”是姓氏，即古書中的“若敖”氏。楚官璽中所見的“莫敖”
（《璽彙》0164、《文物》1988 年 2 期 62 頁）、“連敖”（《璽彙》0318）之“敖”均作
“嚣”，與此同例。

“若敖”是楚國一個很出名的姓氏。《通志·氏族略三》“以字爲氏”類下
謂：“若敖氏，芈姓，楚君若敖之後也……若敖者，楚君熊義字也；或言楚國尊
者稱敖，如霄敖、郟敖之類是也。”《古今姓氏書辯證》（入聲十八藥）“若敖”氏
條下謂：“出自芈姓。楚子熊鄂生熊儀，謂之若敖，後以爲氏……春秋楚君之
不以壽終者，葬不以成君之禮，皆謂之敖。若敖、霄敖、堵敖、杜敖、訾敖皆是
也。”按據《左傳·宣公四年》和《史記·楚世家》記載，若敖氏一族中的絕大
部分在公元前 605 年被楚莊王擊滅，故此璽的年代或有可能早至春秋。

又，此璽 1.9 公分見方，在楚私璽中算是比較大的。不過像《璽彙》0263
“耶（？）遜（追）遂（逐）璽”那樣的楚私璽，則更大至 2.4 公分見方，有時竟不
免被后人誤以爲是官璽。

《出土文獻研究》3，頁 87

桑 叒

陶彙 5·384　　睡虎地·答問 7

璽彙 3272　　 包山 92　　 包山 167

包山 113　　 新蔡甲三 400

上博二·民之 7　　 上博二·民之 12

○**湯餘惠**（1992）　㮇₉₂　㮇·喪　甲骨文“喪衆”之“喪”寫作㮇、㮇,金文或作㮇（瘋鐘“趏”字所從）,簡文寫法殆由其形訛變。此種變化和甲骨文桑榆之桑寫作㮇、㮇,而小篆析形作㮇十分相類。92 簡:“以其～其子丹,而得之於鱝之室。”釋爲喪失之喪與文意正合。167 簡“邬人桑賑”,用爲桑氏之桑。

《考古與文物》1993-2,頁 71

○**何琳儀**（1998）　桑,甲骨文作㮇（前一·六·六）,象桑樹之形。金文作㮇（瘋鐘趏作㮇）,省左右兩枝葉。戰國文字承襲商周文字,枝葉或與樹幹脱節,小篆遂誤作㮇形。《説文》:“桑,蠶所食葉木（編按:“木”字衍）。从叒、木。（息郎切。）”（六下一）“叒,日初出東方湯谷所登榑桑,叒木也。象形。（而灼切。）㮇,籀文。”（六下一）叒不成字,應删。據籀文㮇,知讀“而灼切”之叒本應作若（參若字）。許慎截取若、桑之上部立爲部首,殊不可據。或以桑从叒聲,亦誤。

秦陶“桑障”,地名。

《戰國古文字典》頁 706

○**徐在國**（2002）　方雨樓《周秦古璽菁華》145 著録如下一方陰文楚官璽:

或釋爲“山杂（?）行宫夫人鉨”。

按:（中略）“喪”字本从“桑”聲,从二口或三口、四口表示哭喪之意。“桑”字作㮇,象樹上有桑葉之形,後變形作㮇、㮇、㮇、㮇,或省作㮇,遂與“九”形混。

通過對比我們可以發現楚金“㮇”與包山簡“喪”字所從的“㮇”（桑）形基本相同,因此,“㮇”可釋爲“桑”。

如上所述,上引楚璽當釋爲“山桑行序大夫鉨”。“山桑”,地名。見《漢書·地理志》“沛郡,户四十萬九千七十九,口二百三萬四百八十,縣三十七……山桑……”。《后漢書·郡國二》:“汝南郡”下“山桑,侯國,故屬沛,有下城父聚,有垂惠聚”。故址在今安徽省蒙城縣北,戰國時代當屬楚國。

《古文字研究》24,頁 317

○**劉信芳**（2003）　或隸作“喪”,按原簡字从木作,應是“桑”字,讀爲“喪”。

"喪"屢見於郭店簡,或从"亡"作,或从"死"作,與从"木"之"桑"不是一字。《儀禮·士喪禮》:"翦笄用桑。"鄭玄《注》:"桑之爲言喪也。"簡 167 有人名"桑賑"。李零《讀〈楚系簡帛文字編〉》(《出土文獻研究》第五輯)云:"美國賽克勒美術館藏楚帛書殘片有此字,辭例作'□桓(樹)~桃李'。"已證此字爲"桑"字。

《包山楚簡解詁》頁 88

△按　"桑"字本當作𣗳,加口之𣠽,當爲其分化字,其字用作"桑"還是用作"喪",依文例而定。上博簡《民之父母》之𣠽、𣠽,皆用作"喪"。楚簡𣠽(見郭店·語四 3 等)亦用爲"喪",參見卷一中部"芒"字條。

【桑林】《秦文化論叢》9,頁 269
○周曉陸、陳曉捷(2002)　桑林丞印。《續》6 有"桑林、桑林□□",考訂良佳。

《秦文化論叢》9,頁 269

【桑障】秦封宗邑瓦書
○黃盛璋(1991)　桑障與桑匽:"自桑障之封以北至桑匽之封。"所指爲具體封界,桑障與桑匽皆爲小地名,皆當以桑樹群得名。(中略)桑障即桑墩,當表一地有桑樹林之邱阜之地名。

《考古與文物》1991-3,頁 86

○何琳儀(1998)　秦陶"桑障",地名。

《戰國古文字典》頁 706

【桑葉】睡虎地·答問 7
△按　桑樹的葉子,蠶的飼料。睡虎地秦簡《法律答問》簡:"或盜采人桑葉,臧(贓)不盈一錢,可(何)論? 貲繇(徭)三旬。"

之 ⏄

集成 12108 新郪虎符　　近出 1194 六年上郡守間戈　　石鼓文·吾車

郭店·唐虞 16　　天星觀

楚帛書　　集成 9735 中山王方壺　　集成 11127 陳胎戈　　郭店·語一 94

璽彙 0281　　包山 6　　包山 181　　郭店·性自 34

侯馬 156:4

○**陳邦懷**（1964）　相邦義之造。此"之"字當訓"所"。"之造"即"所造"。"之造"二字在春秋戰國兵器中凡十三見。皆訓"所造"。"之造"二字，前人多不解其義。阮元以衛公孫呂戈文有"之告（造）戈"，因説："余所見戈有曰：羊子之觘（造）戈、郑大□□之觘（造）戈。然則'之造戈'之文，古人屢用之矣。"阮氏説"之造戈"之文古人屢用之，而未説明其意義。是不憭"之造"之"之"字訓"所"也。至於經籍中"之"字用作"所"者，亦不鮮見，茲不備舉。

《文物》1964–2，頁 49

○**何琳儀**（1998）　之，甲骨文作⿰（粹一〇四三）。从止从一，會足趾所至之意。止亦聲。西周金文作⿰（毛公鼎），春秋金文作⿰（曾伯霖匜）。戰國文字承襲兩周金文。或作⿰，取其對稱。或作⿰，斜筆穿透。或作⿰，加一贅筆。《説文》："之，出也。象艸過中，枝莖益大有所之。一者，地也。"

戰國文字之，多爲代詞，或助詞。

趙尖足布"繁之"，讀"繁峙"，地名。見《漢書·地理志》雁門郡。在今山西渾源。

《戰國古文字典》頁 43

○**李家浩**（2000）　"愮暴"下之字亦見於三六號、七九號、一〇四號等簡，原文作⿰。此字有兩種分析法。一、此字右下側兩點表示這個字是"之日"的合文。二、《説文》"時"字古文作"旹"，从"日"从"之"聲。此字右下側兩點表示這個字是作爲"之旹（時）"來用的，跟楚國文字"之歲（歲）"作"歲＝"同例。⿰字常見於包山楚簡，都是作爲"之日"來用的。所以釋文也把本墓竹簡的⿰作爲"之日"的合文來處理。但是從七九號簡此字之上似是月名"遠栾"來看，也不排除本墓竹簡的⿰是作爲"之旹（時）"來用的。"愮（踐）暴（棗）之日"當指耕種之日。

《九店楚簡》頁 70

△**按**　《説文》謂"之"字"象艸過中，枝莖益大，有所之"，乃據篆文爲説。

⿱⿱　⿱　⿱⿱　⿱

⿰集成 9735 中山王方壺　　⿰貨系 4076　　⿰集成 11693 卅年鄭令矛

⿰包山 100　　⿰郭店·老乙 11　　⿰郭店·性自 65　　⿰望山 2·15　　⿰上博二·容成 31　　⿰陶彙 3·972

⿰集成 4096 陳逆簋

○**何琳儀**（1998） 㞷，甲骨文作㞷（甲一九〇）。从止，王聲。往之初文。《説文》：“往，之也。从彳，㞷聲。”或作㞷（前二・二一・一），王旁有所省略。金文作㞷（闚卣）。戰國文字承襲商周文字。或在豎筆中閒加飾筆作㞷、㞷，或在左中加撇筆作㞷似从壬（參聖、呈等字）。《説文》：“㞷，艸木妄生也。从之在土上。讀若皇。”許慎以妄釋㞷屬聲訓。从㞷之字或隸定主（往），或隸定王（枉、狂、汪、匡等）。

陳逆器“㞷祖、㞷丂（考）”，見皇字 a、c。

盟書㞷，讀往。“以往”，以後。韓兵“㞷庫”，讀“襄庫”。《説文》：“㞷，艸木妄生也。”《管子・權脩》“則往而不可止也”，注：“謂亡去也。”以亡或妄訓㞷屬聲訓。而亡與襄聲系可通。《史記・仲尼弟子列傳》“公良孺”，索隱作“公襄孺”。娘或作孃，蜋或作蠰，亦屬此類。良正从亡聲。故襄、亡、㞷音近可通。甲骨文㞷祭或釋禳祭亦可資參證。“襄庫”，鄭國武庫。《左・襄三十年》：“因馬師頡介于襄庫。”趙圜錢“㞷坪”，讀“廣平”，地名。㞷、皇均从王得聲。皇與黄假借參皇字 c。“廣平”，見《漢書・地理志》廣平國。在今河北曲周北。中山王圜壺㞷，讀旺。

包山簡㞷，或作邟，姓氏。以地名邟爲氏。見邟字。

○**陳高志**（1999） 㞷，簡本隸定作“皇”，今本則作“況”。將“皇”當作“況”的通假是合理的。但在字形上隸定作“皇”則非。（中略）在楚系文字當中，“皇”字大致不出下列諸形，如：㞷、㞷、㞷……等。這些字與《郭店竹簡》的㞷字並不相似。因此，能否隸作皇，必須重新檢討。

《説文・之部》㞷字許慎説：

　艸木妄生也，从㞷在土上，讀若皇，㞷古文。

此字讀“户光切”，即“往”字的初文。由字形的分析可以知道，《説文》的析解是許君傅會之説。這一個字的甲骨文作“㞷”，从之从王，所謂“从土从壬”，是出於字形變化後的新解。本簡之㞷應隸作㞷，讀爲“況”才是。

○**劉桓**（2001） 同書《性自命出》：“君子執志必又（有）夫㞷㞷之心。”

㞷即往，字與皇通。《孟子・滕文公下》：“孔子三月無君，則皇皇如也。”㞷㞷即皇皇。

○**劉釗**（2003）　“𡉚”即“往”字古文，讀爲“廣”，古音“𡉚”在匣紐陽部，“廣”在見紐陽部，韻部相同，聲爲一系，可以相通。

《郭店楚簡校釋》頁 33

△**按**　𡉚亦隸定爲𡉚。羅振玉《增訂殷虚書契考釋卷中》：“𡉚爲往來之本字，許訓𡉚爲艸木妄生而別以徃爲往來字，非也。”羅説是。

【𡉚丂𡉚母】集成 4096 陳逆簠

△**按**　陳逆簠“𡉚丂𡉚母”讀“皇考皇母”。

【𡉚坪】貨系 4075

○**何琳儀**（1998）　趙國錢“𡉚坪”，讀“廣平”，地名。𡉚、皇均从王得聲。皇與黄假借參皇字。“廣平”，見《漢書·地理志》廣平國。在今河北曲周北。

《戰國古文字典》頁 632

【𡉚𡉚之心】郭店·性自 65

○**劉釗**（2003）　“𡉚𡉚”讀爲“皇皇”，《禮記·少儀》：“祭祀之美，齊齊皇皇。”鄭玄注：“齊齊皇皇，讀爲歸往之往。”孔疏引皇侃云：“謂心所繫往。”

《郭店楚簡校釋》頁 106

△**按**　郭店楚簡《性自命出》65：“君子執志必又（有）夫𡉚𡉚之心。”

【𡉚祖】集成 4096 陳逆簠

△**按**　陳逆簠“𡉚祖”讀“皇祖”。遠祖。

【𡉚庫】鄭𡉚庫戈

○**何琳儀**（1998）　韓兵“𡉚庫”，讀“襄庫”。《説文》：“𡉚，艸木妄生也。”《管子·權脩》“則往而不可止也”，注：“謂亡去也。”以亡或妄訓𡉚屬聲訓。而亡與襄聲系可通。《史記·仲尼弟子列傳》“公良孺”，索隱作“公襄孺”。娘或作孃，蜋或作蠰，亦屬此類。良正从亡聲。故襄、亡、𡉚音近可通。甲骨文𡉚祭或釋禳祭亦可資參證。“襄庫”，鄭國武庫。《左·襄三十年》：“因馬師頡介于襄庫。”

《戰國古文字典》頁 632

○**陳偉武**（1999）　韓國兵銘“𡉚庫”之“𡉚”，或釋爲“寺”，或讀爲“皇”，或讀爲“襄”，均誤。實是“往”之本字，借爲軖車之“軖”。“𡉚（軖）庫”原來當是藏軖車之庫，後來亦兼藏其他兵車和兵器。

《簡帛兵學文獻探論》頁 187—188

帀 帀

集成 2794 楚王酓忎鼎　　　集成 10371 陳純釜

集成 10373 鄅客問量　　　包山 226　　　包山 228　　　郭店・成之 25　　　郭店・窮達 5

陶彙 4・173

○**吳振武**（1983）　3371 □・桌帀（師）□。

　　3410 桌友□・桌帀（師）□。

《古文字學論集》（初編）頁 515

○**李零**（1985）　　讀爲師。

《長沙子彈庫楚帛書研究》頁 87

○**曾憲通**（1985）　師字之省。

《楚帛書》頁 233

○**施謝捷**（1996）　《陶彙》4・173 著録一邢臺曹演莊出土的陶文戳印（如圖一）：

　　印文上一字《陶徵》釋爲"豭"（28 頁），《陶文》從之（41 頁）；下一字《陶徵》摹録成，釋爲"寅"（77 頁），《陶字》亦從之（604頁）。實際上，原釋圖一戳印文爲"豭寅"，是有問題的。

　　先説。陝西出土秦陶戳印中有"豭"和"燹"字，分別作：

　　　　《陶字》41 頁，高 5・252　　　　　《陶字》411 頁，高 5・99

戰國古璽中"隊、遂"作：

　　　　《璽彙》0103　　　　　　　《璽彙》3920

　　"豭"或從"豭"與的構形有明顯的差異，可見不可能是"豭"字，原釋誤。我們認爲，實爲"帀"字異構。戰國古璽中"帀"字屢見，或作下列諸形：

　　　　《璽彙》3206　　　　《璽彙》3205　　　　《璽彙》3202

　　　　《璽彙》3203　　　　《璽彙》3204

　　其中、、三例，原未釋，此從吳振武先生説。、二例構形跟上揭完全相同，則無疑亦是"帀"字。"帀"字構形的這種變化，與戰國文字中"平"

圖一

字如出一轍，“平”字或作下列諸形：

　　　　　　　㔻《三代》19·44·1，平陽戈　　　　　　㿌《説文解字》于部

　　　　　　　㸶《陶字》180頁，高3·41　　　　　　㿌《陶字》180頁，高3·39

其中㸶、㿌二形，分別在㔻、㿌上部增“八”筆畫，可以比照。

　　(中略)然則，前揭圖一戳印印文實爲“帀貪”二字，“帀”爲姓氏，與所舉古璽諸“帀”相同，亦當讀如“師”。

　　最后説説易縣出土陶文中的下揭一字：㔻《陶彙》4·149
《陶徵》把它作爲不識字歸在附錄(351頁)，《陶字》則釋爲“平”字(181頁)。

　　實際上，把㔻釋爲“平”，並不可靠。古璽中“帀”或作：

　　　　　　　㔻《璽彙》0158　　　　　　　　　㔻《璽彙》0159

與㔻構形極爲相似，而且都屬燕國文字，只是㔻上部較㔻、㔻多一橫畫。這跟上文所舉“帀、平”的有關寫法相似。因此㔻也應該釋爲“帀”字。

《文物春秋》1996-2，頁57—58

○何琳儀(1998)　帀，西周金文作㔻(師寰簋)，構形不明。春秋金文作㔻(蔡太師鼎)，上加短橫爲飾。戰國文字承襲兩周金文。齊系文字作㔻、㔻。燕系文字作㔻、㔻，晉系文字作㔻、㔻，楚系文字作㔻、㔻、㔻、㔻、㔻，秦系文字作帀，各具地域特點。《説文》：“帀，周也。从反之而帀也(編按：中略“凡帀之屬皆从帀”)。周盛説。”古文字帀均讀師。帀，精紐緝部；師，心紐脂部。精、心均屬齒音，大徐反切已由脂部轉入緝部。茲據古文字歸帀爲脂部，並以帀聲首代替師聲首。

　　齊器帀，讀師，官名。齊璽“攻帀”，讀“工師”，官名。齊璽“者帀”，讀“褚師”，官名。

　　燕璽帀，讀師，官名。燕璽“栖帀”，讀“栖疏”，複姓。《戰國策·趙策》：“黃金師比。”《史記·匈奴列傳》師作胥。是其佐證。

　　晉器帀，讀師，姓氏。周師尹之後。見《風俗通》。卅三年大梁戈“工帀”，讀“工師”，官名。

　　鄂君車節、舟節、包山簡“晉帀”，讀“晉師”，晉國師旅。楚王酓忎器“㠯帀”，讀“肆師”，官名。包山簡帀，讀師，官名。包山簡“楚帀”，讀“楚師”，楚國師旅。天星觀簡“右帀”，讀“右師”，官名。包山簡“士帀、大帀、五帀”，官名。包山簡“帀徒”，讀“師徒”。《左·成二》：“子喪師徒，何以復命。”帛書帀，讀師，師旅。隨縣簡“少帀”，又見包山簡，讀“少師”，官名。

秦器“工帀”，讀“工師”，官名。

《戰國古文字典》頁 1280

△按　商代和西周文字以“𠂤”爲“師”，戰國則以“帀”爲“師”，這是時代的區别；戰國以“帀”爲“師”，《説文》則訓帀爲“周也”，也是時代的差異。

【帀徒】包山 226

○何琳儀（1998）　包山簡“帀徒”，讀“師徒”。《左・成二》：“子喪師徒，何以復命。”

《戰國古文字典》頁 1280

師 師

 集成 11374 廿七年上守戈　　文博 1988-6，頁 39 上郡守戈　　**𢊫** 睡虎地・秦律 111

 璽彙 0151　　**𢂷** 璽彙 5487

𢆶 集成 9734　舒龏壺　　**𢆶** 集成 428 冉鉦鍼

𢅓 新蔡甲三 37

○强運開（1935）　《説文》：“二千五百人爲師。从帀从𠂤。𠂤四帀，衆意也。**𢆶**，古文師。”運開按，窓散作**𢆶**，散氏盤作**𢆶**，均與鼓文同，可證師亦古文也。此篆天乙閣本已泐，今據安氏十鼓齋藏北宋拓弟一本橅拓如上。

《石鼓釋文》庚鼓，頁 1

○何琳儀（1998）　師，甲骨文作**𢆶**（前一・四九・一），構形不明。金文作**𢆶**（盂鼎），或疊加音符帀作**𢆶**（令鼎）。戰國文字承襲金文。《説文》：“師，二千五百人爲師。从帀从𠂤。𠂤，四帀衆意也。**𢆶**，古文師。”古文由三體石經《僖公》**𢆶**所訛變。

石鼓師，見《周禮・地官・州長》“若國作民而師田行役之事”，疏：“師，謂征伐。”

秦器“工師”，官名。

《戰國古文字典》頁 1281

△按　甲骨文以“𠂤”爲“師”，後又加“帀”爲“師”。戰國文字則既有全形之“師”，又有省形之“帀”。參“帀”字條。

【師徒】睡虎地・日乙 19 壹

○**劉樂賢**（1994） 按：師徒指兵士。《國語·吳語》：“吳王夫差既許越成，乃大戒師徒，將以伐齊。”包山楚墓占卜類簡中習見“大司馬悼愲遅楚邦之帀（師）徒以救郙之歲”一句，師徒亦指兵士，即軍隊。

《睡虎地秦簡日書研究》頁 316

○**李家浩**（1999） 《睡虎地》231 頁《日書》乙種“楚除”一九壹釋文：“利以行師徒。”

按：“師”應該釋爲“帥”。“帥、師”二字形近易訛，此“帥”字當是“師”字之誤。《日書》甲種“楚除”七正“利以行師”之“師”，原文作“帥”，誤與此同。根據該書凡例，應該按照《日書》甲種“楚除”七正釋文釋寫作“利以行帥〈師〉徒”。

《著名中年語言學家自選集·李家浩卷》頁 377，2002；

原載《史語所集刊》70 本 4 分

○**劉信芳**（2003） 軍隊，兵士。《左傳》莊公四年，楚武王興師伐隨，夫人鄧曼曰：“若師徒無虧，王薨于行，國之福也。”

《包山楚簡解詁》頁 242

出

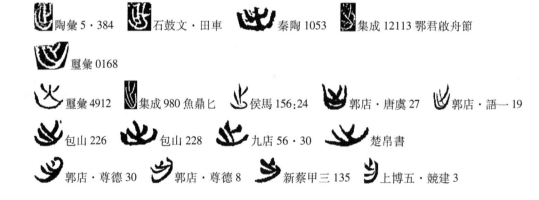

陶彙 5·384　石鼓文·田車　秦陶 1053　集成 12113 鄂君啟舟節

璽彙 0168

璽彙 4912　集成 980 魚鼎匕　侯馬 156:24　郭店·唐虞 27　郭店·語一 19

包山 226　包山 228　九店 56·30　楚帛書

郭店·尊德 30　郭店·尊德 8　新蔡甲三 135　上博五·競建 3

○**羅福頤等**（1981） 吉語璽“出入大吉”出字如此（**編按**：璽彙 4912 下按語）。

《古璽文編》頁 134

○**睡簡整理小組**（1990） 出，讀爲頧，眼眶下部。

《睡虎地秦墓竹簡》頁 157

○**何琳儀**（1998） 出，甲骨文作 （前七·二八·三）。從凵從止，會足出坎内之意。止亦聲。出，透紐；止，端紐。端、透均屬舌音，出爲止之準聲首。金文作 （永盂）、 （克鼎）。戰國文字承襲金文。晉系文字或作 、 、 、 、，楚系文字或作、、、，秦系文字作、。其中、、與三體石經《君奭》均有對應關係。《説文》：“出，進也。象艸木益滋上出達也。”

魚顛匕“出斿”，讀“出遊”。《詩·邶風·泉水》：“駕言出遊，以寫我憂。”侯馬盟書“出入”，見《史記·五帝紀》：“夙夜出入朕命。”侯馬盟書、温縣盟書“出公”，晉出公。見《史記·晉世家》。晉璽“出内”，讀“出入”。見上。

楚器“出内”，讀“出入”。見 c。望山簡“出日”，方出之日。《書·堯典》：“寅賓出日，平秩東作。”帛書“出帀”，讀“出師”。《左·文十六》：“出師旬有五日。”

《戰國古文字典》頁 1235

△按　“出”字古寫，上部或作“止”，如，或作“中”，如，此其寫異也。從“出”之字亦有能對應者，如小篆“出”字上即從“止”作，“敖”字所從之“出”，上即從“中”作。“出”字下部則皆作向上之圓弧，與“之”字相區別。“之”字下部作直線如、或稍向下彎轉如，似無作向上彎轉弧線之形。楚簡還有側書之“出”作（郭店·尊德 8）、（新甲三 135）、（上博五·競建 3）者，亦書法寫異。

【出入】侯馬 156：19

○**何琳儀**（1998）　侯馬盟書“出入”，見《史記·五帝紀》：“夙夜出入朕命。”

《戰國古文字典》頁 1235

【出子】睡虎地·封診 84

○**睡簡整理小組**（1990）　出子，流産。

《睡虎地秦墓竹簡》頁 162

○**曾憲通**（2003）　篇題《出子》。出子即生子。“出”字古有“生”義，《易·説卦傳》“萬物出乎震”，《集解》引虞翻曰：“出，生也。”《管子·四時》“其德喜贏，而發出節”，注：“出，生也。言春德喜悦長贏，爲發生之節也。”《后漢書·竇融傳》“孝景皇帝出自竇氏”，注：“出，生也。《爾雅》：男子謂姊妹之子曰出。”後世言“某所生”爲“某所出”之類，皆本此義。然秦簡他處有《生子》篇和《人字》篇，皆言生子之事；此篇以内容按之，當非一般之生子，而是非正常的生育，故整理小組徑以“流産”釋之。

《古文字與出土文獻叢考》頁 198，2005；
原載《第四屆國際中國古文字學研討會論文集》

【出帀】楚帛書

○**何琳儀**（1998）　帛書“出帀”，讀“出師”。《左·文十六》：“出師旬有五日。”

《戰國古文字典》頁 1235

△按　楚帛書有“可以出帀、不可出帀”語。

【出日】望山 1・9
○何琳儀（1998）　望山簡“出日”，方出之日。《書·堯典》：“寅賓出日，平秩東作。”

《戰國古文字典》頁 1235

【出内】璽彙 4912
○何琳儀（1998）　晉璽“出内”，讀“出入”。見上。
　　　楚器“出内”，讀“出入”。見 c。

《戰國古文字典》頁 1235

【出命】秦封宗邑瓦書
○黃盛璋（1991）　“出命”意爲奉王命，西周金文有“出入（納）王命”，而永盂有“益公入即命於太子，公迺出厥命；錫畀永厥田陰陽洛疆，罜師俗父田，厥罜公出厥命：邢伯、榮伯、尹氏、迺俗父”（《文物》1972 年 1 期），説明益公入受王命；錫永田，“益公出厥命”，出王所錫命，意即宣布王命，一同參加宣布之人有邢伯等。瓦書“大良造庶長遊出命日”，與永盂正同，亦即宣布王命。

《考古與文物》1991-3，頁 83

【出斿】集成 980 魚鼎匕
○何琳儀（1998）　魚顛匕“出斿”，讀“出遊”。《詩·邶風·泉水》：“駕言出遊，以寫我憂。”

《戰國古文字典》頁 1235

敫　敫

十鐘　　　　　陶彙 5・384　　　睡虎地·雜抄 32

△按　“敫”字《説文》出部、放部重出，見放部“敫”字條。

索

故宫 417　　　　睡虎地·秦律 167　　　集成 292 曾侯乙鐘　　　璽彙 3898
曾侯乙 124　　　郭店·老甲 2　　　包山 254

郭店·緇衣 29

上博一·緇衣 15

○**朱德熙、裘錫圭**（1973）　簡文"素綜、青綜"的綜字應讀爲錦。素字與輔師
嫠簋"纊"字同形:茶
字實當釋索,讀爲素（素是由索分化出來的字,另有文詳之）。

《朱德熙古文字論集》頁 66,1995;原載《考古學報》1973-1

○**中大楚簡整理小組**（1977）　索、素古通用。孔穎達《尚書·序》:"八卦之
説,謂之八索。"釋文索,"本或作素"。《左傳》昭公十二年"八索九丘"注同。

《戰國楚簡研究》2,頁 19

○**郝本性**（1992）　茶 30 號、茶 31 號,爲索字,馬王堆帛書《老子》甲本卷後古
佚書二〇七行有索字作茶。《隸辨》5·39 載王純碑陰鉅鹿紫宣文,顧藹吉釋
索,均可爲證。

《古文字研究》19,頁 122

○**商承祚**（1995）　索,此簡作茶,稱茶縡繻。第一八簡"綜茶楮",第二三簡
"四茶嗖",第二六簡"聚與茶綜之綜",諸索與此近,金文已有此字,索諆爵作
茶,或以素作偏旁的,如師克盨之黎以素作茶。

《戰國楚竹簡匯編》頁 20

○**何琳儀**（1998）　索,甲骨文作茶（類纂一〇四一）。從収從糸,會雙手搓絲
成繩索之意。金文作茶（師克盨）。從収從素,素亦聲。戰國文字承襲金文。
収旁由卄訛變爲个、冂、八。素、索一字分化,索爲素之準聲首。《説文》:"索,
艸有莖葉,可作繩索。從宋、糸。杜林説。宋亦朱木字。"

　　楚簡索,讀素。《禮記·中庸》:"素隱行怪。"《漢書·藝文志》引素作索。
《左·昭十二年》"八索九丘",釋文:"索本或作素。"是其佐證。《禮記·雜
記》下"純以素",注:"素,生帛也。"

　　秦璽索,姓氏。殷人七族,索氏之後,望出武威、敦煌。見《元和姓纂》。

《戰國古文字典》頁 585

○**劉信芳**（2003）　索:法定田界。《左傳》定公四年:"疆以周索。"杜預《注》:
"索,法也。"

《包山楚簡解詁》頁 156

【**索魚**】睡虎地·日甲 72 正貳

○**朱德熙、裘錫圭**（1980）　從此簡照片看，“魚”上一字明明是“索”字，“索魚”也見於雲夢秦墓所出日書，是與鮮魚相對的名稱，就是乾魚的意思。

《文史》10，頁 63

○**睡簡整理小組**（1990）　索，疑讀爲臘。

《睡虎地秦墓竹簡》頁 194

○**劉樂賢**（1994）　索魚即乾魚。

《睡虎地秦簡日書研究》頁 117—118

○**劉釗**（1996）　索魚　“日書甲種”簡 72 正貳説：“戊己有疾，巫堪行，王母爲祟，得之於黄色索魚、菫酉（酒）。”《秦簡》一書注釋謂：“索，疑讀爲臘。”按古音索在心紐鐸部，臘在來紐葉部，聲韻皆遠隔，無由得通。“索”字在此應訓爲“乾”。《倉頡篇》：“索，盡也。”《説文·水部》：“澌，水索也。”“水索”即“水乾了”的意思。馬王堆帛書《五十二病方》諸傷方下有一條説：“復冶……孰（熟）……其汁，汁宰（滓）皆索。”諸家皆訓“索”爲盡或譯此句爲“喝藥汁，喝時要把藥滓和藥液全部喝下”。按此説不妥，此“索”字即應訓爲“乾”，此句是説反復熬藥，直把藥汁和滓子熬乾爲止。後世有“摘索、離索、蕭索、疏索”諸詞，皆“蕭條冷落”之意（見郭在貽《唐代俗語詞雜釋》“摘索”條，載《訓詁叢稿》，上海古籍出版社 1985 年），“蕭條冷落”即“枯乾”，這與“索”訓爲“乾”義本相因，馬王堆一號漢墓遣策 50 號有“右方索魚七㭓”之句，朱德熙、裘錫圭先生在《馬王堆一號漢墓遣册考釋補正》一文（載《文史》第 9 輯）（**編按**：當是《文史》第 10 輯）中指出“索魚”是指乾魚。之後裘錫圭先生又在《説“索我於枯魚之肆”》一文（載淮陰師專《活葉文史專刊》110 號，1981 年；又收於作者《古代文史研究新探》一書，江蘇古籍出版社 1992 年）中論證了《莊子·外物》“曾不如早索我於枯魚之肆”句中“索”字與“索魚”之“索”同義，就是穿在繩索上掛起來的意思。而所以稱乾魚爲索魚，應該是由於它們通常總是穿在繩索上掛起來的緣故。按秦簡中的索魚同漢簡中的索魚相同，也應該是指乾魚而言，而乾魚其實也就是臘魚，因爲將食物製成臘，“風乾”是其主要特徵。

　　“日書甲種”簡 107 正壹説：

　　　　以殺豕，其肉未索必死。

《秦簡》一書注釋謂：“索，盡。”按此注非是。此“索”字即“用繩索掛起來”或“乾”之意，與《莊子·外物》“曾不如早索我於枯魚之肆”之“索”字義同。用繩索把肉掛起來風乾，是爲了製成臘肉。《廣雅·釋天》：“臘，索也。”《禮記·郊特牲》説：“天子大蜡八。伊耆氏始爲蜡，蜡也者，索也。歲十二月，合聚萬物而索饗之也。”按臘、蜡相通,《廣雅・釋天》和《禮記・郊特牲》中的“索”字自有注釋以來一直不得正解,皆以“求索”之義釋之。其實這個索字同漢簡和秦簡中“索魚”之“索”相同,也應訓爲“乾”,是指用繩索把食物掛起來風乾的意思。

《簡帛研究》2,頁 111—112

△**按** “臘、腊”古爲二字,“腊”音 xī,乾肉之義。《睡虎地秦墓竹簡》頁 194“索,疑讀爲臘”之“臘”,當爲“腊”之繁簡轉換錯誤。“索、腊”皆心紐鐸部字,故可相通。劉釗文按“臘”字立論,故以爲二字“聲韻皆遠隔,無由得通”。

孛 

郭店・老乙 10 璽彙 3407

○**林素清**(1990) 附録五六,何琳儀引《汗簡》悖字古文,釋爲悖字。按,當是《古文四聲韻》4.16《古孝經》,何誤古《汗簡》。

《金祥恆教授逝世周年紀念文集》頁 112

○**荊門市博物館**(1998) 孛,簡文與《古文四聲韻》引《古孝經》“悖”字同形。帛書乙本作“費”,帛書整理小組云:“費疑當作费。”可從。

《郭店楚墓竹簡》頁 119

○**黄德寬、徐在國**(1998) 老乙 10 有字作,原書釋爲“孛”。注釋説:“孛,簡文與《古文四聲韻》引《古孝經》‘悖’字同形。帛書乙本作‘費’,帛書整理小組云:‘費疑當作费。’可從。”(119 頁)此字釋爲“孛”是正確的。“明道女(如)孛”,今本作“明道如昧”。古音孛屬並紐物部,昧屬明紐物部,故孛字可借爲“昧”。帛書乙本的“費”字,亦應借爲“昧”。

《吉林大學古籍整理研究所建所十五周年紀念文集》頁 101

○**何琳儀**(1998) 孛,甲骨文作(金四七六)。从子,丰聲。孛,並紐;丰,滂紐。並、滂均屬脣音,孛爲丰之準聲首。西周金文作(散盤),春秋金文作(大司馬匿)。《古文四聲韻》作(四・十六),與兩周金文吻合。戰國文字丰旁訛作、、形,小篆訛作形。《説文》:“孛,𡿺也。从米,人色也。从子。《論語》曰:色孛如也。”“米,艸木盛米米然,象形。八聲。讀若輩。”舊以孛隸米聲首,然米字來源可疑。从米得聲字均與从市得聲字相混,參市聲首(**編按**:市和米當是不同隸定的結果。大徐本《説文》頁 127 字頭即隸定爲市,而釋文則爲米)。以米爲形符者,如𡿺、索、𠇍、南等字,各有形體來源,均不从米。故《説文》之米似不能獨立爲部首。茲以孛聲首代替宋聲首。

　　晉璽孛，姓氏。蕭衍之後有孛氏。見《路史》。據晉璽知戰國已有孛氏。

《戰國古文字典》頁 1300

○**李零**（1999）　“昧”，原作“孛”，整理者從馬乙本讀“費”（馬甲本殘）。按王弼本作“昧”，字與“費”通，這裏讀“昧”。

《道家文化研究》17，頁 472

○**劉釗**（2003）　“孛”字讀爲“昧”，古音“孛”在並紐物部，“昧”在明紐物部，聲爲一系，韻部相同，故可相通。

《郭店楚簡校釋》頁 32—33

△**按**　楚帛書孛字，舊多釋爲“孛”，今多改釋爲“李”，參“李”字條。

宋

璽彙 1230　　東亞錢志 2・98　　錢典 698　　貨系 292

○**何琳儀**（1998）　宋，甲骨文作（類纂二九二一），从屮从土从冂，會草木生長受阻之意。或説，从丰从冂（坰），會次於邊境之意。疑次之本字。《左・莊三》：“凡師一宿爲舍，再宿爲信，過信爲次。”《左・襄廿六》“師陳焚次”，注：“次，舍也。”西周金文作（𥝢鼎秫作）、宋（小子射鼎師作）、宋（中甗師作），春秋金文作宋（季宫父臣姊作）。戰國文字承襲兩周金文。參三體石經《僖公》濟作，《説文》次古文作（八下十一），《汗簡》次作（下二・八十三），《古文四聲韻》次作（去六）。宋、齊、次音近可通。《説文》：“宋，止也。从宋，盛而一横止之也。”

　　周空首布宋，讀呰，地名。《荀子・非十二子》“離縱而跂呰者也”，注：“呰讀爲恣。”《漢書・董仲舒傳》“選郎吏又以富呰”，注：“呰讀與資同。”是其佐證。《左・昭廿三》：“夏四月乙酉，單子取呰。”在今河南鞏縣西南。

《戰國古文字典》頁 1265

△**按**　于省吾《甲骨文字釋林》下卷有《釋宋、師》，可參。本字及下“欶”字，《戰國文字編》未收録。

欶

石鼓文・鑾車

○**何琳儀**（1998）　㮈，从朩，次爲疊加音符。

　　石鼓㮈，讀軟。《集韻》：“軑，以鬃飾車也。”《周禮・春官・巾車》作髤。

《戰國古文字典》頁 1265

△按“㮈”即所謂雙聲符字。

南　南

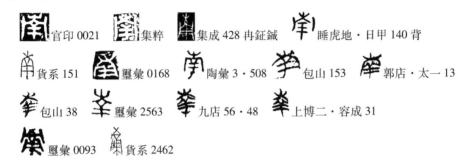

官印 0021　　集粹　　集成 428 冉鉦鍼　　睡虎地・日甲 140 背

貨系 151　　璽彙 0168　　陶彙 3・508　　包山 153　　郭店・太一 13

包山 38　　璽彙 2563　　九店 56・48　　上博二・容成 31

璽彙 0093　　貨系 2462

○**罗福颐等**（1981）　魏三字石經《堯典》南字同此（編按：璽彙 2563 下按語）。

《古璽文編》頁 135

○**吴振武**（1983）　2244　南閔・下南閔（門）。

《古文字學論集》（初編）頁 505

○**何琳儀**（1998）　南，甲骨文作南（鐵二四○・一），構形不明。金文作南（盂鼎），中閒加紋飾。戰國文字承襲金文。或收縮兩側竪筆作南、南，或其下演變爲羊形作南。晉系文字或作南、南，多有變異，貨幣文字省變尤烈。《説文》：“南，艸木至南方有枝任也。从朩，羊聲。南，古文。”

　　趙器“南徭”，讀“南行唐”，地名。《史記・趙世家》惠文王“八年，城南行唐”，在今河北行唐北。趙璽“南宮”，地名。見《漢書・地理志》信都國。在今河北南宮西。

　　南州壺“南州”，地名。楚璽“南門”，見《書・顧命》：“逆子釗于南門之外。”望山簡“南方”，見《書・金縢》“爲壇于南方”。包山簡“南昜”，讀“南陽”，地名。見《漢書・地理志》南陽郡。在今河南南陽。包山簡南，姓氏。姬姓，衛靈公之子公子郢，字子南，以字爲氏。見《通志・氏族略・以字爲氏》。包山簡“南陵、南里”，地名。

　　古璽“南閔”，複姓。見《姓氏考略》。

《戰國古文字典》頁 1411

△按　“南”字郭沫若謂象鐘鎛之形，唐蘭以爲南本爲青字，借爲南方之南。

郭説見《甲骨文字研究・釋南》,唐説見《釋四方之名》(《考古學社社刊》第4
期)。可備參考。

【南方】望山 1・43

○**何琳儀**(1998)　望山簡“南方”,見《書・金縢》“爲壇于南方”。

　　　　　　　　　　　　　　　　　　　　　　　　《戰國古文字典》頁 1411

【南州】南州壺

○**何琳儀**(1998)　南州壺“南州”,地名。

　　　　　　　　　　　　　　　　　　　　　　　　《戰國古文字典》頁 1411

【南行唐】《中國古代貨幣發展史》142 頁

○**裘錫圭**(1978)　1.南行唐

　　　下揭三孔布面文,古錢家釋作“魚易行二、魯易二”(《辭典》下 39 頁)

或“衡陽”(同上 500—501),《東亞》釋作“魚陽”(4・72 頁),
《概述》釋作“葡陽”(《文物》1959 年 8 期 61 頁)。“徬”下的
“＝”顯然是符號而不是文字,釋作一二的“二”是錯誤的,但

《發展史》142頁

是《東亞》和《概述》根本不管這個符號也不妥當。在戰國文字裏,“＝”這個符
號一般用來表示重文或合文。“徬”字不見於字書,古今地名用疊字的又極其
少見,“徬”下的“＝”應該是合文符號而不是重文符號,“徬”應該是“行、易”
二字的合文。

　　　“徬＝”這一地名也見於下引的戰國銅劍銘文:

　　　　　王立(莅)事,徬＝倫(令)眮卯,右庫工帀(師)司馬㝵,冶㐭報(?)齎
（劑)

與無疑是一字的異體。古錢家把這個字釋作“魚、魯”或“奧”顯然都是錯
誤的。《概述》釋作“葡”,從字形上看比舊説合理,但是“葡徬＝”這個地名還
是解釋不通。

　　　這個字也見於下引戰國印文:

　　　　　下徬閔《璽》1・28

文例與此相類的印文尚有:

　　　　　下南閔《秦漢印統》8・48　　下西閔《璽》1・28　　上東門尔(璽)《尊集》一 2・13

把這幾紐古印對照起來看,可以知道“閔”是“門”的借字。戰國齊印多借
“聞”爲“門”與此同例。在上引“下南閔(門)”等三印上,“上”或“下”跟“門”
字之閒的那個字都是方位字,“下徬閔”印的第二字也應該是一個方位字。在
方位字裏,字形跟它比較接近的是“南”字。古文字“南”字的異體極多,其中

如南彊鉦作🔶(《金文編》333 頁），漢"亭南單印"作🔶(《續衡》7・15），寫法都跟它頗爲相近。《尊集》一 2・15 頁著録的一紐古印有"🔶宫"之稱，"宫"上一字顯然是它的異體，釋作"南宫"也很合適。

所以，上引三孔布文可以釋爲"南行易"。古代"易、唐"二聲相通，其例習見。就地名而言，姚本《戰國策・趙策一》"趙收天下且以伐齊"章中，"羊腸"作"羊唐"；《春秋・昭公十二年》"齊高偃帥師納北燕伯于陽"，《左傳》"陽"作"唐"，都是例子。幣文的南行易應該就是古書上的南行唐。南行唐在漢代屬常山郡，其他（編按："他"應是"地"之誤）在今河北省行唐縣附近，戰國時屬趙，《史記・趙世家》惠文王八年有"城南行唐"之文。

《古文字論集》頁 434, 1992；原載《北京大學學報》1978-2

○**何琳儀**（1998） 趙器"南彳易"，讀"南行唐"，地名。《史記・趙世家》惠文王"八年，城南行唐"，在今河北行唐北。

《戰國古文字典》頁 1411

【南門】璽彙 0168
○**何琳儀**（1998） 楚璽"南門"，見《書・顧命》："逆子釗于南門之外。"

《戰國古文字典》頁 1411

【南武】《西北大學學報》1997-1，頁 36
○**周偉洲**（1997） 40.南武丞印 《史記・曾子列傳》云其爲"南武城人"；南武地原爲春秋魯武城，又云"南城"。《漢書・地理志》南城屬泰山郡，爲侯國，則封泥"南武"可能以原魯國南武城（武城）爲縣，屬瑯玡郡。地在今山東費城西南。丞爲縣令佐官。

《西北大學學報》1997-1，頁 36

【南易】包山 96
○**何琳儀**（1998） 包山簡"南易"，讀"南陽"，地名。見《漢書・地理志》南陽郡。在今河南南陽。

《戰國古文字典》頁 1411

【南宫】《尊古》一 2・15 頁、璽彙 0093 等
○**裘錫圭**（1978） 《尊集》一 2・15 頁著録的一紐古印有"🔶宫"之稱，"宫"上一字顯然是它的異體，釋作"南宫"也很合適。

《古文字論集》頁 434, 1992；原載《北京大學學報》1978-2

○**田靜、史黨社**（1997） "南宫、北宫"，《史記・高祖本紀》正義引《輿地志》

云："秦時已有南、北宫。"罗福颐《秦漢南北朝官印徵存》0009 有秦官印"南宫尚浴"；吳幼潛《封泥彙編》14·5 有秦封泥"北宫宦□"；這批新發現的秦封泥有"南宫郎丞"及大量"北宫"類封泥，證明《輿地志》的記載是完全正確的。

"南宫"所指，在文獻中可以找到證據。《秦始皇本紀》記載，秦始皇平嫪毒亂後，"乃迎太后於雍而入咸陽，復居甘泉宫"。《吕不韋列傳》有同類記載："秦王乃迎太后於雍，復歸咸陽。"《集解》引徐廣曰"入南宫"，又云"表云咸陽南宫"。又《秦始皇本紀》記載：前 220 年，"作甘泉前殿"。甘泉前殿既在渭南，甘泉宫在渭南毫無疑問。因而，秦之甘泉宫在渭南，又稱"咸陽南宫"，"南宫"即甘泉宫。

關於甘泉宫何時所起，《七國考》卷四引劉歆説："秦王政二年，起甘泉宫。"然據《後漢書·西羌傳》記載："（昭王三十五年）宣太后誘殺義渠王於甘泉宫。"劉歆的説法是錯誤的。至遲從昭王三十五年（前 272），秦已有甘泉宫。

"北宫"，秦文字材料亦有證可尋。禮泉出土的秦兩詔銅橢量，上有銘文"北私府"，即"北宫私府"之省稱。私府本詹事屬官，以宫命官，是秦之習慣，"北宫私府"是專屬於北宫的私府的分支機構，是專爲居於北宫的皇后服務的。另一件器物就是 70 年代發現於長陵車站南沙坑中的銅鋪首，上刻"北庫"二字，同出的"太后"車書、錯金銀銅戈鐓，華麗精美，屬於皇室無疑。前引罗福颐《徵存》0033 有秦印"北私庫印"，罗福颐以爲"此或爲皇后所屬北宫庫官印"。因而"北庫"之"北"極有可能也是"北宫"之省。"北宫"的府庫既在渭北，北宫也就不可能跑到渭河以南去。前文敘述甘泉宫即"南宫"，稱"咸陽南宫"，"北宫"也只能在渭北。"北宫"位置，數證並舉，應在渭北。

因此，秦之"南宫、北宫"，蓋因渭爲界而得名。

自戰國至秦代，秦統治者在咸陽修建了許多宫殿，其中：渭南主要有：興樂宫、華陽宫、宜春宫、阿房宫、章台宫、信宫、甘泉宫。渭北主要有：咸陽宫、仿六國宫殿、望夷宫、蘭池宫。

在這些宫殿中，自孝公十二年徙治咸陽後，到秦始皇三十五年始作阿房宫，秦在咸陽見於史籍而地位重要的宫殿主要是：咸陽宫、章臺宫、甘泉宫。章臺宫自秦統一後，鮮見於記載。這三處宫殿，咸陽宫無疑是最重要的，其既是朝宫，又是後宫。

新發現秦封泥中，“北宮”屢見。“北宮”類封泥有：“北宮、北宮斡丞、北宮工丞、北宮弋丞、北宮私丞、北宮宦丞”等；其他資料又有“北私庫印、北庫、北私府”，其職官機構龐大，反證“北宮”是一處規模宏大的宮室建築群。

關於“北宮”性質，我們可以斷言其有後宮性質，理由如下。首先，秦兩詔銅橢量銘“北私府”、秦封泥“北宮私丞”、秦印“北私庫印”，都説明“北宮”有私府，而私府是供給皇后日常生活的。其次，參考西漢情況。漢代也有“北宮”，《三輔黃圖》卷二云：“在長安城中，近桂宮，俱在未央宮北，周回十里。”又引《漢書》曰：“吕太后崩，孝惠皇后廢處北宮。”“哀帝崩，貶皇太后趙氏爲孝成皇后，退居北宮。皇后傅氏退居桂宮。”漢之北宮因秦北宮之名而來，漢初其爲後宮，“漢承秦制”，秦之“北宮”亦應爲後宮。

“北宮”的宮官系統非常龐大，與封泥中僅有的“南宮郎丞、章臺”形成鮮明對比。“北宮”既在渭北，又規模宏大，又有後宮性質，因而“北宮”極有可能就是渭北的咸陽宮。地位重要的咸陽宮在秦封泥中只字未提，更可以作爲“北宮”即咸陽宮的依據。只有咸陽宮可與秦封泥中的“北宮”性質和地位相稱。因而，我們可以説，秦封泥中的“北宮”即咸陽宮。

咸陽宮位置在今咸陽市東北渭河北窯店鎮牛羊村一帶，與“南宮”——甘泉宮隔河相對。考古工作者在東西長達三公里的範圍內，共發現戰國—秦代的建築遺址二十七處。據推測，這裏就是秦都咸陽的主要宮殿——咸陽宮所在地。70年代以來，考古工作者發掘了其中一、二、三號建築遺址，這三處遺址是整個秦咸陽宮遺址的一部分。現在，人們對秦咸陽宮的整體面貌已有相當瞭解，咸陽宮秦末被項羽焚毀，其詳細情況，於兹不贅。

“南宮”即甘泉宮的位置，何清谷先生結合文獻與考古資料，認爲漢長安城西北的桂宮即建於甘泉宮故址。地在今西安市西北郊夾城堡一帶。

以上是我們對新發現秦封泥的“上寢、南宮、北宮”的理性推測。對於我們的結論，還需要更多的材料來證明，也希望得到大家的指正。

《人文雜志》1997-6，頁 75—76

○**何琳儀**（1998）　趙璽“南宮”，地名。見《漢書・地理志》信都國。在今河北南宮西。

《戰國古文字典》頁 1411

○**周曉陸、陳曉捷**（2002）　25.南宮郎中（圖 28），《風》頁 131。參見“南宮郎丞”《集》一.四.7。

《秦文化論叢》9，頁 267

【南郡】睡虎地·語書 1

〇**睡簡整理小組**（1990）　南郡,秦昭王二十九年（公元前 278 年）在原楚都郢（今湖北江陵）一帶設置的郡。

《睡虎地秦墓竹簡》頁 14

【南郭】陶彙 3·474 等

〇**王恩田**（1996）　齊國陶文中有"左南郭鄉"（彙 3.474—483）。南郭,即臨淄故城大城南部。左南郭即大城東南部,但奇怪的是陶文中不見"右南郭鄉"。蓋因右南郭應位在大城西南部,由於靠近小城（王城）,不便於燒陶者居住的緣故。

　　60 年代,筆者曾購得陳簠齋舊藏陶文拓本,陽文六字"南郭南尋里寺",印右方又有一方印,内有陽文 ✖ 符號。齊陶文中常見有方框内畫三個或四個,或五個圓點的符號,是製陶場家在產品上所作的標記,猶如今天的商標,不是文字。彙 3·3951 釋方框内四個圓點爲"田"字,誤。尋字從又從貝,"又"寫在貝上,乃創見之例。名"南郭",而不分左右,其年代當在南郭分左右之前。此品在筆者所寓目的簠齋藏陶文拓本中均未收錄過,蓋係簠齋晚年所得。

《考古與文物》1996-4,頁 47

【南鄭】《西北大學學報》1997-1,頁 35

〇**周偉洲**（1997）　28.南鄭丞印　《史記·秦本紀》惠公十三年（公元前 387 年）"伐蜀,取南鄭"。后秦置漢中郡,南鄭爲其屬縣,其地在今陝西漢中。丞爲縣令之佐官。

《西北大學學報》1997-1,頁 35

生 ⽣

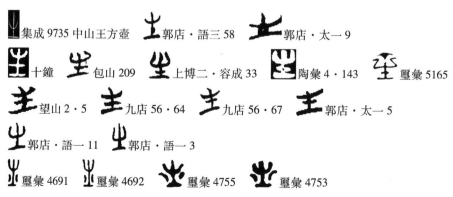

集成 9735 中山王方壺　　郭店·語三 58　　郭店·太一 9
十鐘　　包山 209　　上博二·容成 33　　陶彙 4·143　　璽彙 5165
望山 2·5　　九店 56·64　　九店 56·67　　郭店·太一 5
郭店·語一 11　　郭店·語一 3
璽彙 4691　　璽彙 4692　　璽彙 4755　　璽彙 4753

〇**陳茂仁**（1996）　作"生育"解。《詩經·大雅·生民》："不康禋祀,居然生子。"《廣雅·釋親》:"人一月而膏……十月而生。"

○楊澤生(1997)　生

　　J　　业《鐵雲藏陶》47.1

此字《陶徵》8 頁摹作业,譚步雲先生摹作业,皆釋爲"主"。侯馬盟書"宝"字作仐、仐、仐等形,所从"主"的寫法皆與 J 有别,釋爲"主"非是。

　　其實 J 即"生"字的殘文。《鐵雲藏陶》著録不殘的"生"字共有九例,其中三例作业形,J 就是這種寫法的"生"字的豎畫殘泐所致。陶文有豎筆因殘泐斷開的例子,如《古陶》3.1208"唳"字作"唳",4.109"秦"字作秦等等。

○何琳儀(1998)　生,甲骨文作业(甲三八○)。从中从一,會草生長於地之意。或作业(粹一一三一),加一圓點,遂演變爲土旁。西周金文作业(臣辰盉)、业(史頌簋),春秋金文作业(齊侯鎛)。戰國文字承襲兩周金文。《説文》:"生,進也。象艸木生出土上。"

　　齊璽"某生某",讀"某姓某"。

　　燕器"某生某",讀"某姓某"。

　　行氣玉銘生,見《韻會》:"生,死之對也。"《論語·顔淵》:"死生有命。"晉璽"生畐",讀"生福"。《易林》:"退身止足,無出邦域,乃得完全,賴其生福。"中山王方壺"生禍、生福",見《管子·四時》:"刑德合於時則生福,詭則生禍。"望山簡、包山簡二五九、二六三生,未練之絹帛。《詩·小雅·采緑》"言緡之繩",疏:"緡,生絲縷也。"包山簡二二二生,讀牲。帛書"生子",見《詩·大雅·生民》:"不康禋祀,居然生子。"帛書"畜生",讀"畜牲"。九里墩鼓座"九生",讀"九姓"。

　　古璽三三五六生,見 a。古璽四五七五生,疑讀姓,姓氏。古璽"千生",讀"千牲"。

○李家浩(2000)　秦簡《日書》中的"生",大多指生子,例如乙種《生》篇中的"生"(《睡虎地秦墓竹簡》251—54 頁)。秦簡《日書》乙種 851 云:"以生,喜弞(鬭)。"本簡"以生"與此秦簡"以生"用語相同,"生"也應當指生子。

△按　上引《璽彙》之业與业,寫法特異。《璽彙》之业,則是美術化的結果。

【生子】楚帛書

○**蔡季襄**（1944）　　是生子四,蓋即指少皥氏之子四叔而言。

《晚周繒書考證》頁 4

○**饒宗頤**（1993）　　《國語·鄭語》"史伯對鄭桓公曰:'荊子熊嚴生子四人'"
云云,故知"生子四"一語,楚俗習用之,通常以指伯、仲、叔、季。

《饒宗頤二十世紀學術文集·卷三·簡帛學》頁 241,2003;

原載《楚地出土文獻三種研究》

○**何琳儀**（1998）　　帛書"生子",見《詩·大雅·生民》:"不康禋祀,居然
生子。"

《戰國古文字典》頁 824

○**馮時**（2001）　　是生子四□。此言伏羲、女媧共生四子,即帛書下文所云
司掌四時之神。

《中國天文考古學》頁 26

○**陳久金**（2001）　　"是生子四",即生子四人,這四人也就是下面所載四神。

《帛書及古典天文史料注析與研究》頁 85

△**按**　　楚帛書"是生子四",當以"生子"爲詞。"生子四"與"生子四人"所指
內容或相同,但未必是"楚俗習用之"語。否則,"生子三"或"生子三人"、"生
子二"或"生子二人"亦"楚俗習用之"語矣。

【**生絢**】仰天湖 10

○**史樹青**（1955）　　"生絢",讀爲"青絢"。

　　《釋名·釋采帛》:"青,生也,象物生時色也。"（中略）《儀禮·士冠禮》:
"青絢繶純。"注云:"絢之言拘也,以爲行戒,狀如刀衣,鼻在履頭。"

《長沙仰天湖出土楚簡研究》頁 27

○**郭若愚**（1994）　　生,青字之省。《説文》:"東方色也。木生火,從生丹。"
絢,《儀禮·士冠禮》:"青絢繶純。"注:"絢之言拘也,以爲行戒,狀如刀衣
鼻。"胡培翬《正義》:"絢者履飾,在履頭上,其狀如漢時刀衣鼻,有孔,得穿繫
於中。""生絢"即"青絢",爲此劍之衣鼻。

《戰國楚簡文字編》頁 124

○**饒宗頤**（1957）　　"生絢"見簡 10,生絢讀爲青絢。《儀禮·士冠禮》:"青絢
繶純。"本指屨頭飾。簡云:"一馘鐈鐱生絢。"則指絲繩之青色者。《説文》:
"繡繩,絢也。"繡者布縷,繩爲索,蓋言以青絲包扎鐈及劍,非指屨飾。

《金匱論古綜合刊》1,頁 64

丰 羊

璽彙 5209　璽彙 5210　羊秦代陶文·秦陶文字録 65

○羅福頤等（1981）　與康侯丰鼎丰字相近（編按：璽彙 5209 下按語）。

《古璽文編》頁 136

○何琳儀（1998）　丰，甲骨文作￥（佚四二六），象植物丰茂之形。金文作￥（康侯丰鼎）。戰國文字承襲商周文字，或在豎筆上加一、＝爲飾。《説文》："丰，艸盛丰丰也。从生，上下達也。"

　　晉方足布"木丰"，地名。

《戰國古文字典》頁 432

産 産 產

産 包山 187　産 侯馬 92:16　産 睡虎地·爲吏 35 叄　產 十鐘　產 集成 2782 哀成叔鼎

產 集成 11602 蔡侯産劍　產 集成 10407 鳥書箴銘帶鉤

產 包山 116

產 璽彙 3661

○吳振武（1983）　3661　產□·産□。

《古文字學論集》（初編）頁 517

○何琳儀（1998）　《説文》："産，生也。从生，彦省聲。"

　　楚璽産，姓氏。出鄭産，或出鄭大夫改産之後。見《姓氏考略》。蔡兵産，蔡侯産。見《蔡世家》。

《戰國古文字典》頁 977

△按　包山 116 構形特殊，上部似从"乘"，《楚系簡帛文字編》（增訂本）592 頁隸定爲"產"，《楚文字編》376 頁同。璽彙 3661 可證《説文》从彦省聲之説不誤。

乇 乇

乇 貨系 2061　乇 貨系 2060　乇 郭店·老乙 16

○**何琳儀**（1998）　乇，甲骨文作ナ（京都四〇六六），構形不明。西周金文作ナ（何尊宅作㕚），春秋金文作ヒ（秦公鎛宅作㕚）。戰國文字承襲商周文字。或演變爲ヒ、乇、斥、勹、勹。舊釋勹爲尺，非是。乇、尺音近可通。兆域圖以乇爲尺屬假借。《説文》：“乇，艸葉也。从垂穗上貫一，下有根。象形。”

　　韓方足布“乇昜”，讀“宅陽”，地名。見宅字。趙方足布“沙乇”，讀“沙澤”，地名。《論語·里仁》“擇不處仁”，《文選·思玄賦》注引擇作宅。《莊子·則陽》“比於大澤”，釋文“澤本亦作宅”，是其佐證。晉璽乇，讀斥（參見庹字），姓氏。斥姓，出於斥章，以地爲氏。見《元和姓纂》。兆域圖乇，讀尺。《易·解》“而百果草木皆甲坼”，馬融本坼作宅。《莊子·逍遥遊》“斥鴳笑之”，釋文“斥本亦作尺”。是其佐證。

　　望山簡乇，疑讀繹。參 c。《爾雅·釋天》：“乇，又祭也。”

　　　　　　　　　　　　　　　　　　　　　　《戰國古文字典》頁 522

○**荊門市博物館**（1998）　屯，簡文爲“屯”之的（編按：“的”字衍）省形。《説文》：“屯，難也。”

　　　　　　　　　　　　　　　　　　　　　　《郭店楚墓竹簡》頁 120

○**裘錫圭**（1998）　從字形看，似爲“乇”字。

　　　　　　　　　　　　　　　　　　　　　　《郭店楚墓竹簡》頁 120

○**李零**（1999）　“輟”，原作“乇”，馬甲本作“絶”，馬乙本殘，王弼本作“輟”，今讀爲“輟”（“輟”是端母月部字，“乇”是透母鐸部字，“絶”是從母月部字，讀音相近）。

　　　　　　　　　　　　　　　　　　　　　　《道家文化研究》17，頁 473

○**陳斯鵬**（1999）　《老子》乙簡 15—16：“善建者不拔，善𣎴者不兑（脱），子孫以其祭祀不屯。”注：“屯，簡文爲‘屯’字省形。《説文》：‘屯，難也。’”裘先生云：“從字形看，似爲‘乇’字。”

　　今按：末字簡文作乚，整理者釋“屯”，誤；裘先生釋疑“乇”，是也。按《老子》甲簡 9“坉”字所從“屯”作ヒ，《包山楚簡》147“屯”字作ꞓ，皆與此字絶遠。而楚簡文字中“乇”多作勹形，又常省作乚，如同篇簡 8 及《成之聞之》簡 33、簡 34“庹”所從，《太一生水》簡 11“㤅”字所從，與此字實無二致。又甲骨文有ヒ字，舊釋“力”，于省吾先生釋“乇”，字形正與簡文相合。故簡文此字釋“乇”爲確。“乇”此當讀爲“坼”。乇，端紐鐸部字；坼，透紐鐸部字，古音極近。《易·解·象傳》：“而百果草木皆甲坼。”《集解》坼作宅。而宅正從乇聲，可證乇得通坼。《説文》:"坼,裂也。"《廣雅・釋詁》:"坼,分也。"由分裂引申之則有斷絶之義。"祭祀不坼"之"坼"正當訓爲斷絶。帛書本作"祭祀不絶",今本作"祭祀不輟",絶、輟與拔、脱並月部字,協韻。乇(坼)爲鐸部字,鐸月旁轉,也可與拔、脱相協。若釋爲文部字"屯",則不但於形不合,於義不洽,於韻也不諧了。

《中山大學學報論叢》1999-6,頁 145—146

○**何琳儀**(2000) 子孫以其祭祀不丨。《老子》乙 16

"丨"原篆作**乀**,《注釋》以爲"屯之省形",引"裘按,從字形看,似爲乇字"。此字見《説文》"乀,鉤識也。从反丨。指事。讀若罬"。簡文原篆"鉤識"部分從照片看相當清晰,唯斜筆中閒施加一飾點而已。《説文》讀"丨"爲"罬",與王弼本作"輟"之讀音正合。帛書乙本作"絶",亦一音之轉。"丨、罬、輟、絶"均屬月部字,故可通假。

《文物研究》12,頁 197

○**白於藍**(2001) 子孫以其祭祀不屯。〔二七〕 (《老子》乙簡一六)

〔注二七〕:"屯,簡文爲'屯'字的省形。《説文》:'屯,難也'。裘按:從字形看,似爲'乇'字"。

按,所謂"屯"字,原篆作"乀"。從字形看,此字既非"屯"字,亦非"乇"字。郭店簡中"屯"字作"乄"(《緇衣》簡一)、"乇"(《老子》甲簡九);"乇"字作"乁",二字之字形均與"乀"不類。筆者以爲此字實即"丨"字。"丨"字小篆作"乀",字形與"丨"極近。《説文》:"丨,鉤識也,从反丨,讀若捕鳥罬。"又《説文》:"丿(丨),鉤逆者謂之丿,象形,凡丨之屬皆从丨,讀若羉。"古文字正反無別,而上古音丨爲見母月部字,丿爲群母月部字,二字聲母同爲喉音,韻則疊韻。故李家浩先生認爲"'丨、丿'在古代早期文字中顯然是一個字"。

郭店簡《老子》中的這段話在今本《老子》中寫成"子孫以其祭祀不輟",在馬王堆漢墓帛書《老子》乙本中寫成"子孫以其祭祀不絶"。《説文》云"丨""讀若捕鳥罬","罬、輟"俱從"叕"聲,自可相通。《説文》云"丿""讀若羉"。羉從厥聲,厥從欮聲,而同從欮聲之闋與絶古可相通,《史記・司馬相如傳》:"挈三神之驩。"司馬貞《索隱》:"挈,應劭作'絶',李奇、韋昭作'闋'。"即其例。可見,將"乀"釋爲"丨",從字形和字音兩方面都可講得通。

《江漢考古》2001-2,頁 55

○**王輝**(2001) 《老子》乙本:"善建者不拔,善伓(保)者不兑(脱),子孫以其祭祀不乇。"乇字影本隸作"屯",裘錫圭先生爲影本所作按語則疑爲"乇"字。

今按屯字楚文字作"𥘉"（包山楚簡 147 號）、"𡴎"（鄂君啟舟節）、"𡴎"（郭店簡《老子》甲"屯（敦）虖（乎）其若樸"），皆與此字作"𡿨"差距較大。從字形上來看，裘先生的懷疑是有道理的。郭店簡从毛之"尾"作"𡰥""𡰧"，故裘先生隸作"乇"，應該説是完全對的。

此句在今本《老子》爲第五十四章，"乇"字馬王堆帛書本作"絶"，王弼本作"輟"，大意接近。劉信芳《解詁》隸此字爲"弋"，讀爲"忒"，更也。更與輟、絶大意亦接近，上下文能講通。然而，弋字郭店簡作"𢎛"[《緇衣》"其又不弋（忒）"]，周金文作"𢎛"（農卣）、"𢎦"（弋鼎）、"𢎛"（召伯簋二），與簡文此字不合，所以劉先生的意見似不可取。

裘先生對字的隸定是正確的，但未説明該字在此句中的讀法。

我以爲"乇"應讀䤵。《説文》："䤵，奠爵酒也（段玉裁注改'奠酒爵也'）。从宀，乇聲。《周書》曰：王三宿三祭三䤵。"所引《周書》乃《尚書·顧命》篇，今本"䤵"作"咤"。䤵的本義是放置酒杯，引申則爲停、止。朱駿聲《説文通訓定聲》䤵字條下引《顧命》文，並云："鄭則讀爲彳，訓卻行。"䤵與彳上古皆鐸部透紐字，二字雙聲疊韻，應可通用。彳或上古聯綿字彳亍古有停、止義，《文選》潘安仁《射雉賦》"彳亍中輟，馥焉中鏑"。徐爰注："彳亍，止貌也。輟，止也。"李善注引張衡《舞賦》作"彳兮中輒"，大義亦近。䤵、彳訓停、止，與輟訓止，絶訓斷、止義近。

《簡帛研究二○○一》頁 171

○張桂光（2001）　𡿨，見《老子》乙組第 16 簡。辭云："善建者不拔，善保者不脱，子孫以其祭祀不𡿨。"釋文以爲"屯"字。

從字形分析看，"屯"字甲骨文作𡴎（甲 2851）、金文作𡴎（克鐘）、小篆作𡴎（説文）、隸書作屯（馬王堆漢墓帛書）屯（魯峻碑），無一與𡿨形相近的。"屯"字於楚簡中亦不鮮見，或作𥘉（包山 147），或作𡴎（郭店《老子》甲組第 9 簡），或作𥘉（郭店《緇衣》第 1 簡），或作𥘉（《六德》第 25 簡"春"字所從），或作𡴎（《語叢》一第 40 簡"春"字所從），均與𡿨有明顯區別，釋𡿨爲"屯"，實不可靠。

從文意上分析，釋𡿨爲"屯"，於"善建者不拔，善保者不脱，子孫以其祭祀不屯"之文，無論聲、義均難解釋順暢。這段文字之見於今本《老子》第 54 章及馬王堆漢墓帛書《老子》乙本者，𡿨這個位置上的字，一作"輟"，一作"絶"，辭中均含"子孫因而祭祀不斷"的意思。結合字形與文義分析，頗疑字當釋作《説文》"鉤識也，从反𠄌，讀若捕鳥罬"的"𠃊"字。

𠃊字形構，即像反鉤，一目了然，毋庸贅説。而《説文》"罬，捕鳥覆車也。

从网,叕聲。輟,罬或从車"的説解更爲乚讀爲"丨"增加了聲韻上的證據。"丨"讀若"罬",而"罬"又作"輟",則"丨"與"輟"在聲韻上可相通就是不言而喻的事情了。僅這一條,讀"子孫以其祭祀不乚"的乚爲"丨"就有充分的理由了,更何況從文義上考察,"丨"與"輟"也是義可相因呢!

"丨"的本義是用作標記的符號,西周金文《永盂》第9行"厥疆宋句"下起段落劃分作用的"乚",即目前所見的這一符號的最早用例。無論從段玉裁《説文》注所講的"鉤識者,用鉤表識其處也",抑或徐灝《説文箋》所講的"今百工度物,至其所欲止,則鉤勒識之",都不難引出停頓、截止的意思,引出與"輟、絶"等字相同的用義。讀"子孫以其祭祀不乚"的乚爲"丨",毋須假借即可文從字順,毋須通轉即可與"善保者不脱"的"脱"字相押,實在是再理想不過了。

"丨"字文獻中只見釋義,未見用例。而《永盂》亦只作符號使用,真正作文字用的,這則楚簡算是可貴的一例了。至於"丨"字消失的原因,很可能是被"輟、閞"等字所代替了。"輟、閞"兩字,我懷疑就是"丨"字的後起分化形聲字。

《簡帛研究二〇〇一》頁187—188

○劉釗(2003)　"乇"字讀爲"輟",古音"乇"在透紐鐸部,"輟"在端紐月部,聲爲一系,韻部主要元音相同,可以通轉。

《郭店楚簡校釋》頁35

△按　從字形看,此乚字似以釋丨爲是,丨在《説文》卷十二,當互見之。丨與乇或有同源關係,因此釋乇亦有根據。

雩　雩

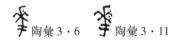
陶彙3·6　　陶彙3·11

○何琳儀(1998)　《説文》:"雩,艸木華也。从林,亏聲。荂,雩或从艸从夸。"

齊陶"雩門",地名。

石鼓雩,讀華。

《戰國古文字典》頁461

△按　《戰國文字編》(頁391)將《陶彙》3·6與《陶彙》3·11之"雩"字併入

“華”字。

華　𦾔　芋

集粹　鐵續　陶彙 6·184

考古與文物 1997-1,頁 48

上博一·詩論 9

○**何琳儀**（1998）　《説文》：“𦾔，榮也。从艸从𦾔。”

秦陶華，姓氏，子姓，宋戴公子考父食采於𦾔，因氏焉。見《通志·氏族略·以邑爲氏》。

　　　　　　　　　　　　　　　　　　　　　　　　《戰國古文字典》頁 461

○**馬承源**（2001）　“裳裳者芋”即今本《詩·小雅·甫田之什·裳裳者華》原篇名。“裳、裳”通假。華，《説文》云：“从艸从𠀤。”是聲可通。毛亨傳：“裳裳，猶堂堂也。”“堂堂”是盛張之辭。《説文》云：“芋，大葉實根駭人，故謂之芋也。从艸，于聲。”段玉裁注云：“凡于聲字，多訓大，芋之爲物，葉大根實，二者皆堪駭人。”而“華”無駭人之理，則“芋”或爲詩句之本義字。

　　　　　　　　　　　　　　　　《上海博物館藏戰國楚竹書》（一）頁 138

△**按**　《上海博物館藏戰國楚竹書（一—五）文字編》（327 頁）對上博一·孔9·45 之“芋”字加按語云：“‘芋’皆讀爲‘華’，蓋即楚之‘華’字。字形詳見卷一艸部。”

【華門】新季 0005 等

○**王恩田**（1996）　官量陶文地名有華門。按《戰國策·齊策四》：“蘇秦自燕之齊，見于章華南門。”《史記·田齊世家》“蘇代自燕來入齊，見於章華東門”，集解：“左思《齊都賦》注曰：‘齊小城北門也。’而此言東門，不知爲是一門，非邪。”顧祖禹《讀史方輿紀要》：“章華，齊宮門名，蓋宮門之南門邪？”瀧川資言《史記會注考證》：“中井積德曰：‘齊有章華之宮，宮有東西門，何容紛紜？’”

按：“章華”，《國策》另本作“華章”，楚國亦有章華臺，以“章華”爲是。齊國的“章華”應是宮門，“章華東門、章華南門”，均爲章華宮之東門、南門。陶文説“王孫陳棱”（季 80.8），又説“華門陳棱”，陳棱既然是“王孫”，很可能也居於内郭即王城之内。華門也應爲内郭即王城之門。與宮城的章華門無關。

至於是王城(小城)的哪一座城門,待考。

《考古與文物》1996-4,頁48

【華陽】睡虎地·編年34壹等

○**睡簡整理小組**(1990)　華陽,韓地,今河南新鄭北。

《睡虎地秦墓竹簡》頁9

○**周偉洲**(1997)　21.華陽丞印　《史記》卷七三《白起列傳》云:"昭王三十四年(公元前273年),白起攻魏,拔華陽,走芒卯,而虜三晉將,斬首十三萬。"同書卷七二《穰侯列傳》亦云:秦武王母宣太后有同父弟芈戎,"爲華陽君"。《索隱》注:"華陽,韓地,後屬秦。芈戎後又號新城君。"按《禹貢》曰"華陽黑水惟梁州",胡渭注:"華陽,今商州之地。"又《史記正義》引司馬彪語云:"華陽,亭名,在洛州密縣。"後者指亭名,似前者爲是,即秦取魏地華陽置縣,地在今陝西商縣。秦併六國前後,其爲内史屬縣;丞爲縣令佐官。

《西北大學學報》1997-1,頁34

【華廱】《古文字研究》7,頁227圖20

○**李先登**(1982)　十、"華廱"陶碗:一件,1977年11月告東冶T2出土,陰文長方印鈐印於殘陶碗内底上。陰文外框高1.2釐米,寬1.3釐米,寬大於高爲其特點。"華廱"二字横列,自右向左讀。其結構書體已是秦篆,章法整齊,秀麗而不呆板,韓國文字特點已不明顯,而與秦印風格相近。按《史記·秦本紀》:"(昭襄王)五十一年(公元前256年),將軍摎攻韓,取陽城,負黍,斬首四萬。"此印文當爲陽城併入秦以後之物,"華廱"亦係私人印章。(圖二十)

《古文字研究》7,頁215

禾 𣎳

𣎳 古幣文編62　　𣎳 古幣文編62

○**何琳儀**(1998)　禾,禾之反文。禾、禾均屬見紐,疑爲一字之分化。禾爲禾之準聲首。《説文》:"禾,木之曲頭止不能上也。"

古幣禾,不詳。或讀禾。

《戰國古文字典》頁1183

稽 稦

睡虎地·爲吏 5 伍

郭店·五行 33

○**睡簡整理小組**（1990）　稽，考察。

《睡虎地秦墓竹簡》頁 174

○**劉釗**（2003）　"秸"爲"稽"字初文，讀爲"繼"，古音"稽"在見紐脂部，"繼"在見紐錫部，聲紐相同，韻部主要元音相同，可以通轉。

《郭店楚簡校釋》頁 82

○**劉釗**（2005）　秦簡中的"稽"字寫作：秦簡《爲吏之道》5
字從"禾"從"又"從"旨"，"旨"字所從的"匕"和"甘"因借筆寫到了一起。很清楚，此"稽"字從"又"，並不從"尤"。（**中略**）

　　郭店楚簡《五行》篇中有字作：郭店楚簡《五行》33
《郭店楚墓竹簡》一書釋文隸定爲"敊"，以爲是"攸"字異體，讀作"迪"。裘錫圭先生在《郭店楚墓竹簡》一書注釋的按語中說："馬王堆帛書《老子》甲本'稽'字作'秸'。簡文此字疑是'稽'字之異體，讀爲'繼'。二字古音極近。"對裘錫圭先生釋此字爲"稽"，學術界似乎並不相信，有多個學者將其改釋爲"殺"字就是證明。其實如果將此字與上引古文字中的"稽"字比較就會發現，兩者有多個相同之處。其所從的"禾"字上部一筆不向右傾斜而是歪向左側，與"禾"字相混，（**中略**）同時字也是從"攴"作。字下所從之"ㄔ"並不是"人"，而是"旨"字之省，即"匕"字。《說文》指出"旨"字從"匕"得聲，如此省去"甘"而保留聲符"匕"，是古文字中形聲字很多見的省略現象，並不奇怪。所以我們認爲裘錫圭先生釋""爲"稽"是正確的。至於""字在簡文中是否一定讀爲"繼"，則可以進一步討論。

《古文字考釋叢稿》頁 352—355

△**按**　《說文》："稽，留止也。從禾從尤，旨聲。"郭店·五行 33 之字，陳偉、徐在國釋爲"殺"，見陳偉《郭店楚簡別釋》（《江漢考古》1998 年 4 期）、徐在國《郭店楚簡文字三考》（《簡帛研究二〇〇一》）。

巢 巢 樔

望山 1·89

榤 上博一・詩論 10　　榤 上博一・詩論 11

○**朱德熙、裘錫圭、李家浩**（1995）　88 號、89 號二殘簡似可拼接,中閒無缺字而略有空白,但斷口不是十分密合。"王孫巢"之"巢"原文作桌。119 號簡有"王孫梟",與"王孫巢"當是一人。"巢、梟"音近,此字字形又與"巢"相近,故釋作"巢"。

《望山楚簡》頁 98

○**何琳儀**（1998）　巢,甲骨文作巢（京津三七二二濻作巢）。从木从由,會木上鳥巢之意。由亦聲。巢,從紐;由,精紐;均屬齒音。金文作巢（班簋）。戰國文字承襲金文。《説文》:"巢,鳥在木上曰巢,在穴曰窠。从木,象形。"

《戰國古文字典》頁 319

○**劉信芳**（1998）　望 1・89:"賽禱王孫桌。"119:"罷禱王孫梟。""桌"字簡文作桌,商承祚先生隸定作"桌",是也。報告隸定作"巢",且釋云:"'王孫巢'之'巢'原文作桌。119 號簡有'王孫梟',與'王孫巢'當是一人。'巢、梟'音近,此字字形又與'巢'相近,故釋作'巢'。"按《説文》有"梟"字,又有"卓"之古文作桌,乃簡文"桌"而字形稍訛。是"卓、梟"並非失傳字形,自不必輾轉釋"巢"。姓氏之"卓"包山牘作"郫",字從邑作。王孫卓乃墓主悤（悼）固之父,楚悤（悼）王之孫。古代族姓分派,孫以王父之字爲氏,是楚國卓（字或作悼、淖）氏本於楚悼王,王孫桌乃其族祖,以王父謚稱爲氏。簡文"桌"是本字,"梟"是通假字,與"巢"不相涉。

《簡帛研究》3,頁 36

○**馬承源**（2001）　鷭榤　今本《詩・國風・周南》篇名作《鵲巢》,"榤"字《説文》所無,所以"桌"可能是"卓"的繁筆,是爲聲符。《善夫山鼎》之"雞"和《蔡姞簋》之"醭"所從"卓"作彔、彔,其上部形體相似。

《上海博物館藏戰國楚竹書》（一）頁 140

△**按**　由上博簡之榤,可證望山之桌可讀爲"巢"。其字則與後世桌椅之"桌"同形。

桼 桼

米 貨系 4055　　　桼 璽彙 0324

桼 璽彙 0157　　米 陶彙 3・625

天星觀

○顧廷龍（1936）　　此字从木从彡。或謂即今杉字。按：《説文》無杉，作杦，木也。从木，粘聲。徐鉉曰：今俗作杉，非是。此疑仍爲木之古文。《説文》工古文作𢒾，以彡爲飾。木之从彡，亦以表其紋也。

《古匋文舂録》卷6，頁1

○裘錫圭（1978）　　一、桼垣一釿圓錢考

戰國貨幣裏有一種面文作"𣚊垣一釿"的圓孔圓錢（《辭典》上151頁），古錢家釋"垣"上一字爲"長、來、乘"或"北長"（《辭典》下251—252頁），顯然都與字形不合。根據周秦金文來看，這個字應該釋作"桼"。

戰國晚期的三件秦器——廿七年上郡戈（故宮藏）、三年上郡戈（《録遺》583）以及冊（？）三年高奴銅權（《文物》1964年9期43頁），都有"漆"字，所从的"桼"作𣘫。春秋時代的曾伯霥簠有"霥"字，所从的"桼"作𣚊。

上引幣文"垣"上一字應該分析爲从"木"从"⋎"。它跟簠銘"霥"字和戈銘、權銘"漆"字所从的"桼"，都是由"木"字及其兩側象徵刻在漆樹上的出漆口子或漆汁的四道短劃構成的，只不過短劃的傾斜方向不同而已，無疑是一字的異體。所以，這種幣文應該釋爲"桼垣一釿"。

桼垣當即見於《漢書·地理志》的上郡屬縣漆垣。漢代的上郡之地在戰國時代本來分屬魏、趙，後來逐漸爲秦所占。漆垣圓錢的形制和文字都不類秦幣，應該是漆垣未入秦時所鑄的。

戰國貨幣裏還有一種面文作"桼睘一釿"的圓錢（《辭典》上251頁），形制和文字作風跟桼垣圓錢相同，大概也是漆垣所鑄的。這種幣文的"睘"字可能跟"半睘"圓錢的"睘"字同義，"桼睘"即漆垣所鑄圓錢之意。也可能"睘"是"垣"的假借字，"桼睘"即漆垣。

戰國時代的齊國陶文裏有跟桼垣圓錢"桼"字相似的一個字：

　　丘齊遷（？）𣚊彫里导（《德九存陶》上·30）

《補補》釋此字爲"杉"（6·1頁），《古陶》釋此字爲"木"（6·1頁），都不可信。這個字也應該是"桼"字，只是省略了左側的短劃。古有漆雕氏，陶文"𣚊彫"二字相連，是這個字當釋作"桼"的有力佐證。桼彫里當是漆雕氏聚居的一個里。

齊國古印也有"桼"字：

　　　左攻(工)帀(師)戠(職)桼帀(師)鈢(璽)　　　《赫連泉館古印存》13 頁

職桼師當是左工師屬下專管漆工的工師。

　　　　　　　　《古文字論集》頁 429—430,1992;原載《北京大學學報》1978-2

○**高明、葛英會**(1991)　　桼 3・625　《説文》原無,徐鍇補。徐鉉曰:"樌,今俗作杉,非是。"《廣韻》樌杉同字。

　　　　　　　　　　　　　　　　　　　　　　　　　《古陶文字徵》頁 126

○**何琳儀**(1992)　《璽彙》○三二四著録一方晉系官璽,其文爲:

　　　桼垔(丘)亩廚(箾)

　　　首字應釋"桼"。"桼"字見曾伯霖匠銘"霖"字偏旁,作"桼"形,象漆木兩側漆汁溢出狀。這類漆汁外向的"桼",亦見秦三年上郡戈、秦高奴權等。還有一類漆汁內向的"桼",如晉系圜幣面文"桼垣"(《古錢》二五一)即"漆垣"。璽文"桼"與幣文"桼"的漆汁方向一致,非一字莫屬。至於璽文"木"作"禾"形,古文字屢見不鮮。而璽文從"木"之"休"或作"休"(《璽文》六・四),從"木"之"枏"或作"枏"(《璽文》六・二),更是確鑿的佐證。另外,齊系文字"桼"的漆汁亦內向,但有所簡省,作"桼"(《璽彙》○一五七)、"桼"(《補補》六・一)等形。

　　　　　　　　　　　　　　　　　　　　　　《古文字研究》19,頁 474

○**陳偉武**(1995)　　4.桼(一)《文字徵》第 126 頁:"桼 3.625,丘齊衢杉彫里□。《説文》原無,徐鍇補。徐鉉曰:'樌,今俗作杉,非是。'《廣韻》樌杉同字。"今按,釋杉誤。古幣文也見此字,裘錫圭先生考釋爲"桼",引《德九存陶》上・30(即《陶彙》3.626)爲證,謂"《補補》釋此字爲'杉'(6.1 頁),《古陶》釋此字爲'木'(6.1 頁),都不可信。這個字也應該是'桼'字,只是省略了左側的短劃。古有漆雕氏,陶文'桼彫'二字相連,是這個字當釋作'桼'的有力佐證。桼彫里當是漆雕氏聚居的一個里"。裘説已爲學界所接受,如《古璽彙編》0157 號"桼師",吳振武先生釋爲"漆師"。而《文字徵》沿丁佛言《説文古籀補補》之誤未改。

　　　5.桼(二)《文字徵》第 324 頁附録:"桼 3.679。"今按,此字陳邦懷先生釋爲桼:"《眘録》附編 33 頁有桼字,按,此是古文桼(漆)字。"可從。《文字徵》第 49 頁"問"字下引 3.679 陶文當作"王問貽衢臓里桼郡"。

　　　　　　　　　　　　　　　　　　　　《中山大學學報》1995-1,頁 122

○**何琳儀**(1998)　桼,春秋金文作桼(曾伯霖匠霖作霖)。從木,四斜點象漆木流出漆汁之形。借體象形。戰國文字承襲春秋金文。漆汁一、二、三、四點多寡不拘,木旁或加飾筆作米,或以禾旁易木旁作米、米、米。《說文》:"桼,木汁可以鬃物。象形。桼如水滴而下。"典籍多以漆(水名)爲桼。

　　齊璽"桼市",讀"漆師",疑掌管製漆業之官名。齊陶"桼彫",讀"漆雕",本複姓。漆雕氏,《史記》漆雕徒父、漆雕開、漆雕哆,並仲尼弟子。見《通志·氏族略》。齊陶"桼彫里",應是漆雕氏群居的里名。

　　魏圜錢"桼垣、桼睘",讀"漆垣",地名,見《漢書·地理志》上郡。在今陝西銅川西北。魏璽"桼丘",讀"漆丘",地名。或名"漆城、漆富丘"。《水經·濟水注》:"濮渠之側有漆城。"《竹書紀年》:"梁惠成王十六年,邯鄲伐衞,取漆富丘,城之者也。"在今河南長垣北。

　　睡虎地簡"桼器",讀"漆器"。

《戰國古文字典》頁 1099

△按　此字釋"木"、釋"杉"均誤,釋"桼"可爲定論。

【桼市】《赫連》13 頁、璽彙 0157

○裘錫圭(1978)　齊國古印也有"桼"字:

　　左攻(工)市(師)戠(職)米市(師)鈢(璽)(《赫連泉館古印存》13 頁)

　　職桼師當是左工師屬下專管漆工的工師。

《北京大學學報》1978-2,頁 69

○吳振武(1983)　0157 左攻師戠米師鈢·左攻(工)戠(職)漆師鈢。

《古文字學論集》(初編)頁 489

○何琳儀(1998)　齊璽"桼市",讀"漆師",疑掌管製漆業之官名。

《戰國古文字典》頁 1099

【桼丘】璽彙 0304

○何琳儀(1998)　魏璽"桼丘",讀"漆丘",地名。或名"漆城、漆富丘"。《水經·濟水注》:"濮渠之側有漆城。"《竹書紀年》:"梁惠成王十六年,邯鄲伐衞,取漆富丘,城之者也。"在今河南長垣北。

《戰國古文字典》頁 1099

【桼垣】

【桼睘】《古錢大辭典》上 251 頁、貨系 4055

○裘錫圭(1978)　桼垣當即見於《漢書·地理志》的上郡屬縣漆垣。漢代的上郡之地在戰國時代本來分屬魏、趙,後來逐漸爲秦所占。漆垣圜錢的形制和文字都不類秦幣,應該是漆垣未入秦時所鑄的。

戰國貨幣裏還有一種面文作"桼睘一釿"的圓錢（《辭典》上 251 頁），形制和文字作風跟桼垣圓錢相同，大概也是漆垣所鑄的。這種幣文的"睘"字可能跟"半睘"圓錢的"睘"字同義，"桼睘"即漆垣所鑄圓錢之意。也可能"睘"是"垣"的假借字，"桼睘"即漆垣。

《北京大學學報》1978-2，頁 69

○**何琳儀**（1998）　魏圜錢"桼垣、桼睘"，讀"漆垣"，地名，見《漢書 • 地理志》上郡。在今陝西銅川西北。

《戰國古文字典》頁 1099

【桼彤】陶彙 3 • 625
○**裘錫圭**（1978）　古有漆雕氏，陶文"桼彤"二字相連，是這個字當釋作"桼"的有力佐證。桼彤里當是漆雕氏聚居的一個里。

《北京大學學報》1978-2，頁 69

○**何琳儀**（1998）　齊陶"桼彤"，讀"漆雕"，本複姓。漆雕氏，《史記》漆雕徒父、漆雕開、漆雕哆，並仲尼弟子。見《通志 • 氏族略》。齊陶"桼彤里"，應是漆雕氏群居的里名。

《戰國古文字典》頁 1099

【桼器】睡虎地 • 日甲 28
○**何琳儀**（1998）　睡虎地簡"桼器"，讀"漆器"。

《戰國古文字典》頁 1099

睡虎地 • 效律 45

○**睡簡整理小組**（1990）　鬃，即髹、髤字，《説文》："桼（漆）也。"此處係名詞，參看王筠《説文句讀》。古書常以鬃字與漆字混用，以至讀鬃爲漆，如《釋文》把《周禮 • 笙師》的髤字讀爲香牛反或七利反，七利反即漆。

《睡虎地秦墓竹簡》頁 44

△**按**　《説文》："鬃，桼也。从桼，髟聲。"睡虎地秦簡"鬃"字多見，上引整理者所注文見《秦律十八種》簡 102，簡文作："公甲兵各以其官名刻久之，其不可刻久者，以丹若鬃書之。"故云"此處係名詞"。

束 束

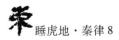

睡虎地 • 秦律 8

信陽 1·27　　新蔡甲三 137

○**中大楚簡整理小組**（1977）　此爲簡足，下有組痕。鎺，殆即《説文》釋“下首也”之鎺，不從旨而從夂（由止得聲，同墓出土遣策從夕之偏旁多作 𫝀）。鎺首，乃金文習見之語。象，與毛公鼎之象、散盤之象形近（《金文編》釋爲槖）而中空，疑爲槖之初文。《説文》：“槖，囊也，從橐省，石聲。”段注：“囊者言實其中如瓜瓢也，槖者言虛其中以待如木橐也。”此字中閒作○形，正與段氏“虛其中”之説合。

《戰國楚簡研究》2，頁 5—6

○**何琳儀**（1998）　束，甲骨文作象（甲二二八九），象囊橐束縛其兩端之形。金文作象（不嬰簋）。戰國文字承襲金文，或作象豎筆中閒隔斷且加短橫爲飾。或作象豎筆收縮。《説文》：“束，縛也。從囗、木。”

齊陶束，讀東。參東字。

楚璽“束陽”，讀“東陽”，地名。《史記·項羽紀》：“聞陳嬰已下東陽。”在今江蘇盱眙東。信陽簡束，十。《禮記·雜記》下“納幣一束”，注：“十箇爲束。”二十八宿漆書“束縈”，讀“東營”；“束井”讀“東井”。相當《呂覽·有始》二十八星宿之“東壁、東井”。

《戰國古文字典》頁 361—362

△**按**　信陽簡 1·27 之象，整理者隸定爲“槖”（《信陽楚墓》125 頁），《戰國文字編》及《楚文字編》隸定爲裹。按此字與新甲之象（《楚系簡帛文字編》［增訂本］歸爲“束”字）相同，只是下部豎畫上多一飾筆，此從何琳儀釋爲“束”。上博四·曹沫 54·15 有字作象，字上從网，整理者隸定作“罺”，讀爲“束”，句子作“收而聚之，束而厚之”（《上海博物館藏戰國楚竹書》［四］279 頁）。《上海博物館藏戰國楚竹書（一—五）文字編》（328 頁）認爲其構形爲“捆縛二‘木’，會‘束’意。‘网’當是橐增義符”。

束　象

象 郭店·五行 22　　象 郭店·六德 32　　象 上博二·容成 19　　象 集成 9719 令狐君嗣子壺

象 郭店·五行 37　　象 郭店·五行 38

象 新收 1640 之利殘器

○**何琳儀**（1998）　柬，金文作𣒺（新邑鼎）。从束，内加兩點，其意不明。指事。戰國文字兩點演變爲八形。《説文》：“柬，分別簡之也。从束从八。八，分別也。”

令狐壺“柬柬”，讀“簡簡”。《説文》讕或作讄，爛或作𤎩。是其佐證。“柬柬𪛊𪛊”，讀“簡簡優優”。《淮南子·時則》“優優簡簡，百怨不起”，注：“優、簡，寬舒之貌也。”

望山簡“柬大王”，讀“簡大王”，楚簡王。見《史記·楚世家》。

《戰國古文字典》頁 999

○**劉信芳**（2000）　“義强而柬”的“强”指“義”所具有的剛性特徵，“柬”指“義”所具有的尺度性質。“義”是一種不打折扣，没有回旋餘地的思想行爲軌範，而“仁”則柔情於親親，可以有退讓，允許有曲致，這是“仁”與“義”的主要區别。

“柬”字又作“簡”，郭店《五行》簡 39：“柬之爲言猶練也，大而晏者也……柬，義之方也。”帛書《五行》：“簡之爲言猶賀，大而罕者……簡，義之方也。”帛書《五行·説》：“閒（簡）爲言，猶衡也。”《五行》有使儒家哲學走向繁瑣的傾向，對“柬”的解釋似乎是越説越複雜，這使我們有必要先梳理這些“閉約而無解”的文字。

“練”其實就是“簡”，可以解釋爲一種明白無誤的認識，一種對事物本質的把握與取捨。《離騷》：“苟余情其信姱以練要兮。”王逸注：“練，簡也……中心簡練，而合於道要。”“晏”者，明也，“大而晏者”是將思考的對象放在更大範圍内以明確其内涵，是一種由表及裏，去僞存真，由複雜的現象把握合理的内核的思維方法，從邏輯上説，近似於屬加種差的定義方法。“柬之爲言猶練也，大而晏者也”是揭示“柬”的内涵；“柬，義之方也”是揭示“柬”的外延。

帛書《五行》對“簡”的解釋較楚簡《五行》略有不同，所謂“簡之爲言猶賀”，帛書整理者釋“賀”爲“加”，非是。“賀”讀爲“何”，《方言》卷七：“賀，儋也。”《説文》：“何，儋也。”人以肩何物形如天平以衡稱物，此所以《五行·説》解云：“閒（簡）爲言，猶衡也。”所謂“大而罕者”，“罕”讀爲“衍”，《方言》卷十三：“衍，定也。”以衡稱物，去掉了物的外形、顔色等特徵，僅只剩下了作爲重量的平衡規定，好比認識事物，去掉現象而把握其本質。可見帛本《五行》以“衡”釋“簡”，與簡本《五行》以“練”釋“柬”具有異曲同工之妙。

簡本《五行》又云：“有大罪而大誅之，柬也。”“大罪”有如衡之一端的待稱之物,"大誅"則有如衡之另一端的砝碼,"柬"則是"大罪"與"大誅"之閒的平衡機制。"柬"具有明確性,這就是簡本《五行》所説的"晏";"柬"又具有衡定性,這就是帛書《五行》所説的"罕"(衎)。"柬"作爲社會平衡機制,又具有天網恢恢,疏而不漏的特點,具有由個別而求得一般,由現象而求得本質的特點,這就是所謂"大而晏者"或"大而罕者"。

《古文字研究》22,頁 215

○**陳偉**(2003)　簡,字本作柬。《尚書·皋陶謨》云"直而温,簡而廉",《禮記·中庸》云"簡而文,温而理","簡"均指質樸、平易。

《郭店竹書別釋》頁 204

○**劉釗**(2003)　"柬"讀爲"簡",即"簡直、剛簡"之"簡",指平易、簡直。

《郭店楚簡校釋》頁 102

△**按**　上列字形,除令狐君壺外,其他"柬"字中豎下部都有點或橫畫,皆爲飾筆。

【柬大王】望山 1·10

○**中大楚簡整理小組**(1977)　柬大王,神名。一説柬大王爲楚簡王熊中。

聲王、悼王,是相繼爲王的父子。聲王之父爲簡王,因此又疑竹簡"柬大王"爲楚簡王。

《戰國楚簡研究》3,頁 8、20

○**何琳儀**(1998)　望山簡"柬大王"讀"簡大王",楚簡王。見《史記·楚世家》。

《戰國古文字典》頁 999

【柬柬】集成 9719 令狐君嗣子壺

○**于省吾**(1932)　柬柬:王孫鐘作闌闌,柬、闌、簡、閑古並通。

《雙劍誃吉金文選》頁 156,1989

○**湯餘惠**(1993)　柬柬嘼嘼,王子午鼎又作"闌闌獸獸",即"簡簡優優",張亞初説。《淮南子·時則訓》又作"優優簡簡",高誘注:"優、簡,寬舒之貌。"

《戰國銘文選》頁 1

○**何琳儀**(1998)　令狐壺"柬柬",讀"簡簡"。《説文》讕或作譋,爛或作燗。是其佐證。"柬柬嘼嘼",讀作"簡簡優優"。《淮南子·時則》"優優簡簡,百怨不起",注:"優、簡,寬舒之貌也。"

《戰國古文字典》頁 999

○**李零**(1999)　兩"柬柬",亦見於下文簡 66,似是形容人的誠信,疑讀"謇賽”(“賽、柬”都是見母元部字)。

《道家文化研究》17,頁 510

○**陳偉**(1999)　柬柬,應讀爲“簡簡”。《尚書・皋陶謨》云“直而温,簡而廉”,《禮記・中庸》云“簡而文,温而理”,“簡”均指質樸、平易。“簡簡”之意應與之略同。

《武漢大學學報》1999-5,頁 31

○**劉釗**(2000)　“出言必有夫柬柬之信”之“柬柬”應讀作“簡簡”或“閑閑”。令狐嗣子壺“柬柬獸獸”和王子午鼎的“闌闌偻偻”,學者或讀作“簡簡偻偻”,《淮南子・時則》作“偻偻簡簡”。按“偻簡”猶今言“悠閒”,乃從容不迫之貌。

《郭店楚簡國際學術研討會論文集》頁 89

△**按**　“柬柬”爲疊音結構,作修飾語,多有贊美義,具體詞義取決於語境。王秀麗認爲金文“柬柬”是贊美樂聲之詞,形容鐘鼓之聲的和樂、廣大。説見《金文疊音詞語探析》(《江漢考古》2010 年 4 期)。

剌 朸　剌 剌

天星觀　天星觀　天星觀　新甲 3・235　郭店・性自 60
集成 9734 敔鎣壺　上博一・詩論 6
中國錢幣 1993-2,頁 49

○**何琳儀**(1998)　剌,甲骨文作朸(甲六二四)。从制,口旁爲分化符號。剌、制均屬舌音月部,剌爲制之準聲首。西周金文作朸(剌攸寧鼎)、朸(盠方彝)、朸(柳鼎),朸(敔簋)。其中口旁由凵演化爲凵、囗、凵、凵,至爲明晰。或作朸(克鐘)、朸(班簋),小篆誤以爲从束。或作朸(大簋),以未易木,是剌从制之佳證(參制字)。春秋金文作朸(秦公鎛)。戰國文字承襲兩周金文。口旁或作匃,則由西周金文凵脱筆所致。《説文》:“剌,戾也。从束从刀。刀者剌之也。”制、剌一字之分化,茲歸剌於制聲首之下。

　　𪉲羌鐘剌,讀烈。《説文》“劀讀若剌”,是其佐證。兩周金文剌讀烈習見。《爾雅・釋詁》:“烈,光也。”空首尖足布剌,疑“剌人”合文。(刀、人形體近似,故可借用。)讀“列人”,地名。《竹書紀年》(《水經・濁漳水注》引):“梁惠成王八年,惠成王伐邯鄲,取列人。”在今河北肥鄉東北。中山王鼎“剌城”,讀

“列城”，衆城。《史記・楚世家》：“得列城而不敢守也。”中山王圓壺“工刺”，讀“功烈”。《爾雅・釋詁》：“烈，業也。”

天星觀簡刺，筮具，疑讀筮，刺、厲、帶、筮聲系相通。《説文》：“蠆讀若賴。”《文選・西京賦》“睚眦蠆芥”，注：“蠆與蔕同。”《左・定四》“敗諸雍澨”，《吳越春秋・闔閭内傳四》澨作滯。是其旁證。曾樂律鐘刺，讀厲。《史記・秦本紀》“厲共公”，《秦始皇紀》作“刺龔公”。《左・昭四》“遂滅賴”，《公羊》賴作厲。是其佐證。《國語・周語》下：“王以黄鐘之下宫布戎于牧之野，故謂之厲。”者汈鐘“刺壯”，讀“烈壯”，“壯烈”之倒文。《後漢書・袁紹傳》：“意氣壯烈。”

《戰國古文字典》頁 915—916

○**周鳳五**（1999）　刾，《郭簡》隸定而存疑。按，當讀作“央”，《説文》：“央，中也。”段《注》：“《詩箋》云‘夜未渠央’，古樂府‘調弦未詎央’，《顔氏家訓》作‘未遽央’，皆即未渠央也。渠央者，中之謂也。《詩》言未央，謂未中也。”

《張以仁先生七秩壽慶論文集》頁 360

○**陳偉**（1999）　17.凡交毋央，必使有末。性自命出 60

央，從刂，亦見於《性自命出》30、31 號簡，周鳳五先生讀爲“央”，訓爲“中”，當是。在此亦應讀爲“央”，指半途而廢。“末”指終了。“有末”即有終。這裏“央”與“末”相對，與 30 號簡中“央”與“終”相對正好類似。

《武漢大學學報》1999-5，頁 31

○**何琳儀**（2000）　讀“央”，謂簡“央”與“末”對文見義。

《文物研究》12，頁 203

○**劉釗**（2000）　《性自命出》三見“刾”字：

哭之動心也，浸殺，其刾戀戀如也，戚然以終。樂之動心也，濬深臓（鬱）舀（陶），其刾則流如也以悲，條（悠）然以思。

凡悦人勿吝也，身必從之，言及則明舉之而毋憍（悔）。凡交毋刾，必使有末。

“刾”字《郭店楚墓竹簡》一書隸作“刾”，後加問號表示不確定。按此字從“朿”從“刀”，疑應釋爲“刺”。刺字金文柳鼎作“刾”，曾侯乙墓編鐘作“刾”，天星觀楚作“刾”（據《楚系簡帛文字編》摹本），皆可資比較。“刺”字古文字和典籍中多用爲“烈”，簡文中的“刺”字也用爲“烈”，訓爲“甚”。

簡文言“哭之動心也，浸殺，其烈戀戀如也，戚然以終”。《禮記・樂記》：“是故其哀心感者，其聲噍以殺。”文中“噍以殺”正相當於簡文的“浸殺”。

"其烈戀戀如也"是説哭聲過甚就會戀戀然。用"戀戀"形容哭聲,與《性自命出》"居喪必有夫戀戀之哀",用"戀戀"形容"哀"相同。

簡文言"樂之動心也,濬深臧(鬱)舀(陶),其烈則流如也以悲,條(悠)然以思"。"其烈則流"相當於《禮記·樂記》所云"樂勝則流"或"樂極則憂"。"烈"與"勝、極"對文。"勝"訓爲"過",與"烈"訓"甚"義本相因。"極"亦訓"甚"。徐鍇《説文解字繫傳》謂"極"字:"極,屋脊之棟也,今人謂高及甚爲極,義出於此。""極"訓"甚"與"烈"訓"甚"正合。

簡文言"凡悦人勿吝也,身必從之,言及則明舉之而毋悔。凡交毋烈,必使有末"。按此段文字乃談交友之道。"末"字訓爲"終"。簡文意思是説,"凡敢悦於人不要吝嗇,要有實際行動。要説到做到而不後悔。與朋友交往不能太過,要有始有終"。

《郭店楚簡國際學術研討會論文集》頁 91—92

○**吕浩**(2001)　所釋"剌"字,簡文寫作"𣏁"。整理者不能肯定是否應釋作"剌"字。《郭簡·語叢四》簡一二有"渎"字,寫作"𣲖",讀作"誅"。從此字所從之"央"看,《性自命出》簡三〇所釋"剌"字之左邊上部增加了"中"符(即艸之省)。又包山簡二〇一有"央"字,寫作"𡴀"。江陵天星觀一號墓卜筮有"央"字,寫作"𡴀"。這兩個"央"字字形與《郭簡》"央"字形相比,下部多了羨符。通過以上字形比較,可知《性自命出》簡三〇之從央之字可釋作"𣏁",簡文中讀爲"快",二者皆从央得聲,故可通。《廣韻》:"快,快悵也。"即惆悵之義,與"戀戀"搭配,文義通順。

又下文"凡交毋剌(?),必叟(使)又(有)末"中之"剌"似亦應釋作"𣏁",讀爲"快"。《廣雅·釋詁》:"快,强也。"張相《詩詞曲語辭匯釋》:"快,勉强之義。"簡文義謂:凡與人交往,不要勉强。

《中國文字研究》2,頁 286

○**李守奎**(2002)　郭店簡有"𣏁"字,凡三見,分別見於《性自命出》第三十、第三十一和第六十簡。舊釋爲"剌",上海博物館藏《性情論》與之相應的異文作"𣏁"(第十九簡)、"𣏁"(第三十簡),原釋爲"杲、剌",讀作"拔"。形、義皆不合。

"𣏁"即《説文》的"刺"字。虘羌鐘、盜壺等器的"刺"字與此十分相似(《金文編》425 頁)。楚文字"刺"字屢見(李守奎《楚文字編》289 頁)。"𣏁"釋"刺"當無疑義。

"𣏁"當爲"朿"字的異寫。

金文“刺”字不从“束”，从“柬”（《金文編》423 頁）。“刺”在來紐月部，“柬”在見紐元部。“見、來”古音關係密切，从“柬”得聲的“闌、瀾、蘭”等就在來紐。元、月陰入對轉。《説文》“刺”當爲“剌”的訛變之形。

郭店簡的“𣐈”當即“柬”的訛形，也是《説文》“剌”所从“束”的來源之一。

“刺”字演變當如下圖：

𣐈師虎簋—𣐈蓼生盨𣐈曾侯乙鐘—𣐈性情論—𣐈性自命出

“柬”與“刺”在簡文中都當讀爲“烈”或“厲”。

哭之動心也，澈溆。其刺繎繎如也，戚然以終。（性自命出 30）

樂之動心也，濬深臧舀，其刺則流如也以悲，儵然以思。（性自命出 31）

凡交毋刺，必使之有末。（性自命出 60）

前二例是説哭與樂撼動人心的狀態。“其烈”是説它撼動人心劇烈的狀態，與前文非劇烈狀態相對而言。最後一句意義是説凡交友不要過分，必使交往關係有始有終。“交毋刺（烈）”與“君子之交淡如水”説的是同一道理。

《中國文字研究》3，頁 193—194

○許文獻（2003）　郭店楚簡《五行》簡 37—39、39—42 與帛本有一處異文：

一、郭店楚簡《五行》簡 37—39：不𣐈，不行。不匿，不辯於道。有大罪而大誅之，𣐈也。有小罪而赦之，匿也。有大罪而弗大誅也，不行也。有小罪而弗赦也，不辨於道也。

二、帛本《五行》簡 202—204：不簡，不行。不匿，不辯於道。有大罪而大誅之，簡。有小罪而赦之，匿也。有大罪弗誅，不行。有小罪而弗赦，不辯於道。

三、郭店楚簡《五行》簡 39—42：𣐈之爲言猷練也，大而晏者也。匿之爲言也猶匿匿也，小而軫者也。𣐈，義之方也。匿，仁之方也。剛，義之方。柔，仁之方也。“不彊不桼，不剛不柔”此之謂也。

四、帛本《五行》簡 204—206：簡之爲言也猶賀，大而罕者。匿之爲言也猶匿匿，小而軫者。簡，義之方也。匿，仁之方也。剛，義之方也。柔，仁之方也。《詩》曰：“不勮不救，不剛不柔。”此之謂也。

見於郭店簡之此四字：𣐈（郭店楚簡《五行》簡 37）、𣐈（郭店楚簡《五行》簡 38）、𣐈（郭店楚簡《五行》簡 39）、𣐈（郭店楚簡《五行》簡 40），釋文隸作“柬”，以其當爲“柬”之錯字；歷來前輩學者對此系列字之看法幾乎都相當一致，皆以爲此四字應爲"朿""東"二字字形相混之例，例如：劉信芳先生隸作"朿"，以爲簡本之字形與"東"混；顏世鉉先生亦以爲此四字例均是誤將"朿"字寫成"東"字；惟簡文此四字之字形與楚簡之"朿"字形不似，例如：Ⓧ（郭店楚簡《五行》簡22）、Ⓧ（郭店楚簡《五行》簡35）、Ⓧ（郭店楚簡《六德》簡32），故頗疑此系列構形之字當與"東"字無關，亦非訛誤字，而應爲"朿"與"刺"之異化構形。檢視古文字"東、朿、刺"二字之構形發展情況：

　　東：Ⓧ克鐘、Ⓧ格伯簋

　　朿：Ⓧ令狐君嗣子壺、Ⓧ新邑鼎

　　刺：Ⓧ獣簋、Ⓧ刺作父庚鼎、Ⓧ師虎簋、Ⓧ班簋

　　在古文字中，"東、朿"與"刺"三字之構形相近，不易區分，比較有可能之情況，乃"東"與"朿"二字之構形發展情況相當穩定，從上所列"東"與"朿"二字之構形中，即可看出其基本構形，而"刺"字則呈現出較多異化異構之情況，不僅可異化似"東"形，亦可異化作"朿"形；換言之，古文字作"東"形或作"朿"形之字，多有可能與"刺"字構形有關，尤其"朿""刺"二字形音義關係密切，應可相通："朿"字上古音系屬見母元部、"刺"字上古音系屬來母月部，二字聲韻俱近，應具相通之條件：楚地古文字資料可見類似元月相通之例證，例如：馬王堆帛書《老子》乙本《德經》："其至也，謂天毋已清將恐'蓮'"，通行本作"其致之，天無以清將恐'裂'"，"蓮"讀爲"裂"；馬王堆帛書《老子》乙本卷前古佚書《稱》："貞良而亡，先人餘殃。猖獗而活，先人之'蓮'。"影印本注讀"蓮"爲"烈"，引《說苑・談叢》："貞良而亡，先人餘殃。猖厥而活，先人餘'烈'。"

　　故據此推論，則頗疑郭店《五行》簡此四字例，當即爲"刺"字之省形，依簡文上下文義，當可讀爲"烈"，用作"剛正"之義，以與下文同爲"義之方"之"剛"字相呼應，《廣韻・薛韻》："烈，忠烈。"《韓非子・忠孝》："古之烈士，進不臣君，退不爲家，是進則非其君，退則非其親者也。"《史記・伍子胥列傳》："（子胥）隱忍就功名，非烈丈夫孰能致此哉！"據此，則"烈"與"匿"、"剛"與"柔"適正爲此章所欲彰顯之兩組相對概念。

　　至於帛本"刺"作"簡"，則應爲通假之關係，"簡"字上古音系屬見母元部，與"刺"字韻部對轉可通，當具相通之條件。

　　另外，帛本《經》與《傳》同處之詮釋異文又作"練、賀"與"衡"，其中，"練"字上古音系屬來母元部，"賀"字上古音系屬匣母歌部，與"刺"字之聲韻皆近，

應具相通之條件,且此二字又疑有與"剛正"相關之引申用義,例如:《孫子·始計》:"兵衆執强,士卒執練。"《儀禮·士喪禮》:"帶用斂賀之,結於後。"鄭玄注:"賀,加也。"故疑"練"與"賀"二字除了釋"刺"之音外,又具釋"刺"義之功能。而另一詮釋"衡"字,則適當地爲簡本與帛本之"刺、簡"用義,作了更進一步之詮釋,引申爲"剛正"或"平正"之義,《管子·君臣上》:"朝有定制衡儀,以尊主位。"尹知章注:"衡,正。"

《第四屆國際中國古文字學研討會論文集》頁 445—447

△按　郭店簡舊所釋"刿"字,當以釋"刺"爲是。《楚文字編》(頁 60)已將之歸入"刺"字。

【刺壯】集成 126 者汈鐘

○何琳儀(1998)　者汈鐘"刺壯",讀"烈壯","壯烈"之倒文。《後漢書·袁紹傳》:"意氣壯烈。"

《戰國古文字典》頁 916

【刺城】集成 2840 中山王鼎

○商承祚(1982)　勅即列字,"列城數十",謂攻取之城池有數十,以示大捷。

《古文字研究》7,頁 57

○何琳儀(1998)　中山王鼎"刺城",讀"列城",衆城。《史記·楚世家》:"得列城而不敢守也。"

《戰國古文字典》頁 915—916

紃

 詛楚文

○何琳儀(1998)　紃,从束,勺聲。約之異文。

詛楚文紃,讀約。

《戰國古文字典》頁 310

△按　詛楚文作"變輸盟紃","盟紃"即"盟約"。

軛

集成 9735 中山王方壺

○**張政烺**(1979)　純,从束,屯聲。从束與从糸同義,如詛楚文約作豹。純即純之異體。《詩·周頌·維天之命》"文王之德之純",傳:"純,大。"《國語·晉語》"德不純",注:"純,壹也。"

《古文字研究》1,頁212

○**商承祚**(1982)　㐬字有釋純的,我以爲是勅,字同敕。敕正也。㤺爲訓,从心不从言。"勅㤺遺㤺",即"正德遺訓"。

《古文字研究》7,頁64

○**何琳儀**(1998)　純,从束,屯聲。

中山王方壺"純㤺",讀"純德"。見屯字c。

《戰國古文字典》頁1328

△**按**　聯繫"約"作"豹","純"當以釋"純"爲是。《金文編》卷十三已將"純"歸入"純"字下。參見卷十三"純"字。

橐 橐

睡虎地·雜抄16

△**按**　《説文》:"橐,囊也。从橐省,石聲。"秦簡橐用爲蠹,文曰:"臧(藏)皮革橐(蠹)突,貲嗇夫一甲,令、丞一盾。"意謂"貯藏的皮革被蟲咬壞,罰該府庫的嗇夫一甲,令、丞一盾"。參見《睡虎地秦墓竹簡》頁83。

囊 囊

睡虎地·日甲159背

○**劉樂賢**(1994)　［四］囊,疑讀爲攘,盜取。按:此字發掘報告釋爲橐,鄭剛據此讀爲托。《日書》此字照片清晰,其字形既不同於法律文書中的橐,也不同於《日書》"馬禖祝篇""百草囊"之囊。當隸定爲橐或橐,中閒既不是石,也不是襄,而是口。其音讀與字義待考。據文例推測,橐婦當與下文"敝毛之士"相類,指某一類女人。或許此字是橐字之訛,橐婦讀爲妬婦。此説缺少根據,不敢肯定,姑志於此。

《睡虎地秦簡日書研究》頁206

○**何琳儀**(1998)　囊,从㯱(囊之初文),襄省聲。或説襄爲橐加音符。《説文》：“橐，橐也。从橐省，襄省聲。”“橐，橐也。从束，圂聲。”

　　睡虎地簡橐，橐袋。

《戰國古文字典》頁692

△按　劉樂賢文所論爲日書甲種簡4背之字，整理者隸定爲“橐”字，參《睡虎地秦墓竹簡》頁208。暫隸於此。

橐　橐

石鼓文·汧殹　　信陽2·3　　上博二·容成9　　上博三·周易40

○**沈兼士**（1944）　可以橐之　郭云：橐之言罩也，之指汧水言，汧之兩岸有楊柳垂罩也。宋人多誤橐爲貫。又均從捕魚上著想，如梅聖俞詩“何以貫之維柳楊”，蘇軾詩“其魚維鱮貫之柳”，於字形詩意兩失。元潘迪更解爲包裹承藉之義，尤屬大殺風景。

　　兼士按：郭訓橐爲罩，於形音義三者均乏證據，未足徵信，遠不逮潘説及段玉裁《説文注》謂橐讀如苞苴之苞，其義爲長。《説文》：“橐，囊張大皃，从橐省，匋省聲。符宵切。”段氏改爲缶聲。據許説則匋从缶包省聲，又匋或體从包作匋，是橐之音義均與包通。據段説則从缶聲有寶，又《大射禮》鄭注炮鼈，釋文炮或作炰、魚，以此證明，亦無滯礙。梅、蘇詩句蓋引《易·剥》卦貫魚之詞，以適合楊枝柳條之用。然據《孟子》“以杞柳爲桮棬”，則揉之以作筐筥，自古已然矣，況包魚之説亦見於《易·姤》卦乎？至云狩獸之涉及漁魚，便是大殺風景，此純是主觀之見，未足爲考證之據，況本章固已有“君子漁之”之語乎。

《沈兼士學術論文集》頁294—295，1986；原載《輔仁學志》13卷1、2合期

○**郭若愚**（1994）　橐，《説文》：“橐也。”《詩·大雅》：“于橐于囊。”毛傳：“小曰橐，大曰囊。”《左傳》宣二年：“趙盾見靈輒爲簞食與肉，置諸橐而與之。”於此知橐乃放置食物用具。

《戰國楚簡文字編》頁67

○**郭若愚**（1994）　橐，橐也。可放置食物。釋見2-03簡。

《戰國楚簡文字編》頁86

○**劉信芳**（1997）　信陽簡二·三：“一彫鼓，二橐，四梡。”

　　按“彫鼓”即彩繪鼓，出土實物有一大鼓，一小鼓，二鼓形制略同。

"橐"讀"枹",《説文》:"枹,擊鼓杖也。""橐"字从匋得聲,而从匋之"詢"或作"詢",可知"橐"乃"枹"之借字。《九歌·國殤》:"援玉枹兮擊鳴鼓。"

《中國文字》新 23,頁 80

○**何琳儀**(1998)　橐,金文作🐗(毛公鼎)。从束,缶聲。戰國文字承襲金文。《説文》:"橐,囊張大兒。从橐省,匋省聲。""橐,囊也。从束,圂聲。"許慎分析橐、橐結構,展轉誤釋,殊不可據。

信陽簡橐,讀枹。《説文》蠹或體作蜉,是其佐證。《禮記·禮運》"蕢枹而土鼓",釋文:"枹,鼓槌。"

《戰國古文字典》頁 248

○**何琳儀**(1998)　橐,从橐,壬聲。

石鼓橐,讀任。《詩·大雅·生民》"是任是負",傳:"任,猶抱也。"橐,舊釋橐。茲據先鋒本乙正。

《戰國古文字典》頁 1410

○**李家浩**(1998)　簡文"橐"位於"雕鼓"之後。鼓槌在古代叫作"枹"。"橐、枹"二字古音相近,可以通用。所以我們過去在《信陽楚簡"澮"字及从"关"之字》一文裏寫此簡釋文時,於"橐"後括注"枹"字。那時陰法魯先生曾經指出此種説法有問題,枹是附屬於鼓的,不應該獨立出來與鼓並列。這一意見很有道理。因此,簡文的"橐"到底是什麼,還應該重新討論。

一般來説,簡文往往把同類的器物記在一起,拿(1)開頭的"笙、竽"來説吧,就是如此。既然"橐"位於"雕鼓"之後,就説明它有可能是鼓一類的樂器。古代有一種形如鼓的樂器,叫"拊"。《周禮·春官·大師》"大祭祀,帥瞽登歌,令奏擊拊",鄭玄注:"拊形如鼓,以韋爲之,著之糠。"這種樂器又稱爲"搏拊"或"撫拍"。《釋名·釋樂器》:"搏拊,以韋盛糠,形如鼓,以手拊拍之。"《舊唐書·音樂志》:"撫拍,以韋爲之,實之以糠,撫之節樂也。"這種樂器在山東沂南漢墓畫像石上可以看到。沂南漢畫像石墓中室畫像七盤舞的右側,有四個女伎,在她們的前方各有一件鼓形樂器,其中三個女伎張手作撫拍狀。馮漢驥先生認爲畫像裏的鼓形樂器就是拊。上古音"橐"屬滂母幽部,"拊"屬滂母侯部,二字的聲母相同,幽侯二部字音關係密切,可以通用。例如《玉篇》刀部:"剞,刀握也。或爲弣。""橐、剞"二字皆从"缶"聲,"拊、弣"二字皆从"付"聲。此是"橐、拊"可以通用的例子。《説文》蚰部"蠹"字的重文作"蜉",《尚書·高宗肜日》"天既孚命正厥德",漢《熹平石經》等"孚"作"付"。此也是"橐、拊"二字可以通用的例子。據此,頗疑簡文的"橐"應當讀爲"拊"。因拊形如鼓,故簡文將其記在"雕鼓"之後。

在這裏需要説明一下包山楚墓竹簡遣册部分的一個从"缶"之字。

包山楚簡遣册所記的正車,有一種車馬器的名字作"柿"。原文説:(5)一輓(乘)正車……馭、右二真鞈(犍)虜(甲),皆首軸(胄),紫繡(縢)。一敝(雕)敨。一緅絨之絉。一敝(雕)柿。一鈇,纓組之綏。二䚘(繩)敬(靮)。霝(靈)光之緂。271、270 號

湖北方面的考古工作者認爲,簡文的"雕柿"指該墓出土的一件漆木鼓。"櫜、柿"二字都从"缶"得聲。按照湖北考古工作者的説法,我們把信陽楚簡的"櫜"讀爲"拊"是否有問題呢? 我們認爲湖北考古工作者對包山楚簡"柿"的説法有問題。

包山遣册所記的正車又見於同墓的竹觚。竹觚跟上引(5)相當的文字是這樣寫的:

　　　　(6)一紛正車……馭、右二真鞈(犍)虜(甲),皆首軸(胄),紫縢。四馬晧菖(銜),繙芉結項,告紨。繻(繩)綏(靮)。一周(雕)輈(靮)。緅秋(緂)之絉。一綢(雕)榎。一□,綼組綏,番芉之童。

兩相對照,(5)的"雕敨、雕柿"即(6)的"雕輈、雕榎"。《説文》"潮"字古文作"淖","从水,朝省聲"。簡文"敨"字所从左旁與"淖"字所从右旁相同,應當分析爲从"支""朝"省聲。"朝"與"輈"、"缶"與"榎"古音相近,可以通用。"輈"从"舟"聲,《説文》篆文"朝"也从"舟"聲。上古音"缶"屬幫母幽部,"榎"屬並母覺部,幫並二母都是脣音,幽覺二部陰入對轉。《方言》卷九:"轅,楚衛之閒謂之輈。"如果簡文的"輈"用的是此義,那麼"柿、榎"二字大概都應當讀爲"輹",指伏兔。《周易·小畜》"九三,説輻",陸德明《釋文》:"輻,音福。本亦作輹……鄭云伏菟(兔)。"《左傳》僖公十五年"車説其輹",孔穎達疏引子夏《易傳》云:"輹,車下伏兔也。"

湖北的考古工作者爲什麼會認爲(5)的"柿"指漆木鼓呢? 我們推測可能跟他們把簡文"鈇"誤釋爲"鐃"有關。因爲湖北的考古工作者把"鈇"誤釋爲"鐃",認爲是指墓内出土的樂器銅鐃,從而認爲位於其前的"雕柿"也是樂器,指墓内出的另一種樂器漆木鼓。其實簡文的"鈇"不是"鐃"字。此字見於信陽楚簡 2-05、2-017 號,用爲"鋪首"之鋪。

總之,湖北的考古工作者認爲(5)的"雕柿"是樂器,指墓内的漆木鼓,是沒有根據的,不能用來否定我們對(1)的"櫜"的讀法。

○**李零**（2002）　橐,即"包",與上"會"字俱有囊括無遺之義。

　　　　　　　　　　　　　　《上海博物館藏戰國楚竹書》（二）頁 257

○**濮茅左**（2003）　"橐",《説文·橐部》:"橐,囊張大皃。从橐省,缶聲。"（編

按:大徐本《説文》作"匋省聲"）

　　　　　　　　　　　　　　《上海博物館藏戰國楚竹書》（三）頁 191

○**郭若愚**（1994）　橐,囊也。可放置食物。釋見 2-03 簡。

　　　　　　　　　　　　　　　　　《戰國楚簡文字編》頁 86

△**按**　信陽簡 2·3 之爲"橐"字,郭若愚作爲"橐"字,非是。石鼓文之字,

陳劍改釋爲"橐",詳見《説石鼓文的"橐"字》（復旦網 2014 年 8 月 24 日）。

韔

天星觀　　曾侯乙 1

────────────

○**何琳儀**（1998）　韔,从亯,長聲。或以長爲疊加音符。

　　楚系簡韔,讀韔。《説文》:"韔,弓衣也。从韋,長聲。"

　　　　　　　　　　　　　　　　　《戰國古文字典》頁 688

△**按**　此字作亯,所从與東不類,釋韔疑非。

簤

曾侯乙 2　　曾侯乙 8　　曾侯乙 19　　曾侯乙 26　　曾侯乙 37　　曾侯乙 5

────────────

○**何琳儀**（1998）　簤,从竹,葡聲。

　　隨縣簡簤,讀韛。葡之繁文。

　　　　　　　　　　　　　　　　　《戰國古文字典》頁 126

△**按**　"箙"字異體,詳參卷五竹部"箙"字條。

囗　囗

陶彙 6·9　　陶彙 6·7　　陶彙 6·43

────────────

△**按**　《説文》:"囗,回也。象回帀之形。凡囗之屬皆从囗。"林義光《文源》

卷三:"今字以圍爲之。"

圜 圜

 陶彙 5 · 352

○**何琳儀**（1998）　《説文》：“圜，天體也。从囗，睘聲。”（**編按**：大徐本《説文》作“睘聲”）

　　秦陶圜，讀園。參園字。

《戰國古文字典》頁 990

園 圍 匜

包山 264　　上博三 · 亙先 9

曾侯乙 120　　信陽 2 · 1　　曾侯乙 4

○**中大楚簡整理小組**（1977）　圓。

《戰國楚簡研究》2，頁 27

○**何琳儀**（1992）　“圍”（《信陽》二 · ○一），應隸定“圓”。

《古文字研究》19，頁 484

○**商承祚**（1995）　圍爲圓字，第一四簡又省作匜。

《戰國楚竹簡匯編》頁 27

○**朱德熙、裘錫圭、李家浩**（1995）　《説文》：“園，回也。从囗，云聲。”信陽
201 號簡有“二方監（鑑）”及“二園監（鑑）”，“園”當讀爲“圓”。“云、員”聲
通（“娟”異體作“妘”，“賴”異體作“薀”），疑“園、圓”本爲一字。“葦園”疑是
葦編的盛物圓器。長沙五里牌竹簡有“革園”。或疑“葦園”當讀爲“韋園”，
猶言“革園”，指皮革製成的盛物圓器。

《望山楚簡》頁 126

○**何琳儀**（1998）　《説文》：“園，回也。从囗，云聲。”

　　信陽簡園，讀圓。或釋回，讀函。

《戰國古文字典》頁 1314

　　匜，从匚，云聲。

　　隨縣簡匜，或作匜，讀圓。

《戰國古文字典》頁 1314

○**劉信芳**(2003)　《説文》:"囩,回也。"《包山楚簡》附録一九謂"二革囩"即出土的二件夾紵皮革胎漆圓盦(標本 2:414、2:432),其説是也。此二件漆盦均由器身與器蓋套合而成,兩者可以互爲旋轉,此所以稱名。

《包山楚簡解詁》頁 283

△**按**　上博三《互先》簡9"先又囩,焉又枋",即"先有圓,焉有方",可進一步證明"囩"即"圓"字。

【囩軒】曾侯乙 4

○**裘錫圭、李家浩**(1989)　此簡"囩(圓)軒"爲車上之物,203 號簡的"圓軒"則用爲車名,當是因有"圓軒"而得名。《左傳》閔公二年"鶴有乘軒者",孔穎達正義引服虔云:"車有藩曰軒。"《漢書·景帝紀》"今長吏二千石車朱兩輔",顏師古注引應劭曰:"車耳反出,所以爲之藩屏,翳塵泥也。"又引如淳曰:"輔,音反,小車兩屏也。"古代建築物欄杆上的板也稱"軒"。《文選·曹子建雜詩》李善注引《漢書》韋昭注:"軒,檻上板也。"軒車車廂兩旁有較高的屏藩,與建築物欄杆上有軒形近,所以二者同名。"圓軒"疑爲圓形的軒。

《曾侯乙墓》頁 508

○**何琳儀**(1993)　"△",原篆作:𝚺

　　商承祚將其與"遣策"2-01 號簡中🔄、🔄類比,均釋爲"圓"。按,🔄應釋"囸",即"函"之異文。"△"與其結構、筆勢判然有別,不宜混同。"△"應釋"亙",楚文字"亙"字習見:𝚷

　　"△"雖無"卜"旁,但卻直接承襲甲骨文和金文:𝚷、𝚷所不同者:楚簡"亙"所从"月"填實而已。這也是古文字中習見的現象,例不贅舉。《説文》"恆"古文作"亙"。《説文》:"恆,常也。"引申有"安"義。《周禮·夏官·司弓矢》:"恆矢痹矢。"注:"恆矢,安居之矢也。"

　　"軒",其"車"旁左半稍殘,舊隸定爲"飦",非是。"軒"亦見隨縣竹簡"囩軒"(4 號)。《左·閔二年》:"鶴有乘軒者。"疏引服虔曰:"車有藩曰軒。"

　　"亙軒",讀"恆軒",指"安居之軒",即"安車"。見《周禮·春官·巾車》"安車彫面鷖總,皆有容蓋。",注:"安車,坐乘車,凡婦人車皆坐乘。""亙軒"與下文"女乘"雖均爲婦人之車,但據《周禮》,"安車"爲王后之車,後來則成爲貴族婦人之車的泛稱,其規格顯然要高於一般婦人之車"女乘"。

《文物研究》8,頁 172—173

○**李守奎**(2000)　"軒"雖然在典籍中習見,但對其形制語焉不詳,舊注亦多不辨。"圓軒"一名在楚地出土的簡策中屢見,既是車名,又是車上之物名。圓軒不見於典籍記載,但與典籍中的"軒"必有聯繫。出土材料與典籍相證,互爲補足,爲我們探識圓軒和進一步探究簡策中和典籍中的軒提供了條件。

(中略)上述這些稱作"軒"或"圓軒"的車或帶有圓軒的不同名稱的車,它們共同特點已經明晰,需要進一步弄清楚的是這些車上的軒或圓軒是什麼東西。裘錫圭、李家浩二位先生曾對曾侯乙墓4號竹簡中的"圓軒"作過較詳細的解釋:

> 此簡"囩(圓)軒"爲車上之物,203號簡的"圓軒"則用爲車名,當是因有"圓軒"而得名。《左傳》閔公二年"鶴有乘軒者",孔穎達正義引服虔云:"車有藩曰軒。"《漢書·景帝紀》"今長吏二千石車朱兩轓",顏師古引應劭曰:"車耳反出,所以爲之藩屏,翳塵泥也。"又引如淳曰:"轓,音反,小車兩屏也。"古代建築物欄杆上的板也稱"軒"。《文選·曹子建雜詩》李善注引《漢書》韋昭注:"軒,檻上板也。"軒車車廂兩旁有較高的屏藩,與建築物欄杆上有軒形近,所以二者同名。"圓軒"疑爲圓形的軒。

這段文字似用"轓"釋服注之"藩",而"轓"有二義:一爲車耳,一爲小車兩屏。而"兩屏"與建築物上欄杆上有木板相近。

朱德熙、裘錫圭、李家浩三位先生在《望山楚簡》的考釋中,"軒"不再牽涉"車耳",指明應是車兩旁的"轓"。

以"車廂兩旁有較高的屏藩"或"轓"釋"軒"有些地方不易解釋。

1.曾侯乙墓51號竹簡中新安車上的"上軒、下軒"當作何解?

2."軒"是車廂兩旁與建築物欄杆上有木板相似的屏藩,"弻"又當爲何物? 二者間有何區別?

3.曾侯乙墓竹簡中"圓軒"的形制都是有紡織物或皮革的表和裏,"軒"或"圓軒"這些部位不僅有"紫錦之裏",而且許多部位都有貂皮裝飾,可見此車甚是高大華麗,稱爲"王魚軒"或許就是因爲屬於王的緣故。

(中略)圓軒　見於曾侯乙墓203號簡,稱作"鄝君之圓軒",爲兩馬駕車,與53號簡"鄝君之車"爲同一輛車。車上有"圓軒,紫錦之表,□裏,貂定之氈"。又見於信陽楚墓2~4號簡中"□□遺:一良(輛)圓軒,載紡籲(蓋);馭良(兩)馬"。從簡文可知,這輛名爲"圓軒"的車也是駕馭兩馬,車上帶有"紡籲"(蓋)的車。

"圓軒"不見於典籍,車之名圓軒,是因車上有圓軒。凡是圓軒,都有表有裏,有動物皮爲飾。此車還有蒙着織物的車蓋。曾侯乙墓簡中的"圓軒"與信陽簡中的"紡籲"是否同一東西,雖然還不能確定,但這種車多二馬駕車,上有車蓋或"圓軒"是可以清楚的。

（中略）4.“車耳”不是“軒”可以肯定,但未必不是“軒”之一部分。

我們以爲“軒”或“圓軒”不是單指車廂兩旁較高的屏藩或車耳,而是由廂與之上的屏藩、車蓋以及車耳共同構成的一個形似屋室的整體結構。車上裝上此物,乘坐甚爲舒適。曾侯乙墓出土的“車輿”,當即“圓軒”之主體。此物復原後,全器呈圓形,上部有車蓋似傘,其下側立方格狀圍欄,圍欄的前後有四十釐米的空缺,再下有兩兩並例（編按：當爲“列”）的欄杆與上面的圍欄對應。（中略）所謂“圓軒”就是兩個弧形木質圍欄側立於側,外面圍上皮革或織物,上與車蓋相連,形成一個圓形的帷幄之物。

《古文字研究》22,頁 195—198

○**白於藍**（2005）　筆者以爲,上引簡文（7）至（13）之“軒”均當讀爲“幰”。上古音軒、幰俱爲曉母元部字,二字雙聲疊韻,例可相通。（中略）簡文之“圆軒（幰）”（簡 4、45、53、120）似應讀爲“雲幰”。《後漢書·輿服志》：“雲氣畫帷裳,㯹文畫曲輈。”帷裳亦指車幔,《詩·衛風·氓》：“淇水湯湯,漸車帷裳。”孔穎達《疏》：“以帷障車之傍如裳,以爲容飾。”可見,古代有在車之帷幔上畫雲氣之文以爲裝飾的做法。典籍常見“雲幡、雲屏、雲斾”等一類詞彙,均指上面施有雲氣形圖案。“雲幰”之用例,蓋與此同。

《中國文字》新 30,頁 195

圓

曾侯乙 203

○**何琳儀**（1998）　圓,從匸,員聲。疑圓之異文。《説文》：“圓,圜全也。從囗,員聲。讀若員。”

　隨縣簡圓,或作囩,讀圓。

《戰國古文字典》頁 1315

回

詛楚文　上博六·莊王 5　新蔡甲三 294　十鐘

古幣文編 316　璽彙 4790

陶彙 9·21

○**何琳儀**（1998）　　回，甲骨文作己（甲三三三九），象回環之形。或説，象水旋渦之形，洄之初文。《三蒼》："水轉曰洄。"金文作𠃌（𤲃回父丁爵）。戰國文字承襲商周文字，方向略有變化。或封閉回環形作回、回等，爲小篆所本。《説文》："回，轉也。从囗，中象回轉形。ꔊ，古文。"

晉璽"回曲"，邪曲。《晏子·問》下："大國之君，蓋回曲之君也。"

詛楚文回，邪曲。《廣雅·釋詁》："回，衺也。"

《戰國古文字典》頁 1180

△**按**　《陶彙》9·21 回與《説文》古文"ꔊ"近似。

【回曲】璽彙 4790

○**何琳儀**（1998）　　晉璽"回曲"，邪曲。《晏子·問》下："大國之君，蓋回曲之君也。"

《戰國古文字典》頁 1180

△**按**　《璽彙》4790"回曲"二字作"ꔕꔕ"，《璽彙》釋作"亡私"（435 頁）。其"亡"字作"ꔕ"，與常見的"正行亡曲"印文不同。

圖　圖　圖

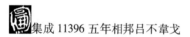集成 11396 五年相邦吕不韋戈　　十鐘　　圖金符 6

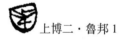上博二·魯邦 1

○**何琳儀**（1998）　　圖，金文作圖（矢簋）。从啚从囗，會圍繞鄙（啚）邑繪畫地圖之意。戰國文字承襲金文。啚之下省作田、田，或作ꔥ省簡尤甚。《説文》："圖，畫計難也。从囗从啚。啚難意也。"

秦器圖，人名。

《戰國古文字典》頁 539

○**馬承源**（2002）　　子不爲我圖之讀作"子不爲我圖之"。（中略）"圖"，从囗，者聲，當讀爲"圖"。《玉篇·囗部》"圖"之古文作"囩"，與此形似。上古"者"字或从者聲之字在魚部，屬端、透、定三聲紐。今此字以者爲聲符，據辭意讀爲"圖"，"圖"在上古爲魚部定紐，"屠、都"爲其同音字。句例如《史記·秦本紀》："⋯⋯今我復與大駱妻，生嫡子成，申駱重婚，西戎皆服，所以爲王，王其圖之。"又《李斯列傳》："方今天下之權，存亡在子與高及丞相耳，愿子圖之。"《説文·囗部》："圖，畫計難也。从囗从啚。啚難意也。"辭意爲：魯哀公問孔子何不爲其提出治理旱災的謀劃。

《上海博物館藏戰國楚竹書》（二）頁 204—205

○**陳斯鵬**（2006）　　B1

"口"內所從與楚簡中"者"字的一些最常見寫法略有不同,但根據上博藏簡
《詩論》和《子羔》中"者"每作來看,此字確應從"者",不過其下部與"口"發
生借筆關係而已。馬承源先生隸定爲"圕",謂從"者"聲,可信;馬先生又認爲
它在簡文中讀爲"圖",並以《玉篇・口部》"圖"字古文作"圔"爲證,也很對。
然而,更直接的證明材料則是《汗簡・口部》引《尚書》"圖"字之作:B2
此形從"口"從"者",其所從"者"與上引傳抄古文"悫"所從完全相同。顯然,
《玉篇》的"圔",還有《集韻・模韻》"圖"之作"圔",《古文四聲韻・模韻》引
王存义《切韻》"圖"字之作"圔",都是根據 B2 的原筆畫所作的隸古定字形。
字書另有"圖"字,《改併四聲篇海・口部》引《搜金玉鏡》:"圖,音途。"《字彙
補・口部》:"圖,義未詳。"現在看來,"圖"也應該是 B2 的隸古定字形。而它
們都可直接隸釋爲"圕"。（中略）蓋"圖"本從"口"從"啚"會意,後爲滿足表音
的需要,遂易"啚"爲"者"而成"圕"。

《康樂集》頁 196—197

△**按**　　傳抄古文與戰國文字乃一家之眷屬,"圖"字即其一例。"圖"字的隸古
定字形,除見於傳統字書外,在敦煌所出古本《尚書》中亦可見之。

國 國　邨 或

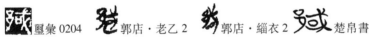

○**曾憲通**（1993）　　邨即國字。選堂先生説:"東國西國之名,占星家每用之,
如《天官書》云:'出西逆行,至東正西國吉,出東至西正東國吉。'是其例。"李
學勤謂東國西國指邦之東土西土。

《长沙楚帛書文字編》頁 64

○**袁國華**（1993）　　"邨"字見"包山楚簡"第 3 簡,《釋文》及《字表》皆隸定爲

"陜"字，《考釋》注 12 云："陜，讀如越。"乃是戰國"越國"的專用字。但是，"包山楚簡""陜"作🔲；"越王句踐劍"作🔲，與"🔲"字字形比較，"陜"从"⿰"，"🔲"从"⿰"，兩字所从並不相同，因此"🔲"不能隸定爲"陜"字。

"包山楚簡""或"字屢見，簡 120 作🔲，字形與"🔲"字所从相同，故知"🔲"字實从"或"从"邑"，應隸定爲"郕"字。"郕"字亦見《古璽彙編》編號 0204、0310 兩方官璽，(中略)至於"郕"字在簡中的用法則待考。

《第二屆國際中國古文字學研討會論文集》頁 432

○**陳偉武**（1995） 9.國《文字徵》第 323 頁附録："🔲 4.1，🔲 4.7。"今按，此當是國字。从匚，从戚(𢦚)得聲。小盂鼎𢦚字作🔲，虢季子白盤作🔲，本爲會意字，懸首於戈，斬敵程功，故爲𢦚字，𢦚實爲後起形聲字，本字當是《説文》𣲨字，訓"水流也"，音形既晦，朔義亦失。《説文》中从𢦚得聲的䵼字或作䵼，準此，則🔲即國，即國。

《中山大學學報》1995-1，頁 127

○**何琳儀**（1998） 國，从囗，或聲。或之繁文。或、國爲古今字。囗旁或省作匚旁。燕系文字疊加亓爲音符，參丘字亦疊加亓爲音符。《説文》："國，邦也。从囗从或。"

齊器國，姓氏。春秋時國氏爲齊之卿族，世爲上卿，子孫沿其氏。見《姓源》。

晉璽國，姓氏。禹之禦有國哀。見《路史》。四年昌國鼎"昌國"，地名。愕距末"商國"，宋國。

《戰國古文字典》頁 20

郕，从邑，或聲。疑域之異文。見或字。
楚器郕，讀域，或國。

《戰國古文字典》頁 19

○**劉釗**（2003） "或"爲"國"字異體。

《郭店楚簡校釋》頁 55

○**李守奎**（2003） 🔲帛乙 4·82 當爲國字異體。詳見邑部。

《楚文字編》頁 378

△**按** "國"字在戰國時期亦多異形，或从全"囗"，或从半"囗"，或从"邑"，或只作"或"。郭店簡《緇衣》簡 9"國成"之"國"作🔲，上博四·曹 16·13"大國"之"國"作🔲，上从"宀"，亦一特殊構形。

囷

睡虎地·爲吏 15 伍　　　　集粹

○**何琳儀**（1998）　囷，从禾从囗，會儲藏禾穀之意。囗亦聲。囷，溪紐諄部；囗，匣紐脂部。匣、溪爲喉、牙通轉；脂、諄爲陰陽對轉。囷爲口之準聲首。《説文》：“囷，廩之圜者。从禾在囗中。圜謂之囷，方謂之京。”

《戰國古文字典》頁 1179

【囷倉】睡虎地·日甲 155 背

○**何琳儀**（1998）　睡虎地簡“囷倉”，圓形穀倉。《禮記·月令》：“穿竇窖，修囷倉。”

《戰國古文字典》頁 1179

△**按**　睡虎地簡“囷”字多見，“囷倉”見於日甲 155 背：“望，利爲囷倉。”參見《睡虎地秦墓竹簡》頁 227

【囷造】睡虎地·爲吏 15 伍

○**劉桓**（1998）　囷造，囷當是麕之省。《説文》十篇上：“麕，麞也，从鹿囷省聲。麇，籀文不省。”造義爲至。《書·盤庚》“有衆咸造”，僞孔傳：“造，至也。”《左傳·昭公五年》“求諸侯而麇至”，杜注：“麇，群也。”麇至義即群來。《文選》顏延之《釋奠詩》作“麕至”。“囷造”意猶“麕至”，甚至今語“麕集”意亦相近。“囷造之士”與“短長”聯繫起來看，顯然是指各諸侯國來到秦國的士人，蓋以其人數較多而如此稱。

《簡帛研究》3，頁 166

△**按**　“囷造”見於《爲吏之道》15：“聽有方，辨短長，囷造之士久不陽。”注：“此首應有脱句，意義不明。”參見《睡虎地秦墓竹簡》173—174 頁。

圈  圂

睡虎地·日甲 22 背叁　　秦文字集證 149·258　　包山 254

○**劉彬徽、彭浩、胡雅麗、劉祖信**（1991）　圂，讀如圈。《禮記·玉藻》：“母没而杯圈，不能飲焉。”圈亦通作桊。東室所出帶座銅杯可能就稱作“金桊”。

《包山楚簡》頁 59

○**何琳儀**（1998）　囲，从囗，关聲。疑圈之省文。《説文》：“圈，養畜之閑也。从囗，卷聲。”

包山簡囲，見卷字。

《戰國古文字典》頁 1004

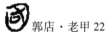

石鼓文・吳人

睡虎地・爲吏 34 叁　　　郭店・老甲 22

○**强運開**（1935）　《説文》：“囿，苑有垣也。从囗，有聲。一曰所以養禽獸曰囿。圛，籒文囿。”艸部蘮以此爲聲。

《石鼓釋文》癸鼓，頁 9

○**何琳儀**（1998）　圛，甲骨文作□（前四・一二・三）、□（前七・二〇・一），象苑中有草木之形。囿之初文。春秋金文作□（秦公簋），从囗，有聲。戰國文字承襲甲骨文。《説文》：“囿，苑有垣也。从囗，有聲。一曰，禽獸曰囿。圛，籒文囿。”

《戰國古文字典》頁 18

○**裘錫圭**（1999）　囿，《郭店》誤釋“國”，我在校讀此書原稿時失校。此字亦見雲夢秦簡，是“囿”字異體。“有”與“域”古音相近可通。“囿”从“有”聲，亦可與“域”相通。簡文之“囿”，跟帛書本的“國”一樣，似皆應從今本讀爲“域”。

《道家文化研究》頁 49

○**李天虹**（2000）　《老子甲》二二號簡釋文：

國中又（有）四大安，王尻（居）一安。

釋文國，原文作：□　《郭店》四：二二

按：該字“囗”内所从不是或，而是厷。厷用作偏旁，在戰國文字中數見：

□《包山》168 窓　　　　　　　□《包山》169 拡

□《曾侯乙》208 坄　　　　　　□《郭店・語叢四》一〇六：一四雄

對比可知，□字所从與上舉數例中的厷旁寫法完全一致。古厷爲見母蒸部字，或爲匣母職部字，音近可通。故國可以厷爲聲符。因此，正確的解釋應當是將□隸定作囿，讀作國。曾侯乙竹簡云：“凡宮廄之馬所入長坄之中五乘。”從音義來看,疑坽應當讀作域。《廣雅・釋邱》:“域,葬地也。”《詩・唐風・葛生》:“葛生蒙棘,斂蔓於域。”鄭箋:“域,塋域也。”長,古有“大”義。《呂氏春秋・本味》:“長澤之卵。”高誘注:“長澤,大澤。”簡文大意可能是説,在曾侯乙墓地中隨葬了宮廏之馬車馬乘。包山簡裏的窓、拡不見於後世字書,在簡文裏用作人名或地名。

《郭店楚簡國際學術研討會論文集》頁 98

○李零(2002)　“國中有四大焉”(1:1 章:簡 22)

　　“國”,裘錫圭先生指出,簡本此字與常見的“國”字寫法不同,據雲夢秦簡,是“囿”字的異體,認爲它與帛書本的“國”字皆應從今本讀爲“域”(《郭店〈老子〉簡初探》)。李天虹先生則認爲,簡文此字是从囗从厷(《郭店楚簡文字雜釋》)。按此字从囗,囗中所从與古文字中的“厷”寫法無別(參看《語叢四》簡 14、16“雄”字所从),但並不是“厷”字,而是从“或”字的異體(省去下面的一橫)變化而來,如《語叢四》簡 27 背的“或”字(在簡文中用爲“又”)就是這樣寫。古書“國、域”同源,釋“國”釋“域”皆通。

《郭店楚簡校讀記》(增訂本)頁 13—14

△按　睡虎地秦簡《爲吏之道》34“苑囿園池”之“囿”作🀄,从囗,右聲;郭店・老甲 22 之🀄與之同構,釋“囿”可從。古“囿、域”同義,《國語・楚語上》:“王在靈囿。”韋昭注:“囿,域也。”《莊子・天下》:“辯者之囿也。”成玄英疏:“囿,域也。”古“或、域、國”本爲一字分化。《廣雅・釋詁四》:“域,國也。”王念孫疏證:“或、域、國三字,古聲義並同。”故亦可從整理者讀爲“國”。

園　

上博 6　　睡虎地・日甲 78 背　　陶彙 5・372　　陶彙 5・371

○何琳儀(1998)　《説文》:“園,所以樹果也。从囗,袁聲。”秦陶園,園囿。

《戰國古文字典》頁 988

△按　《戰國文字編》394 頁將《陶彙》5・352 之🀄也併入“園”字,《戰國古文字典》則以爲“圜”字,參上“圜”字條。

因　

郭店・成之 18　　郭店・語一 31　　上博二・容成 19　　陶彙 3・26

集成 9735 中山王方壺　集成 4649 陳侯因𪾔敦

○**中大楚簡整理小組**（1977）　因，即茵，乃褥子，牀墊，或車中坐墊之類物品。

《戰國楚簡研究》3，頁 46

○**何琳儀**（1998）　因，甲骨文作，（前五・三八・三）。从人从囗，會人在棺椁之意。孳乳爲茵。《儀禮・既夕禮》“加茵用疏布”，注：“茵，所以藉棺者。”引申釋就。囗亦聲。因，影紐；囗，匣紐。影、匣均屬喉音，因爲囗之準聲首。金文作（蠆鼎），囗作形與大相依以見義。戰國文字承襲甲骨文，楚系文字承襲金文。《説文》：“因，就也。从囗、大。”

齊金“因𪾔”讀“因齊”，齊威王因齊。見《史記・田敬仲完世家》。

中山王方壺因，猶而。

望山簡因，讀裀。見裀字。

睡虎地簡“因而”，從而。《韓非子・揚權》：“彼自事之，因而予之。”

《戰國古文字典》頁 1106

○**劉信芳**（2003）　字或釋“内”，或釋“函”，陳偉隸作“因”，云：“因其常牲就是因仍常規的犧牲，不作損益。”（《湖北荆門包山卜筮楚簡所見神祇系統與享祭制度》），《考古》1999 年 4 期）按陳説是也，字形可參郭店簡《六德》14“因而施禄焉”之“因”字。

以上簡 222。

《包山楚簡解詁》頁 236

△**按**　楚系“因”字所從之“囗”承金文蠆鼎之作形，爲楚系的特殊寫法。

【因而】睡虎地・爲吏 20，郭店・六德 14

○**何琳儀**（1998）　睡虎地簡“因而”，從而。《韓非子・揚權》：“彼自事之，因而予之。”

《戰國古文字典》頁 1106

△**按**　睡虎地秦簡“因而”，見《爲吏之道》20。郭店楚簡亦有“因而”，《六德》14：“大材藝者大官，小材藝者小官，因而施禄焉，足以生，足以死，謂之君。”

囡　

季木 1・48　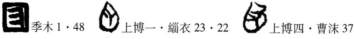上博一・緇衣 23・22　上博四・曹沫 37

○**何琳儀**(1998)　囨,甲骨文作(乙八五二六)。从又从囗,會取物收藏之意。戰國文字承襲甲骨文。《説文》:"囨,下取物縮藏之。从囗从又。讀若聶。"

古陶囨,不詳。

《戰國古文字典》頁 1434

○**陳佩芬**(2001)　"囨"字下有重文符。兩字分屬前後兩句,"聖啻卣囨,囨目威義"。《説文》:"囨,下取物縮藏之。从囗从又,讀若聶。",段玉裁注:"謂攝取也","下取,故从又","縮藏之,故从囗"。《玉篇》:"囨,手取物也。"《廣韻》釋同。郭店簡作"巺",今本作"攝"。

《上海博物館藏戰國楚竹書》(一)頁 198—199

△**按**　上博四・曹 37 亦有"囨"字,句作"毋囨篹",整理者李零云:"囨篹,疑讀'攝爵'。《説文》:'囨,下取物縮藏之。从囗从又,讀若聶。''毋囨篹'可能是説爲君者不可惜爵而不授。"參見《上海博物館藏戰國楚竹書》(四)267 頁。

囚　囚

齊魯古陶文字 2・3　　　睡虎地・秦律 60　　　璽彙 3635

○**何琳儀**(1998)　囚,从囗从人。會囚禁之意。《説文》:"囚,繫也。从人在囗中。"

秦璽囚,姓氏。

《戰國古文字典》頁 216

△**按**　《璽彙》3635 囚字,編者未釋。

固　固　甌

集粹　　　包山 191　　　睡虎地・答問 116　　　上博五・三德 6　　　集成 10938

成固戈

璽彙 2584　　　璽彙 0713

陶彙 3・27　　　陶彙 3・31　　　陶彙 3・552　　　陶彙 3・474

○**何琳儀**(1998)　《説文》:"固,四塞也。从囗,古聲。"

行氣玉銘固,見《集韻》:"固,一曰,堅也。"

成固戈“成固”,地名。

《戰國古文字典》頁 474

○**何琳儀**(1998)　囙,从古,丰爲疊加音符。囙、丰皆見紐。

齊器丰,人名。

《戰國古文字典》頁 474

○**李守奎**(2003)　固包 90　此字與包 125、包 129 號簡固字異文。或爲固之異寫,例同囘、國等。

《楚文字編》頁 379

△**按**　固,从囗,古聲。《璽彙》固,所从之“古”多一飾筆;固則“古”之横畫借筆;陶文固,復增聲符“丰”,皆文字異形之表現。

圍　

睡虎地·封診 67　包山 2

包山 5

○**睡簡整理小組**(1990)　圍,度量圓周的估量單位,即以兩手合拱的粗細。

《睡虎地秦墓竹簡》頁 159

△**按**　睡虎地秦簡《封診式》67:“權大一圍。”

○**何琳儀**(1998)　圍,春秋金文作圍(庚壺)。从囗从韋,會圍城之意。韋亦聲。韋、圍一字孳乳。《説文》:“圍,守也。从囗,韋聲。”

齊璽圍,姓氏。楚公族有圍氏。見《路史》。

《戰國古文字典》頁 1178

△**按**　包山簡 5 圍字省“韋”中之“囗”。

困　困

睡虎地·爲吏 2 叁　　　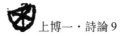包山 145　　困上博一·詩論 9

○**睡簡整理小組**(1990)　闑,直豎於門中的門限。

《睡虎地秦墓竹簡》頁 224

○**何琳儀**(1998)　困,甲骨文作困(粹六一)。从木从囗,會門檻限定居室之意。囗亦聲。困,溪紐諄部;囗,匣紐脂部。匣、溪爲喉、牙通轉,脂、諄爲陰陽對轉。困爲囗之準聲首。困,梱之初文。《説文》:"梱,木麋也。从木,困聲。"引申爲圍困、窮困、窮極等義。戰國文字承襲甲骨文。《説文》:"困,故廬也。从木在囗中。朱,古文困。"

　　望山簡困,疑讀梱。

《戰國古文字典》頁 1179

△按　睡虎地簡日書甲種 111 背"困",整理者讀爲"閫"。

【困辱】睡虎地·日甲 62 正

○**何琳儀**(1998)　睡虎地簡"困辱",困窘屈辱。《戰國策·秦策》:"大夫種事越王,王雖困辱,悉忠而不解。"

《戰國古文字典》頁 1179

圂　圂

珍秦 152　　睡虎地·日乙 188 貳　　璽彙 3985

○**羅福頤等**(1981)　與毛公鼎圂字同(編按:《璽彙》3985 字形下按語)。

《古璽文編》頁 137

○**何琳儀**(1998)　《説文》:"囗,回也,象回帀之形。"以回釋囗屬聲訓。

　　圂,甲骨文作圂(京津二六五一)。从豕从囗,會圍豬於圈内之意。囗亦聲。圂,匣紐諄部;囗,匣紐脂部,脂、諄爲陰陽對轉。圂爲囗之準聲首。金文作圂(毛公鼎)。戰國文字承襲金文。《説文》:"圂,廁也。从口,象豕在口中也。會意。"

　　戰國文字圂,人名。

《戰國古文字典》頁 1179

△按　《戰國文字編》395 頁、《睡虎地秦簡文字編》94 頁"圂"下所注"日甲188",爲"日乙 188"之誤。

团

璽彙 0714

○**何琳儀**(1998)　团,从囗,才聲。《龍龕手鑒》:"团,音囚。"疑有音變。

晉璽団,人名。

《戰國古文字典》頁 100

囤

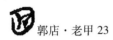郭店・老甲 23

○**荆門市博物館**(1998)　囤,从“口”“乇”聲,讀作“橐”。

《郭店楚墓竹簡》頁 116

○**劉釗**(2003)　“囤”字从“乇”得聲,讀爲“橐”,古音“乇、橐”皆在透紐鐸部,故可相通。

《郭店楚簡校釋》頁 19

○**陳偉**(2003)　23 號簡寫道:“天地之閒,其猶囤(橐)籥與?”

　　囤(中略)原釋文釋爲“囤”,讀爲“橐”。並在注釋中説:“从‘口’‘乇’聲,讀作‘橐’。”郭店簡中屢見从“乇”之字,其寫法顯然與“囤”字所从有別。倒是緇衣 46 號簡中的“卜”字,與其相似。差別只在於用做裝飾的一點一在豎筆,一在弧筆。因而這個字較有可能是商代甲骨文中的“囚”在戰國時的寫法。甲骨文中的這個字,學者多讀爲“咎”。从“咎”得聲之字有“櫜”。《説文》:“櫜,車上大橐,从橐省,咎聲。詩曰:載櫜弓矢。”是櫜、橐屬於同類物品。傳世本《老子》此處作“橐”,與簡本字異而義通。

《郭店竹書別釋》頁 21

△**按**　《戰國文字編》隸定爲“囤”,見 395 頁。

囚

睡虎地・爲吏 13 伍

○**睡簡整理小組**(1990)　囚,讀爲究。究環,追回。

《睡虎地秦墓竹簡》頁 174

戊

戊璽彙 4036

△**按**　《古璽彙編》釋爲囻(371 頁),《戰國文字編》同(395 頁)。

囷

侯馬 92:29

○**李裕民**（1981） 囷《侯馬盟書》宗盟類四之九二：二九。

《侯馬盟書・字表》釋囷，《説文》所無。按：當即因字。古大、夫通用：《大鼎》善夫之夫作🧍，《攻吳王夫差鑑》夫字作🧍，是夫寫成大的例子。《洹子孟姜壺》大子之大作🧍，與《邾公牼鐘》夫字寫法同，是大寫成夫的例子。《伯矩鼎》矩字作🧍、🧍，一從大，一從夫，則又是同器中同一個字夫、大偏旁通用的例子。《説文》："因，就也。從囗、大。"此爲參盟人名。

《古文字研究》5，頁 297

○**何琳儀**（1998） 囷，從囗，夫聲。

侯馬盟書囷，人名。

《戰國古文字典》頁 590

△**按** 《戰國文字編》亦另立"囷"字，見 395 頁。

囗

陶彙 3・713

○**何琳儀**（1998） 囗，從囗，自聲。《川篇》："囗，光也。音真。"自、真爲脂、真陰陽對轉。

齊陶囗，不詳。

《戰國古文字典》頁 1213—1214

囷

天星觀

○**何琳儀**（1998） 囷，從囗，君聲。

天星觀囷，不詳。

《戰國古文字典》頁 1340

圝

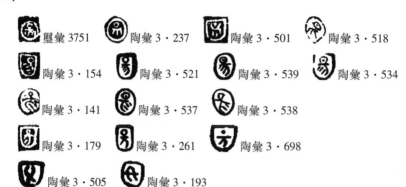

璽彙 3751　陶彙 3·237　陶彙 3·501　陶彙 3·518

陶彙 3·154　陶彙 3·521　陶彙 3·539　陶彙 3·534

陶彙 3·141　陶彙 3·537　陶彙 3·538

陶彙 3·179　陶彙 3·261　陶彙 3·698

陶彙 3·505　陶彙 3·193

○**何琳儀**(1998)　圝,从囗,昜聲。

齊器圝,讀陽,地名或地名後綴。

《戰國古文字典》頁 668

團

包山 172　　包山 186

○**何琳儀**(1998)　團,从囗,專聲。《集韻》:“團,樹蔬曰團。”又《正字通》:
“團,俗圖字。”可證甾、專確爲圖之初文。圖、團已見西周金文,並非俗字。
甾、專、圖、團,一字之孳乳,均應釋圖。參見專字。

包山簡團,人名。

《戰國古文字典》頁 599

圎

陶彙 3·327

○**高明、葛英會**(1991)　《説文》所無。

《古陶文字徵》頁 55

○**何琳儀**(1998)　圎,从囗,莧聲。疑郳之異文。

齊陶圎,姓氏,疑讀寬。見《奇姓通》。

《戰國古文字典》頁 986

△**按**　《古陶文字徵》隸定作“圎”。

圂

璽彙 3223

○**黄錫全**(1986)　三、釋圂

古璽有圂字,《文編》列入口部,隸作圂,《彙編》列入姓名私璽類。璽文（《彙編》三二二三),《彙編》釋爲"圂憙"。

按郘侯段馬作,古璽作（《彙編》○○二四)、（《彙編》三八九三)等,《文編》隸此字爲圂,不誤。《説文》無圂字。《玉篇》圂,音縶。實際上,《玉篇》以爲圂同《説文》馽(馽)(正篆作,"絆馬也,从馬口其足",或體作)。然圂與馽構形有別。圂是否"音縶",值得懷疑。古書中未見圂姓,也不見馽或縶姓。圂字究竟讀什麽音,是什麽姓,沒有真正解決。

除《玉篇》外,字書、典籍中不見圂字。唯獨《汗簡》口部録義雲章滿字作,内形與《説文》古文馬同,當與上舉古璽同字,即圂。根據義雲章以圂爲滿字分析,圂應該是从口馬聲的形聲字。馬屬明母魚部,滿屬明母元部,二字雙聲。如《説文》袢,讀若普。如依《汗簡》,圂當是古滿字。

古有滿姓,如漢潁川人滿昌(見《漢書》八八)、三國時魏人滿偉(見《三國志》二六)。古璽"圂憙",當讀爲"滿憙"。

《古文字研究》15,頁 136—137

○**何琳儀**(1998)　圂,春秋陶文作（陶彙二·五)。从口从馬,會縶馬之意。馬亦聲。《汗簡》中之一·三三滿作。滿、馬一聲之轉。《玉篇》:"圂,縶也。"其音"陟立切",疑爲另音,待考。

楚璽圂,讀滿,姓氏。胡公海之後。又荆蠻有瞞氏,音舛,變爲滿氏。又望出汝南、河東。見《尚友録》。

《戰國古文字典》頁 608

員 員 鼎

郭店·緇衣 18　　郭店·語三 11　　郭店·語三 16

郭店·緇衣 16　　上博一·緇衣 21　　上博一·緇衣 10

郭店·老甲 24　　上博一·緇衣 7

石鼓文·吾車

○**强運開**(1935) 趙古釋作員,楊升庵釋作云。運開按,《説文》:“員,物數也,从貝,口聲。鼎,籀文从鼎。”段注云“數木曰枚、曰梃,數竹曰箇,數絲曰紽、曰緫,數物曰員”,是其本義。“又叚借爲云,如《秦誓》‘若弗員來’,《鄭風》‘聊樂我員’,《商頌》‘景員維河’。箋云:員,古文云。”此字亦當讀爲云,楊釋是也。又按,員父鼎作,與鼓文近似。

《石鼓釋文》甲鼓,頁6

○**何琳儀**(1998) 甲骨文作(佚一一)。从鼎,圓圈表示鼎口爲圓形。指事。金文作(員父尊)。戰國文字承襲金文。鼎旁或省作貝形,參鼎字省文。《説文》:“員,物數也。从貝,囗聲。,籀文从鼎。”員、圓爲古今字,員之形體與“物數、囗聲”均無關。

石鼓員,讀云,語中助詞。《詩·大雅·瞻印》:“人之云亡,邦國殄瘁。”

《戰國古文字典》頁1314

△**按** 楚簡“員”字下部多从“火”形,乃鼎足之省訛,其字多用爲“云”。

【員員】郭店·老甲24

○**劉信芳**(1999) 簡甲二四:“天道員員,各復其堇(根)。”“員員”讀如“圓圓”,近於俗語。

《中國古文字研究》1,頁106

○**李零**(1999) “云云”,原作“員員”,馬甲本作“雲雲”,馬乙本作“秐秐”,王弼本作“芸芸”。按簡文“員”通“云”,如《緇衣》“《詩》云”的“云”,簡本作“員”,這裏作“云云”。

《道家文化研究》17,頁466

○**劉釗**(2003) “員”爲“圓”之本字,“員員”指回轉不停,周而復始。

《郭店楚簡校釋》頁19

貝 

陶彙5·41 璽彙5378 曾侯乙80 包山274 上博四·逸詩·交交4

三晉126 三晉126

○**丁福保**(1938) 貝 見第六六一—六六三圖

貝 財貝之貝,或即貨之省文。可以省貝作化,獨不可以省化作貝乎。

【錢匯】

又面文一字曰貝　按此貝字從小篆而變作隸書,已顯然矣。【文字考】

《路史》郳即貝氏。定十三年:齊衛境垂葭也,諸樊入郳,取楚夫人。預云:鉅野西有郳氏亭。巨野,今濟治,若郳陽夫人則蔡邑也。【善齋吉金錄】

《古錢大辭典》頁 1258,1982

○**鄭家相**(1941)　　右布文曰貝,在左在右。貝字取貝貨之義。

《泉幣》8,頁 27

○**鄭家相**(1958)　　𠙹𠙹　文曰貝,二省筆。按貝爲普通貨幣,取貝布並行之義。

《中國古代貨幣發展史》頁 39

○**黃錫全**(1993)

182	𠙹	口(疑成字)	貝或鼎	金文媵作贎。鼎作𣁽𣁽𣁽𣁽	周	空

《先秦貨幣研究》頁 350,2001;原載《第二屆國際中國古文字研討會論文集》

○**蔡運章**(1995)　【貝·平肩空首布】春秋中晚期青銅鑄幣。鑄行於周王畿。屬大型空首布。面文"貝",形體多變。背無文。1970 年河南伊川出土 25 枚。一半通長 9.3—10、身長 5.8—6.4、肩寬 4.9—5.1、足寬 5—5.4 釐米,重 25—34.1 克。較罕見。

《中國錢幣大辭典·先秦編》頁 117

○**何琳儀**(1998)　　貝,甲骨文作𦥑(前五·一〇·二),象海貝之形。西周金文作𧵜(匽侯鼎),或作𧵗(師遽簋),其下引出二短豎筆。或作𧵗(召伯簋),其下引出斜筆,其上變角狀爲平頭。遂成定式。春秋金文作𧵗(庚壺),省中央二橫筆。戰國文字承襲金文。或省作𧵗、貝,在偏旁中或省作目、日。《説文》:"貝,海介蟲也。居陸名猋,在水名蜬,象形。古者貨貝而寶龜,周而有泉,至秦廢貝行錢。"

方足布"木貝、平貝",地名,地望待考。趙方足布"貝坨",讀"貝地"(地字爲地名後綴)。貝,見《漢書·地理志》清河郡。在今山東臨清南。

《戰國古文字典》頁 947

○**黃錫全**(1999)　　𧵗,此貝見於方若《藥雨古化雜詠》。方氏以爲"邦"字。鄭家相將其釋爲"貝",得到多數學者的認同。銅貝幣以"貝"爲名,表明貨幣的來源是自然貝。

《先秦貨幣研究》頁 228;原載《錢幣研究》1999-1

【貝丘】錢典·上編圖 141

○丁福保(1938)　貝丘　見第一三七一一四一圖

貝丠　自右讀,篆各異,《左傳·莊八年》:齊侯田於貝丠。注:在齊西北。【錢匯】

右小布面文二字曰貝⼁,左讀。

按丘《説文》作𠀉,从北。於此不可求合,及校款識古文,亦絶無類此者。其作⌂,何也? 據《詩》云"止於丘隅",《語》云"舉一隅不以三隅反",如是,則丘必有隅,隅必有四,故作⌂乃四隅之形畢具矣,是爲上古視而可見之文也。初録引《左傳》齊侯田於貝丘,以地名證之是矣。【文字考】

右布面文右作⌂,左作貝,近人訓爲貝邱。貝邱,齊地也。《春秋莊公八年傳》杜注:貝邱,齊地,樂安博昌縣南有地名貝邱。

右布面文右作⌂,左作貝,徐朗齋訓爲文貝,未詳。【錢略】

右面文兩字,篆法互異,背俱作斜直文。尚齡按:此布自左及右讀之曰貝邱,《左傳·莊公八年》"齊侯田於貝邱",杜注:在齊西北。【所見録】

《古錢大辭典》頁1196,1982

貝邱　見第三九四圖

右布面文似貝邱二字。貝字在左,邱字在右。《春秋莊公八年傳》杜注:貝邱,齊地,樂安博昌縣南有地名貝邱。高士奇曰,《水經注》,澠水逕博昌縣故城西,西歷貝邱。京相璠曰,博昌縣南近澠水,有地名貝邱。《楚語》以胡公入貝水即此。《史記》謂之沛邱。今博興縣南五里有貝中聚。再《漢志》貝邱縣屬清河郡,應劭曰,齊襄公田處,周置貝州,今爲恩縣地,屬東昌府。此説杜所不取。酈道元斥應爲誤,是也。【錢略】

《古錢大辭典》頁1238,1982

貝丘　見第一三七一一四一圖

貝邱於春秋時屬齊。《左氏莊公八年傳》:齊侯田於貝邱。注:貝邱,齊地,樂安博昌縣南有地名貝邱。《漢志》:清河郡縣貝邱。應劭曰:《左氏傳》齊侯襄公田於貝邱是。【癖談】

右布文曰貝丘,左讀,馬氏釋爲貝丘,⌂字引《詩》"止於丘隅",謂"隅不以三反,丘必有隅,隅必有四,故作⌂,乃四隅之形畢具矣"。元愷按,貝丘於春秋時屬齊。《左氏莊八年傳》:齊侯田於貝丘。注:樂安博昌縣南有地名貝丘。《漢志》:清河郡縣貝丘。【選青】

按古鉨中佇作⌂⌂,與此所从之⌂同,疑此即貯字。【善齋吉金録】

齊貝丠布,邑小布文右讀曰貝丠,中有直紋二畫,與他小布異,《古泉匯》

以爲紀數是也。按《春秋傳·莊八年》:齊侯田於貝丘。注:在樂安博昌縣南。《史記·楚世家》:夕發淠丘。淠即貝,《正義》引《括地志》云,在臨淄縣西北,今考其地,山東清平縣即是。此布製作,確爲列國時物無疑。【彙志】

《古錢大辭典》頁 2159,1982

釋◈

列國時方足布有作�◈者,《古泉匯》釋爲貝丘,近人又釋爲文貝,皆非也。◈爲𣥂三字四字刀𣥂字之省,試以古鈢印中之齊字證之。如𤔡,見日人太田孝太郎庵藏印,𤔡見周季木周氏《古鈢印景》(以上𣥂字未省),𤔡見佚姓氏《師意齋秦漢印譜》(此省去二◈尚存一連畫),𤔡見高薇垣《印郵》,𤔡見劉仲山《擷華齋印譜》,𤔡見周銑詒《共墨齋藏古鈢印》,𤔡見陳漢弟《伏盧藏印》,𤔡見劉鶚《鐵雲藏印》(以上𣥂省作◈)。以上八文,皆載於近人羅福頤氏《古璽文字徵》,均釋爲�字,據此則知齊之古文𣥂可省作◈,信而有徵矣。又知鄐爲齊邑,觀前印文有齊邑臣、齊邑長皆指一邑而言,非指一國而言也,因此知齊之三字刀四字刀皆非齊之國幣,當與節墨刀安陽刀同爲一邑之幣也。又《古泉匯》有方足布釋爲陽丘、釋爲汶陽,皆誤也,當釋爲齊陽,因釋齊貝而連類及之。古以貝爲貨幣,齊貝者,即齊邑之貨幣也。

《古錢大辭典》頁 2159—2160,1982

○**鄭家相**(1958)　◈貝　◈貝　文曰丘貝。貝亦指貝化而言,丘字地名甚多,但以平丘平貝證之,此曰丘貝,常屬一地所鑄。或釋文貝,或釋貝丘,皆非。

《中國古代貨幣發展史》頁 97

○**張頷**(1986)　按此種布幣榆字多作扗、扗、扗諸形,皆爲𢓋之或體,左旁多與幣紋中之中閒欄紋相合作㧊,有的不與中閒欄文相合作㧊、㐅諸形,有的省去丯(※之省體)而作◈、♁,皆◈(余)字,而榆即之即省作🜛、🜛、🜛、貝、貝諸形,詳即字條。

《古幣文編》頁 209

○**何琳儀**(1990)　在方足小布之中,有一種舊釋爲"貝丘"的幣文,素爲先秦貨幣研究者所注目。如《貨系》2238,《辭典》138、142、139 等。

關於"貝"字的釋讀,諸家多無異詞,近年出版的《古幣文編》始列"即"字之下,隸定"㠱"。檢《文編》此字主要分四式,均可與古璽文字"貝"互證:

A	貝 文編 139	貝 璽文 137	
B	貝 文編 138	貝 璽文 141"旬"	

C　　𗀼文編 139　　　　　　　𗀼璽文 141“賵”

D　　𗀼文編 139　　　　　　　𗀼璽文 141“買”

其中 A、B、C 三式爲正體，D 式爲簡體。這類“貝”省作“目”形的簡化，在戰國文字中習見，在貨幣文字中也不乏其例：

賵　　𗀼文編 233　　　　　　　𗀼文編 232

郥　　𗀼文編 264　　　　　　　𗀼文編 264

貢　　𗀼文編 285　　　　　　　𗀼文編 285

貞　　𗀼先秦 293　　　　　　　𗀼先秦 298

至於《文編》此字或作：𗀼 138　　𗀼 139

比較罕見。其左斜筆稍短，以其與上揭各式形體相互比較，知是變體。這類“收縮筆畫”的現象參見下文。總之，此字舊釋“貝”，是可信的。

該幣另外一字，以往有多種釋讀，諸如釋“丘、宁、文、齊、平、它、俞”等。此字異體較多，大致可分獨體、合體兩大類。

一、獨體，可分七式：

A　　𗀼文編 210　　　B　　𗀼文編 290　　　C　　𗀼文編 210

D　　𗀼先秦 125　　　E　　𗀼文編 210　　　F　　𗀼文編 210

G　　𗀼貨系 2249

上引諸家釋讀，只有隸定“它”是可信的。此説見《貝丘布文字辨正》所徵引，但記載甚略：

　　　據聞還有釋“它貝”者，因手頭缺此資料，未能詳細介紹。

此説出處不詳，且讀序有誤（詳下文）。另外，上引釋“宁”徵引的材料，也頗值得注意：

　　　古璽中“佇”作𗀼、𗀼，與此所从之𗀼同，疑此即“貯”字。

按，劉體智引戰國古璽與戰國古幣文字互相印證，方法是可取的。然而遺憾的是，其所徵引古璽並非“宁”字。《彙編》“佗”作：

　　　　𗀼0076　　　　　　　　　　𗀼 2542

均爲三晉系文字。其所从“它”旁，與上揭 A、B 二式形體吻合。前人已指出，“也”和“它”是一字之分化。“也”，聲紐屬喻紐四等，古讀定紐，韻母屬魚部。“它”，聲紐屬透紐，韻屬歌部。定紐與透紐同屬舌頭音，魚部、歌部例可旁轉，故“也”之古音應讀“它”。在古文字中“也”與“它”實乃一字，其形體在戰國文字偏旁中，或隸定“它”、或隸定“也”，例如：

杝　（璽文 127）　　　池　（璽文 362）　　　鉈　（類編 510）

絁　（璽文 310）　　　弛　（類編 357）

至於典籍中从"它"與从"也"之字相混，尤爲習見。然則上揭 A、B 二式亦可隸定爲"也"。

　　C 式與長沙楚帛書"地"字所从"也"旁（或"它"旁）亦頗相似：（字形）在 C 式豎筆上加一圓點，即成 D 式。這類裝飾點畫在戰國文字中習見。《璽文》362"沱"分別作：（字形）　（字形）

堪稱佳證。由此可見，這類裝飾點可有可無。

　　E 式表面看似應釋"文"。但根據 A、B、C 諸式，亦可隸定爲"也"的變體。其左方斜筆穿透右方斜筆，在《文編》中就有類似的例證：

王　（字形）27　　（字形）27　　　平　（字形）48　　（字形）51

留　（字形）152　　（字形）152　　　陡　（字形）173　　（字形）173

F 式左方斜筆收縮，遂使該字呈菱形，故或釋"齊"，殊誤。上揭"貝"字變體，亦屬此例。

　　G 式最爲奇特，應是 E 式的訛變。

　　總之，上揭七式多可與戰國文字"也"旁相互印證。故應釋"也"。

　　二、合體，可分五式：

　　A　（字形）貨系 2238　　　B　（字形）文編 029　　　C　（字形）文編 029

　　D　（字形）文編 029　　　E　（字形）文編 029

　　(中略)在上揭合體五式中，其左旁 A 式釋"土"自不待言；B 式从"丰"形，屬"貫穿筆畫"；C 式从"丰"形，屬"裝飾筆畫"；D 式从"工"形，屬"收縮筆畫"；E 式从"十"形，屬"省簡筆畫"。凡此均合乎戰國文字演變規律。

　　總之，合體五式的左旁應釋"土"。

　　幣文"土"和"也"旁組成一字，無疑也就是"地"字。

　　綜上對文字形體的分析，知舊釋"貝丘"應改釋"貝也"或"貝地"。又據《文編》地名用字"宅"或作"乇"（20），"梁"或作"朵"（112），"陽"或作"昜"（134），"新"或作"亲"（142）等"刪減形符"的通例，可知"貝也"應是"貝地"的省寫。

　　(中略)"貝地"，舊多釋"貝丘"。"丘"字的釋讀有所謂"丘必有隅，隅必有四，故作（字），乃四隅之形畢具矣"的説法，顯係望文生義。何況《文編》68 已有"丘"字，與"地"或"也"形體迥異。然而筆者推測，"貝地"確與"貝丘"有關。

　　衆所周知，"丘"是古代地名的習見後綴，諸如"商"或名"商丘"，"邢"或名"邢丘"等,不勝枚舉。因此"貝丘"古應只稱"貝"。先秦時代的"貝丘"後世名"貝州",是其證。而本文所討論的幣文"貝地",即古之"貝州"。"地"也是古代地名後綴,例如"陰戎"又名"陰地"(《左傳·哀公四年》)、"陽城"又名"陽地"(《戰國策·齊策》四)、"上郡"又名"上地"(《戰國策·魏策》三)、"東國"又名"東地"(《戰國策·楚策》二)、"懷"又名"懷地"(《戰國策·魏策》三)等。以此類推,"貝丘"古亦可稱"貝",或"貝地"。檢甲骨文有"浿"字,是否即地名"貝",尚有待研究。不過,《新探》九四著録一枚方足布(圖五),確與"貝"有關,舊多釋"貝邑",其實應隸定"郥",是地名"貝"的專用字。(中略)

　　檢先秦地名中有兩個"貝丘":

　　一、屬齊國,見《左傳·莊公八年》:"齊侯游於姑棼,遂田於貝丘。"注:"博昌縣南有地名貝丘。"在今山東博興南。

　　二、在齊、趙邊境,見《漢書·地理志》清河郡"貝丘",亦作"浿丘",見《史記·楚世家》:"朝射東莒,夕發浿丘,夜加即墨,顧據午道。"集解引徐廣謂"浿丘"在清河。瀧川資言云:"午道,趙東、齊西交午道也。"以上四地,東莒、即墨在齊東,浿丘、午道在齊西。交互言之,錯落有致。"浿丘"地處齊、趙之境,見《中國歷史地圖集》第一冊39—40③2,在今山東臨清南。而《廣韻》泰部"貝"字下云:"州名,春秋時屬晉,七國屬趙……以貝丘爲名。"也應該是可信的。

　　從《楚世家》記載來看,東莒、浿丘、即墨諸地並列,似乎説明"浿丘"應屬齊地。然而上文已指出"浿丘"地屬齊、趙邊境。戰國時期,這類"交地"往往"朝秦暮楚",國屬屢有變更,不能僅據典籍個別材料,拘泥地判定地名的國屬。例如,與"浿丘"同屬清河郡的"東武城",在"浿丘"西北,其地也處齊、趙邊境。如據《戰國策·趙策》三的記載,只能屬趙國。然而《璽彙》0150 著録一方"東武城攻師璽"官璽,根據其中"攻師"的寫法,只能定爲齊璽。由此可見,東武城也一度屬齊國。同理,根據"貝地"布幣的形制和文字特點,可以判斷《楚世家》的"浿丘"確實曾屬趙國,這與後來《廣韻》謂"貝"州"七國屬趙"完全吻合。

　　以往學者或以"貝地"布與博興"貝丘"系聯,定爲齊幣,則完全忽略了該幣的形制、出土地點、文字風格諸方面的因素,因此其結論是錯誤的。如果以"貝地"布與臨清"貝丘"互證,則一切問題可以迎刃而解。

　　《貨系》2254 著録所謂"土貝"方足布(圖7),應釋"貝土",即"貝地"。"土"乃"地"之省略。這類"省聲存形"的特殊簡體字,在《文編》中並不乏其例,諸如"屈"省作"尾"(123)、"陰"省作"阜"(173)等。

綜上所述,舊所釋"貝丘"幣文,應改釋"貝也",或"貝地"。該地名並不是博興的"貝丘",而應是臨清的"貝丘"。"貝地"布是明確無疑的趙國貨幣。

《古幣叢考》(增訂本)頁135—143,2002;原載《陝西金融・錢幣專刊》14

○張頷(1992)　　參見本卷"榆即"條。

○黃錫全(1993)

2223—2248	貝仒	貝丘	貝也	貝地,山東臨清縣南貝丘。 2249—2254 可能都與貝地有關	趙	方

《先秦貨幣研究》頁355,2001;原載《第二屆國際中國古文字學研討會論文集》

○吳良寶(2000)　　二、"貝坨"方足布

《大系》著錄有所謂"貝丘"方足布(2223—2249)。對這種貨幣面文的釋讀,以往有"文貝、齊貝二、它貝、貝丘"等多種不同的說法。今或改隸爲"貝坨"。幣文"貝"字的釋讀向無疑義,關鍵是第二個字。考察其形體結構,儘管寫法各異,主要有繁簡兩式(圖二・1、2)。圖二・1(《大系》2227 號)爲簡寫,即省略了"土"旁,繁寫如圖二・2(《大繫》2235、2225 號)所示,不同之處僅在於"土"旁是否借用了布幣面部的中線(有的幣文"土"旁寫成了"工"形)。因此,將幣文隸定爲"貝坨"是可行的。

《大系》還收錄了一種"土貝"方足布(2254 號,圖二・3),已有學者指出"土"實爲"坨"字之省,十分正確。這與方足布"零"省作"雨"、"郘子"省爲"邑子"等如出一轍(見上節論述)。《大系》2253 號"平貝"方足布(圖二・4),長期以來一直如此釋讀,無有質疑。我們認爲也是"貝土"(土,"坨"省寫)。此"土"字爲倒書並增加了飾筆"八",類似的例子還可以舉出"宅陽"方足布(《大系》2057 號,圖二・5)等。這種寫法的"土"字還見於"土勻"方足布(以往誤釋爲"平勻"),詳下節,此不贅述。

"貝它"布面文有不少變異的形體,如《大系》2249 號面文"它"字的寫法(圖二・6)等。同書 2252 號還有一種"木貝"方足布(圖二・7),我們認爲"木貝"應改釋爲"貝它",所謂"木"不過是"它"字的訛變。其省略、訛變的過程可大致表示如下:

即先由"坨"省略爲"它"(①→②),"它"字上部曲筆變爲直筆(②→③),再由③形訛作④形,其省變確實有些匪夷所思。從辭例上看,目前與"貝"地

有關的方足小布主要有"貝坨、貝它、土貝、平貝、木貝、鄎"等。如上所述,它
們都是"貝坨"布的省變而已。很難想象,在鑄行方足小布的三晉地區,會出現
這麼些與"貝"地有關的地方且不見於文獻記載。因此,從貨幣文字的簡省、訛
變規律來考慮,將它們看作"貝坨"布文的變異是有規律可尋,也是較爲合理的。

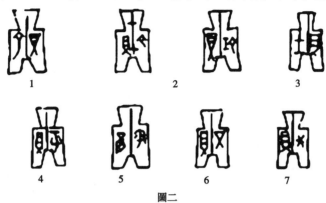

圖二

《古文字研究》22,頁 134—135

△按　舊釋"貝丘"者,以字形論,當以釋"貝也、貝它"爲近是,讀爲"貝地"。
張頷釋爲"俞(榆)即"之省文,亦頗有理致,參見"榆"字條。"貝也、貝它"與
"俞(榆)即"兩説可並存,以俟進一步之證據。

財　肘

肘龍崗 178

○**何琳儀**(1998)　財,從貝省,才聲。《説文》:"財,人所寶也,從貝,才聲。"
　　古陶財,人名。

《戰國古文字典》頁 100

△按　龍崗秦簡"財"字用作錢財義。所在句子爲"没入其販假殹,錢財它物
于縣、道官……",參見《龍崗秦簡》頁 81—82。

貨　傾

貨九店 56・29　　貨九店 56・42　　貨郭店・老甲 35　　貨上博四・曹沫 17

傾睡虎地・效律 2

○**睡簡整理小組**（1990） 貨，財貨。

《睡虎地秦墓竹簡》頁 69

○**李家浩**（2000） “無”下二字左半殘泐。從殘存筆畫看，第一字上部從“宀”，中部從“或”，下部不知所從。“或”可能是“哉”的殘文。疑此字從“哉”得聲，讀爲“烖”。《説文》以“烖”爲“災”字的正篆。第二字似是“貨”的殘文。“貨、禍”古音相近，可以通用。例如《老子》第十二章“難得之貨令人行妨”，馬王堆漢墓帛書《老子》甲本“貨”作“價”（《馬王堆漢墓帛書［壹］》老子甲本及卷後古佚書圖版一一二行，釋文 11 頁）。“價”從“㕙”聲。疑簡文“貨”應當讀爲“禍”。《漢書・五行志中之下》：“如靈王覺寤，匡其失政，懼以承戒，則災禍除矣。”若此，簡文“三增三沮不相持，無烖禍”，意思是説：“築牆垣之類，雖增高多次，崩塌多次，相持不下，但對人不會帶來災害。”

《九店楚簡》頁 117

○**李家浩**（2000） “秒目祭，内貨，吉”，秦簡《日書》甲種楚除外陰日占辭作“利以祭祀，作事，入材，皆吉”，乙種楚除壁、外陰之日占辭作“利以小然（祭），吉”。按“材、財”二字皆從“才”得聲，可以通用。例如《文選》卷六左太沖《魏都賦》“財以工化，賄以商通”，李善注：“《周官》曰‘百工飭化八材，商賈阜通貨賄’……‘財’與‘材’古字通。”秦簡中也有“材、財”二字通用的例子。《日書》甲種一一〇正貳“毋以申入臣妾、馬牛、貨材”，“貨材”即“貨財”。秦簡《日書》甲種楚除外陰日占辭“入材”之“材”，當讀爲“財”。“貨、財”同義。《説文》貝部：“貨，財也。”《廣雅・釋詁四》：“財，貨也。”

《九店楚簡》頁 93—94

△**按** 郭店簡和上博簡中的“貨”，亦皆用作財貨之義。

【貨材】睡虎地・日甲 110

○**李家浩**（2000） 秦簡中也有“材、財”二字通用的例子。《日書》甲種一一〇正貳“毋以申入臣妾、馬牛、貨材”，“貨材”即“貨財”。秦簡《日書》甲種楚除外陰日占辭“入材”之“材”，當讀爲“財”。“貨、財”同義。《説文》貝部：“貨，財也。”《廣雅・釋詁四》：“財，貨也。”

《九店楚簡》頁 94

郭店・語三 60

○**陳偉**（2000）　“内”後一字上从“爲”，下从“貝”，當即《說文》“賏”字。《說文》云：“賏，資也。从貝，爲聲。或曰‘此古貨字’。”段注云：“鍇本無此。但云臣鍇按字書云‘古貨字’。按爲、化二聲同在十七部，‘貨’古作‘賏’，猶訛、譌通用耳。”《老子》第十二章“難得之貨，令人行妨”，馬王堆帛書《老子》甲本“貨”作“賏”，是《說文》“或曰”的有力輔證。

《禮記·少儀》說“納貨貝於君”，同書《月令》說“納貨賄”，《呂氏春秋·仲秋紀》說“入貨賄”，《淮南子·時則訓》說“入貨財”。這些記載與簡文“内貨”略同，證實了以上二字釋讀的可靠性。

匕（从才），於郭店簡中多次出現。去年九月周鳳五先生訪問武漢時，惠賜大作《郭店楚簡〈唐虞之道〉考釋》（稿本），指出此字从才，匕聲，讀爲“必”。驗之辭例，不無允當。當可從。

至于二簡的連接大致可以從三個方面來看。第一，貨在古代指財物，與幣的含義密切相關。如《說文》：“貨，財也。”《戰國策·齊策五》：“令庫具車，廄具馬，府具幣。”高誘注：“幣，貨財也。”第二，正，似當讀爲“徵”，求取之意。與内（納）的意思正好對應。第三，“賓客”應酬正屬於講求“禮”的場合。

本條大意是：賓客的用幣，不是爲了求取或者交納財物，而是禮要求必須“兼”。“兼”有並、同的意思。這里大概是指“賓客”和“用幣”是一個連帶關係，彼此密不可分。

《郭店楚簡國際學術研討會論文集》頁 147

○**劉釗**（2003）　“賏”字從“貝”“爲”聲，讀爲“貨”。《說文》：“賏，資也。从貝，爲聲。或曰：‘此古貨字。’讀若貴。”《禮記·月令》有“納貨賄”之語，《呂氏春秋·仲秋記》作“入貨賄”。

《郭店楚簡校釋》頁 218

資 欺

睡虎地·日乙18壹　　上博四·曹沫17

○**睡簡整理小組**（1990）　齋，齋戒。處如齋，《繹史·孔子類記四》引《莊子》：“居處若齋，飲食若祭。”

《睡虎地秦墓竹簡》頁 172

△按 《説文》:"資,貨也。从貝,次聲。"睡虎地秦簡"資"字兩見,見於《日書》乙種者,用作資貨義,句子作:"作陰之日,利以納室,必入資貨。"見於《爲吏之道》者,通"齎",句子爲"處如資(齎)"。上博四"資"字作左右結構。

賵 賵

賵 郭店·緇衣 13　賵 集成 184 余義鐘

○**陳高志**(1999)　第十三簡:一人有慶,楚民賵之。

今本:一人有慶,萬人賴之。

賵,簡本隸定做"賵",就字形來説,隸定無誤。但簡文形構,是出於字形的訛誤。此字的聲符,正確的寫法應做"蠆"才是。《説文·厂部》:

厲,旱石也。从石蠆省聲,厲或不省,力制切。

因爲萬與蠆形似,故俗寫常生混淆,而字書載録,也往往失察。如:《集韻》收有"賵"字,此字或省作"賵",但《説文》:"賵,貨也,从貝,萬聲。"徐鍇説:"人所賴也,魯械反。"小徐之言極是。《説文·山部》有"巁"字,其義爲"巍高也",此字今則寫作"巁"讀若厲。《詩經·大雅·思齊》"烈假不暇",《韓詩》作"厲瘕不瑕"。《説文》瘌:"惡疾也。"段玉裁《注》説:

按古義謂惡病,包内外言之,今義別制癩字訓爲惡瘡,訓瘌爲瘌疫,古多借厲爲瘌,《公羊傳》作痢。

《説文·貝部》有"賵"字,義爲"貨也",讀作"無販切"。因此:賵絶不能隸作賵。"萬""蠆"兩字混用,除了形似之外,古音相近也是原因之一,因二字古韻分屬元部和祭部。祭、歌、元三部字在音理上有旁轉、陰陽對轉的可能。而聲母部分,萬屬明母,蠆爲來母,兩個都是 ml-結構的複聲母關係。所以,在語音上也有通假的可能。

《張以仁先生七秩壽慶論文集》頁 364—365

○**李家浩**(2000)　"賵"字原文作賵,其所從"萬"旁與長沙楚帛書甲篇"爲禹爲萬"之"萬"和"瀧汩凼滿(潣)"之"滿"所從"萬"寫法相同。此字見於《説文》貝部:"賵,貨也。从貝,萬聲。"

《九店楚簡》頁 143

○**劉信芳**(2000)　賴　簡文字形从貝,萬聲,讀爲"賴",今本作"賴"。《左傳》昭公四年“遂滅賴”,《公羊傳》《穀梁傳》作“厲”,《史記・刺客列傳》“漆身爲厲”,“厲”乃“癩”之借。

《郭店楚簡國際學術研討會論文集》頁 169—170

○**孔仲温**(2000) 《緇衣》簡 13 有𧵩字,釋文隸定作購,並以爲讀作“賴”,簡文作:

　　　一人又(有)慶,墢(萬)民購(賴)之。

　　該簡文見於今本《緇衣》與《尚書・吕刑》,内容均作:“一人有慶,兆民賴之。”文中“兆”與“萬”雖文字有別,但是都是代表“衆多”的含意,文意並無不同。而《郭店》釋“購”讀爲“賴”,這也是正確無疑義,不過没有解釋“購”何以讀作“賴”的道理,今爲之補述。考“賴”詞義,《説文》云:“賴,贏也,从貝,剌聲。”而於此應作“恃賴、依恃”的意思。《廣雅・釋詁》即云:“賴,恃也。”《廣韻》亦云:“賴,恃也。”《説文》云:“恃,賴也。”所以這句話是説:“君王一人有美德,千千萬萬的人民都得以恃賴他,得到他的恩惠。”而“購”字,《説文》云:“購,貨也。从貝,萬聲。”從詞義可知“購”與“賴”無關聯,但從聲韻的關係考知,“購”爲“賴”的假借。“購”上古聲母屬明母 m-,韻部屬月部-at;“賴”上古聲母屬來母 l-,韻部屬月部-at,二者上古韻部完全相同,聲母雖然不同,但從複聲母的學説來看,它們應該都是來自複聲母 ml-,因此也可一(**編按**:當是“以”之誤)視爲聲母相同。況且《集韻》“購”字讀音除了有“無販切”上古屬明母的切語之外,尚有“落蓋切”上古屬來母的異讀,更可證明“購”與“賴”上古複聲母相同。因此,“購”讀作“賴”應是同音通假的關係。

《古文字研究》22,頁 246

○**劉釗**(2003) “購”讀爲“賴”,“購”从“萬”聲,古音“萬”在明紐元部,“賴”在來紐月部,明、來二紐古代關係極爲密切,元、月二部存在嚴格的對轉關係,故“萬”可借爲“賴”。

《郭店楚簡校釋》頁 56

△**按** 此字隸定作“購”,無誤。“購、賴”音通之例,除諸家所舉外,《説文》虫部“蠆讀若賴”,亦爲佳證。從萬聲之字與“賴”相通,古書例子甚衆,可參看《古字通假會典》631—632 頁。另郭店簡之“購”字,上博簡作“𧩼”,釋文隸定爲“詃”,云(《上海博物館藏戰國楚竹書》[一]183 頁):“从言从大,《説文》未見。”此當爲从言大聲之字,與从剌聲之“賴”相通。

賑

壐彙 0764

○**吴振武**（1983）　　0764 長・長賑。

《古文字學論集》（初編）頁 494

○**何琳儀**（1998）　　賑，从目，辰聲。盼之異文。《集韻》：“盼，視皃。或从辰。”
　晉壐賑，人名。

《戰國古文字典》頁 1332

△**按**　《古壐彙編》對字無釋，《戰國文字編》將字隸於“賑”字下。古“貝”
或省作“目”，其爲“賑”或“賑”，待考。

賢 賢 斁

文物 1978-2,頁 50　　　　壐彙 1609　　　　珍秦 82　　　　集成 9734 姷盗壺

集成 9735 中山王方壺　　　包山 193　　　郭店・成之 16　　　上博二・從甲 3

○**商承祚**（1995）　　斁，即賢，从子，與中山王響壺之賢作 近似。

《戰國楚竹簡匯編》頁 158

○**何琳儀**（1998）　　《説文》：“賢，多才也。从貝，臤聲。”
　　杕氏壺“歲賢”，見《淮南子・説山訓》：“聖人無止無以，歲賢昔，日愈昨
也。”許慎注：“賢，猶勝。”

《戰國古文字典》頁 1126

○**陳偉武**（2002）　　郭簡云：“上帝斁女（汝），毋貳爾心。”（6.48）用“斁”爲
“賢”。《字典》有“斁”字，以爲“斁”之俗字，而郭簡已有“斁”字。亦屢見
“臤”字，“臤”多用爲“賢”，證實《説文》“臤，古文以爲賢字”之説。“臤”爲賢
才義之初文，復分化出“賢、斁、斁”諸字，“斁”爲“臤、斁”之繁體。

《中國文字研究》3,頁 125

○**許文獻**（2003）　　郭店楚簡《五行》簡 48 與帛本有一處引《詩》之異文：
　　一、郭店楚簡《五行》簡 48：“上帝斁汝，毋貳爾心。”
　　二、帛本：“上帝臨汝，毋貳爾心。”

見於簡文之⬚(郭店楚簡《五行》簡48),釋文隸作"賢",裘錫圭先生以爲此字可能是"臨"之誤寫；顏世鉉先生將此字釋爲"賢",讀爲"晩",並疑"晩"具"以高視下"義,而可與"臨"通；劉信芳先生亦隸作"賢",並依《詩經》傳本釋爲"臨"。實則此字隸作"賢",在字形上應無疑義,惟此處簡本"賢"字在帛本之異文爲"臨",疑其可能僅爲通假字之關係而已:"賢"字上古音系屬匣母真部、"臨"字上古音系屬來母侵部,在傳世典籍中,"臨"字亦可見與真部"粦"聲字相通之例證,例如:《史記·貨殖列傳》:"北鄰烏桓、夫餘。"《索隱》:"'鄰'一作'臨'。"故簡文此處以"賢"代"臨",應具相通之條件。

又郭店簡之另一"臨"字:⬚(郭店楚簡《老子甲》簡11),此字下方之構形疑即"叟"(鄰)之異化構形,楚簡"叟"(鄰)字作⬚(郭店楚簡《老子甲》簡9)、⬚(郭店楚簡《六德》簡3)等形,與郭店楚簡《老子甲》此字下方之構形形近,又據上所引傳世典籍"臨""粦"相通之資料,則可進一步證明楚地"臨"字之讀音有可能與真部某些字相近。

惟需注意的是,楚簡"賢"字之構形特殊,依其結構特徵,大抵可分作幾類:

一、⬚郭店楚簡《五行》簡24

二、⬚郭店楚簡《六德》簡12、⬚郭店楚簡《語叢一》簡54、⬚上博簡《孔子詩論》簡10

三、⬚郭店楚簡《緇衣》簡17、⬚上博簡《緇衣》簡10

四、⬚郭店楚簡《語叢四》簡12

五、⬚郭店楚簡《窮達以時》簡2

六、⬚郭店楚簡《語叢三》簡52

七、⬚郭店楚簡《唐虞之道》簡2、⬚郭店楚簡《唐虞之道》簡6

八、⬚郭店楚簡《成之聞之》簡16

九、⬚郭店楚簡《五行》簡48

關於楚簡"賢"字之構形,陳劍先生以爲"賢"字當與"掔"之表意初文有關,趙彤先生則以爲楚簡"賢"字當从"丁"得聲。惟今得重新審視楚簡"賢"字之構形,頗疑其當从"云"得聲,其理有三:

一、"賢"字所从之⬚、⬚、⬚等構形,疑當爲聲符:先秦古文字之構形尚未完全定型,異體結構或多有繁簡,而形聲結構之聲符,因其具表音與表義之功能,故在古漢字形聲結構發展體系中,呈現出較穩定發展之狀態,亦即形聲字之聲符較形符更不容易省略或脱落，例如：

（一）包山楚簡簡 2←→包山楚簡簡 202 反

（二）包山楚簡簡 134←→包山楚簡簡 137 反

而審視楚簡“賢”字異構，當以、、等構形最爲穩定，故疑此類構形當是楚簡“賢”字所從之聲符。

二、郭店楚簡《緇衣》簡 17 之“賢”字作之形、上博簡《緇衣》簡 10 之“賢”字作之形，其所從之與構形，或與楚系“云”字之構形最近：（包山楚簡簡 51）、（包山楚簡簡 180）。

三、楚簡從“昆”之字，或作（郭店楚簡《六德》簡 28）、（包山楚簡 268）、（信陽楚簡 2.07）、（天星觀遣策簡）、（望山楚簡二號墓遣策簡）、（天星觀遣策簡），黄德寬先生與徐在國先生曾對此系列構形之字作了深入之考釋，此系列字所從之聲符“云”，其形或作、、、、等形，與楚簡“賢”字所從之、、等形或形近，又“云”字上古音系屬匣母文部，而“賢”字所從之“臤”字聲系與“昆”字聲系，在傳世典籍中，又可見其相通之例證，例如：《周禮・春官・典同》：“高聲硍。”鄭注：“杜子春讀硍爲鏗鎗之鏗。”《史記・酷吏列傳》：“燕趙之間，有堅盧、范生之屬。”《鹽鐵論・大論》“堅盧”作“昆盧”，且在楚方言音系中，真文或可相通。故又頗疑楚簡“賢”字，可能爲受楚方言影響而産生形近聲化之聲符結構。

　　　　　　　　《第四屆國際中國古文字學研討會論文集》頁 448—449

△按　戰國時期“賢”字義符或從貝，或從子，郭店・五行 48 之從二“子”，右下之“子”本來可能是“又”，受左下“子”影響而類化爲“子”。中山圓壺賢字從户從臣從目，“目”爲貝之省，“户”爲贅符。

【賢者】守丘刻石

△按　“賢者”即“賢人”，有才德之人。平山戰國中山石刻有“敢謁後先賢者”句。參見黄盛璋《平山戰國中山石刻初步研究》(《古文字研究》8 輯，中華書局 1983 年)。

貪

 睡虎地・日甲 56 背叁　　 十鐘　　 善齋

○**張守中**（1994）　通奔。果以賁而遠去之。

　　　　　　　　　　　　　　　　　　　《睡虎地秦簡文字編》頁 95

○**劉樂賢**（1994）　按：整理小組讀爲奔，鄭剛讀爲賁。今暫依鄭説。

　　　　　　　　　　　　　　　　　　《睡虎地秦簡日書研究》頁 248

○**何琳儀**（1998）　賁，從貝，犇省聲。《説文》：“賁，飾也。從貝，卉聲。”
　　睡虎地簡賁，讀墳。

　　　　　　　　　　　　　　　　　　　《戰國古文字典》頁 1296

△**按**　睡虎地《日書》甲種原文作：“旦而撮之，苞以白茅，果以賁而遠去之，則
止矣。”諸家讀“賁”爲“奔、賁、墳”，似以讀“賁”爲近是，待考。

賀 賀

十鐘

集成 9735 中山王方壺

○**何琳儀**（1998）　《説文》：“賀，以禮相奉慶也。從貝，加聲。”
　　中山王方壺賀，慶祝。《詩・大雅・下武》：“四方來賀。”

　　　　　　　　　　　　　　　　　　　《戰國古文字典》頁 842

△**按**　包山簡 7 有字作“𧩮”，《包山楚簡》隸定爲“訶”，注云（《包山楚簡》40
頁）：“訶，讀如賀，《説文》：‘以禮相奉慶也。’”《戰國文字編》列於“賀”字頭
下，卷三言部重出；《楚文字編》歸卷三言部。

貢 貢

𤴐貨系 432　　𤴐貨系 433　　𤴐貨系 434

○**鄭家相**（1942）　（項）琤

　　右布文曰項，在右。見僖十七年，杜注：項國，在今河南項城縣東北，後滅
於楚。

　　　　　　　　　　　　　　　　　　　《泉幣》11，頁 36

○**鄭家相**（1958）　琤　文曰瑁。《説文》：“諸侯執圭朝天子，天子執玉以瑁
之，似犁冠。”《周禮》曰：“天子執瑁四寸。”

　　按上列各種空首布，形制相同，大小一律，面文皆著一字，背無文，首空不連

中,面背均作三直豎,爲春秋上期,首由古布改進之製作,惟紀文屬紀數紀干支紀名物,頗難分別其鑄行之地。以意揆之,如首創布化之衛地,其鑄必較多,他如周鄭宋晉等地,亦必有所鑄。且以今日出土地證之,不出黃河中游區域地也。

《中國古代貨幣發展史》頁 42

○黃錫全(1993)

432—434	項珥		貢(鞏)	河南巩縣	周	空

《先秦貨幣研究》頁 351,2001;

原載《第二屆國際中國古文字學研討會論文集》

○蔡運章(1995) 【珥·平肩空首布】春秋中期至戰國早期青銅鑄幣。鑄行於周王畿。面文"珥",或釋爲貢,或釋爲《説文》瑂字古文珥。背無文。按形制有大、中兩型:大型者 1972 年以來河南洛陽、臨汝、孟津出土 3 枚。一般通長 9.5、身長 5.8—6、肩寬 4.9、足寬 5—5.2 釐米,重 27.6—1.3 克。中型者通長 8.8、身長 5.5、肩寬 4.4、足寬 4.7 釐米。罕見。

《中國錢幣大辭典·先秦編》頁 126

○何琳儀(1996) A 珥₄₃₂ 玌₄₃₄ B 項₄₃₃

原釋"珥",顯然是根據 A 式隸定。如果根據 B 式及《文編》285 頁之項,則應隸定"項"。晚周文字中"貝"往往省作"目"形。"項"的"工"旁如果移於上方,無疑就是"貢"字。

過去已有釋此字爲"貢"者,但泛言其爲"事物"。實則空首布此字可能是地名,疑讀"鞏"。《左傳·昭二十六年》"晉師克鞏"。《史記·周本紀》:"威公卒,子惠公代立,乃封其少子於鞏,以奉王,號東周惠公。"在今河南鞏縣西。

《古幣叢考》(增訂本)頁 60

○何琳儀(1998) 《説文》:"貢,獻功也。从貝,工聲。"

周空首布貢,讀鞏,地名。《左·昭二十六年》:"晉師克鞏。"在今河南鞏縣。

《戰國古文字典》頁 415

△按 此字《戰國文字編》"貝"部未收録。

贊 贇

珍秦 106 秦陶 1088

○**何琳儀**（1998）　扶,甲骨文作扶（明二一四九）。从二夫,會二人相伴之意。夫亦聲。扶,並紐;夫,幫紐。並、幫均屬脣音,扶爲夫之準聲首。商代金文作林（林簋）,从二天,與从二夫意同。秦系文字承襲甲骨文,六國文字訛作林形,小篆遂作林形。《説文》:"扶,並行也。从二夫。輦字从此。讀若伴侣之伴。"

　　贊,从貝,扶聲。《説文》:"贊,見也。从貝从扶。"

　　秦器贊,人名。

《戰國古文字典》頁 1069

△**按**　大徐本《説文》:"臣鉉等曰:扶,音詵,進也。執贄而進,有司贊相之。"

齎

睡虎地·答問 202　　　包山 129

陶彙 3·568

○**湯餘惠**（1983）　二.釋"齎"

　　《季木藏陶》三四·八著録的陶文凡三字,稱"豆里貪"。第三個字周進釋"貪",顧廷龍把它當成不識的字列入《古匋文香録·附編》。按此字下方从"貝",但字上並不从"今",周氏釋"貪"殊不可信。我們認爲這個字上面的偏旁應該是省寫的"齊"字,字當釋爲"齎"。

　　古文字的"齊"字是一個常見字,多作齊、齊等形,是由三個相同的部分所組成;但在戰國文字中,又往往只寫作齊,而省去了另外兩個相同的部分,列國銅器和璽印文字中都存在這種簡化的例子。戰國晚期的衛器平安君鼎銘文中有"霽"字,是計算鼎實的容量單位,常見於衛、魏鼎銘,字作齊,上下兩個偏旁均省作,學者們以爲是"霽"字,是完全正確的。另外,古璽文有齊字,羅福頤釋爲"鄴",頗有見地,因爲它顯然就是齊形的省寫,由此可以推知,陶文齊的上方也是省寫的"齊"。

　　"齎"見於《説文》:"齎,持遺也。从貝,齊聲。"陶文用作人名。"豆里",齊陶習見,是鄉里名稱。"豆里齎"與"豆里賹、豆里圖"等同例,意在標明陶器是由豆里之某人所造。

《古文字研究》10,頁 283

○**睡簡整理小組**（1990）　齎,通資字,資財。《齎律》當爲關於財物的法律。

《睡虎地秦墓竹簡》頁 44

○**睡簡整理小組**(1990) 齎,通資,見《秦律十八種》中的《工律》"公甲兵各以其官名刻久之"條注〔四〕。

《睡虎地秦墓竹簡》頁142

○**何琳儀**(1998) 《説文》:"齎,持遺也。从貝,齊聲。"

包山簡齎,見《戰國策 · 西周策》"王何不以地齎周最",注:"齎,進也。"

《戰國古文字典》頁1270

○**劉信芳**(2003) 《周禮 · 春官 · 小祝》:"設道齎之奠。"鄭玄《注》:"齎猶送也。"《説文》:"齎,持遺也。"馬王堆漢墓帛書《老子》甲本"善,人之齎也",乙本"齎"作"資"。簡文"齎"似亦讀爲"資"。

《包山楚簡解詁》頁124

【齎食】睡虎地 · 秦律45
○**睡簡整理小組**(1990) 齎(音基)食,携帶口糧。

《睡虎地秦墓竹簡》頁31

貣 貣

贪 包山150　　葊 包山157　　戴 璽彙2992　　貣 璽彙1438　　贠 包山119

賦 集粹　　貣 睡虎地 · 秦律45

○**羅福頤等**(1981) 貣經典作忒,璽文从戈,與蔡侯鐘、邵大叔斧書法同。

《古璽文編》頁138

○**韓自强**(1988) 莀里貣鉨 戰國銅官印。1975年徵集於阜陽縣插花廟。印體方形,鼻紐。邊長2.3、通高1釐米。白文(圖一:2)。

此印首字不清,細審似應作"莀"。貣,《説文解字》六下:"貣,从人求物也。"段注云:"代、弋同聲,古無去入之別,求人施人,古無貣貸之分,由貣字或作貸。"戰國璽印中,圖一: 2常可見到以貣爲名者,如《古璽彙編》姓名私璽類中收有宋貣(1408)、事貣(1761)、圂貣(2992)等。此處貣字似亦爲人名。但此印形制與戰國私名印很不相同,倒是與當時的常見官印相近。因此,我們推測此印或許是里一級行政機構爲管理借貸事務專用的璽印。《周禮 · 地官司徒 · 泉府》載:"凡民之貣者,與其有司辨而授之。"鄭注云:"貣者謂之官借本賈也。"然而這種借貸官家財物是否由里一級參與經手,尚俟他證。

○**睡簡整理小組**(1990)　　貣(音特),《説文》:"從人求物也。"《繫傳》:"借也。"私貣用之,私自借用。

○**高明、葛英會**(1991)　　顧廷龍云,疑貣亦从止。

○**黄盛璋**(1993)　　羮里是里名,此印是羮里之官印,毫無可疑,印文之"貣"即"借貸"之貸,韓釋正確,但里名之下爲何用"貸"字,作何解釋? 用途爲何?《周禮·地官·司徒》所屬有泉府,其職責之一爲"凡民之貸者,與其有司辨而授之,以國服爲之息",鄭注引鄭司農云:"貸者謂從官借本賈也,故有息使民弗利,以其所賈之國所出爲息也。"《周禮》爲晚周儒家托古之作,並非西周古制,有一部分應據當時尚行制度而加以理想化,而鄭司農所云則又據漢代制度爲説,鄭注下文指出:"王莽時民貸以治產業者,但計贏所得受息,無過什一。"可知漢時官府確有貸給民衆以錢,而收取利息者。

　　1973 年湖北江陵鳳凰山西漢初年的 10 號墓出土一批墓主生前做鄉吏時的簡牘文書,其中有"鄭里廩簿",斷殘拼合,凡 25 簡,完整者皆云:户人某,能田幾人,口幾人,田多少畮,貸多少石、斗,每一畮皆按貸一斗比例計算。經研究,肯定貸種糧作爲種田之用。而《漢書》宣帝地節三年、元帝初元元年及永元元年都有"貸種食"的詔文,與文獻記載,可以相互印證。墓主張偃生前是一個鄉吏,5 號牘正是所管市陽與鄭里兩里的收支賬,"鄭里廩簿"則是由他經手向該里二十五户貸給種糧之賬。貸字前皆附有"十、卩"兩個記號,"十"即後世之畫"十",表貸穀的人已領取,故畫押即"十"字爲記;"卩"則表示完結、完了,相當於漢簡表完畢之"已",或吐魯番文書中的畫"了"。漢簡中也常出現此記號,皆在文書最末,一般皆爲官吏所書,表示這筆借貸手續已經辦理完畢。由此可以確證:向里民貸給種糧,皆由鄉吏辦理,至於貸錢或其他物當然也是同例,這種借貸事是鄉吏的職責,所涉及事項很多,如貸借人畫押、官府驗證簽署等等。這些材料給"羮里貣鈢"一印提供了物證,而韓文對借貸官家財物是否由里一級參與經手這一疑而未決問題,因此也得到了解決。

○**劉釗**(1997)　　七、編號 39(見圖十)之璽釋文作"高貣"。按印文第二字从

"戈"從"貝",應直接釋爲"貣"。戰國文字中從"弋"的字常常寫作從"戈","貣"字見於《說文》貝部。《古璽文編》138頁將"貣"字直接釋爲"貣"是正確的。

圖十

《中國篆刻》1997-4,頁 47

○**何琳儀**(1998)　《說文》:"貣,從人求物也。從貝,弋聲。"

楚器貣,讀貸。《玉篇》:"貸,以物與人更還主也。"

《戰國古文字典》頁 71

○**韩自强、韩朝**(2000)　四、莧里貣鉨

1975 年於阜陽插花廟農民手中徵集,銅璽方形,鼻紐。邊長 2.3 釐米、通高 1 釐米,白文、無邊闌(圖四)。

貣,《說文解字》:"從人求物也。"段注:"代、弋同聲,古無去入之別,求人施人,古無貣貸之分,由貣字或作貸。"包山楚簡 103—119 簡是關於子司馬及令尹子士,大師子繡以楚王之令,令有關官員爲某地貸越異之黃金以耀種的紀録,其貸字均作貣,與"莧里貣鉨"的貣同。𦬊,包山楚簡作𦬊。此璽是基層里一級行政機構,爲管理借貸事務的專用璽。《周禮‧地官司徒‧泉府》:"凡民之貸者,與其有司辨而授之。"鄭注云:"貸者謂從官借本賈也。"借貸官家財物由里一級行政單位參與,是這枚官璽提供的信息。

《古文字研究》22,頁 178

○**劉信芳**(2003)　文獻多作"貸",《周禮‧地官‧泉府》:"凡民之貸者,與其有司辨而授之,以國服爲之息。"

《包山楚簡解詁》頁 59

○**劉信芳**(2003)　《說文》:"從人求物也。"段《注》:"代、弋同聲,古無去入之別,求人施人,古無貣、貸之分"。

《包山楚簡解詁》頁 98

△**按**　"貣"字形異,或爲上下結構,或爲左右結構,"弋"符或作"戈",古相通。《陶彙》3‧318 有字,《古匋文香録》卷六"疑貣亦從止",恐非,待考,《戰國文字編》列在"貲"字下。

賸　賸

賸 曾侯乙 138　賸 曾侯乙 137　賸 睡虎地‧答問 170

曾侯乙 124

○**何琳儀**（1998）　《説文》：“賸，物相增加也。从貝，朕聲。一曰，送也，副也。”

隨縣簡賸，讀縢。見縢字。

《戰國古文字典》頁 151

△**按**　睡虎地秦簡《法律答問》170“賸”字整理者讀爲“媵”，注云：“媵（音映），陪嫁。”參見《睡虎地秦墓竹簡》133 頁。

贛 贛 贛 贛

○**李家浩**（1984）　《古璽彙編》0008 號楚印。（中略）“上”下一字應分析爲从“章”从“次”从“口”。戰國文字裏有一個以此字的上半部分爲偏旁的字，从“貝”作：

　　　　　贛江陵天星觀一號墓竹簡　　　　　　　　　贛《古璽彙編》518.5697

我們認爲這個从“貝”的字即“贛”字。“贛”字《説文》篆文作：贛

漢印文字作：

　　　　　贛ａ　楊贛《漢印文字徵》6 · 17　　　　贛ｂ　楊贛私印《漢印文字徵》

按漢印文字 a 種寫法的“贛”與上録戰國文字顯然是一個字，其右半上半部分即“次”的變形，《説文》篆文“贛”當是由此訛變而成。在古文字裏，“次、欠”二字作爲偏旁時往往混用，如“欽”字，古印文字寫作从“次”；長沙戰國帛書月名“欹”字，越王句踐劍寫作从“次”，即其例。因此，上録漢印文字 b 種寫法的“贛”字右半上半部分當是“欠”的變形。古陶文有如下一個字：

　　　　　贛《古匋文舂録》12 · 1

此字顯然是从“鹵”从“榦”。“榦”的右旁正寫作从“欠”。古代“贛、欠”音近。《詩 · 小雅 · 伐木》“坎坎鼓我”，《説文》“戇”字下引作“戇戇鼓我”。《周易》坎卦之“坎”，馬王堆漢墓帛書《周易》作“贛”。是“贛”字所从聲符“榦”實从

"欠"聲。

《著名中年語言學家自選集・李家浩卷》頁 125—127,2002;
原載《江漢考古》1984-2

○**何琳儀**(1998) 《説文》:"贛,賜也。从貝,竷省聲。贛,籀文贛。"籀文所从
己,由多、彡等形訛變。

天星觀簡贛,讀竷。《玉篇》:"竷,和悦之嚮也。今作坎。"又《説文》:
"竷,繇也。"段注:"繇當作詧。詧,徒歌也。"

秦陶"贛榆",地名,見《漢書・地理志》琅邪郡。在今江蘇贛榆北。

《戰國古文字典》頁 1455

贅,从貝,韓聲。贛之訛誤。

隨縣簡贅,讀贛,姓氏。即貢氏。漢有贛遂。見《漢書・朱博傳》。

《戰國古文字典》頁 1455

○**陳劍**(1999) 20 世紀 80 年代以來,隨着出土戰國文字材料的增多和研究的
深入,戰國文字中的"竷"和从"竷"的字逐漸爲大家所認識。下面舉一些形體:

1.竷:（形）曾侯乙墓 43 簡 （形）曾侯乙墓 130 簡

2.譬:（形）《古璽彙編》2.0008

3.贛:（形）（形）包山楚簡 2.175 （形）（形）包山楚簡 2.244 （形）天星觀楚簡 （形）《古璽彙編》518.5697

(中略)可以看出,上舉竷和用作偏旁的竷有从章从"欠"和从章从"次"兩
類寫法。李家浩先生在上個世紀 80 年代初首先考釋出了《古璽彙編》2.0008
的"譬"字和《古璽彙編》518.5697 的"贛"字。他指出:"在古文字裏,'次'和
'欠'二字作爲偏旁時往往混用,如'歙'字,古印文字寫作从'次';長沙戰國
帛書月名'歔'字,越王句踐劍寫作从'次'。""古代'贛、欠'音近。《詩・小
雅・伐木》'坎坎鼓我',《説文》'竷'字下引作'竷竷鼓我',《周易》坎卦之
'坎',馬王堆帛書《周易》作'贛'。"朱德熙、裘錫圭二位先生也曾指出:"坎異
體作陷。《易・序卦傳》'坎者陷也',《説文》'坎,陷也',皆以陷爲坎之聲訓。
《書・顧命》:'爾無以釗冒貢于非幾。'馬融本貢作贛,注曰:'陷也。'似即讀
贛爲陷。又《説文》血部衉字或體作䘓。這些都是欠聲與贛聲相通的證據。"
近年新出的九店楚簡日書的"塁",睡虎地秦簡日書甲作"陷",日書乙作
"窅",再次證明"竷"確實與"欠"讀音相近。由此看來,"竷"的"歙"和"歔"
兩類寫法都可以看作从章从欠,欠是起表音作用的聲符。

值得注意的是,在曾侯乙墓竹簡中,還有一個"韓"字和兩個从"韓"的字:

9.䡾：曾侯乙墓 126 簡　　　　曾侯乙墓 138 簡

10.䡾：曾侯乙墓 122 簡　　　　曾侯乙墓 137 簡

11.贛：曾侯乙墓 67 簡

　　從文例看，“䡾”没有問題就是前舉 1“贛”的異體。“䡾”的用法也與“贛”完全相同，應是這種用法的“䡾（贛）”的添加意符的區别字。“贛”則應該就是“贛”的異體。（中略）

　　從字形上看，“䇂”很容易訛變爲“次”。（中略）

　　而且，前文指出的戰國文字中作爲偏旁的“欠、次”往往混用和“贛”讀音與“欠”相近這兩個事實，恐怕也在一定程度上促進了“䇂”演變爲形近的“次”。因爲“䡾”是一個表意字（詳後文），字形中没有標音的偏旁，把“䇂”改作形近的“次（欠）”起表音作用，正合乎漢字演變的規律。這可能也正是雖然“䇂”有與“次”形近的寫法，但从䇂的字中只有“䡾”演變爲了从“次”的原因所在。

　　（中略）古書中“贛”最常見的用法是“賜與”，例如：《説文·貝部》：“贛，賜也。”《急就篇》一“龐賞贛”顔師古注：“贛，賜也。”《淮南子·精神》“今贛人敖倉”、《要略》“一朝用三千鍾贛”高誘注並云：“贛，賜也。”《淮南子·道應》：“桓公贛之衣冠。”《吕氏春秋·舉難》“贛”作“賜”。孔子弟子端木賜字子贛，名字相應，是常被稱引的例子。（下略）

　　　　　　　　《甲骨金文考釋論集》頁 9—15；原載《北京大學古文獻研究所集刊》1

○馬承源（2002）　　“贛”字从章从貧，或从貝从歆，又作“贛”。《漢印分韻合編》集贛字有䡾、贛諸形，和簡文相合。“贛、貢”通假。《書·顧命》“冒貢于非幾”，陸德明釋文：“貢，馬、鄭、王作贛。”又《禮記·樂記》：“子贛見師乙而問焉。”《史記·樂書》“子贛”作“子貢”。

　　　　　　　　　　　　　　《上海博物館藏戰國楚竹書》（二）頁 207

○劉信芳（2003）　　讀爲“貢”。《禮記·樂記》：“子贛見師乙而問焉。”子贛即子貢。貢，獻也。《荀子·正論》：“日祭月祀時享歲貢。”

　　　　　　　　　　　　　　　　　　　《包山楚簡解詁》頁 248

△按　　上引陳劍文篇幅較長，此處所引不全面，請讀者查看原文。“贛”字从貝，其初文即其聲符“䡾”。“䡾”字最初是从章从䇂，戰國文字中“䇂”訛變聲化爲“欠”或“次”。

【贛榆】《秦陶》拓片 490

○袁仲一（1987）　　（14）贛榆得（拓片 490）。（中略）

　　第（2）（14）兩件瓦文上的贛榆的榆字，一作“榆”，一作“揄”。陳直先生的《漢書新證 · 地理志》説：“《封泥考略》卷六 27 頁，有‘贛榆馬丞’印，皆作贛揄。與今本作榆異，近出漠鮮於璜碑，亦正作贛揄。”從（2）（14）兩件瓦文證明，“榆”與“揄”在秦漢時並用，可以互通。（中略）

　　《漢書 · 地理志》載，贛榆於西漢時屬瑯邪郡。其設置似於秦。故城在今江蘇贛榆縣東北。

《秦代陶文》頁 28—33

○**何琳儀**（1998）　秦陶“贛榆”，地名，見《漢書 · 地理志》琅邪郡。在今江蘇贛榆北。

《戰國古文字典》頁 1455

包山 152　　郭店 · 性自 52　　上博二 · 容成 43　　陶彙 3 · 353　　睡虎地 · 答問 52

璽彙 3494　　郭店 · 尊德 2　　郭店 · 六德 11

集成 9735 中山王方壺

○**羅福頤等**（1981）　（編按：璽彙 3494）與智鼎賞字同。

《古璽文編》頁 138

○**張守中**（1994）　通償。以齊律論及賞。秦一七七。通嘗。甲賞身免丙復臣之不殹。封四一。

《睡虎地秦簡文字編》頁 95

○**睡簡整理小組**（1990）　嘗，指以忌日始種或收穫。

《睡虎地秦墓竹簡》頁 227

○**劉樂賢**（1994）　［七］嘗，指以忌日始種或收穫。按：《日書》乙種“不可以始種、穫、始賞（嘗）”，嘗與種、穫並列，可見整理小組之説不確。此處嘗當指嘗新，《禮記 · 月令》孟秋之月：“是月也，農乃登穀。天子嘗新，先薦寢廟。”古人對嘗食新收穫的五穀頗多講究，故本簡有忌嘗之語。彝族的《玄通大書》專門有《吃新吉日》《時序吃新吉日》兩篇占卜嘗食食物的占文。

《睡虎地秦簡日書研究》頁 43

○**何琳儀**（1998）　《説文》：“賞，賜有功也。從貝，尚聲。”

　　古璽賞，姓氏。吳中八姓有賞氏。見《姓苑》。

《戰國古文字典》頁 682

△按　古文字"賞"字所从之"尚",或省"口",如上引《璽彙》3494、《郭店·尊德》2等。中山王方壺之"賞",所从之"貝"省爲"目"。

賜　賜

　陶彙5·148　　璽彙2201　　故宮457　　睡虎地·日乙195壹　　包山143

　包山65　　包山128　　集成2840中山王鼎　　璽彙0944　　上博二·魯邦3

　信陽1·10

○**羅福頤等**(1981)　(編按:《璽彙》0944)與庚壺賜字相近。

《古璽文編》頁138

○**何琳儀**(1998)　《説文》:"賜,予也。从貝,易聲。"

　詛楚文賜,恩惠。《國語·晉語》一"報賜以力",注:"賜,惠也。"《儀禮·士喪禮》"君若有賜焉視歛",注:"賜,恩惠也。"

《戰國古文字典》頁761

贏　贏

　故宮427　　故宮429　　續齊6　　睡虎地·秦律29　　曾侯乙157

○**睡簡整理小組**(1990)　贏(纍)(中略)纍,衡器的權,漢銅權銘文常自銘爲纍。

《睡虎地秦墓竹簡》頁43、44

○**張守中**(1994)　通纍。縣及工室聽官爲正衡石贏。秦一〇〇。

《睡虎地秦簡文字編》頁95

○**何琳儀**(1998)　贏,金文作鍮(庚贏卣)。从貝,鼎聲。贏,定紐;鼎,來紐。定、來均屬舌音,贏爲鼎之準聲首。《説文》:"贏,有餘賈利也。从貝,鼎聲。以成切。"參鼎字。

　隨縣簡贏,地名。

《戰國古文字典》頁812

○**李家浩**(1999)　《睡虎地》180頁《日書》甲種"楚除"三正壹釋文"贏"。

　按:此字是建除名,當釋爲"媱"。《日書》乙種"楚除""媱"作"贏"。"媱"字原文不甚清楚,《睡虎地》把它釋爲"贏",大概是根據《日書》乙種"楚除”的“贏”而釋寫的。九店楚簡“建除”篇，“媚”作“散”。“散”是“微”字所從的聲旁。“媚、微”二字古音極近，可以通用。例如：《儀禮·少牢饋食禮》“眉壽萬年”，鄭玄注：“古文……以‘眉’爲‘微’。”《左傳》莊公二十八年《經》“冬，築郿”，《公羊傳》《穀梁傳》“郿”皆作“微”。馬王堆漢墓木簡《雜禁方》“欲微貴人，涂門左右方五尺”，整理小組注：“微，讀爲媚，取悦。”秦簡文字“媚、贏”二字字形有相似之處，疑《日書》乙種的“贏”是“媚”字之誤。

《著名中年語言學家自選集·李家浩卷》頁 374—375,2002；

原載《史語所集刊》70 本 4 分

賴　賴

睡虎地·爲吏 15 肆

△按　《説文》：“賴，贏也。从貝，剌聲。”睡虎地秦簡句作：“治則敬自賴之。”今本《緇衣》與《尚書·吕刑》“一人有慶，兆民賴之”之“賴”，郭店楚簡作“賵”。參上“賵”字條。

負　負

睡虎地·效律 34　　　睡虎地木牘

○何琳儀（1996）　《中國歷代貨幣大系》1886 著録一枚上海博物館所藏方足布（圖 1），原書闕釋，又疑釋“鄭”。該布銘文右旁非“邑”，左旁亦非“奠”，故釋“鄭”顯然不妥。

一、首先討論左字。从該旁得聲的字有：

A　1　中山 82　　　2　中山 82

B　1　文編 264　　2　文編 284　　3　貨系 1884

　　4　璽彙 0049　　5　貨系 1874　　6　文編 264

C　1　少府銀節約　2　璽彙 5343　　3　長陵盉

　　4　中山鐵　　　5　璽彙 0304　　6　璽彙 5414

D　陶彙 3·749　　E　璽彙 0504

以上各字最能説明問題的是 C 字。絶大多數學者都認爲 C 應讀“府”，如“少府”（C1、C3）、“中府”（C4）、“饍府”（C5）等。不過對 C 字的隸定有兩種不同

的理解：隸定“賡”，讀“府”。隸定“賔”，讀“府”。

第一種隸定的主要根據是上揭 C6（圖 2），應釋“賡”，C 各體均爲“賡”之省簡（省“又”）。其實這方官璽應釋“又賔”二字，讀“右府”（見燕國右府尹象尊），不一定必釋一字“賡”。因此，筆者傾向第二種解釋，即釋“賔”，讀“府”。

從字形分析，上揭 A—E 各字均从“負”。秦文字“負”作：負 雲夢 24·34 明確从“人”从“貝”，與《説文》吻合。上揭六國文字“負”所从“人”作 N 形，其右側一斜筆爲飾，乃“人”形之變體，參見：

及 　侯馬 300　胎 　璽彙 2976　長 　璽彙 0878　夏 　璽彙 0015

六國文字“負”所从“貝”或省作“目”形，在戰國文字中屢見不鮮，勿庸舉例。至於 B5、B6 从雙“貝”，屬“重疊偏旁”現象，筆者曾舉大量例證説明。故 A—E 各字均可以釋讀。

A.“賡”，應釋“埒”（戰國文字“土”旁往往作“立”旁），“坿”之異文。“負、付”雙聲可通。《莊子·大宗師》：“彼以生爲附贅縣疣。”《荀子·宥坐》注引“附”作“負”，是其佐證。“坿”作“賡”，與“府”作“賡”屬於平行異文現象。《説文》：“坿，益也。从土，付聲。”中山王墓雜器“埒”均爲人名。

B.“郒”。B2 所从“人”旁比較特殊，如果參照 A2，知其應是 N 形之訛變。《古幣文編》264 誤釋 B2 爲“囗邑”二字，據該布拓本（圖 3）似應釋一字。諸如此類舊釋爲“囗邑”者，其實均是从“邑”从“囗”的字。如“邟、郹、鄔、祁”等，只能釋一字，而不能釋“囗邑”二字。關於“郒”的地望，詳下文。“佫郒”應讀“洛府”，因此該璽很可能爲周璽。三晉文字“府”作“賡”（上文所引銅器銘文），或作“坿”（《璽彙》0009、0352、1386、3442），而周文字作“郒”，這説明戰國時代早已淪爲蕞爾小國的東、西周，文字方面仍保留自己的特點。或釋“佫郒”爲“咎郎”，非是。

C.“賡”，諸家均讀“府”。“少府、中府”是習見的官府名。“又賡”讀“右府”顯然是與“中府”相對而言。至於“餴賡”應讀“貸府”，應是古代原始信貸的機構，參見《周禮·地官·泉府》。

D.“蕡”，“萯”之繁文。《説文》：“萯，王萯也，从艸，負聲。”陶文“萯”應讀“負”，姓氏，舜之後。舜遷於負，以國爲氏，見《姓氏考略》。“萯”亦可讀“荷”，姓氏，出有扈氏，見《十六國春秋》。

E.“餴”，“餰”之異文。《廣韻》：“餰，餰䭈曰食也。”晉璽“餴”，人名。

二、其次討論左字。此字與“烏疋”方足布的“疋”，非一字而莫屬。另外，魏國文字“疋”（汝陽戟、《陶彙》6·105）也可資比照。戰國文字“疋”及从

“疋”得聲字甚多,兹不贅舉。

　　三、最後討論該方足小布的釋讀。如果按照一般貨幣銘文的讀序,自右向左讀“疋負”,一時很難找到與之相應的地名。如果從左向右讀“負疋”,則很容易使人聯想到典籍中的“負夏”。

　　“疋、夏”均屬魚部,音近可通。《説文》“疋”下云:“古文以爲《詩·大疋》字。”而今本《大疋》作《大雅》。這説明戰國古文以“疋”爲“雅”。劉台拱據《荀子·榮辱》“越人安越,楚人安楚,君子安雅”,《荀子·儒效》作“居楚而楚,居越而越,居夏而夏”,謂:“雅、夏古字通。”梁啓超謂:“風雅之雅,其本字當作夏無疑。《説文》:夏,中國人也。雅音即夏音,猶言中原正聲爾。”《詩·小雅·鼓鐘》“以雅以南”,新出甚六鐘作“台夏台南”,使這一推測完全得到證實。“夏”與“南”對文,猶如莒叔之仲子平鐘“夏”與“東”對文(“聞於夏東”)。又《左傳·襄公二十八年》“公子雅”即《韓非子·外儲説右上》之“公子夏”。凡此説明,《詩》之《大雅》即《説文》之《大疋》,也即《墨子·天志》之《大夏》。三體石經《僖公》“夏”之古文從“日,疋”聲作:𣇪

更是“夏”與“疋”相通的確證。準是,方足小布“負疋”可讀“負夏”。

　　地名“負夏”的來源甚古。《孟子·離婁》下:“舜生於諸馮,遷於負夏,卒於鳴(編按:當爲“鳴”之誤)條,東夷之人也。”注:“諸馮、負夏,皆地名,負海也。”《禮記·檀弓》上“曾子弔於負夏”,注:“負夏,衛地。”《史記·五帝本紀》:“舜,冀州之人也。舜耕歷山,漁雷澤,陶河濱,作什器於壽丘,就時於負夏。”集解:“鄭玄曰:負夏,衛地。”索隱:“《尚書大傳》曰‘販於頓丘,就時負夏’,《孟子》曰‘遷於負夏’是也。”關於“負夏”的地望,趙岐以爲“負海”,似乎是望文生義。鄭玄以爲“衛地”,則應有所本。又《水經·泗水注》:“瑕丘,魯邑,《春秋》之負瑕矣。哀公七年,季康子代鄭,囚諸負瑕。是也。應劭曰:瑕丘在縣西南。昔衛大夫叔文子升於瑕丘,蘧伯玉從,文子曰:樂哉斯丘,死則我欲葬焉。伯玉曰:吾子樂之,則瑗請前。刺其欲害民良田也。瑕丘之名蓋因斯以表稱矣。曾子弔諸負夏,鄭玄、皇甫謐並言衛地。魯、衛雖殊,土則一也。”酈道元以魯國之“瑕丘”爲衛國之“瑕丘”,前人已指出其誤,但酈氏以爲《左傳》“瑕丘”即《禮記》“負夏”,則值得注意。趙一清曰:“衛瑕丘在今開州東南三十里,秦置濮陽郡,即衛之帝丘,成公自楚丘來遷者也,公叔之云宜在彼地,道元誤以魯瑕丘當之,誠如方叔所識。”《中國歷史地圖集》20—21③6 定點於今河南濮陽東南,似即采此説。瑕丘地近衛國都城濮陽。據《史記·衛康叔世家》記載,戰國中晚期衛嗣君五年“獨有濮陽”,戰國晚期衛元君十四年秦國

"併濮陽爲東郡",故濮陽附近的負夏應一直屬衛地。

上文所引《姓氏考略》:"舜遷於負,以國爲氏。"似乎暗示"負夏"可以簡稱"負"。檢《路史‧國名記》丁四:"負(負黍)。《世紀》之負黍也。(杜云:陽城西南有負黍亭,今在登封。)"按,羅泌所記有誤。"負黍"與舜所遷"負夏"無關。但羅苹注以爲"負"即"負黍",則殊堪注目。舜所遷爲"負夏"(見上引《孟子》)似可省稱"負"。這一點《路史》和《姓氏考略》均透露其閒的消息。如是方足小布"負"疑即"負疋"的省略。這猶如小直刀"成白"或作"成","圓陽"或作"圓"。

衛國貨幣至爲罕見。以往所定的衛幣多不可靠。如所謂"桃原"乃"榆即"之誤釋,所謂"越邑"乃"武邑"之誤釋。因此,"負夏"布的發現尤其顯得重要。

圖1　　　　　圖2　　　　　圖3

《古幣叢考》(增訂本)頁194—200

○**何琳儀**(1998)　負,從人,貝聲。負,滂紐;貝,幫紐。幫、滂均屬脣音,負爲貝之準聲首。六國文字人旁多加斜筆爲飾作〄、〣形,參及、長、朕、頁等字。貝旁或省作目形,或重疊雙貝作𧴯、𧴪。《説文》:"負,恃也。從人守貝,有所恃也。一曰,受貸不償。"

衛方足布"負疋",讀"負夏",地名。《禮記‧檀弓》上"曾子弔諸負夏",注"衛地"。在今河南濮陽東南。

睡虎地簡負,見《説文》:"負,一曰,受貸不償。"

《戰國古文字典》頁122

△按　《周易》"見豕負塗、負且乘"之"負",上博簡作𧴯、𧴪,整理者隸定作"偩",云(《上海博物館藏戰國楚竹書》[三]181頁):"偩,從人守貝,不聲,疑'負'字。《説文‧貝部》:'負,恃也。從人守貝,有所恃也。一曰受貸不償。'簡文增聲符'不',或'偩'字。"上博四《曹沫之陳》簡21亦有"偩"字,作𧴪。

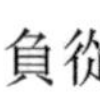

【負從馬】睡虎地‧雜抄11

○**睡簡整理小組**(1990)　負從馬,馱運行李的馬,《史記‧匈奴列傳》:"私負從馬凡十四萬匹。"王念孫《讀書雜誌》三之六:"負從馬者,負衣裝以從之馬也。"

貳 貳

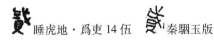睡虎地 · 爲吏 14 伍　　秦駰玉版

○**曾憲通、楊澤生、蕭毅**（2001）　"貳"，即"二"的大寫數字。這和玉版文字"一"寫作"壹"相一致。

○**王輝**（2001）　"貳"見於睡虎地簡《爲吏之道》："百姓揺（摇）貳乃難請。"貳即二。馬王堆帛書《戰國縱橫家書》："貳周、安陵必虵（弛）。""貳周"即東周、西周二周之地。

△**按**　《説文》："貳，副益也。从貝，弍聲。弍，古文二。"戰國文字"貳"用作數詞。西周金文作（《五年琱生簋》），从（戈）从貝，會分割義。《説文》："貳，副益也。"段注："當云副也，益也。"所訓"副"，判也，與分割義同。"益、二"皆其引申義。《説文》小篆所从聲符"弍"當是"戈"訛變聲化造成的。

賓 賓　方 寅

集成 287 曾侯乙鐘　　上博一 · 詩論 27　　新蔡甲三 262

郭店 · 性自 66　　新蔡零 224　　上博二 · 容成 13

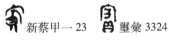新蔡甲一 23　　璽彙 3324

郭店 · 語一 88　　郭店 · 語三 55

郭店 · 老甲 19

璽彙 5297

上博五 · 季庚 16

○**羅福頤等**（1981）　不从貝，與盧鐘賓字同（編按：《璽彙》5297 字形下按語）。

○**商承祚**（1983）　《説文》：“賓，所敬也。从貝，㝱聲。賓，古文。”按甲骨文作 ⟨圖⟩⟨圖⟩⟨圖⟩⟨圖⟩，或省止作⟨圖⟩，或省人作⟨圖⟩，金文貿鼎㝱卣作 ⟨圖⟩⟨圖⟩，王孫鐘作⟨圖⟩，姑□句鑃作 ⟨圖⟩，則與此同。此从⟨圖⟩，即⟨圖⟩形之微誤也。

《説文中之古文考》頁 60—61

○**何琳儀**（1998）　㝱，甲骨文作⟨圖⟩（甲二四○二）。从宀，万聲。㝱、万均屬明紐，㝱爲万之準聲首。西周金文作⟨圖⟩（盧鐘），春秋金文作⟨圖⟩（邾公鈺鐘），万旁上加短横爲飾。戰國文字承襲商周文字。《説文》：“⟨圖⟩，冥合也。从宀，丏聲。讀若《周書》若藥不眄眩。”

《戰國古文字典》頁 1167—1168

○**何琳儀**（1998）　《説文》：“賓，所敬也。从貝，㝱聲。”

　　晉璽賓，姓氏。周桓王之後有賓氏。見《路史》。

　　曾樂律鍾“妥賓”，讀“蕤賓”，樂律之名。配兒鉤鑃、姑馮鉤鑃“賓客”，見《禮記·王制》“朋友賓客”。《玉篇》：“賓，客也。”

　　秦璽賓，姓氏。見 c。

《戰國古文字典》頁 1168

○**荊門市博物館**（1998）　㝱，从“貝”从“㝱”省，“賓”字異體。

《郭店楚墓竹簡》頁 115

○**劉釗**（2003）　“㝱”字从“宀”从“貝”，乃“賓”字異體。

《郭店楚簡校釋》頁 16

△**按**　“㝱”爲“賓”之初文。“賓”所从之“㝱”爲“㝱”之訛變（《説文》“㝱”字見卷七）。上博二·容 13 之“賓”用爲“濱”。

【**賓客**】郭店·語一 88、郭店·語三 55

△**按**　郭店簡《語叢一》88：“賓客，清廟之文也。”《語叢三》55：“賓客之用幣也，非徵。”《詩·小雅·吉日》：“發彼小豝，殪此大兕，以御賓客，且以酌醴。”

貰　貰

⟨圖⟩ 睡虎地·爲吏 13 叁

○**睡簡整理小組**（1990）　貰（音世），借貸。

《睡虎地秦墓竹簡》頁 171

△**按**　《説文》：“貰，貸也。从貝，世聲。”睡虎地簡“貰”字句作“貰責（債）在外”。

贅 贅

 睡虎地・爲吏19伍

○**何琳儀**（1998）　贅，从敖从貝，會意不明。貝亦聲（贅、貝均屬月部）。《説文》：“贅，以物質錢。从敖、貝，當復取之也。”或説贅上从古文殺，然秦簡殺作 ，似不能比附。六國文字中尚未見贅（有以㪵爲贅字者），故贅是否从殺得聲暫付闕疑。

睡虎地簡“贅壻”，見《史記・秦始皇本紀》：“贅壻賈人。”

《戰國古文字典》頁 949

【贅壻】睡虎地・秦律195

○**睡簡整理小組**（1990）　贅壻，一種身份低下的貧苦人民，見《史記・秦始皇本紀》。《漢書・賈誼傳》説秦人“家貧子壯則出贅”，事實上贅壻不限於秦，例如淳于髠就是“齊人贅壻”，漢代七科謫戍中也有贅壻。《漢書・嚴助傳》：“歲比不登，民待賣爵贅子，以接衣食。”注引如淳云：“淮南俗賣子與人作奴，名曰贅子，三年不能贖，遂爲奴婢。”朱駿聲《説文通訓定聲》“贅”字下認爲：“贅而不贖，主家配以女，則謂之贅壻。”

《睡虎地秦墓竹簡》頁 175

質 質

 詛楚文　　　睡虎地・答問 148

○**姜亮夫**（1980）　即質字，謂求質正於巫咸也，讀如《太玄》“數質所疑”、《詩・大雅・緜》“虞芮質厥成”。《毛傳》：“質，成也；成，平也。”蓋求評質其事，以爲定讞也。

《蘭州大學學報》1980-4,頁 59

○**張桂光**（1982）　“哲”字古璽多作 （見《古璽文編》二卷 4 頁），所從之“折”作 ，與“質”字的省體 （《古璽文編》六卷 9 頁）及 （《侯馬盟書》156：23）所從全同，則“ ”字所從亦當爲“折”，而從音韻角度看，質、哲同屬照母，韻部亦相近（折在月部 at，與質部 et 近），把“ ”字所從的“折”理解爲聲符是很合適的，因此， 應該是“從貝折聲”的形聲字， 字的形構符合這一原則。

（中略）

　　知“質”爲从貝折聲的形聲字，則《説文》“質，以物相贅，从所，闕”的“闕”，就可以得到補正了。原來，春秋戰國時以二爲標志省去字中不重要部分的現象十分普遍，如𤔔（則，兮甲盤）省作𤔏（信陽竹簡）、𣪯（聖，師望鼎）省作𤯍（望山竹簡）、𤔔（爲，禺邗王壺）省作𤔏（東周左師壺）等等，使用久了，原形漸晦，在寫全形時就有發生差錯的可能了。以“役象助勞”會意的𤔔變成使人誤解爲“母猴也”的𤔔是其中的一例，“从貝折聲”的質因省體的𤔔長期使用和“質”字聲音的變化而使原字形構隱晦，以至誤省體符號爲重文符號，變成難作解説的𤔔，也是其中的一例。

《華南師院學報》1982-4，頁 89

○**睡簡整理小組**（1990）　質，抵押。古書中“質”常指以人作抵押。

《睡虎地秦墓竹簡》頁 128

○**何琳儀**（1998）　質，从貝从所，會以貝幣、斧斤爲抵押之意。《説文》：“質，以物相贅。从貝从所，闕。”“所，二斤也。从二斤。”

　　詛楚文質，見《禮記·中庸》“質諸鬼神而無疑”，疏：“質，正也。”

《戰國古文字典》頁 1085

△按　睡虎地秦簡《法律答問》148：“百姓有責（債），勿敢擅强質，擅强質及和受質者，皆貲二甲。”或以爲侯馬盟書之𤔔，《璽彙》之𤔔，亦“質”字。參下“貢”字條。張桂光解“質”字从“所”之由，當可信。

貿　𧶠

　　𧶠 貨系 479　　　𧶠 睡虎地·答問 202

　　𧶠 秦陶 682

○**丁福保**（1938）　貿　見第七九一——七九二圖

　　貿　貿遷有無，亦取流通貨物之義。【錢匯】

　　右貿字　《漢志》，鄮，會稽郡。【錢略】

　　《公羊傳》成公元年，敗績於貿戎。左氏作茅戎，注云，戎，別種也。此布貿字疑即貿戎之省稱，亦地名也。【善齋録】

《古錢大辭典》頁 1265，1982

○**鄭家相**（1941）　【貿】𧶠

右布文曰貿,在左在右。貿字取貿遷之義。

《泉幣》8,頁 27

○**鄭家相**（1958）　貿　文曰貿。按貿取貿遷有無之義。

《中國古代貨幣發展史》頁 40

○**蔡運章**（1995）　貿貿【貿·平肩空首布】　春秋中晚期青銅鑄幣。鑄行於周王畿。屬大型空首布。面文"貿",形體稍異。背無文。1972 年以來河南洛陽、臨汝、孟津等地有出土。一般通長 9.5—9.7、身長 5.8—6、肩寬 5、足寬 5.1—5.3 釐米,重 26.2—32.7 克(帶銎內範泥者重 35.5—39 克)。罕見。

《中國錢幣大辭典·先秦編》頁 153

○**何琳儀**（1998）　《説文》:"貿,易財也。从貝,卯聲。"

古璽貿,姓氏。今明州鄞縣有貿氏。見《路史》。

《戰國古文字典》頁 264

○**何琳儀**（1999）　《璽彙》3257"貿□"應讀"貿□"。"貿",古姓氏,見《姓苑》。此字也見於《璽彙》2310"陽貿"。

《考古與文物》1999-5,頁 84

△按　《璽彙》2310 之貿與 3257 之貿,上部所從與卯有別,或隸定爲貿(《古璽彙編》226、305 頁),是否貿字,待考。

【貿傷（易）】睡虎地·答問 202

○**睡簡整理小組**（1990）　貿,《一切經音義》引《三蒼》:"換易也。"貿易,更換,《漢書·李尋傳》:"高下貿易。"

《睡虎地秦墓竹簡》頁 142

贖　贖

贖　睡虎地·秦律 144

○**睡簡整理小組**（1990）　贖,繳納財物去贖死刑或肉刑等罪。

《睡虎地秦墓竹簡》頁 38

△按　《説文》:"贖,貿也。从貝,賣聲。"睡虎地秦簡"贖"字句作:"有責(債)於公及貲,贖者居它縣,輒移居縣貸之。"

【贖責】《中國歷史文物》2003-1《湘西里耶秦代簡牘選釋》[16]5

○**張俊民**（2004）　贖責,"責"同"債"。贖債之贖即以錢物免除刑役期限或罪罰,出錢可以贖罪。(中略)在没有現錢或物的情況下,就會産生拖欠贖罪錢的情況,這種情況可能就是此類木牘上的贖債。

《考古與文物》2004-4,頁46

費 費

費 睡虎地·秦律37　 [圖] 十鐘

婚 郭店·老甲36

───────────────

○**鄭家相**(1958)　面文費,背文四朱,方形,陰文穿在上下兩端直貫。按費在今山東費縣西北二十里,有費縣故城,爲魯季氏邑,戰國併於楚。

《中國古代貨幣發展史》頁196

○**何琳儀**(1998)　《説文》:“費,散材用也。从貝,弗聲。”
　　八年新城戈費,人名。

《戰國古文字典》頁1294

○**劉釗**(2003)　“貿”字疑爲“費”字異體,字从貝,“弜”聲,古音“弜”在並紐物部,“弗”在幫紐物部,可以相通,故“費”可改从“弜”作。

《郭店楚簡校釋》頁25

責 責 賕

責 睡虎地·效律41　 責 郭店·太一9

賕 包山98　 賕 包山146　 賕 包山152　 賕 上博一·詩論9

───────────────

○**睡簡整理小組**(1990)　責,《説文》:“求也。”《説文解字義證》:“求也者,謂求負家債物也。”

《睡虎地秦墓竹簡》頁242

○**劉樂賢**(1994)　責,處罰。　按:天水放馬灘甲種《日書》建除篇云:“危日,可以責人及執人、繫人,外政(征)。”

《睡虎地秦簡日書研究》頁34

○**張守中**(1994)　通債。有責於公及貲贖者居它縣。秦七六。

《睡虎地秦簡文字編》頁97

○**何琳儀**(1998)　《説文》:“責,求也。从貝,束聲。”

包山簡責,讀債。《左·昭二十》"薄歛己責",釋文:"責,本或作債。"《説文新附》:"債,負也。"

《戰國古文字典》頁 769

○**馬承源**(2001)　賨,從貝從束,金文作"賨"。《玉篇》:"古文責字。"《兮甲盤》"責"字與之相同。簡文之從束從貝,易上下爲左右排列。

《上海博物館藏戰國楚竹書》(一)頁 138

△按　"責"爲"債"之本字。楚簡"責"字除易上下結構爲左右結構之外,"束"旁寫法也與秦簡不同。

![賈] 集粹　![賈] 珍秦 78　![賈] 睡虎地·答問 184

![貴] 陶彙 3·1168　![貴] 陶彙 3·1169

![貴] 集成 2840 中山王鼎　![貴] 侯馬 35:8　![貴] 集成 11341 四年咎奴蓸令戈　![貴] 璽彙 2987　![貴] 陶彙 3·820

![貴] 璽彙 3025　![貴] 集成 9734 䛼盗壺

![貴] 包山 162　![貴] 包山 190

○**張政烺**(1979)　貫,從用從貝,古璽文中常見,前人多釋爲周(參考吳大澂《説文古籀補》)。

又按:學者多疑相邦貫即《戰國策》《史記》等書嘗見之司馬喜。貫,從用、貝,或是會意字。《倉頡篇》注:"用,以也。"以財贈人爲賄,《儀禮·聘禮》"賄用束紡",注:"賄,予人財之言也。"《穆天子傳》:"賄用周室之寶。"《説文》賄從貝有聲,其字晚出,《儀禮》古文賄皆作悔(見《聘禮》鄭玄注)。貫如是賄字異體,則與喜音近,可以通假。

(《古文字研究》1,頁 209

○**趙誠**(1979)　貫,中山國相邦之名。相邦貫,另一個圓壺作司馬貫,當是同一個人,可見此人不僅治政,而且掌握兵權。

《古文字研究》1,頁 247

○**劉翔、陳抗、陳初生、董琨**(1989)　貫:相邦名。原銘作![貴],或隸定爲貯,或隸定爲賙,意見尚不一致。

《商周古文字讀本》頁 189

○**高明、葛英會**（1991）　《説文》所無，《類篇》以爲賈字重文（編按：《古陶文字徵》釋陶彙3·1168、3·1169爲"賣"）。

　　　　　　　　　　　　　　　　　　　　　　　　《古陶文字徵》頁 226

　　此從買，古聲，亦賣字（編按：《古陶文字徵》將《陶彙》3·673 隸定作"賏"，釋爲"賣"）。

　　　　　　　　　　　　　　　　　　　　　　　　《古陶文字徵》頁 226

○**何琳儀**（1993）　骨貯之又（有）五簻[152]

　　貯原篆作骨，應釋"賏"。"周"作[45、169]，可資比照。

　　　　　　　　　　　　　　　　　　　　《江漢考古》1993-4，頁 59

○**何琳儀**（1998）　貼，從貝，古聲。《篇韻》："貼，同賣。"賈之異文。《集韻》："賈，或從古。"

　　齊器貼，人名。其中齊陶貼，亦可讀賈。《説文》："賈，賈市也。"

　　　　　　　　　　　　　　　　　　　　　《戰國古文字典》頁 476

　　賏，從貝（或省作目形），周省聲。《玉篇》："賏，給也。"《集韻》："賏，振贍也。"或釋賈。

　　戰國文字賏，多爲人名。或讀周，姓氏。

　　包山簡"賏之"之賏，動詞。見《玉篇》："賏，給也。"

　　　　　　　　　　　　　　　　　　　　　《戰國古文字典》頁 183

　　《説文》："襾，覆也。從冂，上下覆之。讀若晉。"

　　《説文》："賈，賈市也。從貝，襾聲。一曰，坐賣售也。"

　　秦璽賈，姓氏。唐叔虞少子公民，康王封之於賈，爲晉所滅，以國爲氏，本自周賈伯之後，望出武威。見《元和姓纂》。

　　　　　　　　　　　　　　　　　　　《戰國古文字典》頁 454—455

△**按**　上列文字中，秦系之𧶠、𧶠、賈，構形與小篆同，爲"賈"字無疑。陶文諸字從"古"得聲，作爲"賈"字異體，當可信（《戰國文字編》"貼"字另出，見 405 頁）。其他各字，上部形似從用，下部從貝或從貝省，則多有歧見。或釋"貯"，或隸定爲"賏"，或隸定爲"賏"，亦有改釋爲"賈"者，有待進一步研究。《戰國文字編》將各字隸於"賈"下，暫從之。

資　賣

　璽彙 0573　　璽彙 1928　　璽彙 1943　　陶彙 3·34　　陶彙 3·327

○**孙文楷**（1912）　資。

《稽庵古印箋》卷 1

○**吳振武**（1983）　0573 王齎·王□。

1928 郫齎·郫（車）□。

《古文字學論集》（初編）頁 493、502

○**何琳儀**（1998）　《説文》：“資，行賈也。从貝，商省聲。”

齊器資，人名。

《戰國古文字典》頁 652

△**按**　上列諸字所从之“商”，與“商”字商周以來的構形有別，全字是否“資”字，有待進一步研究。《戰國文字編》列爲“資”字，今暫從之。

買　　　　買

陶彙 3·1215　　陶彙 3·1216　　陶彙 3·1218　　陶彙 3·1214

珍秦 94　　睡虎地·答問 116　　侯馬 67:22

璽彙 1054　　璽彙 1608　　璽彙 1864

○**羅福頤等**（1981）　買（璽彙 1608）、買（璽彙 1864）。

《古璽文編》頁 139、205

○**吳振武**（1984）　此字應釋爲買。在戰國文字中，貝旁省作目形是很常見的，參本文［○一九］條。古璽買字既作𧶻，又作𧶲（139 頁），作𧶲者和此字完全相同。故此字應入 139 頁買字條下。

《〈古璽文編〉校訂》頁 111

○**陳漢平**（1989）　按此字从网从貝，東周文字常省去貝字下兩畫書作目形，故此字當釋爲買。《説文》：“買，市也。从网、貝。”

《屠龍絶緒》頁 310

○**何琳儀**（1998）　買，甲骨文作𧵑（鐵四六二）。从貝从网，會聚斂財物之意。网亦聲（買、网均屬明紐）。買爲网之準聲首。金文作𧶧（吳買鼎），网省作冈形。戰國文字承襲金文。网或略有變化，貝或省作目形。《説文》：“買，市也。从网、貝。《孟子》曰，登壟斷而网市利。”

睡虎地簡買，買進。

《戰國古文字典》頁 779

△**按**　《璽彙》1608、1864 所从之"貝"省爲"目",《古璽文編》將 1608 隸定爲"買",而將 1864 隸定爲"冐",當統一。

賤 賎 賎

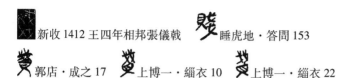

新收 1412 王四年相邦張儀戟　　睡虎地·答問 153

郭店·成之 17　　上博一·緇衣 10　　上博一·緇衣 22

○**李零**(1983)　賤,字作三戈橫書,與信陽長臺關楚簡"賤人"的"賤"作"𢧜"同(王子申盉盂盉作盠,越王句踐劍踐作𢧜),所从戈橫筆右折下垂,與長沙子彈庫帛書寫法相通。

《古文字研究》8,頁 61

○**劉樂賢**(2000)　《成之聞之》第 10 至 13 號簡中有如下幾句:"是古(故)君子不貴庶勿(物)而貴與民又(有)同也。智而比即,則民谷(欲)其智之述(遂)也;福而貧賤,則民欲其大也;貴而能讓,則民谷(欲)其貴之上也。"其中"福而貧賤"一句,裘錫圭先生讀爲"富而分賤"。按:《説苑·雜言》中有一段文字與此相關。

孔子曰:"夫富而能富人者,欲貧而不可得也;貴而能貴人者,欲賤而不可得也;達而能達人者,欲窮而不可得也。"

又,《韓詩外傳》卷八載有:

魏文侯問李克曰:"人有惡乎?"李克曰:"有。夫貴者即賤者惡之,富者即貧者惡之,智者即愚者惡之。"文侯曰:"善。行此三者,使人勿惡,亦可乎?"李克對曰:"可。臣聞貴而下賤,則衆弗惡也;富能分貧,則窮士弗惡也。智而教愚,則童蒙者弗惡也。"

魏文侯與李克所討論的問題,同《成之聞之》所論述的問題基本相同。兩相對照可知,"智而比即"大致相當於"智而教愚","福而貧賤"大致相當於"富能(能即而)分貧","貴而能讓"大致相當於"貴而下賤"。從字義上看,"富"與"貧"相對,"貴"與"賤"相對。《韓詩外傳》的"富能(而)分貧",顯然比《成之聞之》的"福(富)而貧(分)賤"準確。貧、賤雖然經常連用,但意義畢竟有別。尤其是簡文同時論述"富、貴",卻將其反義詞"貧、賤"用混,不免令人起疑。那麼,是否可以將"福(富)而貧(分)賤"讀爲"福(富)而貧(分)賤(錢)"呢? 古書中常提到富而分財之事,簡文的"富而分錢"可能是同樣的意思吧。

　　《説苑》《孔子家語》都稱"孔子曰",《韓詩外傳》也以"臣聞"的口吻引述,
唯《成之聞之》是直接説出。這種差異,很值得注意。

《古文字研究》22,頁 207—208

○陳偉武（2003）　贀:字見《紵衣》簡 10,《緇衣》簡 18 作"戔"。"贀",從"貝"
"戔"聲,表示價值低廉,爲"賤"之專用字。

《華學》6,頁 103—104

△按　《説文》:"賤,賈少也。從貝,戔聲。"秦系"賤"爲左右結構,楚系"賤"
爲上下結構。

賦 賦　賏 戝

詛楚文　　賦睡虎地・秦律 108

　　賦上博二・容成 18

　　戝璽彙 3037　　戝璽彙 3039

○吳振武（1983）　3036 戝爾・賦爾 3037—3039"戝"字同此改。

《古文字學論集》(初編)頁 511

○睡簡整理小組（1990）　賦,《左傳》僖公二十七年注:"猶取也。"賦之指令
之勞作而收取產品。

《睡虎地秦墓竹簡》頁 45

○何琳儀（1998）　《説文》:"賦,斂也。從貝,武聲。"貝或省作目、日之形。
　　晉璽賦,姓氏。
　　詛楚文賦,兵賦。《淮南子・要略》"悉索簿賦",注:"賦,兵也。"

《戰國古文字典》頁 611

△按　《璽彙》之戝,構形特別。原隸定爲"戝",其實當作戝,左上從"目",爲
"貝"之省。《璽彙》1304 之戝,吳振武認爲是戝的誤倒之形,可從。上列文字,
秦系、楚系、晉系"賦"字結構安排各有不同。

貪 貪　貪

　　貪郭店・語三 19　　貪上博二・從甲 5

○**李零**(1999)　　"貪",疑讀"任"或"堪"("任"是日母侵部字,"堪"是溪母侵部字,"貪"是透母侵部字,讀音相近)。

《道家文化研究》17,頁 530

○**李零**(2002)　　"含",原釋"貪",今讀爲含(二字均從今得聲)。

《郭店楚簡校讀記》(增訂本)頁 150

○**劉釗**(2003)　　"貪"讀爲"含","含之生之"指地之生養萬物。

《郭店楚簡校釋》頁 214

△**按**　《説文》:"貪,欲物也。从貝,今聲。"郭店簡𧵳字,似爲出土文獻首見,整理者原隸定爲"貟",讀爲"均",其所在句爲"地能貪之生之者",裘錫圭先生按語云(《郭店楚墓竹簡》213 頁):"'能'下一字也有可能是'貪'字,或可讀爲'含'。"此字《戰國文字編》失收。另上博簡《從政》甲 5 有𧶂字,从貝从含,整理者張光裕先生隸定爲"賧",注云(《上海博物館藏戰國楚竹書》[二]219 頁):"或可讀爲'貪'。"

貧 𥄂

睡虎地·秦律 82　　 曾侯乙 45　　 郭店·成之 17　　 九店 56·47　　 上博一·緇衣 22

郭店·性自 53

九店 56·55

○**商承祚**(1983)　　《説文》:"貧,財分少也。从貝分,分亦聲。𠪲,古文,从宀、分。"去貝則貧,此存分之義,而取無貝之實也。

《説文中之古文考》頁 61

○**張守中**(1994)　　通分。不踐以貧人。爲三六。

《睡虎地秦簡文字編》頁 97

○**何琳儀**(1998)　　《説文》:"貧,財分少也。从貝从分,分亦聲。𠪲,古文,从宀、分。"

　　隨縣簡貧,或作㪲、紛。見紛字。

《戰國古文字典》頁 1358

○**顏世鉉**(2000)　　《老子》甲 30:"夫天多期(忌)韋(諱)而民爾(禰)畔(叛)。""畔"別本多作"貧","貧"當讀爲"分",貧爲並紐文部,分爲幫紐文部,旁紐疊韻。《成之聞之》簡17—18:"福(富)而貧(分)賤,則民欲其福(富)之大也。"睡虎地秦墓竹簡《爲吏之道》:"人各食其嗜,不足以貧(分)人;各樂其所樂,而足以貧(分)人。"曾侯乙墓竹簡"紛靷"(簡43),又作"繽靷"(簡53)、"斂靷"(簡31)、"貧靷"(簡39),天星觀楚簡作"紛紉",以上均爲"貧"讀作"分"之證。《論語·季氏》:"邦分崩離析,而不能守也。"何晏《集解》引孔安國注:"民有異心曰分,欲去曰崩,不可會聚曰離析。"民有離異之心就是"分",分可訓爲"離異"之意。《左傳·隱公四年》:"衆叛、親離,難以濟矣。"《管子·形勢解》:"失天之道,則民離畔而不聽從,故主危而不得久王天下。"《廣雅·釋詁三》:"畔,離也。""叛"亦可訓爲"離"。故王本、帛書本之"民彌貧"當讀作"民彌分",此正與簡本"民彌畔(叛)"同義,即指百姓更加背離。

　　或王本、帛書本的"貧"可直接讀作"畔"(叛)。貧爲並紐文部,叛爲並紐元部,雙聲旁轉。"分"與"半"是同源字,典籍常見二字相通之例,如《禮記·月令》:"死生分。"注:"分猶半也。"《國語·周語中》:"若七德離判,民乃攜貳。"注:"判,分也。"出土文物亦有此例,如戰國尖足布幣有"晉陽分、膚俿分、茲氏分",張頷先生説:"分借爲半。"故從"分"聲的"貧"字可和從"半"聲的"畔"(叛)字通假。

《郭店楚簡國際學術研討會論文集》頁101—102

○**陳偉**(2003)　分,字本作"貧"。裴錫圭先生按語説:"此句疑當讀爲:貧(**編按:"貧"爲"富"之誤**)而分賤,則民欲其富之大也。"劉樂賢先生疑可讀作"富而分錢"。"分"有名分、位分義。《荀子·强國》:"禮樂則脩,分義則明,舉錯則時,愛利則形。"楊倞注:"分謂上下有分。"《禮記·禮運》:"故百姓則君以自治也,養君以自安也,事君以自顯也,故禮達而分定。"孔疏:"分謂尊卑之分。"簡文中似在這個意義上用作動詞,指安守名分或地位。春秋戰國時,富與貴、貧與賤並不一定對應。富有者如商人往往地位低賤。《國語·晉語八》記叔向説:"夫絳之富商,韋藩木楗以過於朝,唯其功庸少也,而能金玉其車,文錯其服,能行諸侯之賄,而無尋尺之禄,無大績於民故也。"《韓非子·五蠹》説:"夫明王治國之政,使其商工遊食之民少而名卑。"富而分賤,可能是説富有而保持低賤的身分。

《郭店竹書別釋》頁150—151

△**按**　郭店簡《性自命出》53 貧字,所從之"分"下從"刃"。

【**貧賤**】郭店·成之17

△按　郭店簡《成之聞之》17：“福而貧賤。”學者多讀“貧”爲“分”，則“貧賤”非詞。上博簡《緇衣》22：“輕絶貧賤而厚絶富貴。”“貧賤”與“富貴”相對，則“貧賤”爲詞，郭店簡相應作“貧戔”。

【貧寠】睡虎地·秦律 82

○**睡簡整理小組**（1990）　貧寠（音據），窮困。

《睡虎地秦墓竹簡》頁 40

賃 偣 責 香

 睡虎地·爲吏 9 伍　　集成 12097 王命龍節　　集成 9735 中山王方壺

郭店·六德 4　　郭店·六德 10　　郭店·六德 13

集成 9734 𡘇盗壺

○**張守中**（1994）　通任。不賃其人。

《睡虎地秦簡文字編》頁 98

○**何琳儀**（1998）　《説文》：“賃，庸也。從貝，任聲。”戰國文字賃，讀任。

《戰國古文字典》頁 1410

○**何琳儀**（1998）　責，從貝，壬聲。疑賃之省文。
　中山王方壺責，讀任。

《戰國古文字典》頁 1410

△按　“賃”字從貝，任聲。戰國文字或省“任”爲“壬”，或省“貝”爲“目”。

賕 𧶽 贅

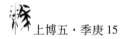 陶彙 3·343　　陶彙 3·1290　　上博五·三德 13　　上博五·季庚 15

○**顧廷龍**（1936）　賫，吳大澂云，從貝從耒省，當即賫字。《詩》“釐爾圭瓚”，疑釐賫二字古通。按，《克鼎》“錫贅無疆”，亦作贅，此省卜。《説文》所無，當即賫。

《古匋文香録》卷 6，頁 3

○**孫敬明**（1986）　一號陶文位於泥質黑灰陶高足豆柄的中部。印面長方，陽文一字曰：

　　"賷"

凡此類共五件。關於"賷"字,吳大澂先生釋之爲"賚",曰:"从貝从來省,當即賚字,《詩》'釐爾圭瓚',疑釐賚二字古通。"顧廷龍先生謂:"克鼎'錫來無疆'亦作賷,此省作ㄈ,《説文》所無,當即賚也。"(《古匋文香録》。以下所引顧廷龍先生説,凡不注出處者,均與此同。)按鼎之"賷"與陶文"賷"形體有別,前者左上从"來",後則从"未";賷从來省聲,當假作釐。《説文》:"賚,賜也,从貝,來聲。"《漢書·賈誼傳》:"後歲餘,文帝思誼,徵之。至,入見,上方受釐,坐宣室。"應劭曰:"釐,祭餘肉也。"《説文》;"豆,古食肉器也。"《大戴記·曾子事父母》:"執觴觚杯豆而不醉。"注:"豆,禮器也。"《公羊·桓四年傳》:"一曰乾豆。"注:"豆,肉器。"此"賷(釐)"字作於豆柄,當是自明豆之用途。季六四·二·五,匋六·三等與此同,應屬同類器皿上的印文。

《古文字研究》14,頁 236—237

○**孫敬明等**(1988)　2.賷(圖四:10、11)　與此同類的有:得、立、×、室

　　"賷、得"皆爲人名或里名。賷,數量最多,以陰文爲主,陽文少見,均印於豆柄上。陰文作"賷",陽文作"賷"。雖然陰陽文相反,但字體有大小,並非

 10　 11

圖四

一種戳印交互使用所致。從所在豆的形式推斷,陽文年代稍早。

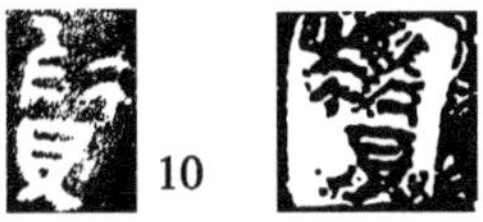

　　賷,吳大澂釋"賚",曰"从貝从來省聲(編按:"聲"字衍),當即賚字,《詩》'釐爾圭瓚',疑釐、賚二字古通"。顧廷龍先生説:"克鼎'賜來無疆',亦作賷,此省作ㄈ,《説文》所無,當即賚也。"在《益都藏陶》一文中,我們認爲"賷"假作"釐",不誤。但據《漢書·賈誼傳》"上方受釐"引應劭曰"釐,祭餘肉也",以及《説文》《大戴禮記·曾子事父母》與《公羊》桓四年傳中有關豆爲食肉器的内容,囿於此種印文皆在豆柄的現象,而得出"此'賷(釐)'字作於豆柄,當是自明豆之用途"的認識,是錯誤的。

　　新發現作於豆柄的單字不獨是"賷",還有"×、立、得、室"等,而且,陶器上所署都鄙邑里之製陶作坊所經營的產品種類明顯不同。通過對衆多印有"賷"字陶豆的出土地點的調查,印"賷"之作坊屬城陽邑,專製陶豆。"賷"應是製陶者名或窯場名。

《文物》1988-2,頁 87

○**何琳儀**(1998)　賷,从貝,救聲。賕之繁文。《説文》:"賕,以財物枉法相謝

也。从貝,求聲。”

齊陶贅,人名。

《戰國古文字典》頁 178

△按　以上所論“贅”或“贅”字,實即“贅”字。《戰國文字編》亦隸定爲“贅”,見 410 頁。上博五・季庚 15 有“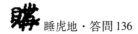”字,即“賦”字,上博五・三德 13 有“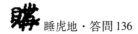”字,即“贅”字。參見李守奎《上海博物館藏戰國楚竹書(一—五)文字編》334 頁。

購　購

購　睡虎地・答問 136

○**睡簡整理小組**(1990)　購,獎賞。《墨子・號令》作構,孫詒讓《閒詁》引蘇時學云:“構與購同,賞也。”《居延漢簡甲篇》一九三三有:“願設購賞,有能捕斬嚴就君闌等渠率一人,購錢十萬,黨與五萬。”《爾雅・釋獸》郭璞注引晉律:“捕虎一,購錢三千,其豹半之。”

《睡虎地秦墓竹簡》頁 103

△按　《說文》:“購,以財有所求也。从貝,冓聲。”“購”字睡虎地秦簡《法律答問》多見,皆用作獎賞義。

貲　貲

貲　集粹　　貲　秦陶 487　　貲　睡虎地・效律 14　　貲　陶彙 5・365　　貲　陶彙 5・361

貲　陶彙 5・362

貲　陶彙 3・318

貲　陶彙 3・1131

○**睡簡整理小組**(1990)　貲,有罪而被罰令繳納財物;贖,繳納財物去贖死刑或肉刑等罪,兩者含義不同。貲、贖、債在簡文中常連稱。

《睡虎地秦墓竹簡》頁 38

○**何琳儀**(1998)　《說文》:“貲,小罰以財自贖也。从貝,此聲。”

秦陶“居賷”，不詳。

《戰國古文字典》頁 766

○**何琳儀**（1998）　《説文》：“賷，小罰以財自贖也。从貝，此聲。漢律，民不
繇，賷錢二十二。”

　　齊陶賷，人名。

《戰國古文字典》頁 1470

○**湖南省文物考古研究所、湘西土家族苗族自治州文物處**（2003）　［9］1 正：
卅年四月辛丑朔丙午，司空騰（1）敢言之：陽陵宜居（2）士五（伍）毋死（3）有
賷（4）餘錢八千六十四。（中略）

　　（4）賷，以錢贖罪。睡虎地秦簡《秦律十八種》司空“有罪以賷贖”。

《中國歷史文物》2003-1，頁 14

△**按**　《陶彙》3・318 之 🔤，或以爲“貣”字。恐非是。

貴 🔤　貟 㮡

🔤 睡虎地・日甲 15 背壹

🔤 信陽 1・26　🔤 包山 265　🔤 郭店・老甲 29　🔤 璽彙 4079　🔤 郭店・緇衣 44

🔤 璽彙 1751　🔤 璽彙 4675　🔤 璽彙 4676　🔤 集成 10407 鳥書箴銘帶鉤

🔤 璽彙 4424

🔤 曾侯乙 124　🔤 曾侯乙 137　🔤 曾侯乙 138

○**中大楚簡整理小組**（1977）　貟即饋，省食，邵王鼎作🔤可證。

《戰國楚簡研究》2，頁 6

○**李零**（1983）　貴，原銘作🔤，下半是貝字的省文，於此應釋爲貴。這個字的
釋出很重要，因爲楚國文字中有一個🔤（中略），如邵王之諻鼎、無臭鼎自銘“饋
鼎”，江陵望山、天星觀楚簡“哉牛🔤之、哉狄🔤之”，舊釋饎顯然不對，應據此
銘正爲饋，饋就是禮書所説的饋食之饋。古璽中也有這個字，一是人名用字，
如“史貟、郘貟”；一是箴語用字，如“貟身”，也應讀爲貴。漢代的貴字往往作🔤
或🔤（銅器、璽印、簡帛等），與此仍有相似性。

《古文字研究》8，頁 60—61

○**劉彬徽、彭浩、胡雅麗、劉祖信**（1991）　貴，邵王鼎銘有饋字，右旁“貴”作

貴,與簡文此字相同。

《包山楚簡》頁 63

○**何琳儀**(1998)　貧,从貝,弁聲。《篇海》:“貧,財長也。”或釋貴。參妻上从占,古文䝿上从貴。

　　信陽簡貧,讀變。參弁字 c。包山簡貧,讀飯。《汗簡》上二·一一飯作餴。《儀禮·喪服》“飯素食”,釋文:“飯,今多作餴(餴)字。”是其佐證。《集韻》:“飯,食也。或从弁。”《爾雅·釋言》:“飯,飤也。”“貧鼎”亦作“饋鼎”,均讀“飯鼎”,猶言“食鼎”或“飤鼎”(金文習見)。

　　古璽“貧身”,讀“反身”。《易·蹇》“君子以反身修德”,疏:“反求諸身,自修其德。”

《戰國古文字典》頁 1067—1068

　　臾,西周金文作𢍏(旟作父戊鼎遺作𢍏)。从小从臼,會小物易棄之意。臼亦聲。臾,見紐,臼,溪紐。見、溪均屬牙音,臾爲臼之準聲首。臾爲遺之初文。《史記·魯仲連鄒陽傳》“遺公子糾”,索引:“遺,棄也。”春秋金文作𢍏(王孫遺者鐘遺作𢍏)。戰國文字承襲兩周金文。秦系文字小旁不顯,演變序列爲𢍏、臾、臾、由、虫。《集韻》遺古文作遺、遵,尚从小旁,與六國文字相合。許慎以臾爲䝿之古文,實乃假借。《説文》:“䝿,艸器也。从艸,貴聲。臾,古文䝿,象形。《論語》曰,有荷臾而過孔氏之門。”(**中略**)

　　《説文》:“貴,物不賤也。从貝,臾聲。臾,古文䝿。”

　　隨縣簡貴,讀簣。《廣韻》:“簣,籠也。”

　　秦璽“富貴”,吉語。

《戰國古文字典》頁 1192

○**李家浩**(2000)　關於古文字“貴”及从“貴”之“饋”的考釋,看吳式芬《攈古録金文》一之三·六下、馬薇廎《彝銘文中所見加於器名上的形容詞》(《中國文字》四二册)和李零《戰國鳥書箴銘帶鉤考釋》(《古文字研究》第八輯)。

《九店楚簡》頁 101—102

△**按**　曾侯乙簡字形可證《説文》對“貴”的構形分析有據。《戰國文字編》將曾侯乙簡之字隸定爲“臕”,另出字頭(見 408 頁);《楚文字編》已收歸“貴”字下。上博一·緇衣之𧰨,原釋“貴”,實乃“冑”字。此字郭店簡作“迪”,傳本作“由、繇”。“冑”爲幽部字,與“由、迪、繇”可通。

【貴人】九店 56·42

○**李家浩**(2000)　“貴人”,卿大夫。《禮記·内則》“貴人則爲衣服”,鄭玄

注：“貴人，大夫以上也。”

《九店楚簡》頁 101

【貴鼎】望山 2·46

○**朱德熙、裘錫圭、李家浩**（1995）　簡文“鼎”字及偏旁“鼎”皆作“鼎”，實即“貞”字古體。“貞、鼎”音近，春秋、戰國時人多以“貞”爲“鼎”。釋文爲簡便計，一律寫作“鼎”。邵王之諻鼎（《三代》三·一一）、鄹臭鼎（《三代》二·五三）皆自稱“饙鼎”，而鰄鼎（《三代》三·一二）作“貴鼎”（“貴”字原文省“貝”旁）。因此簡文“饙”既可能是作爲“貴鼎”來用的，也可能是作“饙鼎”來用的。按照前一種理解，“貴”應讀爲“饙”；按照後一種理解，“饙”應是“饙鼎”之“饙”的專字（參看一號墓竹簡考釋［八七］）。此墓出土有蓋銅鼎五件（兩件較大，三件較小），疑即饙鼎。墓經盜掘，故鼎數少於簡文所記。

《望山楚簡》頁 124

○**劉信芳**（1997）　望山簡二·四六：“六貴鼎，又盉。”該墓出土鼎五件，有蓋，弇口，附耳，高足。其中 B 型三件爲鐵足。包二六五：“二貴鼎。”“貴”讀如“饙”，謂饙食、饙祭也。包山二號墓出土有蓋圓腹鼎一四件，簡文分記爲喬鼎、鷹鼎、貴鼎、聊耳鼎等。是此類鼎細分則各有專名，混稱則皆爲饙鼎。

《中國文字》新 22，頁 195

賏　賏

集成 11100 子賏之用戈

○**何琳儀**（1998）　《説文》：“賏，頸飾也。从二貝。”

子賏戈賏，人名。

《戰國古文字典》頁 780

詒　詒

詒 陶彙 3·679　　詒 鐵雲 86:4　　詒 陶彙 3·786　　詒 陶彙 9·14

詒 陶彙 3·1301

○**何琳儀**（1998）　《説文新附》：“詒，贈遺也。从貝，台聲。經典通用詒。”台旁从二吕屬繁化。

齊陶貽,人名。

《戰國古文字典》頁 58

（編按：陶彙 3・786）睍。

睍,从見,台聲。《廣韻》："睍,誘睍。"古陶睍,人名。

《戰國古文字典》頁 1521、57

賽 寶 賓

（圖）包山 149　（圖）包山 105　（圖）包山 150　（圖）包山 213

（圖）天星觀　（圖）天星觀　（圖）天星觀　（圖）包山 214　（圖）上博二・容成 29

（圖）望山 1・88　（圖）望山 1・89　（圖）望山 1・135　（圖）望山 1・135　（圖）郭店・老甲 27

（圖）郭店・老乙 13　（圖）郭店・老乙 13

○**中大楚簡整理小組**（1977）　賽即還神。

既禱,未賽,是指向神禱告過,而無殺牲報神。

《戰國楚簡研究》3,頁 3

○**劉彬徽、彭浩、胡雅麗、劉祖信**（1991）　賽,借作塞。《禮記・孔子閒居》："志氣塞乎天地。"注："滿也。"

《包山楚簡》頁 46

○**朱德熙、裘錫圭、李家浩**（1995）　寶字屢見於此墓竹簡,皆用在"禱"字之前,"寶禱"當即古書的"賽禱"（參看考釋〔六三〕）。漢印"賽"字作（圖）（《漢印文字徵》六・一九）,即由此變來。

《望山楚簡》頁 91

○**何琳儀**（1998）　寅,甲骨文作（圖）（粹九四五）。从宀从珏从収,會雙手持雙玉報賽於宗廟神祇之意。賽之初文。春秋金文作（圖）（寅公孫痦父匜）,從四玉。《説文》："寅,窒也。从珏从収窒宀中。珏,猶齊也。"訓窒之寅本應作塞。

賽,从貝,寅聲。寅之繁文。《説文新附》："賽,報也。从貝,塞省聲。"或省収。

楚簡"賽禱",讀"賽禱"。《韓非子・外儲説右》："秦惠王病,百姓爲之禱。病癒,殺牛賽禱。"包山簡賽,引申償還。

《戰國古文字典》頁 115

○**荊門市博物館**(1998)　賽,疑讀作"寋"。《説文》:"寋,實也。"《廣雅・釋詁一》:"安也。"

《郭店楚墓竹簡》頁 119

○**劉信芳**(1999)　簡甲二七:"閟其逆,賽其門。"(中略)《郭店》又謂"賽"讀如"塞",亦誤。"賽"謂賽禱也。"閟、賽"皆數術用語。"逆"者,道也,徑也(另考)。"逆、門"乃里巷、户宅相互區别的標志,古代里巷、户宅有貴賤之别,這樣,"逆、門"又有了區分貴賤的意義。然而路神無處不在,門神無處不在,當着磔禳、賽禱於通道、於門户之時,通道、門户自不分高低貴賤,通同爲一。

《中國古文字研究》1,頁 107

○**白於藍**(2000)　下面我們再來談第二個字,原《郭店楚墓竹簡釋文注釋》中云:"賽,疑讀爲'寋'。《説文》:'寋,實也。'《廣雅・釋詁一》:'安也。'"筆者認爲要想對此"賽"字作出合理的訓釋,還得結合今本和帛書本中與之相對應的"濟"(或"齊")字以及本段話整體文義作綜合考慮。這段話上下兩句文義相對,不論是將"賽"字訓爲"實"還是"安"均難以使文義貫通。關於今本之"濟"字,歷來注家均未作過多的解釋,當代人陳鼓應先生著《老子注譯及評介》從清人奚侗的説法將"濟其事"解釋爲"增添紛難的事件"。大概是本於《爾雅・釋言》"濟,益也"及《左傳・桓公十一年》"盍請濟師于王"杜預《注》"濟,益也"來考慮的。另外,還有一些人將此字訓爲助或其他一些字義,這裏就不一一列舉了。筆者認爲"濟"字在此是當憂講。《廣雅・釋詁一》:"濟,憂也。"《廣雅・釋詁四》:"憒,愁也。"又《方言》卷一:"濟,憂也。陳、楚或曰溼,或曰濟。"錢繹《箋疏》:"濟、憒,聲義並同。"由此可見,濟字古代確有當憂愁講的意思,而且還是陳、楚之地的方言。《史記・老子韓非子列傳》:"老子者,楚苦縣厲鄉曲仁里人也,姓李,名耳,字聃,周守藏室之史也。"裴駰《集解》:"《地理志》曰:苦縣屬陳國。"司馬貞《索隱》:"按,《地理志》苦縣屬陳國者,誤也。苦縣本屬陳,春秋時楚滅陳,而苦又屬楚,故云楚苦縣。"老子既爲苦縣人,而苦縣舊屬陳,春秋時陳爲楚所滅,而長沙馬王堆漢墓帛書本之《老子》又是西漢前期楚國故地流傳之抄本,故今本及帛書本《老子》中使用陳、楚之方言是理所當然的。那麽,爲什麽簡本中又要將"濟"字書寫爲"賽"字呢?筆者以爲此處之"賽"字應當讀爲"思"。上古音賽爲心母職部字,思爲心母之部字,兩字雙聲,韻則對轉。《説文》新附:"賽,報也。從貝塞省聲。"典籍中"塞"與"思"亦有相通之例證。《書・堯典》:"欽明文思安安。"《後漢書・和熹鄧皇后紀》、《第五倫傳》、《陳寵傳》李賢《注》引鄭玄《尚書緯·考靈耀》思作塞。即其例。《爾雅·釋詁上》：“悠、傷、憂，思也。”又《廣雅·釋詁》：“鬱、悠，思也。”王念孫《疏證》：“悠、憂、思三字同義。故鬱、悠既訓爲思，又訓爲憂。”可見，思字亦可訓爲憂，則與“濟”同義。筆者推測，簡本之所以將“濟”字寫爲“賽”，大概是由於在流傳的過程中，將難懂的陳、楚方言“濟”改爲通用語，使其更加通俗易懂的結果。也可能此句話本就原作“思”，而《老子》一書在陳、楚故地流傳過程中，又將“思”改爲他們方言中的“濟”，使其在當地更加易於被接受。

《古籍整理研究學刊》2000-2，頁 59—60

○**劉信芳**（2003）　　讀爲“塞”，據文意應是作爲行政管理區劃的一定水域。《管子·度地》：“五水者，因其利而往之可也，因而扼之可也。”戴望《注》：“扼，塞也。”又“涵則塞”，《注》：“塞亦控也。”

《包山楚簡解詁》頁 153

△按　　鄭珍《説文新附考》謂“賽”字“蓋自漢已前例作‘塞’字。祀神字从貝，於義爲遠，蓋出六朝俗制”。王念孫《讀書雜誌》亦云：“賽本作塞。古無賽字，借塞爲之。”今楚簡有“賽”字，知鄭、王之説皆誤。以上“賽”字，形體之異主要表現在所从“工”符之多少和“廾”符之有無方面。

【賽金】包山 2·108 等

○**湯餘惠**（1993）　　宲金₁₀₈　　原釋“賽金”至確，但注 174 認爲簡文“賽”借爲“塞”，當訓爲滿，其説可商。簡文屢言“賽金、不賽金”，都是承前文“貣（貸）金”之事來説的，是借貸以後有關償還情況的記録，“賽”當訓爲報，意謂償還。

《考古與文物》1993-2，頁 71

○**劉信芳**（2003）　　賽：報也。賽金即償還所貸金額。簡文所記借貸時閒爲“宫月”，即夏曆三月，正值耕種之時，賽金時閒在“屈欒之月”，當夏曆十一月，正值秋後入藏之時。

《包山楚簡解詁》頁 99

【賽禱】望山 1·82、包山 2·210 等

○**中大楚簡整理小組**（1977）　　第五簡　　☐賽禱於東大☐

賽字上端右側有縛組缺口。

賽字作寶，上从宀，中从雙玉，下从貝。《漢印文字徵》卷第六賽字條下引《宲賽私印》《族賽私印》《李賽》《楊賽》之賽字，均作寶。漢《元延鈁》《萬歲宮高鐙》《延壽宮高鐙》《元延乘輿鼎》《臨虞宮高鐙》都有寶字，作人名。漢

《角五巨虛竟》：“國寶受福家富昌。”過去釋者以爲“實”字，義雖可通，形卻未盡然。故《金文續編》列入《附錄》，未知賽、塞本同音互假，塞訓充實，國賽即國家財富，糧食充實之意。由此可知賽字本从宀从珏从貝。皇象本《急就篇》第廿四：“謁禓賽禱鬼神寵。”顏師古注：“賽，報福也。”王應麟補注：“碑本賽作塞。”鈕樹玉校定本作：“行觴塞禱鬼神寵。”《史記·封禪書》“冬賽禱祠”，《索隱》謂賽“報神福也”。《漢書·郊祀志上》“冬塞禱祠”，注：“塞謂報其所祈也。”又由此可知，賽塞本相互假，賽禱之義爲報神福。另，因病禱神祈求降福去病，疾病好轉或病癒賽禱報神福一類的迷信做法，古籍也常有記載。最有名者，如《史記·魯世家》記載的武王有疾，周公自以爲質，設壇，“戴璧秉圭”向太王、王季、文王禱告，令祝者讀簡書。又成王有病，“周公自揃（剪）其蚤（爪）沈之河”而祝神，並藏簡策於府。後來成王發府，見周公禱書。《韓非子·外儲說右下》記有“秦昭王有病，百姓里買牛而家爲王禱”，“秦襄王有病，百姓爲之禱，病癒，殺牛塞禱”。《韓非子》是戰國末年作品，略晚於此組竹簡，但所記之事，則於此組竹簡年代相近。此組竹簡屢言“迻禱、賽禱”等等，或用綠玉，或用“戠牛、白犬”，與古籍中所言“戴璧秉圭、殺牛塞禱”正相仿。所以，竹簡所言賽禱，爲惡固病癒，報神之禱。

《戰國楚簡研究》3，頁 8—9

○**朱德熙、裘錫圭、李家浩**（1995）　八二號、八八號、八九號、九〇號等簡有“賽禱”之語，釋文據補。“賽禱”見於古書。《韓非子·外儲說右下》：“秦襄王病，百姓爲之禱。病癒，殺牛塞禱。”“塞、賽”古通（《說文》有“塞”無“賽”）。《史記·封禪書》“冬賽禱祠”，索隱：“賽謂報神福也。”《漢書·郊祀志上》“賽”作“塞”，顏注：“塞謂報其所祈也。”

《望山楚簡》頁 97

○**劉信芳**（2003）　即簡 213、214、219 之“賽禱”，亦見於望山簡。《韓非子·外儲說右下》：“齊襄王病，百姓爲之禱。病癒，殺牛塞禱。”王先慎《集解》：“塞、賽義同。”《史記·對禪書》：“冬塞禱祠。”《索隱》：“今報神福也。”《漢書·郊祀志上》：“冬塞禱祠。”師古《注》：“塞謂報其所祈也”。

《包山楚簡解詁》頁 216

貢

九店 56·116　 九店 56·114　 郭店·老甲 36　 郭店·老甲 36

○**李守奎**(1997) 一、第 114、115 號簡考釋

九店 56 號墓第 114、115 號竹簡李家浩先生釋文如下：

□含(陰)胗(陽)，叟生於丑，□生於寅，衰生於卯叟，兡於辰，即□□ ☑ 114

☑□巳，衰兡於午☑ 115

以上釋文有數處不當，我們分述於下(中略)

"兡"字釋爲"兡"字未安。字當是"貢"。"貝"與"見"二形相近，但可區別。試比較下列"貝、見"二形：

貝字與貝旁　　　　　　見字

   員 曾侯乙墓 80 號簡　　 員 包山 2 號墓 15 號簡

   兆 九店 56 號墓 33 號簡　　兆 九店 56 號墓 29 號簡

"貝"與"見"在字形上有兩個區別特徵，一是貝字上部均作平首狀，而見字上部所從"目"旁是鋭角狀；二是貝字下部兩筆互不相連，且常作"勿"形，與其上部相連，"見"則是下從"人"或變形"人"旁。

"兡"在九店簡中凡六見，除上引 114、115 號竹簡外，還見於下列簡中：

凡兡日攻含，少日必导(得)日少辰□□□☑ 116

女(如)昌(以)行，必兡□，又(有)☑ 117

☑□兡☑ 118

"兡"字下部所從，均與"貝"形相合，字當隸作"貢"，疑在簡文中讀作"亡"。在 114 和 115 號簡中，"貢"與"生"相對，"亡"有"死"義，與"生"相對。116 號簡之"貢日"有可能與"导日"相對爲辭，"亡"有"失"義，與"导"(得)相對；117 號簡之辭例蓋與同墓所出 46 號簡"盍(蓋)西北之遇(寓)，芒(亡)倀(長)子"相近，"貢"與"芒"並當讀爲"亡"。

"貢"字也可能就是爲"亡"之"失"義所造的分化字。"亡"之"失"義與"导"(得失之"得"本字)構成反義詞，"导"從手持貝，受其類化，"亡"也增加貝旁，楚文字"府"作"賃"，"藏"字作"賛"，這些帶有地方特徵的分化字典籍均失傳。

《江漢考古》1997-4，頁 67—68

○**荊州市博物館**(1998) 貢，"亡"字異體。

《郭店楚墓竹簡》頁 117

○**李零**(1999) 簡文與"生"字並説的"貢"字，原釋從亡從見，其實是從貝從

亡(李守奎)。學者多以此字爲"亡"字假借字,可商。我們認爲,這個字在簡文中是作"旺"字(古書亦作"王")。

《考古學報》1999-2,頁 149

○**李家浩**(2000)　"覓"字當从"見"从"亡"聲。在古文字中,"見、目"二字作爲形旁可以通用(參見高明《中國古文字學通論》150、151 頁)。疑"覓"即"盲"字的異體。簡文"覓(盲)"與"生"對言,大概應當讀爲死亡之"亡"。

《九店楚簡》頁 136

○**李家浩**(2000)　(一四)組簡的"覓"字,原文作𧷙。有人説此字應該釋作"貢",从"貝",非从"見"(李守奎《江陵九店五六號墓竹簡考釋四則》,《江漢考古》1997 年 4 期 67、68 頁)。此説甚是,釋文當據之改。改寫後的釋文"貢",仍應該讀爲"亡"。

《九店楚簡》頁 139—140

○**劉釗**(2003)　"貢"即"亡"字,受上文"貨"字影響亦類化爲从"貝"作。

《郭店楚簡校釋》頁 25

△**按**　當以李守奎和李家浩後説爲是,可能是爲"亡失"義而造的專字。郭店此字上博五·三德 18·19 亦見之,作𧷙,字形不甚清晰。李守奎等以爲即"亡佚"之"亡",从亡、貝,亡亦聲。説見《上海博物館藏戰國楚竹書(一—五)文字編》335 頁。

貥

集成 4190 陳貥簠蓋

○**何琳儀**(1998)　貥,从貝,方聲。

齊璽貥,姓氏。

《戰國古文字典》頁 716

𧴪

陶彙 3·186

○**高明、葛英會**(1991)　《説文》所無。

《古陶文字徵》頁 228

○**何琳儀**（1998）　賦，从貝，夫聲。

齊陶賦，人名。

《戰國古文字典》頁 591

賷　賭

郭店·老甲 36　　新蔡乙四 106

包山 180

○**何琳儀**（1998）　賭，从貝，寺聲。《集韻》：“賭，畜財。”

包山簡賭，人名。

《戰國古文字典》頁 46

○**荊州市博物館**（1998）　賷，从“貝”“之”聲，與“得”音近通假。

《郭店楚墓竹簡》頁 117

○**陳偉**（1998）　持，注七三云：“从‘貝’‘之’聲，與‘得’音近通假。”與簡本相當的傳世本《老子》四十四章及帛書甲本此句作“得與亡孰病”，整理者將此字看作“得”之假借恐與此有關。實則這個字更有可能釋爲“寺、持”。“持”有與“得”相近、與“亡”相反的意思。《詩·鳧鷖》序“能持盈守成”，孔穎達疏：“執而不釋謂之持，主而不失謂之守。”《吕氏春秋·至忠》“持千歲之壽”，高誘注：“持猶得也。”

《江漢考古》1998-4，頁 67

○**李零**（2002）　“持”，原从貝从止（上下結構）。“亡”，原从貝从亡（上下結構）。這兩個字都从貝，在簡文中是表示財貨的保有和不能保有（上文是“身與貨孰多”）。原書將前者讀爲“得”，舊作説“讀‘持’亦通”，但未改讀。陳偉先生指出，簡文此字應讀爲“持”（《郭店楚簡別釋》），是持守之義。今按“得”與“持”雖讀音相近，“亡”與“失”也含義相近，但下文説“持而盈之，不若已”，不但“持”字的寫法與此相近，是从木从止（上下結構），而且含義也與上文相應。我們考慮，簡 36 的這個字還是以讀“持”更好。古書多以“得、失”對言，“得”是獲得，“失”是失去，而這裏的“亡”則是相對於“持”，“持”是持守，“亡”是不能持守，它們在用法上還略有區別。這裏改讀爲“持”。

《郭店楚簡校讀記》（增訂本）頁 11

○**陳偉**（2003）　36 號簡寫道：“名與身孰親，身與貨孰多，持與亡孰病。”

持,原釋文讀爲"得",原注釋云:"从'貝''之'聲,與'得'音近通假。"與簡本相當的傳世本《老子》四十四章及帛書甲本此句作"得與亡孰病",整理者將此字看作"得"之假借恐與此有關。實則這個字更有可能釋爲"寺、持"。"持"有與"得"相近、與"亡"相反的意思。《詩·鳧鷖》序"能持盈守成",孔穎達疏:"執而不釋謂之持,主而不失謂之守。"《呂氏春秋·至忠》"持千歲之壽",高誘注:"持猶得也。"簡文"持"从"貝"作,與同簡二"亡"字均从"貝"作一樣,是指財富的保有或喪失。

《郭店竹書別釋》頁 22

○**劉釗**(2003)　"貣"从"貝"之聲,讀爲"得",古音"之"在章紐之部,"得"在端紐職部,聲爲一系,韻爲對轉,於音可通。

《郭店楚簡校釋》頁 25

○**李守奎**(2003)　郭老甲·36　讀得。疑與時爲一字異體。

《楚文字編》頁 387

△**按**　郭店簡之貣字,當是包山簡貣之省。包山簡可隸定爲"時"字。據《集韻》"時,畜財"之説,則郭店簡用爲本字,無須通假。"時與貣孰病"即"畜財"與"亡財"哪一種情況更有害之意。"時"與"貣"都可看成專字。

昇

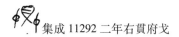

集成 11292 二年右貫府戈

○**何琳儀**(1998)　昇,从貝,廾聲。疑貫之異文。《儀禮·大射儀》"不貫不實"注:"古文貫作關。"可資參證。

昇府戈"昇貣",讀"貫府",藏幣之府。

《戰國古文字典》頁 1003

貱

陶彙 3·952

○**何琳儀**(1998)　貱,从貝,气聲。疑鈙之異文。《説文》:"鈙,乘輿馬頭上防釳也。以翟尾鐵翮象角所以防網羅釳去之。从金,乞聲。"

齊陶賏,人名。

《戰國古文字典》頁 1200

△按　《戰國文字編》隸定爲"賏"。

賏　睍

集成 4096 陳逆簠　　詛楚文

○**何琳儀**(1998)　賏,从貝,凶聲。睍之省文。《字彙補》:"睍,古文睍字。"兇、兄均屬曉紐,東、陽旁轉。

　　陳逆簠賏,讀睍。《説文新附》:"睍,賜也。"

《戰國古文字典》頁 406

　　睍,从貝,兇聲。《字彙補》:"睍,古文睍字。"兇、兄均屬曉紐,東、陽旁轉。

　　詛楚文睍,讀凶,凶惡。

《戰國古文字典》頁 406

△按　"賏"字《戰國文字編》隸定爲上下結構。

肺

璽彙 3154　　璽彙 3321　　集粹

璽彙 0235　　璽彙 3992

陶彙 3・1345　　陶彙 3・1174

○**顧廷龍**(1936)　賣,吳大澂云,从貝从睦省,與賣同(**編按:**指陶彙 3・1345 字)。

《古匋文舂録》卷 6,頁 3

○**裘錫圭**(1980)　同型的私印還有以"賖"爲名的:

　　宴(晏)賖信鉨　　　尊集一 1・14

　　王賖　　　　　　　棗華

這個字也應該是"市"的繁文。戰國文字裏的"府"字往往加"貝"作"賨"(《金文編》522),"市"字加"貝"與此同例,也有可能加"貝"是爲了表示這個字是市買之“市”（即動詞之“市”）的專字。

《古文字論集》頁459,1992；原載《考古學報》1980-3

○**吳振武**（1983）　3154戲𧶠·戲肺（市）。

　　3321□𧶠·□肺（市）。

《古文字學論集》（初編）頁512、514

○**高明、葛英會**（1991）　吳大澂云，从貝从睦省，與賣同。

《古陶文字徵》頁227

○**陳偉武**（1995）　6.肺《文字徵》第227頁“賣”字下：“𧶠3·1174，獨字。吳大澂云：‘从貝从睦省，與賣同。’𧶠3·1345，同上。”今按，3·1174號陶文不敢妄言，3·1345號之形，裘錫圭先生謂“頗疑其右旁亦‘坿’之變體，字當釋‘肺’（市）。附識於此，以待後考”。依裘文本身即可確釋，不必再設疑辭。裘文云：“長沙楊家灣6號楚墓出土的漆耳杯，底部有‘坿攻’二字戳印。第一字寫法與金節‘坿’（𰁜）字很近，只不過‘之’下右邊的彎筆寫成了與左邊一筆一樣的短斜畫。這個字大概也是‘坿’字。”陶文市字別體作𰁜（《陶彙》4·20）、𰁜（《陶彙》4·151）、𰁜（《陶彙》3·652）等，只要將第一、二體市字中閒的短橫畫下移，左右兩豎筆縮短，即成第三體坿字右邊（市），第三體土旁和市旁橫筆粘連。我們斤斤於點畫之間，旨在說明𰁜、𰁜非从土之坿，而是市之變體，𧶠確从貝从市，右旁爲市字正書，漆耳杯市字則反書。肺即市之繁文。

《中山大學學報》1995-1，頁126—127

○**何琳儀**（1998）　肺，从貝，市聲。疑市之繁文。

　　齊陶肺，讀市，姓氏。

《戰國古文字典》頁50

△**按**　裘錫圭謂加“貝”是爲了表示這個字是市買之“市”（即動詞之“市”）的專字，其說有理。

賍

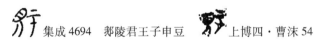

集成4694　鄦陵君王子申豆　　上博四·曹沬54

○**郭若愚**（1994）　貦，《說文》：“玩，弄也。貦、玩或从貝。”

《戰國楚文字編》頁86

○**何琳儀**（1998）　賍，从貝，主聲。《玉篇》：“賍，財賍也。”

郂陵君豆貹,讀重。見冢从主聲讀重。

《戰國古文字典》頁359

○**李零**(2004)　从貝,主聲(舊釋"豚",應糾正),乃楚"重"字(同《楚郂陵君豆》的"重"字)。"主"是章母侯部字,"重"是章母東部字,讀音相近。

《上海博物館藏戰國楚竹書》(四)頁279

朐　匐

陶彙3·449　　 陶彙3·1235

包山257　　 璽彙0445　　 璽彙2431　　 璽彙1162

璽彙0607　　 璽彙1207

○**顧廷龍**(1936)　朐,《説文》所無,《玉篇》:"朐,廩給也。"

《古匋文舀録》卷6,頁3

○**羅福頤等**(1981)　唐蘭釋則,以爲《玉篇》之朐字。

《古璽文編》頁141

○**吳振武**(1983)　0445 王匐·王匐(朐)。

0607 王匐·王匐(朐)。

1207 牛匐·牛匐(朐)。

1276 半匐·半匐(朐)。

《古文字學論集》(初編)頁493、497

○**高明、葛英會**(1991)　《説文》所無,《玉篇》:"朐,廩給也。"

《古陶文字徵》頁225

○**陳松長**(1995)　簡257云:飤室所以匐笲,"匐"字被釋爲"食",考釋中對此未加解釋,大概是認爲此字所釋没什麽疑問,故可以不論。

　按,從文意上看,將此字釋爲"食"字,語意不通。因爲如果將它視爲名詞,則不合古代漢語語法結構的常規。誰都知道,古代漢語中,介詞"以"後面多接指代詞或動詞,很少有直接接名詞者,即使直接接名詞,那該名詞後也不得又接一個名詞。如果我們將"食"視爲動詞,那它後面則一般不帶賓語,我們如將"笲"作"食"的直接賓語,那顯然不合邏輯。因此,"所以食笲"在語法和語意上是很難成立的。

　既然這種釋法在語法、文意上比較別扭,那其字形上的認識是否可以重新考慮呢？細審該字，其形體應是从貝从句省，其本字或許就是古陶文中所見的"䚋"字（見《古匋文香録》六·三和《古陶文彙編》3·499）。"䚋"字《説文》未録，《玉篇》云："䚋，廩給也。"《篇海》云："䚋，治也。"依此注釋，放在簡中釋讀，文意暢通。所謂"飤室所以䚋筮"，也就是對"飤室"功能的一種詮釋，正如簡259所説的"相（箱）尾之器所以行"一樣，"所以行"也就是對"相（箱）尾之器"的一種説明。從字形上論，古文字中，"口"作爲衍增符號者是處可見，楚簡中，將其繁飾符號去掉，再合爲从勹从貝的"匂"字，這也是文字演變過程中極其自然的現象。因此，竊以爲此字當重新隸定爲"匂"字，讀作"䚋"。

《第二屆國際中國古文字學研討會論文集續編》頁395—396

○**陳偉武**（1995）　匂《文字徵》第224頁"負"字下："𧶅3·755，王負；𧶅3·825，郜負。"今按，釋負誤，當釋匂，䚋之省。《陶彙》本已釋䚋，惜《文字徵》未能信從。句作偏旁省口，可以均字爲證。《文字徵》第57頁"均"字下引《季木藏陶》30.8（編按：308之誤）"右司工均"，均作𡊅。䚋字或不省，《文字徵》第225頁："𧶅3·449，酷里人匂者䚋；《説文》所無。《玉篇》：'䚋，廩給也。'𧶅3·1235，獨字。"古人喜以匂（䚋）命名，《古璽彙編》録有"牛匂、喬匂、宋匂、劑匂"等人名。匂，吳振武先生均改釋爲䚋。《古璽文編》雖援引唐蘭先生釋則，也以爲是《玉篇》中的䚋字。值得指出的是，《陶彙》3·755和《古璽彙編》0445號同辭作"王匂（䚋）"，可作爲陶璽文字合證的新例。

《中山大學學報》1995-1，頁123

○**何琳儀**（1998）　匂，从貝，勹聲。疑貏之省文。《篇海類篇》："貏，音包。"
包山簡貏，讀庖。《説文》："庖，廚也。从广，包聲。"

《戰國古文字典》頁238

䚋，从貝，句聲。《集韻》："䚋，稟給也。"
齊陶䚋，人名。

《戰國古文字典》頁344

則，从貝，句省聲。《集韻》："䚋，稟給也。"參䚋字。
戰國文字則，人名。

《戰國古文字典》頁345

△**按**　《戰國文字編》將《璽彙》之𧶅等隸定爲"則"，將《陶彙》之𧶅隸定爲"䚋"，另立字頭；《戰國古文字典》釋包山簡之𧶅爲"貏"，釋《陶彙》之𧶅爲"䚋"，釋《璽彙》之𧶅等爲"則"。今綜合諸説，合爲"䚋"字。

賅

○何琳儀（1998）　賅，从貝，亥聲。《廣韻》：“賅，贍也。”

天星觀簡賅，兼。《莊子·齊物論》：“賅而存焉。”釋文：“簡文云，兼也。”

《戰國古文字典》頁 7

責

○何琳儀（1998）　責，从貝，青聲。

齊璽責，人名。

《戰國古文字典》頁 352

賏

○劉釗（2003）　“賏”字从“貝”“互”聲，讀爲“恆”。

《郭店楚簡校釋》頁 67

△按　郭店楚簡《緇衣》：“人而無賏（恆），不可爲卜筮也。”楚簡“恆”字或作

王，與《說文》古文相同，此增贅“貝”符。《戰國文字編》隸定爲左右結構。

賕

○劉彬徽、彭浩、胡雅麗、劉祖信（1991）　賕，讀如購。

《包山楚簡》頁 50

○劉信芳（1996）　“賕”字見簡一四九：“攼賕仿之新昜一邑。”字讀如“斠”，

《説文》:"斛,量也。""敂賏仿"即賦税量入徵税官,"仿"即簡七四之職官名"仿皷"之省,其職守與《周官》之職方氏相類,鄭玄注《周禮・夏官》"職方氏"云:"職,主也,主四方之職貢者也。"

《考古與文物》1996-2,頁 19

○何琳儀(1998)　賏,从貝,臾聲。

包山簡賏,不詳。

《戰國古文字典》頁 376

△按　此字或隸定爲"賏",但非《説文》"从貝,臾聲"之"貴"字。《戰國文字編》及《楚文字編》均隸定爲"賏"(分别見 406、388 頁),今從之。

貪

陶彙 3・568

○何琳儀(1998)　貪,从貝,合聲。

齊陶貪,人名。

《戰國古文字典》頁 1388

賏

璽彙 3959

○何琳儀(1998)　賏,从貝,自聲。

晉璽賏,人名。

《戰國古文字典》頁 1275

△按　《戰國文字編》隸定爲上下結構。

質

○張桂光(1982)　"哲"字古璽多作𣂰(見《古璽文編》二卷 4 頁),所从之"折"作𣂰,與"質"字的省體𣂰(《古璽文編》六卷 9 頁)及𣂰(《侯馬盟書》156:

23)所從全同,則"𧵳"字所從亦當爲"折",而從音韻角度看,質、哲同屬照母,韻部亦相近(折在月部 at,與質部 et 近),把"𧵳"字所從的"折"理解爲聲符是很合適的,因此,𧵳應該是"從貝折聲"的形聲字。

《華南師院學報》1982-4,頁 89

○**吳振武**(1983)　1044 肖質‧肖(趙)斮。

　　3211 砅質‧砅斮。

《古文字學論集》(初編)頁 496、513

○**何琳儀**(1998)　𧵳,從貝,折聲。《集韻》:"𧵳,貨也。"

　　侯馬盟書𧵳,讀誓。《説文》:"誓,以言約束也。從言,折聲。"侯馬盟書"盟𧵳之言",讀"盟誓之言。"參悊字。

《戰國古文字典》頁 929

△**按**　此又隸定爲"斮",或以爲"質"字。參上"質"字條。

𧹒

郭店‧語四 26　　上博二‧容成 39

○**荊州市博物館**(1998)　𧹒,疑讀作"祏"。《説文》:"宗廟主也。"

《郭店楚墓竹簡》頁 219

○**李零**(1999)　"𧹒",原文似從貝從石從刀,釋文作從貝從石從人,讀爲"祏"。按從上下文的韻腳看,此字應是支部或錫部字,或者與二部讀音相近的脂部或質部字(讀"抵"?)。這幾句話的含義還有待查考。原文似乎是説齊一家事,有如下換算:一雌當三雄,一錡當三鍉,一個祖母可以看養三個孫兒。"保"是保育之義。

《道家文化研究》17,頁 481

○**李零**(2002)　"一家事,乃有則:三雄一雌,一錡當三鍉,一王母保三殹兒"等句(2:7 章:簡 25—27)

　　"一家事,乃有則",下面原點逗號,今改爲冒號。它的意思是説,齊一家事(即把家務管理好),是有法度規則的。"則",簡文寫法與《緇衣》簡 36 引《詩》的"厎"字有共同之處。後者也從石從貝,但右上沒有刀旁,下面加了土旁。簡文引《詩》出《小雅‧車攻》,對應的字是"展"。整理者把該字隸定爲一個從土從廁的字。"廁"與"展"讀音相差較遠,裘按以爲是"廛"字,假讀爲

“展”。我們懷疑，簡本《緇衣》的“展”字確有可能是借“廛”字爲之，但它很可能是個字形相近的錯字。因爲《唐虞之道》借用爲“禪”的字，它的聲旁可能才是“廛”字所從（參看《唐虞之道》）。我們懷疑，簡文所見這兩個從石從貝的字，它們所從的“貝”，其實都是“則”字的省文。因爲簡文“則”雖不從刀也不從人，但卻可以省爲下面從火或兩橫的“貝”字（參看張守中等《郭店楚簡文字編》131 頁）。如果我們把這個從石從刀從貝的字理解爲從廁得聲，則我們把它讀爲“則”是可以成立的。舊作是按原文隸定，這裏讀爲“則”。

《郭店楚簡校讀記》(增訂本)頁 50

○**李零**(2002)　貶，待考。按：此字或與《郭店楚墓竹簡・緇衣》第三十六簡“廛(展)也大成”句的“廛”字有關。

《上海博物館藏戰國楚竹書》(二)頁 281

○**劉釗**(2003)　“貶”字不識，於簡文中的用法不詳。

《郭店楚簡校釋》頁 234

△**按**　從《上博二・容成氏》簡 39 字形看，字當從刀，應隸定爲“貶”。

賮

璽彙 2611

△**按**　字從“貝”“君”聲，用爲人名。

賰

○**高明、葛英會**(1991)　《説文》造古文作𗊾，從舟，告聲。此從貝，告聲，與不易戈賰字同。

《古陶文字徵》頁 235

○**何琳儀**(1998)　賰，從貝，告聲。
宋兵、隨縣簡賰，均讀造。

《戰國古文字典》頁 173

△按　　"造"字異體,見卷二辵部"造"字條。

寳

璽彙1961

○**何琳儀**（1998）　寳,從貝,穷聲（貧之古文作𠇍）。疑貧之繁文。見貧字。
或説,從宀,貧聲。亦貧之繁文。

　　戰國文字寳,人名。

《戰國古文字典》頁1358

△按　　字從"刃",《璽彙》隸定爲"寳"。

賕

集成2766徐賕尹鼎

○**何琳儀**（1998）　賕,從貝,孝聲。或釋"孝尹"合文。

　　徐賕尹鼎"賕尹",讀"郊尹"。三體石經《僖公》敫作孝。《禮記·禮運》:
"夫政必本於天,敫以降命,命降於社之謂敫地。"《孔子家語·禮運》敫並作
郊。是其佐證。《左·昭十三年》"而使爲郊尹",注:"郊尹,治郊境大夫。"

《戰國古文字典》頁223

賏

包山27　　　　　包山278反

○**何琳儀**（1998）　賏,從貝,晏聲。疑賏之省文。《集韻》:"賏,物相當也。"
或嬰之異文（晏嬰雙聲）。

　　包山簡賏,人名。

《戰國古文字典》頁971

賡

鐵雲142·2　　璽彙0262　　上博二·從甲16

○劉釗(1990)　《文編》附録十一第 10 欄有字作""，字从庚从貝，應釋作
"賡"。金文庚字作""，古璽作"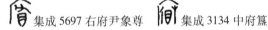"。"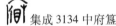"所从之""即"庚"字。因賡
字爲上下結構，所从之庚可省去中間一豎筆。這如賡字作""，可省去中間一豎筆
作""一樣。"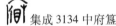"所从的六點爲飾筆。賡字《説文》謂即續字古文。

《考古與文物》1990-2，頁 46

○何琳儀(1998)　賡，从貝，庚聲。《説文》："續，連也。从糸，賣聲。賡，古文
續从庚、貝。"賡與續形、音迥別，僅義相通，許慎誤爲一字，殊不可據。茲分
續、賡爲二字，歸入侯部和陽部。

　　齊璽賡，人名。

《戰國古文字典》頁 642

賯　賦　貦

集成 12110 鄂君啟車節

璽彙 0130　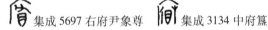包山 3　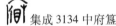包山 172

集成 5697 右府尹象尊　集成 3134 中府簠

集成 2530 王子中府鼎　集成 9616 春成侯壺

○何琳儀(1998)　賯，从貝(或省作目形)，府(或符)聲。府之繁文。
　　戰國文字賯，讀府。

《戰國古文字典》頁 393

○何琳儀(1998)　貦，从貝(或省作目形)，付聲。賯之省文。見賯字。
　　晉金貦，讀府。

《戰國古文字典》頁 394

△按　"府"字詳見卷九。

賗

包山 92

○何琳儀(1998)　賗，从貝，命聲。
　　楚璽賗，讀令，官署之長。見令字。包山簡"賗尹"，讀"令尹"，楚官名。

見命字。

《戰國古文字典》頁 1148

○**劉信芳**（2003）　疑讀爲"令"。簡 115"命尹"即"令尹"。惟楚地方官之
"令尹"，尚未見先例。

《包山楚簡解詁》頁 88

歸　賆

集成 1933 中　歸王鼎　　包山 145

包山 145 反

○**劉彬徽、彭浩、胡雅麗、劉祖信**（1991）　歸，讀如歸，歸還。

《包山楚簡》頁 50

○**何琳儀**（1998）　賆，從貝，甫聲。《集韻》："賆，以財相酬。"
　　中賆王鼎"中賆"，待考。

《戰國古文字典》頁 597

○**何琳儀**（1998）　賑從貝，尙聲。《集韻》："賑，睕賑，小有財。"
　　包山簡賑，見《集韻》。

《戰國古文字典》頁 1028

○**何琳儀**（1998）　歸，從貝，歸省聲。
　　包山簡歸，讀歸。見歸字 a。

《戰國古文字典》頁 1215

○**劉信芳**（2003）　又作"賆"，字並讀爲"歸"。《論語・陽貨》："歸孔子豚。"
何晏《集解》："遺孔子豚。"

《包山楚簡解詁》頁 146

△按　《戰國古文字典》597 頁"賆"字作，當隸作"歸"。包山簡 145 之
字，《戰國文字編》及《楚文字編》皆隸定爲"歸"，或釋爲"賑"。待考。《戰國
古文字典》1028 及 1215 頁所論之字皆包山 145 之字，前作"賑"，後作"歸"，
前後有矛盾。

賷

望山 2・7　　望山 2・10　　包山 94　　包山 278 反　　璽彙 5701

○**劉釗**（1991） 舊著録於《上海博物館藏印》，後收録於《古璽彙編》，編號爲五七〇一，此璽爲方形單字白文小璽，帶有邊框。璽文《古璽彙編》和《古璽文編》皆不釋。按字從貝從"**※※**"，"**※※**"乃"叕"字，望山楚簡綴字作"**綴**"，天星觀楚簡作"**綴**"，古陶文叕字作"**貧**"，"叕"字皆從"貝"作。故可知璽文"**貧**"字也應隸定作"賏"，釋爲"叕"。璽文"叕"疑應讀作"朡"。《説文》："朡，挑取骨閒肉也。"典籍朡又通餟。《玉篇》："餟，祭酹也，醊也。"璽文"叕（朡）"疑指行餟祭餽食的機構或官吏，此璽乃此機構或官吏的專用璽。

《古文字考釋叢稿》頁 199，2005；原載《江漢考古》1991-1

○**何琳儀**（1998） 賏，從貝，叕聲。參敠字。

楚簡賏，讀綴。參敠字。

《戰國古文字典》頁 926

○**劉信芳**（2003） 讀爲"畷"，《説文》："畷，兩百閒道也，百廣六尺。從田，叕聲。"畷可理解爲田界，《禮記·郊特牲》："饗農及郵表畷。"孔穎達《疏》："畷者，謂井畔相連畷。"《左傳》襄公十年："子駟爲田洫，司氏、堵氏、侯氏、子師氏皆喪田焉。"杜預《注》："洫，田畔溝也。子駟爲田洫以正封疆而侵四族田。"即借正封疆之名而侵占他人田界。所謂"畷田"亦即重修田閒之道而正封疆。簡 94"苛膓 訟聖塚之大夫軋豎以畷田"，其實質與上引"子駟爲田洫"類似。由此可知簡文"畷田"，實指非法擴大田界。

《包山楚簡解詁》頁 74—75

△**按** 此字上部所從，與戰國文字"乘"之省體相同，故有隸定爲從"乘"者，如《楚文字編》隸定爲"賽"，今從之。

【**賽田**】包山 77、94

○**劉信芳**（1996） "賏田"僅見以下二例：

奐月辛未之日，迅命人周甬受正，李劃聑以賏田於章寙鄹邑。（簡七七）

九月已酉之日，苛膓訟聖冢之大夫獟豎以賏田。（簡九四）

很明顯，"賏田"是一種違法行爲。按"賏"讀如"畷"，《説文》："畷，兩百閒道也，百廣六尺。從田，叕聲。"畷可理解爲田界，《禮記·郊特牲》："饗農及郵表畷。"孔穎達疏："畷者，謂井畔相連畷。"《左傳》襄公十年；"子駟爲田洫，司氏、堵氏、侯氏、子師氏皆喪田焉。"杜預注："洫，田畔溝也。子駟爲田洫以正封疆而侵四族田。"即借正封疆爲名而侵他人田界。所謂"畷田"亦即重修田閒之道而正封疆，與子駟"爲田洫"就其實質而言是一碼事。

《簡帛研究》2，頁 32

敃

包山 161　　包山 161

○**劉彬徽、彭浩、胡雅麗、劉祖信**（1991）　厰。

《包山楚簡》頁 29

○**何琳儀**（1998）　厰，从厂，敗聲。

包山簡"厰仿"，讀"敗方"，疑敗訴者。

《戰國古文字典》頁 948

○**湯餘惠等**（2001）　敃。

《戰國文字編》頁 208

賵

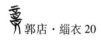
郭店·緇衣 20

○**荊門市博物館**（1998）　賵，簡文作，長沙子彈庫帛書"福"字寫作，其上部與簡文同。

《郭店楚墓竹簡》頁 134

○**陳偉武**（2003）　"賵"字見於《紾衣》簡 22,《緇衣》簡作"賵"，均是表示財富的專字。

《華學》6,頁 103

○**劉釗**（2003）　"賵"爲"富"字古文。

《郭店楚簡校釋》頁 59

△**按**　"賵"即"富"字異體，詳見卷七宀部"富"字條。

【賵貴】郭店·緇衣 20、24

△**按**　"賵貴"即"富貴"，富裕而显贵。郭店簡《緇衣》兩見"賵貴"，在簡 20、44。

賖

望山 1·14　　上博五·三德 9

△按　"價"爲"寶"字異體,參見卷七宀部"寶"字條。

賝

集成 4630 陳逆簠

○**何琳儀**（1998）　賝,从貝,容聲。

　　陳逆臣賝,讀容。

《戰國古文字典》頁 411

△按　《戰國文字編》隸定爲"資"。

賵

○**顧廷龍**（1936）　賵,《説文》所無。按,泉文六化與此同。劉心源釋賵。《集韻》賵,記物也。

《古匋文香録》卷 6,頁 4

○**鄭家相**（1941）　【朋】

　　右布文曰朋,在左在右。朋字取朋貝之義。

《泉幣》8,頁 27

○**羅伯昭**（1943）　所謂寶化之，前賢聚訟,歷來久遠,都無定論。詳審空首布之，上從廿,下從朋,古貝化紀數也。效卣器銘文:"政子效王休貝廿朋。"廿朋合字作，一望而知,與同屬一字。同器蓋銘文:"王錫公貝五十朋。"五十朋合文作。遣尊銘文:"錫貝五朋。"五朋合字作,朋字上畫,借五字下畫,合而爲一,朋字兩垂,各作二橫畫,正可證即,毫無疑問。字,漢人讀益,《漢書》"益作朕虞",益作,又《金石索》漢開母(即啟母禹后也)廟銘"實勤斯民,同心濟隘",隘作。《説文》隘作,種種可證。廿朋本貝化數名,沿用習久,鎰字遂屬上等貨幣紀重尚稱。如《孟子》"王餽兼金百鎰而不受",益從金。《史記》"黃金以溢名,爲上幣",益從水。寶化錢,益從貝。源流本一,亦猶三孔布之朱字,圜金作珠,漢錢作銖,其義不變,二而一也。秦

兼天下,貨幣一統,銖兩興而古制廢,賹鎰二字,《説文》所佚,然益含廿義,漢人知之。故《儀禮・喪服》“朝一溢米,夕一溢米”,鄭玄注曰:“二十兩也。”又《史記》“黄金以溢名”,孟康注曰:“二十兩爲溢也。”蛛絲馬迹,古義猶存。故余曰,𢆶者,廿朋合字,加貝爲賹,古貨衡名也。近見貨幣二百八十七號載田中邦泉藏兩燕錢,若改釋兩賹,於義較勝。《孟子》《韓非子》《國語》諸書,或言兼金百鎰,或言鍊金百鎰,或言良金、黄金各若干鎰,實物未見,不敢妄斷,然楚有爰金(見十七期),漢有斤鈑(見創刊號),制當有本,豈鎰金之濫觴歟。惟斤鈑方寸,數以十六,若鎰金者,當以二十爲方耳。近見郢爰,爲質各殊,黄金極罕,又有銀銅鉛三種,有鎏金者,蔡君説漢褭蹄金(見十九期)亦然,是知貨幣貶值,由來漸矣。田齊末世,廢刀行圜錢,銘錢以賹化,徒具虛名,實值早亡,而況又倍之,四倍之,六倍之,錢幣之惡濫,以視今世之所謂圓(法幣)者,殆又過焉。

《小爾雅》:“一手之盛謂之溢。”《孔叢子》:“兩手曰掬,一手曰溢。”今以一手之米衡之,勢不能重二十兩也。漢人以漢衡,度測古制,終格格不入。余以一手米權之,合今衡二兩四錢,合莽衡約五兩,以兩鹵(編按:此字可疑)泉較之,一鎰約得二十鹵(編按:此字可疑),爲近是。

《泉幣》20,頁 10—11

○**俞棪**(1945) 《漢志》所稱寶化,戴醇士、鮑子年均以𤔲化圜泉當之,此爲泉史上近百數十年聚訟之焦點,晚近羅振玉、葉玉森,亦以殷墟卜辭𤕨𤔲二形,釋爲寶字,謂“貝與玉在宀内,寶之誼已明,或从玨,即朋字”,並謂“寶四寶六化,寶字亦从朋貝”,是班氏所志,戴、鮑之釋,固未悖於古誼,惟𤔲化等圜泉,泉圜函方,並有好郭,陳壽卿謂其制作在内外俱圓之後,換言之,即在共垣等古幣之後,觀其形制,與東西周圜金明化明彡一化等略相近似,當必在戰國末期,不能遽邁於景王以前,是則毫無可疑者也。今考𢆶字,在空首幣中嘗見有此,釋其文,當曰廿朋,蓋幣值而以貝計其數者也(按撫叔敦蓋銘稱𢆶貝十朋,此𢆶貝殆即𢆶字貝字等空首幣前之貨幣),今圜泉更加从貝,則其字義益顯明,釋其文當曰廿朋貝(余前著《先秦貨幣考》即持此説,與羅君伯昭所見不期而同),然其字形已漸演化,而由習慣上用爲一字,且𢆶字形與𢆶字,即古咽字尤近似(咽嗌後相通假爲一字),故後人或讀曰益,或讀曰寶,各从其字形而爲之讀,故音異也。番禺葉遐庵先生,謂“古者貝與皿通,从貝从皿,均爲一字,如益古作𤔲,从貝,今作益,从皿,即其例也”,葉説是也。考戰國之際,黄金二十兩曰鎰,亦以二十爲進位之數,與廿朋同,足證从金則曰鎰,从貝則曰

✦,其時貨幣計值之數則然也(近人劉心源釋作賹,引《説文》嗌下籀文爲證,劉説殆近是)。

余近自戴君葆庭處,獲一先秦古幣,文近秦篆,出土山東(戴君言此幣出土凡二枚,其一歸沐園羅伯昭,一則歸余,葉遐庵旅杭日,亦嘗得一枚,其文均同),鉛質,好大如環約寸許,周圜凡十一字,多昧蝕不可識,其可辨者曰:"□□□左里吾(五百二字合書)□宜金□✦。"此其幣文,亦有✦字,可證其時✦字之製作,自已成熟(且已爲齊地名稱,近濰縣發掘古匋即有此文),而✦化之時代,自與戰國爲近,毫無疑義。蓋至此時期,其字始用爲一字也。今由上述三種文字考察,足證文字之演進,已有顯明之迹象可尋矣。

《泉幣》28,頁4—5

○王毓銓(1957)

✦北	(賹化)	直徑 2.1 釐米	✦二北	(賹二化)	2.6
✦三北	(賹四化)	3.1	✦介北	(賹六化)	3.7

錢文的第一個字過去有人讀作"寶",或"燕",或"朋貝"。從文字的結構上説,這些讀法都不通。孫詒讓早已批判,並謂此字應讀作"賹",賹即益之古體。

孫讀賹是,但所謂益之古體,則未必然。誠如吳榮曾先生言,益較賹古(見"附録"二)。

賹是鑄造地名。地名賹不見於古文獻。《漢書·地理志》北海郡有屬縣名"益",在今山東益都縣北(一説在壽光縣西),春秋以下屬齊。益當即賹。賹爲齊地,劉心源早有此説。他的根據是"賹四化""賹六化"錢範在濰縣出土,而且同時出土的還有古陶一窯,器底皆有✦字。據文獻和考古二證,斷定賹在春秋戰國時屬齊,當不會有錯。

《中國古代貨幣的起源和發展》頁118

○鄭家相(1958)　　✦✦✦　文曰朋。按朋象貝串,古以五貝爲朋,取朋貝之義。

《中國古代貨幣發展史》頁39

○朱活(1965)

　　✦介化　(賹六化)三百零五枚,

　　✦三化　(賹四化)二百九十二枚,

　　✦化　(賹化)二枚,

賹化圓錢,舊譜釋賹爲寶,並引《漢書·食貨志》"景王……更鑄大錢,文曰寶貨，肉好皆有周郭"爲證，就定賹化爲周景王所鑄之大錢，實誤；又釋燕、貝、朋貝，均誤；釋賹爲是。賹是地名抑或鑄幣的名稱，還值得探討。

近人丁福保認爲"賹即益，爲漢武帝元朔二年所封菑川懿王子劉胡之侯國，地望在山東壽光縣西……蓋今之益都，在漢爲益國也"（見丁福保《古錢大辭典》。筆者按，今壽光縣西南十餘里有故城曰益城，俗稱王胡城）。但漢初鑄錢均爲以半兩爲文（武帝所鑄三銖、五銖也以重量爲鑄幣的名稱），以文帝時吳王濞、鄧通之專寵，鑄錢亦不得用國號或城邑爲錢文，而山東近年出土的漢初文景時期石質錢範，文字亦爲半兩（見《青島樓山後出土的西漢半兩錢範》，《文物》1959 年 9 期），是否武帝時劉胡獨得以封國之號爲錢名？而武帝正在整頓錢法，郡國鑄錢更不得標新立異。今證之濟南所出土的賹化錢，並無漢半兩羼雜在內，而同坑出土者均爲先秦齊國刀化，由此可見賹化錢與漢半兩無關，與刀化的關係的確甚密，又稱錢爲"化"，本爲齊國刀形鑄幣的名稱。再從其文字結構來觀察，更與齊刀文字一脈相承，所以説它是齊國的貨幣。

我認爲賹字不是地名，而是當時貴金屬的重量單位。齊國計算黃金的一般重量單位稱賹、稱斤，如《管子·乘馬》："黃金一賹，百乘一宿之盡也。"《史記·田單列傳》："田單又收民金得千溢。"又《聶政傳》："嚴仲子奉黃金百賹。"《管子·山權數》："黃金一斤，直食八石。"《揆度》："吾有伏金百斤。"《戰國策·齊策四》載齊孟嘗君給馮諼"金五百斤"，西遊於梁，梁王遣使以"黃金千斤"聘孟嘗君，而齊王又以"黃金千斤"謝孟嘗君等等。可見賹和斤都是貴金屬的重量單位。黃金以斤爲單位本爲周制，《漢書·食貨志》："秦兼天下，弊（幣）爲二等，黃金以溢（鎰）爲名。"師古注"改周一斤之制，更以溢爲金之名"可證。而鎰似乎是秦國的制度，這可能到了戰國時期，東西各封國的經濟交流關係日加密切，原來某一封國的貨幣重量單位，在其他封國內也成了公認的重量單位了。

以金屬的重量單位作爲錢名，這跟戰國後期秦的圜法以金屬單位重量作爲貨幣名稱（如半兩、兩甾錢）的情況正相同。齊國鑄賹化錢時，錢文上的賹已是鑄幣的名稱，這是目前發現的最早以金屬重量爲錢名的齊國鑄幣。值得注意的是賹化錢分爲賹化、賹四化、賹六化，這表現了鑄幣的重量已跟名稱價值形成鮮明的分離。

鎰究竟是否如舊説等於二十兩或二十四兩，尚不能肯定，但是它應爲兩以上的重量單位，可能等於斤一級的重量。若從其篆文來觀察，𧵪上從"廿

朋”,有效卣銘文“公易(錫)乑??(順)子效王休貝??(廿朋)”可印證;下從
“貝”。則賹爲二十朋貝,或黄金屬一鎰曾等於貝二十朋。

　　總之,我認爲賹是金屬重量單位,這裏用它作鑄幣的名稱,而不是齊國的
某城邑的名稱。

《文物》1965-1,頁 39—40

○袁愈高(1983)　1982 年 2 月 12 日,中華人民共和國郵電部發行了《中國古
代錢幣》郵票第二組。其中 8-8“賹六化”方孔圜錢,定爲戰國時期所鑄,引起
了一部分集幣愛好者和集郵愛好(編按:當補“者”字)的爭論,仍有部分同志認爲
“賹六化”方孔圜錢係西漢武帝劉徹於元朔二年(公元 127 年)在山東益都所
鑄。“賹”字代表益都。我認爲郵票所載無錯。現談談自己的一點粗淺認識。

　　據史載,春秋戰國時期,在齊國流通的貨幣有三種:一、貝化(包括各種天
然貝、仿貝);二、金屬稱量貨幣(黄金、銅);三、銅鑄幣(刀化、無文銅貝)。到
了戰國末年,由于連年的戰爭,國庫十分空虛,爲了加緊對人民的掠奪,齊
國便改鑄一種減輕了幣材,但購買力仍等于刀化的新型貨幣——方孔“賹化
圜錢”。

　　近年來,考古發掘出不少戰國時期齊國貨幣,其中就有大量的“賹化圜
錢”與刀幣混雜在一起。例如,1979 年 5 月,山東省日照縣兩城公社竹園大隊
出土了一批齊國的貨幣,内有:188 枚“齊法化”,8 枚“即墨之法化”,1 枚“安
陽之法化”,5 枚“齊之法化”刀幣和 122 枚“賹四化、賹六化”方孔圜錢。根據
出土實物測量,一枚齊刀化的實際重量爲 50 克左右,然而,一枚“賹化圜錢”
卻只有 15 克左右。

　　“賹化圜錢”的“賹”字,古篆字作“賹”,從“廿朋”,從“貝”,其意爲廿朋
貝。按當時齊國的幣制,一刀化值廿朋貝化,因此,一枚“賹化圜錢”就等於一
枚刀化的購買力。雖然這種減輕了幣材、增大了幣值的新型貨幣,是統治階
級剥削人民的一種手段,但是,它的出現無疑是我國貨幣發展史上的一大進
步,爲以後秦國統一全國貨幣奠定了基礎。

《中國錢幣》1983-1,頁 67

○汪慶正(1988)　關於“賹化”錢,過去由於誤釋“賹”爲“寶”,從而附會
《漢書·食貨志》關於周景王更鑄大錢,文曰寶貨的記載。其實,從“賹四化、
賹六化”錢在山東濟南和日照等地大量發現,其範又在山東濰縣出土,可以證
實它是齊國的鑄幣。“??”可釋“益”,“賹”係地名“益”,今山東益都縣北的可
能性較大。“賹化”重在 2—3 克,也有輕到 2 克以下的;“賹四化”多數在 5—6

克閒，但也有重至 10.5 克，輕至 4.5 克的；“賹六化”在 8.5 克—10.5 克閒。重型“賹四化”是“賹化”四枚之重，是正常的比例關係，但有的“賹六化”反而不如“賹四化”重，説明曾鑄行過一段時期，並經過減重。“賹化”采用“化”爲幣面標度，是齊國貨幣制度的延續。但圓形方孔的形式，則可能受了戰國秦“半兩”的影響。“賹化”最輕的在 2 克以下，這樣輕的單位貨幣，除燕的“一化”外，爲戰國其他地區所不見，應是經濟不穩定的産物。

《中國歷代貨幣大系·先秦貨幣·總論》頁 32

○朱活（1992）　　齊國圜錢文爲賹化，方孔、背素。前人多釋寶化、燕貝、朋貝，均誤，釋賹爲是。賹化錢分三等：賹化、賹四化、賹六化，未見“賹二化”，二化即四（三）化的缺筆。賹六化徑 3.5 釐米，重 8.25 克左右；賹四化徑 3 釐米，重 5.45 克左右；賹化徑一般 2 釐米，重 1.30—2 克。

　　賹化錢的“賹”究竟是否如舊説等於 20 兩或 24 兩，看來不必如此看待。賹字爲 20 朋𧴪貝，銅一賹曾等於貝 20 朋。這種圜錢既然稱化當然與齊刀有關，殆齊刀初鑄時值 20 朋貝，它的幣材重量稱“溢”，而不是 20 兩或 24 兩的鎰，見《孔叢子·小爾雅》“一手之盛謂之溢，兩手謂之掬”。溢爲一把粟米的重量。鎰化錢鑄行時期是戰國末年，具體的説，鎰化錢開始鑄行應爲齊襄王復國以後的事。如果鑄行在秦漢之際，近年來山東臨淄的戰國晚期墓就不會出土一枚賹六化。建國以來，有科學考古記錄的：1960 年，山東省濟南市五里牌坊出土賹六化 305 枚，賹四化 292 枚，賹化 2 枚。1979 年，山東省日照縣兩城公社竹園大隊出土一批齊幣中，圜錢 122 枚，計賹六化 107 枚、賹四化 95 枚，同坑出土的齊刀 197 枚（殘斷 57 件）。

《古錢新譚》頁 35

○高明、葛英會（1991）　　《説文》所無。劉心源釋賹。《類篇》賹，記物也。

《古陶文字徵》頁 227

○紀中（1993）　　先秦貨幣中，文字傳形的方足布時有所見，不足爲奇，而文字傳形的刀幣和圜錢卻甚爲少見，尤其像“共”字、“賹六化”等幾種圜錢的傳形錢更是如鳳毛麟角，十分罕見；最近中國錢幣博物館徵集到一枚傳形“賹六化”錢，使我得以目睹了一枚舊譜未載的罕見品。該枚傳形“賹六化”錢重7.15克，較通常“賹六化”錢稍輕薄；鑄文同常見品相反，“賹”字在正面方穿之左，“六化”二字在方穿之右，其中“六”字右側一筆有明顯流銅痕迹；該錢正背兩面通體呈生坑綠銹底色，表層有土灰色硬質包漿，品相甚佳；此錢開門見山，勿庸置疑，且顯見是出土新品。據該錢原主人陳德林君介紹，此錢 1988 年出土於山東省青州市(益都),與此錢伴隨出土的是爲數二三百枚以上的一批"賹四化"和"賹六化"錢,只因該枚係傳形異品,當時即被單獨挑出。

筆者近幾年先後共見到兩枚傳形"賹六化"錢,均爲新出土品;除去前面介紹的一枚外,另見過山東省青州市丁昌五君有一枚,前兩年丁君曾有該錢拓片一紙相贈,現一同發表附在這裏,可供研究者鑒賞和參考比較。

《中國錢幣》1993-2,頁 51

○**朱活**(1995)　【賹化·圜錢】戰國晚期青銅鑄幣。鑄行於齊國。齊襄王復國後鑄。面有外郭(鑄造粗劣者,郭不顯,誤認賹化錢有無郭者),方孔。面文"賹化",幕平素。"賹化"是齊國圜錢名稱。每枚"賹化"相當一枚齊法化的價值。丁福保氏云:"近百年來,讀作寶化、燕化皆非也,宜作益化……益爲漢武帝元朔二年(公元前 127 年)所封菑川懿王子劉胡之侯國,故屬北海郡,故城在山東壽光縣西。益都(今青州市)在壽光北十五里,蓋今之益都,在漢爲益國也……故可斷定益貨爲漢武帝益縣之泉也。"按 1960 年以來,考古界在臨淄附近戰國末年墓出土一枚"賹六化",可證"賹化"圜錢是戰國時齊國晚年所鑄,非漢錢。1959 年以來,山東濟南、日照,陝西長安等地均有出土。較罕見。一般錢徑 2—2.4、穿寬 0.8—1.1 釐米,重 2—2.5 克。

【賹四化·圜錢】戰國晚期青銅鑄幣。鑄行於齊國。面有外廓,方孔,背平素。面文"賹四化"。每枚賹四化相當齊法化四枚的價值。往年射利者將四化之"三"字,剔去兩畫偽作"二化"。後不僅剔畫,並攙雜在同坑"六化"中,偽造出土假象,混淆更甚。1950 年以來,山東考古界並沒有"二化"出土的科學記録。一般錢徑 2.8—3、穿寬 0.7—1.1 釐米,重 4.5—10.5 克。

【賹六化·圜錢】戰國晚期青銅鑄幣。鑄行於齊國。面有外郭,方孔,幕平素。面文"賹六化",鑄造精美,幣文與齊刀文字氣韻相同。每枚賹六化相當六枚齊法化的價值。1950 年以來,山東青島、膠縣、濟南、日照等地均有出土。一般錢徑 3.4—3.6、穿寬 1—1.3 釐米,重 8.5—10.5 克。

《中國錢幣大辭典·先秦編》頁 616、617

○**何琳儀**(1996)　戰國齊方孔圜錢銘文有所謂"賹化"者,計三種類型:

　　　　賹 貨系 4096(圖 1)

　　　　四賹 貨系 4098(圖 2)

　　　　六賹 貨系 4112(圖 3)

首字曾長期被誤釋爲"寶"或"燕",或"朋貝"合文,毫無道理可言。一直到劉心源、秦寶瓚、孫詒讓等學者著作中,才正確地釋爲"嗌"。下面從字形簡要補述:

A 𝄞 㝬鼎　　　𝄞 作册嗌卣

B 𝄞 貨系 28　　　𝄞 貨系 470　　　𝄞 侯馬 342

　　𝄞 璽彙 2294　　𝄞 天星觀簡　　𝄞 包山 175

C 𝄞 説文籀文　　　𝄞 三體石經殘石

以上 A 式爲西周金文,能否釋"嗌",尚值得研究。C 式爲傳抄古文"嗌",據 C 式可知 B 式戰國文字均應釋爲"嗌"。分析 B、C 二式結構,疑从"口"从"冉"會意,可隸定作"冄"。

《説文》:"嗌,咽也,从口,益聲。"則是"冄"的形聲字。有的著作將"冄(嗌)"直接隸定爲"益",或以爲"冄"與"益"形體有關,均有悖"益"之構形。檢西周、戰國文字"益"均从"血"从"八"(《金文編》0793);小篆則从"皿"从"水"。"冄"與"益"形體迥然不同,唯音近而已,不宜混爲一談。

從"嗌"之初文"冄"得聲字,除"脇(天星觀簡)"、"蘁"(《璽彙》0243)之外,最習見者爲"賹":

　　　　𝄞 貨系 4096　　　　𝄞 長沙銅量　　　　𝄞 璽彙 1068

　　　　𝄞 陶彙 3·548　　　𝄞 包山 110　　　　𝄞 包山 118

嚴格説此字應隸定"賏",一般都隸定"賹"是爲與字書相對應,亦無可厚非。下文即采取通常寬式隸定——"賹"。至於"賹"所从"貝"或省中間一橫(見圖 2、3),或省作"目"形(見《陶彙》3·126、《東亞》6·28),在戰國文字中司空見慣,茲不贅述。

"賹"字隸定,現在已有定論,然而其在圜錢中的確切含義則有不同的解釋。通常有兩種説法:

一、地名説。劉心源云:"陳壽卿疑景王錢不得獨聚東海。在濰時得四化、六化範,知此泉齊所鑄。又於宅前土埂掘得古陶器一,窖底蓋皆止一字作賹。始信賹爲齊之地名矣。"丁福保云:"賹爲益之後起字。益爲漢武帝元朔二年所封菑川懿王子劉胡之侯國,故屬北海郡故城,在今山東壽光縣西。益都在壽光北十五里,蓋今之益都,在漢爲益國也(即益縣),見《漢書·地理志》北海郡益注。"

二、金屬單位説。秦寶瓚云:"賹,《集韻》音隘。注云:寄人物也。予意當轉釋爲鎰。从金而此从貝者,以上古通用之貨皆貝,故賞、賜、賚、贈、貨、賄、財、賦等字無不从貝。此爲記數之字,固宜从貝也。且古鎰字原有不从金者,《漢書》黄金以溢爲名,又高祖賜張良金百溢,皆从水旁,可見从金本不古……鎰者,二十兩也。”

以上讀“賹”爲“益”或“鎰”皆以通假字解釋,並不圓滿。其實“賹”字無庸破讀,自可用其本義解釋圜錢銘文。

上文徵引秦寶瓚説,引《集韻》對“賹”字的解釋似轉販《康熙字典》:

賹,《廣韻》《集韻》並烏懈切,音隘。賹,寄人物也。

檢澤存堂《宋本廣韻》去聲十五卦 23 頁:

賹,記人物。

復檢述古堂影宋抄本《集韻》去聲十五卦 33 頁:

賹,記物也。

至於《類篇》貝部 229 頁則與述古堂宋抄本《集韻》内容相同。綜合以上材料不難判定:

一、《康熙字典》“寄人物也”,乃《廣韻》“記人物也”之訛。“寄”與“記”音近易誤。

二、《集韻》《類篇》“記物也”乃《廣韻》“記人物也”之省略。

關鍵的問題是所謂“賹,記人物也”這條訓詁材料在傳世文獻中似乎無法證明。幸喜在地下出土文字材料中保存了這一用法(詳下文)。筆者認爲《廣韻》原文斷句應是:

賹,記人、物也。

換言之,“賹”之本義應包括“記人”和“記物”兩個内涵。

關於“記人”,參見今年湖南長沙所出銅量銘文,兹采取寬式隸定如次:

燕(?)客臧嘉問王於葴(郊)郢之歲

享月己酉之日,羅莫囂(敖)臧帀,連囂(敖)

屈上以命工尹穆丙,工佐競之,集

尹陳夏、少集尹龔賜、少工佐孝癸,鑄二

十金龍(箭)以賹,□爵。

其中“鑄二十金箭以賹”之“以”相當於“因”。銘文大意是:“鑄造二十個銅量,因之記録人名。”其所記録人名包括銅量銘文羅莫敖臧帀、連敖屈上命令的工尹穆丙以下諸官員。“賹”有“記人”之義,在長沙銅量銘文中得到確證。

關於“記物”,除《集韻》《類篇》記載之外,則可在上揭齊圜錢銘文中得到驗證。爲了釋讀齊圜錢"賹⺆"有必要探討"⺆"的含義。

　　"⺆"在齊刀幣銘文中觸目皆是,舊釋"化"讀"貨"肯定不對,近或改釋"⺆"讀"刀",則頗有點畫根據。不過對讀"⺆"爲"刀",學者或將信將疑。筆者近來懷疑"⺆"爲"毛刀"合文。典籍中"毛"與"度"每多通假,"毛刀"可讀"度刀",即合乎法度的刀幣。所謂"法度"似指長度而言。齊大型刀幣總長度約 18 釐米(上下極限在 17.8—18.9 釐米之間)。《説文》:"咫,中婦人手長八寸謂之咫。从尺,只聲。"據漢志一尺相當於 23.1 釐米推算,一咫(八寸)相當 18.4 釐米,恰與齊大型刀幣的長度 18 釐米左右吻合。古人質樸,用手長適中的婦人指掌與刀幣度長絜大,極爲簡捷方便。這大概就是"⺆"應讀爲"度刀"的真諦所在。"⺆"亦見齊小型刀幣,則成爲刀幣的泛稱,如《貨系》三七九九面文銘"齊⺆",背文銘"厶(四)刀",説明"⺆"與"刀"含義不同。銘文蓋指"一枚齊國法定刀幣相當於四刀之重"。"刀"爲戰國銘文中的重量單位,中山王圓壺銘"冢(重)三石卅九刀之冢(重)"、石夆刀鼎銘"石夆刀",可資佐證。齊國錢幣銘文的"賹⺆、賹四⺆、賹六⺆",近有文章從理化方面分析研究,計算其重量比值爲 1:4:6。其中"⺆"似乎也爲刀幣的泛稱。總之,"⺆"原指有固定長度的齊國大型刀幣,後來齊國小型刀幣、齊國圜錢也沿用這一名稱,成爲刀幣的代名詞。"刀"則僅爲重量單位,與"⺆"不同。

　　最後回到"賹"之字義。據上文"賹"訓"記物",可知圜錢銘文"賹⺆"即"記載一枚法定刀幣","賹四⺆"即"記載四枚法定刀幣","賹六⺆"即"記載六枚法定刀幣"。凡此"記物、記載"無疑都是指圜錢與刀幣的兌換關係。換言之,"賹⺆、賹四⺆、賹六⺆"分別表示這些圜錢相當一枚、四枚、六枚刀幣而已。

《古幣叢考》(增訂本)頁 17—22

○何琳儀(1998)　賹,从貝,㱼聲。疑賹之異文。《類篇》:"賹,記物。"

　　齊幣賹,讀賹,記量。

　　晉璽賹,貝旁左右=疑飾筆,或合文符號。

　　長沙銅量賹,讀賹,記量。

《戰國古文字典》頁 734

○郭若愚(2001)　戰國晚期齊國鑄行一套方孔圓錢,内外周郭,一組三枚,其文曰齊⺆、齊三⺆、齊六⺆。《前漢書·食貨志》:"景王時患錢輕,更鑄大泉,文曰寶貨,肉好,背有周郭。"宋代開始,古錢的研究者大都認爲這就是景王鑄的大泉,其文爲"寶貨"兩字。翁樹培説:"洪遵曰:顧烜《錢譜》、金光襲《錢寶

録》、李孝美《錢譜》以大泉寶貨兩存之。董逌《錢譜》始去大泉。余謂此錢當以班史爲正，董説得之矣。”（《古泉匯考》）

馬昂《貨布文字考》釋爲“燕貨”曰：“右面文二字曰燕貨。按燕篆作𤉡，《攈古遺文》作𤉡，此作𧶠，从𠬝（編按：當作𠬝），即𠬝之省文，从𣏌，《攈古遺文》作𣏌，《説文》作𣏌，是爲咽字之古文，會其聲意，顯然是燕字。𠈌即貨字，曰燕貨。明此貨爲燕地所範也。”

蔡云《辯談》：“其文右作𧶠，賏貝也，左作𠈌，六化也。四貨則作𣏌也。按古文朋本作𣏌，此筆法小變者，何兩字連書，欲下容貝字耳。其曰朋何？兩貝爲朋，莽貝貨五品，除枚直錢三者，皆二枚爲一朋，故古文朋或作賏。”他認爲：“古者龜以兩爲朋，貝不論大小，亦皆以兩爲朋，則六貨爲枚直三者一朋，四貨爲枚直二者一朋可知已。小圓布右文𧶠，左文𠈌，右文貝上从𣏌省，蓋示不得爲朋之象，左文化上不紀數，則直一耳。”

秦寶瓚《遺篋録》曰：“按《漢·百官表》，益作朕虞，益字作𣏌，《鐘鼎字源》益鼎作𠈌，方知上半截實爲益字。益加貝爲賹。”他認爲“當轉釋爲鎰”。

孫詒讓《周大泉寶貨考》説：“《説文》口部，嗌，咽也。籀文作𣏌，上象口，下象頸，脈理是也。經典或叚爲益字，故《漢書·百官公卿表》述《書》益作朕虞，益字作𣏌。顏師古注云：𣏌，古益字，蓋書隸古定以嗌爲益也。”他認爲“當讀爲益化，非寶貨也”。

丁福保曰：“𣏌爲益之本字，因泉文故加貝字爲賹，賹即益之後起字也。益爲漢武帝元朔二年所封菑川懿王子劉胡之侯國，故屬北海郡，故城在今山東壽光縣西，益都在壽光北十五里，蓋今之益都，在漢爲益國也。由此可知益貨當爲漢武帝時益都所造之泉也。”（《古錢大辭典》）

羅伯昭曰：“所謂寶化之𧶠，前賢聚訟，歷來久遠，都無定論，詳審空首布之𠈌，上从廿，下从朋，古貝化紀數也。”（並舉金文五朋、廿朋、五十朋爲例）“種種可證，廿朋本貝化數名，沿用習久。鎰字遂屬上等貨幣紀重尚稱（他認爲漢人讀□［編按：此處疑有誤，據前引羅文，此處當是𠈌］爲益）。結論是：“益含廿義，漢人知之，故《儀禮·喪服》‘朝一溢米，夕一溢米’，鄭玄注曰：‘二十兩也。’又《史記》‘黃金以溢名’，孟康注曰：‘二十兩爲溢也。’蛛絲馬迹，古意猶存。故余曰：𣏌者廿朋合字，加貝爲賹，古貨衡名也。”（《泉幣》第 20 期《釋𧶠》）

余以爲𧶠非益之本字。益字甲骨文作𤳐（甲 3337）、𤳐（前 6.43.1），金文省作𤰈（叔德簋）、𤰈（大鼎），後又省略作𣲷。由增益義引申爲錫予義（詳見拙文《德器益字探源》,《上海師院學報》1982 年 1 期）。𧵽字从貝（意符）惢聲（音符）,惢爲賏字。《説文》:“賏,頸飾也,从二貝。”“賏”字是“嬰”字的簡化。《説文》:“嬰,頸飾也,从女、賏,賏其連也。”嬰字全文作🔲（父丁鼎）,這是人物正視形,作🔲（觶文）,這是人物側視形。此文舊釋子荷貝形,其實正是以貝爲頸飾之象形,从賏象頸飾,从女象人形。此字後來从嬰又省變爲賏。西周時期貝爲實物貨幣,持有多貝者即持有大量財富,故賏有貨幣含義。《説文》:“貝,海介蟲也,居陸名猋,在水名蜬。古者貨貝而寶龜,周而有泉,至秦廢貝行錢。”説明貝是貨幣,賏是多量貨幣,嬰是持有多量貨幣。

　　𧵽字以貝爲意符,以嬰爲音符,其實𧵽即是嬰字,嬰貨是一種名“嬰”的通貨。“貝”是複增意符,嬰字原有貝意,後來單爲音符,故增“貝”爲意符:“嬰”原音於盈切,含有貨幣義,後來單純爲音符,不知其爲貨幣義了。現以金文例證,恢復其原義,真相全白。𣏟爲化,即貨字。𧵽𣏟是指一個通貨。𧵽三𣏟是指四個通貨,𧵽𣏟𣏟是指六個通貨。是很容易理解的。

　　“嬰”（於盈切）假爲“益”（伊昔切）,同音通假是從戰國時開始的。惢《汗簡》:“益,見《尚書》。”𧶠《汗簡》:“益𧶠,於革切,出《義雲章》。”至漢代就將𣏟字作爲益字。《漢書·百官表》:“益作朕虞。”益字作𣏟,《説文》釋𣏟:“嗌,咽也。从口,益聲。𣏟,籀文嗌,上象口,下象頸脈理也。”在此,許氏對“益”字的解釋是錯誤的。他在釋“益”中説:“益,饒也,从水、皿,皿,益之意也。”怎麼會變成“上象口,下象頸脈理”呢? 由於他的這一錯誤,使後世考釋文字,造成了許多混亂。

　　𧵽可隸定爲賹,但應該明確,此字原爲嬰字,象人有頸飾,後來引申爲貨幣的一種名稱。从貝益聲是形聲字,此字只是借用“益”聲,和“益”的本義是完全無關的。

　　“賹貨”有鉛製的,罕見。余見一枚,徑 2.1 釐米,穿 1.0 釐米,重 2.1 克。因附記於此,以備研究者參考。

　　　　　　　　　　　　　　　　　《先秦鑄幣文字考釋和辨僞》頁 53—54

○**陳世輝**（2004）　　對戰國齊圓錢的面文𧵽字,長時間以來學術界都釋爲賹字,並無異詞。這是根據《説文》“𣏟,籀文嗌”而認定的。應當説,對字形的這種辨識是正確的。然而,用賹字解釋圓錢面文,儘管有多種説法,卻都不能令人滿意。因此,試重新説之。

　　在《説文》中,有一種篆形相同,而文字來源與字義根本不同的現象。如:

《彖部》："彖，脩毫獸。从彑，下象毛足。"

《彑部》："彑，豕走也。从彑、豕省。"同一的篆形"彑"，有不同的構成方式和絕不相同的字義。若此，解釋篆形"彑"，便有兩種途徑：一是用《彖部》來分析；另一是用《彑部》來分析。這兩種途徑都會得到認同。基於這樣的思考，對齊圓錢的字，我用另外一條途徑來分析。

考《説文》，有三個與圓錢字偏旁相似的古文字。一爲嗌字的籀文，一爲小篆的字（今作冄，是冄的象形字），另一則爲衰字的古文（象草編的蓑衣形）。字形對比如下：

，籀文嗌。此字久被引用。

，小篆冄。今作冄，象面頰上的鬍鬚。

，古文衰。《説文》："，艸雨衣。从衣，象形。，古文衰。"按《説文》衰字所从，本象蓑衣形，衰即蓑字。變作衰，已由象形變爲形聲；後又加艸作蓑，這是又加一個形符。在偏旁中與冄字篆形全同。

上列三字的結體中都含有與圓錢字偏旁相同之處。但是，小篆字頂端沒有附加部分，應予以排除。籀文嗌已被用來釋字。我認爲"古文衰"是真實的圓錢偏旁。現把有關資料抄錄於下：

　　齊圓錢偏旁　　　　　　　　　　　　　《説文》古文衰字

　　《古文四聲韻》引《説文》　　　　　　　《類編》古文衰

圓錢偏旁與《類編》古文的結構類同。此字據《説文》是像蓑衣形，爲衣身；上面符（編按："附"之誤）加形狀像衣領。《古文四聲韻》引《説文》的古文衰較現在通行本《説文》的古文衰字形結構正確。《四聲韻》作，八下邊與圓錢偏旁的組成也相同。而通行本《説文》作，〇形與脱開，這是不對的。蓑衣領口不能單獨存在。圓錢偏旁，正像蓑衣上附有領口，較現存的古文字並無兩樣。《説文》的古文，頂端加形，可能古有此體，也可能是許氏把衣字的頂端植入。《説文》衰字，"从衣象形"，或許與此有關。從上邊的對比與分析可以看出，圓錢偏旁形，應當就是衰字的象形字，或者說是蓑衣的象形字。如果此説可以成立，那麼齊圓錢的面文字，就可以隸定作賕。

賕字不見於字書，此字从貝从衰，貝表示財寶，與錢幣相適合；衰字在古代有一種表示等差的用法。《玉篇》："衰，等衰也。"（音 cuī）如：《左傳·宣公二年》："古天子建國，諸侯立家，卿置側室，大夫有貳宗，士有隸子弟，庶人、工、商，各有分親，皆有等衰。"人事階級方面的等差，按高低的等級往下數，用

"等衰"表示。"等衰"的含義和衰字相同。《左傳‧襄公二十五年》："且天子之地一圻,列國一同,自是以衰。"土地封疆上的等差遞減,也用衰字表示。《國語‧齊語》："相地而衰征,則民不移。"財税方面的等差遞減也用衰字。從古文獻這些例子看來,春秋戰國時代,各種情況的等差遞減都可用衰字。這應當是一個常用的詞,通行的書面用語。這後面的一條資料很耐人尋味。現在來看齊圓錢三種面文:"賹六刀、賹四刀、賹刀"。賹表"等衰";六刀、四刀、刀表圓錢數量的一定差別。這應當是很明顯的在數量上或稱量上的等差遞減。經科學工作者實測,"計算其重量比值爲 1 :4 :6"(見黃錫全《先秦貨幣通論》317 頁)。在古代這就應當叫"賹"(音 cuī)。賹或衰就是表示按一定比例等差遞減。

《中國錢幣》2004-2,頁 3—4

△按　三體石經《皋陶謨》"益"字作🦴,與此字偏旁作🦴同。字爲"賹"字,當無可疑。亦不必隸定爲"賵"或"員"。

贅

包山 28　　包山 157　　曾侯乙 158　　曾侯乙 165

○**劉信芳**(1998)　包山簡 28"🦴尹"(凡二見),"🦴"字從來從貝从攴應隸定作"贅",釋爲"賚",賚字見《說文》。以楚地求之,應即"賴",來、賴音近義通。《爾雅‧釋詁》:"賚,予也。"郝懿行疏:"《詩》序云:賚,予也。《方言》云:予,賴也。賴、賚聲同。"《方言》卷二:"予、賴,讎也。"錢繹箋疏:"賴與予同義。"《左傳》昭公四年:"(楚)滅賴……遷賴于鄢。"《漢書‧地理志》南陽郡:"隨,故國。厲鄉,故厲國也。"師古注:"厲讀曰賴。"《水經注‧溳水》:"(賜水)分爲二水,一水西逕厲鄉南……亦云賴鄉,故賴國也。"其地在今湖北隨州北。曾侯乙簡 158、165 有"賚尹",賚字作"🦴"(與楚簡略同),裘錫圭、李家浩先生隸作"贅"。惟曾簡之"賚尹"是曾國職官,楚簡之"賚尹"是楚國職官。楚懷王時,曾國已滅,作爲地名,曾簡之賚即包簡之賚。(中略)

"🦴"字所從之"來"金文多見,字作🌾(《金文編》頁 383),《說文》解"來"爲象形字。與"差"所從之"夊"不是一個來源。金文從"來"之🦴、🦴等,例以"來"爲聲符。

《容庚先生百年誕辰紀念文集》頁 615—616

○**何琳儀**（1998）　贅，从貝，敘聲。（敘，捘之異文。《說文》：“捘，止馬也。从手，夋聲。”）

　　包山簡“贅尹”，讀“陵尹”。《七國考》：“《通志·氏族略》：‘陵尹氏，楚大夫陵尹喜、陵尹招之後。’陵尹，楚官。”

　　　　　　　　　　　　　　　　　　　　　　《戰國古文字典》頁 152

△**按**　包山簡字形从貝从夋省，隨縣簡字形則从貝从夋，不省。

賸　臧

　　 郭店·老甲 36　　 郭店·太一 6　　 上博一·詩論 21　　 上博四·詩論 32

○**史樹青**（1955）　“皆”下一字，釋作“賸”，即“臧”字。

　　　　　　　　　　　　　　　　《長沙仰天湖出土楚簡研究》頁 4

○**李學勤**（1956）　藏。

　　　　　　　　　　　　　　　　《文物參考資料》1956–1，頁 48

○**饒宗頤**（1957）　賸字从戕从員，疑臧字，當釋藏。

　　　　　　　　　　　　　　　　《金匱論古綜合刊》1，頁 65

○**朱德熙、裘錫圭**（1972）　簡文凡七字（見附圖），最後一字下有粗橫畫一道，乃句末標記，或釋爲“一”字，非是。

　　第二字从貝从臧。臧字从口見臯伯盨，戰國文字亦習見，當爲臧否之臧本字。簡文此字《長沙仰天湖出土楚簡研究》引或説謂即賸字，李學勤讀爲藏，可從。以藏爲儲藏字本出於假借。《漢書》中藏、賸二字皆假臧爲之，如《食貨志上》“其爲物輕微易臧”，《食貨志下》“出御府禁臧目澹之”，以臧爲藏；《刑法志》“吏爲姦臧”，《尹賞傳》“其羞辱甚於貪污坐臧”，以臧爲賸。簡文以賸爲藏，與戰國文字府字从貝作賈同意，實可看作儲藏之藏的本字。

　　　　　　　　　《朱德熙文集》5，頁 35，1999；原載《考古學報》1972–1

○**中大楚簡整理小組**（1977）　賸字从貝，臧聲。臧从口，與金文、鉥文同。漢以來易口爲臣爲臧而臧廢。臧（臧）訓善，故从口，賸从貝，有藏貝意，爲藏之初體，引申凡受賄及貪不義之財爲賸，而產生从草之藏代賸。

　　賸，从貝臧聲，讀作藏。這兩字的釋讀詳見仰天湖楚簡第 36 簡。但賸字在這裏假借爲倉,即囷倉一件。

《戰國楚簡研究》4,頁 18、24

○**郭若愚**(1994)　《仰天湖竹簡寫本》第二十有贇字(參見《長沙仰天湖戰國竹簡文字的摹寫和考釋》,《上海博物館集刊》3 期)與此同,釋藏。

《戰國楚簡文字編》頁 69

○**何琳儀**(1998)　贇,从貝,臧聲。疑臧之異文。《玉篇》:"臧,藏也。"
　　仰天湖簡贇,讀臧或藏。

《戰國古文字典》頁 704

○**陳偉武**(2003)　"臧"見於郭店簡《老子》甲 36,當是"府藏、庫藏"之專字。

《華學》6,頁 103

賰

賰 包山 180　　**賰** 新蔡甲三 123

○**何琳儀**(1998)　賰,从貝,童聲。
　　包山簡賰,疑讀鐘,姓氏。見《姓苑》。

《戰國古文字典》頁 368

【賰笋】包山 180
○**劉信芳**(2003)　僅此一見,疑讀爲"童尹",童地之尹,《戰國策·楚策二》:"昭睢勝秦於重丘。"此重丘在楚方城範圍以內。重、童古音相通。

《包山楚簡解詁》頁 188

餞

餞 睡虎地·效律 24

○**曾憲通**(1992)　睡虎地秦墓竹簡有兩個結構奇特的字,秦簡整理小組分別隸定作踐和餞。現將有關簡文分列如下:
　　第一組
　　(1)百姓叚(假)公器及有責(債)未賞(償),其日踐以收責之……(簡 144)

（2）終歲衣食不蹜以稍賞（償），令居之……（簡145）

（3）司寇不蹜，免城旦勞三歲以上者，以爲城旦司寇。（簡213）

（4）人各食其所耆（嗜），不蹜以貧（分）人。（簡714）

（5）各樂其所樂，而蹜以貧（分）人。（簡715）

以上例（1）（2）見於《金布律》，例（3）見於《司空律》，例（4）（5）見於《爲吏之道》。“蹜”在句中義爲“夠數”，與“足”同誼，他簡或徑寫作“足”。如簡212：“城旦司寇不足以將，令隸臣妾將。”此處“城旦司寇不足”即簡213之“司寇不蹜”，二簡上下相聯，語氣連貫，而上簡作“不足”，下簡作“不蹜”，都是指城旦司寇的人數不夠而言。

第二組

（6）毋（無）金錢者乃月爲言脂、膠，期蹜。（簡196）

（7）有實官縣料者，各有衡石羸（累）、斗甬（桶），期蹜。（簡261）

例（6）見於《司空律》，例（7）見於《内史雜》，均有“期蹜”一語。他簡或寫作“期足”，如簡130“用犬者，畜犬期足”（倉律），可證“期蹜”同於“期足”。期，限度也。《詩·南山有臺》：“樂只君子，萬壽無期。”期，限也、竟也；《吕氏春秋·懷寵》“徵斂無期”，注：“期，度也。”簡文“期足”爲意動用法，即“以足爲期”，意謂“以夠數爲限度”。

第三組

（8）禾粟雖敗而可飲（食）殹（也），程之，以其耗石數論賤之。（簡292）

（9）甲盜名曰耤鄭壬贎强當良。（簡815反）

例（8）見於《效律》，句中“賤”字義爲賠償，與“負”同誼。此句又見於《秦律十八種·效律》，作“禾粟雖敗而可食殹，程之，以其耗石數論負之（簡233）”。兩條律文完全相同，只是簡292之“賤”字簡233作“負”，正是“賤”同於“負”的佳證。例（9）見於《日書》甲種，“贎”爲盜者之名，文義無從查考。從隸定結構看，字之右旁下體从貝不从攵，是否與賤同字，尚有待於研究。

從以上六組可以看出，秦簡文字中結構奇特的蹜和賤，在句中的意義和用法與足和負完全相同。因此，把蹜和賤視爲足、負的別體是不成問題的。可是，爲何在形體上卻存在如此的差異，應如何理解蹜、賤二字所从的“夋”旁，它在字中起着何種作用，等等。這些問題都有進一步探討的必要。

要查考“夋”旁的來歷和作用，自然會聯繫到籀文中“憂”旁。《説文·示部》：“纝，籀文齋从纍省。”“纝，籀文禱。”“纝，籀文祟从纍省。”王國維《史籀篇疏證》云："按，此三字齊、𡭟、出皆聲，則疑从祴。意古當有祴字，而祴从示从憂，是又當有憂字。祴古文字中未見，憂則項肆簋之𢘓，番生敦之𢙾，《考古圖》所載秦弔鮴之𩰋，其所從之𢙾若𢘓，與篆文𡡾字均爲近之。其字上首下止，實象人形。古之《史篇》與後之《説文》屢經傳寫，遂訛爲憂矣。祴字象人事神之形，疑古禱字，後世復加𡭟以爲聲。"王氏在這裏所揭示的籀文"憂"旁的演變，對於我們考察秦簡"夋"旁的由來是深有啟迪的。我們頗疑心踐、賤所從的"夋"旁，有可能是由人形訛變的結果，但苦無實證。

最近，筆者有機會到湖北省博物館仔細核對了原簡，發現上引諸例踐、賤二字的夋旁存在多種不同的寫法。現按字形相近者依次排列，下附簡號，揭示如下：

上列九個例字的右偏旁可以分爲兩組：A—E 爲一組，均由三個止（夂即止）形或其變體相重疊所組成，秦簡整理小組將右旁隸定爲"夋"，即以本組形體爲依據。F—I 爲另一組，實由上𠬞下夂所構成，尤以簡 292 之 H 作𤔔形者最爲明顯。試與秦公簋、鎛之戮字作一比較：

由秦公簋、秦公鎛的𩰋，演變爲秦簡的夋、夋、夋，其間遞嬗蜕變的軌迹十分清楚，它們都是由上𠬞下止的人形逐步演化訛變而成的。由此看來，秦簡的"夋"旁爲側向的人形，與《史籀篇》的"憂"旁爲正面的人形有異曲同工之妙。從秦簡的材料分析，前一組五例均見於《秦律十八種》，爲同一書手所抄；後一組的前三例分別見於《爲吏之道》和《效律》，書手雖然不同，字體卻差別不大，可見其流行的範圍更廣。將它們同秦公簋、鎛銘文比較，字形略有變異而不失其本來的面目。至於《日書》甲種的𧴪字（簡 815），諦審原簡作𧴪，右旁下體仍存夂形，並非從貝，從整體看，仍是人形的訛變。顯而易見，前一組的夋若夋是後一組夋若夋的寫訛。所以，如果將足和負的別體根據前一組分別隸定作踐和賤便不能正確反映上述二字形體結構的實質，必須按照後一組的形體結構改定作踐和賤。

秦簡的足、負，他簡或寫作踐、賤，這同小篆的齋、禱、祟，籀文分別作𩱲、𩱛、𩲆的情形正相仿佛。與此同類的現象在秦國的銅器銘文中也時可見到。

如秦國最早的銅器不𢦦簋,器主爲秦莊公。據《史記·十二諸侯年表》所載,秦莊公名其,而簋銘作"不𢦦"("不"在此爲助詞,無義),銘末"子子孫孫其永寶用"則用"其"。可見當時已有"其"或作"𢦦"的用例。以𢦦、𢍺爲同類偏旁例之,簋銘之"𢦦",與籀文之𧱔、𧲥、𧲣等也應屬同類現象。不𢦦簋是秦莊公於周宣王四至六年(前824—前822年)所作,正與《説文敘》言《史籀篇》爲周宣王太史所作的年代相當,這或許不是偶然的巧合。值得注意的是,不𢦦簋"其、𢦦"並用在他器中也有所表現,如秦公及王姬鎛銘"具即其服"作"其",而同銘"秦公𢦦畯龡在位"及銘末"𢦦康寶"則用"𢦦";北宋出土的秦公鎛銘文"其音銑銑"用"其",而同一器主所作的秦公簋"𢦦嚴遤各"則用"𢦦"。甚至在石鼓文中,也可以找到同類形體結構的痕迹。石鼓《作原》篇有"爲所斿𢍺"句,郭沫若引錢大昕云:"斿𢍺即游優,與優游義同。"郭氏補充錢説云:"乃因與下文'鼇導'爲韻,故倒言之也。"按錢、郭説"斿𢍺"爲"優游"甚是,惟於"𢍺"旁之構形仍不得其解,總覺未安。張德榮云:"憂即優之本字。石鼓从𢍺,蓋籀文也。《説文》璿,籀文作𤪌;叡,籀文作𡄹。可證憂之作𢍺。"羅振玉云:"如張説則許書之𡄹从𢍺,乃从𢍺之訛也。"今將秦石之"𢍺",與秦簡之"𢍺、𢍺"及秦器之"𢍺"相互比照,便不難發現,《作原》"𢍺"字所从的"𢍺"旁,其實就是不帶"止"形的𢑚(𢑚)即𢍺,與金文"其"或作"𪓼"(刺鼎),或作"𢦦"(秦公簋)"𢍺"(不𢦦蓋)同例,故"𢍺"也當隸寫作"𢍺"。或許在石鼓文的年代,即有憂或作𢍺的用例,後來人形左移而成爲優,是故"斿𢍺即游優",義同"優游"。

　　綜上所述,秦簡中的跠、𧴈不但與籀文的𧱔、𧲥、𧲣等結體相同,而且與秦國早期某些金石文字的寫法也是一脈相承的,當是秦系文字這一特殊寫法的孑遺。在秦系文字中,足之作跠,負之作𧴈,其之作𢦦、𢍺,憂之作𢍺,亦同齋之作𧱔,𧲥之作𧲣,祟之作𩲏一樣,前者和後者的區別,僅在於人形(𢍺、𢦦等)的有無而已。許氏《説文》及王氏强以"省聲"説𧱔、𧲣二字,恐不足信。在古文字資料中,𢍺字的早期寫法作𢍺,象人跪踞而有所操作之形,其後才有站立帶趾的人形𢍺(𢍺)及訛趾爲女的人形𢍺(𢍺)出現,然兩手操持之狀仍約略可見;至秦簡訛作三止重疊之形,操持之狀已不復見,形義也隨之失去了聯繫。意先民造字之初,从𢍺的字大抵與人的行爲動作有關,或在一定程度上使名詞(或代詞)動化(修飾或限制動詞)的傾向,後來由於語言發展、語音變異以及字形的孳乳、分化,从𢍺的字表示行爲動作的作用慢慢淡化,某些字的用法動化與非動化趨於混同,在書寫上从𢍺與否也就隨意任作,因此,才會出現如上所述的種種情況。

此一饒有趣味的語言文字現象端賴秦系資料得以保存,真可謂難能可貴了。

《江漢考古》1992-2,頁 77—80

○張守中(1994)　《説文》所無。效二四。通負。以其秏石數論賤之。

《睡虎地秦簡文字編》頁 98

鼡

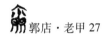 郭店·老甲 27

○**黃德寬、徐在國**(1998)　老甲 27 有字作鼡,原書隸作"鼡",無説,此字今本作"鋭"。《古文四聲韻·薛韻》引《古老子》閲字作圀,从心䀠聲。古音閲屬余紐月部,貝屬幫紐月部,二字音近。疑鼡字應分析爲从尓䀠聲,讀爲"鋭"。

《吉林大學古籍整理研究所建所十五周年紀念文集》頁 100

○**黃錫全**(2000)　第三字,如从尓从䀠,與上引閲从心从䀠同,䀠應是聲符(貝、䀠音有别。䀠屬影母耕部,貝屬幫母月部)。閲、鋭屬喻母月部,䀠與鋭聲音有别,故黃、徐以爲从貝聲。《説文》鋭字古文从厂从剡。厂屬曉母元部,剡屬喻母談部。從聲音上看,厂、剡均有作爲音符的可能。我們注意到,此字上部所从的所謂"尓"的上面"八",未封口,與簡 30 之"爾(彌)"有别,頗疑此字有可能是从"关"省,从貝,即"賸"字,與賸音義同。賸屬喻(一讀船)母蒸部,與鋭、閲雙聲。此處借爲鋭。

《郭店楚簡國際學術研討會論文集》頁 458—459

○**李零**(2002)　(九)"銼其穎"(5:2 章:簡 27)。

簡文第一字从刀从畜,第三字从尓从䀠,整理者照原文隸定,説"簡文待考",舊作按今本録寫。這兩個字的讀法還值得研究。我們懷疑,簡文第一字也有可能是"剒"字的訛寫("銼",古書亦作"錯",或"剉、剒"),或者是個含義相近的字(今字書無此字);第三字从䀠得聲,似可讀爲"穎"。這裏暫讀爲"銼其穎"。

《郭店楚簡校讀記》(增訂本)頁 13

○**劉釗**(2003)　"鼡"疑从"䀠"得聲,讀爲"穎",古音"䀠"在影紐耕部,"穎"在喻紐耕部,韻部相同,聲可通轉。

《郭店楚簡校釋》頁 21

賤

曾侯乙 214

○**何琳儀**（1998）　賤，从貝，發省聲。毲之繁文。《廣雅·釋詁》：“毲，稅也。”《廣韻》：“毲，賦斂也。”

隨縣簡賤，讀毲，賦税。

《戰國古文字典》頁 953

贎

璽彙 2318

○**何琳儀**（1998）　贎，从貝，鳶聲。

古璽贎，人名。

《戰國古文字典》頁 759

△**按**　原文隸定作贎，書少一筆，誤。當作“贎”。

賥

陶彙 3·963　　陶彙 3·965　　郭店·語四 1　　陶彙 3·964

集成 11345 八年新城大令戈

○**高明、葛英會**（1991）　《説文》所無。

《古陶文字徵》頁 229

○**何琳儀**（1998）　賥，从貝，哥聲。

齊陶賥，人名。

《戰國古文字典》頁 204

○**荆門市博物館**（1998）　裘按：“賥”讀爲“酬”或“儺（售）”。

《郭店楚墓竹簡》頁 218

○**劉釗**（2003）　“賥”讀爲“酬”。古音“壽、酬”皆在禪紐幽部，《説文》“酬”字或作“醻”，典籍中“疇”與“訕”相通，所以从“壽”聲的“賥”可以讀爲从

"州"聲的"酬"。

《郭店楚簡校釋》頁 225

贔

 包山 150　　　璽彙 3796

○**何琳儀**（1998）　贔，从三貝，會意不明，貝亦聲。贔，滂紐；貝，幫紐。幫、滂均屬脣音，贔爲貝之準聲首。據《一切經音義》七"贔，古文歊、奰、悲三形"，《廣韻》"贔，平祕切"，定贔爲滂紐脂部。

《戰國古文字典》頁 1302

△**按**　包山簡、古璽中的"贔"皆用爲人名。

齌

 睡虎地・答問 203

△**按**　"齌"字从貝，熏聲。《中華字海》"同'賰'。字見睡虎地秦墓竹簡《法律答問》"（1398 頁），"賰，見面或臨別時贈送的錢物"。睡虎地秦簡《法律答問》203："可（何）謂'齌玉'？'齌玉'，者（諸）侯客節（即）來使入秦，當以玉問王之謂殹。"

饞

 睡虎地・日甲 81 背

○**曾憲通**（1992）　"饞"爲盜者之名，文義無從查考。從隸定結構看，字之右旁下體从貝不从夊，是否與賤同字，尚有待於研究。（**中略**）《日書》甲種的饞字（簡 815），諦審原簡作饞，右旁下體仍存夊形，並非从貝，從整體看，仍是人形的訛變。

《江漢考古》1992-2，頁 78、79

○**劉樂賢**（1994）　按："饞"字不見於字書，疑是贛字的異體。

《睡虎地秦簡日書研究》頁 272

賿

集成 12110 鄂君啟車節　　集成 12113 鄂君啟舟節

○**何琳儀**（1998）　賿，从貝，臺聲。

鄂君啟節賿，讀就。《廣雅・釋詁》三：“就，久也。”

《戰國古文字典》頁 233

○**王輝**（2000）　鄂君啟節有以下二字：

　　A 　　B

（中略）A 字學者多隸作賡，郭沫若讀爲更，改也。

（中略）對郭沫若的隸定和讀法，李裕民《古文字考釋四種・釋賺》提出批評。李氏云：“此器如是更作，則其前必有初作，然而節文並沒有提到初作，則‘更作’之説便很難成立。”李氏根據上下文義指出郭説的矛盾，是很對的。

（中略）新出郭店楚簡證明 B 應釋臺（就）。就古文字作以下諸形：

師兌簋“鼄（申）乃命”　　　散盤　　　《説文》就字籀文左旁

魏正始石經古文，王國維《魏正始石經殘石考》以爲與《説文》就字籀文左旁同。

、《古文四聲韻》引《古孝經》戚字〔還〕字偏旁

、《古文四聲韻》引《義雲章》戚字偏旁

B 與、上部同，下部用殆之訛。《古孝經》、《義雲章》亦當爲之訛。臺字前人多釋京，或釋爲亯、京二字，皆不可據。50 多年前，朱德熙先生《讀古文字小記・釋臺》已改釋爲就，后來王人聰《西周金文“鼄臺”一詞補釋》又重加論證，已可視爲定論。

郭店簡 B 字見於《六德》：

聖與智 B 壴（矣），惡（仁）與宜（義）B 壴（矣），忠與信 B 壴（矣）。

B 字《郭店楚墓竹簡》隸作臺，讀爲戚。裘錫圭先生爲該書所加按語，則疑臺當讀爲就。按裘説是，就義爲依從，《玉篇・京部》：“就，從也。”《管子・權修》：“刑罰不審則有辟就。”郭沫若集校：“避謂回避，就謂牽就。”

（中略）就有趨往義。鄂君啟節的“就陽丘、就下蔡言、就木關”……乃往陽丘、往下蔡、往木關，文從字順。

節銘 A 字从貝，就聲，應是賠（造）字之異體。賠字見宋公欒戈、宋公得戈、不易戈，从貝，告聲。古文字就、戚、告聲字音近通用。《墨子・非儒下》：

"夫舜見瞽叟就然。"《韓非子·忠孝》就作造。《大戴禮·保傅》:"靈公造然失容。"《賈子新書·胎教》造作慼,《新序》造作蹴。又郭店簡《尊德義》:"慼父之御馬……"慼父即造父,爲趙人先祖,《史記·趙世家》説他曾爲周穆王御,"西巡狩見西王母"。《説文》:"造,就也。"段玉裁注:"造、就疊韻。"

《古文字研究》22,頁 146—148

△按　《戰國文字編》隸定爲"賦"。

邑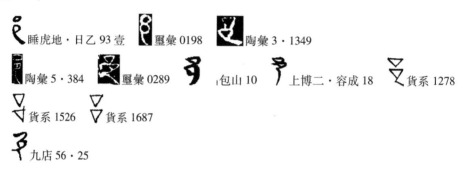

○**黃盛璋**(1994)　《上海博物館藏印選》有一戰國古印"江垂行邑大夫",十多年前蒙馬承源同志推薦,上海博物館以所藏戰國古璽一册囑審,我最初誤釋爲江乘,爲秦始皇渡江處,三十年前曾在南京下關親見江乘故城,故深入腦際,但隨即發現第二字不是"乘",乃是楚文字"垂",作爲地名后綴,楚即用爲"陵"字,如此江垂就是江陵。戰國就有,誠屬一大發現,曾以告李君學勤,李君曾寫一文讀爲"江陵行宫夫人",並作爲戰國已有江陵之證。後來我也先後發表兩文,論證是"行邑"不是"行宫","大夫"不是"夫人"合文,"宫"與"邑"之辨,"宫"字不論从8或吕、或𨾊,下端皆封閉,而"邑"則皆下拖出尾巴,从𨾊或𨾊等,此其大別,李釋"夫人",經出土六國文字資料證明其非是,一般皆已認出;但"行宫"説則通行,最近劉釗等撰文,仍隸定爲"行宫大夫"。傳世古印或封泥有"行邑大夫"者已知有六方,皆爲楚官印:

　　(1)"江陵行邑大夫璽"(璽彙 0101)(2)"上場(塘)行邑大夫璽"(璽彙 0029)(3)"行邑大夫璽"(《周秦古璽精華》145)(4)"下蔡邑大夫"(璽彙 0097)(5)"上□邑大夫之璽"(璽彙 0100)(6)"都邑大夫璽"(《臨淄封泥文字》1·2)

　　最近出版《文物研究》七輯有黃錫全《古文字中所見楚官府、官名輯證》文,已予匯釋,雖引拙説釋"邑",但仍从葉其峰、李學勤釋"宫",《包山楚簡》出版,徹底解決這一爭論,證實拙説"邑"分析完全正確,落實簡文有"邑"、有

“宫”、有“宮”，皆多見，如拙前文分析“宫”字下皆封閉而“宮”字確皆向下拖出尾巴，或長或短或屈折，至於“邑”字就是“宮”字所从之“邑”而不是“宫”字所从，下端封閉與拖尾巴是“宫”與“宮、邑”的根本區别，拙前兩文中完全得證實。然而也提出一個新信息與問題，即有“邑”、有“宮”，爲什麽同時使兩字？區别何在？用法有何不同？經我多次琢磨，分析比較，從而又找出以下的規律：

（1）“邑”爲縣所屬行政區劃或居住地區通名，戰國各國及其前後時期皆通用，只是作楚行政區劃之邑，還自有制度，其詳留在《楚簡中歷史地理研究》中討論，這裏著重解決“邑、宮、宫”的區别異同，簡文“邑”用法主要有：

（甲）作爲行政區劃縣下之邑：

簡 3：“居於邽路區湯邑。”簡 10：“居於郪域之少桃里。”簡 77：“……于章域（？）邑。”

（乙）邑人：

簡 83：“訟羅之□域之聖者邑人邚女……”簡 97：“中陽＊磐邑人邵＊。”簡 189：“上郪邑人周喬。”簡 191：“鄘邑人＊。”簡 197：“邔邑人秀。”簡 182：“咅野邑人陳賢。”

（丙）封君之邑：

簡 181：“不將＊尹之□邑公遠忻、莫囂遠覽以廷。”

（丁）其他單名之邑：

簡 149：“……斂關金於邾奪□仿之新陽一邑、靈地一邑、碼一邑，鄦一邑，房一邑，造褚一邑，新造一邑。”簡 97：“中陽邑人周喬、周喬。”

（二）“宮”下从“邑”，除上加宀以外，下从之字與“邑”字完全相同，但用法有區别，宮皆加於地方官名之前，用法有：

（甲）宮大夫：

簡 13：“子左尹命漾陵宮夫〓（大夫）……漾陵大宮丑。”“大宮丑内（納）氏（是）等。”又簡 127，略同簡 26：“不將郪陽宮夫〓（大夫）以廷。”簡 128 反：“漾陵宮夫〓（大夫）司敗對漾陵之州里人陽錯不與其父同室。”簡 157 反：“姒宮夫〓（大夫）命少宰……”

凡宮大夫皆爲通稱，非專名，故應和其後之官名連續，不分開，《釋文》不瞭解此一規律，皆爲斷讀，分開，非也。

（乙）宮加官名：

簡：“臨陽之宮司馬孛何受稽。”簡 81：“周賜訟姀之兵械執事人宮司馬兢丁。"

（丙）大宫、少宫：

簡 67："郊郘大宫屈佗。"簡 62："不將安陸之下隋里人屈犬，少宫陽申以廷。"

（丁）用爲動詞（僅一見）：

簡 155："□□□陵公里＊，襄陵之行僕宫於郏。"

此外還有以爲姓，如簡 186"臨邑人宫貯"，爲特例。

（三）"宫"字簡文多見，與常見同：

（甲）游宫：

簡 7：王廷于藍郢之游宫。

簡 135："新游宫中□州加公弼＊受稽。"簡 176："游宫垣官黄贛。"簡 190："游宫州加公軻。"

（乙）＊宫：

簡 147："顡宫夫＝（大夫）。"

（丙）宫室：

簡 129："恆貞：少有憂於宫室。"（卜筮簡數見）同上："鬼攻（工）敘於宫室。"

（丁）宫地主：

簡 202："舉禱于宫地主。"（卜筮簡數見，如簡 202、207。）

宫與宫結構與用法之分如此明確，且我已先後發表兩文一再闡明：宫字下端封閉，"宫"字下拖尾，"宫"絶不能是"宫"字，最易區分，《考釋》雖隸定爲"宫"，而仍認定是"宫"字，如簡 83"宫司馬"，《考釋》129 仍解釋説："宫司馬，職官名。""大夫"與"夫人"，簡文多見，幾"大夫"皆用"夫"字下加合文符"＝"，"夫人"全不簡併，"大夫"合文與"夫人"不合文還同出於一句，如：

簡 145"龔夫人之夫：（大夫）審嬴受稽"（又見簡 48），他簡如"君夫人"（簡 143、185），"聖夫人"（簡 84），"夫人"二字全不用合文，而"聖家之夫＝（大夫）"（簡 84），則用"夫"下加＝符表"大夫"合文，此可以作爲楚簡文字定律，没有例外。

討論到此，"江陵行宫（邑）大夫"與"江陵行宫夫人、江陵行宫大夫"之爭論，可以決疑定讞。

1994 年春，阜陽博物館韓自强館長送來該區出土一方楚印，囑爲審定，印文有"郇厚？行宫大夫"，"宫"字從"邑"，下拖長尾，一望即决知是"宫"非

"宫",而"大夫"合文與常見同,斷非"夫人",至今"夫人"無合文之例。"行邑"可能如晉東渡後之僑州郡縣,如此,"行邑"諸印必爲楚失郢後,東徙淮,將故郢舊轄縣/邑,僑置於新都管轄之地,或者故地縣/邑大夫隨楚王東遷亦得爲之安置,仍用其官職舊稱。"行"義後代仍爲暫設,"行宫"即暫設之邑,"行宫大夫",或仍用舊官,這也是舊所不知者,而六朝之僑州郡縣制度,當即導源於此,這也是很重要。包山楚簡有宫而無行宫,亦可旁證行宫之設,在懷王以後,襄王東遷與其後諸王,時代可以確定。自强同志攜該印文徵詢鄙見,並提出"行"字問題,印文尚待探考,但出土於阜陽地區,其地當即在楚東遷壽春附近一帶,但地名有待確認,姑先證明"行宫"制度之淵源流變,餘待另文。

　　《包山楚簡研究》有專條考"宫",仍堅持爲"宫"之舊説,予以論證。也有同志雖認爲是"宫",但於簡文中也有"邑"不得其解,提出:"邑"字寫作"宫",似專指城邑之邑,而寫作"邑"疑指"四井爲邑",這種小邑,兩者似有區別(《江漢考古》1993 年 1 期 7 頁)。是非曲直不難比較。如實列舉如上,以爲今後考驗。

《湖南考古輯刊》6,頁 197—199

○**梁曉景**(1995)　【邑·尖足平首布】戰國早中期青銅鑄幣,鑄行於趙國,流通於三晉、燕、中山等地。屬大型布。面文"邑",待考。背無文。通長 8、身長 6、肩寬 3.8、足寬 4.4 釐米。罕見。

《中國錢幣大辭典·先秦編》頁 330

○**劉信芳**(1996)　包山簡邑:宫用例極多,"邑"是地名用字,如簡五四"長陵邑",八八"斯邑",一五○"竹邑","邑"均指地名,無例外。而"宫"是職官用字,如一二"漾陵宫大夫",二六"鄅易宫大夫",五三"臨易之宫司馬",一八八"郘宫大夫",亦未見有例外。

《考古與文物》1996-2,頁 78

○**何琳儀**(1998)　邑,甲骨文作𠀀(菁二·一)。从丁(城之初文)从卩,會城邑有民人之意。西周金文作𠀀(師西簋),春秋金文作𠀀(洹子孟姜壺)。戰國文字承襲兩周金文。或收縮筆畫作𠀀形。《説文》:"邑,國也。从囗,先王之制尊卑有大小。"

　　齊器"安邑",地名。

　　趙幣"百邑、易(陽)邑、中邑",趙璽"陽邑",魏器"安邑",地名。

　　包山簡"邑人",同邑之人。《左·定九》:"盡借邑人之車。"

秦陶“如邑、麗邑”,地名。

《戰國古文字典》頁 1370

△按　“邑”字下端並非一定拖尾,見貨系 1526、1530、1687 等字形。另九店 56・25“邑”字作[illegible],字形較特殊。上文所論“邑”字,學界多有歧説,有的釋“宫”,有的釋“邑”,有的釋“序”,有的釋“宛”,讀爲“縣”。參見羅運環《邑字考辨》(《古文字研究》24 輯,中華書局 2002 年),趙平安《戰國文字中的“宛”及其相關問題研究》(《第四屆國際中國古文字學研討會論文集》,香港中文大學 2003 年)等。

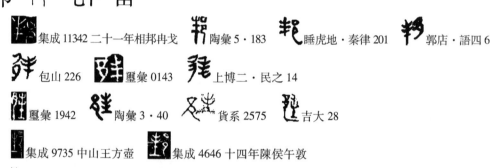

邦 

集成 11342 二十一年相邦冉戈 陶彙 5・183 睡虎地・秦律 201 郭店・語四 6

包山 226 璽彙 0143 上博二・民之 14

璽彙 1942 陶彙 3・40 貨系 2575 吉大 28

集成 9735 中山王方壺 集成 4646 十四年陳侯午敦

古幣文編 99

○**黄盛璋**(1983)　“匈奴相邦”玉印出土之時間、地點皆无可考,旧藏安徽黄氏,現存上海博物館,已选入《上海博物館藏印选》(11 頁 2)(圖一)。

圖一　“匈奴相邦印”

(中略)印文“邦”字作[illegible],左下角僅增飾短横“-”,但借上一短横,仍假視成“=”。戰國唯三晉“邦”下有此增飾,兵器中“相邦、邦司寇、邦庫”等多如此作,但未固定,亦有不加,或爲長直貫連爲一。秦兵器中“相邦”與秦簡中“邦”字皆同漢篆,不加增飾。楚印如“新邦官鉨”(《古璽彙編》0143)、“傷邦粟鉨”(同上 0276),代表楚文字寫法,亦無增飾。中山國新出三鼎,銘文皆不用“=”爲增飾。此外所見,齊刀幣中有所謂“齊建邦幣、安邦”幣,“邦”字有時作[illegible],亦與此印文不同。

印文邦字从邑作“[illegible]”,基本作方形,於右邊直垂而下,亦屬三晉常見。如“邰余子嗇夫”二印(《古璽彙編》0109、0110)、“邰發弩”印(同上 0113)之“邰”,邑旁均同。燕、楚、齊印邑旁皆不如此作,齊刀幣“邦”字从邑作“[illegible]”,皆與此印文有明顯區別。從整體結構考察,印文“邦”字只能屬三晉,而不能屬他國。

《文物》1983-8,頁 67、69

○**張頷**(1986)　《説文》古文邦作㞯,《殷虚文字》引王國維曰《説文》邦古文作㞯乃㞯之訛。頷按《説文》所舉古文不誤。

《古幣文編》頁 99

○**王人聰**(1998)　見“上相邦”条。

《故宮博物院院刊》1998-2,頁 18—19

○**何琳儀**(1998)　《説文》:“邦,國也。从邑,丰聲。㞯,古文。”

趙器“相邦”,即“相國”,官名。中山王鼎“邦家”,即“國家”。《書·湯誥》:“輯寧爾邦家。”

包山簡“邦人”,即“國人”。《書·金縢》:“二公命邦人。”

少府矛“屬邦”,即“屬國”,官名。

《戰國古文字典》頁 436

○**晏昌貴、鍾煒**(2002)　凡植垣、樹邦、作邑之遇(寓)。

原報告説:“本組簡皆以‘遇’爲‘寓’。”指人居的屋舍。並稱首四字“圖板照片只殘存左半,竹簡出土清理時右半尚存,釋文是根據當時的記録釋寫的”(第110—111頁)。劉信芳先生讀作“凡植垣樹邦”(第517—544頁)。今按:簡文首九字雖有缺失,但後五字“邦作邑之遇”是清楚的。“邦”前一字,或釋作“爲”,或讀作“樹”。“爲邦、樹邦”,其意相近。《説文》邑部:“邦,國也。”口部:“國,邦也。”狹義的“邦”指國都,廣義的“邦”指四境之内。“邦”亦有疆界之義,《玉篇》邑部:“邦,界也。”《周禮·小司徒》“乃分地域而辨其守”,鄭玄注:“故書‘域’爲‘邦’。”段玉裁《説文解字注》邑部“邦”字條亦曰:“《周禮》故書‘乃分地邦而辨其守’,‘地邦’謂地界。”

《武漢大學學報》2002-4,頁 418

△**按**　“邦”之構形有兩種:一作從“邑”從“丰”,“丰”或作“圭”形,與“封”字所從同,古文邦、封爲一字;一作從“田”從“㞯”(丰之訛),甲骨文已有,《説文》古文、《汗簡》亦載。

【**邦人**】包山7

○**劉彬徽、彭浩、胡雅麗、劉祖信**(1991)　邦,《周禮·天官·大宰》“以佐王治邦國”,注:“大曰邦,小曰國。”邦人,國人。

《包山楚簡》頁 40

○**何琳儀**（1998）　包山簡"邦人"，即"國人"。《書·金縢》:"二公命邦人。"

《戰國古文字典》頁 436

【邦亡】睡虎地·答問 5

○**睡簡整理小組**（1990）　邦亡，逃出秦國國境。

《睡虎地秦墓竹簡》頁 94

【邦左】《文物》1987-4,頁 65

○**李恩佳**（1987）　（三）陶文　中山國陶量大部分在器物内底印有戳記，或在口沿上刻畫陶文，詳見表二。

　　從已經釋讀的陶文，我們可以看到:1."邦左二、邦□中"，這應是製造陶量的官職，也就是說，陶量的製造由官手工業作坊所掌握，因而具有標準量器的性質。2."□市"，前一個字雖然不清，但應爲地名，即陶量的製造地點;"市"字的書法與三晉書法相同。3. 有的陶量上印有古語璽。

《文物》1987-4,頁 66

【邦司空】睡虎地·雜抄 14

○**栗勁**（1984）　軍人賣稟稟所及過縣，赀戍二歲;……邦司空一盾。

　　原注:司空邦，朝廷的司空。

　　按:從簡文上看，秦對歸屬的或被其征服的少數民族政權稱"臣邦"，對其君長稱"臣邦真戎君長"或"臣邦君公"，稱其民爲"臣邦人"，還有管理少數民族的《屬邦律》。在本條律文，邦司空與縣司空並列，當爲"臣邦"的司空，而不是朝廷的司空。秦有《司空律》，又曾搞過大規模的水利建設和宮殿、陵墓修建，理應在朝廷上設有司空這樣的機構。但是，《漢書·百官表》及新出土的秦簡，均未涉及到這個機構。因此，秦朝是否設有司空，還是一個疑而未決的問題。

《吉林大學社會科學學報》1984-5,頁 93

○**睡簡整理小組**（1990）　邦司空，朝廷的司空。

《睡虎地秦墓竹簡》頁 82

【邦君】九店 56·26

○**李家浩**（2000）　"邦君"，秦簡《日書》甲種楚除陽日占辭作"邦郡"。"郡"從"君"聲。秦簡"郡"當是"君"字的假借。

《九店楚簡》頁 80

【邦客】睡虎地·答問 90

○**睡簡整理小組**（1990）　邦客，指秦國以外的人。

《睡虎地秦墓竹簡》頁 114

郡

集成 11405 十五年上郡守壽戈　　集成 11297 王六年上郡守疾戈

秦文字集證 140·111　　睡虎地·秦律 157

○何琳儀（1998）　《說文》："郡，周制，天子地方千里，分爲百縣，縣有四郡。故《春秋傳》曰，上大夫受郡是也。至秦初置三十六郡，以盟其縣。从邑，君聲。"

秦兵"上郡"，地名。

《戰國古文字典》頁 1340

△按　"郡"是古代的行政區域。周時以縣統郡，縣大郡小；秦後則以郡統縣，郡大縣小。

都  睹

官印 0038　睡虎地·效律 1　考古與文物 1996-4,頁 3

璽彙 0010　璽彙 0281　包山 113

上博六·鄭壽 2　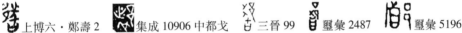集成 10906 中都戈　三晉 99　璽彙 2487　璽彙 5196

璽彙 0198

陶彙 9·20

○吳振武（1983）　0198 易邑□□之鉥·易（陽）都邑□□昷之鉥。

《古文字學論集》（初編）頁 490

○栗勁（1984）　官嗇夫赀二甲，令、丞赀一甲……其它冗吏、令史掾計者，及都倉、庫、田、亭嗇夫坐其離官屬于鄉者，如令、丞。（《效律》）

原注：都，總。都田見西漢封泥，都亭見《漢書·趙廣利傳》，均參見陳直《漢書新證》卷一。

按：《說文》："有先君之舊宗廟曰都。"《周禮·載師》注："家邑，大夫之采地；小都，卿之采地；大都，公之采地。"經過商鞅變法，"集小（都）鄉邑聚爲縣"，原屬於卿大夫的都，成爲郡、縣的所在地，成爲政治經濟中心。在簡文中，"都"與"鄉"對應，正說明都對鄉有統治或管轄關係。倉（官）嗇夫、庫

（官）嗇夫、田（官）嗇夫、亭（官）嗇夫,這些縣一級行政機構,均設於縣所在地的都。因此,都不作總字解,與西漢封泥的"都田"並無關係。

《吉林大學社會科學學報》1984-5,頁 93

○**何琳儀**（1998） 《説文》:"都,有先君之舊宗廟曰都。从邑,者聲。《周禮》距國五百里爲都。"

中都戈"中都"、晉璽"□都"、趙尖足布"西都"、趙方足布"中都"、魏器"高都",地名。晉璽三二三七、三四一九、○○○九都,城邑。

楚器"新都",地名。

秦兵"寡（陽）都、武都",地名。

《戰國古文字典》頁 518—519

△**按** 燕系文字"都"所从"者"多作"坅"（與古文"旅"字同形）,傳抄古文"都"字,如《汗簡》所録者亦如是。"都"與"郡"義近,都與行政單位有關。《釋名》:"郡,群也,人所群聚也。"《廣雅》:"都,聚也。"

【都水】《考古與文物》1996-4,頁 3

○**陳曉捷**（1996） "都水"（圖一,3）。秦漢時中央官署中多有以都水爲屬官者。《漢書·百官公卿表》:"奉常,秦官……掌宗廟禮儀……（屬官）又均官、都水兩長丞。""治粟内史……又郡國諸倉、農監、都水六十五官長丞皆屬焉。""少府……又胞人、都水、均官三長丞。""水衡都尉……又衡官、水司空、都水、農倉,又甘泉、上林都水七官長丞皆屬焉。""内史……掌治京師……又都水,鐵官兩長丞。"故劉攽曰:"都水官處處有之。"此處之"都水"當爲内史屬官。内史掌治京師,那麼秦始皇修陵邑亦當由其職掌。

《考古與文物》1996-4,頁 1—2

△**按** 近有學者提出"都水"是"都船"的下屬機構（見袁仲一、劉鈺編著《秦陶文新編》上編頁 81,文物出版社 2009 年）。

【都邑】睡虎地·秦律 30

○**睡簡整理小組**（1990） 都邑,《左傳》莊公二十八年:"凡邑,有宗廟先君之主曰都,無曰邑。"

《睡虎地秦墓竹簡》頁 27

【都官】睡虎地·秦律 19

○**栗勁**（1984） 今課縣、都官公服牛各一課……（《廄苑律》）

原注:都官,直屬朝廷都機構,古書又稱中都官。《漢書·宣帝紀》注:"都官令丞,京師諸署之令丞。""中都官,凡京師諸官府也。"

按：都官不全是中都官。《漢書·宣帝紀》云："賜吏二千石、諸侯相、下至中都官、宦吏、六百石爵，各有差，自左更至五大夫。"如淳曰："中都官宦吏，奄人爲吏者也。"晉灼曰："凡職在京師者也。"師古曰："二説皆非，中都官，謂在京師諸官也。"對"中都官"，在唐以前就已弄不清楚，難於作出正確的注釋。睡虎地秦簡中，都官共出現十四次，其中十次與縣並列。《内史雜律》明確規定："縣各告都官在其縣者，寫其官之用律。"可見，在縣的直屬朝廷的機構稱"都官"。當然，都官中有的也可以稱"中都官"，但不是一切都官均可稱中都官，也不是在京的一切機構均可稱中都官，只有在京的都官才可以稱中都官。如淳因將"中都官"與"宦吏"連讀而誤注爲"奄人爲吏者"，晉灼、師古與秦簡注均不確切。

《吉林大學社會科學學報》1984-5，頁91

○**睡簡整理小組**（1990）　都官，直屬朝廷的機構，古書又稱中都官。《漢書·宣帝紀》注："都官令丞，京師諸署之令丞。""中都官，凡京師諸官府也。"

《睡虎地秦墓竹簡》頁25

【都船】《考古與文物》1996-4，頁3

○**袁仲一**（1987）　都船　都字類陶文計發現二十三件，出土於秦始皇陵西側的建築遺址和第一號兵馬俑坑出土的磚瓦上。有都船、都船工□、都歐、都昌、都高、都□等（拓片1007—1029）。

《漢書·百官公卿表》記載："中尉，秦官，掌徼循京師，有兩丞、候、司馬、千人。武帝太初元年更名执金吾。屬官有中壘、寺互、武庫、都船四令丞。都船、武庫有三丞，中壘兩尉。"顔師古注："如淳曰：《漢儀注》有寺互、都船獄令，治水官也。"可見都船是中尉的屬官，主治水，亦兼燒製磚瓦。秦都船陶文的發現，再次證明了漢代的官製多沿襲於秦。

都歐、都昌、都高等印文的歐、昌、高爲陶工名，都字應是都船的省稱。過去由於都船和都船工□的印記陶文沒有發現，曾把都昌、都高的都字理解爲都司空的省文，現在看來此説不確。在漢代都司空是個主管燒造磚瓦的重要機構，西安漢城遺址曾出土過很多都司空瓦文，如"元延元年都司空瓦、都建平三年、都建平三年瓦、都元壽二年瓦、都元始五年、居攝二年都司空、始建國三年保城都司空"等。都司空是宗正的屬官，"主水及罪人"。秦代是否也有都司空燒造的瓦，這是值得今後注意的問題。

《秦代陶文》頁43—44

○**陳曉捷**（1996）　"都船兵"（圖一，4）。"兵"爲陶工名。《漢書·百官公卿表》：“中尉，秦官……屬官有中壘、寺互、武庫、都船四令丞。”注引如淳曰：
“《漢儀注》有寺互、都船獄令，治水官也。”都船掌治水
外又兼管燒造磚瓦。

圖一，4

《考古與文物》1996-4，頁 2

○**王望生**（2000）　“都船掩”（圖一，14）。“都船兵”曾在劉寨村遺址出土，
“掩”“兵”爲人名。《漢書·百官公卿表》：“中尉，秦
官……屬官有中壘、寺互、武庫、都船四令丞。”注引如淳
曰：“《漢儀注》有寺互、都船獄令，治水官也。”“都船”除

圖一，14

治水外其下轄有關人員也燒造磚瓦。

《考古與文物》2000-1，頁 2

○**周曉陸、陳曉捷**（2002）　都船（圖 22），半通。“都船丞印”，見《集》一·
二·84。

《秦文化論叢》9，頁 266

【都鄉】《中國歷史文物》2003-1，頁 21 圖版［16］5 背
○**湖南省文物考古研究所、湘西土家族苗族自治州文物處**（2003）　［16］5
背：三月丙辰，遷陵丞歐敢告尉（14），告鄉司空、倉主（15），前書已下，重聽書
從事。尉別都鄉（16）司空，［司空］傳。**（中略）**

　　（16）都鄉，鄉名。亦見於［16］6 和［16］9，是秦漢時期行政區劃中的一種
鄉。其含義在學界有不同説法。

《中國歷史文物》2003-1，頁 21—22

鄰　鄰　厸　夶　嵞

睡虎地·日乙 21 壹

古幣文編 303

郭店·老甲 9　　
郭店·性自 48　　
上博二·從甲 4　　
集成 9735 中山王方壺

上博三·周易 57　　
上博三·周易 57　　
郭店·窮達 12

○**何琳儀**（1998）　厸，甲骨文作□□（類纂二一八三）。從二丁（城之初文），會
二城相鄰之意。鄰之初文。《詩·小雅·正月》“洽比其鄰”，傳：“鄰，近也。”
戰國文字承襲甲骨文，方筆變弧筆。與《汗簡》下二·八十三鄰作□□吻合。

《集韻》:"鄰,古作厸。"

　　古陶厸,疑讀鄰。《説文》:"鄰,五家爲鄰。从邑,粦聲。"

《戰國古文字典》頁 1149

○**何琳儀**(1998)　奅,从厸,文爲疊加音符。厸(鄰),來紐真部;文,明紐諄部。來、明爲複輔音,真、諄旁轉。漢帛書《老子》鄰作奅(乙二〇五上)。鄰之異文,厸之繁文。

　　中山王鼎"奅邦",讀"鄰邦"。《韓非子·説林》上"智伯必驕而輕敵,鄰邦必懼而相親"。

《戰國古文字典》頁 1149

○**荆門市博物館**(1998)　奅,通行本作"鄰",兩字音近相通。

《郭店楚墓竹簡》頁 114

○**李守奎、曲冰、孫偉龍**(2007)　讀"鄰",字形可能是㚖("隣"之古文)下加飾符"口",也可能从厸("隣"之古形),㚖聲。

　　"吅、㚖"雙聲符。

《上海博物館藏戰國楚竹書(一—五)文字編》頁 64—65、340

△**按**　鄰,《説文》:"从邑,粦聲。""㚖"是"厸"之繁文,即"鄰"字異體。楚簡中所見"四㚖"即"四鄰",正用其本義。字从文聲,或从㚖聲,與"厸"構成雙聲符字。郭店簡《性自命出》"㚖"字,讀法有多種,或讀作"㚖",或讀作"矜",或讀作"隱",或讀作"遴",參見李天虹《〈性自命出〉"奅、惡"二字補釋》(《簡帛》1 輯 53—57 頁)。

鄙 鄙

鄙　睡虎地·爲吏 9 肆　　　鄙　睡虎地·爲吏 5 伍

△**按**　鄙,《説文》:"从邑,啚聲。"本義爲邊邑,引申爲鄙陋、鄙俗。睡虎地秦簡《爲吏之道》"簡而毋鄙",用其引申義。

郊 郊

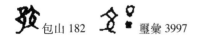

郊　包山 182　　　郊　璽彙 3997

○**何琳儀**(1998)　《説文》:"郊,距國百里爲郊。从邑,交聲。"

包山簡郊，讀絞，地名。《左・桓十一》"鄖人軍于蒲騷，將與隨、絞、州、蓼伐楚師"，注："隨、絞、州、蓼，四國名。"在今湖北鄖縣西。

《戰國古文字典》頁 296

○**劉信芳**（2003） 地名，讀爲"絞"，本古國，爲楚所滅。《左傳》桓公十一年："楚屈瑕將盟貳軫，鄖人軍于蒲騷，將與隋、絞、州、蓼伐楚師。"杜預《注》："絞，國名。"又桓公十二年："楚伐絞……大敗之，爲城下之盟而還。"《春秋大事表》卷六："鄖陽府治西北爲絞國地。"其地在今湖北鄖縣西北。

《包山楚簡解詁》頁 190

邸 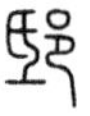

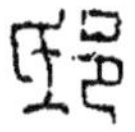秦文字集證 140・111

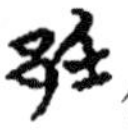包山 32 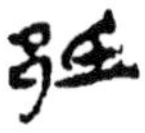包山 162

○**李家浩**（1992） 戰國貨幣中有一種面文如下的平肩方足布：《鐵雲》74 頁下郭若愚先生釋爲"邸"。按這個字原文从"邑"从"氏"，應隸定作"邸"。"氏、氐"本是一字之分化，所以在古文字中，這兩個字往往混用。例如，"羝"字，《説文》篆文从"氐"，九年衛鼎銘文寫作从"氏"；（中略）可見郭氏將幣文"邸"徑釋爲"邸"是十分正確的。

1978 年河北元氏縣西張村曾發現兩件西周有銘銅器，其銘文對確定幣文"邸"的地理位置很有幫助。現將這兩件銅器銘文釋寫於下：

佳（唯）戎大出【于】軧，井（邢）侯厲（搏）戎，延令臣諫吕（以）□□亞旅處于軧。　臣諫簋

弔（叔）䞣父曰：余考，不克御事，唯女（汝）倏其敬辥（乂）乃身，母（毋）尚爲小子。余兄爲女（汝）兹小鬱彝，女（汝）其用乡（饗）乃辟軧侯，逆𢕺（造）出入事（使）人。　叔䞣父卣

按古代的國名往往又是邑名。幣文的"邸"與銅器銘文的"軧"，應當是同一個地名的不同寫法。關於銅器銘文"軧"的識讀及其地理位置，李學勤、唐云明兩位先生有很好的意見。他們説：

《説文》有"軝"字，又有"軧"字。《説文》認爲"氐"字"从氏下著一，一，地也"……實際上，"氏"和"氐"本來是一個字，後世才逐步分化……所以，"軧"雖从"氐"，也可以視爲从"氏"。

《漢書·地理志》元氏縣下云：“泜水（舊誤作沮水），首受中邱西山窮泉谷，東至堂陽，入黃河。”……今天的槐河就是古代的泜水。

元氏縣西張村的位置，據簡報在今縣正南五公里，槐河自西而東，至村北折而南流，出銅器的西周墓則在村西約半公里，正好在槐河即古泜水之濱。銅器銘文表明墓主是軝侯之臣，這裏是軝國的一處墓地。這就很清楚地指示我們，“軝”應讀爲“泜”，軝國實由地處泜水流域而得名。

根據李、唐二氏所説，我們認爲幣文“邸”也應當讀爲“泜”。“泜”從“邑”，大概是爲位於泜水流域的“軝”邑而造的專字。《説文》邑部訓爲“屬國舍”的“邸”字，可能是地名“邸”字的假借，也可能是後造的一個字，與地名“邸”字無關。戰國時期泜水在趙國的疆域之内，邸布應當是趙國所鑄造的貨幣。

《著名中年語言學家自選集·李家浩卷》頁 174—176，2002；

原載《中國錢幣學會成立十周年紀念文集》

○**黃錫全**（1993）

2021	𝇍	口邑	邸	疑北氏水邊城邑，河北元氏一帶	趙	方

《先秦貨幣研究》頁 355，2001；

原載《第二屆國際中國古文字學研討會論文集》

○**梁曉景**（1995） 【邸·平襠方足平首布】戰國晚期青銅鑄幣。鑄造國別不詳，流通於三晉、兩周等地。屬小型布。面文“邸”。背無文。“邸”，古地名，待考。一般通長 4.3—4.4、身長 2.9—3、肩寬 2.5—2.6、足寬 2.6—2.8 釐米，重 5 克左右。極罕見。

《中國錢幣大辭典·先秦編》頁 298

○**何琳儀**（1996） “邸”（2021），疑讀“泜”。《陳餘傳》：“斬陳餘泜水上。”在今河北泜水流域。

《古幣叢考》（增訂本）頁 210

○**何琳儀**（1998） 《説文》：“邸，屬國舍也。從邑，氏聲。”

侯馬盟書邸，或作𧾥，讀視。見𧾥字。

楚簡“邸昜（或𣈱）”，讀“辰陽”，地名。《書·無逸》：“治民祇懼。”《史記·周公世家》祇作震。是其佐證。《漢書·地理志》武陵郡“辰陽”，在今湖南辰溪西南。

《戰國古文字典》頁 1212

【邸専(傳)】《秦文化論叢》10,頁175

○**周曉陸**(2003)　　20世紀末到本世紀初,北京古陶文明博物館徵集到400餘枚戰國封泥,這又是一次重大發現。爲了弄清這些封泥的出土情況,古陶文明博物館兩次赴河南省調查,第二次北京師範大學歷史系考古博物館也派員參加。第一篇相關的報導已刊於《中國國家地理》2003年第3期。

出土戰國封泥的遺址位於河南省駐馬店市新蔡縣古呂鎮(即縣城所在地)的東部,爲東周新蔡城址。公元前529年,已成爲楚國附庸的蔡平侯由上蔡遷都於此,歷平、悼、昭三代蔡侯,到公元前494年,楚昭王迫蔡昭侯遷都下蔡。實際在東周時,這裏一直是曹國勢力範圍。秦王政二十三年,即公元前224年,秦將王翦伐楚,取新蔡,秦設新蔡縣。西漢時,新蔡縣屬汝南郡。新蔡故城位於淮水支流汝、洪河的交匯夾角處,目前其南、東、北三面土垣保存較好,護城濠、門闕等歷歷可見,故城遺址經常出土陶鼎、豆、壺、銅兵器、銅或鉛質"蟻鼻錢"、金"郢甬"(編按:爯之誤)等,比較集中地反映了東周(尤其戰國)楚文化特色。上千枚(除古陶文明博物館,還有其他單位及個人收藏)古印泥,亦是戰國楚封泥占最大多數。經過初步研究我們得知,這批封泥集中反映了戰國淮河流域一座都邑的經濟商貿活動。這成爲先秦城市、經貿、交通歷史與考古學研究不可多得的重要資料。

值得注意的是,這批封泥中,最大數量爲楚封泥(包括新蔡本地封泥、楚國其他地區內容的封泥),此外,還有其他國家的封泥。楚以外國家的封泥來自三晉、齊國、秦國,這是戰國城市考古第一次遇到的新情況。下面,將這裏出土的"秦式"封泥作一介紹:

1."邸専"(C:52),一品,印面方形,有邊欄,陽文。或爲"邸傳"之意,爲早期驛邸制度的重要遺物,可視爲公印即"官印"之遺痕。

2."信"(C:24),一品,印面方形,有邊欄,陽文,或爲市場商貿取信之意。

3."伯"(2-18:1),一品,印面方形,陽文,含義不明。

4."尹咸"(2-20:3),一品,印面方形,陽文,有邊欄。爲私人姓名印。

5."郝伓(?)"(2-18:1),一品,印面方形,陽文,有邊欄,字痕不清,或釋作"郝係"。爲私人姓名印。

6."李崇"(2—16:4等),多品,印面爲橫矩形,陽文。這枚上由一印蓋了三次。

7.8.9(3-37:2,1-1:5,2-15:5),這裏介紹三枚"畫印",即有的研究者稱作"肖形印"的品種,它們分別是龍、虎、大角麋鹿的形象。

　　這批"秦式"封泥的辨認依據,爲近年在西安北郊出土的大批秦封泥,它們在字形、字體、筆道、用泥、背面痕迹等諸方面,有相似之處。這批封泥的時代,與大批楚地以及三晉、齊封泥的時代是一致的,即在公元前224年之前,屬於戰國遺物,通過新蔡出土的部分"秦式封泥"的初步研究,我們得到這樣一些認識:

　　首先,"秦式封泥"出土地點不止於關中秦地。遼寧省安杖子古城出土"秦式"封泥,當爲秦統一之後右北平郡的遺物。近年湖南里耶伴隨大量秦簡而出的"秦式"封泥,時間也在大一統之後。山東省出土的"秦式"封泥比較複雜,既可能有始皇巡幸之遺;也有可能爲秦末烽火,甚至是楚漢之爭的産物,那就可能剛出秦的紀年範圍了。這次河南新蔡所出,時間在秦統一戰爭之前,地方在曹國,這給予考古學、文物學研究不少啟發,例如今後在做戰國遺址、墓葬的發掘時,會關注這些問題。

　　其次,這批封泥中,"邸專"或有官印公印性質;其他可粗分兩類,"尹咸、李崇、郝伓"之屬,爲私姓名印,或爲當時商人;"信、伯"以及三種畫印,或爲市場商貿誠信之質,或有當時商標之誼。這些,都爲"秦式"封泥增添了新的品種。

　　再次,這一大批印泥的出現,首先反映了戰國楚地的商貿市場,當然也反映了當時的"國際"商貿活動。文獻所載,秦之經商能手,男有權相吕,女有寡婦清。可是文獻記載太過簡略,這批印泥,畢竟補充了秦商、秦楚商"國際商貿"的直接資料,與此相關的,還有秦楚交通史、兩國關係史的研究。

　　新蔡戰國封泥的研究,剛剛起步。綜上所述,就與秦史、秦文化的關係,已有若干心得。這一大批資料全部面世之後,相信對戰國史包括秦史的研究,會産生多方面的推動。

《秦文化論叢》10,頁173、174、176

【邸昜君】包山98、167、175、186等

○劉信芳(2003)　又見簡98、167、175、186等,爲楚國番氏世襲封君。江陵天星觀一號楚墓的墓主爲邸昜君"番勑",其下葬年代在公元前340年前後(《江陵天星觀一號楚墓》,《考古學報》1982年1期),包山簡所記"邸昜君"應是番勑之後。番氏即史書潘氏,《左傳》文公元年記有太師潘崇,"掌環列之尹",是地位極高之官。"邸昜君"因其封地"邸陽"而得名,疑是"泜水"之陽。《左傳》僖公三十三年:"晉陽處父侵蔡,楚子上救之,與晉師夾泜而軍。"杜預《注》:"泜水出魯陽縣東,經襄城定陵入汝。"據杜預所注,此"泜水"即後世

“潕水”，今爲流經河南魯山縣之大沙河。《水經注・汝水》：“汝水又東南，逕定陵縣故城北……水右則潕水左入焉。”又《潕水》：“潕水出南陽魯陽縣西之堯山……東北過潁川定陵縣西北，又東過郾縣南，東入於汝。”可知邸易君之封地在今河南襄城至郾城一帶的大沙河北岸，具體地望尚未能確指（參簡98注）。何浩、劉彬徽認爲邸易地望在邸鄉城，“在淮北潁水流域的今沈丘境内”（《包山楚墓》附録二五）。按“邸鄉城”僅見於《水經注》記載，是此説薄弱之處，謹録以備進一步研究。

《包山楚簡解詁》頁 41—42

△按　楚簡“邸易（或鴋）”，何琳儀讀“辰陽”，地名。見上引《戰國古文字典》1212 頁。

郘 郘

郘 璽彙 2154　　郘 包山 167　　郘 新蔡零 102
郘 璽彙 0180

○丁福保（1942）　郘，《古錢匯》曰：郘左右合作一字，類鄥字、邿字布，即虢字變體，考古地名皆可从阝，如長子（編按：當爲“字”之誤）作郎可證，《公羊傳》：今日取郭，明日取虞。虢可作郭，故亦可作郘也，背亦紀數。

　　《錢略》曰：右布形質與易陽字布同，面文左作呂，右作呂，江秋史訓爲郘字，引《漢志》雁門郘縣。

　　《遺篋録》曰：此品尖足，文曰虢邑。虢省作尋，左讀。春秋時，虢有二：鄭滅一虢，東虢也；晉滅一虢，西虢也。東虢在滎陽，西虢在雍州。又有北虢，即西虢之屬邑，獻公所滅下陽是也，在河東大陽縣。春秋時虢已入於晉，而戰國時鄭復入於韓，是無論爲鄭之東虢，晉之西虢，皆當列於韓也。

　　《善齋吉金録》曰：郘，舊釋虢，國名。

　　《東亞錢志》曰：郘即虢。其説有五：（一）周文王有弟二，文王之子武王既爲天子，即封其仲父於西方（雍州之地，今之郟（編按：“陝”之誤）西省鳳陽府虢縣），謂之西虢。（二）封其叔父於東方（今之河南省開封府氾水縣之西北），謂之東虢。東虢之君虢叔，驕侈怠慢，恃勢而不修政，於平王四年爲鄭武公所滅。（三）西虢之君石甫，爲五（編按：當爲“王”字之誤）之卿士，而讒諂巧從，爲焦國（神農氏後裔之封國）所滅而遷於河北之下陽（焦國之下都也，《左傳》作下陽，《公羊傳》《穀梁傳》作夏陽，夏者大也，至漢改大陽，大陽廢縣，在今山西省解州平陸縣之東北十五里，又三十里爲故下陽城），謂之北虢。（四）在其故都之雍州，使族人守之，稱爲小虢，莊王十年秦武公滅小虢，於是北虢獨存。（五）桓王時北虢之君虢仲，亦爲王之卿士，但因下陽爲大河所阻不利，以上陽（焦國之上都，今河南省之郟州靈寶縣之南四十里）爲下都，時時往居之，是爲南虢。見《春秋》僖二年（周惠王十九年）虞師晉師滅下陽（北虢），《左傳》僖五年（周惠王二十二年）晉滅虢（南虢）。故西周之時有東虢、西虢，春秋之世有北虢、小虢、南虢，虢布爲虢國所鑄，則周惠王二十二年以前，即春秋初期之物無疑。

《泉幣》12，頁 19—20

○**鄭家相**（1958）　文曰郢，漢志鴈門有郢縣，戰國爲趙地。

《中國古代貨幣發展史》頁 113

○**何琳儀**（1998）　《説文》：“郢，郭也。从邑，孚聲。”

楚璽、包山簡郢，地名。楚璽郢，讀浮，姓氏。共工臣有浮游。見《古文瑣語》。

《戰國古文字典》頁 250

郵　郢

官印 0090　　睡虎地・語書 8

○**睡簡整理小組**（1990）　郵，傳遞文書的驛站，《漢書・薛宣傳》注：“郵，行書之舍，亦如今之驛及行道館舍也。”

《睡虎地秦墓竹簡》頁 15

○**何琳儀**（1998）　郵，从邑，从垂（陲），會邊陲驛傳之意。《説文》：“郵，境上行書舍。从邑、垂。垂，邊也。”

睡虎地簡郵，見《漢書・京房傳》：“因郵上封事。”注：“師古曰，郵，行書者也。若今傳送文書矣。”

《戰國古文字典》頁 18

○**湖南省文物考古研究所、湘西土家族苗族自治州文物處**（2003）　郵，傳遞文書的驛站，《漢書・薛宣傳》注：“郵，行書之舍，亦如今之驛及行道館舍也。”湖北雲夢睡虎地秦簡《語書》“別書江陵布，以郵行”與此同。通過設置於各地的郵傳送文書。湖北江陵張家山漢墓竹簡《行書律》:"諸獄辟書五百里以上及郡縣官相付受財物當校計者書,皆以郵行。"

《中國歷史文物》2003-1,頁 9—10

郙

侯馬 88:1　　陶彙 6·156

○何琳儀(1998)　郙,从邑,肖聲。

晉器郙,讀趙,姓氏。見肖字。

《戰國古文字典》頁 322

邰

錢典 194

○丁福保(1938)　見第一九四圖——一九五圖

邰　《詩·生民》"即有邰家室",注:"邰,后稷之母家也。"或以其地封后稷歟!屬今陝西武功縣,地名甚古。想列國時仍因之,次篆小異。胡石查所藏【續錢匯】

《古錢大辭典》頁 1201—1202,1982

○梁曉景(1995)　【𨟥·平襠方足平首布】戰國晚期青銅鑄幣。鑄造國別不詳,流通於三晉、兩周等地。屬小型布。面文"𨟥",待考,或釋邰、邰(參見"邰·平襠方足平首布"條)。通長 4.1、身長 2.9、肩寬 2.4、足寬 2.6 釐米。罕見。

《中國錢幣大辭典·先秦編》頁 306

△按　《漢書·郊祀志》"后稷封斄",注:"斄,讀如邰。""𨟥"是否"邰"字,待考。《戰國文字編》未收錄。

鄿

陶彙 5·384　　　秦文字集證 152·304

璽彙 1884　　璽彙 1885

○**鄭家相**(1943)　右布文曰"酆",《左傳》僖二十四年"畢、原、酆、郇,文之昭也",注:"酆國,在始平鄠縣東。"按酆爲文王所都,在今陝西鄠縣東五里,戰國屬秦。

《泉幣》20,頁 31

○**鄭家相**(1958)　文曰"酆"。《左傳》僖二十四年:"畢、原、酆、郇,文之昭也。"注:"酆國,在始平鄠縣東。"按酆爲文王所都,在今陝西鄠縣東五里,戰國屬秦。

　　文曰豐,或豐一。按豐見哀四年,在今陝西山陽縣治,戰國秦地。

《中國古代貨幣發展史》頁 103

○**何琳儀**(1998)　豐,甲骨文作𧯌(京津一五五),金文作𧯌(豐尊)。均從壴(鼓之初文),亡聲(從二亡求其對稱)。豐,滂紐東部;亡,明紐陽部。滂、明均屬脣音,東、陽旁轉。豐,甲骨文或作𧯌(京都八七〇)。從壴,木聲。木,明紐侯部。木、豐爲侯、東陰陽對轉。豐,金文或作𧯌(衛盉)。從壴,丰聲。豐之本意爲鐘鼓之音盛大,故從壴(鼓)。金文"鼓𧯌"習見,形容鐘鼓之音,可資參證。《說文》釋"豐滿",乃引申義。戰國文字承襲金文。或作𧯌,有所省簡。豐、豊易混,參豊字。《說文》:"𧯌,豆之豐滿者也。從豆,象形。一曰,鄉飲酒有豐侯者。𧯌,古文豐。"豐本不從豆,小篆𧯌由古文字𧯌訛變。

　　《說文》:"酆,周文王所都,在京兆杜陵西南。從邑,豐聲。"

　　晉璽酆,姓氏。周文王之子酆侯之後,或言第十七子。此文王之舊都也。其後以國爲氏。見《通志·氏族略·以國爲氏》。

　　秦陶酆,地名。《左·僖二十四年》:"畢、原、酆、郇,文之昭也。"在今陝西鄠縣東。

《戰國古文字典》頁 437

△**按**　《璽彙》1884、1885 字從邑,豐聲。"豊"和"豐"古字同,均象二玉在器之形,《古璽彙編》隸定爲"鄷",《戰國文字編》隸定爲"酆",實爲一字,《字彙》邑部:"鄷,酆字省文。"《戰國文字編》另立"鄷"字頭,與"酆"分爲二字,非是。

【酆邱】《秦代陶文·中編》陶文拓片 1610

○**袁仲一**(1987)　《瓦書》:"取杜才(在)酆邱到潏水,以爲右庶長歜宗邑。"

　　杜,即杜縣,秦武公二十一年"初縣杜"(《史記·秦本紀》),故址在今陝西省西安市西南杜城村附近。秦時杜縣爲內史管轄,漢代屬於京兆尹。

　　酆邱,即西周的都城酆京故址。秦時此處已荒廢變成了土邱,故名酆邱。故址在今陝西省長安縣灃西鄉一帶。

潏水,亦名沈水,關中的八川之一。發源於長安縣南秦岭,西北流歧分爲二,一北流會滈水注入渭河,一西南流合潏水注入灃河。因潏水河道變遷較大,今日潏水的位置已不是秦時潏水的位置。根據《瓦書》的内容分析,秦代潏水的位置似在今日滈水位置。這樣才能形成與酆邱南北相對,即酆邱在南,潏水在北。

《秦代陶文》頁 80

○**黃盛璋**(1991)　酆邱:酆即周豐邑,原爲豐國,因豐水得名,酆邱之"邱"應屬后加,原只名豐,酆邱應指豐水東岸之高階地。唐有神禾原、細柳原等,今名與地形尚在,豐水在西,故自酆邱至潏水,酆邱應是封地的西限。

《考古與文物》1991-3,頁 86

鄭

珍秦 69　十鐘　璽彙 1620　璽彙 1623　集成 10994 鄭左庫戈

曾侯乙 165　新蔡甲三 223

集成 2782 哀成叔鼎

○**丁福保**(1938)　鄭　見第三一二圖
　　右布面文右作𠦛,左作𨤲,不可識。翁宜泉疑爲鄭字。近是。【錢略】

《古錢大辭典》頁 1230,1982

○**睡簡整理小組**(1990)　鄭,秦縣名,今陝西華縣西北。

《睡虎地秦墓竹簡》頁 153

○**何琳儀**(1998)　《説文》:"鄭,京兆縣。周厲王子友所封。從邑,奠聲。"
　　晉璽鄭,姓氏。周厲王少子,宣王之弟桓父友之後也。見《通志·氏族略·以國爲氏》。
　　鄭右庫戈鄭,國名。參奠字。
　　隨縣簡鄭,姓氏。見 c。
　　睡虎地簡鄭,地名。《説文》:"鄭,京兆縣。周厲王子友所封。從邑,奠聲。宗周之滅,鄭徙溜洧之上,今新鄭是也。"今陝西華縣西北。

《戰國古文字典》頁 1129

△按　哀成叔鼎 字從章,與從邑同義。鄭作國名,有鄭與新鄭之不同,《正字通》:"鄭本西都畿内地,周宣王封其弟友,是爲鄭。桓公寄孥與賄於虢鄶,其

子武公,定平王於東都,因徙其封,施舊號於新邑,是爲新鄭。”

邰 郃

郃　集成 11379 十七年丞相啟狀戈

郃　郃　三晉 128

○**黄錫全**(1993)

2277—2278	郃	合邑	郃	陝西合陽縣東南	韓	方

《先秦貨幣研究》頁 355,2001;原載《第二屆國際中國古文字學研討會論文集》

○**張頷**(1995)　一、釋“郃”

　　《古錢大辭典》著録有一枚方足布(編號一九五),幣文爲“郃”。在其釋文部分引《續泉匯》釋爲“郃”字。並云:
“《詩·生民》‘即有邰家室’,注:‘邰,后稷之母家也。’或以
其地封后稷歟! 屬今陝西武縣,地名甚古。想列國時仍因之,次篆小異。胡
石查所藏。”按此字形右旁從“邑”,但其左旁之“△”,實非“台”字。“台”字上
部從“𠃌”(已)而不從“△”。如三孔布中的“枲”(《東亞錢志》四·七三,《古
錢大辭典》四九一)即“枱”(耜)字。《説文》“鉛”字之籀文作“𨧯”,其左旁所
從之“枲”亦“枱”字,故幣文左旁所從之“△”絶非“台”字。按,郃字左旁下部
所從之“▽”當爲“口”字無疑,如“奇氏”布作“𠀉”,“平宷”布(宷·通於甸)作
“㑄”,空首布“周”字作“㑀”皆其例。而“郃”字左旁之“△”當爲“亼”字。《説
文》:“亼,三合也,讀若集。”段注:“象三合之形。”乃會意字,有“合”的涵義。
故“合”字從“△”。《説文》:“合,亼口也。”段注:“引伸爲凡會合之稱。”1963
年 4 月山西省陽高縣出土大量戰國貨幣,其中也有一枚“郃”字方足布,字右
旁所從之“邑”是兩個“▽”所組成。我鑒於上述諸理由隸定此字爲“郃”字
(見拙著《古幣文編》140 頁)。但我國地名稱“郃”者只有一個“郃陽”,戰國
時曾爲魏國之邑,地望在今陝西省大荔縣。“郃”字布是否即爲郃陽之布,我
以爲這是不可能的。從戰國鑄幣地邑名稱習慣上看,凡地望在山水南北而標
有陰陽稱謂者均很明確,未見有單稱之例。如“平陽、安陽、山陽、平陰、壞陰”
等,未見有省稱爲平、安、山、壞者。故“郃陽”在幣文中亦未可單稱爲“郃”。
我認爲“郃”即古“郇”字。我在編寫《古幣文編》時,字形雖隸定爲“郃”,同時

又注明了“當爲鄶字”。因爲《古幣文編》字條文字所限未能充分表達我對
“鄶”字的意見，以致有人在寫文章時片面地附會了我的字條注釋，我之所以
釋“鄶”的理由，是因爲會、合二字古義可通，字形亦可通假。《説文》“會，合
也”，古文作“㝩”。《古籀補》作“㝩”。《爾雅·釋詁》：“敆、邰、會，合也。”
《國語·楚語》：“合其州、鄉、朋友、婚姻。”韋注：“合，會也。”在字形上，“會”
字金文作“㝩”（見“趞亥鼎”），特別是“鄶”字可以省作“㝩”（見“鄶始鬲”）。
“鄶”既能省作“會”，會、合二字同義，故“㝩”字別書爲“㝩”（合）實順理成章
之情。由此可知方足布之“㝩”即“鄶”字無疑。鄶爲古國名，今《詩》作“檜”，
篇名爲“檜風”。鄶國周代爲鄭國所滅，其地望在今河南省密縣東之鄶城。戰
國時韓國滅鄭遂有其地。故“㝩”字方足布爲韓國之貨幣。

《張頷學術文集》頁 111—112

○梁曉景（1995）　【郃·平襠方足平首布】戰國晚期青銅鑄幣。鑄行於魏國，
流通於三晉、兩周等地。屬小型布。面文“郃”。背無文。“郃”，即郃陽，古地
名，戰國魏邑。《史記·魏世家》：魏文侯十七年（公元前 429 年），“西攻秦，至
鄭而還，築雒陰、合陽”。《正義》曰：“郃陽，郃水之北。”在今陝西合陽東南。
1963 年山西陽高有出土。一般通長 4—4.5、身長 2.8—3.1、肩寬 2.4—2.5、足
寬 2.6—2.7 釐米，重 6—6.2 克。罕見。

《中國錢幣大辭典·先秦編》頁 232

○何琳儀（1996）　“郃”（2277），讀“鄶”（“合、會”一字分化）。《左傳·僖公
三十三年》：“鄭葬公子瑕于鄶城之下。”注：“古鄶國，在滎陽密縣東北。”在今
河南新鄭西北。“郃”舊釋“郃陽”，非是。

《古幣叢考》（增訂本）頁 203

○朱華（1997）　變形合字。布身右上部署有“▽▽”文。張頷《古幣文三釋》據
《古錢大辭典》録方足布文和山西陽高縣出土方足布文“▽▽”釋爲郃字。此布
文爲橫書，且無“邑”旁。合字下應從“口”，而布幣文字則書寫各異，如方足同
是布和高都布均作“口”；方足戴垣布、尖足平周布則作“▽”。也有兩種寫法
皆有的。

《中國錢幣》1997-2，頁 47

○黃錫全（1997）　此字原篆作▽▽（圖作 17），應當是二口。《説文》吅，“驚
呼也。從二口。讀若讙”。讙即嚾，俗別作誼或喧。《説文》：“讙，譁也。”即
喧嘩。《説文》爟，或作烜。典籍喧又或作咺。因此，吅可能就是宣或亘，當
即山西垣曲東南的宣方，或作亘方（商、西周時方國），也就是後來魏國的

垣邑。

《先秦貨幣研究》頁 22,2001;原載《第二屆國際中國古文字學研討會論文集》
○**何琳儀**(1998)　《説文》:"郃,左馮翊郃陽縣。从邑,合聲。"

　　韓方足布郃,讀鄶(合、會一字分化),地名。《左・僖卅三》:"文夫人斂而葬之鄶城之下。"在河南密縣東南。

　　啟狀戈"郃陽",地名。見《漢書・地理志》左馮翊。在今陝西合陽東南。參合字。

《戰國古文字典》頁 1387
△**按**　《三晉》128 之〓字,寫法較特殊,當是偏旁類化的結果。

邖 〓

〓陶彙 3・788

○**何琳儀**(1998)　《説文》:"邖,京兆藍田鄉。从邑,口聲。"戰國文字邖,姓氏。羌姓。今同州有之。見《萬姓統譜》。

《戰國古文字典》頁 340
△**按**　此字《戰國文字編》未收録。

郙 〓

〓包山 67　　〓包山 181　　〓包山 186

○**白於藍**(1996)　簡中有字作"〓"(67)、"〓"(181)、"〓"(186)等形,字表釋作"郙",簡(153)又有字作"〓",字表亦釋作"郙"。按此兩字形近而有別。鄂君啟節舟節有字作"〓",諸家隸作"沽",讀"湖",唯陳偉釋爲"油",他認爲:"先秦文字中,由的單字尚未能確認,由、古二字也就没能分別開來,不過《説文》所謂'兜鍪也。从冃由聲'的'冑'字倒屢有所見,其釋讀也爲學者所公認。我們可以將冑字所从之由與古及从古而作的字進行比較……兩字形體大致類似,卻又存在着明顯的區別。這就是古字上部十字交叉,橫畫長出,由字上部則只有一豎畫,或在一豎畫中著一圓筆。雖然古文字的點、橫時有互作,但這兩字卻界限森嚴,一般未見交叉。"(中略)我們認爲陳説是正確的,其對鄂君啟節"〓"字的考證結論也準確可信。簡中此字右旁與"〓"字右旁相同無别,故亦應爲"由"字,此字左旁從邑,故字當釋爲"邮",簡文中"邹邮、邮易"都用爲地名,其具體地望待考。

不過陳偉指出的"由""古"二字的區别特徵尚有可修正之處。包山簡有字作"𢆶"(269)、"𢆶"(270)、"𢆶"(牘1),"𢆶"(牘1),從辭例來看,此四字用法全同,必爲一字無疑,字表釋爲軸是正確的,但所從之右旁有古、𠯑兩形,可見由字上部也有十字交叉之例。筆者認爲這種情況的出現可能是與文字演變的"類化"有關。從文字演變的通例來看,古文字中有許多字都是在原有的一豎畫上加一小點再轉變爲一横。所以由字上部出現十字交叉之形也不足爲怪。但古和由也並非因此而變得無法辨别,首先,凡古字上部都是十字交叉之形,從未見有一豎畫或一豎畫之加上一點的情況;其次,凡古字下部都從口,而由字則往往於口内加一小横。儘管古文字中"乘隙加點"的情況屢見不鮮,但此處一小横則可能是書寫者考慮到古、由形近易混而特意加入的一種"區别符號"。

《簡帛研究》2,頁37—38

○**顔世鉉**(1997) 邮原作"𢆶"(簡六七)、"𢆶"(簡一八一)、"𢆶"(簡一八六),另有簡一五三作𢆶,原《釋文》均釋作郘。陳偉將前三字釋作邮,後一字釋作郘。陳偉的説法可參見他考釋鄂君啓節"逾𢆶"之𢆶;此字諸家多隸作"沽",讀作"湖",陳偉隸作"油"。

(中略)白於藍基本上贊同陳偉考釋的結論,但也作了部分修正。他舉包山楚簡"軸"字爲例,(中略)可見由字上部也有十字交叉之例,他認爲這種情形是與文字演變的"類化"現象有關。所以他提出兩個辨别古和由的原則:1.凡古字上部都是十字交叉之形,從未見有一豎畫或一豎畫之上加一點的情況。2.凡古字下部都從口,而由字則往往於口内加一小横;此處加一小横可能是書寫者考慮到古、由形近易混而特意加入的一種"區别符號"。

以下本文便針對陳偉、白於藍所提出的分辨"古、由"兩字的原則來討論。首先來看"古"和"由"上半部的特徵。

陳偉説"古"字上部十字交叉,横畫長出;"由"字上部則只有一豎畫,或豎畫中著一圓點;二者界限森然,一般未見交叉。白於藍説"古"字上部都是十字交叉,從未見有一豎畫或一豎畫之上加一點的情況。以上兩人的説法仍未盡然,也有少數例外的情形。如齊陳曼簠(或作匿)的"匿"字作匯,璽印文字"詁"字作𧥑,所從之"古"作𠮷。侯馬盟書人名"胄"字作𢇛(二〇〇・二六),所從之"由"作𠮷。

　　其次來看"古"和"由"下半部的特徵。白於藍以包山楚簡的"軸"字來證明"由"字上部也有十字交叉之例。他所舉的"軸"字也可見於包山楚簡以外的其他材料,有作▨(曾侯乙墓竹簡一、四三、一三三等)、▨(天星觀竹簡)、▨(秦家嘴九九號墓竹簡六),均從古或從由。白於藍看到"古、由"上部皆有十字交叉的情形,就提出"古字下部都從口,而由字往往於口內加一小橫"的修正意見。此說法雖然符合部分情形,但仍有不少例外。如上引侯馬盟書"胄"字作▨,所從之由作古,口內無一小橫。蔡公子義工簠(或作臣)、曾子簠的"固"字作▨、▨;戰國璽印"胡"字多作▨,"罟"字作▨之形;曾侯乙墓竹簡二一二"姑"字作▨;中山王墓方壺有"古之聖王"之"古"作古;所從之"古"均口內有一小橫。

　　從以上的分析可以看出,陳偉和白於藍兩人的說法,都有其不足之處,都不能當作絕對的原則來辨析"古""由"兩字。接着本文再從甲骨、金文等材料,來看"古、由"二字字形演變的情形。

　　甲骨文有▨,姚孝遂說:"字當釋胄,在卜辭爲方國名。"又▨、▨、▨,唐蘭說:"▨,舊不識。余謂是由字,或作▨象胄形,與小盂鼎胄字作▨者正合,其作▨或▨者,▨形之省,猶鞙侯白晨胄之作▨也……今由卜辭、金文觀之,則由即胄字。"姚孝遂說:"當從唐蘭說釋'由'。于先生(省吾)讀'由'爲'咎',於卜辭皆可通。"其說可信。《金文編》所載"胄",均未見十字交叉之形。結合上文所引春秋戰國"胄、軸"字形來看,西周以前,胄字上半均作"一豎畫,或一豎畫中著一圓點"之形,東周以後才漸漸出現十字交叉之形。這種現象極可能就是何琳儀所說文字"異化"現象中的"延伸筆畫",把圓點變成一短橫。

　　其次看金文的"固"字。據《金文編》所載,此字所從之"古"大多作古之形,只有上文所引蔡公子義工簠作古,曾子簠作古,齊陳曼簠作▨。從楚系簡帛文字來看,"古、固、居"等字所從之古均作古之形;而"姑"字所從也多作古。由此本文推斷,西周時期,古字上半作十字交叉之形,東周以後才偶有"一豎畫中著一圓點"的情形出現,但原則上仍以作古之形爲主。這種現象也可能就是何琳儀所說文字"異化"現象中的"收縮筆畫",把一短劃收縮成圓點。

　　而"胄、古"所從之口內有一橫畫出現的情形,主要也是從東周以後才開始的。此一橫畫應不是白於藍所說作爲"區別符號"的作用,而是一種裝飾性的短橫畫,加之於口形空隙內。

　　綜合以上對"古、由"字形的討論,本文以爲陳偉所提的原則大體上是可以的；但由於“古、由”形近，在文字演變的過程中就容易造成混淆，以致產生不少例外的情形，尤以戰國文字爲甚。所以處理此問題，首先就要掌握文字演變的時代性；其次也要注意其地域性，最好能以關係密切的文字材料來做比對。如要考釋包山楚簡的“邮”字，那包山楚簡、曾侯乙墓竹簡、天星觀竹簡以及秦家嘴九九號墓竹簡的“軸”字就是最好的材料；另外，如楚系簡帛文字中的“居、固、姑、古”等字，也都是很好的比對材料。

𨙻（簡六七）、𨙻（簡一八一）、𨙻（簡一八六）三字與上引的楚系簡帛文字材料互相比對，本文傾向將之釋作“邮”；而𨙻（簡一五三）也暫定爲“邮”。

前面提到陳偉將鄂君啟舟節“逾𨙻”釋作“逾油”，他又將“油”讀作淯水之“淯”，結論是正確的。《水經·淯水》：“淯水出弘農盧氏縣攻離山，東南過南陽縣西鄂縣西北，又東過宛縣南。又屈南過淯陽縣東。又南過新野縣西，又西南過鄧縣東。南入於沔。”《讀史方輿紀要》卷五十一，南陽府南陽縣“淯水”條云：“府城東三里，俗名白河。”淯水也就是今河南省白河。包山楚簡“邮陽”應讀爲“淯陽”，《漢書·地理志》南陽郡有育陽縣，也就是淯陽縣，《中國文物地圖集·河南分册》載漢淯陽縣故城在今南陽縣南英莊鄉潦河沿岸。

《中國文字》新 22，頁 235—239

【邮易】包山 181

○顔世鉉（1997）　包山楚簡“邮陽”應讀爲“淯陽”，《漢書·地理志》南陽郡有育陽縣，也就是淯陽縣，《中國文物地圖集·河南分册》載漢淯陽縣故城在今南陽縣南英莊鄉潦河沿岸。

《中國文字》新 22，頁 239

○劉信芳（2003）　“邮”字又見簡 67，參該簡注。邮易讀爲“淯陽”（參陳偉《鄂君啟節鄂地探討》，《江漢考古》1996 年 2 期）。《漢志》南陽郡有“育陽縣”，淯陽故城在今河南南陽縣南英莊鄉潦河沿岸。

《包山楚簡解詁》頁 189

△按　“邮”是古地名，“郵”是古驛站，二者非一字。至於“邮”所从“由”與“古”之區別似無絕對規律可尋，當視具體語境而定。

邦　郣

郣 秦文字集證 223·278　　郣 考古與文物 2000-1，頁 10

○**何琳儀**（1998）　《説文》：“邽，隴西上邽也。从邑，圭聲。”

秦陶“下邽”，地名。

《戰國古文字典》頁 740

○**王望生**（2000）　“邽工共涊”“上邽工明”（圖三，1、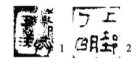
2）。“邽”爲縣名，在今甘肅天水市。應劭曰：“秦武公伐
邽戎，置有上邽。故加下。”前 688 年置邽縣后改爲上邽
縣。“工”即工師。“明”“共涊”爲陶工名。

圖三

《考古與文物》2000-1，頁 10

部

故宫 431　　睡虎地·秦律 12

○**睡簡整理小組**（1990）　部，漢代鄉的轄區稱鄉部，亭的轄區稱亭部。《續漢
書·百官志》：“又有鄉佐屬鄉，主民，收賦税。”

《睡虎地秦墓竹簡》頁 22

【部佐】睡虎地·秦律 12、睡虎地·答問 157

○**睡簡整理小組**（1990）　《續漢書·百官志》：“又有鄉佐屬鄉，主民，收賦
税。”此處部佐應即鄉佐一類。

部佐，鄉部之佐，漢代稱鄉佐，《續漢書·百官志》：“又有鄉佐屬鄉，主民，
收賦税。”

《睡虎地秦墓竹簡》頁 22、130

郖

璽彙 2146 　　璽彙 2147 　　璽彙 2149

○**何琳儀**（1998）　《説文》：“郖，弘農縣庾地。从邑，豆聲。”

晉璽郖，讀豆，姓氏。楚有豆氏。見《路史》。

《戰國古文字典》頁 371

邙

璽彙 2114　　璽彙 2247

○**何琳儀**（1998）　《説文》：“邙，河南雒陽北芒山上邑。从邑，亡聲。”

　　齊璽邙，讀芒，姓氏。見亡字。

　　晉璽邙，讀芒，姓氏。見亡字。十年邙令戈邙，地名。見《説文》。或讀芒，亦地名。見盲字。

　　楚璽邙，讀芒，姓氏。見亡字。

《戰國古文字典》頁 728

　　郖，从邑，盲聲。疑邙之繁文。

　　戰國文字郖，姓氏。參邙字。

《戰國古文字典》頁 728—729

○**施謝捷**（1998）　　2200　安·邙安。

《容庚先生百年誕辰紀念文集》頁 647

△**按**　《戰國文字編》已將从“亡”與从“盲”二者合爲一字。“盲”下之“口”内有飾筆，作日形。《璽彙》2200 爲上下結構，較爲特殊。

鄆 鄆

集成 10828 鄆戈

○**何琳儀**（1998）　《説文》：“鄆，河内沁縣鄉。从邑，軍聲。魯有鄆地。”

　　齊戈鄆，地名。《左·文十二》：“城諸及鄆。”在今山東沂水東北。此魯之東鄆。《左成四》：“城鄆。”在今山東鄆城東。此魯之西鄆。

《戰國古文字典》頁 1320—1321

邘 邘

璽彙 5555　　集成 11335 四年邘令戈

包山 115

○**何琳儀**（1998）　《説文》：“邘，周武王子所封，在河内野王是也。从邑，于

聲。又讀若區。”

晉璽邘，姓氏。漢有邘侯，爲上谷太守。見《廣韻》。四年邘令戈邘，地名。《左·僖二十四年》：“邘、晉、應、韓，武之穆也。”在今河南沁陽西北。

包山簡邘，姓氏。見 c。

《戰國古文字典》頁 459

邵

邵 侯馬 156:22　邵 侯馬 185:2　集成 9735 中山王方壺

○**徐中舒、伍仕謙**（1979）　邵，同召，邵乃後起的形聲字。《漢書·地理志》及《谷永傳》，顏注：“召，讀曰邵。”召公即指燕之始祖召公奭。

《徐中舒歷史論文選輯》頁 1332，1988；《中國史研究》1979-4

○**何琳儀**（1998）　《説文》：“邵，晉邑也。从邑，召聲。”

侯馬盟書邵，姓氏。周召公奭後，加邑爲邵氏。又望出汝南。見《尚友錄》。參卲字。

中山王方壺“邵公”，讀“召公”，燕召公。見《史記·燕世家》。

《戰國古文字典》頁 305

△**按**　侯馬“召”旁所从之“刀”或从“刃”，同。

郇

郇 包山 132　郇 包山 133

○**何琳儀**（1998）　《説文》：“郇，晉之温地。从邑，矦聲。”

包山簡“鄩郇”或作“鄩矦”，地名。

《戰國古文字典》頁 332

鄥

詛楚文

金符 35

古幣文編頁 205　先秦編 272

○丁福保（1938）　鄔　見第二九○—二九三圖

　　鄔　面文各異，《左傳·昭二十八年》："晉司馬彌牟爲鄔大夫。"注：晉邑。《春秋·隱十一年》："王取鄔、劉。"注：鄭邑。【錢匯】

　　右小布面文二字曰烏邑，又一種作鄔。

　　按鄔地名有二：見《左·隱十一年傳》："王取鄔、劉。"杜注：二邑在河南。又《昭二十八年》："司馬彌牟爲鄔大夫。"注：太原鄔縣。按此布之出，當屬晉地爲近。【文字考】

　　右面文右作𐅣，左作𐅤，徐朗齋嵩訓爲鄔邑。按鄔有二：一爲周地，一爲晉地。《春秋·隱十一年傳》杜注，鄔在河南，緱氏縣西南有鄔聚，此周之鄔也。《昭二十八年傳》杜注，鄔，太原鄔縣，此晉之鄔也。周之鄔，高士奇曰，在今偃師縣西北；晉之鄔，在汾州介休縣東北。

　　右面文右作𐅣，左作𐅥，亦是鄔邑二字，與前品微異。鄔亦晉地，《春秋·昭二十八年傳》："司馬彌牟爲鄔邑大夫。"杜注：鄔，太原鄔縣。高士奇曰，《漢志》太原郡有鄔縣，爲司馬彌牟邑。《水經注》：侯甲水又西合嬰侯之水，逕鄔縣故城南，即司馬彌牟邑也，俗亦曰盧水。又西北入鄔坡，漢屬鄔邑，晉因之，故址今在介休東北二十七里。

　　右面文右作𐅣，左作𐅦，徐朗齋訓爲於邑，《戰國策》："秦地有商於。"或曰，於與鄔通。【錢略】

　　尚齡按：此布趙北嵐云，自左及右讀之曰鄔邑，《左傳·昭公二十八年》："晉司馬彌牟爲鄔大夫。"杜注：晉邑。又《春秋·隱公十一年》："王取鄔于鄭。"杜注：鄭邑。【所見録】

　　此品式同上，文左右合爲一字曰鄔，《春秋傳·昭二十八年》："使趙朝爲平易大夫，司馬彌牟爲鄔大夫。"注：晉邑。又《隱十年》："王取鄔。"注：鄭邑，戰國旹，鄭已盡併于韓。【遺篋録】

　　　　　　　　　　　　　　　　　　　　《古錢大辭典》頁 1227—1228,1982

　　鄔　見第二九○—二九三圖，又一二一五圖

　　《竹書紀年統箋》按，《水經注》：斯洨水又東，逕樂信縣故城南。《地理志》：鉅鹿屬縣也。又東入衡水，衡水又北逕鄔縣故城東。《竹書》：梁惠成王三十年，秦封衛鞅於鄔，改名曰商。《商君列傳》：衛鞅既破魏還，秦封之於商十五邑，號曰商君。於讀爲烏，古字通。《穆天子傳》：於鵲與處。即烏鵲是也。於、商二縣名。

　　　　　　　　　　　　　　　　　　　　　《古錢大辭典》頁 2167,1982

○**鄭家相**（1958） 文曰鄔。按鄔，周地，見隱十一年，今河南偃師縣南邘鄔與劉蔿四邑，均桓王取以予鄭者，故後屬鄭。

文曰鄔。按鄔有二，一見隱十一年"王取鄔劉"，注鄭邑，戰國屬韓，在今河南偃師縣南。一見昭二十八年"晉司馬彌牟爲鄔大夫"，注晉邑，戰國屬趙，在今山西太原鄔縣。但此布屬方足範圍，且出土在河南，當爲戰國韓地所鑄。

《中國古代貨幣發展史》頁 43、98

○**曾庸**（1980） 應邑（圖一，4）

前人把應釋爲烏，現在看來是不對的。錢文上這應字从鳥从人，鳥的寫法和璽印文上的一樣。而金文中應字从隹。許慎說如應（鷹）之類从隹之字，在籀文中則多从鳥，故知錢文上从鳥从人的應乃是從金文簡化而來的。《說文》的應（鷹）是"从隹瘖省聲，或从人"。王國維對此大爲懷疑，他說："瘖、人二聲，既不同部，又均不與應同部。"現在從錢文來看，知道戰國時應字確已被簡化爲从隹从人了，則後來小篆應字从人是有來由的。

戰國時應在今河南寶豐縣西南，《括地志》說"殷時已有應國"，後來西周時武穆之應即在此。《史記》載魏惠王曾與秦王會於應，則應在戰國時是屬魏所有，但後來被秦所攻占，並一度作爲范雎的封地。

《考古》1980-1，頁 84

○**白光**（1995） 鄔：1 枚，殘損，布長 4.5、寬 2.5 釐米。平首平肩方足布，平襠，束腰。

《文物春秋》1995-2，頁 85

○**梁曉景**（1995） 【鄔·平襠方足平首布】戰國晚期青銅鑄幣。鑄行於趙國，流通於三晉、燕等地。屬小型布。面文"鄔"，形體多變，有反書。背多無文，或鑄有數字等。"鄔"，古地名，春秋屬晉，戰國屬趙。《左傳·昭公二十八年》："司馬彌牟爲鄔大夫。"在今山西介休縣東北。或釋"應邑"，即古應國，戰國魏地，在今河南寶豐西南。1956 年以來山西芮城、祁縣、陽高、浮山，北京，河北易縣燕下都遺址，河南鄭州，以及内蒙古赤峰等地屢有出土。一般通長 4.2—4.6、身長 2.9—3.3、肩寬 2.4—2.5、足寬 2.6—2.9 釐米，重 5.7—6.5克。

【𨛫·平襠方足平首布】戰國晚期青銅鑄幣。鑄行於趙國，流通於三晉及燕等地。屬小型布。面文"𨛫"，有殘泐，可能是"郇"或"鄸"。"郇"，古地名，春秋屬晉，戰國歸趙，在今山西石樓東北（參見“北屈・平襠方足平首布”條）。
“鄺”，戰國屬趙，在今山西霍縣東北（參見“虒・平襠方足平首布”條）。通長
4.4、身長 2.9、肩寬 2.4、足寬 2.7 釐米，重約 6 克。罕見。

《中國錢幣大辭典・先秦編》頁 264、272

○**何琳儀**（1996）　三、“鄥”（《辭典》151），其左旁隸定參見《文編》344.3“雍”
所從“隹”旁。“鄥”，疑讀“雖”。《路史・國名記》甲十八：“雖，開封長垣近須
城是衛。今在澶之衛南二十八里。《衛詩》所謂思須與曹者，縣聲轉也。”在今
河南長垣東北。

　　三、“鄔”（1934）。據《左傳・隱公十一年》：“王取鄔、劉、蒍、邗之田於
鄭。”（今河南偃師西南）似爲周幣。但據《左傳・昭公二十八年》：“司馬彌牟
爲鄔大夫。”（今山西介休東北）則屬趙幣。河南洛陽，山西祁縣、陽高，河北靈
壽均出土“鄔”布，而以太行山區較多，故暫定“鄔”布爲趙幣。

　　十九、“鄔”（1934）。《左傳・昭公二十八年》：“司馬彌牟爲鄔大夫。”即
《地理志》太原郡“鄔縣”。在今山西介休東北。周亦有“鄔”，見《左傳・隱公
十一年》：“王取鄔、劉之田於鄭。”在今河南偃師西南。

《古幣叢考》（增訂本）頁 214、77—78、208

○**何琳儀**（1998）　《説文》：“鄔，太原縣。從邑，烏聲。”

　　趙方足布鄔，地名。《左・昭二十八年》“司馬彌牟爲鄔大夫”，注：“太原
鄔縣。”在今山西介休東北。

《戰國古文字典》頁 441

○**陶正剛、趙滿芳等**（2004）　6.鄔幣　共 7 枚（圖一，7）。面文右書烏，左爲
邑，或反書都有。鄔春秋時屬晉。《左傳・昭公二十八年》：“分祁氏之田爲七
縣……司馬彌牟爲鄔大夫。”杜注七縣，鄔、祁、平陵、梗陽、塗水、馬首、盂也。
鄔在今山西介休東北約 14 公里。戰國屬趙。鄔幣屬趙國貨幣。

《文物世界》2004-1，頁 29

△**按**　詛楚文〖字〗，從“於”，同“烏”。古幣文〖字〗，從“隹”，義與“烏”同，或隸定
爲“鄥”，疑讀“雖”，可備一説。

祁　祁　鄔

〖字〗貨系 1840

○**丁福保**（1938）　　見第一十四五圖一四六圖

　　祁於春秋時屬晉，左氏襄公二十一傳叔向曰：必祁大夫，注：祁奚也。食邑於祁，因以爲氏。漢志，太原郡縣祁，晉大夫賈辛邑。按賈辛爲祁大夫，在昭公二十八年，即分羊舌氏之縣也。【癖談】

　　空首布祁作示，猶爲初文，此已曾从邑，足證方足布後出也。【善齋吉金錄】

　　　　　　　　　　　　　　　　　　　　《古錢大辭典》頁 2160,1982

　　見第一四五圖一四六圖

　　祁　《左傳·昭二十八年》，賈辛爲祁大夫，注：太原祁縣。【錢匯】

　　右小布面文一字曰祁，二反範。

　　按此布右作示，左作邑，當合一爲祁字。《爾雅·釋地》：燕有昭余祁。《説文》：祁，太原郡。【文字考】

　　右布面左作示，右作邑，近人合讀爲祁。祁亦晉地，《春秋》襄二十一年傳杜注：祁縣，今屬太原郡。高士奇曰：漢置祁縣，屬太原郡。晉魏因之。今屬太原府。《路史》曰：祁縣以近祁藪而得名。《水經注》：侯甲水又西北逕祁縣故城南，自縣連延西接鄔澤，是爲祁藪。即《爾雅》所謂昭余祁矣。今藪在縣東七里，又東南八里有古祁城，志以爲晉祁氏之邑也。【錢略】

　　　　　　　　　　　　　　　　　　　　《古錢大辭典》頁 1197,1982

○**鄭家相**（1958）　示邑　文曰祁。見襄二十一年，杜注："祁奚食邑於祁，因以爲氏。"故城在今山西祁縣東南七里，戰國屬趙。

　　　　　　　　　　　　　　　　　　　《中國古代貨幣發展史》頁 101

○**裘錫圭**（1978）　　戰國貨幣裏有一種面文作祁、祁等形的方足布（《辭典》986、188、190 等號）。古錢家釋此字爲"邾、㐌邑"（《辭典》下 15 頁）、"梁邑"（《辭典》總論 25 頁）、"郑、郤"（同上 24 頁）或"邦"（《奇觚》12·13），都不可信。

　　戰國幣文裏“氏”字作**乀**(《辭典》319 號鄔氏半釿布)、**斥**(463 號兹氏半布)、**乁**(471 兹氏布)等形。上引幣文左旁即“衹”字,只是把“示”字寫在“氏”字下面,豎筆公用,所以就不容易認識了。“衹”或作“髳”,與“胡”或作“育”(《古徵》4·3)、“唯”或作“崔”(《古陶》2·1)同例。

　　“衹、示”古音相近,可以通用。《周禮》一書中地祇之“衹”都作“示”。《左傳·宣公二年》提到一個叫“提彌明”的人,《釋文》本“提”作“衹”,《公羊傳·宣公六年》作“祁”,《史記·晉世家》作“示”。這些都是“衹、示”音近相通的明證。所以“鄔”應該是從“邑”“示”聲的“祁”字的異體。“祁”和“鄔”的關係,跟“峕”和“時”的關係相類(“寺”從“屮”聲)。

　　方足布裏有一種祁布(《辭典》145、146 等號),是趙國的祁所鑄造的。鄔布的形制與祁布形似,大概也是祁地所鑄的。

《北京大學學報》1978-2,頁 76

○曹錦炎(1984)　　**禾禾**(P.315)

　　《文編》入於附錄。此種布幣的面文作**鈘**,不應分爲兩字。左旁上從氏、下從示,右旁從邑,隸定應作鄔,應是從邑示聲的“祁”字繁體,祁地戰國時屬趙。

《中國錢幣》1984-2,頁 70

○李家浩(1992)　　鄔布是戰國貨幣中常見的一種平肩方足布,其面文作下揭之形:

蔌《貨幣》1865

此字舊有許多種釋法,其中以裘錫圭先生隸定作“鄔”最爲合理。裘先生說:

　　　　幣文左旁即“衹”字,只是把“示”字寫在“氏”字下面,豎筆公用,所以就不容易認識了……“衹、示”古音相近,可以通用……所以“鄔”應該是從“邑”“示”聲的“祁”字的異體……方足布裏有一種祁布(《辭典》145、146 等號),是趙國的祁所鑄的。鄔布的形制與祁布相似,大概也是祁地所鑄的。

　　裘先生認爲此幣文的左旁是將“示”字寫在“氏”字下面,中閒的豎筆公用,是非常正確的。戰國璽印文字中有如下一個字:**羍**《璽文》136·2265舊釋爲“華”字,非是。按這個字是“羝”字,即將“羊”字寫在“氏(氐)”字下面,中閒的豎筆公用。幣文左旁結構與此璽印文字“羝”相同,可以比較。

　　戰國貨幣中既有祁布,又有邸布,"鄔"的左旁正好包含這兩種幣文的左旁。因此,"鄔"除了可能像裘先生所説的那樣是"祁"字的異體外,又有可能是"邸(邸)"字的異體。不過還有一種可能,"鄔"既不是"祁"字的異體,也不是"邸"字的異體,而是另外的字。

　　古文字中的合文,通常在合文下加有合文符號,但也有不加合文符號的,尤其是貨幣文字。例如貨幣文字"俞即、膚虎、邨刀"等合文都没有合文符號。疑幣文"鄔",也是没有合文符號的合文。若此,"鄔"可以有三種不同釋法:

1. 邸祁　　　　2. 邸示　　　　3. 氏祁

第一種釋法是將"邑"作爲"邸祁"二字公用的偏旁,第二種釋法是將"邑"作爲"邸"字的偏旁,第三種釋法是將"邑"作爲"祁"字的偏旁。根據貨幣文字中兩個字的地名大多是只有一個字從"邑"和下面對於此幣文地名考定的情況來考慮,似乎以第三種釋法較爲合理,所以本文即將"鄔"釋寫作"氏祁"。

　　《左傳》昭公八年:"晉侯方築虒祁之宫。"《韓非子·十過》:"師涓……遂去之晉,晉平公觴之於施夷之臺。"《論衡·紀妖》也有晉平公觴師涓於施夷之臺的記載。學者多認爲"施夷"即"虒祁"一聲之轉。上古音"虒"屬支部,"施"屬歌部,歌支二部字音關係密切,可以通用。在古代形聲字的異體字中,"施"所從聲旁"也"與"虒"有互諧的情況就是很好的例子。如"籭"字從"虒"聲,而《禮記·月令》等作"笸",從"也"聲;"弛"字從"也"聲,而《説文》所收異體作"弦",從"虒"聲。"祁、夷"二字同屬脂部。可見"施夷"即"虒祁"一聲之轉的説法是可信的。上古音"氏"屬支部,與"虒、施"音近,可以通用。《莊子·列禦寇》"舐痔者得車五乘",陸德明《釋文》:"舐,字又作'狔'。"《玉篇》舌部以"舐、狔"二字爲"餲"字的異體。"舐"從"氏"得聲,而"狔"從"也"得聲。此是"氏、施"二字可以通用的例子。既然"氏"與"施"通,而"施"與"虒"通,那麼"氏"與"虒"也應該可以相通。疑幣文"氏祁"即"虒祁"。《左傳》昭公八年杜預注:"虒祁,地名也,在絳州西四十里,臨汾水也。"顧棟高《春秋大事表》卷七之三説今山西曲沃縣西四十九里處有虒祁宫址。戰國時其地屬魏。看來鄔布可能是魏國的貨幣。

《著名中年語言學家自選集·李家浩卷》頁 176—179,2002;
原載《中國錢幣學會成立十周年紀念文集》

○黃錫全（1993）

1850—1865	𥝶	鄁（疑祁異體）	𤝗氏	山西渾源西北。或釋氏祁讀𤝗祁，曲沃縣西南，屬魏	趙	方

《先秦貨幣研究》頁 354，2001；原載《第二屆國際中國古文字學研討會論文集》

○**何琳儀**（1994）　“祁”，《左傳·昭公二十八年》：“賈辛爲祁大夫。”即《地理志》太原郡“祁縣”。在今山西祁縣。

　　原篆左上從“氏”，左下從“示”，右從“邑”，当是“祁邔”合文，讀“𤝗氏”，見《地理志》代郡。在今山西渾源西北。

《人文雜志》1994-6，頁 71、71

○**白光**（1995）　郙：1 枚，完好，重 5 克，布幣長 4.6、寬 2.1 釐米。平首平肩方足布，平襠，直腰。字爲左右合一“𥝶”。

《文物春秋》1995-2，頁 85

○**梁曉景**（1995）　【鄁·平襠方足平首布】戰國晚期青銅鑄幣。鑄造國別不詳，流通於三晉、兩周及燕等地。屬小型布。面文“鄁、𥝶、𥝫、𥝲、𥝓”爲氏、示的合文，形體多變。背部多無文，或鑄有數位“五”等。1956 年以來北京，河北易縣燕下都、靈壽，山西芮城、祁縣、陽高，河南新鄭、鄭州，内蒙古土默特左旗等地有出土。一般通長 4.3—4.6、身長 2.9—3.1、肩寬 2.5—2.7、足寬 2.7—2.8 釐米，重 4.6—7.5 克。

《中國錢幣大辭典·先秦編》頁 301

○**石永士**（1995）　【祁·平襠方足平首布】戰國晚期青銅鑄幣。鑄行於戰國，通行於三晉及燕等地。屬小型布。面文“祁”，形體多變，有反書。背無文。“祁”，古地名，春秋時晉大夫祁奚的封邑，公元前 514 年，晉滅祁氏，以“賈辛爲祁大夫”，戰國屬趙，在今山西祁縣東南。1957 年以來北京，山西祁縣、陽高、洪洞，河北易縣燕下都遺址，河南鄭州等地屢有出土。一般通常 4.1—4.5、身長 2.8—3、肩寬 2.5、足寬 2.5—2.7 釐米，重 5.8—8.1 克。

《中國錢幣大辭典·先秦編》頁 253—254

○**何琳儀**（1998）　《説文》：“祁，太原縣。從邑，示聲。”

　　趙方足布祁，地名。《左·昭廿八》：“賈辛爲祁大夫。”在今山西祁縣。

《戰國古文字典》頁 1245—1246

　　鄁，從祁，示爲疊加音符。疑祁之繁文。或疑“祁氏”合文。

　　趙方足布鄁，讀祁，地名。見祁字。或釋“祁氏”合文，讀“𤝗氏”，地名。

《漢書·地理志》代郡"狋氏",在今山西渾源西北。

《戰國古文字典》頁 1246

△按　"鄔"爲"祁"之異體,可從,《戰國文字編》已歸爲一字。

鄴　鄴　鄴

新收 1186 十四年鄴下庫戈

○**何琳儀**(1998)　《説文》:"鄴,魏郡縣。从邑,業聲。"

十四年鄴下庫戈鄴,地名。參業字。

《戰國古文字典》頁 1430

△按　此字《戰國文字編》"邑"部未收,當補。

邢　邢　邿

璽彙 1901　　璽彙 95

璽彙 1891　　璽彙 1892　　陶彙 6·33　　陶彙 6·40

○**吳振武**(1983)　1890 邿耵·邿(邢)耵。

1891—1900、1902"邿"字同此釋。

《古文字學論集》(初編)頁 501

○**裘錫圭**(1990)　近年,北京大學等單位的考古工作者在調查河南温縣東南十公里的北平皋村古城遺址時,采集到一些很有價值的東周陶文。調查簡報報導説:"我們在這一帶采集的陶器(主要是豆)標本中,曾發現數十件有戳印陶文,大都是一器一章,而印'邢公'二字,或僅印一'公'字……邢字……或從邑加土……或從阜加土……因陶文出土於一地,可見這幾種寫法是相通的……從陶文所屬之盆、豆的形制來看,大都與晉文化第七、八段者類似,亦即相當於春秋中期至春秋戰國之交。"(《晉豫鄂三省考古調查簡報》,《文物》1982 年 7 期 7 頁)。根據舊説,周代的邢丘就是漢以后的平皋。"邢"字古代本寫作"邿"。所以調查簡報認爲"邢公"陶文的發現,確證"春秋晉國'地近河内懷'的邢丘,就是今天温縣的北平皋村"(同上 8 頁),這是很正確的。不過簡報把陶文的"公"看作爵稱,是否合乎事實恐怕還需要研究。簡報又認爲

“陶文公字頗具西周晚至春秋時期的特點”（同上），其實戰國時代也有這類寫法的“公”字（參看《古璽文編》18—19 頁），這個字在斷定年代上並沒有多大價值。陶文時代的上限能否早到春秋中期，恐怕也還需要進一步研究。

《徐中舒先生九十壽辰紀念論文集》頁 10—11

○**李先登**（1992）　　一、“邢公”

　　係鈐印在陶豆盤上的陰文印，長方形邊框，長 2 釐米，寬 0.8 釐米。印文“邢公”二字，直行，單行，自上而下。

　　“邢”字作“𨙷”，左從井，右從阝（邑），即邢字。下增土，爲邢字異體。土者，丘也，這一方面是爲了表示此地爲一土丘。即“邢丘”之意。《説文解字》八上：“丘，土之高也。”按北平皋遺址南爲㳻河及黄河，地勢高平，漢代名爲平皋，亦土丘之意。而另一方面是爲了既説明此地稱爲邢，但又非邢國之邢，故加土以示區别。這與古代文獻記載是相符合的。在古代文獻中就是把邢國與此地之邢丘分别稱爲“邢”與“邢丘”以示區别。例如，《左傳·襄公廿一年》：“邢、凡、蔣、茅、胙、祭，臨于周公之廟。”《國語·齊語》：“狄人攻邢。”韋昭注：“邢，姬姓，周公之後。”以上指的是邢國，在今河北邢臺，公元前 635 年被衛國所滅。又例如《左傳·宣公六年》：“秋，赤翟伐晉，圍懷及邢丘。”杜注：“邢丘，今河内平皋縣。”《春秋·襄公八年》：“季孫宿會晉侯、鄭伯、齊人、宋人、衛人、邾人于邢丘。”《左傳·昭公五年》：“晉侯送女于邢丘，子産相鄭伯會晉侯于邢丘。”以上所説的邢丘，顯然不是邢國，而指的是今北平皋遺址之所在。

　　證之以古文字，邢國與邢丘二者邢字的寫法也是不相同的。例如，西周時期的邢侯簋銘曰：“隹三月，王令茍衆内史曰：𦓔井侯服……作周公彝。”此“井侯”即邢國之邢侯。在戰國古璽文中，除有“邢”字外，尚有“𨙷”字，與北平皋遺址出土的“𨙷公”陶豆之“𨙷”字相同。許慎在《説文解字》中，亦分“邢”與“邢”爲二字。《説文解字》六下：“邢，周公子所封，地近河内懷。”“邢，鄭地邢亭。”我們認爲，“邢”即“𨙷”字；許慎分“邢”與“邢”爲二地是對的，但是他把“邢”解釋爲“地近河内懷”是不對的，這句話似應移於“邢”字之下。段玉裁在“邢”字下注云：“杜曰，邢國在廣平襄國縣。”即邢國在今河北邢臺是没有疑義的。段玉裁又在“邢”字下注云：“此上下文皆河内地，不宜忽屬以河南地名也。”所以，我們認爲此“邢”即“𨙷”字，亦即指邢丘，即北平皋遺址。

　　總之，“𨙷”即“邢”字，表明此地戰國時名爲“邢”，即文獻上所稱之“邢丘”。“邢公”乃當時此地之封君；此陶豆自銘“邢公”，説明係公府用器，出土陶豆的地點可能是公府之所在地。

二、“陞公”

係鈐印在陶豆盤上的陰文印，長方形邊框，長 2.1 釐米，寬 2 釐米。印文“邢公”二字，橫行，單行，自右至左。

此邢字作陞。陞字即邽字，爲異體字，從阝（阜）與從阝（邑）同。説明當時文字偏旁位置比較自由，文字結構尚較自由。戰國古璽文字亦有此字。

《古文字研究》19，頁 354—355

○**何琳儀**（1998） 《説文》：“邢，鄭地郱亭。從邑，井聲。”

古璽郱，讀井，姓氏。《穆天子傳》云，周有大夫井利。見《通志・氏族略》。

《戰國古文字典》頁 818

邽，從邑，坙聲。疑坙之繁文。或邢之繁文。

晉璽邽，讀邢，姓氏。見邽字。韓陶邽，或作陞，讀邢，地名。見陞字。二年邽令戈邽，或作坙，讀邢，地名。見坙字。

《戰國古文字典》頁 817

△**按** 字當隸定爲“邢”和“邽”，后者添加形符“土”，作地名專字，戰國文字常見。

【邢公】文物 1982-7，頁 7

○**牛濟普**（1987） 四、“邢公”

“邢公”印陶發現於河南省温縣東南 10 里的北平臯村，《文物》1982 年第 7 期發的《晉豫鄂三省考古調查簡報》曾對此有詳細的介紹與考證，而於“邢公”印陶側重於探求因封地稱公之人名。《簡報》著重查尋春秋時代之邢公，（中略）我則認爲“邢公”印陶並非指人，而主要是地名，正如《簡報》所説：“此邢公即使非指狐庸及其後裔，然此邢爲晉國地名是毫無疑問的。”“邢”，地名，春秋時之稱，即東周懷地之邢丘。“公”非邢公人名所省，而是表明邢地公（官）用之意。比如榮陽縣所出的戰國“公”字印陶，它有時單獨用，有時與表明地名的“格氏”合用，同蓋在一件陶器皿上，表明此器物爲格氏之公用物。我認爲“邢丘”印陶類此，只不過“公”字除單獨使用外，還與“邢”合於一璽印内，讀爲“邢公”。這當然容易引起後人的誤解。其實“邢公”的“公”字與單獨的印陶“公”字含義一樣，爲公私之公。使用具有此種内容的“公”字印陶在東周時期是一種普遍的現象。登封告成鎮、新鄭縣鄭韓故城遺址也出有不少“公”字印陶。所以温縣所出“邢公”印陶，第一字當爲地名，第二字指邢地之公

（官）物，即表示爲邢地官辦製陶業所生産之器物或邢地官府、官倉所用之物。
再一點需要指出的是，蓋壓有“邢公、公”字印陶的陶豆，從形制上看與鄭州、
滎陽及登封告成鎮所出帶有印陶的陶豆形制相一致。我們一般判定爲春秋
至戰國間。從“邢公”印陶的文字所具有的特徵看，“公”頗具西周晚至春秋時
期的特點（《簡報》語），加之單字“邢”的稱謂出現在春秋，而非晚些出現的雙
字地名“邢丘”，所以這批印陶應視爲春秋時代物。

《中原文物》1987–1，頁 81

○**李先登**（1992）　一、“邢公”

係鈐印在陶豆盤上的陰文印，長方形邊框，長 2 釐米，寬 0.8 釐米。印文
“邢公”二字，直行，單行，自上而下。

“邢”字作“邿”，左從井，右從阝（邑），即邢字。（**中略**）表明此地戰國時名
爲“邢”，即文獻上所稱之“邢丘”。“邢公”乃當時此地之封君；此陶豆自銘
“邢公”，説明係公府用器，出土陶豆的地點可能是公府之所在地。

二、“陘公”

係鈐印在陶豆盤上的陰文印，長方形邊框，長 2.1 釐米，寬 2 釐米。印文
“邢公”二字，横行，單行，自右至左。

此邢字作陘。陘字即邿字，爲異體字，從阝（阜）與從阝（邑）同。説明當
時文字偏旁位置比較自由，文字結構尚較自由。戰國古璽文字亦有此字。

《古文字研究》19，頁 354—355

邯 邯

邯 陶彙 4·159　　邯 璽彙 2145　　邯 侯馬 156:22

邯鄲 璽彙 4034　　邯鄲 璽彙 4035

○**何琳儀**（1998）　《説文》：“邯，趙邯鄲縣。從邑，甘聲。”

侯馬盟書“邯鄲”，地名。見甘字。或複姓。嬴姓，趙穿食邑邯鄲，因以爲
氏。見《萬姓統譜》。晉璽邯，姓氏。顓帝後有邯氏。見《路史》。

秦陶邯，地名。見《説文》。即邯鄲。

《戰國古文字典》頁 1447

△按　《璽彙》4034、4035 爲“邯鄲”合文，右下有合文符號。

【邯鄲】睡虎地·編年 50

○**睡簡整理小組**（1990）　邯鄲，趙都，今河北邯鄲。

《睡虎地秦墓竹簡》頁 9

鄲 鄲 邩

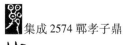

集成 2574 鄲孝子鼎

邩 侯馬 156∶21

○**何琳儀**（1998）　《説文》：“鄲，邯鄲縣。从邑，單聲。”

鄲孝子鼎鄲，地名。見《漢書·地理志》沛郡。在今河南鹿邑南。或讀單。《左·莊元》：“單伯送王姬。”周王畿之地。或説鄲爲姓氏。讀單，見下。晉璽鄲，讀單，姓氏。見單字。

《戰國古文字典》頁 1023

邩，从邑，丹聲。

侯馬盟書“邯邩”，讀“邯鄲”，複姓。嬴姓。趙穿食邑邯鄲，因以爲氏。見《萬姓統譜》。

《戰國古文字典》頁 1018

△**按**　上“邯”字條之《璽彙》4034、4035“邯鄲”合文及此條之侯馬盟書“鄲”字，皆从丹聲。

郇 郇 邹

璽彙 2238

○**何琳儀**（1998）　邹，从邑，勻聲。疑郇之省文。《説文》：“郇，周文王子所封國也，後爲晉地（編按：大徐本《説文》作“周武王子所封國，在晉地”）。从邑，旬聲。”

晉璽“郵邹”，讀“屈申”，地名。《管子·立政》：“以時鈎脩焉。”《荀子·王制》鈎作順。《釋名·釋地》：“坤，順也。”是其旁證。

《戰國古文字典》頁 1112

△**按**　邹字《戰國古文字典》標爲《璽彙》2328，誤。

鄗 鄗 鄗

包山 103

文物 1994-4,頁 86

○**汪慶正**(1988)　　"鄗",僅見"鄗"半釿布,爲上海市文物保管委員會在廢銅中搶救所得之孤品。"鄗"有二地,《史記·趙世家》載,趙武靈王三年城鄗,其地在今河北柏鄉縣,此爲趙邑。《左傳》文工三年:"秦伯伐晉……取王官及郊也。"《史記·秦王本紀》作"取王官及鄗"。此屬魏邑。《水經注》:"河東左邑縣西有王官城。涑水逕其北。"左邑即今山西聞喜,王官當在今山西聞喜以西、臨晉以東之閒。"鄗"亦應在此附近,恰爲當時釿布之盛行地區。

《中國歷代貨幣大系·先秦貨幣總論》頁 18

○**馬良民、言家信**(1994)　　1986 年春,山東鄒平縣苑城鄉中心學校的郭鵬同志在苑城村北 1 公里的仁馬莊南撿到 1 件有字陶片,同年秋捐送鄉文化站。

陶文是在一塊三角形陶片上按一方形戳印。陶片爲泥質灰陶,邊長分別爲 10.4、9 和 7.5 釐米,厚 0.9 釐米。印長 4.9、寬 4.4 釐米,左小角殘缺。印面有陽刻邊框,框內隔爲 3 欄,每欄有豎行陽文 4 字,共 12 字。其中,左欄首字左旁缺損,末字稍殘(圖一)。

圖一

這些陶文大都可以直接釋讀,唯"**罔**、**㫑**"少見,左欄首字缺損,需加辨識。(**中略**)

㫑,兩邊的斜短劃應是飾筆,在構字上沒有實際意義。這是戰國齊國文字的特點之一,如"旬"。"**㫑**"去掉飾筆爲**㫑**,應是"高"與"邑"合書共用一"口",隸定爲"鄗"字。類似的字體結構在齊國文字中常見,如"鄐"作**㐅**(《錄》55.9)、"路"作**㐅**(《彙》0148)、"郤"作**㐅**(《彙》1203),都是兩個偏旁共用一"口"。古文"高"作"**㝉**"(《籀》5 下.21)、**㝉**(《璽》5.9)等形,演化爲**高**(《籀》5)下.20)、**商**(《璽》5.10)、**㝉**(《補》5.8),遞省爲**商**(《璽》5.10),正與"**㫑**"的上部相同。

《文物》1994-4,頁 88—89

○**梁曉景**(1995)　【鄗·平襠方足平首布】戰國晚期青銅鑄幣。鑄行於趙國,流通於三晉、兩周等地。屬小型布。面文"鄗"。背無文。"鄗",古地名,春秋屬晉,戰國歸趙。《左傳·哀公四年》:"齊國夏伐晉,取鄗。"《史記·趙世家》:趙武靈王二十一年(公元前 305 年)"王軍取鄗、石邑、封龍、東桓"。在今河北柏鄉北。通長 4.3、身長 2.8、肩寬 2.6、足寬 2.7 釐米。較罕見。

　　　　　　　　　　　　　　　《中國錢幣大辭典・先秦編》頁 266

○**何琳儀**（1998）　《説文》：“鄗，常山縣。世祖所即位。今爲高邑。从邑，高聲。”

　　包山簡“鄗郿”。讀“鄗閒”。地名。疑與《左・桓十二》“晉師在敖鄗之閒”，注“二山在滎陽縣西北”有關。一説爲陸渾山。曾姬無卹壺作“蒿閒”，見蒿字。

　　　　　　　　　　　　　　　　　　《戰國古文字典》頁 291

△**按**　《文物》1994 年 4 期字形爲上下結構，下部“口”爲“高”和“邑”合用，釋爲“鄗”字可從。漢代文字作“𩠐”（《漢印文字徵》附録二），可資比較。

【鄗稟】文物 1994-4,頁 88

○**馬良民、言家信**（1994）

　　“鄗廩”。“鄗”是地名，齊陶、璽文中的“廩”字前多冠以地名，如“番陵左廩”（《補》5.9）、“平陵縣左廩”（《齋》1.15.3）等。從這件陶文的出土地看，“鄗”應是“高宛”的簡稱，據《長山縣志》記載，古高宛就在現在的宛城村。“高宛”即“高苑”。《戰國策・齊策》《漢書・地理志》作“高宛”，《后漢書・郡國志》作“高菀”，《晉書・地理志》作“高苑”，以後沿襲未改。苑城是個包括 4 個小村的大村莊，經調查發現，該村就坐落在一個大型的戰國、漢代城址之上。由此可見，“鄗廩”就是設在高宛的倉廩。

　　　　　　　　　　　　　　　　　　《文物》1994-4,頁 87

鄚

璽彙 2254

○**何琳儀**（1998）　《説文》：“鄚，涿郡縣。从邑，莫聲。”

　　晉璽鄚，姓氏。古有鄚國，即河閒之鄚縣，後因氏。見《姓氏考》。

　　　　　　　　　　　　　　　　　　《戰國古文字典》頁 721

△**按**　《璽彙》2254 爲上下結構。

鄅

包山 87　　仰天湖 18

○**中大楚簡整理小組**（1977）　第一簡：鄦昜公一紡衣，緑緙之☒

鄦，《説文》：“在潁川，從邑，無聲。讀若許。”按鄦、許兩字意義不同。鄦本地名，因邑爲姓。有的封地因强大而用作國名，古代不乏其例。金文中鄦字有多種寫法，如《鄦子簠》作鄦，《蔡大師鼎》鄦叔姬，作鄦，《無叀鼎》《無臭簠》省邑作無，《鄦姬鬲》《鄦仲尊》作鄦。儘管偏旁有變化，但從無聲則不變。許字從言午聲，午爲杵之初字。舂用杵，《舀鼎》許字作𦥑，右從舀，午下從口，乃臼形之變。許字的初義是在舂米工作舉杵時，勞動者發出一種助力聲音的表意詞。《淮南子·道應》：“今夫舉大木者，前呼邪許，後亦應之，此舉重勸力之歌也。”這就像後世從事體力勞動，每發出嗨喲、嗨喲有節奏的聲音那樣。

由此可見，鄦、許各自有其創義，漢武帝以後，以許代鄦，鄦字遂廢而不用。《史記·鄭世家》鄭襄公十八年：“悼公元年，鄦公惡鄭于楚。”許作鄦，未改字，流傳至今，在《史記》中，原書作鄦者皆以許易之，此僅一見。

《戰國楚簡研究》4，頁 2

○**何琳儀**（1998）　《説文》：“鄦，炎帝太嶽之胤，甫侯所封，在潁川。從邑，無聲。讀若許。”或疊加网聲，猶小篆𦉘從亡聲（十二下十九）。無，明紐魚部；亡、网，明紐陽部。魚、陽陰陽對轉。

鄦之造戈鄦，讀許，地名。《左·成十五年》：“楚公子申遷許于葉。”在今河南葉縣南。

楚簡“鄦昜”，讀“舞陽”，地名。見武字。

《戰國古文字典》頁 613

【**鄦昜**】包山 87、仰天湖 18

○**史樹青**（1955）　此簡第一句鄦昜當是地名，即許陽。

《長沙仰天湖出土楚簡研究》頁 30

○**中大楚簡整理小組**（1977）　昜即陽，從阜後加。《説文》誤分爲二。鄦昜爲地名。

《戰國楚簡研究》4，頁 2

○**舒之梅、何浩**（1982）　第一，鄦陽是否楚地？

《漢書·地理志》載，武陵郡屬縣有無陽，班固注：“無水首受故且蘭，南入沅，八百九十里。”《水經·沅水》：“沅水出牂柯且蘭縣爲旁溝水，又東至鐔城縣爲沅水，東過鄦陽縣。”《注》：“無水出故且蘭，南流至無陽故縣，縣對無水，因以氏縣。無水又東南入沅，謂之無口。”無與鄦通，無加邑旁表示地名。這確如林河同志所説,鄅陽位於無水之濱。但其具體地點究竟在今天什麼地方呢？林河同志的説法不很一致,不過可以看出他基本上是把鄅陽定在新晃的。綜合上引史料,聯繫水道考察,"出牂柯且蘭"之"沅水"和"旁溝水"與"無水"是一條水,即今稱潕水之古無水。"東至鐔城縣爲沅水"的"沅水",乃是通常所説的沅江;鐔城就是今潕水入沅江處的黔城。對無水"南流至無陽故縣",楊守敬疏云："南流"當作"東流","無陽故縣"指漢之無陽,在今芷江縣北,甚是。這樣,鄅陽的位置就相當清楚了:它在芷江縣北,而不是在無水(今潕水)南岸的今新晃鎮。雖然,漢縣轄境面積較大,以致漢無陽縣可能大至包括新晃、芷江及懷化地區甚至南部其他一些縣。但顧名思義,鄅陽者,鄅水之陽,水北曰陽,其縣治當在無水之北。《讀史方輿紀要》卷八十一"沅江"之"舞陽城"條説:"在州北,漢置無陽縣,屬武陵郡,縣在無水之陽,因名。"可證。漢代地名,多沿自戰國,在無相反證據的情況下,我們不妨説,漢之鄅陽就是戰國鄅陽,因此,應該把仰天湖楚簡之鄅陽,定在今芷江縣北。（中略）

　　史籍明確記載,楚在戰國中期設置黔中郡。細考該郡地望,鄅陽是其轄地。《史記·蘇秦列傳》集解引東晉末年和南朝劉宋初年人徐廣的話説:楚黔中,"今之武陵也"。這是關於楚黔中地望的最早的一種説法。（中略）因此,新晃、芷江、懷化以及黔陽一帶,戰國時都屬於楚黔中郡,鄅陽自然也被包括在內。仰天湖 25 號墓的年代爲戰國晚期,簡文中之鄅陽公必定生當其時,比楚黔中郡的設立要晚,説鄅陽是楚黔中郡轄地,於時間亦無不合。

《江漢論壇》1982-10,頁 59—61

○徐少華(1999)　　簡 87　　鄅陽大□尹宋衰訟范慶……,以受鄅陽之遷官遏逃之故。

　　"鄅陽"爲楚境內一政區單位,即古之舞陽。按鄅、舞均以"無"得聲,漢晉"舞陽縣",《水經·汝水注》(卷二一)引作"潕陽縣",可見兩者之間有互用關係。

　　古舞陽,因位於潕(舞)水之陽而得名,《漢書·地理志》(卷二八上)潁川郡"舞陽"縣下顏注引應劭曰:"舞水出南。"《水經·潕水注》(卷三一)載:"潕水又東北,歷舞陽縣故城南,漢高祖六年,封樊噲爲侯國也。"古潕水即源於今河南泌陽縣北,北流轉東逕今舞陽縣南,於西平縣西境注入洪河之三里河(亦名舞河)。位於古潕(舞)水東北流之北岸的"舞陽縣故城",唐初的《括地志》説在當時的"葉縣東十里",而《讀史方輿紀要》等説在清代舞陽縣西。唐初的葉縣在今河南葉縣南三十里的舊縣鎮,清代舞陽縣即今河南省舞陽縣,則位於唐葉縣東十里。清舞陽縣以西,今三里河(舞水)北岸的漢晉舞陽縣故城當不出今葉縣東南境的崗王、蔡莊、莫莊至王必選諸村一帶。這裏當長城山丘陵地北沿,與葉邑分左右雄踞方城隘道出口兩旁,是楚北上中原、東去淮域的戰略要地,楚於此建立城邑和據點是十分可能的。

據《史記・魏世家》(卷四四)載公子無忌説魏安釐王曰:"秦葉陽、昆陽與舞陽鄰,聽使者之惡之,隨安陵氏而亡之,繞舞陽之北,以東臨許,南國必危,國無害乎?"此段對話亦見於《戰國策・魏策三》和長沙馬王堆漢墓出土的《戰國縱橫家書》,内容大致相同,當可信據。唐張守節《史記正義》曰:"此時葉陽、昆陽屬秦,舞陽屬魏。"雙方在方城口外形成對峙局面,説明戰國晚期魏已有舞陽之邑。又《漢書・地理志》(卷二八下)域分"魏地"説三家分晉之後"其界……南有……潁川之舞陽、郾、許、傿陵……",所言"許"即故許國,春秋中期許國南遷之後其故地入鄭,傿陵原爲鄭邑,兩地屬魏當在戰國中期韓滅鄭前後;而舞陽在方城口外側,與葉相鄰,郾在今河南漯河市近西,戰國中期以前一直屬楚,魏有其地當在公元前 301 年齊、韓、魏三國攻楚"取宛、葉以北以強韓、魏"之時。包山楚簡所載爲垂沙之戰以前史實,時舞陽屬楚,與當時的列國疆域形勢相合。

舞陽,因位於古潕(舞)水之陽(北)而得名,古潕水應與古代許國及許人在此一帶的長期活動有關。首先,古許國之"許",銅器銘文多作"鄦",文獻中亦有證,以居邑之名作"鄦",以水系之中作"潕"。其次,據《左傳》成公十五年記載"許靈公畏偪于鄭,請遷于楚。辛丑,楚公子申遷許于葉",時爲公元前 576 年,此後直至戰國初年爲楚所滅,除了於魯昭公九年至十三年(公元前533—前529 年)先後被楚靈王遷往夷地(即城父)和荊(楚内地)居住了 4 年,魯昭公十八年至定公四年(西元前 524—前 506 年)被遷往析地住了 18 年之外,許人長期在葉邑附近居住、活動達百年左右,潕水流域當爲南遷後許人活動的主要地區之一,故此而得名。舞陽城邑的出現,當亦與許人在此的活動有關,其戰國早中期時爲楚地,後又轉屬於魏。

《考古》1999-11,頁 75—76

○**劉信芳**(2003)　　讀爲"舞陽"。惟楚地有二舞陽,其一在今河南舞陽縣東,《漢書・地理志》在潁川郡。其二在今湖南芷江縣。仰天湖簡 18:"鄦昜公一紡衣,綠裏。"是仰天湖楚墓墓主去世時,"鄦陽公"曾賵贈衣物,由此知包簡舞陽以湖南境内之舞陽爲近是。《漢書・地理志》武陵郡有"無陽",《水經注・沅水》:"東逕無陽縣,無水出故且蘭,南流至無陽故縣,縣對無水,因以氏縣。"

"無水"又作"舞水",據楊守敬《疏》:無陽在今湖南芷江縣北。

《包山楚簡解詁》頁 84

○**吳良寶**(2004)　《包山》簡 87 有"鄦昜",整理者未釋。史傑鵬、徐少華等先生均讀爲"舞陽",在今河南舞陽縣西北。

　　長沙仰天湖(原編號爲 M25)出土的楚簡中有"鄦昜公",表明"鄦昜"應是當時楚國的一個縣。李學勤先生將"鄦昜"讀爲"許陽",認爲"許陽當係楚所滅許國境内的城邑"。後來,林河、舒之梅等先生將仰天湖簡文的"鄦昜"與湖南省境内的潕水聯繫起來,視爲漢代無陽縣(在今芷江縣北)的前身。此説也得到了劉信芳先生的贊同:(**中略**)

　　今按,將仰天湖楚簡中的"鄦昜"定位在今湖南境内,不失爲一説。出土竹簡的仰天湖楚墓的年代,原發掘報告判斷爲戰國晚期。河南境内的舞陽自戰國中期的公元前 301 年起即爲魏國所占領,如此一來,仰天湖楚簡中的"鄦昜"似乎就只能定位於湖南境内了。

　　隨着長沙戰國楚墓研究的深入,原有的墓葬斷代的結論已經出現了變化。根據最新的綜合研究,出土竹簡的仰天湖楚墓(新編號爲長仰 M167)年代在"三期六段":"所出陶鼎均與包山 M2 之同類銅鼎的風格相同。它們之間如此衆多風格相同的禮器,説明其時代亦應相同。包山 M2 的年代爲公元前 316 年,望山 M2、沙塚 M1 的年代均在戰國中期晚段,因此我們將長沙第三期六段楚墓的年代定在戰國中期晚段是可信的。"在這個時間段内,今河南境内的"舞陽"此時還没有入魏,因此,將仰天湖楚簡的"鄦昜"讀爲"舞陽"並定位於河南境内的意見還是可取的。

　　至於讀爲"許陽",是因爲銅器銘文中"許"國之"許"就作"鄦"。徐少華先生認爲舞陽"因位於古潕(舞)水之陽而得名,古潕水應與古代許國及許人在此一帶的長期活動有關"。

《古籍研究》2004-2,頁 159

【**鄦昜公**】仰天湖 18

○**李學勤**(1956)　第 18 簡賻贈者有鄦(許)陽公,楚國卿大夫稱公,許陽當係楚所滅許國境内的城邑。

《文物參考資料》1956-1,頁 48

○**林河**(1982)　考證:𨟭字,即鄦字的古文,昜字即簡寫的陽字(《古泉匯》載:安陽、平陽等陽字均作昜可證)。據《湖南考古略》城池門云:"鄦陽廢縣,在湖南沅州府東南,漢置,後漢省,晉改鄦陽。"又:《水經注》云:"鄦陽故縣,縣對無水,因以氏縣。"查無水和鄦陽有二,一在河南舞陽地區,一在湖南新晃侗族自治縣地區,河南在戰國時期不屬楚地,而新晃正處於楚南邊地。所以,此鄦陽公者,是新晃之鄦陽公,而非河南之鄦陽公也。(中略)

這個鄦陽公,時在戰國,當時中原的政權還未達到這個地方(漢始置鄦陽縣),説明他只是一個區域性的部落酋長。

一個小小部落酋長,爲什麽會稱爲公呢? 原來,戰國晚期,禮制大亂,地方勢力自稱爲王公者大有人在,《左傳》云:陳夏氏之亂,"諸侯、縣公,皆慶寡人。"杜注:"楚僭王號,縣大夫皆稱縣公。"這個不服王化的鄦陽酋長,自稱爲公,也就毫不足怪了。又如,古代只有天子的墓葬才配用九鼎,而我在長沙發掘過許多楚墓,配用九鼎的竟有好幾座,都是楚國貴族擅自稱王的鐵證。

從這片竹簡還可以知道下列幾個問題:1.鄦陽建縣雖自漢始,但鄦陽之名則古已有之了,漢朝不過是沿用其舊稱以名縣而已。2.鄦陽在當時還屬於化外之民,故其酋長膽敢自稱爲公,不受周朝禮制的約束。故其族別不會是漢族,而是其他民族。3.根據到過沅水流域的屈原,曾有"彼南夷兮"之句,南夷顯然指的是沅水南部(即鄦陽地區)的少數民族,屈原是楚人,他不承認這地區的人民是楚人,而根據這個地區正是侗族在歷史上活動的中心地區,故可推論與屈原時代大略相近的鄦陽公,不是楚人,而是侗族的一個酋長的可能性更大。

《貴州民族研究》1982−1,頁 53

○**舒之梅、何浩**(1982)　第二,鄦陽公爲什麽稱"公"?

鄦陽既是楚地,鄦陽公與楚的關係,當然不可能是一種"鄰邦關係",或者是一種"大國與小國之間的外交關係"。(中略)因此,鄦陽公其人也絶不會是"侗族建立的一個部落聯盟的酋長"。至於這位鄦陽公爲什麽稱"公",只要稍一接觸楚國史料,就會找到回答。《左傳》宣公十一年載楚莊王語曰:"夏徵舒爲不道,弑其君。寡人以諸侯討而戮之,諸侯、縣公皆慶寡人。"杜預注:"楚縣大夫皆僭稱公。"在《左傳》莊公三十年"申公鬬班殺子元"條下,杜預又注曰:"楚僭號,縣尹皆稱公。"(中略)先秦文獻一再出現楚縣尹稱公的例子,如記載春秋時期史實的《左傳》中的申公、息公、蔡公、陳公、葉公,記載戰國時期史實的《戰國策‧楚策》中的新城公、宛公等。史料中卻不曾見到先秦時期少數民族首領稱公的,就是非楚國縣令稱公的也不曾見到。因此,説鄦陽公稱"公"是侗族酋長自行僭稱,缺乏根據。鄦陽既是楚地,按楚國縣尹稱公的通例,"鄦陽公"者,即楚之縣尹也。反過來説,鄦陽公其所以稱"公",就因爲他是楚國的縣尹。

○**郭若愚**(1994)　鄾即許,姓也。《廣韻》:"出高陽汝南,本是姜姓,炎帝之後,太嶽之裔,其後因封爲氏。"易即陽。許陽公爲賵贈者姓名。

○**何琳儀**(1998)　《説文》:"郾,穎川縣。从邑,匽聲。"或加心旁繁化。

燕金郾,讀燕,國名。

晉璽郾,讀匽或偃,姓氏。見匽字。

中山王器郾,讀燕,國名。

△**按**　"郾"字或从"心"(如璽彙 1796)。"郾"字所从之"匽"或可分析爲"臣"與"日"(參見陳劍《説"安"》,《語言學論叢》31 輯,商務印書館 2005 年)。

郟 郟

木邑錢典 256

○**丁福保**(1938)　郟　見第二五六圖

(中略)郟,鄭地,《春秋·昭元年傳》杜注:郟縣屬襄城。高士奇曰:郟後屬楚,漢置郟縣,屬穎川郡,晉屬襄城郡,今爲郟縣,屬汝州【錢略】

○**梁曉景**(1995)　【郟·平襠方足平首布】戰國晚期青銅鑄幣。鑄造國別不詳,流通於三晉、兩周等地。屬小型布。面文"郟",待考,或與"郥"同,是"郖"或"鄐"字殘泐(參見"郥·平襠方足平首布"條)。通長 4.2、身長 2.9、肩寬 2.6、足寬 2.7 釐米。

△按　字之左邊當是"亦",可隸定爲"郝",《秦珍》"郝"字作,近同,可資比較。此字《戰國文字編》未收録。暫附於此,待考。

郪

集成 12108 新郪虎符

○**何琳儀**(1998)　《説文》:"郪,新郪,汝南縣,从邑,妻聲。"

新郪虎符"新郪",地名。

《戰國古文字典》頁 1266

郻

集成 289 曾侯乙鐘

○**何琳儀**(1998)　郻,从邑,鼻聲。《龍龕手鑒》:"郻,俗劓字。"果如其説,郻亦可歸月部疑紐臬聲。兹暫歸脂部界聲。

隨縣簡郻,不詳。或讀臬。《小爾雅·廣言》:"臬,極也。"

《戰國古文字典》頁 1297—1298

△按　曾侯乙鐘 ,《戰國文字編》《楚文字編》皆隸在"郎"下。《説文》:"郎,姬姓之國,在淮北。从邑,息聲。今汝南新郎。"字非从"息",《楚文字編》以爲所从聲旁下部非心,或即熄之省形(394 頁)。郭店簡《五行》45"鼻"字作 , 字所从,似"鼻"字,何琳儀隸定爲"郻",當可從。

鄧

集粹　　璽彙 1934　　陶彙 9·74　　睡虎地·編年 27 壹

○**睡簡整理小組**(1990)　鄧,楚地,今河南鄧縣。

《睡虎地秦墓竹簡》頁 8

○**何琳儀**(1998)　《説文》:"鄧,曼姓之國。今屬南陽。从邑,登聲。"

晉璽鄧,姓氏。古國名。本姓曼,其後稱鄧氏。見《姓氏急就篇注》

《戰國古文字典》頁 139

△按　《陶彙》9·74 字"邑"符處右下角,較特殊。春秋戰國時多處地名稱

"鄧",如《春秋・隱公十年》"春,齊侯、鄭伯盟于鄧",《注》:"鄧,魯地。"《春秋・桓公二年》"蔡侯、鄭伯會于鄧",《注》:"潁川召陵縣西南有鄧城。"《疏》:"賈、服以鄧爲國,釋例以此爲蔡地,其鄧國則義陽鄧縣是也。"

鄴 鄴

包山 115　　鄴 包山 189

○**何琳儀**(1998)　《説文》:"鄴,今南陽穰縣是。从邑,襄聲。"

包山簡"鄴陵",鄂君啓節作"襄陵",地名。見襄字。包山簡鄴,讀穰。見《漢書・地理志》南陽郡,在今河南鄧縣。穰《説文》作鄴。

《戰國古文字典》頁 691

【鄴君】包山 189

○**劉信芳**(2003)　楚國封君,其封地似難確指。《説文》:"鄴,今南陽穰縣。"段《注》:"南陽穰,二志同,今河南南陽府鄧州東南二里穰縣故城是也。本楚地,後爲韓邑。"惟楚簡"鄴、襄"通用,《漢書・地理志》江夏郡有襄縣。又楚有襄城郡,見於《説苑・善説》。襄城,《漢書・地理志》在潁川郡。《水經注・汝水》:"汝水又東,逕襄城縣故城南,王隱《晉書地道記》曰:楚靈王築。劉向《説苑》曰:襄城君始封之日,服翠衣,帶玉佩,徙倚於流水之上,即是水也。楚大夫莊辛所説處。後乃縣之。"襄城在今河南襄城,簡文"鄴君"封地以"南陽穰縣"爲近是。

《包山楚簡解詁》頁 181

鄻 鄻

鄻 璽彙 0237

○**吳振武**(1983)　0237 鄻安信鉥・鄻(婁)安信鉥。

《古文字學論集》(初編)頁 490

○**何琳儀**(1998)　《説文》:"鄻,南陽穰鄉。从邑,婁聲。"戰國文字鄻,讀婁,姓氏,見婁字 a。

《戰國古文字典》頁 336

鄆 野

 上博 6

○**何琳儀**（1998） 《説文》：“鄆，南陽西鄂亭。从邑，里聲。”

楚璽鄆，地名。見《説文》。在今河南南陽北。

《戰國古文字典》頁 83—84

郢 鄱 䟫

貨系 4209　璽彙 5549　包山 7　包山 169

新蔡零 90　包山 126　新蔡乙四 110

故宫 435　貨系 4241

新蔡甲二 13

湖南 25

○**丁福保**（1938） 郢　見第二五三圖

右布面文右作，左作，是郢字。《説文》：“郢，故楚都，在南郡江陵北十里，从邑，呈聲。”【錢略】

《古錢大辭典》頁 1222,1982

○**陳松長**（1991） 03.邭垕,1.3×1.3×1.1 釐米。《説文》：“郢，或省作邭。”是知邭即郢字。垕字亦見《彙編》2085，隸定爲垕。垕字書不載，竊疑垕乃正字之或體字。古璽文字中土做爲繁飾符號者是處可見，如《彙編》5150“共”字作，5483“供”字作，1128“陵”字作，1462“陳”字作，因此，邭垕當即郢正。

《湖南博物館文集》頁 109

○**何琳儀**（1998） 《説文》：“郢，故楚都，在南郡江陵北十里。从邑，呈聲。邭，郢或省。”

晉璽鄱，姓氏，疑讀程。見邭字。魏方足布鄱，疑“北鄱”。《戰國策·魏策》：“穰侯攻大梁，乘北鄱。”地望待考。

楚器郢，除人名外均爲地名，或爲楚都，或爲楚之陪都。

《戰國古文字典》頁 804

○**何琳儀**（1998）　郢，从邑，壬聲。郢之省文。《説文》：“郢，故楚都，在南郡江陵北十里。从邑，呈聲。郢，郢或省。”

晉璽郢，姓氏，疑讀程。顓頊重黎之後，程伯休父其後也。見《元和姓纂》。

《戰國古文字典》頁 801

【郢爰】《貨系》頁 1141

○**鄭家相**（1958）　右金版，銀質，面文郢爰二字，陰文印成，亦壽州出土，注見前。

按，金質金版，郢爰較多，所見已有五六枚。陳爰僅此一枚。尚有秦爰一枚，視其文制，似不可信，略焉。銀質金版，亦僅此郢爰一枚。其他銅質、鉛質、陶質金版，所見尚多，形式有正方、長方、圓形、剪鑿，或未剪鑿，文字郢爰之外，又有壽春、邾吳，及格子紋各種。因其爲祭祀喪葬之瘞錢，非行用貨幣，另詳瘞錢考，茲不列。

右金版，金質，面文郢爰二字，一陰文，二陽文，皆屬印成。近年在安徽壽州鳳臺，及山東臨淄日照，田間或古墓中出土。篆文雖微有區別，而大都相同，形式有大小，質量有輕重，蓋剪鑿時，多不準確，行使時，尚須稱量也。《史記·楚世家》，考烈王二十二年，楚東徙，都壽春，命曰郢，即今壽州治所是也。楚自文王始都郢（在今荆州），昭王復國，徙都，頃襄王徙陳。（中略）再徙壽春，猶曰郢者，當是楚郢並稱。《戰國策》或爲六國説秦王篇，謂楚威王爲郢威王，是也。爰字之義，即爰金也。

《中國古代貨幣發展史》頁 200、199

○**李家浩**（1973）　“郢爰”的“郢”，是楚國國都之名，其地在今湖北省江陵縣。楚頃襄王二十一年（公元前 278 年）徙於陳（今河南淮陽），考烈王二十二年（公元前 241 年）徙都壽春（今安徽壽縣），仍以“郢”名之。“爰”是貨幣重量單位，古代文獻作“鍰”，金版多以每一小方“郢爰”使用，一爰即一小方黃金的重量單位。“郢爰”二字或許就是楚國國家所鑄貨幣的意思。

《考古》1973-3，頁 194

○**殷志强**（1983）　楚金版“郢爰”的形制和名稱，未見當時文獻記載，歷代屢有發現。關於金版，比較明確的記載，首先見於宋代沈括《夢溪筆談》卷二十一，當時稱金版爲“印子金”，其上印記誤讀爲“劉主”。清末金文學家方濬益在《綴遺齋彝器考釋》中釋金版印記爲“郢爰”；吳大澂的《度量衡實驗考》稱金版爲“郢爰”金幣，於是“郢爰”爲楚國金幣的説法遂成定論。

“郢爰”兩字的含義,郢爲楚國地名。《史記·楚世家》:楚文王(熊貲立)元年(公元前 689 年),始都郢。楚頃襄王二十一年(公元前 278 年),秦將白起拔郢後,楚還曾遷都於陳(今河南淮陽縣)、巨陽(今安徽太和縣)及壽春(今安徽壽縣)等地。郢原爲楚國國都名,安(編按:當爲“按”)楚人的習慣不拘遷都何處,都稱其都城爲郢,也可以稱國名。《戰國策》中有“郢威王、郢中”等記載;《史記·秦始皇本紀》:“取陳以南至平輿,虜荊王。秦王遊至郢陳。”可證戰國時期楚郢並稱。因此,“郢爰”確爲楚國金幣。1971 年湖北江陵發現“郢爰”金幣,説明楚國在公元前 278 年以前已經開始鑄造金幣了。(中略)

　　“爰”很可能是金版貨幣的專用名稱,“郢(陳、潁、專)爰”兩字可釋爲楚國金版貨幣。考古發現的銀“郢爰”及鉛、泥“郢爰”,則都爲冥幣,取其象徵性。

《文博通訊》1983-2,頁 9—10

○**朱活**(1983)　　郢爰中的郢是指楚都,楚國在春秋戰國時期作過國都的地方,文獻上記載的大致有丹陽、郢、鄀、都、陳、鉅(距)陽、壽春等地。頃襄王曾把城陽(信陽長臺關蘇樓楚王城)作爲臨時國都。一般説來,楚都遷到哪裏,哪裏稱爲郢。楚文王熊貲(前 689—前 677 年在位)始都郢。昭王十二年(前 504 年),楚避吳國侵入,從郢遷入都,見《左傳·定公六年》。惠王(前 488—前 432 年在位)即位之初曾遷鄀,又還郢(或遷郢)。這裏的郢都,按舊説就是一直到頃襄王二十一年(前 278 年)被秦將白起攻陷的郢,即今湖北江陵紀南城。秦拔郢都,楚王北保於陳。考烈王十年(前 253 年)一度徙都鉅陽,二十二年東徙壽春,其後二十年,楚爲秦所滅,時爲楚王負芻六年,秦王政二十五年,公元前 222 年。郢爰就是國都所鑄,也就是楚國政府鑄行或由政府許可並經鑒定的楚國金幣,所以郢爰也就是楚爰。

《江漢考古》1983-3,頁 33

○**黄流沙**(1986)　　爰金幣文都是兩字並列:左爲地名,右爲幣名。已見地名幣文的有:郢、陳、鄀、鄭、覃、盧,皆楚國城邑,爲鑄幣地名。郢是楚文王始都所在之郢城,在今湖北紀南城。陳爲楚王的“賦出千乘”的大城市之一。在今河南淮陽縣。原爲一小國,公元前 534 年(楚靈王七年)爲楚所滅歸楚。陳閔王二十一年(公元前 478 年)復國,再次爲楚所滅,卒歸楚。鄀讀歷,因歷水得名。鄀乃鬲字異體。《正字通》:“鄀,地志作鬲。”其地在今安徽太和縣,戰國時期屬楚。一説鄭即櫟,春秋鄭國別都。在今河南禹縣。戰國時稱陽翟,曾爲韓都,不知何年入楚。鄢爰之鄢,其地近魯(山東),楚滅魯,此地歸楚。盧金的盧,一説其地在今湖北襄陽西北;另一説在湖北宣城西南。盧是地名没有問題。但也有認爲"可能是煉金工具之爐,標明盧金,即意爲爐煉金質十足之金幣"(蕭清《中國古代貨幣史》91頁),非也。覃,先屬魯,後屬楚,在今山東郯城一帶。或釋潁。地在今河南臨潁縣。亦楚境。從幣文出土地點來看,爰金爲楚國鑄行金幣已無疑議。

幣署地名,周幣已開其端。周出以地名署於鏟幣者,不下百數十處,説明鑄幣地點亦百數十處。幣署地名,亦用以徵信。周初王朝政制,凡以地封官,屬其自治。各地均可鑄幣,王朝並没有把造幣權統攬起來,百姓也可鼓鑄。周有"盧氏"鏟幣範、"盧氏"空首布範可證。楚國鑄幣也沿周制,王朝鑄幣,地方也可鑄幣。楚周是盛産黄金的地區,百姓有采金鑄幣之利,但卻受到楚王朝嚴禁,犯"采金之禁,得而輒辜磔於市,甚衆。而人竊金如故"(見《韓非子·内儲説上》)。可見民閒偷采黄金依然不止。私人暗中鼓鑄也難免。出土楚爰金有的是不署幣文、兩面皆光面的金餅;有僅署單字者,都可能出自私人暗中所鼓鑄。周初允許百姓鑄幣,幣文就有不少是既非國名又非邑名的單字幣文,如吉、是等單字,看來就是民閒公開鑄幣署文的先例。

"郢爰"的郢,既是楚都郢城的地名,也是國名。楚文王熊貲(前689—前677在位)始都郢。後因避亂或受鄰國威脅,國都曾先後多次搬遷;昭王十二年(前504年)從郢遷都於都;(前488—前432年在位)即位之初遷鄀,又回郢(或還遷都);考烈王十年(前253年)一度徙都鉅陽。二十二年東徙壽春。其後二十年,楚爲秦所滅。楚統治者以帝都是國祚象徵,故國都遷到哪裏,哪裏便稱郢,以示國祚延綿不斷。遷都都、鄀(均在湖北宣城地區),又有"鄀郢"之稱。遷都安徽壽春,《史記·楚世家》即有"楚東徙都壽春,命曰郢"的記載;《戰國策·秦策四》有"郢威王"之稱,蓋即楚威王是也;可見郢楚並稱,郢即楚之別名。

楚郢所署地名公認已無疑問,但所署"爰"字卻仍有異議。一説是金文中的"爰"與"冉"兩字極相似,很可能同爲一字,而"冉"有詮衡輕重之義,應重新釋爰爲冉。日本考古家林巳奈夫和我國安志敏均主此説。(中略)爰冉兩字雖有些相似,但畢竟仍有明顯的區分。楚爰金版出了那麽多,都只署爰字,没有冉字,長沙出土爰冥器,都是西漢早期之物,卻同時出現郢爰、郢冉分署,陶冥爰,顯非一字,兩字含義亦不相同。記載先秦史事文獻,無爰冉通稱,或混

再爲爰。相反,爰作貨幣通稱或重量單位的記述與演化卻彰彰可考。爰、再疑爲一字尚難確立。**(中略)**

還有一説是釋"爰"爲"猨",釋者在認爲爰、蝯、猨相通之後,便牽着這隻被馴服的猨去對照兩枚楚鑄的蟻鼻錢𣏌和鬼臉錢𠤎説:"就其形態紋路看,很像猨頭面孔……因此鬼臉錢、蟻鼻錢云云,只是猨頭幣的別稱……楚鑄郢爰,只是楚國造出來的猨頭幣。"(見周谷城《略談我國古貨幣的"爰"和"布"》。)周老所説的形態和紋路,其實就是指兩貝面上都各有迄今仍未可確讀的幣文(有不少楚銅貝的幣文是可明讀的),前人便以意爲之,分別叫"蟻鼻錢"和"鬼臉錢"而已,並没有多少科學鑒定的意思。周老以郢爰的爰釋作猨,拿去對照"蟻鼻、鬼臉"一番,就説"郢爰"只是楚國首都鑄造出來的猨頭幣。其實,銅鑄貝幣是仿自然貝殼的形態;郢爰卻是金版一塊。形態固不同,幣文形式也各異;整塊"郢爰"金版每鈐有十多枚或二十多枚署"郢爰"的篆文小方印,其形貌特殊,向有印子金之稱;蟻鼻銅貝幣文是:𣏌;鬼臉銅貝的幣文是:𠤎。兩幣幣材形態和文字意義與形態各不相同,各不相干,未可牽強附會。爰字是怎樣的誕生和演變,若從説文解字角度分析,也看不出爰與猨有半點親近關係,何況周老還説,那時還只有"蝯"字而没有"猨"字。

楚爰金版的爰,原爲環幣專名。環幣出於飾物,鏟幣出於工具。周初始鑄圓形環錢。"飾品之環無定重,貨幣之環有定重,以之衡量他物,若與相等,即曰重當一鍰"。周鑄鏟幣有"梁正尚金尚爰",即梁國所鑄正品上金,價當一環幣的意思。圓、環、鍰、爰音義相通,定爲一事。金文"禽彝王賜金百爰""王爲取賦卅爰"。蔡雲《癖談》説:"《尚書·吕刑》其罪百鍰之鍰,泉也。"《廣韻》也釋:"鍰,錢也。"可見,爰鍰已由環幣專名演爲貨幣通名。

爰由環幣專名,演爲通名,又演爲重量定稱。徴(逗)公左師銘文有"十九爰四寽廿㡀",可知爰已演爲比寽高一級的重量單位。因此,遂有釋"郢爰"之爰爲重量單位;一説謂爰金一方(一印)爲一爰。但各以一印互衡其重量,皆不相等。一印之重,有 10.5、14.8、15.4 到 27.46 克,一印爲一爰重之説尚難成立;另一説認爲爰乃楚金版的貨幣單位。即認爲郢爰每件的重量爲一爰。大抵秦代一鎰;漢代一斤。每件大抵打上二十個左右的方形或圓形印記,一爰大抵等於四十八個寽,折合爲二十兩。楚衡斤、鎰並用。曾以一斤十六兩求證是否一爰爲一斤,純取郢爰、陳爰、盧金稱其重量比對,結果各式金版重量因不相同,規格大小厚薄也不一樣。1982 年 2 月 10 日江蘇盱眙出土的,目前爲全國最大的兩整塊"郢爰",所鈐印記分別爲五十四,半印六;另一塊鈐有印記三十五,半印記十一,都是没有割切過的完整版金,其重量則分别 610 克、466 克,一爰爲一整塊爰金的重量單位看來也難確立。

　　楚爰金從原來無定重量的環(飾物)到鑄成有標重的環幣,行之既久;一爰(環)的標重便演而爲重量單位的定稱,又進而以貨幣重量單位演進而爲這一金幣的通稱。郢爰、陳爰與盧金、覃金同時在楚國鑄行,可見"爰"跟"金"一樣已成了楚金幣的通稱。

《錢幣論文集》頁 133—135

○**吴兴漢**(1987)　　郢爰:"郢"指楚國的首都,"爰"係楚國金幣的專有名稱。據《史記·楚世家》記載,楚國的郢都有三地:文王熊貲立(前 689 年),始都郢(今湖北江陵縣北紀南城);平王熊居十年(前 519 年)更郢城(今湖北江陵縣東北郢城);考烈王熊元(完)二十二年(前 241 年)"楚東徙都壽春,命曰郢"。除此而外,楚還有三次徙都,如鄀(今湖北宣城縣東南)、陳(今河南淮陽)及鉅陽(今安徽太和),均未命名曰郢。據此推斷凡有"郢爰"二字印記的楚金幣,應屬楚國三次都郢時所鑄。但從郢爰多出於安徽壽縣而極少出於湖北境内來看,這些郢爰絶大部分應屬於楚都壽春時所鑄造。關於郢爰名稱,北宋沈括《夢溪筆談》中稱爲"印子金",將其上印記誤讀爲"劉主"。清末金文學家方濬益父子稱爲"郢爰",吴大澂稱其爲郢爰金幣,至此,郢爰爲楚國金幣遂成定論。

《楚文化研究論集》1,頁 137—138

○**劉和惠**(1987)　　郢爰。楚金中以郢爰出土數量最多。郢是楚的都城,郢爰即是楚在江陵之郢和後來壽春之郢所鑄的金幣。加藤繁博士認爲,"所謂郢,是指東徙以後的楚都,就是指陳、鉅陽、壽春中的某一個地方"。我不同意這個説法。楚東徙後,只有壽春"命曰郢",陳、鉅陽雖然都曾作爲臨時都城,但均未稱郢。1971 年,湖北江陵郢城東南城内,發現一塊郢爰,殘存一個半印記,重 17.53 克,郢爰始鑄於江陵之郢,得到了物證,打破了郢爰鑄於東遷後之説。至於前後兩郢所鑄郢爰有無區别,尚待進一步比較研究。

《楚文化研究論集》1,頁 127

○**曹桂岑**(1987)　　(一)郢爰:是一種扁平近似方形的黄金塊。面上鈐有"郢爰"二字。河南扶溝、襄城,信陽;安徽壽縣,阜南、臨泉、風臺、六安;湖北江陵;江蘇寶應、丹陽、高淳、句容、江寧、盱眙、南京、沛縣;浙江杭州;陜西西安等地共出土 249 塊,多係切割後的殘塊。阜南三塔出"郢爰"三塊,正面有 17、18、19 個鈐印,分别重 262.825、263.3627、280 克;壽縣出土兩塊,正面各有 22

個鉨印,分别重 259.1、263.5 克不等。上述“郢爰”的印數爲 17—22 個不等,重量 259.1 到 280 克之閒,在使用時,根據需要切成小塊,然後用天平稱量。它和後世的黄金貨幣一樣,屬於稱量貨幣的範疇。

《楚文化研究論文集》頁 60—69

○**黄德馨**(1987) “郢爰”(包括“陳爰、郦爰、鄟爰、覃金、潁、鄘”等)是迄今爲止地下出土的先秦時期唯一的、也是我國最早的、楚國的黄金鑄幣。當前學術界對“爰”字流行着兩種解釋:其一,釋作金幣的重量單位;其二,釋作爯(稱)。我以爲這兩種解釋均欠妥,應釋作“易”或“换”。

北宋時期,沈括誤釋“郢爰”爲“劉主”,稱之爲“藥金”,以後約八百年無人另作新解。至清末,方濬益改釋爲“郢爰”,吳大澂釋“爰”爲重量單位,稱之爲“爰金”,從此,“爰”爲重量單位説被多數學者所接受。有人進一步發展了這種觀點,認爲“爰可能原來是個重量名,後來變成了爰金的重量名,因而又變成了爰金的貨幣名”。還有人認爲“爰字也當解作價值單位”。上述觀點的前提是認爲在楚國的度量衡制度中有一計量單位名之爲“爰”。但是“郢爰”本身並無固定重量,解放後出土的大量楚國用以稱量黄金貨幣的砝碼均係采用斤、兩銖制,證實在楚國的度量衡制度中,並無計量單位“爰”。

有位日本學者釋“爰”爲“爯(稱)”,我國有人表示贊同。認爲從字形看“爰”與“爯”“比較接近”。我以爲“爰”與“爯”不但音義皆異,字形也迥然不同。儘管“郢爰”金版的印模甚多,字形不一,但其基本的形體結構大致相同,其他各種寫法都是在此基本結構上的某些變化。

《小爾雅·廣詁》曰:“爰,易也。”孔穎達疏引《正義》曰:“服虔、孔晁皆云:‘爰,易也。’”《史記·平準書》釋“易”曰:“農工交易之疏通,而龜、貝、金、錢、刀、布之幣興焉。”《經籍籑詁》釋“爰”曰“换”,與“易”之意同。

春秋戰國時期,在楚國的金幣“郢爰”命名前後,有下述以“爰”命名之事:(一)晉作“爰田”:《左傳》孔穎達疏曰:“爰,易也。賞衆以田,易其疆畔。”是易其田界之意。(二)秦有“爰書”:在《雲夢秦簡》中,“爰書”一詞凡十九見。《史記集解》蘇林曰:“謂傳囚也。爰,换也,古者重刑,有爰惡,故移换獄書,使他官考實之,故曰:‘作爰書也。’”《漢書·張湯傳》注顔師古曰:“爰,换也,以爰書换其口辭也。”

於此可見春秋戰國時期“爰”以動詞作名詞用較爲普遍,具有“易”或“换”的意思。“郢爰”與“爰田、爰書”用法相同,也應釋作“易”或“换”。

古代錢幣鑄字,或爲干支,或爲地名,或爲重量,或取其含義,不拘一格。

取其含義的錢幣,如齊國刀幣有鑄"化"字者。化讀如貨,含有化易、交易的意思,係指其充當媒介的功能而言。因此,"郢爰"戳記是説明楚國郢都所鑄,用於商業交換的黄金貨幣,由於長期使用,"郢爰"便成爲楚國金幣的名稱。

《光明日報》1987 年 3 月 4 日

○**蔡運章、李運興**(1995) 【郢爯·金版】或名"郢爰"。春秋戰國黄金稱量貨幣。鑄行於楚國。多呈不規則的曲版狀或圓餅形。正面鈐陰文方印,印文"郢爯",背部多有刻文。"郢"是楚國都城名,春秋時楚文王(公元前 689—前 677 年在位)始都"郢",在今湖北江陵紀南城。後於前 504 年"遷郢於鄀",在今湖北宜城縣東南。前 278 年遷於陳,在今河南淮陽。前 241 年遷於壽春,在今安徽壽縣。"爯"通作稱。《爾雅·釋詁》:"稱,度也。"1950 年以來湖南長沙,湖北江陵,江蘇高淳、句容、江寧、寶應、南京、丹陽、江陰、沛縣、盱眙,安徽霍丘、合肥、壽縣、蒙城、蕪湖、廣德、阜南、臨泉、六安,河南信陽、固始、襄城,浙江杭州,陝西西安等地均有出土,是楚國金版中出土數量最多的一種。入土前多被切割成碎塊,整版者一般通長 4.6—8.2、寬 5.5—6.7、厚 0.3—0.5 釐米,重 225.4—275.7 克。

《中國錢幣大辭典·先秦篇》頁 25

△按 "郢**爯**"舊釋"郢爰",後改釋"郢爯","爯"亦有作"鍋"者,讀爲"郢稱"。

鄔 𫑗 郯

𫑗 包山 49   𫑗 包山 95   𫑗 包山 167   𫑗 包山 19

○**何琳儀**(1998) 郯,從邑,安聲。《集韻》:"郯,當陽里名。"

晉方足布"郯陽",讀"安陽"。韓、趙、魏均有"安陽",未知孰是。

包山簡郯,地名,在今湖北當陽境内,參《集韻》。包山簡"郯坪",讀"安平",地名。《水經·陰溝水注》:"渦水又東逕安平縣故城北。"在今河南鹿邑附近。

《戰國古文字典》頁 965

○**劉信芳**(2003) 字從周鳳五釋。《左傳》昭公四年:楚子滅賴,"遷賴于鄢"。杜預《注》:"鄢,楚邑。"《戰國策·楚策一》:"大王不從親,秦必起兩軍,一軍出武關,一軍下黔中。若此,則鄢、郢動矣。"《水經注·沔水》:"夷水又東注於沔。昔白起攻楚,引西山長谷水,即是水也……城故鄢,郢之舊都,秦以爲縣,漢惠帝三年改曰宜城。"今湖北宜城縣東南 7.5 公里處有"楚皇城"遺址,東距漢水 6 公里,城址平面略呈矩形,城内面積 2.2 平方公里(參《湖北宜城楚皇城勘查簡報》,《考古》1980 年 3 期)。此城址應即建於鄀地的楚别都"菽郢"之所在,參簡 12 注。鄀應是一較大的區域性地名,而"菽郢"則是建於此地以城垣爲標志的楚之别都。

《包山楚簡解詁》頁 31

△按　字從"安"省,當隸定作"郊"。《戰國文字編》另立字頭,見 426 頁。

鄂 鄸 鄏

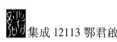集成 12113 鄂君啟舟節　集成 12110 鄂君啟車節　　包山 164

○**何琳儀**(1998)　《説文》:"鄂,江夏縣。从邑,咢聲。"

　　楚器鄂,地名。見《漢書·地理志》南陽郡"西鄂",注:"應劭曰,江夏有鄂,故加西云。"在今河南南陽北。

《戰國古文字典》頁 514

△按　"鄂"或隸定作"鄸"。

【鄂君】集成 12110 鄂君啟車節、集成 12113 鄂君啟舟節

△按　鄂君爲楚國封君。出土有鄂君啟車節及舟節。

邔 邔

侯馬 200:33

○**何琳儀**(1998)　《説文》:"邔,南陽縣。从邑,己聲。"

　　侯馬盟書邔,人名。

《戰國古文字典》頁 29

△按　此字《戰國文字編》未收録。"己"下之"口"爲贅符,古文字常見,如郭店簡《性自命出》簡 12"己"字作弖,楚帛書"紀"作䋈。

邾 䣋

䣜璽彙 1578　䣋璽彙 1583　䣜陶彙 3·620

䣜包山 149　䣟包山 156　䣟包山 94

邾 璽彙1585　邾 璽彙1580

○丁福保（1938）　邾　見第一八五——一八七圖

邾　左右合寫爲一字，一二品篆微異，三傳形，《左傳》隱元年“欲求好於邾”，又襄四年“使我敗於邾”，《韻府》：“邾係國名，又係地名。”【錢匯】

見第一八八——一九○圖

邾　二品亦邾字變體，與前品異，然既有國名地名之別，安知非兩地所鑄，故篆亦不同歟？次背紀數，又有人字者，僅見拓本。【錢匯】

右小布面文二字曰茇邑，左讀。

按茇从屮，以莘字之例推之，是即茇字，《詩・召南》：“蔽茇甘棠。”《小雅》：“赤茇斯皇。”竊謂茇也者，章於外而蔽於內也，其義通費，《中庸》：“君子之道，費而隱。”此布曰茇邑，蓋即季氏使閔子騫爲費宰之費，是魯下邑也。【文字考】

尚齡按：此布面文邾字，史稱武王封顓頊後於邾，爲附庸，後魯繆公改爲鄒，楚併之。【所見錄】

見第一九一圖

邾　見前譜，此朱字異，面亦有二斜文，與背文同，尤僅見，按乘邑安陽，有兩面俱有面文者，此則兩面俱有背文，皆布中之異品也。【續錢匯】

見第一九二圖

邾　此亦邾字變體，傳形尤異。【續錢匯】

《古錢大辭典》頁1201,1982

○羅福頤（1981）　與邾大司馬戟邾字同。

《古璽文編》頁148

○何琳儀（1998）　《説文》：“邾，江夏縣。从邑，朱聲。”

戰國文字邾，姓氏。顓帝玄孫陸終第五子曰安，賜姓曹，周武王時封安之裔曰邾挾爲附庸，居於邾，後爲楚滅。見《通志・氏族略・以國爲氏》。

《戰國古文字典》頁399

○劉信芳（2003）　簡149記有“邾司敗”。邾本古國，或以爲爲楚所滅而遷於今湖北黃岡，或以爲始封於黃岡邾城，播遷於山東之“邾”。《史記》載陸終生子六人，“五曰曹姓”，《集解》引《世本》曰：“曹姓者，邾是也。”杜預《春秋釋例・世族譜》：“邾國，曹姓，顓頊之後有陸終氏，產六子，其第五子曰宴安,邾即安之後也。周武王封其苗裔邾挾爲附庸,居邾,今魯國鄒縣是也。自挾至儀父十二世,始見春秋。齊桓公伯,儀父附從,進爵稱子,文公徙於繹。桓公以下,春秋後八世而楚滅之。”《漢書》江夏郡有邾縣。又魯國有騶縣,原注云:“故邾國,曹姓,二十九世爲楚所滅。”然《括地志》(佚文)云:“故邾城在黃州黃岡縣東南一百二十一里。邾子曹姓,陸終氏之子會人之後。邾俠居邾,至隱公徙蘄。蘄,今徐州縣也。後又徙蕃,音皮,今滕縣是。又徙鄒,魯穆公改邾作鄒。”《通典》一百八十三:“黃州,今理黃岡縣,春秋時邾國之地。今郡東南百二十里臨江與武昌相對有邾城,《史記》曰:皇帝之末孫有陸終者,產六子,第五別爲曹姓,歷代不絕,自武王代紂之後,封其裔子挾於邾,爲諸侯,即此也。”是邾之始封,有山東、湖北二説。包簡之“邾”,以黃岡之“邾”爲近是,《水經注·江水》:“江水又東逕邾縣故城南,楚宣王滅邾,徙居於此,故曰邾也。”楊守敬《疏》:“在今黃岡縣西北十里。”今黃岡市北約 5 公里處有一古城址,西距長江約 2 公里,城址南北長 1500 米,東西寬 600 米,出土遺物以戰國時代較多。城址或稱汝王城,或稱邾城。《黃岡縣志》:“汝王城即邾縣故城,楚滅邾,徙其君居此。”參《楚文化考古大事記》頁 148。

《包山楚簡解詁》頁 151—152

△**按**　“邾”字所从“朱”旁,楚系文字寫法特殊,參“朱”字條按語。

郿 𨛅 邔

𢒰 包山 22　　𥎦 包山 30　　[印] 集成 12113 鄂君啟舟節

○**湯餘惠**(1993)　𢒰22　邔·邔　此字又見於楚鄂君啟節,“逾夏内邔”,殷滌非首釋爲“邔”,讀爲“湏”(《壽縣出土的鄂君啟金節》,《文物參考資料》1958年 4 期》。簡文用爲地名,疑即鄂君啟節之“邔易”。日人船越昭生謂“芸易”之“芸”讀爲“郿”,即《水經·漢水注》之郿關,在今湖北省郿縣。

《考古與文物》1993-2,頁 69

○**何琳儀**(1996)　“邔”,或作“郿”。《左傳·宣公四年》“若敖娶於邔”,《釋文》“邔本又作郿”。《左傳·桓公十一年》“郿人軍於蒲騷”,注“在江夏雲杜縣東南”。在今湖北沔陽縣。又據《括地志》《元和郡縣志》則在今湖北安陸縣。今安陸、沔陽一帶大概都屬古郿國的范圍。

郧（邔）戰國屬楚,故邔戈係楚器。

《安徽大學漢語言文字研究叢書・何琳儀卷》頁 232,2013;

原載《考古與文物》1996-6

○**陳煒湛**（1998）　𫝆₂₂釋文釋邔,不誤。字亦見鄂君啟節舟節。或謂當釋邔。按此字从邑从已不从云,古文字云已二字區分至爲清楚。金文已作𐀢諸形,首部作空廓狀,簡文多作𐀢,與金文同;閒作𐀢(辛巳,34),首部填實,則與此字之所从同,可爲佐證。

《容庚先生百年誕辰紀念文集》頁 588

○**何琳儀**（1998）　邔,从邑,云聲。郧之異文。《集韻》:"郧,亦作邔。"《説文》:"郧,漢南之國。从邑,員聲。漢中有郧關。"邔戈之邔左从止旁,爲裝飾部件。

楚器邔,同郧。《左・宣四》"若敖娶於邔"釋文"邔本作郧"。在今湖北安陸。

《戰國古文字典》頁 1313

○**劉信芳**（2003）　地名,亦見簡 24、30、191。字从邑,云聲。或隸作"邔",謂字从邑,已聲,非是。"云"之字形可參郭店《緇衣》35"大雅云"之"云"字。鄂君啟節:"逾頗(夏),内邔。""邔"讀爲"郧",《左傳》昭公十四年:"使鬭辛居郧。"鬭辛又稱"郧公辛",見《左傳》定公四年。《漢書・地理志》江夏郡竟陵:"郧鄉,楚郧公邑。"師古《注》:"音云。"《水經注・沔水》:"巾水又西逕竟陵縣北,西注揚水,謂之巾口,水西有古竟陵大城,古郧國也,郧公辛所治,謂郧鄉矣。"《通典》一百八十三:"安陵郡安州,今理安陸縣,春秋邔子之國。邔或作郧,邔、郧、溳皆音云。雲夢之澤在焉。後楚滅邔,封鬭辛爲郧公,即其地也。"是古邔地有竟陵、安陸二説,據鄂君啟節,邔在古夏水北岸,應在竟陵以東,安陸以西。古竟陵大城應是戰國時楚"鄀郢"之所在,其時安陵乃鄀郢之屬縣,參簡 62 注。春秋時,尚未見"竟陵"見於記載,或者戰國時楚據古郧國之舊城構築竟陵,亦未可知。要之,春秋時,邔之地域廣大,至戰國時,楚邔縣之治所在竟陵與安陸之閒。

《包山楚簡解詁》頁 35—36

△**按**　由橫向材料比較,當釋作"邔（郧）",釋"邔"非是。如上博三《互先》簡9"先又圓,焉又枋",即"先有圓,焉有方","圓"作𐀢,其中"云"字寫法與上列文字"云"字同。《戰國文字編》另立"邔"字頭,見 427 頁。

【**郧陽**】秦陶 1244

○**袁仲一**（1987）　郹陽具，郹和具字印文均較模糊。細審之似爲郹陽具三字。具爲人名。郹又作邶，春秋時的小國。《左傳》記有"郹人軍于蒲騷"，在湖北安陵縣境內，疑指此地。

《秦代陶文》頁 50

郫 𩫞

𩫞包山 121　　𩫞新蔡乙四 27

○**何琳儀**（1998）　《説文》："郫，蜀縣也。從邑，卑聲。"

包山簡"郫昜"，讀"比陽"，地名。參卑字。見《地理志》南陽郡。在今河南泌陽。

《戰國古文字典》頁 773

△**按**　《玉篇》："蜀郡有郫縣。"

【**郫昜**】包山 121

○**劉信芳**（2003）　楚地卑梁即此"郫陽"，陽、梁古音同在陽部，"梁"從刅聲，刅即創之本字，《説文》："刅，傷也。"又："傷，創也。"是刅、傷爲互訓，傷從昜得聲，故知"郫昜"即"卑梁"。《吕氏春秋·察微》："楚之邊邑曰卑梁。"《史記·楚世家》："吳之邊邑卑梁與楚邊邑鐘離小童爭桑。"《正義》："卑梁邑近鍾離也。"郫陽在下蔡境內，鍾離在今安徽鳳陽，是二地古爲緊鄰。

《包山楚簡解詁》頁 112

鄸 𨟻 鄍

𨟻貨系 1210

𨟻貨系 1212

○**丁福保**（1938）　鄍氏半金化　見第三一九一三二〇圖

釋郢未比鄍鄸勝，通郢終嫌穿鑿文，鄐訓鄉名聊采取，無端諸子説紛紜。初氏《吉金所見録》，李氏《古泉匯》同釋鄸，翁氏《古泉匯考》釋鄍，吳氏《説文古籀補》釋郢。【古化雜詠】

《古錢大辭典》頁 1231，1982

○**何琳儀**（1998）　曼，金文作𩓋（曼龏父盨）。從𡰥，冃聲。𡰥本義爲引目循視(参鄠字)。《集韻》:"寽,一曰,手循。"《廣雅·釋詁》四:"寽,循也。"而曼《説文》訓引。循、引義本相因,故曼从寽取義。曼、冃均屬明紐,曼爲冃之準聲首。金文或作🔲(隩仲鼎隩作🔲),寽省上爪作罒形。戰國文字承襲金文省文(从罒),許慎遂誤以目與冃組成冒,進而分析曼从冒得聲。曼所以从目或省作日形,參鎟、鄠等字。从日形之寽(鄠作🔲)又與秦系文字受之訛體🔲(睡虎二四)形混,故《字彙》:"寽,舊注,古受字。"《説文》:"曼,引也。从又,冒聲。"

鄭,从邑,曼聲。《集韻》:"鄭,《説文》蜀廣漢鄉也。或从曼。"《説文》:"鄭,蜀廣漢鄉也。从邑,蔓聲。讀若蔓。"

《戰國古文字典》頁 1076

△**按**　據《集韻》"鄭"或从"曼",鄭、鄠爲異體關係。《戰國文字編》另立"鄭"字頭,見頁 442。

【鄠邔】货系 1211

○**何琳儀**(1991)　"鄠邔"(1211)。"鄠"見《集韻》:"鄭,鄠。《説文》蜀廣漢鄉也。或从曼。"又《左傳·成公三年》:"使東鄙覆諸鄠。"鄭地名。"邔",見《侯馬》305,爲古姓氏,《汗簡》以爲"馗"字異文。幣文"鄠邔"應讀"鐹砍"。从"邑"者表示城邑,从"谷"者表示山谷,義本相通。檢《集韻》"鐹砍"凡兩見:

> 上谷亭名。(平聲二十二元)
> 亭名,在上艾。(平聲二十六垣)

一般説來,戰國上谷應屬燕境,上艾則屬趙境。尖足布爲幣,故其銘文"鄠邔"應爲上艾之"鐹砍"。檢《顏氏家訓·勉學》:

> 吾嘗從齊王幸并州,自井陘關入上艾縣,東數十里,有獵閭村。後百官受馬糧,在晉陽百餘里亢仇城側。並不識二所本是何地,博求古今,皆未能曉。及檢《字林》《集韻》,乃知獵閭是舊鐹余聚,亢仇舊鐹砍亭,悉屬上艾。

上艾在今山西平定東南,戰國屬趙。其地在太行山綿曼水谷,故"鐹砍"二字均从"谷"。至於"鐹"是否與"綿曼水"有關,待考。昔者顏之推據秦權"隗狀"校勘《史記》"隗林"之誤,爲美談。若顏氏得見幣文"鐹砍",歡忭之情又當何如?

《古幣叢考》(增訂本)頁 118—119,2002;原載《陝西金融·錢幣專輯》16

○**李家浩**(1992)　《貨幣》著録的 1210、1211、1212 三枚面文相同平肩尖足布，現將其中的 1211 面文揭示於下，作爲代表：

《貨幣》釋爲“鄋邑”。按第一個字的釋寫是對的，第二個字的釋寫是錯的，原文“邑”旁之左還有一個偏旁“九”。正確的釋法應爲“鄋旭”。

古文獻中記載的地名有“䕺釚”。《玉篇》谷部“䕺，莫丸切。䕺釚，亭名”。《廣韻》桓韻“䕺，䕺釚，亭名，在上艾。釚，音求”。北齊顏之推在《顏氏家訓·勉學》中也談至䕺釚，對確定其具體地理位置很有幫助。原文説：
（中略）

“亢仇”之“亢”與“䕺釚”之“䕺”的讀音差別很大，顯然是一個誤字。劉盼遂疑是“丸”字之誤，吳承仕疑是“万”字之誤。從字形的角度來看，無論是“丸”還是“万”，都與“亢”字字形有明顯的差別，似無由致誤的可能。我們從字形、字音兩個方面考慮，頗疑是“免”字之誤。“免”與“亢”草書十分相似，而“免”與“曼”古音都屬明母元部，音近可通。《史記·孔子世家》“孔子母死……郰人輓父之母誨孔子父墓，然後往合葬於防焉”。《禮記·檀弓上》記此事，“輓父”作“曼父”。《晏子春秋·問上》第十五章“緩密不能麓苴學者拙”。《韓非子·忠孝》“古者黔首悗密蠢愚，故可以虛名取也”。蔣禮鴻説：“緩密即悗密，猶蒙昧也……緩與悗，則一聲之轉耳。”《集韻》桓韻“悗”字或體作“慢”。此是“免”與“䕺”音近可以通用的例子。所以，我們懷疑“亢仇”之“亢”是“免”字之誤。

根據顏之推所説，文獻中的䕺釚，就是晉陽之東一百餘里的亢（免）仇城，可見䕺釚亭是由䕺釚城而得名的。晉陽縣治原在今山西太原，位於汾水之西，北齊時移至汾水之東。亢（免）仇城位於當時晉陽之東一百餘里，約在今壽陽縣境，戰國時其地屬趙。“鄋”與“䕺”都从“曼”得聲，“旭”與“釚”都从“九”得聲。幣文的“鄋旭”，當是文獻中的“䕺釚”無疑。

《著名中年語言學家自選集·李家浩卷》頁 186—187，2002；
原載《中國錢幣學會成立十周年紀念文集》

○ **黃錫全**（1993）

1210—1212	鄋旭	鄋邑	鄋旭	山西平定東南	趙	尖

《先秦貨幣研究》頁 353，2001；原載《第二屆國際中國古文字學研討會論文集》

○ **梁曉景**（1995）　【鄋旭·尖足平首布】戰國中晚期青銅鑄幣。鑄行於趙國，

流通於三晉、燕等地。屬小型布。面文 "鄾旭"，書體稍異。背無文。"鄾旭"，
古地名，在今山西平定。通長 5.3—5.5、身長 3.8—3.9、肩寬 2.6—2.7、足寬
2.9—3 釐米，重 6.5 克左右。極罕見。

《中國錢幣大辭典 · 先秦編》頁 356

○ **何琳儀**(1998)　趙尖足布 "鄾旭"，讀 "鄤㱿"。《集韻》："鄤㱿，亭名，在上
艾。"(平聲二十六桓。)《顔氏家訓 · 勉學》："獵閭是舊䜌余聚，亢仇是舊鄤㱿
亭，悉屬上艾。"上艾在今山西平定東南，戰國屬趙。又《集韻》："鄤㱿，上谷亭
名。"(平聲二十二。)上谷戰國屬燕，唯戰國末期屬趙。考慮尖足布決非戰國
末期貨幣，故定 "鄾旭" 爲上艾屬地。

《戰國古文字典》頁 1076—1077

△ **按**　依字形，釋 "𫘦" 爲 "鄾旭"，讀爲 "鄤㱿"，可從。

邡 𨟬

集成 12110 鄂君啟車節　　曾侯乙 173　　曾侯乙 176　　陶彙 3 · 1232

璽彙 2073

○ **何琳儀**(1998)　《説文》："邡，什邡，廣漢縣。从邑，方聲。"

晉璽邡，讀方，姓氏。周大夫方叔之後，以字爲氏，望出河南。見《元和姓
纂》。晉璽 "邡汎"，讀 "防風"。複姓。禹致群神於會稽山，防風氏後至，禹殺
而戮之。見《史記 · 孔子世家》。

鄂君車節 "邡城"，讀 "方城"，地名。《左 · 僖四》："楚國方城以爲城。"在
今河南方城東北。隨縣簡邡，讀方，姓氏。見 c。

《戰國古文字典》頁 715

△ **按**　《陶彙》3 · 1232 字形爲 "邡" 字反書。

鄱 𪍞 䣜

包山 154　　新蔡零 145　　璽彙 1660　　集成 10899 是鄱戈

包山 100　　璽彙 0098

○ **劉彬徽、彭浩、胡雅麗、劉祖信**(1991)　鄱，讀如番。番君的銅器在河南南

部地區屢有發現,據研究,番在今河南固始縣(參閱李學勤《論漢淮閒的春秋青銅器》,《文物》1980 年 1 期)。

《包山楚簡》頁 51

○**白於蓝**(1996)　簡(100)有字作"𣱼",字表隸作"粎",考察此字左旁(編按:應爲右旁。)筆畫,非爲米,中閒一豎筆並没斷開,而是上下相連,故字當隸作"邥",釆、番音近,在古文字中用爲表音偏旁時常可替換,師旂鼎"播"字作"𢼑",《璽彙》(0098)有"旲邥大夫璽",何琳儀先生讀"旲邥"爲"嶧鄱",可從。其中"邥"字原篆作"𨜘"(編按:該字摹寫有誤,左右偏旁錯位。參見字頭所引字形),簡文之字與此應爲一字,亦應是"鄱"字,簡文"鄱邑"用爲地名。春秋時楚有番邑,秦置鄱縣,西漢改名番陽,東漢始作鄱陽,《字彙·邑部》:"鄱,古作番,春秋楚番邑。"《史記·楚世家》:"十二年,吳復伐楚,取番。"張守節正義引《括地志》:"饒州鄱陽縣,春秋時爲楚東境,秦爲番縣,屬九江郡,漢爲鄱陽縣也。"

《簡帛研究》2,頁 40

○**何琳儀**(1998)　邥,從邑,釆聲。疑鄱之省文。《説文》:"鄱,鄱陽,豫章縣。從邑,番聲。"

齊璽邥,讀鄱。《集韻》:"鄱,縣名,在魯,或作蕃。"《水經·泗水注》:"漷水又西南逕蕃縣故城南。"在今山東鄒縣南。

包山簡邥,讀番,地名。與春秋番國有關。在今河南固始附近。

《戰國古文字典》頁 1060

《説文》:"鄱,鄱陽,豫章縣。從邑,番聲。"

齊璽鄱,讀番,姓氏。見番字。

晉器鄱,見 a。

包山簡鄱,或作番,地名。楚相孫叔敖碑"必于潘國"。潘即今河南固始。

《戰國古文字典》頁 1061

○**劉信芳**(2003)　原報告釋"粎"不確,白於藍釋"鄱",可信(《包山楚簡零拾》,《簡帛研究》2 輯,法律出版社 1996 年)。惟"邥邑"與簡 153"鄱君"之封地非一,故依原簡字形隸定爲"邥"。《史記·楚世家》:"(昭王)十二年,吳復伐楚,取番。"《正義》引《括地志》:"饒州鄱陽縣,春秋時爲楚東境,秦爲番縣,屬九江郡,漢爲鄱陽縣也。"其地在今江西波陽縣東北。

《包山楚簡解詁》頁 94

△**按**　𣱼即𥼫之省體,《戰國文字編》"邥"字另立字頭,見 437 頁。今江西鄱陽和河南固始歷史上都可稱"鄱"。

邴 邴

璽彙 2098　　璽彙 2209

○**羅福頤**（1981）　璽文"病己"病字作🔲，故知爲邴字。

《古璽文編》頁 149

○**吳振武**（1983）　2209🔲□·邴□。

《古文字學論集》（初編）頁 505

○**何琳儀**（1998）　《説文》："邴，宋下邑。从邑，丙聲。"

戰國文字邴，姓氏。邴亦作丙，晉大夫邴豫食邑於邴，因以爲氏。齊亦有邴邑，而亦有邴氏。見《通志·氏族略·以邑爲氏》。

《戰國古文字典》頁 712

酂 酇 鄼

🔲包山 28　　🔲包山 106　　🔲包山 116　　🔲包山 166

🔲陶彙 3·777

○**何琳儀**（1998）　鄼，从邑，叡聲。酇之繁文。《説文》："酇，沛國縣。从邑，虘聲。今鄼縣。"

包山簡鄼，讀酇，地名。《漢書·地理志》沛郡"鄼縣"，注："本作酇，王莽改曰贊治，故遂以酇爲鄼。"在今河南永城西。

《戰國古文字典》頁 572

△**按**　所从"叡"之"又"符爲贅加，與"椲"字情形相同，參上"椲"字條。

【酇陵】包山 106、116、166

○**徐少華**（2001）　簡 106：酇陵攻尹産、少攻尹惑爲酇陵貨越異之黃金以翟種。

簡 116：酇陵攻尹産、□尹繮爲酇陵貸越異之金三益刖益。

簡 166：乙丑，酇陵令腸佢……

按酇陵與上述陽陵、夷陽諸縣同在"蒿閒"地區，又一同參與貸金翟種事件，當同在淮河上中游一帶。又其地置有令、攻尹、少攻尹等，亦應是楚人在淮域所設的一處縣邑，與宜（義）陽、蓼、正陽、陽（朗）陵諸縣等列。

　　鄘陵所在,簡文整理者未作説明,我們認爲,可能是《左傳》莊公十九年楚文王伐黄,"敗黄師於踖陵"之"踖陵"。鄘,"從邑盧聲",而"盧"是"從虎且聲",古音屬清紐魚部平聲;"踖"是"從足昔聲",古音屬精紐鐸部入聲。精、清爲旁紐,魚、鐸可對轉,兩者古音相近,可以通假,因而古文獻中,從"且"與從"昔"之字常常互相假借通用,如"狙"與"蠟"互通,"鋤"與"藉"互通,"租"與"藉"互通,皆可爲證。準此,鄘與踖之通假是完全可能的。

　　鄘陵的地望,《左傳》杜預注只説是"黄地",未能指實,説明其時已不大清楚了。清人江永《春秋地理考實》引《匯纂》説在"河南汝寧府光州西南境",高士奇《春秋地名考略》亦主此説。明清之光州即今河南省潢川縣(説見上),則位於明清光州西南之古踖陵,即應在今河南潢川縣西南,今人楊伯峻先生的《春秋左傳注》説踖陵"當在今潢川縣西南境",實從明清學者而來。

　　若簡文之鄘陵即《左傳》之踖陵,爲古黄國地,其位置處在今河南潢川(楚夷陽、漢晉之弋陽縣)與光山之閒,與簡文所反映鄘陵應位於淮水上中游地區的形勢相合。從簡文記載可知,楚滅黄後,除在黄國故城設置夷(弋)陽縣之外,另還於踖陵置縣,以加强對黄國故地的管理和作爲開拓淮域的據點。

　　　　　　　　　　　　　　　　　　　　　　《簡帛研究二〇〇一》頁 39

○劉信芳(2003)　　又見簡 116、166。"鄘"從"盧"聲,《説文》作"鄘","沛國縣,從邑盧聲,今鄘縣"。字又作"租",《左傳》襄公十年杜預《注》:"租,楚地。"《水經注·沭水》:沭水故瀆"歷租口城中,租水出於楚之租地"。《春秋大事表》卷六以爲"楚地租亦在沛縣境"。疑"鄘陵"在租。

　　　　　　　　　　　　　　　　　　　　　　《包山楚簡解詁》頁 100

鄑

陶彙 3 · 1325

○何琳儀(1998)　　《説文》:"鄑,宋魯閒地。從邑,晉聲。"

　　齊陶鄑,地名。《春秋·莊元》:"齊師遷紀郱、鄑、郚。"在今山東安丘西。《春秋·莊十一》:"公敗宋師於鄑。"在今山東兖州附近。二地均屬齊境。

　　　　　　　　　　　　　　　　　　　　　　《戰國古文字典》頁 1153

郜

包山 12　　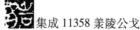集成 11042 郜之新郜戈　　集成 11358 羕陵公戈

新蔡甲三 337

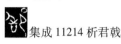集成 11214 析君戟

○**丁福保**（1938）　郜　見第二五四圖

　　右布面文左作，不可識，或曰似郜字。按郜有三，其一見僖二十年“郜子來朝”，注：漢爲郜城縣，屬山陽，今兖州成武縣東南二十里有郜城，亦曰北郜城。其南二里有南郜城，則春秋爲宋邑，見隱十一年傳、注。其一則晉地，成十三年呂相云“焚我箕、郜”是也。高士奇曰：“今太原府祁縣西七里有郜城。”或謂之鵠城。【錢略】

《古錢大辭典》頁 1222,1982

○**鄭家相**（1943）　按右布文曰“郜”，見成十三年，呂相云“焚我箕、郜”是也，高士奇曰：“今太原府祁縣西七里有郜城。”春秋屬晉，戰國屬趙。

《泉幣》20,頁 30

○**鄭家相**（1958）　文曰郜。見成十三年，呂相云“焚我箕、郜”是也。高士奇曰：“今太原府祁縣西七里有郜城。”戰國爲趙地。此布惟《古泉匯》載之。

《中國古代貨幣發展史》頁 102

○**何琳儀**（1991）　“郜”（《辭典》254）。《左傳·成公十二年》：“焚我箕、郜。”在今山西浮山西。或以爲在今山西祁縣西，則屬趙。

《古幣叢考》（增訂本）頁 205,2002；原載《陝西金融·錢幣專輯》16

○**何琳儀**（1998）　《説文》：“郜，周文王子所封國。从邑，告聲。”

　　谷□戟郜，讀造。齊封泥郜，姓氏。周文王之子封於郜。見《通志·氏族略·以國爲氏》）。

　　韓方足布郜，地名。《左·成十二》：“焚我箕、郜。”在今山西浮山西。或以爲趙地。

　　楚兵郜，均讀造。

《戰國古文字典》頁 173

【**郜室**】包山 173、192

○**劉彬徽、彭浩、胡雅麗、劉祖信**（1991）　郜室即造室。

《包山楚簡》頁 41

○**劉信芳**（2003）　疑是告祖之室，亦即祖廟。簡 173、192 有“偎（威）王偌室”，偌與郜同。整理小組釋：“郜室即造室。”若此則“威王偌室”無法

解釋。

《包山楚簡解詁》頁 21

鄄 鄄

璽彙 2598

○**何琳儀**(1998) 《説文》:"鄄,衛地。今濟陰縣城。从邑,垔聲。"

齊璽鄄,人名。

《戰國古文字典》頁 1351

邛 邛

集成 72 楚王鐘　集成 2693 廿四年橐朝鼎

○**何琳儀**(1998) 《説文》:"邛,邛地在濟陰。从邑,工聲。"

廿三年橐朝鼎邛,姓氏。周大夫邛叔食邑,因以爲氏。見《路史》。

《戰國古文字典》頁 414

鄶 鄶

陶彙 3·825

○**顧廷龍**(1936) 鄶,《説文》:"祝融之後,妘姓所封,溜洧之間,鄭滅之。"又通作檜,周鄶駒。

《古匋文舂録》卷 6,頁 4

○**何琳儀**(1998) 《説文》:"鄶,祝融之後,妘姓所封,溜洧之間,鄭滅之。从邑,會聲。"

齊陶鄶,姓氏。鄶氏,或去邑爲會氏。又《風俗通》云,陸終之子會乙之後,邙姓,有武陽令會炳。見《通志·氏族略·以國爲氏》。

《戰國古文字典》頁 893

△**按** 《左傳·僖公三十三年》:"鄭文夫人斂而葬之鄶城之下。"注:"鄶城,故鄶國,在滎陽密縣東北。"

邧

邧　璽彙 2135

○**吳振武**（1983）　2135 邧紹·邧（元）詔。

　　　　　　　　　　　　　　　　　《古文字學論集》（初編）頁 504

○**何琳儀**（1998）　《説文》：“邧，鄭邑也。从邑，元聲。”

　　晉璽邧，讀元，姓氏。魏武侯公子元之邑，其後爲元氏。見《風俗通》。

　　　　　　　　　　　　　　　　　　《戰國古文字典》頁 1016

△**按**　作地名，《左傳·文公四年》：“晉侯伐秦，圍邧新城。”

郠　　鄭

郠　璽彙 2133

○**吳振武**（1983）　2133 郠釰·郠（鞭）釰。

　　　　　　　　　　　　　　　　　《古文字學論集》（初編）頁 504

○**何琳儀**（1998）　郠，从邑，夋聲。疑郠之異文。《説文》：“郠，琅邪莒邑。从邑，更聲。”

　　晉璽郠，讀郠。春秋莒邑，以地爲氏。見《姓氏考略》。

　　　　　　　　　　　　　　　　　　《戰國古文字典》頁 1063

△**按**　《戰國文字編》（450 頁）隸定爲“鞭”。

鄒

十鐘　　封成 873　　秦代印風 215

△**按**　“鄒”爲古國名。《説文》：“鄒，魯縣，古邾國，帝顓頊之後所封。从邑，芻聲。”

邾

包山 172　　包山 84　　璽彙 1943　　璽彙 1954

陶彙 3·728　　璽彙 1941

包山84

○**顧廷龍**（1936）　邻,《説文》:邾下邑地,魯東有邻城。《沇兒鐘》邻王字作餘。經典通用徐。《周禮・雍氏》注:伯禽以出師征徐戎。《釋文》:劉本作邻。周紹遷上林里邻吉。

《古匋文舂録》卷6,頁4

○**吳振武**（1983）　1940　邻譙・邻(徐)譙(譙)。
1941—1958"邻"字同此釋。

《古文字學論集》（初編）頁502

○**董楚平**（1992）　邻,从余从邑,金文皆爲徐國之徐。(中略)經傳爲漢代人隸寫,漢隸徐字寫作徐,是金文**舛**的形變。《説文》有邻字,云:"邻,邾下邑也。从邑,余聲。魯東有邻城。讀若塗。"《説文》只釋爲地名,未釋爲國名。《周禮・司寇・雍氏》注:"伯禽以出師征徐戎。"《釋文》:"劉本作邻。"是知文獻國名也有作邻者。

《吳越徐舒金文集釋》頁255

○**何琳儀**（1998）　《説文》:"邻,邾下邑也。从邑,余聲。魯東有邻城。讀若塗。"越王者旨於賜戈邻,參見《古文四聲韻》上平二三徐作**舛**。
　　齊器邻,讀徐,姓氏。見徐字。
　　晉璽邻,讀徐,姓氏。見徐字。中山王雜器邻,讀郐,姓氏。見郐字。
　　包山簡邻,讀徐,姓氏。見徐字。吳越器邻,讀徐,國名。《左・昭三十年》:"吳滅徐,徐子奔楚。"

《戰國古文字典》頁536

△**按**　《説文》:"邻,邾下邑地。从邑,余聲。魯東有邻城。讀若塗。"段注:"'地'當作'也'。"

郣　

璽彙2096　　璽彙2097

○**何琳儀**（1998）　《説文》:"郣,附庸國,在東平元父郣亭。从邑,寺聲。《春秋傳》曰,取郣。"

戰國文字邿,姓氏。邿國之後,因以爲氏。見《姓解》。

《戰國古文字典》頁45

△按　《左傳·襄公十八年》:"魏絳、欒盈以下軍克邿。"

郰 

璽彙0263

○**何琳儀**(1998)　《説文》:"郰,魯下邑孔子之鄉。从邑,取聲。"

楚璽郰,讀聚。

《戰國古文字典》頁387

△按　或爲"鄹"省。《玉篇》邑部:"郰,《論語》作鄹。"《集韻》尤韻:"郰,或作鄹。"

郕 　

曾侯乙153　曾侯乙210

○**丁福保**(1938)　右布面文右作歹,左作卆,是郕字。郕,魯地,《春秋》桓六年,會於成,《穀梁》作郕。杜注,在泰山鉅平縣南。高士奇曰,漢置鉅平縣,屬泰山郡。晉因之。今寧陽縣東北九十里有鉅平城。【錢略】

《古錢大辭典》頁1201,1982

○**鄭家相**(1958)　文曰郕。按郕即成增邑,注參見空首成字布。又吳師道曰:"《史記》云,武王封弟叔武於成。《廣韻》,本自周文王子成伯之後,疑叔武受封於成,其支子爲周卿士,如周公召公類,此成君或即其後歟。"又按成爲周畿内國,在今河南偃師縣西南。

《中國古代貨幣發展史》頁93

○**梁曉景**(1995)　【郕·平襠方足平首布】戰國晚期青銅鑄幣。鑄行於趙國,流通於三晉、兩周地區。屬小型布。面文"郕"。背無文。"郕",古地名,戰國屬趙。《春秋·隱公五年》:"衞師入郕。"杜注:"郕,國也,東平剛父縣西南有郕鄉。"後漢置成縣。在今山東寧陽縣東北。一般通長4.6、身長3.4、肩寬2.6、足寬2.7釐米。極罕見。

《中國錢幣大辭典·先秦編》頁255

○**何琳儀**（1996）　　“郕”（195）。或讀“成”，並據《史記·周本紀》“王赧謂成君”，徐廣注引《戰國策》曰：“西周令成君辯説秦求救。”《周本紀》：“武王封弟叔武於成。”程恩澤曰：“《急救篇》注：‘成者，周之采地。’”“疑武叔受封於郕，其支子仍爲周卿士”，遂以爲周幣。但據《春秋·隱公五年》“衛師入郕”（山東范縣東南），則屬魏幣。周之“成”地望不詳，且有可疑；魏之“郕”地望明確，故暫定方足布“郕”爲魏幣。

　　“郕”（《辭典》193）。《春秋·隱公五年》：“秋，衛師入郕。”在今山東范縣東南。

《古幣叢考》（增訂本）頁 78—79、213

○**莊淑慧**（1996）　　簡文“郕”字從邑，城聲，乃“郕”字異體。《左傳·隱五年》：“衛之亂也，郕人侵衛，故衛師入郕。”《鄭注》：“郕，國也。東平剛父縣西南有郕鄉。”是“郕”爲春秋古國。又《春秋·文十二年》：“郕伯來奔。”《左傳》：“春，郕伯卒，郕人立君。大子以夫鐘與郕邦來奔，公以諸侯逆之，非禮也，故書曰郕伯來奔，不書地，尊諸侯也。”由上所引知“郕國”爵稱爲“伯”。“郕”或又作“盛”，見於《公羊經、傳》《穆天子傳》；或又作“成”，見於《路史·後記》、《左傳》“成十三年”與“定八年”、《史記·管蔡世家》與《春秋繁露·滅國》。據陳槃所考，其都城在山東寧陽縣附近。

　　簡文“郕”字，應爲“郕”字增繁“土”旁而成，如《侯馬盟書》“麻🔲非是”之“🔲”字，亦爲“夷”加“土”繁化之例。

《臺灣師範大學國文研究所集刊》40，頁 171

○**何琳儀**（1998）　　《説文》：“郕，魯孟氏邑。從邑，成聲。”

　　魏方足布郕，地名。《左·隱十一》：“與鄭人蘇忿生之田，溫、原、絺、樊、隰、郕。”在今河南昌武陟。

《戰國古文字典》頁 811

　　郕，從邑，城聲。疑郕字繁文。見郕字。

　　隨縣簡郕，讀郕，地名。《春秋·隱五》：“衛師入郕。”在今山東寧陽北。

《戰國古文字典》頁 811

郕　郕　郕

曾侯乙 70

○**莊淑慧**（1996）　簡文"郻"字爲"郼"字之異體。"郼"，《説文・邑部》云："郼，周公所誅奄國，在魯。""郼"字本作"奄"形，無邑部偏旁，其古文即"弇"字。"奄"或作"淹、掩"，亦曰"商奄、商蓋、運奄"。

山東曲阜縣東有奄城，或其都所在；其姓爲嬴；其爵雖無所考，然據《左傳・昭元年》"虞有三苗，夏有觀、扈，商有姺、邳，周有徐、奄，自無令王，諸侯遂進，狎主齊盟，其又可壹乎"一語，可知觀、扈、姺、邳等皆古諸侯之强大而嘗爲盟主者，而商周之徐、奄既與之相提並論，是以"奄"應亦爲殷末之侯伯。

簡文"郻"字與通用字"郼"，其異在於聲旁一爲"弇"，而一則爲"奄"。此種因聲旁有異所形成之異體字，於簡文中所出現之比率較低。

　　　　　　　　　《臺灣師範大學國文研究所集刊》40，頁 168—169

○**何琳儀**（1998）　郻，從邑，弇聲。疑郼之異文。

隨縣簡郻，讀郼，地名。《説文》："郼，周公所誅郼國，在魯。"參弇字 f。

　　　　　　　　　　　　　　　　《戰國古文字典》頁 1386

△**按**　《戰國文字編》"郻"字另立字頭，見 439 頁。

郎

官印 0003

○**丁福保**（1938）　郎　見第一七六——一七九圖

郎　面異背同。郎，魯地。《春秋・隱九年》夏，城郎。《吉金録》釋爲鄆。《左傳・僖二年》，冀伐虞至鄆。注，虞邑，後屬晉。説可並存。【錢匯】

右小布面文二字曰葛邑，左讀。

按葛從艸，此與籧辰字皆從竹。乃古通用。《史記》趙孝王十九年，與燕易土，燕以葛與趙，《括地志》，葛又名西河，在瀛州高陽縣西北。【文字考】

尚齡按：此布劉青園釋其文爲郎字。郎爲春秋時魯地，今此品出於山右，或曰鄆字亦非。愚意是鄆字。《左傳・僖公二年》，冀伐虞至鄆。杜注，鄆，虞邑。後屬晉。【所見録】

此品合左右文曰鄆，鄆本春秋小國。襄六年，莒人滅鄆，九月取鄆。是莒滅之而地又爲魯取也。按春秋圖仍屬鄆於莒。所謂疆場之邑，一彼一此，何常之有也。齊宣王二年，莒又併於齊。此所以附於齊也。春秋圖注。鄆屬琅玡郡。

此品泉滙釋爲郎。屬魯地。朕篆文研究不甚似。按《六書通》曾字有篆作𥫡者,合之於右,是爲鄦字無疑。【遺篋錄】

《古錢大辭典》頁 1200,1982

郎 見第四〇九圖

右布面文作𨜕,是郎字。《春秋・隱元年傳》,城郎。杜注,郎,魯地,高平方輿縣東南有郁郎亭。高士奇曰,郎蓋魯之邊邑,《漢王子侯表》,魯恭王之子驕封郁根侯。師古曰,根音狼。漢方輿縣屬山陽,晉屬高平國,即今魚臺縣也。【錢略】

《古錢大辭典》頁 1240,1982

○**何琳儀**(1991) "郎"(409),舊讀"狼",以爲"郎孟"之省。按,"郎"應讀"唐"。《水經・滱水注》:"今此城(按,指唐城)於盧奴城北如西六十里,城之西北,泉源所導,西逕郎山北。郎、唐音讀近,實兼唐水之傳。"此"郎"與"唐"相通之確證。檢《戰國策・齊策》二:"趙可取唐、曲逆。"在今河北唐縣東北。戰國屬燕,後屬趙。

《古幣叢考》(增訂本)頁 120,2002 年;原載《陝西金融・錢幣專輯》16

○**何琳儀**(1998) 《説文》:"郎,魯邑也。从邑,良聲。"

趙方足布郎,讀唐,地名。《水經・滱水注》:"今此城(即唐城)於盧奴城北如西六十里,城之西北,泉源所導,西逕郎山北。郎、唐音讀近,實兼唐水之傳。"是其確證。《戰國策・齊策》二:"趙可取唐、曲逆。"在今河北唐縣東北。

《戰國古文字典》頁 695

△**按** 《戰國文字編》"郎"字頭下收𨜕(《璽彙》0049),似爲"鄦"字。

邳 𨙨

璽彙 2153

○**梁曉景**(1995) 【邳・平襠方足平首布】戰國晚期青銅鑄幣。鑄行於魏國,流通於三晉、兩周等地。屬小型布。面文"邳"。背無文。"邳",古地名,戰國屬魏。《史記・夏本紀》:"東過雒汭,至於大邳。"在今河南濬縣東南。或謂戰國韓地,在今河南氾水西北。一般通長 4.5、身長 3、肩寬 2.4、足寬 2.6 釐米。罕見。

《中國錢幣大辭典・先秦編》頁 230—231

○**何琳儀**（1998） 《説文》："邳,奚仲之後,湯左相仲所封國,在魯薛縣。从邑,丕聲。"

晉璽邳,姓氏。奚仲爲夏車正,自薛封邳。後因氏焉。見《風俗通》。

《戰國古文字典》頁 118

△**按** 《古璽彙編》《戰國文字編》均隸定爲"邳",《戰國文字編》另立字頭,見 427 頁。

鄣 鄣

官印 0041

△**按** 《説文》："鄣,紀邑也。从邑,章聲。"段注："今江蘇海州贛榆縣縣北七十五里,有故紀鄣城,亦曰紀城。"

邘 邘

包山 183　　包山 184　　包山 189

集成 9679 趙孟疥壺　　集成 11263 邘王是埜戈

○**何琳儀**（1998） 《説文》："邘,國也。今屬臨淮。从邑,干聲。一曰,邘本屬吳。"

趙孟壺"邘王",吳王。

包山簡邘,姓氏。周武王子封邘,因氏,望出上谷。見《姓考》。

《戰國古文字典》頁 993

△**按** 文獻多作"干",《莊子·刻意》："夫有干越之劍者。"《荀子·勸學》："干、越、夷貉之子,生而同聲,長而異俗。"

鄝 鄝

包山 40

○**何琳儀**（1998） 《説文》："鄝,臨淮徐地。从邑,義聲。《春秋傳》曰,徐鄝楚。"

包山簡鄝,姓氏。見《説文》"鄝楚",《左·昭六》作"儀楚",嬴姓。

《戰國古文字典》頁 857

郯 𨞰

𨞰 包山 81　　　𨞰 包山 128　　　𨞰 包山 183　　　[印] 璽彙 0190

○**顏世鉉**（1997）　《考釋》三三二云："郯，古國名，戰國初被越國所滅，越被楚滅後，地入楚。在今山東郯城西南。"郯國之滅，據何浩的考證，當在楚頃襄王三十五年至楚考烈王元年，即公元前 264 至前 262 年間，他説："在此期間，秦勢遠離沂水，齊、魯自顧不暇，郯國又是孤懸於楚境内包圍之中。顯而易見，郯之終爲楚滅，也是勢所必然。"陳偉也贊同何浩的此種看法，他説："（楚國）在考烈王前期攻滅了魯、騶二國，疆界進至泰山南麓。其他如費、郯、邳諸國以及齊南陽地，由地理位置推測，也均應在此前後併入楚境。"山東的郯國在楚考烈王時才爲楚所併，在楚懷王時，此地尚不是楚國的疆域，故包山楚簡郯地，當不在此。

有人又提出魏都大梁之南，也就是今河南開封之南有郯地。《史記·楚世家》頃襄王十八年載有小臣説王曰："王朝張弓而射魏之大梁之南，加其右臂而徑屬之於韓，則中國之路絶而上蔡之郡壞矣。還射圉之東，解魏左肘而外擊定陶，則魏之東外棄而大宋、方與二郡者舉矣。且魏斷二臂，顛越矣；膺擊郯國，大梁可得而有也。"《史記會注考證》説："横田惟孝曰：膺，胸前也。蓋郯當大梁前。"陳槃先生説：

> 按大梁，魏都，今河南開封縣是也。韓在西，於魏爲右；定陶在東，於魏爲左。是爲魏之二臂。大梁當中爲胸，所謂膺也。"膺擊郯國"，是擊其當胸。擊其胸而大梁可下，是郯國在大梁前，横田氏説是也。

他接着又引《史記·陳涉世家》來證明"大梁南有郯"的説法，云："陽城人鄧説將兵居郯，章邯別將擊破之，鄧説軍散走陳。"

包山楚簡上的"郯"不是山東的郯國故地；也就是説，懷王時，楚國境内必另有一郯地，而此地極可能在魏都大梁的南方，也就是在今河南省開封市的南方。

《中國文字》新 22，頁 247—248

○**何琳儀**（1998）　《説文》："郯，東海縣，帝少昊之後所封。从邑，炎聲。"

包山簡郯，地名。《春秋·宣四》："公及齊侯平莒及郯。"在今山東郯城。

《戰國古文字典》頁 1442

○**劉信芳**（2003） 地名,本古國,見《左傳》。戰國時其地已入楚。《水經注·沂水》:"南過郯縣西……《竹書紀年》晉烈公四年,越子朱句滅郯,以郯子鴣歸。縣故舊魯也,東海郡治,秦始皇以爲郯郡,漢高帝二年更從今名。"楊守敬《疏》:"在今郯城縣西南三十里。"《史記·越王句踐世家》:"楚威王興兵而伐之,大敗越,殺王無彊,盡取故吳地至浙江,北破齊於徐州。而越以此散。諸族子爭立,或爲王,或爲君,濱於江南海上,服朝於楚。"越人既服朝於楚,則楚威王時,郯地有可能已入楚。

《包山楚簡解詁》頁 191

䢵 䢵

![圖]郘_{包山 200} 䢵_{包山 203} 䢵_{包山 240}
䢵_{包山 206}

○**劉彬徽、彭浩、胡雅麗、劉祖信**（1991） 䢵,地名。《春秋·文公七年》:"春,公伐邾。三月甲戌,取須句,遂城䢵。"注:"魯邑,卞縣南有䢵城,備邾難。"魯被楚滅後,䢵地屬楚。

《包山楚簡》頁 54

○**何琳儀**（1998） 《説文》:"䢵,東海縣故紀侯之邑也。從邑,吾聲。"

廿三年䢵令戈䢵,讀梧,地名。見《漢書·地理志》楚國。在今安徽淮北東北。

包山簡䢵,讀梧。見 c。

《戰國古文字典》頁 507—508

○**劉信芳**（2003） 楚昭王之孫,應是其父"文坪夜君"曾食邑於"䢵",故號"䢵公子"。整理小組注:"䢵,地名。《春秋·文公七年》:'春,公伐邾。三月甲戌,取須句,遂城䢵。'注:'魯邑,卞縣南有䢵城,備邾難。'魯被楚滅後,䢵地屬楚。"按此注大誤。䢵公子春略與楚簡王同時,其時魯並未被滅。《左傳》襄公十年:"晉師城梧及制。"杜預《注》:"梧、制皆鄭舊地。"《戰國策·韓策》(鮑本在《魏策》):"魏且旦暮亡矣,不能愛其許、鄢陵與梧,割以予秦。"鮑彪《注》:"梧屬楚國,此時屬魏。"梧在今河南滎陽西。

吳鬱芳認爲"䢵"讀爲"圍",《左傳》昭公二十四年:"楚子爲舟師以略吳疆……王及圍陽而還。"杜預《注》:"圍陽,楚地。"其地在今安徽巢湖市南

（《包山二號墓主昭佗家譜考》，《江漢論壇》1992 年 11 期）。

《包山楚簡解詁》頁 215

△**按** 包山 206 字形右邊上下均作"五"，當是類化所致。

鄼 鄼

包山 171

○**何琳儀**（1998） 巂，甲骨文作（類纂一七六五）。从隹，頭上有形冠，借體象形。金文作（井叔盨），下加丙旁象鳥之剪尾。戰國文字又於丙下加口爲飾，遂與卣旁相混（參見繇字所从之卣旁）。《説文》："巂，周燕也。从隹，屮象其冠也。卣聲。一曰，蜀王望帝媱**（編按："婬"字之誤）**其相妻，慚亡去爲子巂鳥，故蜀人聞子巂鳴皆云望帝。"巂，匣紐支部；卣，日紐脂部；聲韻均隔。許慎"卣聲"，可疑。

鄼，从邑，巂聲。《集韻》："鄼，越鄼，郡名。或作寯。"

包山簡鄼，地名。

《戰國古文字典》頁 736

△**按**《説文》："鄼，東海之邑。从邑，巂聲。"包山簡"鄼邑"，用爲地名。

邪 𨙻

貨系 879   三晉 48   貨系 886   璽彙 2142

睡虎地·秦律 89

○**鄭家相**（1958） 𨙻𨙻文曰邪。按此布文，舊釋邪山二字，山字不類。《説文》："牙，牡齒也，象上下相錯之形。"又古文牙字从齒作，與此布文右旁作者正相同，可知下象齒，二齒四齒，工人任意刻畫，即非山字，更不能分作二字也。邪字地名，舊謂是琅邪，屬齊。但齊地非鑄行布化區域，當屬非是。今考定其他各尖足布文，皆爲趙之地名，此布自當屬趙。但趙地以邪名者，古籍失載，以尖足布之鑄行範圍推之，當在漳水與汾水之間，與甘丹茲蘭等布之鑄行地相近，決不能遠及於齊之琅邪也。

𢀋文曰邪。注見大尖足邪字布。

《中國古代貨幣發展史》頁 109、111

○**何琳儀**（1991）　五、“邪”（876），疑《地理志》上郡“推邪”之省（新莽名“排邪”）。呂吳調陽云：“今葭州。邪通牙，鋸也。黑龍水西受黑水直鄉川，東南注河，象推鋸也。”地在今陝西榆林一帶。按，此說可備一解。又“邪”與“葭”音近，後世“葭州”之“葭”也可能緣“邪”而音變。

《古幣叢考》（增訂本）頁 112，2002；原載《陝西金融·錢幣專輯》16

○**黃錫全**（1993）

876—891	𢀋	邪山	邪	或疑推邪之省，在陝西西北	趙	尖

《先秦貨幣研究》頁 352，2001；原載《第二屆國際中國古文字學研討會論文集》

○**梁曉景**（1995）　【邪·尖足平首布】戰國中晚期青銅鑄幣。鑄行於趙國，流通於燕、中山及三晉等地。面文“邪”，書體多變。背平素，或鑄有一至六十等數字、單字及符號等。“邪”，古地名，戰國屬趙，地望待考。1951 年以來北京，河北易縣燕下都遺址、靈壽，山西原平、左雲，內蒙古土默特左旗等地有出土。按形制可分大小兩種：大者屬一釿布，一般通長 7.8—8.4、身長 5.9—6.4、肩寬 3.7—3.8、足寬 4.1—4.3 釐米，重 11—14 克。小型者屬半釿布，一般通長 5—5.5、身長 3.5—4.1、肩寬 2.6—2.9、足寬 3—3.1 釐米，重 4.5—6.1 克。

《中國錢幣大辭典·先秦篇》頁 328

○**何琳儀**（1998）　《說文》：“邪，琅邪郡。从邑，牙聲。”

齊璽邪，疑“琅邪”之省，地名。《管子·戒》：“齊桓公將東遊，南至琅邪。”亦作“瑯邪、瑯琊”。在今山東膠南西南海濱。

晉璽邪，讀牙，姓氏。周穆王大司徒君牙之後，以王父字爲氏。見《風俗通》。趙尖足布邪，疑“推邪”之省。見《漢書·地理志》上郡。在今陝西榆林境內。

《戰國古文字典》頁 512

○**黃錫全**（2001）　邪　其地不易確指。或疑《地理志》上郡“推邪”之省，在陝西榆林一帶。“邪、葭”音近，後世“葭州”之“葭”也可能緣“邪”而音變。《趙世家》武靈王二十年，“西略胡地，至榆中”。惠文王三年，“滅中山，遷其王於膚施”。膚施離榆林不遠。金代的葭州，今在陝西佳縣。這一地帶當時屬趙。邪爲推邪之省的可能性還是存在的。

《先秦貨幣研究》頁 70

△按　"牙"字古文下從"臼",見於《説文》、郭店《緇衣》簡9等,《璽彙》2142字形左下正從古文"牙",《貨系》諸字左下角應是"臼"形簡省。

【邪山】錢典395、397、398

○丁福保(1938)　邪山　見第三九五—三九八圖

邪山　琅邪,齊地。邪山未詳。惟《水經注》,鏡波水源出南邪山。【錢匯】

右貨面文二字曰邪山。

按的與小篆作𦐣同。⺊即⺊字之異體。邪山地名未詳。《水經注》鏡波水源出南邪山。其曰邪山,未知即此與否。【文字考】

劉青園曰,聞宜泉先生云,面左乃郎邪兩字。齊郎邪布也。【所見錄】

此品文左右合爲一字曰邪。幕字紀範之次也。按邪之名,春秋戰國時只有琅邪、昔邪二者。疑居一焉。僅名邪者未見。按史表昭王二年,魏與秦戰解。解與邪音相近,或一地而判爲二名歟,待考。

此品舊譜咸釋爲邪山。因思古之錢文,專著山名者罕見。即著山名,亦無謂邪山也。泉匯羅列多品。左下或作⼭⺊。實不類古篆山字。按《説文》牙部,古文牙作𦐣,象齒承齬形。方知此作𦐣爲省筆。合之於右,僅完一古文邪字,非邪山二字也。【遺篋錄】

　　　　　　　　　　　　　　　　《古錢大辭典》頁1238—1239,1982

△按　"邪山"乃"邪"從古文"牙"之誤釋,《遺篋錄》所論可從。

【邪僻】睡虎地·語書2

○睡簡整理小組(1990)　邪僻,邪惡的行爲,見《禮記·樂記》《荀子·勸學》等篇。

　　　　　　　　　　　　　　　　　　　　《睡虎地秦墓竹簡》頁14

△按　簡文作"去其邪避(僻),除其惡俗"。

邞 郍

湖南1　　璽彙2068　　璽彙2066　　陶彙3·174　　璽彙1436

包山120　　包山122　　包山123

○何琳儀(1993)　第二字原篆作𦐣,或作𦐣₁₂₃,應釋"郍"。"大夫"合文作𡗕₁₃₀,是其確證。《説文》:"郍,琅邪縣也(編按:《説文》無"也"字)。"

　　　　　　　　　　　　　　　　　　　《江漢考古》1993-4,頁58

○ **何琳儀**(1998)　《説文》:“郝,右扶風鄠盩厔鄉。从邑,赤聲。”

　　晉璽郝,人名。

《戰國古文字典》頁 539

○ **施謝捷**(1998)　1436 富𫜴(郝)·富郝。

《容庚先生百年誕辰紀念文集》頁 646

○ **何琳儀**(1998)　《説文》:“郑,琅邪縣也,一名純德。从邑,夫聲。”

　　齊陶郑,讀夫,姓氏。吳後有夫氏。見《路史》。

　　楚璽“菱郑”,地名。楚器郑,讀夫,姓氏。見 a。

《戰國古文字典》頁 590

○ **劉信芳**(2003)　姓氏用字,或隸作“郑”,恐不確。楚無“夫”氏。該字从邑从大夫,可參楚系文字“大夫”合文。字應以“大”爲基本聲符,《左傳》僖公二十八年載有子玉之子“大心”,《漢表》作“成大心”,昭公三十年載有“監馬尹大心”,《通志·氏族略四》:“大心氏。芈姓。英賢傳:楚有大心。令尹得臣之子,因氏焉。楚懷王時大心子成爲黄邑大夫。”“郑”氏應是“大心”氏之別枝。

《包山楚簡解詁》頁 110

△ 按　《璽彙》1436 之“𫜴”,或釋“郝”,或釋“郑”,當以釋“郑”爲是。

【郑司工】考古 1983-9,頁 848 圖六

○ **黄盛璋**(1988)　《考古》1983 年 9 期刊載商水縣文物管理委員會《河南商水戰國城址調查記》,對商水縣西南扶蘇村扶蘇故城進行了勘查,並搜集了一些陶文、磚文、瓦當等遺物。其中有一鈐印在陶器上的篆書陶印戳,《調查記》釋爲“扶咠司工”,認爲扶咠即此古城,名之扶蘇。並指出此古城是有爭議的陳勝出生地四陽城之一,有可能是秦的陽城。

　　陳勝生地是歷史地理與考古上待解決的問題,是否在此,首先就要確定此城的名稱和年代,因而陶文印戳的釋讀與時代、國別的考訂將是關鍵。本文打算對這些問題,略抒管見,以供討論。

　　一、商水扶蘇城陶文考釋

　　商水扶蘇城所搜集的陶文有磚文五,陶文戳印二。陶文戳印一爲陽文隸書“大吉”,另一爲篆書陰文,釋爲“夫咠司工”,並考訂“疋”即“胥”,通“蘇”,“扶疋”即“扶蘇”,表此城之名。觀此二陶文戳印字體,時代不同,隸書“大吉”屬秦漢字體,篆書陰文四字戳印乃屬戰國文字。據此印文可以證明此城時代屬於戰國,這是該城目前出土陶文唯一可以確定城址最早年代的直接依

據。我仔細研究此四字篆文戳印,發現其中地名二字合文並不是"扶疋",《調查記》釋文與所作考訂是有問題的,有必要提出討論和研究。

　　這個戳印第一字乃是"邑"（🦅）字,不是"疋"字,其下爲合文符"＝",不是从"口",摹本作"二"不作"口"是對的,但其上"邑"字摹寫不正確,乃是受"疋"即"胥"通"蘇"的影響所致,因而摹爲"疋"字之形,其實金文的"疋"字從無此作。第二字確是"夫"字,但此二字及其下加合文符雖爲戰國字體,但國別確不屬秦。首先"夫"字不是秦文字體系,與小篆"夫"字寫法不同;其次,"司工"爲戰國職官,也不屬秦,秦皆作"司空",云夢秦簡"司空"多見,並有"司空律",無作"司工",漢也如此。而扶蘇爲秦始皇太子,已在秦統一後,所以此城原名不可能爲秦之扶蘇,而陶印戳既不能屬秦,更非"扶蘇司工",此印定城名扶蘇是不確的。

　　此陶印戳屬戰國,傳世戰國司工官璽,據《古彙璽編》所收,三晉最多,如0091"汪陶右司工₌"、0089"菱芒左司工₌"、0084"□陽司工₌"、0087"左司工₌"、0090"右司工₌"、0080"司工₌"、0081"司工₌"皆陽刻小朱文,這是標準的三晉標準官印,汪陶爲趙國地名,尤爲可證,"司工"下多有合文符,尤其是前有地名者;次爲燕印,如0085"平陰都司工"、6086"疆陌都司工"、0082"□都司工"無合文符,"都"字從"旅",是燕國文字特點,不同他國,凡有此字者皆爲燕國官印;三是齊印或楚印未能定奪,如0083"右□司工",工字作"𡉈",與晉、燕印文皆不同。此陶印戳"夫"字作"夵"乃楚官印常見寫法。至於"邑"字更與三晉作方形直筆垂下者如🦅、🦅顯有不同。戰國官印唯楚與三晉稱"邑"（燕、齊皆稱"都"）;而楚尤爲常見,此印文"邑、夫"字寫法,"司工"下無合文符,斷定不屬三晉,所以國別應屬楚,與他國皆不合。再據地望判斷,此城在陳之西南與上蔡之東北,與兩縣比鄰,而陳曾爲楚國都所在,上蔡戰國一直屬楚,此城介於兩縣之間,只能屬楚,城外出楚蟻鼻錢一罐,也可旁證,所以此印戳無論從印文、官制與地點等各方面考察,都可確定爲楚官印無疑。此印當讀爲"夫邑司工"。

《中原文物》1988-1,頁82—83

○**牛濟普**(1989)　　屬於東周印陶的"邗司工",出自商水縣西南18公里的舒莊鄉戰國故城遺址內的扶蘇村。此印陶李學勤曾考爲"扶蘇司工",我釋爲"邗司工"。《水經注》曾載此地有邗亭,可知古時此處名爲"邗"。而"扶蘇"地名乃由秦末農民起義領袖陳勝自稱公子扶蘇而起,扶蘇城名不在秦代以前,而這個印陶爲戰國時代遺物,所表明的地名爲東周時代,應與"扶蘇"無

涉。“邽司工”第一字“邽”右下有“二”點，一般稱之爲合文符號，似乎可讀爲
“邽邑”。根據我對大量古璽這種符號的分析，認爲它只能算是顯示符號，原
有的“合文”作用已喪失（作爲合文符號，它所表明的也只是“夫”與“邑”的合
文，“邽”便是結果），實際上僅起一種裝飾作用（參見拙文《古璽顯示性符號
試析》，《書法博覽·88.1—88.11》137 頁—140 頁）。故釋爲“邽司工”爲正
確，其體例類如“格氏左司工、格氏右司工”，是邽地掌管製陶業的官方印記。
如前所述，帶有這種“司工”的城市印陶，其時代可能會在春秋晚期，遲至戰
國初。

《中原文物》1989-4, 頁 90

鄣　鄣　郭

集粹　十鐘　吉大 151

秦代印風 163

○**丁福保**（1938）　郭虢通，《春秋·莊公二十四年》郭公，《公羊》釋文音虢，
《公羊·僖公二年傳》：“夏陽者何，郭之邑也。”《釋文》音虢，又如字，《左》
《穀》皆作虢。

《古錢大辭典》頁 2166,1982

○**朱德熙**（1983）　見本卷木部“椁”字條。

○**何琳儀**（1998）　《說文》：“鄣，齊之鄣氏虛，善善不能進，惡惡不能退，是以
亡國也。從邑，亯聲。”

秦璽鄣，姓氏。見亯字。

《戰國古文字典》頁 493

○**徐在國**（2002）　釋“郭”

齊陶文中有如下一字：G　陶彙 3·678
《陶彙》缺釋。

按：戰國文字中“亯”（郭）字或作：

陶彙 3·678　　　同上 3·370　　　郭大夫釜甗

同上　　　　　　璽彙 5672　　　珍秦 152

已有學者指出燕文字“郭”字形體下部所從的“寸”乃是訛變所致。G 字上部
所從的“”與齊陶“郭”字上部所從同。下部所從的“”與上引燕“郭”字下

部所从形近。如此，G 應釋"郭"。但 G 與齊陶常見的"郭"字形體不同，其實這並不奇怪。因爲戰國時期同一國家一字異形的現象是常見的。

《陶彙》3・678"□衢新里郭它"之"郭"，姓氏。齊地有郭氏之虛，蓋古國，國滅之後，亦爲郭姓。見顏師古注《急就篇》。

《古文字研究》23，頁 111

△按　"郭"之本義爲外城，用作姓氏或源於虢國。《正字通》："郭之有虢音者，周文王季弟封於虢，或稱郭公，因爲氏。"《急就篇》第六章："郭破胡。"顏師古注："虢公丑奔周，遂姓郭氏。郭者虢聲之轉也。又齊地有郭氏之墟，蓋古國，國滅之後，亦爲郭姓。"

郳

集成 10969 郳右戈　　　璽彙 3233　　　新蔡乙四 90

璽彙 2127

○羅福頤（1981）　與郳姁鬲郳字同。

《古璽文編》頁 150

○蔡全法（1986）　四十九，"郳豕"字陶盆：一件，泥質灰陶，戰國時器，1982年 11 月，西域（BJ）T2 一層出土。長方形陰文無框印，字自上至下排列，豎向鈐印於盆沿上。"郳"反書，从邑，兒聲。此當與姓氏有關。"豕"，甲骨文、金文可證。《說文・豕部》："豕，彘也。竭其尾故謂之豕。"當爲陶工私名印。

《中原文物》1986-1，頁 83

○牛濟普（1989）　"郳豕"印陶，蔡說郳"反書，从邑，兒聲。此當與姓氏有關"。此陶文从⻖从兒，隸定爲院，疑即郳姓，但不是郳的反書，⻖（⻖）與邑（邑、⻏）是不同的。郳金文寫作：（郳伯鬲）；古璽文作：。據《姓氏考略》載郳即小邾國，又稱郳國，子孫以國爲氏。

《中原文物》1989-4，頁 89—90

○何琳儀（1998）　《說文》："郳，齊地。从邑，兒聲。《春秋傳》曰，齊高厚定郳田。"

郳右㦹戟郳，古國名，即小邾。《春秋・莊五》："郳犂來朝。"在今山東滕縣。

晉璽鄔,姓氏。即小邾國,又稱郳國,子孫以國爲氏。見《姓氏考略》。

《戰國古文字典》頁 762

△按　《璽彙》3233 之字,何琳儀隸定爲"郳",讀"殺"。參見《戰國古文字典》頁 941。

郭　

集成 11508 廿二年左郭矛

○何琳儀(1998)　《說文》:"郭,郭海也。从邑,𡐦聲。一曰,地之起者曰郭。"

廿二年左郭矛郭,地名。疑屬《漢書·地理志》勃海郡境。郡治浮陽在今河北滄州東南。

《戰國古文字典》頁 1301

△按　大徐本作"郭海地",段注以爲"非是"。段注本從鍇本作"郭地"。此字《戰國文字編》未録。

邱

包山 28　　　包山 56　　　陶彙 3·813
璽彙 2059　　璽彙 2063

○顧廷龍(1936)　邱,《說文》:地名,从邑,句聲。

《古匋文香録》卷 6,頁 4

○何琳儀(1998)　《說文》:"邱,地名。从邑,句聲。"

齊璽邱,讀句,姓氏。見句字。或讀穀(參句字),地名。《春秋·莊七》:"夫人姜氏會齊侯於穀。"在今山東東阿。

晉璽邱,讀句,姓氏。見句字。

包山簡邱,讀句,姓氏。見句字。

《戰國古文字典》頁 342

戠

集成 4649 陳侯因資敦　　陶彙 3·3231　　陶彙 3·706

○**丁佛言**（1924）　古匋去蔓陽里匋尚䣆,許氏説故國在陳留。

《説文古籀補補》頁 31

○**顧廷龍**（1936）　䣆,《説文》:故國在陳留,从邑,戈聲。

《古匋文香録》卷 6,頁 4

○**何琳儀**（1998）　《説文》:"䣆,故國在陳留。从邑,戈聲。"

因胥錞䣆,讀哉。

《戰國古文字典》頁 102

邱

陶彙 5・384

璽彙 2201

○**何琳儀**（1998）　《説文》:"邱,地名。从邑,丘聲。"

齊璽邱,姓氏。以邑爲氏。《漢書・楚元王傳》"邱嫂",應邵注:"邱,姓也。"

秦陶邱,讀丘,習見地名後綴。

《戰國古文字典》頁 36

娜 娜　妠

璽彙 2242

○**何琳儀**（1998）　妠,从邑,女聲。娜之省文。《集韻》:"娜,《説文》地名。或省。"《説文》:"娜,地名。从邑,如聲。"

燕璽妠,讀如,姓氏。《新論》有妠子禮。

《戰國古文字典》頁 560

△**按**　《璽彙》該字未釋。《戰國文字編》未録。

邧 邧

璽彙 2212

○**何琳儀**（1998）　《説文》:"邧,地名。从邑,几聲。"

晉璽邔,讀耆,姓氏。《史記・周本紀》"敗耆國",集解:"徐廣曰,耆一作阠。"又《殷本紀》"飢國",集解:"徐廣曰,飢一作阠。"是其佐證。耆,伊耆氏之後,單爲耆氏見《古今姓氏書辨證》。

《戰國古文字典》頁 1191

邾 䣙

| 邾 璽彙 2104 | 䣙 璽彙 2204 | 𦀗 包山 167 | 𦀗 包山 175 |

○**吳振武**(1983)　2204 邾疆・邾(裘)疆。

《古文字學論集》(初編)頁 505

○**袁國華**(1993)　"𦀗、𦀗"二字分別見"包山楚簡"第 167 簡及第 175 簡,《釋文》認爲都是"鄴"字,《字表》則兩字都未收。以上兩字皆不从"蔡"。"蔡"字"包山楚簡"作𦰩 120、𦰩 138、𦰩 202、𦰩 206 等形,與𦀗字字形相去甚遠。"𦀗"是从"九"得聲的"求"字。西周金文"求"字作𦀗曶鼎、𦀗君夫簋𦀗番生簋,另外"包山楚簡"从"心"的"怵"字作𦀗 90、𦀗 189,所从的𦀗、𦀗與𦀗同字。因此簡 167 的"𦀗"字與簡 176 的"𦀗"字,都應隸定作"邾"字。"邾"字簡中用爲人的姓氏。

《第二屆國際中國古文字學研討會論文集》頁 436—437

○**白於藍**(1996)　簡文中有如下兩個字:𦀗(167)、𦀗(175),字表釋爲"鄴"。

　　按此字右旁非爲蔡字,而應是求字。簡文中从求之字多見,如:

　　救:𦀗(226)、𦀗(228)、𦀗(230)、𦀗(牘 1)

　　怵:𦀗(90)、𦀗(90)、𦀗(171)、𦀗(189)

求旁寫法略同。簡文中鄴字亦多見,作"𦀗"(120)、"𦀗"(18)、"𦀗"(31)、"𦀗"(200)、"𦀗"(206),所从之右旁均與上引之字之右旁不類,故上引之字當釋爲"邾","邾"字見於《廣韻》《集韻》,在簡文中用爲姓氏字,應讀爲"求",字爲求姓之求的專字,故增附邑旁。求姓見《通志・氏族略》。

《簡帛研究》2,頁 44—45

○**何琳儀**(1998)　《説文》:"邾,地名。从邑,求聲。"

　　戰國文字邾,讀求,姓氏。見求字。或讀裘。衛大夫食采於裘,後以爲氏。裘氏轉爲求。見《姓氏急就篇注》。

《戰國古文字典》頁 179

△按　包山〔字形〕字釋“郏”，可從。

鄦　〔字形〕

〔字形〕包山 180　　〔字形〕包山 165　　〔字形〕包山 31　　〔字形〕天星觀

○劉彬徽、彭浩、胡雅麗、劉祖信（1991）　鄦，地名。地望不詳。

《包山楚簡》頁 42

○何琳儀（1998）　《説文》：“鄦，地名。从邑，尚聲。”

包山簡鄦，地名，疑與“棠谿”有關。《左·定五》：“吳夫槩奔楚，爲棠谿氏。”在今河南舞陽東南。

《戰國古文字典》頁 681

○劉信芳（2003）　讀爲“棠”，鄦、棠皆从尚得聲。《左傳》襄公十四年：“子襄師於棠以伐吳。”昭公三十年“棠君尚”，杜預《注》：“棠君奢之長子尚也，爲棠邑大夫。”《漢志》臨淮郡有“堂邑”，《續漢志》在廣陵郡，原注云：“春秋時曰堂。”《通典》卷一百八十一古揚州廣陵郡六合：“楚棠邑，伍尚爲棠邑大夫，即此也。”六合位於今江蘇六合縣。簡 165、180 有“鄦君”，此鄦君的封地亦應在“棠”。或謂“棠君尚”之封地在棠谿城，位於今河南遂平縣西北百里處。按“棠”與“棠谿”是二處地名，似不宜相混。

《包山楚簡解詁》頁 45

△按　“棠”爲單姓，《古今姓氏書辨證》云：“出自姜姓。齊大夫棠公食采棠邑，其子無咎，隨母適崔武子，以棠爲氏。”“棠谿”爲複姓，《廣韻》：“吳王弟夫槩奔楚，爲棠谿氏。”“鄦”應讀爲單姓“棠”。又邵瑛《群經正字》云：“鄦本古鄉黨字。自以黨爲鄉黨，而鄦字遂不見經典矣。”郭店簡以“黨”爲鄉黨字。

郱　〔字形〕

〔字形〕璽彙 1926

○何琳儀（1998）　《説文》：“郱，地名。从邑，并聲。”

晉璽郱，讀并，姓氏。見并字。

《戰國古文字典》頁 833

△按　《春秋·莊公元年》：“齊師遷紀、郱、鄑、郚。”《注》：“郱，在東莞臨朐縣

東南。”

鄝 鄝

鄝 包山 21　鄝 包山 29　鄝 包山 105　鄝 包山 116　鄝 包山 154
鄝 包山 143　鄝 包山 153

○**劉彬徽、彭浩、胡雅麗、劉祖信**（1991）　鄝，《左傳·文公五年》：“楚滅蓼。”釋文云：“字或作鄝。”《穀梁傳·宣公八年》：“楚人滅舒鄝。”釋文云：“本又作蓼。”簡文之鄝有可能位於今河南省固始縣境内。

《包山楚簡》頁 42

○**何琳儀**（1998）　《説文》：“鄝，地名，從邑，翏聲。”

包山簡鄝，地名。《左·文五年》：“楚子燮滅鄝。”在今河南固始北。包山簡鄝，讀蓼，姓氏。皋陶庭堅之後，封於蓼，子孫以國爲氏。見《潛夫論》。

《戰國古文字典》頁 239

○**劉信芳**（2003）　楚鄝地非一，其一，《左傳》文公五年：“楚公子燮滅蓼。”《釋文》：“字或作鄝。”杜預《注》：“蓼，國，今安豐蓼縣。”《春秋大事表》卷六：“蓼國在今固始縣東北蓼城岡。即文五年楚所滅之蓼國也。”今固始縣城郊北山口有古城遺址，分内外兩城，外城東西 2.5，南北 3.5 公里。1978 年至 1980 年間，在古城周圍先後發掘了侯古堆吳句敔夫人墓和白獅子地楚墓。城址即春秋蓼國都城（參詹漢清《固始縣北山口春秋戰國古城址調查報告》，《河南省考古學會論文選集》，《中原文物》1983 年特刊）。此蓼應是簡 153 之“鄝易”，《漢書·地理志》六安國之“蓼縣”，參簡 154 注。其二，《左傳》桓公十一年：“鄖人軍于蒲騷，將與隨、絞、州、蓼伐楚師。”杜預《注》：“蓼，國，今義陽棘陽縣東南湖陽城。”《左傳》哀公十七年：“（楚武王）克州、蓼，服隨、唐。”《春秋大事表》卷六：“蓼國在唐縣南八十里。”此蓼爲楚王克州、蓼之“蓼”。其三，《左傳》宣公八年：“楚爲衆舒叛故，伐舒蓼，滅之。”孔穎達《疏》：“與文五年滅蓼同，蓋蓼滅後更復，故楚今更滅之。”舒蓼在今安徽舒城西南。按楚滅國遷縣之例甚多，戰國時楚國鄝縣於文獻無徵，似不宜確指。《漢書·地理志》南陽郡：“湖陽，故廖國也。”湖陽在今河南唐河湖陽鎮，簡 186“鹽易”應即此地。如是則簡文“鄝”以舒城蓼縣爲近是。

《包山楚簡解詁》頁 44

△按 　𤷐與𤻶,字同而寫異,差別在左下構件"㐱"的寫法上。

邨 𦤿

𤷐 包山 166　　𤷐 包山 179　　𤷐 天星觀

○何琳儀(1998) 　《説文》:"邨,地名。从邑,屯聲。"

　　卅四年頓丘戈"邨丘",讀"頓丘",地名。《詩·衞風·氓》:"送子涉淇,至於頓丘。"在今河南濬縣西。

　　天星觀簡邨,讀頓,地名。《左·僖廿三》:"楚成得臣帥師伐陳,遂取焦夷,城頓而還。"在今河南項城南。包山簡邨,讀屯,姓氏。見伅字。

《戰國古文字典》頁 1328

△按 　"邨"後又作爲"村"字使用。《集韻》魂韻:"村,聚也。通作邨。"段玉裁《説文解字注》:"邨,本音豚,屯聚之意也。俗讀此尊切,又變字爲村。"

鄗 𨞝

十鐘

○何琳儀(1998) 　《説文》:"鄗,地名。从邑,舍聲。"

　　中山雜器鄗,讀舒,姓氏。《集韻》:"鄗,鄉名,在廬江。通作舒。"是其佐證。舒姓見舒字。

《戰國古文字典》頁 535

△按 　《左傳·僖公三年》"徐人取鄗",杜預注:"今廬江鄗縣。"古字"邑(阝)"旁與"予"旁寫法相近,"鄗"與"舒",殆因隸定不同所致。

郿 𨛹

集成 11611 郿王劍　𤖋 包山 6　𤖋 包山 61　𤖋 包山 180

𤖋 包山 226　𤖋 包山 228　𤖋 包山 234　𤖋 包山 242

○朱德熙、裘錫圭、李家浩(1995) 　此字原文稍殘,從殘畫看,與郿王蘧劍的"郿"寫法相近(《中原文物》1981 年 4 期 27 頁圖五)。郿王蘧劍銘文云:"郿王蘧(蘧)自攸(作)甬(用)鐱(劍)。""郿"是國名,當即《詩·大雅·崧高》

"維嶽降神,生甫及申"之"甫"。簡文"鄘客"應是甫國使者。

《望山楚簡》頁 88

○**何琳儀**（1998） 《説文》:"鄘,汝南上蔡亭。从邑,甫聲。"或疊加㽞聲。

包山簡六、一八〇鄘,讀甫,姓氏。出自炎帝裔孫伯夷,爲堯太岳,封其後爲甫侯,子孫以國爲氏。見《風俗通》。

《戰國古文字典》頁 596

○**劉信芳**（2003） 古國名。鄘王劍銘:"鄘王僕自作用劍。"(《中原文物》1980 年 4 期。)《詩·大雅·崧高》:"維嶽降神,生甫及申。"毛《傳》:"堯之時,姜氏爲四伯,掌四嶽之祀,述諸侯之職于周,則有甫、有申、有齊、有許也。"其故址在今河南上蔡附近,《説文》:"鄘,汝南上蔡亭。"

古國名,故址在今河南上蔡附近。《説文》:"鄘,汝南上蔡亭。"段《注》:"今河南汝寧府上蔡縣縣西南十里故蔡城是也。有亭名鄘。"

《包山楚簡解詁》頁 145、242

【鄘氏】辭典 252

○**丁福保**（1938） 鄘氏 見第二五二圖

鄘氏 《説文》:"汝南上蔡亭名。"然漢碑有《鄘閣頌》,在陝西略陽縣,是此地名自漢以前已有之。【續錢匯】

《古錢大辭典》頁 1222,1982

○**鄭家相**（1943） 右布文曰鄘氏,鄘古通輔,即輔氏,見宣十五年,杜注晉地,在今陝西朝邑縣西北十三里,有輔城,戰國屬秦。

《泉幣》20,頁 30—31

○**鄭家相**（1958） 文曰鄘氏。鄘古通輔,即輔氏。見宣十五年,杜注:"晉地。"在今陝西朝邑縣西北十三里,有輔城。戰國爲秦地。

《中國古代貨幣發展史》頁 103

△**按** 包山簡構件"甫"有繁簡二形,何琳儀以爲是疊加聲符"㽞",可參。

鄶 鄶 邘

邘璽彙 2108　　邘璽彙 2109　　邘璽彙 2110

○**何琳儀**（1998） 邘,从邑,千聲。鄶之異文。《説文》(編按:當爲《集韻》):"鄶,

《説文》:'地名。'或作邘。"

　　戰國文字邘,讀遷,姓氏。見《姓苑》。或讀千。氏王楊千萬入蜀,故蜀有千姓。見《渚宫舊事》。

　　　　　　　　　　　　　　　　　　　　　　　　《戰國古文字典》頁 1142

△按　"邘"所从"千"與"弓"近似。《璽彙》2108、2109、2110,《古璽文編》(160頁)隸定爲"邚"。《戰國文字編》未録"邘"字,"邚"字下另録《津藝》8之㗊字(425頁,字亦見《璽彙》2193、2194),恐非是。何琳儀《戰國古文字典》隸爲"邡",參"邡"字條。

邡

璽彙 1691

────────────────

○**羅福頤等**(1981)　《説文》所無,《玉篇》:邡,鄉名。

　　　　　　　　　　　　　　　　　　　　　《古璽文編》頁 155

○**何琳儀**(1998)　邡,从邑,丁聲。

　　晉璽邡,讀丁,姓氏。見丁字。

　　　　　　　　　　　　　　　　　　　《戰國古文字典》頁 791

邠

八▽
貨系 2279

────────────────

○**何琳儀**(1992)　《貨系》2279 著録一品方足布(圖3),上海博物館所藏。原釋"□邑"。其實按戰國貨幣銘文通例,右旁从"邑"之字,"邑"表示城邑,而不讀"□邑",只讀"邠"(中略)。準是,這品方足布銘文也應隸定爲一字,即"邠"。

　　"邠",字書所無,可讀"汾"。"分"从"八","八"亦聲。"八",幫紐脂部;"分",幫紐文部。幫紐雙聲,脂文對轉。《爾雅・釋地》:"西至於邠國。"《説文》引作"西至汃"。此"八"與"分"音近之證。

　　"汾",見《史記・韓世家》桓惠王"九年,秦拔我陘,城汾旁"。正義:"秦拔陘城於汾水之旁。陘故城在絳州曲沃縣西北二十里汾水之旁也。"按,"汾"爲城邑名,見《史記・秦本紀》昭襄王五十年"十二月,益發卒軍汾城旁"。

《韓世家》《秦本紀》所記爲一事,故"汾"即"汾城",戰國晚期屬韓境。

橋形布"分布"(《貨系》1443)之"分"也讀"汾"。戰國前期屬魏,詳另文。

《古幣叢考》(增訂本)頁 97—98,2002;原載《陝西金融·錢幣專輯》18

○**黃錫全**(1993)

| 2279 | 八吕 | □邑 | 邠 | 或讀汾,即汾城,山西新絳縣西南 | 韓 | 方 |

《先秦貨幣研究》頁 355,2001;原載《第二屆國際中國古文字學研討會論文集》

○**梁曉景**(1995) 【邠·平襠方足平首布】戰國晚期青銅鑄幣。鑄造國別不詳,流通於三晉、兩周等地。屬小型布。面文"邠",古地名,地望待考。背無文。通長 4.5、身長 3、肩寬 2.5、足寬 2.7 釐米。罕見。

《中國錢幣大辭典·先秦編》頁 297

○**何琳儀**(1996) "邠"(2279),讀"汾"。《左傳·襄公十八年》:"子庚帥師,治兵於汾。"在今河南許昌南。又《韓世家》:桓惠王"九年,秦拔我陘,城汾旁"。《秦本紀》:昭襄王五十年"益發卒軍汾城旁",則在今山西洪洞、臨汾之間,先後屬魏、韓。魏橋形布"分"(1443)亦讀"汾"。

《古幣叢考》(增訂本)頁 204

○**何琳儀**(1998) 邠,從邑,八聲。疑邠之省文。《說文》:"邠,周大王國,在右扶風美陽。從邑,分聲。"

韓方足布邠,讀汾。《爾雅·釋地》:"西至於邠國。"《說文》引作"西至汃"。是其佐證。《史記·秦本紀》昭襄王五十年十二月"益發卒軍汾城旁"。在今山西新絳東北。

《戰國古文字典》頁 1101

旭

旭 貨系 1210 旭 侯馬 1:48

○**何琳儀**(1998) 旭,從邑,九聲。

侯馬盟書旭,讀九,姓氏。神農師九靈,爲九姓之始。見《路史》。趙三孔布"鄋旭",讀"饅訋",地名。

《戰國古文字典》頁 167

△**按** 見"鄋"字條。

邔

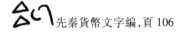先秦貨幣文字編，頁 106

○**黃錫全**（1998）　　隗啟明編著《蚌埠藏泉選集》（蚌埠人民印刷廠 1992 年）13 頁著録一枚平首方足小布，（中略）面文作 𝛼，不見以往著録，是一枚罕見的珍品。編者圖下附文字云："錢文記地名，傳形。"

　　右形 𝛼，應是"丩"字。《説文》丩，"相糾繚也，象形"。（中略）左形 𝛼，（中略）應是"邑"。此布如傳形讀爲"邑丩"，不合慣例，而應釋讀爲"邔"或"丩邑"。邑旁在左在右不別。

　　字書有邭無邔。《説文》邭，"地名，從邑，句聲"。確切地點不詳。古陶、古璽中有邭字，（中略）裘錫圭先生在《戰國文字中的"市"》一文中曾指出："邭地無考。或疑'邭'當讀爲'邼'（《説文》'詬'字或體作'訽'），春秋時魯有邼邑，戰國時可能曾屬齊。"（中略）

　　邔與邭構形雖近，但也有別，我們以爲可能另指一地。丩與攸古音相近可通，如《説文》從攸聲的脩，就或從丩作𦙃。據此，布文邔可假爲脩（修）。《漢書·地理志》"脩"屬信都國（文帝封周亞夫爲侯國），或作蓚、條等，皆同音假借。其地在今河北景縣南。戰國時，"脩"地西側一線的觀津、武城、平原等屬趙地。其東南之麥丘，本齊邑，也一度屬趙。《史記·趙世家》惠文王十九年（公元前 280 年），"趙奢將兵攻齊麥丘，取之"。故"脩"理當屬趙。漢初地名每每沿襲戰國，漢時之"脩"，可能就是戰國時的"邔"。

《容庚先生百年誕辰紀念文集》頁 658—660

邡

𣎴 侯馬 85:21

○**陳漢平**（1989）　　盟書有人名作 𣎴，字表未釋，此字從邑，力聲，當隸定作邡。此字多見於古璽文字，疑爲酈字之本字。

《屠龍絶緒》頁 356

○**何琳儀**（1998）　　邡，從邑，力聲。

侯馬盟書𨛬，人名。

《戰國古文字典》頁 85

𨙶

𝌆 貨系 1523

○**何琳儀**（1996）　"𨙶"（1523）（圖 3），讀"鄡"。《爾雅·釋丘》："丘上有丘爲宛丘。"注："嫌人不了，故重曉之。"釋文："了，本作憭。"是其佐證。陳純釜"安陵宁"，其"宁"見《搜真玉鑒》："宁，音了。"釜銘"宁"應讀"寮"，《爾雅·釋詁》："寮，官也。"此亦"了、寮"音近之證。"繚"，見《地理志》清河郡。在今河北南宮南。

《古幣叢考》（增訂本）頁 206

○**何琳儀**（1998）　《説文》："了，尥也。从子而無臂，象形。"

𨙶，从邑，了聲。

趙方足布𨙶，讀繚。《爾雅·釋丘》注"嫌人不了"，釋文："了，本作憭。"是其佐證。繚縣隸《漢書·地理志》清河郡。在今河北南宮東南。

《戰國古文字典》頁 317

圬

𝍖 璽彙 1667　　𝍖 陶彙 9·94

○**吳振武**（1983）　1667 圬𝍖·圬（土）漠。

《古文字學論集》（初編）頁 500

○**睡簡整理小組**（1990）　圬，《集韻》音土，在此疑以音近讀爲宅。

《睡虎地秦墓竹簡》頁 196

○**劉樂賢**（1994）　圬，《集韻》音土，在此疑以音近讀爲宅。按：鄭剛讀圬爲堵。

《睡虎地秦簡日書研究》頁 128

○**施謝捷**（1998）　整理小組説：圬，《集韻》音土，在此疑以音近讀爲宅（釋文注釋 196 頁）。劉樂賢《睡虎地秦簡日書研究》引鄭剛説讀圬爲堵（128 頁）。

按："圬"實應釋爲"圬"字。"予"作爲偏旁往往因形近而混同"邑（阝）"，戰國古璽中屢見的"宦"字(《古璽文編》157—158 頁),李家浩釋爲"序";放馬灘秦簡甲種《日書》"其序扁匼"的"序"作庀(《文物》1989 年 2 期 24 頁圖一,甲 28),銀雀山漢簡《孫臏兵法》"官一篇"中"序行以……"的"序"字作庌(《銀雀山漢墓竹簡〔壹〕》圖版 40 頁 403 正),"序者所以厭〔門也〕"的"序"字作庌(同上 42 頁 430b),漢印中的人名"寬舒、温舒"之"舒"字或作"郐","野王"的"野"字或作"鄩",均其比。又漢印文字中的"癰、廱、雝"所從的"邑"也可作"予"(參《漢印文字徵》7・20 上、9・8 下、4・6 下,《漢印文字徵補遺》7・6上)。由此可見,"坿"釋爲"圩"字,從其構形來看應該可信。《集韻》上語:"序,《説文》東西牆也。或作阾、圩。"然則"圩"亦即"序"字之異構。

　　《爾雅・釋宮》:"宮謂之室,室謂之宮……東西牆之序。"郭璞注:"所以序別内外也。"邢昺疏:"此謂室前堂上東廂、西廂之牆也。所以次序分別内外親疏,故謂之序也。《尚書・顧命》云:'西序東嚮,敷重底席;東序西嚮,敷重豐席。'及《禮》經每云'東序、西序'者,皆謂此也。"《顧命》僞孔安國傳:"東西廂謂之序。"知"序"指堂屋隔開東西廂之牆,亦可指由序隔開之東西廂房(亦稱東堂、西堂)。上揭"帝篇"的"右坿(圩)、左坿(圩)"即"右序、左序",相當於《禮》經所云"東序、西序",指堂屋的東西序牆。字作從"土"形,或爲此用之專字。舊説讀"坿"爲"宅"、爲"堵",均不確。或有釋"坿"者,更是不妥。

《簡帛研究》3,頁 171

○**何琳儀**(1998)　　坿,從邑,土聲。《集韻》:"坿,鄉名。"
　　晉璽坿,人名。

《戰國古文字典》頁 529

△**按**　睡虎地秦簡《日甲》100 之"坿",字作坿,施謝捷釋"圩",以爲"序"之異構,較爲合理,可從。

邧

邧　璽彙 2111　　邧　璽彙 2112

○**吳振武**(1983)　　2111　邧□・祁(沅)□。
　　2112　"邧"字同此改。

《古文字學論集》(初編)頁 503

○**何琳儀**（1998） 邗，从邑，丂聲。

楚璽邗，讀丂，姓氏。魯有丂姓。見孔宙碑。又見《奇姓通》。

《戰國古文字典》頁 24

△**按** 《璽彙》隸定爲“邨”。另《璽彙》2113 有𪨩字，《璽彙》隸定爲“郚”，吳振武隸定爲“郢”（見《〈古璽彙編〉釋文訂補及分類修訂》，《古文字學論集》初編 503 頁，1983 年），何琳儀讀爲“基”（見《戰國古文字典》24 頁）；陶文又有𥳑和𦳊字，分別隸定爲“邪、邘”（見《戰國古文字典》22、24 頁）。以上邗、郢、邪、邘數字，或皆爲一字異體，後不備列。

弋邑

璽彙 0002　　文博 1987-2，頁 53 六年代相鈹　　璽彙 0096

○**李家浩**（1980） 戰國貨幣裏有一種面文如下的平首方足布：

《我國古代貨幣的起源和發展》圖版一九·一

舊釋爲“郌”或“戈邑”二字，認爲即《左傳》襄公四年“寒浞處其子于戈”之“戈”，其地春秋時在鄭宋之閒。從表面上看，把此字釋爲“郌”似乎是毫無問題，但是在古文字裏“戈”旁往往有用爲“弋”的現象。因此這個字也可能是“弋邑”字。下面我們舉幾個古文字“戈”旁用爲“弋”的例子，並略加説明。（中略）

以上所舉的一些例子都是作爲偏旁的“戈”用作“弋”的例子，獨體的“戈”字與“弋”相混的例子如：（中略）

弋：帝曰：繇，□之哉，母（毋）弗或敬。隹（惟）天乍（作）福，神則各（格）之；隹天乍夭（妖），神則惠之；隹敬隹備，天像是惻；成隹（惟）天□，下民之戒，敬之母戈。長沙帛書《文物》1964 年 9 期 21 頁《戰國帛書摹本》

（中略）“母弋”當讀爲“毋忒”。這一段文字也是有韻的，以哉、福、之、之、備、惻、戒、忒相叶。除哉、之屬之部外，其他的字都屬職部，也是職之合韻。

由以上所舉的例子可知，在古文字中，“戈”這個形體無論是作爲偏旁還是作爲獨體字，往往用來代表“弋”。因此，我們認爲所謂的郌布的“郌”很可能是从邑从弋的一個字。因爲是地名，故从邑。“弋邑”當讀爲“代”。代本來是古國名，戰國初年爲趙襄子所滅，其地遂歸趙所有。到了趙惠文王三年（公元前 296 年）改建爲郡。公元前 222 年被秦占領，秦仍於此置代郡，漢因之。《漢書·地理志》代郡有代縣，其地在今河北省蔚縣。此布當是秦置代郡前趙國所鑄。

《古文字研究》3,頁 160—161

○**吳振武**(1983)　　0002　䣎易君鈈·䣎(弋)易(陽)君鈈。

0096　䣎弜弩後將·䣎(代)弜(强)弩後將。

《古文字學論集》(初編)頁 487—488

○**曹錦炎**(1984)　　14.𢍰(頁 76)

《文編》將其收入"楡"字條下,不知何據。此字从弋从邑,應釋爲"䣎"。戰國貨幣中有"䣎"布(見《我國古代貨幣的起源和發展》圖版拾玖),李家浩同志釋"䣎"爲"䣎",以爲讀"代",戰國趙地。其説可從。

《中國錢幣》1984-2,頁 68

○**汪慶正**(1984)　　除上述韓鑄早期平首方足布外,"戈邑"背"一半"方足布,亦應屬於早期鑄幣。此布以重 13 克左右爲多見,但山西陽高縣出土有輕至 9.3 克的。"戈",夏、商時已有其地。《左傳》襄公四年:寒促(編按:當作"浞")處其子於戈;哀王十二年:"鄭人爲之城嵒、戈、錫。"杜注:"戈,國名,在宋、鄭閒。"其地今河南杞縣地區,戰國屬魏。"戈邑"布背文"一半",似應指正常單位貨幣的"一半"而言,猶如魏釿布中的"半釿"一樣意義。"戈邑"布多見爲 13 克左右,即屬重 26 克左右的單位貨幣的"一半"。從這個意義上分析,它和"釿布"的三等制,即 26 克左右爲"二釿"幣、15 克左右爲"一釿"幣、7—8 克爲"半釿"幣相比,似屬更早。但這是一種例外。

《中國歷代貨幣大系·總論》頁 23

○**李家浩**(1992)　　䣎布是戰國貨幣中常見的一種平肩方足布,其面文作下揭之形:

𢍰(《貨幣》2207)

舊有"䣎、戈邑"兩種不同釋法。我們在十年前曾寫過一篇《戰國䣎布考》,將此字釋作"䣎",指出"弋"旁橫畫下面的一短橫是附加的筆畫,與"戈"字作斜畫者有別;同時還指出"䣎"从"邑"从"弋"聲,讀爲趙國代邑之"代"。此文發表後不久,我們發現古文獻中也有"䣎"字。近幾年來新刊布的兵器銘文中也有"䣎"字。這些資料都進一步證明這個字確實从"弋"聲,故特草此小文,作爲對前文的補充。

　　一、近年來發現了兩件帶有"䣎"字的銅鈹銘文,一件是四年䣎相鈹,原爲章乃器舊藏,現歸中國歷史博物館;另一件是六年䣎相鈹,1983 年在山西朔縣發現。(中略)

“𢎭”字原文作从“邑”从“戈”字形，王輝先生和黃盛璋先生根據我們對幣文“𢎭”的意見，分別將這個字釋寫作“𢎭”，並指出“𢎭相”即“代相”。（中略）

　　總之，鈹銘“𢎭相”之“𢎭”與幣文“𢎭”是同一個字，从“邑”从“弋”聲，讀爲“代”，“代相”是指趙代君之相或代王嘉之相。如像舊説那樣，將“𢎭”釋爲“𨛜”或“戈邑”，説成是《左傳》襄公四年“寒浞處其子于戈”之“戈”，那麼這個小小的戈邑爲什麼會置相呢？我們想没有人能對這個問題做出合理的解釋。

　　二、《廣雅·釋詁三》説：

　　　　搒、撅、娀、擿，投也。

《博雅音》説：

　　　　娀，本作“𨛜”，未詳，弋音。

　　《博雅音》是隋朝時人曹憲爲《廣雅》作的音釋，因避隋煬帝楊廣的名諱，將書名改爲《博雅》。據《博雅音》所説，“娀”字“本作‘𨛜’”。“娀、𨛜”二字都不見於其他古書，對於我們來説不僅十分陌生，而且曹憲的注音也使人莫名其妙，“娀、𨛜”二字都从“戈”得聲，怎麼會音“弋”呢？王念孫在《廣雅疏證》中對這兩個字曾發表過意見，他説：

　　　　考字書、韻書皆無“娀、𨛜”二字。卷三云“投、搥，擿也”。《釋言》云“磓，礧也”。此云“娀、擿，投也”。則“娀”與“搥、擿”同意。《玉篇》“矻，竹格切，礧也”；《廣韻》“又都盍切，擲地聲；又竹亞切；亦作硺”。“硺”與“娀”字相似。又《説文》“𩨜，擊踝也。讀若踝”。“𩨜”與“𨛜”字亦相似。未知誰是《廣雅》原文，姑並記之以俟考證。

王氏從字義、字形兩個方面論證“娀、𨛜”二字即“硺、𩨜”二字。從表面上看，王氏的説法很有道理，但結合曹憲的音釋來考慮，王氏的説法就有問題了。“硺”是“矻”的俗體，與“𩨜”不同音，而且“硺、𩨜”二字都不音“弋”。王氏顯然看到了這一點，所以他在《疏證》中回避了曹憲的注音，對“娀、𨛜”二字爲什麼會音“弋”未作只字的交待。其實曹憲的注音應該引起我們的重視，他所處的時代比我們早，他當時所看到的資料比我們多，他的注音自有他的根據，不能忽視。

　　曹憲在給《廣雅》作音釋的時候，曾參考了一些不同的傳本。根據《博雅音》體例，當文字出現異文時，先注所據底本之字音，然後出異文，再注異文之字音。例如“虥，統音。亦有本作‘虦’，口浪〔切〕”。曹憲只在異文“𨛜”字下注了音，而在底本“娀”字下没有注音，説明“娀、𨛜”二字同音，都音“弋”。“弋、戈”二字字形十分相似，早在春秋戰國之際就出現了將“弋”訛誤作“戈”

的情況。例如侯馬盟書 1 · 94 號的“忒”、曾侯乙墓竹簡 60 號的“弑”等字,所從“弋”旁皆寫作“戈”。到了南北朝隋唐時期,俗書將“弋”寫作“戈”的情況更加普遍。例如魏元彬墓志和唐翟惠隱墓志的“式”,隋雍長墓志的“弑”、張喬墓志的“貳”(中略)等字,所從“弋”旁皆寫作“戈”。作爲獨體的“弋”字也有寫作“戈”的例子。如敦煌唐寫本《六韜 · 動應》“田獵畢弋”之“弋”即寫作“戈”。在傳世的古書中也有這樣的例子。如《墨子 · 備高臨》“矢長十尺,以繩〔繫於〕矢端,如戈射,以磿鹿卷收”。孫詒讓《墨子閒詁》説:“戈,當爲‘弋’,形近而誤。”孫氏的意見是十分正確的。曹憲所處時代,正是俗書將“弋”寫作“戈”十分流行的時代,他在爲《廣雅》作音釋時顯然是認爲“娍、邨”二字即“娍、邨”二字的俗書。“娍”與“弋”是一對同音字,在中古《廣韻》音系中都音與職切。曹憲認爲“邨”是“娍”的同音字,所以他將“娍、邨”二字都注爲“弋音”。

　　將“娍、邨”二字確定爲“娍、邨”二字,在訓詁上也可以得到證明。《廣雅》訓“娍”或“邨”爲“投也”。按古代“弋”字和從“弋”之字有“投”義。《詩 · 鄭風 · 女曰雞鳴》“弋鳧與雁”,鄭玄箋:“弋,射也。”《漢書 · 肖望之傳》“以射策甲科爲郎”,顏師古注:“射之言投射也。”以此遞訓,弋射之“弋”可以訓爲“投”。《新序 · 雜事二》説:

　　　　鴻鵠嬉游乎江漢……自以爲無患,與民無爭也,不知弋者選其弓弩,
　　修其防翳,加繒繳其頸,投乎百仞之上,引纖繳,揚微波(磻),折清風
　　而殂。

“揚微波”之“波”當讀爲“磻”。“磻”,或作“礦”,指弋射的石鏃。《新序》稱弋射爲“投乎百仞之上”,可見弋射之“弋”確有“投”義。《大戴禮記 · 千乘》:“以財投長曰貸。”“貸”從“代”得聲,而“代”從“弋”得聲。此是“弋”字和從“弋”聲之字有“投”義的例子。“娍”從“女”,《説文》訓爲“女官”,“邨”從“邑”,是邑名,《廣雅》將它們訓爲“投”,無疑是其他字的假借。至於是什麼字的假借,待考。

　　《博雅音》的“邨”與幣文的“邨”,顯然是同一個字,可以互證這個字確實是從“弋”聲,而不是從“戈”聲。

　　　　　　　　　　《著名中年語言學家自選集 · 李家浩卷》頁 179—185,2002;
　　　　　　　　　　原載《中國錢幣學會成立十周年紀念文集》

○**黃錫全**（1993）

2203—2212	弋邑	邑弋	邑弋	或讀代,河北蔚縣東北	趙	方

《先秦貨幣研究》頁 355,2001;原載《第二屆國際中國古文字學研討會論文集》

○**湯餘惠**（1993）　異[121]　邑弋·邑弋　右旁从弋,加·爲繁飾,簡文戈字均作弋,與此有異。

《考古與文物》1993-2,頁 72

○**梁曉景**（1995）　【邑弋·平襠方足平首布】戰國中晚期青銅鑄幣。鑄行於趙國,流通於三晉、燕等地。屬中型布。面文"邑弋",形體多變。背鑄"一半、半"等。"邑弋",讀如代,古國名,戰國趙地。《史記·趙世家》:趙襄子元年(公元前 457 年)趙"擊殺代王及從官,遂興兵平代地"。《漢書·地理志》代郡有代縣,在今河北蔚縣。一說戰國魏邑,在今河南杞縣。1959 年以來內蒙古涼城、土默特左旗,河北石家莊、平山等地有出土。一般通長 4.7—4.9(後略)。

《中國錢幣大辭典·先秦編》頁 247

○**何琳儀**（1996）　"邑弋"（2203）,讀"代"。《趙世家》:惠文王四年"於是乃欲分趙而王章於代",即《地理志》"代郡"。在今河南蔚縣東北。

《古幣叢考》（增訂本）頁 209

○**何琳儀**（1998）　邑弋,从邑,弋聲。

　　晉璽邑弋,讀弋,姓氏。見弋字。趙器邑弋,讀代,地名。見代字。

　　楚璽"邑弋易",讀"弋陽"。見代字。

《戰國古文字典》頁 70

【邑弋玉】《先秦貨幣研究》頁 106 附圖

○**黃錫全**（1997）　王貴忱先生捐贈中國錢幣博物館的圖書資料中,有一册《舊雨樓泉景》。筆者從中發現 1 枚方足布,文字不見以往著録,現公諸於衆,以饗讀者。

　　"舊雨樓"是著名泉家方若(字藥雨)先生的齋名。《舊雨樓泉景》是彙集其較精拓本集之一。方氏故去後,所藏泉拓散佚。王先生早年收藏到一些方氏的拓本,並重新裝裱成册。方氏精心收藏稀世珍品並做出拓本,令世人欽佩。王先生著意搜羅流散之珍貴材料、細心裝幀,並捐獻給博物館以爲後學,也著實令人敬仰。

　　此布通高 4.7、足寬 2.9 釐米,肩微尖,面有一豎線,文字分書左右,背中一豎線,左右兩邊各一斜線。從形制風格看,與一般方足布無異。據拓本,看不出有什麼疑點。起初因爲右面一字所從的“邑”旁缺乏力量,曾懷疑是否僞作,但經仔細分析,認爲作僞者没有這麼高的水平,因爲布文當是“𨙻玉”,即“代玉”(詳下),非一般作僞者所能做到。雖不知實物下落,僅有此拓本,也非常珍貴。

按一般方足布文字布局,此布當讀作“𨙻玉”。第一字左邊從“邑”。右邊所從的“弋”應是“弋”字。(中略)𨙻即“𨙻”字。

左面一字作玉,字形清楚,(中略)應釋爲“玉”。(中略)

“𨙻玉”,根據小方足布的面文,應爲地名。此地究爲何處,首先還需對“𨙻”字加以説明。

戰國方足布中有一種布,其背有“一半(半)”字樣,爲小方足布中較大、較重者。面文一字,過去或釋“郂”,以爲即鄭宋之閒的“戈邑”。李家浩先生根據戰國文字中從弋之字每從“戈”作之例,提出幣文之“戈”的下面一橫爲飾筆,本即“弋”字,布文“戈”實即“弋”,讀爲代,即趙國代郡之“代”。其後,他又在另一文中補充了一些從弋譌從戈之例,並論述了趙國兵器鈹銘的“戈”也是弋即代。古文字學界多傾向於此説。近年,内蒙古涼城縣發現有“安陽”與“𨙻”布同模的鐵範,證明郂即𨙻讀爲代應是正確的。“𨙻玉”之“𨙻”不從“戈”,只是没有“飾筆”,與布文“𨙻”當爲同一字的不同寫法,没有本質的區别。(中略)由此可以推測,地名“代”字古本作“𨙻”,大約戰國中期後出現“代”字,而在北方“代”地一直延用至戰國末期,如趙國兵器鈹銘即是。趙國之代,在河北蔚縣東北。

“𨙻玉”這一地名,古籍中没有直接的對應關係,根據音近可以相通之例,我們懷疑其爲“代谷”。玉,古屬疑母屋部。谷,古屬見母屋部。二字不僅疊韻,而且聲母同屬牙音,古音十分相似。如《玉篇》谷:“古木切。水注谿也。又余玉切。”《音學五書》主張峪之谷,其正音爲“欲”。欲、浴、裕等,均從谷聲。

《漢書·韓信傳》:“聞冒頓居代谷,上居晉陽,使人視冒頓,還報曰‘可擊’。上遂至平城,上白登。”王先謙《補注》:“此《主父偃傳》所謂匈奴聚於代谷之下也。《水經·㶟水注》:代谷者,恆山在其南,北塞在其北,谷中之地。上谷在東,代郡在西。《史記》作‘居代上谷’,《正義》云‘今嬀州’。王念孫云:代谷去平城近,上谷去平城遠,漢沮陽爲上谷郡治,即唐嬀州,張説誤。”其地或主張在今河北蔚縣東北,或主張在山西代縣西北。根據《鹽鐵論·伐功》“趙武靈王,踰句注,過代谷”之説,則代谷當在句注之北。句注山在山西代縣西北25里。考慮到“𨙻穀”之𨙻與河北蔚縣東北之“𨙻”寫法有别,我們主張

"邙玉"讀代谷,在今山西代縣西北。是東西二代名同而字小別,也可能是鑄者有意從字形上區別之也。但二代戰國時期均屬趙國。

《先秦貨幣研究》頁 106—108,2001;
原載《内蒙古金融研究·錢幣專刊》1997-3、4

邻

包山 190

○**何琳儀**(1998)　邻,从邑,勺聲。
包山簡邻,人名。

《戰國古文字典》頁 309

邧

璽彙 2124

○**吳振武**(1983)　2124 邧瘦·邧(及)疦。

《古文字學論集》(初編)頁 504

○**何琳儀**(1998)　邧,从邑,及聲。
晉璽邧,讀及,姓氏。見及字。

《戰國古文字典》頁 1373

△**按**　"及"旁所从之"人",爲戰國文字特殊寫法。

邞

璽彙 2193

○**何琳儀**(1998)　邞,从邑,斗聲。
齊璽邞,讀斗,姓氏。見《姓氏考略》。

《戰國古文字典》頁 1465

邧

包山 181　　璽彙 0130

○**何琳儀**(1998) ⿰六阝,从邑,六聲。

楚璽⿰六阝,讀六,古國名。《春秋·文公五年》:“楚人滅六。”在今安徽六安。包山簡“安⿰六阝”,讀“安陸”,地名。

《戰國古文字典》頁 225

⿰木阝

陶彙 3·1299 陶彙 3·1150

貨系 1529 貨系 1530

○**石永士**(1995) 【⿰木阝·平襠方足平首布】戰國晚期青銅鑄幣。鑄造國別不詳,流通於三晉、兩周及燕等地。屬小型布。面文“⿰木阝”形體略有變異。背無文。“⿰木阝”,古地名,地望待考,一説或即郲邑,戰國屬魏,在今河南沁陽。1963年以來山西陽高、河北易縣燕下都遺址等地有出土。一般通長 43、身長 3、肩寬 2.4、足寬 2.6 釐米,重 3.8—4.7 克。較罕見。

《中國錢幣大辭典·先秦編》頁 297—298

○**何琳儀**(1998) ⿰木阝,从邑,木聲。《搜真玉鑒》:“⿰木阝,同邦。”邦、封古本一字。⿰木阝,明紐侯部;封,幫紐東部。明、幫均屬脣音,侯、東陰陽對轉。

魏方足布⿰木阝,讀封,地名,疑即“封父”。《左·定四年》:“封父之繁弱。”在今河南封丘西。

《戰國古文字典》頁 397

⿰毛阝

璽彙 2118 璽彙 2119

○**何琳儀**(1998) ⿰毛阝,从邑,毛聲。

晉璽⿰毛阝,讀毛,姓氏。見毛字。

《戰國古文字典》頁 328—329

⿰仁阝

璽彙 2194

○**何琳儀**（1998） 佮，從邑，仁聲。

齊璽佮，讀仁，姓氏。文王之後有虔仁氏。仁姓出於虔仁。見《姓氏尋源》。

《戰國古文字典》頁 1135

△**按** 《戰國文字編》（425 頁）將佮字置於"邨"字下，恐非是。

郂

貨系 2019

○**何琳儀**（1996） "郂"（2019），讀"郖"。《晉世家》：靈公"四年，伐秦取少梁，秦亦取晉之郖"。在今陝西澄城西南。

《古幣叢考》（增訂本）頁 212

○**何琳儀**（1998） 郂，從邑，爻聲。疑郖之省文。《玉篇》："郖，地名。"

魏方足布郂，讀郖。地名。《史記・晉世家》靈公"四年，伐秦取少梁，秦亦取晉之郖"。索隱："徐云《年表》曰徵。然按《左傳》文十八年春，晉人伐秦，取少梁。夏，秦伯伐晉，取北徵，北徵即《年表》之徵。今云郖者，字誤也。"徵或北徵應是郖之異名。

《戰國古文字典》頁 286

邸

貨系 2021   璽彙 2144   璽彙 3237

○**吳振武**（1983） 2144 邸殉・邸（千）殉。

《古文字學論集》（初編）頁 504

○**蔡運章**（1995） 【陃・平肩空首布】春秋中晚期青銅鑄幣。鑄行於周王畿。屬大型空首布。面文"陃"，或隸定爲陜，待考。背無文。1970 年河南伊川出土 1 枚，通長 9.8、身長 6、肩寬 5、足寬 5.2 釐米，重 29.7 克。極罕見。

《中國錢幣大辭典・先秦編》頁 142—143

○**何琳儀**（1998） 邸，從邑，氐聲。疑邸之異文。《説文》："邸，屬國舍也。從邑，氐聲。"

趙方足布邸，疑讀泜，地名。《史記・陳餘傳》："斬陳餘泜水上。"泜應在今河北泜水附近。晉璽邸,讀氏,姓氏。見氏字。

《戰國古文字典》頁 755

邤,從邑,乒聲。或釋邸。

晉璽邤,讀厥。姓氏。漢文帝賜衡山王宮人厥氏。《姓苑》云,今京兆人。見《通志·氏族略》。

《戰國古文字典》頁 907

△按　《璽彙》2144、3237 字形《古璽文編》(160 頁)都隸定爲"邤"。2144 之邤,《戰國古文字典》一釋"邸",一釋"邤",分別見 755、907 頁。

伿

包山 98

○何琳儀(1998)　伿,從邑,化聲。

包山簡伿,讀鄍,地名。《書·堯典》"平秩南訛",《史記·五帝本紀》作"便程南爲"。《老子》三七"萬物將自化",帛書甲本化作愚。是其佐證。《春秋·襄七》襄公會諸侯"于鄍",在今河南魯山境。

《戰國古文字典》頁 835

○劉信芳(2003)　疑讀爲"蔿",《左傳》僖公二十七年:"子玉復治兵於蔿。"杜預《注》:"蔿,楚邑。"子玉治兵於蔿在秋季,該年冬,"楚子及諸侯圍宋",知"蔿"在楚宋邊境。"伿"爲"邸易君"私邑,而邸易君之封地邸易在今河南襄城至偃城一帶的大沙河北岸(參簡 27),其地正在楚宋邊境。魯僖公二十七年至三十三年,晉、楚爭鋒於北。屢有戰事。

《包山楚簡解詁》頁 92

△按　"訛"又作"譌",亦一佐證。

邔

璽彙 2054　璽彙 5265　璽彙 2056　璽彙 2057

○吳振武(1983)　2054 邔裳·邔(任)裳。

2055—2057"邔"字同此釋。

《古文字學論集》(初編)頁 503

○**林素清**（1990）　（25）六·二二、等字，應釋爲邖，仍屬附加繁飾，《文編》作邧，可改。

《金祥恆教授逝世周年紀念論文集》頁 103

○**王人聰**（1996）　52.邧□　銅，鼻鈕，1.1×1.1，通高 1 釐米。　　館藏號 87.103.6

　　53.邧氏銅，鼻鈕，1×1，通高 0.8 釐米。　　館藏號 89.58.3

《香港中文大學文物館藏印續集一》頁 165

○**劉釗**（1997）　編號 53 之璽釋文作"邧氏"。按印文第二字从"壬"从"邑"，"壬"字下部一筆爲一橫，不得寫成一提，隸作"邧"形不妥。編號 52 璽之"邧"字誤同。

《中國篆刻》1997-4，頁 47

○**何琳儀**（1998）　邧，从邑，壬聲。

　　戰國文字邧，讀任，姓氏。見任字。

《戰國古文字典》頁 1410

△**按**　"邧"與"邧"非一字，參"郢"字條。釋"邖"非是。

邻

○**劉彬徽、彭浩、胡雅麗、劉祖信**（1991）　邻，疑讀如陰。

《包山楚簡》頁 42

○**何琳儀**（1998）　邻，从邑，今聲。《集韻》："邻，亭名，在重安。"

　　包山簡邻，地名。在今湖南衡陽西南。

《戰國古文字典》頁 1389

○**劉信芳**（2003）　或釋爲"陰"，非是，簡文另有地名"陰"，見簡 51、131、133 等。邻、陰不是一字，疑"邻"讀爲"黔"，《戰國策·楚策一》："楚地西有黔中、巫郡。"《史記·楚世家》："秦因留楚王，要以割巫，黔中之郡。"

《包山楚簡解詁》頁 38

邗

璽彙 2176　　陶彙 3·679

○**何琳儀**（1998）　邘，从邑，尹聲。

　　齊陶"□邘"，地名。

　　晉璽邘，讀尹，姓氏。見尹字。

《戰國古文字典》頁 1337

邰

璽彙 2202　　璽彙 2203　　陶彙 3・328

○**吳振武**（1983）　2202　邰□・邰（台）□。

　　2203　"邰"字同此改。

《古文字學論集》（初編）頁 505

○**何琳儀**（1998）　邰，从邑，吕聲。疑邰之省文。《説文》："邰，炎帝之後，姜姓所封，周棄外家國。从邑，台聲。扶風斄縣是也。《詩》曰，有邰家室。"

　　齊器邰，讀邰，姓氏。見《説文》。

《戰國古文字典》頁 59

△**按**　亦可釋隸作"邰"，《璽彙》2202、2203 字形中閒構件"□"爲"台"和"邑"合用。

邳

包山 150　　　包山 179

○**何琳儀**（1998）　邳，从邑，正聲。《龍龕手鑒》："邳，音正。"

　　燕璽邳，讀正，姓氏。子姓，宋正考父之後，以字爲氏。見《姓苑》。

　　包山簡"邳昜"，讀"慎陽"，在今河南正陽北。見正字。

《戰國古文字典》頁 798

邙

包山 153

○**何琳儀**（1998）　邙，从邑，古聲。

包山簡“郊郘”，地名。

《戰國古文字典》頁 474

邳

邭 璽彙 1653

○**何琳儀**（1998） 邳，从邑，左聲。

晉璽邳，讀左，姓氏。見左字。

《戰國古文字典》頁 879

郙

郙 陶彙 9·39

○**徐在國**（2002） 釋“郙”

古陶文中有如下一字：N 郙 陶彙 9·39

《陶彙》缺釋。《陶徵》放入附録（304 頁），《陶字》從之（753 頁）。

按：此字應分析爲从“邑”，“布”聲，釋爲“郙”。“布”字古文字或作：

甫 信陽 2·015 甫 仰天 4 甫 郭店·六德 27 布 貨系 1446

从“巾”（或市），“父”聲。N 右部“布”字所從的“父、巾”連在一起，也可以説是“父”與“巾”共用豎筆。

如此，N 應釋爲“郙”。《陶彙》9·39“郙王□□”，疑“郙王”與河南固始縣白獅子地二號墓出土的郙王劍之“郙王”同。“布、甫”古音同爲幫紐魚部，例可通假。《説文》“怖”字或體作“悑”。《禮記·樂記》：“鋪筵席。”《史記·樂書》“鋪”作“布”。因此，“郙”可讀爲“酺”。“酺王”疑爲甫國之王。春秋時有呂國，又稱爲甫國，其地在今河南南陽，後爲楚國所滅。

《古文字研究》23，頁 114—115

△按 《史記·司馬相如·上林賦》“専結縷”，注：“徐廣曰：専，古布字。”《説文》：“専，布也。”皆可爲“郙王”即“酺王”之佐證。另，“布”本身也可用作姓氏，如《晉書·陶侃傳》“江夏布興”，則“郙王”或即“布王”。

邲

邲 包山 5 邲 包山 174 邲 包山 3 邲 璽彙 3748 邲 集成 11177 曾侯邲戟

集成 11621 越王句踐劍　　集成 11622 越王州句劍　　集成 11600 越王者旨於賜劍

璽彙 2218

○**史樹青**（1955）　郂與越通,作地名解。

《長沙仰天湖出土楚簡研究》頁 27

○**中大楚簡整理小組**（1977）　郂是地名的專字,踰越之越从走,爲後起字,漢人以之代替國名,越行而郂廢。望山一號墓越王句踐越字作𫑡,與此同。

《戰國楚簡研究》4,頁 8

○**吳振武**（1983）　2218　郂□之‧郂（戈）□之。

《古文字學論集》（初編）頁 505

○**郭若愚**（1994）　郂爲越字。《越王者旨於賜劍》越字如此。

《戰國楚簡文字編》頁 124

○**劉信芳**（1995）　《包山楚簡》越氏之人有:

　　　郂異之大師郂賹。（46,又見 52,55,64）

　　　左司馬郂盧。（130）

　"郂"即"越"。《左傳》文公九年:"楚子越椒來聘。"杜預注:"子越椒,令尹子文從子。"《潛夫論‧志氏姓》有"越椒氏",然置於宋人氏姓目下。《元和姓纂》《通志‧氏族略》並以越椒爲楚芈姓,可信。

《江漢論壇》1995-1,頁 61

○**何琳儀**（1998）　郂,从邑,戈聲。

　齊璽郂,讀越,姓氏。句踐之後,以國爲氏。見《萬姓統譜》。

　楚璽郂,讀越,姓氏。見 a。仰天湖簡郂,讀越,越國。曾侯器郂,曾侯之名。或説,曾侯乙即曾侯郂之省,乙爲戈之左半。越王句踐劍"郂王欱淺",讀"越王句踐",見《史記‧越王句踐世家》。

《戰國古文字典》頁 895

【郂異】包山 46、55

○**夏淥**（1993）　《包簡》所釋"郂異"一詞,何以改釋爲"國帑"? 不僅從字形考慮,還必須聯繫大量簡文中關於信貸的内容實際、語言實際。如貸款面之廣,金額之巨大,支農"糴種"的賑災性質,以及有的貸款還經過楚王或令尹等首腦的批示,都反映了貸款單位,非楚國朝廷國庫莫屬。從字形看,簡文如附圖（9）從邑從戈,戈亦聲。"戈"字過去只知爲斧的象形初文,今見《包簡》

"蠁"字或"戉"部件,具有另一種形義來源的可能,即从戈从乚、乚乙原爲一字,有蚯蚓的"蚓"(亦作蠁)和短牆的"隱"的象形初文兩種形義來源。从戈从"短牆"的"隱"初文會意,就代表武力統治的區域和城國,古文字或、域、國原是一字分化,先有短牆低牆,以後才發展爲高牆深壘的圍城,楚地有"方城"之名,可能因第一次改革短牆爲方城而得名。从戈从乚的楚字保留了方城前的原始"國"字形體,甲骨文也可能有方城和短牆兩體(《摭續》190),還有以"戈"聲假爲"國、城"的現象,卜辭"戈人"似當讀"國人",東、南、西、北戈,似當讀東、南、西、北域。戉,从戈从乚,加邑不加邑都有作國、域字的可能。如果讀"越國"之"邸",楚史似未能以"越異"一地如此之多金爲説。

《江漢考古》1993-2,頁 81—82

○**劉信芳**(2003)　楚官府名,又見 46、52、55 諸簡,103 至 119 之一組簡均記有"貣邸異之黃金……以糴穜",帶有發放緊急貸款以救災的性質。若僅據此而言,"異"應指災異,《春秋公羊傳》定公元年:"異大乎災也。"《春秋繁露・必仁且知》:"異者,天之威也。""邸"讀爲"越",越異即渡災。作爲官府名,越異應是楚特設的救災機構。《周禮・地官・大司徒》:"以荒政十有二,聚萬民,一曰散利,二曰薄徵,三曰緩刑……"鄭玄《注》:"荒,凶年也。"鄭司農《注》:"救饑之政十有二品,散利,貸種食也;薄徵,輕租税也;馳力,息繇役也……"《左傳》昭公十四年:"楚子使然丹簡上國之兵于宗丘,且撫其民,分貧振窮,長孤幼,養老疾,收介特,救災患,宥孤寡,赦罪戾,詰姦慝,舉淹滯……"知楚人之救災措施與《周禮》之荒政十分相似。

《包山楚簡解詁》頁 98

△**按**　《廣雅・釋詁三》:"越,治也。"釋"邸異"爲負責救災的政府機構,可備一説。

邴

璽彙 2180　　 璽彙 2181

○**何琳儀**(1998)　邴,从邑,央聲。

晉璽邴,疑讀鞅,或英,均姓氏。參見央字 f。

《戰國古文字典》頁 617

邸

$\bigcirc$ **何琳儀**（1998）　邸，从邑，旦聲。

　　燕璽"酈邸"，地名。

　　包山簡邸，或作旦，姓氏。見旦字。

《戰國古文字典》頁 1020

郴

集成 11356 二十四年郴陰令戈

$\bigcirc$ **何琳儀**（1998）　郴，从邑，申聲。

　　廿四年郴陰令戈"郴陰"，地名。

《戰國古文字典》頁 1120

邥

包山 99　　包山 173

包山 219　　包山 220

$\bigcirc$ **何琳儀**（1998）　邥，从邑，只聲。

　　包山簡邥，讀只，姓氏。明只好仁。見《正字通》。包山簡"邥昜"，讀"潁陽"，地名。見只字。

《戰國古文字典》頁 746

$\bigcirc$ **劉信芳**（2003）　讀爲"枝"，楚有"枝氏"。《左傳》昭公十三年："使枝如子躬聘于鄭。"《通志·氏族略四》："枝氏，楚大夫枝如子躬之後，或姓枝如。"《姓觽》卷一："《國名記》云：古枝國在楚。《左傳》戎伐楚，侵訾枝是也，因氏。《世本》云：楚大夫枝如子弓之後。《千家姓》云：楚郡族。"參李家浩《信陽楚簡中的"柿枳"》（《簡帛研究》第 2 輯）。

《包山楚簡解詁》頁 80—81

【邥昜】包山 173、188

○**劉信芳**(2003)　又見簡 173、188，讀爲"枳陽"。《戰國策・燕策一》："楚得枳而國亡，齊得宋而國亡，齊、楚不得以有枳、宋事秦者，何也？是則有功者，秦之深讎也。"是謂楚、齊拓地而使秦受到威脅，如是則"枳"在楚之邊境。鮑彪注謂"枳""屬巴郡"，可信。《續漢志》巴郡有枳縣，劉昭《注》云："《史記》蘇代曰：楚得枳而國亡。《華陽國志》有明月峽、廣德嶼者是也。"《華陽國志・巴志》："枳陽郡東四百里，治涪陵水會。"《水經注・江水》："又東至枳縣西，延江水從牂柯郡北流西屈注之。""涪陵水、延江水"並今烏江之名，漢、晉枳縣治所在今長江、烏江會合處，地處烏江東岸，轄今涪陵、長壽、豐都等地。惟楚稱"枳易"，則楚時枳縣或在長江北岸。

《包山楚簡解詁》頁 93

郒

𢀱 璽彙 2169　　𢀱 璽彙 2171

○**何琳儀**(1992)　𢀱　戰國文字中从"弓"(巳)諧聲者甚多，其中若干字舊或不識，或誤釋。自中山王圓壺"𣪠"被識出之後，以此爲基點，其他銅器、璽印、縑帛文字中的"弓"及从"弓"得聲之字皆可貫通。今疏證如次：（中略）

（十）𢀱（《璽彙》二一六九），應隸定爲"郒"，讀"范"，璽文中爲姓氏。

《古文字研究》19，頁 483、485

○**何琳儀**(1998)　郒，从邑，岂聲。
晉璽郒，讀扈，姓氏。見岂字。

《戰國古文字典》頁 1401

邻

𨛜 曾侯乙 12

○**何琳儀**(1998)　邻，从邑，令聲。
隨縣簡邻，地名。

《戰國古文字典》頁 1148

郯

𨛜 璽彙 2222

○**何琳儀**（1998）　邾,从邑,失聲。

古璽邾,讀佚,姓氏。見失字。

《戰國古文字典》頁 1090

△按　《璽彙》無釋。

秜

秜貨系 1866　　秜貨系 1867　　秜貨系 1868

○**黃錫全**（1993）

1866—1870	秜	□邑	秜	即和。又見橋足布。晉之和邑,其地不詳。或讀元或邧,在今陝西澄城南	魏	方

《先秦貨幣研究》頁 354,2001;原載《第二屆國際中國古文字學研討會論文集》
○**梁曉景**（1995）　【秜‧平襠方足平首布】戰國晚期青銅鑄幣。鑄造國別不詳,流通於三晉等地。屬小型布。面文"秜",古地名,地望待考。背無文。1979 年以來河北靈壽、河南鄭州等地有出土。一般通長 4.4—4.5、身長 3、肩寬 2.5—2.6、足寬 2.8—3 釐米,重 5.8—6 克。罕見。

《中國錢幣大辭典‧先秦編》頁 306

○**何琳儀**（1996）　四、"秜"（1868）（圖 6）,左从"禾",參見《璽彙》4430—4432"秋"作秜所从"禾"旁。"秜"讀"和"。《國語‧晉語》八:"范宣子與和大夫爭田。"地望不詳,疑讀"邧"。又:"晉侯伐秦,圍邧、新城。"在今陝西澄城南。

《古幣叢考》（增訂本）頁 212

○**何琳儀**（1998）　秜,从邑,禾聲。

魏方足布秜,讀和,地名。見禾字。

《戰國古文字典》頁 839—840

邨

邨天星觀

○**何琳儀**（1998）　邨,从邑,生聲。郕之異文。《龍龕手鑒》:"邨,同郕。"生、

谷音隔,其詳待考。

天星觀簡邿,人名。

《戰國古文字典》頁 825

邖

包山 34　　　　包山 34

○**何琳儀**(1998)　邖,从邑,付聲。

包山簡"邖𡎧",讀"扶予"。見付字。

《戰國古文字典》頁 392

【**邖𡎧之關**】包山 34、91

○**何琳儀**(1993)　"邖"讀"扶"。《淮南子・人閒》"俞跗",《群書治要》作"俞夫"。《爾雅・釋艸》:"莞,苻蘺。"《說文》作"夫蘺"。均其佐證。"𡎧"讀"予"。"與"與"予"相通,典籍習見,例不備舉。"邖𡎧"亦作"付𡎧",均讀"扶予"。《水經・潕水注》:"《山海經》曰,朝歌之山潕水出焉,東南流,注於滎。經書扶予者,其山之異名乎?"在今河南泌陽西北七十里潕水發源處。

《江漢考古》1993-4,頁 56

○**徐少華**(1997)　簡 34:八月辛巳之日,付與之關敔公周童耳受期,己丑之日不將付與之關人周敚、周采以廷,升門又敗;簡 39:八月己丑之日,付與之關敔公周童耳受期,九月戊申之日不將周敚、周采以廷,升門又敗;簡 91:九月戊申之日……周應訟付與之關人周采、周敚……

　　以上三條簡文爲同一件民事糾紛案前後兩次審理的記錄。付與,簡文整理者無釋,而將"關敔公"三字連讀,說是"守關官吏"。此說不確。"付與之關"四字應連讀,爲戰國中期楚境一處關隘之名;"敔公"應是"付與之關"所在的楚敔縣之縣公,"周童耳"爲其名,是處理這一民事糾紛的地方行政官員。

　　付與之關,應即《戰國策・秦策三》"謂魏冉曰楚破"章所載"楚苞九夷,又方千里,南有符蘺之塞,此(編按:當是"北"字之誤)有甘魚之口"的"符蘺之塞",付、符古本一字,"與"字古音在喻紐魚部,"蘺"在來紐歌部,喻來爲準雙聲,歌魚二部可通轉,兩字古音十分相近,可相互假借;關、塞均指關隘險塞之地,語意相通。《策》文之"符蘺之塞",南宋人鮑彪注認爲即漢代沛郡之符蘺縣,清人張琦《戰國策釋地》亦作此說,並以今本《策》文之"南、此"(編按:當是"北"字之誤)二字爲"上下互易"所致,值得信從。據《史記·陳涉世家》(卷四十八),陳勝等於大澤鄉舉義後,"乃令符離人葛嬰將兵徇蘄以東",則秦代已有符離縣,漢承秦制,沿用不改。

　　秦漢符離縣的地望,《大明一統志》與《讀史方輿紀要》均說在明清之江南宿州(即今安徽宿州市)北二十五里,《大清一統志》說即清代宿州所在,結合相關文獻記載分析,兩說均爲可疑。清代宿州爲唐元和四年以來的宿州、唐代後期至元代符離縣所在,與秦漢符離縣無關;而明清宿州以北二十五里的故符離縣(今宿州北之符離集),是唐前期符離縣治,據《括地志》《太平寰宇記》以及《舊唐書·地理志》諸書記載,唐前期的符離縣所治亦非秦漢符離縣舊址,而是秦漢竹縣故城,爲貞觀元年所移治。至於秦漢符離縣故城,據《水經·睢水注》(卷二十四)的記載:"睢水又東南逕竹縣故城南……又東逕符離縣故城北,漢武帝元狩四年,封路博德爲侯國,王莽之符合也。"其相對方位應在竹縣故城東南不遠,清人楊守敬的《水經注疏》、今人譚其驤先生主編的《中國歷史地圖集》並將秦漢符離縣定於今安徽宿州市東北不遠處,是正確的。簡文所載的"付與之關"、《策》文所載的"符離之塞"應在此附近,出土文物與文獻記載正好相證。

　　另據《讀史方輿紀要》和《大清一統志》記載:"(宿)州北五十里有離山,産符離草,《爾雅》所謂莞也,漢以此名縣,亦謂之茅山。"離山在清宿州北五十里,即秦漢符離縣西北三四十里,符離縣由此而得名,當與古"符離之塞(關)"有密切的聯繫。

　　　　　　　　　　　　　　《武漢大學學報》1997-4,頁 105—106

○ **史傑鵬**(1998)　　包山簡中有一個關名叫"付壓(編按:原文"壓"字亂碼,以下徑改)之關",見於下面《受期》和《疋獄》簡:

　　(一)八月辛巳之日,邨壓之關敔公周童耳受期,己丑之日不將邨壓之關人周奪、周琜以廷,阩門有敗。沜忻識之。34

　　(二)八月乙丑之日,付壓之關敔公周童耳受期,九月戊申之日不將周奪、周琜以廷,阩門有敗。正疋忻識之。39

　　(三)九月戊申之日,佶大勘六令周霖之人周雁訟付壓之關人周琜、周奪,謂葬於其土,琜、奪與雁成,唯縣之妻葬焉。疋忻識之,郘從爲。91

　　因爲"付壓之關"是地名,所以(一)簡的"付"從"邑"。爲了稱說方便,本文一般按照簡文(二)(三)的寫法作"付壓之關"。"付壓之關"這個地名,《包山楚簡》未加以說明。何琳儀先生認爲"邨壓、付壓""均讀'扶予',《水經·

灟水注》（引者按：《灟水注》當作《潕水注》）：'《山海經》曰，朝歌之山潕水出焉，東南流，注於滎。經書扶予者，其山之異名乎？' 在今河南泌陽西北七十里潕水發源處"。

我們認爲何先生的説法是有問題的。《水經注·潕水》："潕水出潕陰縣西北扶予山，東過其縣南。"此潕陰縣當即《漢書·地理志》南陽郡下轄的舞陰縣，在今河南泌陽西北，戰國時期位於楚國北部，離郢都甚遠。（一）（二）兩簡限定"付罜之關敓公周童耳"期會時閒是 8 天和 19 天。至少在 8 天之内從舞陰趕到郢都期會是有些倉促的。關於這一點可以從包山 23 號簡得到證明。此簡中有地名"邻"，當爲在漢代與舞陰縣同郡的陰縣。23 號簡限定期會日期爲 44 天，和上（一）（二）兩簡的 8 天和 19 天比較，時閒上相應要多 30 多天和 20 多天。於此可見，何先生的説法不大可信。

我們懷疑"付罜之關"有兩種可能性。一種是"付罜"即文獻中的"柏舉"，一種是"付罜之關"即文獻中的"無假之關"。

先説第一種可能性，"付""柏"二字古音相近。上古音"付"字屬幫母侯部，"柏"字屬幫母鐸部，兩字聲母相同，韻部主要元音相近，當可通假。《周禮·天官·小宰》"四曰聽稱責以傅別"，鄭玄注："傅別，故書作'傅辯'，鄭大夫讀爲'符別'。"《老子》"是以大丈夫居其厚而不居其薄"，馬王堆漢墓帛書《老子》甲本"薄"作"泊"。從"付"聲之字與從"尃"聲之字可以相通，而從"尃"聲之字又與從"白"聲之字可以相通，那麽，從"白"聲之字與從"付"聲之字也應該可以相通。"罜"與"舉"皆從"與"得聲。所以，我們懷疑簡文的"付罜"即古書中的"柏舉"。

"柏舉"這個地名見於《左傳·定公四年》。我們先看看有關内容：

十一月庚午，二師陳于柏舉。闔廬之弟夫概王……以其屬五千先擊子常之卒。子常之卒奔，楚師亂，吳師大敗之。子常奔鄭，史皇以其乘廣死。吳從楚師，及清發。

杜預對"柏舉"只注了"楚地"，沒有其他解釋。《水經注》卷三十五《江水注》中也提到了"柏舉"：

（江水）又東逕上磧北，山名也……北岸烽火洲，即舉洲也。北對舉口……舉水出龜頭山……又東南歷赤亭下，又謂之赤亭水，又分爲二水，南流注于江，謂之舉口，南對舉洲。《春秋左傳·定公四年》"吳、楚陳于柏舉"，京相璠曰"漢東地矣"。

《水經注》認爲"柏舉"和"舉水"有關，而且據其意，似乎認爲"柏舉"在舉水匯入長江不遠的地方。但是，清代顧祖禹《讀史方輿紀要》卷七十六黃州府麻城縣"龜峰山"條下説：

> 又(麻城)縣東北三十里有柏子山，《春秋·定公四年》"吳楚陳于柏舉"，蓋合柏山、舉水而名。

顧氏則認爲"柏舉"應在麻城附近。不過，兩相比較，我們還是懷疑《水經注》的説法更可靠。"柏舉"應當在舉水流入長江處的舉口附近，跟柏子山不一定有關係。

無論"柏舉"是在舉口附近，還是在靠北的麻城附近，都是地理位置上很重要的地方，這裏是天下輻湊之區，兵家必爭之地。對楚國而言，控守這裏，可以扼住敵人西進的咽喉，楚國在這裏設立關卡不是沒有可能的。就以麻城所屬的黃州爲例。《元和郡縣志》卷二十七"黃州"下云：

> 戰國時屬楚地，秦屬南郡，二漢爲江夏郡西陵縣地，魏爲重鎮。文帝黃初中，吳先揚言欲畋於江北，豫州刺史滿寵度其必襲西陽，遂先爲之備。權聞之，尋亦退還。

可見守住這附近的地方，東面之敵就無由西進。

我們前面講過，在上引(一)(二)簡文摘中，"付罜之關敔公周童耳"到郢都期會的時閒是 8 天和 19 天，而《左傳·定公四年》經文説："冬十月一日庚午，蔡侯以吳人及楚人戰于柏舉。楚師敗績，楚囊瓦出奔鄭，庚辰，吳入郢。"從這段文章中可以推出，吳師從柏舉到郢都中閒花了 10 天時閒，比簡文(一)"付罜之關敔公周童耳"到郢都期會限日 8 天只多 2 天，雖然吳師追奔很快，但畢竟"五戰及郢"，其中耽擱了時閒也是自然的。這些情況都説明把"付罜"讀爲"柏舉"是合理的。

現在説第二種可能性。"付罜"與"無假"古音相近。上古音"付"屬幫母侯部，"無"屬明母魚部。幫、明二母都是脣音，侯、魚二部字音關係密切，可以通用。《詩·小雅·蓼莪》"拊我畜我"，《後漢書·梁竦傳》引"拊"作"撫"。《説文·手部》"撫，揗也"，段玉裁注："古作拊揗，今作撫揗，古今字也。"此是其例。"罜、假"都是魚部字。二字聲母也近。"罜"屬余母，"假"屬見母。在形聲字裏，余、見二母的字有互諧的例子。如從"與"得聲的"舉"就是見母字。所以，"付罜之關"可以讀爲"無假之關"。

《史記·越王句踐世家》記齊威王使人説越王曰：

> 楚三大夫張九軍，北圍曲沃、於中，以至無假之關者三千七百里，景翠之軍北聚魯、齊、南陽，分有大此者乎？……復讎、龐、長沙，楚之粟也；

竟澤陵,楚之材也。越窺兵通無假之關,此四邑者不上貢事郢矣……

張守節《正義》:

　　　　按:無假之關當在江南長沙之西北也。言從曲沃、於中西至漢中,
巴、巫、黔中千餘里,皆備秦晉也。

譚其驤先生主編的《中國歷史地圖》把“無假之關”定在長沙市北汨羅江
入湘水口處。此地跟郢都的距離,比起上面所說的“柏舉”在舉口或麻城跟郢
都的距離都近。從簡文限定期會日子來説,把“付罊之關”讀爲“無假之關”也
是合理的。

以上是我們對簡文“付罊之關”有兩種可能性的意見。從“付罊之關”之
“罊”跟“柏舉”之“舉”都從“與”聲來看,似乎把“付罊”定爲“柏舉”比較合
理。若從“付罊之關”與“無假之關”的構詞形式完全相同來看,似乎把“付罊
之關”定爲“無假之關”更合理。兩相比較,也許第二種可能比第一種可能
更大。

《陝西歷史博物館刊》5,頁 138—140

○**劉信芳**(2003)　簡 39、91 作“付罊”,讀與“符離”相近,“罊”(舉)古音在魚
部,“離”古音在歌部,江陵、枝江方言多將魚部字讀如歌部字,如“吃魚”讀如
“七宜”,“下雨”讀如“下椅”。《戰國策·秦策三》:“楚苞九夷,又方千里,南
有符離之塞,北有甘魚之口。”《漢書·地理志》沛郡有“符離縣”,其地在今安
徽宿縣東北。

《包山楚簡解詁》頁 47

△**按**　從用字和文意的角度看,讀“付與之關”爲“符離之塞”似更合理。

邔

　　明 璽彙 2150　　叴 璽彙 2151　　叴 璽彙 2152

○**吳振武**(1983)　2150　邔瘔·邔(白)□。

2151、2152“邔”字同此釋。

《古文字學論集》(初編)頁 504

○**蔡全法**(1986)　二十八,“邔”字陶盆:

一件,爲泥質灰陶殘口沿,戰國時器。1984 年 7 月,東城 T4H5 出土。
“邔”陰文無框印,豎向鈐印於盆沿上。從邑從白,《説文》所無。捺印時因盆

沿中部捲起,字的兩側筆畫有缺。《陶雋録》邙字作"𬮱"可證,應是陶工私名印。

六十七,"邙郊字"陶盆:

一件,泥質灰陶,戰國時器。1985 年 4 月,西城 T23H51 出土。無框陰文印,直行上下排列。豎向鈐印於盆沿中部。"邙"見前釋。下一字隸爲"郊"。邙郊究竟是地名還是人名,尚難確定。

　　　　　　　　　　　　　　　　　　　《中原文物》1986-1,頁 80、85

○**何琳儀**(1998)　邙,从邑,白聲。《川篇》:"邙,邑也。"

戰國文字邙,讀白,姓氏。黃帝之後,秦大夫白乙丙,楚有白公勝,楚平王太子建之子也。見《尚友録》。

　　　　　　　　　　　　　　　　　　　　　《戰國古文字典》頁 601

邻

璽彙 2210

○**何琳儀**(1998)　邻,从邑,尒聲。

晉璽邻,讀尒,姓氏。尒朱氏之後,去朱爲尒氏,望出代郡。見《姓氏考略》。

　　　　　　　　　　　　　　　　　　　　《戰國古文字典》頁 1250

郊

包山 56

○**何琳儀**(1998)　邕,从邑,外聲。

包山簡邕,姓氏。疑讀艾。《國語·晉語七》"國君好艾",注:"艾,當爲外。聲相似誤也。"是其佐證。夏少康臣汝艾之後。見《姓氏考略》。

　　　　　　　　　　　　　　　　　　　　《戰國古文字典》頁 914

△**按**　《戰國文字編》隸定爲左右結構,見 428 頁。

郊

包山 186　　 貨系 2460　　 璽彙 2138

○吳振武（1983） 2138 郊□·郊（冬）□。

《古文字學論集》（初編）頁 504

○劉彬徽、彭浩、胡雅麗、劉祖信（1991） 郊，簡文作𦝼。《古文四聲韻》終字作𠂇，與簡文右旁所從相同。

《包山楚簡》頁 52

○何琳儀（1998） 郊，从邑，冬聲。

晉璽郊，讀冬，姓氏。古掌冬官者之後，以官爲氏。見《姓氏考略》。趙三孔布“亡郊”，讀“無終”，地名。

包山簡“郊邨”，地名。

《戰國古文字典》頁 270

△按 《戰國文字編》（442 頁）隸定爲“鄉”，《楚文字編》（411 頁）同。其字从“冬”，不必隸定爲“鄉”。

邧

𧾷 貨系 557　𪍐 貨系 560　𧾷 璽彙 2126　𪍐 侯馬 156：19

○丁福保（1938） 邧金化 見第七二七—七二九圖

沈復園曰：空首鏟布，方肩，橋足，篆文三，曰邧金七。邧音祕，魯東郊邑名，亦作鄪，後爲季氏邑。《論語》“季氏使閔子騫爲費宰”，今山東費縣，在汶河之西南。詩曰：東魯邧金化，篆文三字在。我懷閔子騫，恥作攝臣宰。

《古錢大辭典》頁 2174，1982

○鄭家相（1958） 按此種空首布，形制較小，面文紀地兼紀幣名，背文紀干支或名物，所見僅一種。

文曰“邧釿”。按邧爲費省貝增邑，春秋時費有二：一魯季氏邑，見僖元年，今山東費縣西北二十里，有費縣故城；一費伯邑，見隱元年，今山東魚臺縣西南有費亭。二地前者近齊，後者近宋，相距甚遠，以當時鑄行布化區域，及今日出土地點證之，當屬費伯邑。費伯雖爲魯大夫，因其地近宋，大約在春秋下期，嘗爲宋所占，宋爲鑄行布化之國，費又爲近防之地，宋既鑄方市布於防，又鑄邧釿布於費也。且空首布之有背文，大都爲宋制，此布背文有紀丘字辰字者，亦一證也。然此布形制較小，且紀幣名釿字，其鑄時似較晚矣。

按空首布面背著文,惟見此類宋布,他處未見,蓋亦爲地所限歟。

《中國古代貨幣發展史》頁 53

○**羅福頤等**（1981）　《説文》所無。《廣韻》:“鄁,姓也。漢有九江太守鄁修。”

《古璽文編》頁 161

○**吳振武**（1983）　2126　鄁茵·鄁（弗）茵。

《古文字學論集》（初編）頁 504

○**蔡運章**（1995）　【鄁釿·平肩空首布】春秋晚期至戰國早期青銅鑄幣。鑄行於周王畿。屬中型空首布。面文“鄁釿”,“鄁”,同費。《玉篇》:“鄁,《論語》作費。”古地名,春秋戰國屬周。《左傳·成公十三年》:吕相曰:“珍滅我費滑。”杜預注:“滑國都於費,今緱氏縣。”在今河南偃師縣東南。“釿”爲貨幣單位。多無背文。已發現的背文有八、九、亘、文、生等。1974 年河南洛陽出土 3 枚。一般通長8—8.2、身長 5—5.1、肩寬 4.3—4.4、足寬 4.5—4.8 釐米,重 20.4 克。罕見。

《中國錢幣大辭典·先秦編》頁 142

○**何琳儀**（1998）　鄁,從邑,弗聲。《玉篇》:“鄁,魯季氏邑。《論語》作費,或作鄪。”

侯馬盟書、晉璽鄁,姓氏。漢有九工太守鄁修。見《廣韻》。周空首布鄁,地名。

《戰國古文字典》頁 1294

△**按**　“鄁、費”同從“弗”聲,故字相通。《廣韻》:“鄁,邑名,在魯。同鄪。”

邠

璽彙 2233

○**何琳儀**（1998）　邠,從邑,弁聲。

晉璽邠,讀弁,姓氏。見弁字。

《戰國古文字典》頁 1066

△**按**　《璽彙》無釋。

郹

包山 125　　包山 188　　貨系 2468　　璽彙 2206

○**裴錫圭**(1978)　上揭三孔布面文爲"邡與"二字,疑當讀爲"閼與"。"閼"從"於"聲,"疋、於"古音同部。閼與在今山西和順縣西北,戰國時爲趙邑。《史記・魏世家》:"如耳見成陵君曰:昔者,魏伐趙,斷羊腸,拔閼與……"《史記・秦本紀》:"(昭王)三十八年,中更胡傷攻閼與,不能取。"

《北京大學學報》1978-2,頁76

○**李家浩**(1986)　日本學者奥平昌洪編的《東亞錢志》卷四頁24下著録一枚方足布,面文曰:於疋(圖一)。此種布亦見於李光庭《吉金志存》1.13.7和倪模《古今錢略》6.7.4(圖二)。此二書是木刻本,文字摹刻,略有失真。1984年河南省鄭州市北郊出土一罐方足布,其中也有於疋布,不過"於"字是反文(圖三)。

《東亞錢志》卷四頁25上還著録兩枚方足布,面文曰:於郖(圖四、五)。這兩枚方足布面文,一枚從右向左讀,一枚從左向右讀。從左向右讀者亦見於李佐賢《古泉匯》元4.14.1(圖六)和丁福保《古錢大辭典》1140.1218。這類方足布面文寫得比較草率,不易辨認,如"郖"字,因省去"疋"旁底下一畫,致使《先秦貨幣文編》誤收在"都"字下。

以上介紹的兩種方足布面文"於疋"和"於郖",當是同一地名的異文。"郖"字亦見於"郖與"和"郖陽"三孔布,因此字用爲地名,故從"邑"。爲了印刷和行文方便,在下面討論這兩種方足布的國別時,將面文一律寫作"於疋"。

《史記・秦本紀》昭襄王"三十八年,中更胡陽攻趙閼與",張守節《正義》:

> 閼與聚城一名烏蘇城,在潞州銅鞮縣西北二十里,趙奢破秦軍處。又儀州和順縣即古閼與城,亦云趙奢破秦軍處。然儀州與潞州相近,二所未詳。又閼與山在洺州武安縣西南五十里,趙奢拒秦軍於閼與,即山北也。

同書《趙世家》惠文王"二十九年,秦韓相攻而圍閼與"下,《正義》引《括地志》有一段與此類似的記載,但文字較此簡單,因此有人認爲上録文字是《括地志》原文。從這段記載看,唐初叫"閼與"的地名有三處,都傳爲趙奢破潞軍之處,所以連《括地志》的作者也不清楚趙之"閼與"到底在哪里。其實潞州之"閼與"是"烏蘇"的音訛,"烏蘇"即上揭幣文的"於疋",與趙之"閼與"無關。古代"於"與"烏"、"疋"與"蘇"相通的例子還很多,下面略舉數例。

《説文》以"於"爲"烏"字的古文。其實"於"與"烏"在古代是一個字,由於兩者寫法略有不同,後來分別用來代表語言中不同的詞,於是前者就從後者分化出來,成爲兩個字。在戰國文字中還能見到"烏"或寫作"於"的情況。

如鄢布面文的"鄢",所從"烏"旁即寫作"於";有的面文徑寫作"於"。在古書中也有"於、烏"二字通用的例子。如《穆天子傳》卷三"於鵲與處",郭璞注:"於,讀曰烏。"（中略）

"疋"與"蘇"古音同屬心母魚部,所以"疋"字和從"疋"聲之字與"蘇"字古通。如《太平寰宇記》卷十所記的河南商水縣附近地名"扶蘇",戰國陶文作"夫疋"。（中略）

以上是"於疋"可以讀爲"烏蘇"的證明。"於疋"或"烏蘇"又與"閼與"古音相近（"閼"從"於"聲,"疋、蘇、與"三字古音同屬魚部）,而且"烏蘇"與儀州之"閼與"的距離也很相近,故後世將"於疋"或"烏蘇"訛爲"閼與"。唐朝潞州之烏蘇城在今山西省沁縣西,戰國時屬於韓國的疆域,於疋布應是韓國所鑄。

順便談談前面提到的三孔布地名"邽陽"和"邽與"的地望。

古代從"疋"聲之字不但與"蘇"字音近相通,而且還與"且"字和從"且"聲之字音近相通。《易》夬卦"其行次且"之"且",馬王堆漢墓帛書《六十四卦》作"胥"。（中略）疑幣文的"邽陽"當讀爲《漢書·地理志》上谷郡的"沮陽",其地在今河北省懷來縣南。《漢書·地理志》上谷郡還有"且居"縣,在今河北省宣化縣東南,緊靠沮陽東北。"與、居"古音相近可通,如《史記·司馬相如傳》所錄《子虛賦》"族舉遞奏"之"族舉",《漢書·司馬相如傳》作"族居"。繁體字的"舉"從"與"聲。疑幣文的"邽與"應當讀爲"且居"。李學勤先生和裘錫圭先生對三孔布作過研究,他們認爲三孔布是趙國的貨幣。除他們論及的三孔布以外,還有下錄三孔布的地名也在趙國治內:

　　　屰　　讀爲"關",在今河北省欒城縣北。

　　　亲處　　即"新處",在今河北省定縣東北。

　　　陽湔　　疑讀爲"陽原",在今河北省陽原縣南。

"沮陽、且居"二地在戰國時屬於趙,可見把"邽陽、邽與"讀爲"沮陽、且居"是合理的。

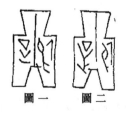   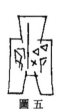 

圖一　　圖二　　　　圖三　　圖四　　　　圖五　　圖六

《中國錢幣》1986-4,頁 55—57

○**黄錫全**(1993)

2468	陽邓	□陽	邔陽	或讀蘇陽,河北完縣蘇水北岸。或讀劇陽,應縣東北	魏	孔

| 2480 | 羿邓 | 邔與(疑關與) | 邔與 | 或讀且居,在河北懷來。或讀且如,内蒙興和縣 | 魏 | 孔 |

《先秦貨幣研究》頁 356,2001;
原載《第二届國際中國古文字學研討會論文集》

○**何琳儀**(1993) "沮陽、且居",原作"邔陽、邔與",均屬上谷郡。上谷郡長期以來是燕國的領土,因此筆者曾對二地的釋讀有所懷疑。近檢《秦策》五:"趙攻燕,得上谷三十六縣,與秦什一。"始知二釋可信。這條材料明確記載:秦始皇八年(公元前 239 年),原屬燕之上谷郡已被趙國和秦國瓜分。隸屬上谷郡的"沮陽、且居"戰國末年理應屬趙。另外,《古璽彙編》0123"尚(上)谷"官印呈三晉風格,這也是上谷郡一度屬趙國的佐證。如果説"余吾"布是較早的三孔布,那麼"沮陽、且居"布則應是較晚的三孔布。

《古幣叢考》(增訂本)頁 164,2002;原載《中國錢幣》1993-4

○**梁曉景**(1995) 【邔陽·三孔平首布】戰國晚期青銅鑄幣。鑄行於趙國,流通於三晉等地。屬大型布。面文"邔陽"。背部鑄"兩",背首穿孔上鑄有數字"二十"。"邔陽",通作沮陽,古地名,戰國屬趙。《漢書·地理志》上谷郡有沮陽縣,在今河北懷來東南。殘長 5.3、面寬 3.6 釐米。極罕見。

《中國錢幣大辭典·先秦編》頁 380

【邔與·三孔平首布】戰國晚期青銅鑄幣。鑄行於趙國,流通於三晉等地。屬小型布。面文"邔與"。背部鑄"十二朱"。"邔與",通作關與,古地名,戰國屬趙。《史記·魏世家》:"昔者,趙伐魏,斷羊腸,拔閼與。"《史記·秦本紀》:"(昭襄王)三十八年(公元前 269 年),中更胡傷攻趙閼與,不能取。"在今山西和順西北。一般通長 5.3、面寬 2.8 釐米。極罕見。

《中國錢幣大辭典·先秦編》頁 380

○**李守奎**(1998) ④羿 包山 125　 羿包山 219　 羿包山 220(中略)

④形包山楚簡考釋均隸作"邔",甚是。包簡 125、219、220 之"羿易",125

號簡作“𤔔昜”。“𤔔”即“𤔔”之異寫,可見“𡚼”旁與“𠬸”旁相通。

《簡帛研究》3,頁 23、24

○**何琳儀**(1998)　郢,從邑,疋聲(或足聲)。

齊璽郢,讀胥,姓氏。晉大夫胥臣之後,以字爲氏。或言出赫胥氏之後。見《通志・氏族略・以字爲氏》。

韓方足布“烏郢”,或作“烏疋”,均讀“烏蘇”,地名。参疋字。趙三孔布“郢陽、郢與”,讀“沮陽、且居”,均地名。《易・夬》“其行次且”,漢帛書且作胥。《戰國策・燕策》一“楚不出疏章”,漢帛書疏作雎。是其佐證。“沮陽、且居”,均見《漢書・地理志》上谷郡,分別在今河北懷來東南及正西。《戰國策・秦策》五:“趙攻燕,得上谷三十六縣,與秦什一。”可證戰國晚期上谷郡多屬趙國。

包山簡“郢陽”,地名。

《戰國古文字典》頁 582

郑

包山 140 反　　 包山 182

○**何琳儀**(1998)　郑,從邑,𡘙聲。

包山簡郑,讀卷,姓氏。衛姬姓之後。見《潛夫論・志氏姓》。

《戰國古文字典》頁 1004

郑

包山 100　　 包山 162

○**何琳儀**(1998)　鄰,從邑,龹聲。

包山簡鄰,讀滕。或姓氏。周文王第十四子叔綉後也。武王封之於滕。見《通志・氏族略・以國爲氏》。或地名。《左・隱七》:“滕侯卒。”在今山東滕縣西南。

《戰國古文字典》頁 149

○**劉信芳**(2003)　讀爲“滕”,《春秋》隱公七年:“滕侯卒。”杜預《注》:“滕國在沛國公丘縣東南。”《漢志》沛郡:“公丘,侯國,故滕國。”《水經注・泗水》:

"（公丘）縣故城在滕西北,城周二十里,内有子城。按《地理志》即滕也。"《元和郡縣志》:"古滕國在滕縣西南十四里。"漢公丘縣在今山東滕縣。

《包山楚簡解詁》頁 170

△按　字與"朕"字所从聲符同,與"鄭"之簡化字非一字。

邨

璽彙 2219

○**吳振武**(1983)　2219 邨臧·邨(守)臧。

《古文字學論集》(初編)頁 505

○**何琳儀**(1998)　邨,从邑,守聲。
　齊璽邨,讀守,姓氏。見守字。

《戰國古文字典》頁 191

邨

🖋包山 167　🖋包山 167　🖋望山 1·109

○**朱德熙、裘錫圭、李家浩**(1995)　參見"東邨公"條。
○**朱德熙、裘錫圭、李家浩**(1995)　"邨"或省作"厇"(見一一三號簡)。"厇"即"宅"字古文。《說文》"宅"字古文作"庀",从"广",但三體石經作"厇",與簡文合。《左傳·宣公十一年》記楚莊王語,稱"諸侯、縣公皆賀寡人"。東邨公當爲東邨之地的縣公。東邨公在簡文中有時稱爲先君(見一一二號簡),當是惡固先人。

《望山楚簡》頁 99

○**何琳儀**(1998)　邨,从邑,宅(庀)聲。
　楚簡"東邨",或作"東宅",地名。見宅字。

《戰國古文字典》頁 524

　望山簡"東邨公"(邨或作邨、石),墓主先人。

《戰國古文字典》頁 364

△按　參見"東"字"東邨公"條。

郣

邘 侯馬 85:8　　**邘** 錢典 23

○**何琳儀**（1998）　郣，从邑，辛聲。

侯馬盟書郣，讀辛，姓氏。見辛字。

魏方足布郣，讀莘，地名。《左·僖二十八》：“晉侯登有莘之虛以觀師。”在今河南陳留東北。又《左·桓十六》：“公使諸齊，使盜待諸莘。”在今山東莘縣西北。又《左·莊十二》“有神降于莘”。在今河南三門峽南。三莘均屬魏境。

《戰國古文字典》頁 1159

郝

郝 珍秦 35

○**何琳儀**（1998）　郝，从邑，亦聲。郝之異文。參赦字《說文》或作**㣀**（三下十七），从亦。《說文》：“郝，右扶風鄠盩屋鄉。从邑，赤聲。”

秦璽郝，讀郝，姓氏。殷帝乙時有子期，封太原郝鄉，後因氏焉。見《廣韻》。

《戰國古文字典》頁 553

○**王輝**（2001）　《珍秦》35 正面“郝氏”，游國慶隸作郝。讀爲奕，不確。《廣韻·鐸韻》：“郝，姓也。殷帝乙時有子期封太原郝鄉，後因氏焉。”咸陽出土秦陶文有“咸高里郝”（《類編》452 頁）。

《四川大學考古專業創建四十周年暨馮漢驥教授百年誕辰紀念文集》頁 308

㠰

㠰 包山 184　　**㠰** 包山 186　　**㠰** 璽彙 2197

○**何琳儀**（1998）　㠰，从邑，充（或㐬省）聲。《集韻》：“㠰，縣名。”

戰國文字㠰，讀荒，姓氏。見《姓苑》。

《戰國古文字典》頁 729

△按　《璽彙》2197,《璽彙》未釋。字从"宂"省,"邑"處其中,何琳儀釋可從。

邤

新收 1485 邤並果戈

○**何琳儀**(1998)　邤,从邑,次聲。

邤並果戈邤,讀次,姓氏。楚公族有氏。見《路史》。

《戰國古文字典》頁 1256

邶

包山 188　　新蔡乙四 102　　集成 10902 邶戈

○**何琳儀**(1998)　邶,从邑,共聲。《玉篇》:"邶,邑名。"《集韻》:"邶,亭名。在宣城。"

晉兵邶,讀拱。《爾雅・釋詁》:"邶,執也。"

旟作邶戈邶,讀拱。包山簡邶,姓氏。邶,亭名。以亭爲氏。見《萬姓統譜》。

《戰國古文字典》頁 418

△按　《戰國文字編》將《璽彙》1882 歸在"邶"字下,《戰國古文字典》則歸爲"巷"字,《古璽彙編》亦定爲"巷"字。

邔

郭店・窮達 8　　包山 163　　璽彙 2136

○**吳振武**(1983)　2136 邔渝・邔(恆)渝。

《古文字學論集》(初編)頁 504

○**劉彬徽、彭浩、胡雅麗、劉祖信**(1991)　邔,所从之亙爲《説文》恆字古文。

《包山楚簡》頁 51

○**何琳儀**(1998)　邔,从邑,亙聲。

晉璽邔,讀恆,姓氏。見亙字。

包山簡"邔思公",讀"恆思公",人名。見亙字。"邔思"亦作"期思",見

互字。

《戰國古文字典》頁 136

△按　楚簡“郖思公”亦讀爲“期思公”,見下“郖思”條。

【郖思】郭店·窮達 8

○陳偉(1998)　孫叔敖三射亟(从阝,期)思少司馬　《窮達以時》八

　　　亟(从阝),原讀“亙(从阝)”。楚地有期思。“亟”字上古音在職部,“期”字上古音在“之”部,讀音相近。《山海經·海内東經》:“汝水出天息山,在梁勉鄉西南,入淮極西北,一曰淮在期思北。”疑“西”爲“思”字之誤,“極西”實即“期思”。這是“期思”曾寫作“亟思”的間接證據。孫叔敖與期思有密切關係。《荀子·非相》云:“楚之孫叔敖,期思之鄙人也。”《吕氏春秋·贊能》及東漢延熹三年所立《楚相孫叔敖碑》亦有此説。又《淮南子·人閒訓》云:“孫叔敖決期思之水,而灌雩婁之野,莊王知其可以爲令尹也。”簡文所載與此恐有某些聯繫。

《江漢考古》1998-4,頁 68

○李零(1999)　“恆思”,即古書之“期思”(楚滅蔣設縣,在今河南淮濱縣東南期思鎮),《荀子·非相》《吕氏春秋·贊能》皆以孫叔敖爲“期思之鄙人”(這只是戰國時代的傳説)。按“恆思”亦見包山楚簡(簡 129—130 反),簡文“恆、極”混用,陳偉、徐少華先生考爲楚縣“期思”,甚確(“極”是群母職部字,“期”是群母之部字,讀音相近),但劉樂賢先生指出古書也有“恆思”這種寫法,認爲“恆思”可能是本字,“期思”反而是後出,這也有可能。參看陳偉《包山楚簡初探》(武漢大學出版社 1996 年)216 頁簡 81、225—226 頁簡 164—165 釋文、徐少華《包山楚簡釋地十則》(《文物》1996 年 12 期 60—66 頁)、劉樂賢《楚文字雜釋(七則)》(《第三屆國際中國古文字學研討會論文集》613—635 頁,香港問學社有限公司 1997 年)。

《道家文化研究》17 頁 495

○劉釗(2003)　“郖”讀爲“期”,古音“亙”在見母蒸部,“期”在見母之部,古音很近,故“郖思”可讀爲“期思”。“期思”爲楚國地名,見於包山楚簡和典籍。

《郭店楚簡校釋》頁 173

△按　“恆、期、極”不僅音近,意亦近。《説文》:“恆,常也。”段注:“常當作長。古長久字只作長。”《玉篇》心部:“恆,常也,久也。”《廣雅·釋言》:“期,卒也。”王念孫疏證:“期之言極也。”

郰 鄟

包山 118　　 包山 118　　 陶彙 3·436

○**顧廷龍**（1936）　鄟，《説文》所無，周東酷里鄟夜。

《古匋文香録》卷 6，頁 5

○**何琳儀**（1998）　郰，从邑，夷聲。

齊陶郰，讀夷，姓氏。見塦字。

包山簡“郰易”，讀“夷陽”，地名。疑在夷水之北。《水經·漾水注》白水“西北逕夷祝城東，又西北流屈而東北注于夷水，夷水又東北入白水”。

《戰國古文字典》頁 1240

△**按**　地名用字，字形加注構件“土”，戰國文字常見。

【**鄟易**】包山 118

○**劉彬徽、彭浩、胡雅麗、劉祖信**（1991）　鄟易，地名。鄟，讀作夷。《水經注》：“夷水，蠻水也。”又名鄔水。源出湖北保康西南。夷陽疑在夷水北。

《包山楚簡》頁 47

○**吳良寶**（2004）　《包山楚簡》（湖北荊沙鐵路考古隊，文物出版社 1991 年。以下簡稱爲《包山》）第 118 號簡云：“鄟陽司馬寅、競劮爲鄟陽貸越異之金十益一益四兩。”而第 109 號簡則有“莁陽司馬寅、黃辛、宋□爲莁陽貸越異之黃金十益”的内容。從司馬的人名相同以及都是貸金活動這兩點來推測，後者地名中的“莁”雖然从“夭”而不是从“夷”，但確有可能是“黃”的筆誤。整理者就是當作“夷”來看待的（第 24 頁），本文也贊同此處理方法。

徐少華先生將簡文的“夷陽”讀作“弋陽”，在今河南省潢川縣。主要理由有兩條：首先，夷陽與弋陽同在淮水上游地區，地域相同；其次，“夷”古音在喻紐脂部平聲，“弋”爲喻紐職部入聲，聲紐相同，韻部雖有差異，但古書中也有脂部與職部字相通假的例證。

包山簡中雖然没有“弋陽”，但戰國楚官印中已出現“弋陽”地名。《古璽彙編》（羅福頤主編，中華書局 1981 年）第二號有“邔易君璽”、第 276 號有“弋易邦栗璽”。前者爲李浩先生考釋，後者作“弋易”合文，由吳振武先生所釋。雖然楚簡中不乏地名使用通假字的現象，比如曾侯乙墓竹簡中“平輿”作“坪夜”（簡 67、160）、“魯陽”作“遮旟”（簡 195），包山簡“陰”作“鄰”（簡 23、

131)、“郎”作“邔”(簡 22)等。但是,夷、弋上古音的韻部不同,古書中也没有二字直接通假的例子。故此説可疑。

整理者認爲“鄩昜”爲地名,鄩可讀作夷,《水經注》:“夷水,蠻水也。”又名鄩水,源出湖北保康西南。夷陽疑在夷水北(見《包山》第 47 頁,注釋189)。此説還得到了施謝捷等先生的贊同。今按,《水經·漾水注》中所説的夷水,在今湖北省宜城縣、南漳縣一帶,而簡文所説的“夷陽”位於“鄩閒”地區。從鄩閒地區貸金的地名來看,有漾陵、鄩(東蓼)等,位於淮水中上游地區,與今宜城、南漳有一定的距離。因此,正如徐少華先生所質疑的那樣,簡文的“夷陽”不會是整理者所説的夷水北岸的城邑。

劉信芳先生認爲,楚國有城父,又稱夷,見於《左傳》昭公九年等,地在今安徽省亳縣東南;包山簡中的夷陽,疑在城父附近(同注 2 劉文,第 101 頁)。從地理位置上看,夷陽也正好處於“鄩閒”區域。只是此夷陽不直接見於史書記載,這個推測還有待證實。

《古籍研究》2004-2,頁 158—159

邙

○吳振武(1983)　1642 邙厈·邙(吕)肥。
　　1643 邙步·邙(吕)步。

《古文字學論集》(初編)頁 503

○何琳儀(1998)　邙,从邑,吕聲。《集韻》:“邙,亭名。”戰國文字邙,讀吕,姓氏。見吕字。

《戰國古文字典》頁 567

△按　“吕”之地名專用字。

郵

○何琳儀(1998)　郵,从邑,曲聲。
　　韓璽“郵勾”,讀“屈申”。《左·昭七年》:“好以大屈。”正義引《魯連書》

屈作曲。又《管子·立政》："以時釣脩焉。"《荀子·王制》釣作順。《釋名·
釋地》："坤,順也。"均其佐證。《漢書·地理志》南陽郡宛"故申伯國有屈申
城"。在今河南南陽北。趙三孔布"上邮陽、下邮陽",讀"上曲陽、下曲陽",
地名。《史記·趙世家》武靈王二十一年"合軍曲陽",集解:"上曲陽在常山,
下曲陽在鉅鹿。"分別在今河北曲陽西、晉縣西。

《戰國古文字典》頁 349

郔

兆 包山 166　　兆 包山 167　　兆 新蔡甲三 393　　兆 集成 12113 鄂君啟舟節

兆 包山 157 反

○**劉彬徽、彭浩、胡雅麗、劉祖信**（1991）　郔,簡文作兆,同簡此字作郔,從
後釋。

《包山楚簡》頁 51

○**何琳儀**（1998）　郔,从邑,兆聲。
　　鄂君舟節"郔昜",讀"洮陽",地名。隸《漢書·地理志》零陵郡。在今廣
西全縣西北。包山簡郔,讀兆或姚,姓氏。見夊字、姚字。

《戰國古文字典》頁 312

△**按**　包山 12 有字作兆,疑爲"郔"字繁文。《戰國文字編》431 頁"郔"字下
列鄂君啟舟節字兆,爲兆字誤植。兆乃"邽"字,非"郔"字。

郚

郚 包山 177

○**何琳儀**（1998）　郚,从邑,缶聲。
　　包山簡郚,地名。

《戰國古文字典》頁 244

郍

三晉 127

○**李家浩**（1992）　《貨幣》著録的 2280 平肩方足布，面文一字，作如下之形：

原書釋寫作“囗邑”，作爲二字處理，《先秦貨幣文編》將此種幣文左旁收在 236 頁附録，也作爲二字處理，都是錯誤的。

幣文左旁《貨幣》和《先秦貨幣文編》都作爲不認識的字而缺釋。其實這個偏旁是可以認識的，即“向”字。戰國文字“向”或寫作下列二形：

兵器　《文物》1972 年 10 期 40 頁圖二四　　　　　璽印　《璽文》182.3059

第一字是新鄭兵器文字，在“囗”下面加有一横；第二字是璽印文字，在“囗”下面加有二横。在戰國文字中常常會見到這類加有横畫的情況，例如璽印文字中的“佃”：

《璽文》210・2542　　　　　《璽文》210・2541

這樣的横畫是附加的成分，主要加在筆畫比較空疏的地方，起到使文字結構勻稱的作用。幣文左旁在“囗”下面加有一横，與新鄭兵器文字“向”相同。可見這個字應當釋寫作“邙”。平肩空首布中有面文“向”。我們在前面《軆布考》中曾説過，前人多認爲平肩空首布面文中有一部分是地名。若此，平肩空首向布之“向”與平肩方足邙布之“邙”，當是同一個地名的不同寫法。它們的關係跟平肩空首留布之“留”與平肩方足軆布之“軆”一樣，“邙”應該是地名向後起的專字。

平肩空首向布的向，有一些學著認爲是指見於《詩・小雅・十月之交》和《左傳》隱公十一年等的向，其地在今河南濟源縣西南。從平肩空首布出土地點的分布情況看，這種貨幣主要是春秋晚期至戰國早期周王畿内鑄造的。濟源的向在春秋時位於周王畿北境。可見將平肩空首向布之向定爲濟源之向的説法是可取的。既然説邙布之邙與向布之向是同一個地名的不同寫法，那麼邙布之邙也應該是指濟源之向。

據史書記載，濟源之向本是周王室的一個邑，公元前 705 年爲鄭所有；公元前 375 年韓滅鄭，其地應歸韓；公元前 315 年向由韓歸魏，改名爲“高平”。可是據傳世戰國銅器向孝子鼎銘文，向在戰國時期似曾一度屬周。這可能是向在戰國時期處於周、韓、魏三國交界地帶，所屬不定的原故。

向孝子鼎有銘文三字（將合文計算在内），器蓋同銘。“向孝子”之“向”原文作：

《三代》2・16・6

在“囗”下面加有二横，與上揭璽印文字“向”相同，而“宀”旁作“𠆢”，與上揭兵器文字"向"所從的"宀"旁寫法相近。舊或將此字釋爲"宜",非是。"孝子"原文是合文,疑讀爲"肴宰",是掌管飲食的職官。若此,向孝子鼎是"向"這個地方的食官"肴宰"所使用的鼎。（中略）向孝子鼎大概也是周所鑄造的,其鑄造時間在公元前315年向改名爲高平之前。

根據以上所説,郎布之郎是指濟源之向,其鑄造時間跟向孝子鼎一樣,也應該在公元前315年向改名爲高平之前。至於郎布是向屬周時所鑄造的還是屬韓時所鑄造的,有待進一步研究。

不過郎布之"郎"與向孝子鼎之"向"的寫法有兩點明顯的不同:一、幣文的"郎"從"邑",而鼎銘的"向"不從"邑",二、幣文"向"旁所從的"宀"作"⋂",而鼎銘"向"所從的"宀"作"ヘ"。可能會有人根據這兩點認爲郎布是向屬韓時所鑄造的,而不是屬周時所鑄造的。其實這兩點並不能成爲判斷郎布國別的理由。先説第一點。地名之字,往往是貨幣文字從"邑",而銅器銘文不從"邑"。例如長子之長,長子盃作"長",而長子布作"郎"。（中略）地名向,向孝子鼎作"向",郎布作"郎",前者不從"邑",後者從"邑",情況與此相同。再説第二點。從戰國文字資料看,將"宀"寫作"⋂"是一種工整的寫法,而寫作"ヘ"是一種草率的寫法。幣文是鑄的,文字比較工整,鼎銘是刻的,文字比較草率,所以前者將"宀"寫作"⋂",而後者將"宀"寫作"ヘ"。

《著名中年語言學家自選集·李家浩卷》頁170—174,2002;
原載《中國錢幣學會成立十周年紀念文集》

○**黃錫全**(1993)

2280	郎	□邑	郎(向)	河南濟源縣西南	魏	孔

《先秦貨幣研究》頁355,2001;原載《第二屆國際中國古文字學研討會論文集》

○**梁曉景**(1995)　【郎·平襠方足平首布】戰國晚期青銅鑄幣。鑄造國別不詳,流通於三晉、兩周等地。屬小型布。面文"郎"。背無文。"郎",古地名,地望待考。或釋爲向邑,古地名,戰國屬韓。《左傳·襄公十一年》:諸侯伐鄭,"會于北林,師于向"。在今河南尉氏西南。通長4.7、身長3.3、肩寬2.6、足寬2.9釐米,重8.8克。極罕見。

《中國錢幣大辭典·先秦編》頁301

○**何琳儀**(1996)　十一、"郎"(2280),讀"向"。《左傳·襄公十一年》:"諸侯伐鄭,會于北林,師于向。"在今河南尉氏西南。

《古幣叢考》(增訂本)頁213

○**何琳儀**（1998）　邟，从邑，向聲。

魏方足布邟，讀向，地名。《左·襄十一年》：“諸侯伐鄭，會于北林，師于邟。”在今河南尉氏西南。

《戰國古文字典》頁 621

△**按**　此字隸定爲“邟”，不必隸作“䣄”。

邟

陶彙 6·30　　　上博二·容成 45

○**何琳儀**（1998）　邟，从邑，舟聲。地名專用字，與《字彙補》“邟，隱也”音義迴別。

韓陶邟，讀舟，地名。見舟字。

《戰國古文字典》頁 185

○**何琳儀**（2002）　洀州矛“洀州”（《河北》92）、燕王職戟“洀型”（《文物》1982 年 8 期圖版捌），均應讀“邟州”，見《水經·灅水注》陽原縣故城南“北俗謂之邟州城”。“邟”又見邢丘所出陶文“邟公”，或謂“邟無疑是州邑之州的同音字”。按，“邟”若讀“州”，上引“邟州”的釋讀則頗難解釋。因此，筆者懷疑方足布“洀”與陶文“邟”均應讀“舟”。

《古幣叢考》（增訂本）頁 99

△**按**　《字彙補》：“邟，音那。”與地名專用字“邟”（音“舟”）不是同一個字，但由於“邟”與“那”左邊近似，右邊相同，容易混同。裘錫圭指出，何琳儀引《水經注·灅水》陽原縣故城南“北俗謂之邟州城”中的“邟”，海鹽朱氏藏《水經注》明抄本中此字作“那”（見王國維《水經注校》432 頁，上海人民出版社 1984 年），可見《水經注》一般版本中的“邟”很可能是一個錯字。見《〈古幣叢考〉讀後記》（《古幣叢考》增訂本 4 頁）。

【邟公】文物 1982-7，頁 7 圖六

○**裘錫圭**（1990）　近年，北京大學等單位的考古工作者在調查河南温縣東南十公里的北平皋村古城遺址時，采集到一些很有價值的東周陶文。調查簡報報導説：“我們在這一帶采集的陶器（主要是豆）標本中，曾發現數十件有戳印陶文，大都是一器一章，而印‘邟公’二字，或僅印一‘公’字……邟字……或从邑加土……或从阜加土……因陶文出土於一地，可見這幾種寫法是相通

的……從陶文所屬之盆、豆的形制來看,大都與晉文化第七、八段者類似,亦即相當於春秋中期至春秋戰國之交。"(《晉豫鄂三省考古調查簡報》,《文物》1982 年 7 期 7 頁)。根據舊說,周代的邢丘就是漢以後的平皋。"邢"字古代本寫作"丼"。所以調查簡報認爲"丼公"陶文的發現,確證"春秋晉國'地近河内懷'的邢丘,就是今天温縣的北平皋村"(同上 8 頁),這是很正確的。不過簡報把陶文的"公"看作爵稱,是否合乎事實恐怕還需要研究。簡報又認爲"陶文公字頗具西周晚至春秋時期的特點"(同上),其實戰國時代也有這類寫法的"公"字(參看《古璽文編》18—19 頁),這個字在斷定年代上並沒有多大價值。陶文時代的上限能否早到春秋中期,恐怕也還需要進一步研究。

　　需要指出的更重要的一點,是簡報把北平皋村所出的"郍公"陶文也釋爲"丼公",使這種重要性一點也不低於"丼公"陶文的資料没有起應有的作用。我們如果對簡報圖六(《文物》1982 年 7 期 7 頁)所發表的北平皋村遺址出土的幾種陶文仔細觀察一下,就可以發現左起上層第一、二兩種陶文都不能釋爲"丼公"。第一種陶文的首字作🔣,顯然是从邑舟聲之字。第二種陶文的首字作🔣。李家浩同志在《信陽楚簡"澮"字及从"关"之字》一文裏已經指出,在戰國文字裏"舟"字可以寫作🔣、🔣等形(《中國語言學報》1 期 191—192 頁),可知這個字跟第一種陶文的首字是一字的異體。

　　戰國古印所見姓氏字中有🔣字(王常《集古印譜》6.25"🔣齎"印)。戰國貨幣中有一種方足大布,面文作"🔣百涅"(《古錢大辭典》197 號);又有一種方足布,面文作🔣(《東亞錢幣》4·37)、🔣(《辭典》259 號)等形(後一形"水"旁移至上方)。我在《戰國貨幣考》(十二篇)·榆次布考》中,根據榆次布"榆"字所从的"俞"往往寫作🔣、🔣等形的現象,錯誤地推測上舉三字應該分別釋爲"鄃、俞、渝"(《北京大學學報》哲社版 1978 年 2 期 70—71 頁)。李家浩同志很早就告訴我,他認爲這三個字應該釋爲"郍、舟、洀"。他還說"舟、州"音同相通,方足大布的"舟"應該指見於《左傳》等書的先屬於周後屬於晉的州邑,"郍"是州邑、州氏的專字。"郍公"陶文在北平皋村出土,證明李說完全正確。

　　晉國的州邑,漢代置州縣,據《嘉慶重修一統志》卷二百〇三引《懷慶府志》,故城在今沁陽縣東南四十里。沁陽是温縣北面的鄰縣,古代的州、邢二邑無疑也是相鄰的,州邑的陶器在邢地出土是極爲自然的。"州、舟"二字古今都同音。阜陽雙古堆漢墓所出《詩經》殘簡,凡"舟"字皆作"州"(《文物》1984 年 8 期 3 頁 5035、5049、5052、5053 等簡)。北平皋村陶文中的"郍"無疑是州邑之"州"的專字。"舟百涅"布從形制看應是韓國貨幣(見上引拙文,《北京大學學報》哲社版 1978 年 2 期 71 頁)。據《史記·韓世家》,春秋末期韓宣子"居州",戰國時韓國在州邑鑄幣也是完全合理的。

《古文字論集》頁 396—397,1992;原載《徐中舒先生九十壽辰紀念文集》

郚

![包山91] 包山 91   ![曾侯乙214] 曾侯乙 214

○袁國華(1993)   "㿟""管"分別見"包山楚簡"第 91 簡及第 201 簡,《釋文》及《字表》將兩字隸定作從"缶"的"郚"字及"管"。查"包山楚簡""缶"字作㿟₂₁₅、㿟₂₆₅之形,(中略)然而"㿟""管"兩字從字形對比得知:實不從"缶",疑字乃從"旨"。"旨"字,甲骨文作㿟京都七三 A、㿟乙一〇五四、㿟後下一·四;西周金文作㿟匽侯旨鼎、㿟伯旅魚父簠、㿟殳季良父壺;戰國文字作㿟國差𦉜、㿟《説文》古文,皆可爲證。簡 91 的"郚"字疑爲"人的姓氏"。簡 201 的"管"字與"央"字合爲一詞,"央管"是"卜筮時所使用的著筮工具"。

《第二屆國際中國古文字學研討會論文集》頁 431

○何琳儀(1998)   郚,從邑,旨聲。

包山簡郚,讀指,姓氏。見旨字。

《戰國古文字典》頁 1290

△按   字從"旨",釋"郚"可從。

坙阝

![登] 包山 163

○何琳儀(1998)   坙阝,從邑,坙聲。

包山簡坙阝,疑讀敖,地名。參部字。

《戰國古文字典》頁 284

【坙阝邑】包山 163

○劉信芳(2003)   疑讀爲"巫邑",《戰國策·楚策四》:"秦果舉鄢、郢、巫、上蔡、陳之地。"《水經注·江水》:"江水又東逕巫縣故城南,縣故楚之巫郡也。"

《包山楚簡解詁》頁 171

郣

陶彙 5・87　陶彙 5・89　文博 1998-1,頁 43

○**陈直**(1981)　咸里郣夫陶瓶　文四字,1953 年 5 月,咸陽窯店出土,陕西省歷史博物館所藏。按郣姓甚少見,《續通志》卷八十二《氏族略》云:"完見《姓苑》,明代完彥文官南豐縣丞,完愚官歸善知縣。"據本陶器,西漢時已有此姓,從完加邑,猶咸里各陶器屈字皆作郿耳。

《摹廬叢著七種・關中秦漢陶録提要》頁 395—396

○**王學理**(1986)　完里——"完"加邑作"郣"。見有"咸亭郣里丹器(拓 7)、咸郣里夫、咸郣里□"。

《古文字研究》14 頁 212

○**高明、葛英會**(1991)　疑即祁字。《説文》:祁,鄭邑也。《廣韻》:祁,秦邑名。

《古陶文字徵》頁 240

○**何琳儀**(1998)　郣,從邑,完聲。
　　秦陶郣,或作完,地名。

《戰國古文字典》頁 1016

△**按**　《左傳・文公四年》:"晉侯伐秦,圍祁、新城。"《廣韻》:"祁,秦邑名。"據此,秦陶文"郣"與"祁"或爲一字。

郘

包山 129

○**劉彬徽、彭浩、胡雅麗、劉祖信**(1991)　郘,它簡作鄦。

《包山楚簡》頁 48

○**何琳儀**(1993)　東周客郘綎(129)
　　△原篆作,應釋"郘"。"郘綎"其他簡作"鄦綎"(126、132、140、142)。其中"鄦"與"郘"屬魚陽對轉。信陽簡"結芒(芒)之純"(2・023)即包山簡"結無之純"(263)。其中"無、芒"與"鄦、郘"的形音義有平行對應關係。

《江漢考古》1993-4,頁 58

△**按**　釋“郘”於字形吻合,可從。

郏

包山221　　包山223

○**何琳儀**(1998)　郏,从邑,弄聲。《集韻》:“郏,邑名。在魯。”
包山簡郏,姓氏。

《戰國古文字典》頁 416

赸

璽彙 0261

○**何琳儀**(1998)　赸,从邑,走聲。
楚璽“赸尚”,地名。疑與鄒有關。

《戰國古文字典》頁 384

邽

璽彙 1923

○**吳振武**(1983)　1923　邽□・邽(杜)□。

《古文字學論集》(初編)頁 502

○**何琳儀**(1998)　邽,从邑,圶聲。三體石經單字𡎟,舊無所屬,疑邽之省。
晉璽邽,讀杜,姓氏。見杜字。

《戰國古文字典》頁 529

○**李家浩**(1998)　應該隸定作“邽”。從“邑”之字多是形聲字,此字和其他
三字一樣,也應該從“埶”省聲。

《容庚先生百年誕辰紀念文集》頁 663

△**按**　即“杜”(作上下結構)字加注“邑”旁,以爲地名或姓氏之專用字。

郼

陶彙 4・35

○顧廷龍(1936) 䡅,《説文》所無。周右宮䡅。

《古匋文香録》卷 14,頁 1

○高明、葛英會(1991) 《説文》所無。

《古陶文字徵》頁 243

○何琳儀(1998) 䡅,從邑,車聲。車旁或繁化。
　　齊璽䡅,讀車,姓氏。見車字。

《戰國古文字典》頁 532

邸

璽彙 1812　　璽彙 2960

○何琳儀(1998) 邸,從邑,臣聲。
　　晉璽邸,人名。

《戰國古文字典》頁 476

郅

璽彙 1980　　璽彙 1982　　璽彙 1983
包山 159　　包山 162

○羅福頤等(1981) 《説文》所無,《玉篇》:"郅,鄉名。"

《古璽文編》頁 156

○吳振武(1983) 4014 閭丘郅·閿(閭)丘。

《古文字學論集》(初編)頁 520

○徐少華(1997) 簡 159:郅公嘉之告言之攻尹;簡 162:戊寅,郅□尹□。
　　"郅"是戰國中期楚國境內的一個地方政區名稱,以春秋戰國時期"楚僭稱王,守邑大夫皆稱公"和"縣尹皆稱公"的慣例分析,郅應是楚縣,"郅公嘉"即戰國中期楚郅縣之縣公,"郅□尹"當是郅公嘉之屬吏。另簡 188 還有"壬辰,上郅邑人周喬……"的記載,"邑"爲縣以下的基層單位之一,"上郅邑"或是楚郅縣內以"上郅"爲名的一處聚邑。
　　郅地何在,簡文整理者未作説明,我們認爲當即《春秋》僖公四年齊桓公率諸侯之師伐楚所次之"陘"。按陘、俓(編按:當作"郅")均從"巠"得聲,古文字中“邑”旁在左在右並無區別（爲統一起見，下文一併作“陘”），其地望，西晉杜預注說：“陘，楚地。潁川召陵縣南有陘亭。”《後漢書·郡國二》汝南郡“召陵”縣司馬彪原注：“有陘亭。”梁人劉昭補注曰：“《左傳》僖四年齊伐楚，次陘，杜預曰在縣南。”漢晉召陵縣，在清代郾城縣（即今河南郾城縣）東三四十里，則位於召陵縣南之故陘亭，春秋之“陘”當不出今河南郾城縣東南、漯河市以東地帶，簡文之“陘”當即此。

楚地之“陘”，文獻中又作“陘山”，《春秋》經、傳所記齊師所次之陘，《史記·楚世家》作“陘山”即爲明證，其爲春秋以來楚國北境要塞之一，戰國時期更是楚魏韓爭奪的重點。據《史記》的《楚世家》和《魏世家》記載，公元前329年楚威王死後，“魏聞楚喪，伐楚，取我陘山”，《史記集解》引徐廣曰陘山“在密縣”；《史記正義》引《括地志》云：“陘山在鄭州新鄭縣西南三十里。”與徐廣說相同，其後的《元和郡縣志》《讀史方輿紀要》等均作此說，皆誤。新鄭原爲鄭都所在，韓哀侯二年（公元前375年）滅鄭，並由陽翟徙都於新鄭，此後直至爲秦所滅，韓一直以此爲都，魏所取楚之陘山，決不可能在韓都近旁30里處，而應是春秋齊師伐楚所次之陘山，即漢晉召陵縣南之陘亭。

這裏有一問題值得説明，上引《史記》所載漢晉召陵縣南之陘（或陘山）於公元前329年爲魏所取，而“包山楚簡”所載爲公元前323年楚大司馬昭敗晉師於襄陵之後若干年內的史實，若以召陵之陘山釋簡文之陘，於楚懷王中後期仍爲楚地的話，則又與公元前329年魏伐楚取陘山的史實相矛盾，當作何解釋？

對此，我們曾結合有關文獻記載作過清理，據《水經注·汝水》引《史記》曰：“楚昭陽伐魏，取鄡。”另《元和郡縣志》《太平寰宇記》等書均有此條引文，當沿《水經注》而來，但此文不見於今本《史記》，或爲北魏時酈道元所見古本《史記》所有。昭陽所取之鄡，《水經注》《元和郡縣志》等並説是“故魏下邑”的漢晉鄡縣，在今河南郾城縣南、漯河市近西的汝水南岸地帶，春秋中期至戰國早中期當爲楚地，其入魏應在楚威王死後，魏乘喪伐楚取陘山之時。關於昭陽取鄡的時間，記載不明，我們曾推測當在《楚世家》所載楚懷王六年（公元前323年）楚師敗魏於襄陵、取八邑之時。從文獻記載昭陽出將入相的活動時間主要爲懷王前期，而此間發生於楚魏之間的戰事只有懷王六年一次，鄡位於襄陵西南，應是昭陽進軍襄陵途中所取，則位於鄡邑東南不遠的陘山，當一併爲楚師所收復。50年代安徽壽縣出土的《鄂君啟節》和新出包山簡文均以“大司馬昭陽敗晉師於襄陵”作爲楚國紀年的標志，説明這次戰事於楚來説意義重大。也正是在這次重大行動之後,包山楚簡的記載中即出現了"陘公、陘□尹",説明昭陽伐魏取郾的同時,確實一併收回了戰略要地陘山,從而證明我們以前就這一帶疆域形勢的盈縮消漲所作的分析和推測是基本正確的,簡文的記載正好彌補了有關文獻之不足。如果説"陘公、陘□尹"爲楚陘縣之縣公及其屬吏的推論不誤,則楚於公元前 323 年伐魏收復郾、陘山諸地之後,旋即於陘山一帶置縣,以加強對這一戰略要地的控制和北方魏、韓諸國的防禦。

《武漢大學學報》1997-4,頁 102—103

○何琳儀(1998)　郵,從邑,巠聲。《集韻》:"郵,鄉名。在高密。"

晉璽郵,讀經,姓氏。魏有經侯。見《説苑》。

包山簡郵,地名。

《戰國古文字典》頁 785

○劉信芳(2003)　讀與"陘"同,簡 162 有"郵戲尹",188 有"上郵邑"。《春秋》僖公四年:"(齊)伐楚,次於陘。"杜預《注》:"陘,楚地,潁川召陵縣南有陘亭。"《史記·楚世家》:"齊桓公以兵侵楚,至陘山。"《正義》引《括地志》:"陘山在鄭州西南一百一十里。"《戰國策·楚策一》:"(楚)北有汾陘之塞。"《秦策四》:"楚魏戰於陘山。"漢晉召陵縣在河南漯河市東。

《包山楚簡解詁》頁 167

△按　"陘"從"阜","郵"從"邑","郵"是否爲"陘",或需更多證據。《戰國文字編》433 頁"郵"下收《璽彙》4014 之 ■,非"郵"字,《璽彙》釋爲"郢",是。

邤

集成 12113 鄂君啟舟節　　包山 3　　包山 172　　包山 89　　包山 102

○何琳儀(1998)　邤,從邑,生聲。疑郀之省文。《説文》:"郀,河東聞喜鄉。從邑,匡聲。"

四年邘令戈邤,疑讀匡,姓氏。匡氏,魯匡邑宰匡句須之後。開封長垣縣西南十里邤故城。見《通志·氏族略·以邑爲氏》。

楚器邤,地名,疑讀襄。參生字 c 引"生庫"讀"襄庫"。襄,見《漢書·地

理志》江夏郡，具體地望失載。如據鄂君舟節銘"逾灘（漢）臱（就）邽（襄）"推
測，應在江夏郡漢水流域。包山簡邽，姓氏，疑讀匡。見上文 c。

《戰國古文字典》頁 633

○**劉信芳**（2003）　邽字從坓得聲，作爲姓氏用字，簡 89 有"邽是舉"，102 有
"邽妸"，119 反有"邽賞、邽遠"，"坓"讀如"匡"。作爲地名，讀爲"黃"，鄂君
啟舟節："逾漢，就邽。"殷滌非、羅長銘釋爲"黃"（《壽縣出土的鄂君啟金節》，
《文物參考資料》1958 年 4 期），郭沫若、譚其驤、黃盛璋均從之。然其地望則
無定説。按此黃應在漢水上游求之。《史記·楚世家》："懷王入與秦昭王盟，
約於黃棘。"《續漢書·郡國志》南陽郡："新野有東鄉，故新都，有黃郵聚。"
又："棘陽有藍鄉，有黃淳聚。"東漢新野在今河南新野，棘陽在新野東北。楚
簡"邽"，《楚世家》"黃"應在這一地區，惟具體地望尚未能確指。

《包山楚簡解詁》頁 200

【邽君】包山 172

○**劉信芳**（2003）　楚國封君。

《包山楚簡解詁》頁 200

郥

貨系 2250

○**何琳儀**（1996）　"郥"（2250）。《字彙補》："郥，地名。""郥"讀"貝"。《廣
韻》："貝亦州名。春秋時屬晉，七國屬趙……周置貝州，以貝丘爲名。"或作
"淇丘"，見《楚世家》："夕發淇丘。"在今山東臨清南。

《古幣叢考》（增訂本）頁 209

○**何琳儀**（1998）　郥，從邑，貝聲。《字彙補》："郥，地名。"
　　趙方足布郥，讀貝，地名。見貝字。

《戰國古文字典》頁 948

鄁

璽彙 2240

○**何琳儀**（1998）　鄁，從邑，帀聲。

燕璽郍，讀沛。商人六族有沛氏、徐氏，子姓國。見《路史》。或讀弗。代北姓。後魏黜弗氏、鐵弗氏、燕弗氏，皆改爲弗氏。見《魏書·官氏志》。

《戰國古文字典》頁 950—951

郹

 包山 145　　郹 包山 181　　郹 津藝 21

○**劉彬徽、彭浩、胡雅麗、劉祖信**（1991）　郹，讀作燕，國名。

《包山楚簡》頁 50

○**何琳儀**（1998）　郹，從邑，妟聲。

包山簡郹，人名。

《戰國古文字典》頁 970

△**按**　包山 145 之"郹"爲國名，181 之"郹"爲人名。

郱

郱 集成 4695 郱陵君王子申豆

○**何琳儀**（1998）　郱，從邑，我聲。疑鄒之省文。見鄒字。

郱陵君器"郱陵"、"郱夌"，讀"儀陵"，或作"宜陵"。《讀史方輿紀要》江南揚州江都縣有宜陵鎮，一作儀陵。在今江蘇江都東北。儀陵設驛甚晚，疑沿襲戰國舊名。其閒地理沿革，典籍闕載。又《路史·國名記》："義陵一作義陽，義陽在汝南。"其地望戰國亦屬楚境。郱陵君器出土地無錫，距江都較近，故"郱陵"爲"儀陵"可能性較大。

《戰國古文字典》頁 856

郰

郰 璽彙 1424

○**何琳儀**（1998）　郰，從邑，坐聲。《集韻》："郰，山名。"

晉璽郰，人名。

《戰國古文字典》頁 881

△按　《古璽彙編》隸爲“郘”，非是。

䢵

集成 4649 陳侯因𫲛敦

○**何琳儀**（1998）　䢵，从邑，卲聲。

因𫲛敦䢵，讀紹。《説文》：“紹，繼也。从糸，召聲。𢆯，古文紹从邵。”

　　　　　　　　　　　　　　　　　　　　　　　　　　　《戰國古文字典》頁 304

掷

⟨印⟩陶彙 6・148　　⟨印⟩陶彙 6・147　　⟨印⟩新收 1728 掷戈　　⟨印⟩璽彙 2227

⟨印⟩（⟨印⟩）集成 11048 掷君戈

○**吳振武**（1983）　2227 ⟨印⟩左・邺司工。

　　　　　　　　　　　　　　　　　　　　　《古文字學論集》（初編）頁 505

○**劉彬徽**（1986）　1978 年發掘的曾侯乙墓内，出土了析君、掷君之戟，（中略）析君乃楚析邑之封君。《左傳》僖公二十五年：“秦人過析隈。”杜注：“析，楚邑。”此戈之析君很可能是這個楚邑的封君，掷君也應是楚邑之君，但史籍無載，兩器出於曾侯乙墓内，是由於某種原因轉移到了曾侯乙手裏，故得葬入此墓。

　　　　　　　　　　　　　　　　　　　　　　　《古文字研究》13，頁 261

○**裘錫圭、李家浩**（1989）　掷，从二止、从斤、从邑。

　　　　　　　　　　　　　　　　　　　　　　　　　　　　《曾侯乙墓》頁 285

○**黃錫全**（1992）　斷字作⟨字⟩，⟨字⟩乃⟨字⟩訛（⟨字⟩、⟨字⟩形近易混）。折字古本作⟨字⟩（甲骨文）、⟨字⟩（不𡢁殷），爲以斤斷草之會意字。“斷（掷）君”疑爲楚地之封君，詳細地點待考。

　　　　　　　　　　　　　　　　　　　《湖北出土商周文字輯證》頁 99

○**何琳儀**（1998）　掷，从邑，折省聲。

韓器掷，讀制。《書・吕刑》：“制以刑。”《墨子・尚同》中引制作折。《論語・顔淵》“片言可以折獄者”，釋文“魯讀折爲制”。是其佐證。制，地名。《左・隱元》：“制，嚴邑也。”在今河南滎陽西。

　　　　　　　　　　　　　　　　　　　　　　　　　　　《戰國古文字典》頁 929

△按 "折"可作地名和姓氏,《春秋·桓公十一年》載"柔會宋公、陳侯、蔡叔,盟于折",《後漢書·方術傳》:"折像……其先張江者,封折侯……因封氏焉。"从邑或爲地名與姓氏之專用字。

郭

　　三晉 53　　　　貨系 1188　　　　貨系 1190

　　錢典 432　　　　三晉 53

　　錢典 434　　　　貨系 1187

○**丁福保**(1938)　郭　見第四二八—四三五圖

　　郭　郭左右合作一字,類鄔字邾字布,即虢字變體。考古地名皆可从阝,如長子(編按:當爲"字"之誤)作郎可證,《公羊傳》:今日取郭,明日取虞。虢可作郭,故亦可作郭也,背亦紀數。【錢匯】

　　右布形質與易陽字布同。面文左作,右作,江秋史訓爲郇字,引《漢志》鴈門郇縣。【錢略】

　　此品尖足,文曰虢邑。虢省作寽,左讀。春秋旹(時),虢有二:鄭滅一虢,東虢也;晉滅一虢,西虢也。東虢在滎易,西虢在雍州。又有北虢,即西虢之屬邑,獻公所滅下易是也,在河東大陽縣。春秋旹,虢已入於晉,而戰國時,鄭復入於韓,是無論爲鄭之東虢、晉之西虢,皆當列於韓也。【遺篋録】

　　郭,舊釋虢,國名。【善齋吉金録】

《古錢大辭典》頁 1241,1982

○**何琳儀**(1991)　"郭"(1184),即《地理志》雁門郡"埒",在今神池東北。

　　"郭易"(1194),參上條。

《古幣叢考》(增訂本)頁 117,2002;原載《陝西金融·錢幣專輯》16

○**石永士**(1995)　【郭·尖足平首布】戰國中晚期青銅鑄幣。鑄行於趙國,流通於燕、中山等地。屬小型布。面文"郭",書體多變。背部鑄有數字。"郭",通作埒,戰國屬趙。《漢書·地理志》鴈門郡有埒縣,地在今山西北部,地望待考。1957 年以來北京,内蒙古涼城、赤峰,山西原平,河北易縣、靈壽等地出土。一般通長 4.9—5.5、身長 3.1—4、肩寬 2.5—2.7、足寬 2.9—3 釐米,重 5—6 克。

《中國錢幣大辭典·先秦編》頁 334

○**何琳儀**(1998)　郭,从邑,寽聲。

趙器郛,讀垺,地名。見《漢書·地理志》雁門郡。在今山西神池東北。

《戰國古文字典》頁 935

【郫陽】貨系 1194

○**梁曉景**（1995）　【郫陽·尖足平首布】戰國早中期青銅鑄幣。鑄行於趙國,流通於燕、中山等地。屬小型布。面文"郫陽",古地名,戰國屬趙。《漢書·地理志》鴈門郡有郫縣,在今山西北部,地望待考。1979 年河北靈壽有出土。通長 5.4、身長 3.9、肩寬 2.6、足寬 3 釐米。罕見。

《中國錢幣大辭典·先秦編》頁 337

郗

陶彙 3·21

○**顧廷龍**（1936）　《説文》所無。周平陵陳㝬立事歲郗公。

《古匋文𦠿録》卷 6,頁 5

○**何琳儀**（1998）　郗,从邑,系聲。
　齊陶郗,讀系,姓氏。見系字。

《戰國古文字典》頁 777

郙

包山 187　　包山 188

○**何琳儀**（1998）　郙,从邑,甬聲。
　楚器郙,讀甬,姓氏。甬東,越地名。當以地爲氏。見《姓氏考略》。包山簡"郙易",地名。

《戰國古文字典》頁 424

【郙易】包山 187

○**劉信芳**（2003）　《左傳》莊公十八年:"閻敖游涌而逸,楚子殺之。"杜預《注》:"涌水在南郡華容縣。"《水經注·江水》:"又東南當華容縣南,涌水出焉。"楊守敬《疏》以爲涌水當酈道元時已湮。河道今已不可確考。"郙易"或因地處涌水之陽而得名。

《包山楚簡解詁》頁 180

郂

包山 72

○**何琳儀**（1998）　郂，从邑，宗聲。

　　包山簡郂，讀宗，姓氏。見宗字。

《戰國古文字典》頁 278

郔

包山 119

○**何琳儀**（1998）　郔，从邑，定聲。

　　包山簡"郔昜"，或作"正昜、邘昜"，均讀"慎陽"，地名。見正字、邘字。

《戰國古文字典》頁 800

郴

　　![集成 12113 鄂君啟舟節]　集成 12113 鄂君啟舟節　　![璽彙 0004]璽彙 0004

○**吳振武**（1983）　0004□襄君·□襄君。

《古文字學論集》（初編）頁 487

○**曹錦炎**（1985）　釋爲"廩襄君"，見"襄"字條。

《考古與文物》1985-4，頁 82

○**何琳儀**（1998）　郴，从邑，㐭聲。疑鄇之省文。《説文》："鄇，地名。从邑，燅聲。（《説文》："燅，侵火也。从炎，㐭聲。"）讀若淫。"

　　魏璽"郴襄"，讀"林鄉"，地名。《左·莊八》："公孫無知虐于雍廩。"《史記·齊太公世家》廩作林。《集韻》："林，《説文》菻屬。或从廩。"是其佐證。《史記·魏世家》安釐王九年"從林鄉軍"。在今河南尉氏西。

　　鄂君舟節郴，讀郴，地名。見《漢書·地理志》桂陽郡。在今湖南郴州。

《戰國古文字典》頁 1413

鄇

新蔡甲三234　　新蔡甲三242

璽彙0265

○**吳振武**(1983)　　0265 ![印] □家鉨・鄇(夜—掖)□□鉨。

《古文字學論集》(初編)頁490

○**何琳儀**(1998)　　鄇,從邑,夜聲。

齊璽鄇,讀夜。地名。《戰國策・齊策》:"當今將軍有夜邑之奉。"在今山東掖縣。

《戰國古文字典》頁553

䢽

![印]璽彙2166　　![印]璽彙2167

○**何琳儀**(1998)　　䢽,從邑,劤聲。

晉璽䢽,姓氏。參劤字。

《戰國古文字典》頁969

△**按**　"劤"字見《璽彙》3166、3168,從力,亦聲,《戰國古文字典》(969頁)疑爲"勎"之省文。

鄷

包山177　　![印]集成11042 鄷之新鄗戈

○**何琳儀**(1998)　　鄷,從邑,奉聲。

楚器鄷,讀奉,地名。見奉字。

《戰國古文字典》頁433

邾

![印]貨系1994　　![印]錢典262

○丁福保（1938）　郲　見第二六二圖

郲，國名，爲齊所滅。《左傳·襄十四年》：“齊人以郲寄衞侯。”【錢匯】

右布面文右作𨙻，左作𣲘，或訓郲字，郲亦鄭地。《春秋·隱十一年》會時來，注：“時來，郲也，滎陽縣東有釐城。”高士奇曰：“今開封東四十里有釐城。”按《公羊》作祁黎。【錢略】

《古錢大辭典》頁 1224，1982

萊　見第二七七圖

右布面文右作𨙻，左作𥝩，似亦郲字，或訓萊。萊，古國名。與齊近。《禹貢》“萊夷”，《史記》“太公封營邱。萊人來伐”是也。《春秋·宣七年》“齊侯伐萊”，杜注：“萊國，今東萊黃縣。”高士奇曰：秦置黃縣，漢屬東萊郡，有萊山。萊山，一名萊陰山，一名龍門山，爲中國五山之一。晉仍之。今黃縣屬登州府，縣東南二十里有萊子城。【錢略】

《古錢大辭典》頁 1225，1982

○鄭家相（1958）　𨝨文曰郲。按郲即來增邑，見《春秋·隱十一年》會時來，注：“時來，郲也，鄭地，今河南滎澤縣東。”戰國屬韓，參見空首時字來字布。

《中國古代貨幣發展史》頁 99

○吳榮曾（1992）　字从來从邑，前人釋之爲郲是正確的。《古今錢略》還引《左傳》，以爲此字即隱公十一年“公會鄭伯于郲”之郲。《春秋》作“時郲”。據杜預注，“滎陽縣東有釐城，鄭地也”。杜解釋郲即釐是可信的，因爲來古音讀如離。這類例子甚多，如《詩·大雅·思文》“貽我來牟”，而《漢書·劉向傳》引作“貽我釐麰”。《漢書》所據爲魯詩，故與毛詩異。又如《儀禮·少牢饋食禮》“來女孝孫”，鄭玄注：“來讀曰釐。”由於郲、釐兩字讀音相同，故地名之郲也可寫作釐。《水經注》濟水條：“《春秋》經書‘公會鄭伯于時來’，《左傳》所謂釐也。”從這裏看出，酈道元所見之《左傳》，“郲”寫作“釐”，不同於今本。

今所見戰國時的著作，地名中有釐無郲，可能當時人們已習慣於把郲寫爲釐了。釐爲韓地，如《竹書紀年》魏惠王十三年：“王及鄭釐侯盟於巫沙，以釋宅陽之圍，歸釐於鄭。”鄭釐侯即韓昭釐侯。釐又見於《韓非子》，《飾邪》云趙“始攻大梁而秦出上黨矣，兵至釐而六城拔矣”。戰國時之釐，西漢時已不復存在，故不見於《漢書·地理志》，但其故址後人尚知之，如《水經注》濟水條：“濟水又東南逕釐城東。”酈注引京相璠曰：“今滎陽縣東四十里有故釐城也。"據此則韓之釐城當在今鄭州附近。

○梁曉景（1995） 【郲·平襠方足平首布】戰國晚期青銅鑄幣。鑄行於韓國，流通於三晉、兩周等地。屬小型布。面文"郲"。背無文。"郲"，古地名，春秋屬鄭、戰國歸韓。《左傳·隱公十一年》："夏，公會鄭伯于郲，謀伐許也。"在今河南鄭州西北。通長 4.3、身長 3、肩寬 2.4、足寬 2.6 釐米。罕見。

《中國錢幣大辭典·先秦篇》頁 279

○何琳儀（1996） "郲"（1994）。《左傳·隱公十一年》："公會鄭伯于郲。"在今河南鄭州北。"郲"《春秋》作"時來"，注："時來，郲也。"

《古幣叢考》（增訂本）頁 203

○何琳儀（1998） 郲，从邑，來聲。《集韻》："郲，城名。在滎陽縣東，齊滅之。"

韓方足布郲，地名，或作來。《春秋·隱十一》："夏，公會鄭伯于時來。"注："時來，郲也。滎陽縣東有釐城。"郲、釐一聲之轉。在今河南鄭州北黄河南岸。

《戰國古文字典》頁 81

△按 《古錢大辭典》中的古錢二七七作𫛮，與二六六字形𨙨迥别，應不是"郲"字。

䣄

○何琳儀（1998） 䣄，从邑，青聲。《等韻》："䣄，地名。"

包山簡五○䣄，或作青，姓氏。齊太公有青氏。見《路史》。包山簡䣄，地名。

《戰國古文字典》頁 821

【䣄尹】包山 84

○劉信芳（2003） "䣄"讀爲"青"，簡 50"䣄辛"，簡 31 作"青辛"，青尹疑即青陽之尹。《史記·秦始皇本紀》："荆王獻青陽以西，已而畔約。"《漢書·鄒陽傳》："越水長沙，還舟青陽。"《水經注·湘水》："（湘水）又右逕臨湘縣故城西,縣治湘水,瀕臨川側,故即名焉,王莽改號撫陸。故楚南境之地也。秦滅楚,至長沙郡,即青陽之地也。秦始皇二十六年令曰:荊王獻青陽以西。"楊守敬《疏》:"在今長沙縣城南。"

《包山楚簡解詁》頁 176

郮

 璽彙 0204　　 璽彙 0310　　 郭店·老乙 2　　　楚帛書

○**袁國華**(1993)　"郮"字見"包山楚簡"第 3 簡,《釋文》及《字表》皆隸定爲"陂"字,《考釋》注 12 云:"陂,讀如越。"乃是戰國"越國"的專用字。但是,"包山楚簡""陂"作郮;"越王句踐劍"作玆,與"郮"字字形比較,"陂"從"㚟","郮"從"㦱",兩字所從並不相同,因此"郮"不能隸定爲"陂"字。

　　"包山楚簡""或"字屢見,簡 120 作㦱,字形與"郮"字所從相同,故知"郮"字實從"或"從"邑",應隸定爲"郮"字。"郮"字亦見《古璽彙編》編號0204、0310 兩方官璽,(中略)至於"郮"字在簡中的用法則待考。

《第二屆國際中國古文字學研討會論文集》頁 432

○**曾憲通**(1993)　郮即國字。選堂先生說:"東國西國之名,占星家每用之,如《天官書》云:'出西逆行,至東正西國吉,出東至西正東國吉。'是其例。"李學勤謂東國西國指邦之東土西土。

《長沙楚帛書文字編》頁 64

○**何琳儀**(1998)　郮,從邑,或聲。疑域之異文。見或字。

　　楚器郮,讀域,或國。

《戰國古文字典》頁 19

△**按**　參見"國"字條。

郼

郼 璽彙 1687

○**吳振武**(1983)　1687 郼畧 · 郼(奇)畧。

《古文字學論集》(初編)頁 500

○**何琳儀**(1998)　郼,從邑,奇聲。《五音篇海》:"郼,同鼓。"

晉璽郶,讀奇,姓氏。見奇字。

《戰國古文字典》頁 851

郹

三晉 94　　侯馬 156:22

○**何琳儀**(1998)　郹,从邑,長聲。

侯馬盟書郹,讀長,姓氏。見長字。

韓方足布"郹水",讀"長水",見《讀史方輿紀要》河南府盧氏縣。在今河南盧氏東南。疑戰國已有"長水"。趙方足布"郹子",讀"長子"。見長字。

《戰國古文字典》頁 686—687

【郹子】貨系 1495、1496

○**丁福保**(1938)　郹子　見第二六五—二六八圖

郹子　郹字各異。《左傳·襄十八年》:"晉執衛行人于長子。"《春秋地名考》:"周史辛甲所封國,後歸晉,爲趙地。其城爲丹朱所築,故名長子城。"茲因地名,故加邑旁。【錢匯】

右小布面文二字曰"長子"。

按古文長字,見諸金石瓦當,繁簡不一,結體互異。此作郹,因指邑名而言,故贅从邑。許叔重謂七國之世,文字異形。竊究其故,每多因事改變者。(中略)以此類推,不特郹字爲異耳。《左襄十八年傳》:"晉人執衛行人石買于長子。"《地志》:"長子屬晉,後屬趙,其城爲丹朱所築,故名長子城。"《竹書紀年》作"尚子"。蓋長、尚字體異而聲義通也。《班志》:"長子縣在上黨郡。"考小布一類多秦併三晉之地所鑄。【文字考】

右布面文爲"長子"二字。右作㗊,左作㗊,晉地也。《春秋襄十八年傳》杜注:"長子,今屬上黨郡。"高士奇曰:"長子,周初爲史辛甲所封邑,後歸晉,分爲趙地,又屬韓。漢置長子縣,爲上黨郡治,晉屬上黨郡。隋置寄氏縣,尋廢,改長子,屬潞州。今屬潞安府。唐十道圖:長子城,丹朱所築。丹朱,堯之長子,因名。亦名丹朱城。"【錢略】

尚齡按:此布右曰長,左曰子,長字加邑傍作郹,篆法微不同。《左傳·襄公十八年》:"晉執衛行人于長子。"《春秋地名考》:"長子,周初爲史辛甲所封國,後歸晉,爲趙地。其城爲丹朱所築,故名長子城。"【所見錄】

式同上，文曰郎子。《左氏傳·襄十八年》："晉執衞行人于長子。"《春秋地名考》："周辛甲所封國，後入于晉，爲趙氏采邑。其城爲丹朱所築，故名長子城。"蓋因邑名，故加邑旁。《漢志》屬上黨郡。【遺篋錄】

見第二六九圖

郎子　郎減阝旁，亦猶高都之作高者也。古文凡地名或加阝旁與否，多隨意增減，往往如是。【續錢匯】

《古錢大辭典》頁 1224—1225，1982

○鄭家相（1958）　文曰"郎子"，即長子。見《東周策》鮑注。長子屬上黨，並韓地，在今山西長子縣西十里。

《中國古代貨幣發展史》頁 98

○汪慶正（1988）　郎子　地名，戰國韓地，今山西省長子縣西南。

《中國歷代貨幣大系·先秦貨幣》頁 1099

○梁曉景（1995）　【郎子·平襠方足平首布】戰國晚期青銅鑄幣。鑄行於趙國，流通於三晉、燕等地。屬小型布。面文"郎子"，形體多變。背無文。"郎子"，古地名，春秋屬晉，戰國屬趙，一說戰國屬韓。《左傳·襄公十八年》："夏，晉人執衞行人石買于長子。"在今山西長子西。1956 年以來山西芮城、祁縣、陽高、朔縣、襄汾、屯留、浮山、交城、洪洞，北京，内蒙古涼城，遼寧遼陽，河北易縣燕下都遺址、靈壽，河南鄭州等地屢有出土，以 1963 年山西陽高出土數量最多，計 207 枚。

《中國錢幣大辭典·先秦編》頁 258

○何琳儀（1996）　"郎子"（1493），讀"長子"。《左傳·襄公十八年》："晉人執衞行人石買于長子。"《趙世家》：成侯五年"韓與我長子"。隸《地理志》上黨郡。在今山西長子。地亦一度屬韓。韓方足布"𡊪子"（《辭典》299）與趙方足布"郎子"雖屬同地，文字和國別不同。

《古幣叢考》（增訂本）頁 206

○吳良寶（2000）　《中國歷代貨幣大系·先秦貨幣》（以下簡稱《大系》）著錄有"郎子"方足小布（1493—1517 號），其面文有多種變體，如 1493、1515 號面文"郎"字的"長"旁寫法幾近於"木"形，1517 號的"長"旁寫成横置的"木"形（圖一·1、2）等等，都值得注意。儘管它們形體變異劇烈，與正規寫法差別較大，但從幣文的地名辭例等方面考慮，仍可以判定是"郎"字，這是沒有疑問的。

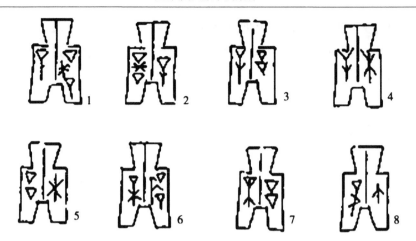

圖一

　　《大系》還著錄有下引兩種方足小布（1522、1524、1528 號等，圖一·3、4），以往多不識或誤釋。黃錫全先生根據貨幣文字可以借邊框爲筆畫的特點，釋爲“邑子、木子”，地名“邑子”或“木子”不見於典籍記載。今按，《大系》以爲“邑子”是“郎子”布之省（425 頁 1521 號幣文注解），其説可信。可惜這種説法長期以來未能引起足夠的重視。“郎”省成“邑”，是將文字的聲符省略，這在貨幣文字中是不稀見的。比如，尖足布“大陰”省作“大阜”（《大系》875 號）。（中略）因此“邑子”是“郎子”的省文應無疑問。1521—1526 號布文均應同此釋讀。

　　所謂“木子”布，我們認爲也是“郎子”的省文。“郎”字省去“邑”旁，再將寫得像“木”形的“長”字豎寫，即成了所謂“木子”。最直接的證據就是上引圖一·1、2 所示布文“長”旁即寫作“木”形或接近於“木”形。這種寫法的“長子”布，目前有確切出土地點的，只是在山西陽高縣天橋村出土過一枚。同出貨幣多爲趙國“安陽、平陽”及韓、魏方足小布。從出土地點、貨幣種類及面文變異規律等方面綜合考慮，釋“木子”爲“長子”的變體也是合理的。

　　《大系》還有一種“木邑”方足布（1529—1534 號，圖一·5），舊以爲“沐”或“沐陽”之省，不可信。此布曾與“長子”（圖一·4 所謂“沐子”）布一起出土於山西陽高（4 枚），山西黎城及河北燕下都也有零星出土（各 1 枚）。“沐邑”不見於文獻記載，我們認爲它可能也是“郎子”布的省變。推測其形成有兩種可能：1. “郎”可省成“邑”，“子”變作“木”形可能是由圖一·6 或圖一·7“子”形省變而來；2. 面文可能是“郎”字，即“郎子”省稱。這與“言陽”省稱“言”（橋形布，《大系》1387、1388）等相仿。不論實際情況如何，貨幣文字刻寫的草率、急就,以及省變、斷裂、借用邊框等特色,在"郳子"方足布上得到了充分的體現。

《大系》1520號方足布面文(圖一·8),原書未釋。今按,它很可能是"邑(郳)子"布的訛變。因鑄造工藝的關係,筆畫在澆鑄過程中嚴重變形、斷裂。筆畫雖殘斷較甚,但基本上還可看出左邊一字爲"邑",右邊一字僅存下半部分,可能是"子"字。《大系》將其置於"郳子"方足布之後,可能也有這種考慮。

幣文"郳子"可讀爲長子,見於文獻記載。《史記·趙世家》成侯:"五年,韓與我長子。"《水經注·濁漳水》引《竹書紀年》:"梁惠成王十二年,鄭取屯留、尚子、涅。尚子,即長子之異名也。"可見其地曾隸屬於趙、鄭(韓)二國。戰國時各國疆域犬牙交錯、朝秦暮楚,"郳子"方足布的國別一時還難以遽定,也許屬韓國的可能性較大。

《古文字研究》22,頁133

△按 貨幣文字草率、急就,訛變甚劇。吳說幣文"郳子"或因"郳"省"長"而作"邑子",或省"邑"且"長"訛作"木"而作"木子",此外還有訛省爲"木邑"之類,皆可備一説。

【郳水】貨系1519

○梁曉景(1995) 【郳水·平襠方足平首布】戰國晚期青銅鑄幣。鑄行於韓國,流通於三晉、兩周等地。屬小型布。面文"郳水"。背無文。"郳水",古地名,地望待考。通長4.3、身長2.9、肩寬2.5、足寬2.8釐米。罕見。

《中國錢幣大辭典·先秦編》頁279—280

○何琳儀(1996) "郳水"(1519),讀"長水",見《讀史方輿紀要》河南府盧氏縣。在今河南盧氏東南。戰國是否有"長水",待考。

《古幣叢考》(增訂本)頁205

【郳亲】貨系1518

○梁曉景(1995) 【郳亲·平襠方足平首布】戰國晚期青銅鑄幣。鑄行於韓國,流通於三晉、燕等地。屬小型布。面文"郳亲"。背無文。"郳亲",古地名,地望待考,或以爲"郳子"的異體,戰國屬韓。《左傳·襄公十八年》:"夏,晉人執衞行人石買于長子。"在今山西長子西南。通長4.6、身長3.3、肩寬2.6、足寬2.9釐米。罕見。

《中國錢幣大辭典·先秦編》頁280

郖

侯馬 49:2

○**何琳儀**（1998） 郖，从邑，虎聲。鄠之異文。《字彙補》：“郖與鄠同。”《説文》：“鄠，右扶風縣也。从邑，雩聲。”

侯馬盟書郖，讀鄠，姓氏。見《姓苑》。

《戰國古文字典》頁 446

△**按** “郖”或爲“鄜”之異體。《説文》邑部：“鄜，地名。从邑，虜聲。”《集韻》姥韻：“鄜，或作郖。”

郔

錢典 329

○**丁福保**（1938） 燕邑 見第三二九圖

右小布面文二字曰“燕邑”。

按燕古作𤇺，此作𤈦，乃省席冠。甫據《班志》曰：東郡有南燕縣，戰國時屬魏。此乃秦併魏地所鑄也。【文字考】

右一品面文兩字。尚齡按：此布自左及右讀之，曰“燕邑”。春秋有南北二燕：北燕爲召公采地，在今北直；南燕爲黃帝後，在今河南。【所見録】

《古錢大辭典》頁 1232,1982

○**何琳儀**（1992） 《辭典》329 著録一品方足布，銘文一字（圖 3），舊釋“燕邑”二字（**原注**：馬昂《貨幣文字考》、初尚齡《吉金所見録》，引《辭典》下篇 30 頁，中華書局 1982 年）。

戰國方足小布辭讀通例：凡右旁从“邑”的字，“邑”僅代表城邑，不單獨視爲一字。只能將左旁和右旁組合隸定爲一字（**中略**）。準是，所謂“燕邑”應是一字。其次，“燕”的小篆與方足布銘文左旁上部比較，顯然有很大的距離，故舊釋並不可信。

按，銘文左旁爲“炅”。其中“日”旁似从“一”从“口”。實則二者稍有距離，屬“分割筆畫”現象。此字左从“炅”，右从“邑”，理應隸定“郔”。據方足小布通例，可讀“炅”。《説文》：“炅，見也。从火、日。”

“炅”與“耿”均屬耕部，音近可通。《集韻》：“炅，光也。或作耿。”是其確證。

"耿",見《左傳・閔公元年》:"以滅耿。"注:"平陽皮氏縣東南有耿鄉。"釋文:"耿,國名。"江永云:"今山西平陽府河津縣東南有古耿城,一名耿鄉城。今按,殷祖乙圮於耿,即此。河津縣今屬絳州。"在今山西河津耿鄉城,戰國屬魏境。

《古幣叢考》(增訂本)頁 190;原載《文物季刊》1992-4

○梁曉景(1995) 【郠・平襠方足平首布】戰國晚期青銅鑄幣。鑄行國別不詳,屬小型布。面文"郠",待考。通長 4.6、身長 3.2、肩寬 2.7、足寬 3 釐米。

《中國錢幣大辭典・先秦編》頁 308

○何琳儀(1996) "郠"(《辭典》329),讀"耿"。《左傳・閔公元年》:"以滅耿。"在今山西河津東南。

《古幣叢考》(增訂本)頁 213

○何琳儀(1998) 郠,從邑,炅聲。

魏方足布郠,讀耿,地名。《集韻》:"耿,光也。或作炅。"是其佐證。《左・閔元年》"以滅耿",注:"平陽皮氏縣東南有古耿城。又名耿鄉城。"在今山西河津。

《戰國古文字典》頁 788

郘

郘 璽彙 4036

○何琳儀(1998) 郘,從邑,昌聲。

晉璽郘,讀昌,姓氏。見昌字。

《戰國古文字典》頁 655

△按 《璽彙》未釋。

鄥

 璽彙 0010 　 集成 10907 鄥戈

○何琳儀(1998) 鄥,從邑,易聲。

燕璽鄥,讀易,地名。見易字。

《戰國古文字典》頁 760

郢

郘 *包山 41*   郘 *包山 188*

○**何琳儀**（1998） 郘，从邑，昱聲。

包山簡郘，或作昱。姓氏。見昱字。

《戰國古文字典》頁 1383

鄰

鄰 *包山 62*   鄰 *包山 169*   鄰 *包山 172*   鄰 *包山 185*

○**劉彬徽、彭浩、胡雅麗、劉祖信**（1991） 鄰，楚別都之一。據簡文，鄰郘司憲管理的地域有安陸，或許鄰郘可能在安陸不遠之處。

《包山楚簡》頁 44

○**何琳儀**（1998） 鄰，从邑，筊聲。

包山簡鄰，或作筊，地名。

《戰國古文字典》頁 1459

【鄰郘】*包山 62、169、170 等*

○**劉信芳**（2003） 又見簡 169、170、172、185 等。"鄰"又作"栽"，字從"并"聲，讀爲"競"，屈原《離騷》："衆皆競進以貪婪兮。"王逸《章句》："競，並也。"《莊子·齊物論》："有競有爭。"郭象《注》："並逐曰競。""鄰郘"作爲楚別都，其地應在竟陵。《戰國策·楚策一》："扞關驚，則從竟陵以東盡城守矣。"《史記·白起列傳》："攻楚，拔郘，燒夷陵，遂東至竟陵。"《正義》："故城在郘州長壽縣南百五十里，今復州亦是其地也。"《水經注·沔水》："沔水又東南與臼水合，水出竟陵縣東北聊屈山……晉元熙二年，竟陵郡巾成山得銅鐘七口，言之上府。巾水又西逕竟陵縣北，西注揚水，謂之巾口。水西有古竟陵大城，古鄖國也。"楊守敬《疏》："在今鐘祥縣，南接天門縣界。"簡文記載安陸在"鄰郘"轄區內，而竟陵、安陸相去未遠，於地望亦大致相合，竟陵爲戰國時楚的通都大邑，且此地古代曾出土編鐘，自非一般城邑，可以斷言鄰郘在竟陵。

《包山楚簡解詁》頁 64

△**按** 就字形而言，可隸定爲"鄰"，亦可隸定爲"鄰"。《戰國文字編》（437

頁）隸定爲"鄈"。《楚文字編》（406頁）隸定爲"邶"，漏落"戈"符，不確。

䢞

中國錢幣 1998-2,頁9

○**黃錫全**（1998）　鑄有"䢞"或"非邑"的尖首刀有下列幾例：

1.河北藁城出土1枚，首尖部稍殘。殘長16.5、最寬2.2釐米，重19克，面有2字。報道者僅摹寫作，未作介紹，認爲是燕國貨幣。石永士、王素芳文（以下簡稱"石文"）將其列入甲型Ⅱ式（摹作，釋文爲"䢞匕"），屬燕鑄之列。《中國錢幣大辭典·先秦編》介紹爲"春秋中晚期青銅鑄幣。鑄行於燕國，流通於鮮虞、中山等地"。

2.李佐賢《古泉匯》亨十·十四，又見（美）邱文明著《中國錢幣大辭典》5631號。文字作，與藁城出土的一枚形同。其下無"刀"字，因是摹本，很可能是銘文不清晰而缺摹，未注明大小輕重。李之釋文爲"邑化（貨）"。邱釋爲"排"。

3.見鄭家相《中國古代貨幣發展史》69頁，文作，鄭釋爲"聊"省耳旁增邑，以爲即齊西界之聊城縣西北15里聊故城。又云"或釋洮化"。文中未附拓本，也未記敘出土地點及有關數據。前引鄭氏推斷所鑄地點即依此論。上列第2例，也很可能與此爲同一枚，因難斷定，姑且分列。

4.山西盂縣出土1枚，銘文豎式3字，根據拓片，當是"非邑刀"3字，通長16.7，最寬2.4釐米，重19.5克。

將釋爲"䢞"應該是正確的。"䢞"或"非邑"下一字可以釋讀爲"刀"。按照貨幣銘文的一般規律，帶有"邑"字的字大多與地名有關。刀銘明書"䢞"或"非邑"，知"䢞"或"非邑"必爲地名。刀上鑄地名者，如趙刀"邯鄲、白人"，中山國刀"成白"等。前舉如鄭家相等就是視此字爲地名，遺憾的是他誤以爲是從卯從邑，於是得出山東聊城（原爲郭地）的錯誤結論。

查先秦地名，在北方燕地及其周圍未見有名"䢞"或"非邑"地者，從非得聲的裴、棐、斐等地也多與此無甚關係。因此，我們不得不從另外角度考慮。

古代地名，出土文獻與典籍記載每每不同，其中多爲假借字。如方足布"於疋"即"烏蘇"，"唐是"即"楊氏"，"尚子"即"長子"，"鑄"即"注"，"沙乇"即"沙澤（或作瑣澤）"，"土勻"即"土軍"等。（中略）因此，䢞或"非邑"也當是一個借字。

　　考"非"古與"肥"通。非,古屬幫母微部。肥,古屬並母微部。二字不僅韻部相同,而且聲母同屬脣音,可以説是同音字(中略)。

　　古地名中有"肥",而且就在郥刀的出土地河北藁城西南,即《漢書·地理志》之"肥累"。"郥"或"非邑"應該就是肥或肥邑,是非、肥二字音同字通之故。

　　肥,本春秋小國,爲白狄,屬鮮虞,見《左傳》昭公十二年(前530年):"晉荀吳僞會齊師者,假道于鮮虞,遂入昔陽。秋八月壬午,滅肥,以肥子綿皋歸。"杜注:"鮮虞,白狄別種,在中山新市縣。肥,白狄也。綿皋,其君名。鉅鹿下曲陽縣西南有肥累城。"顧棟高《春秋大事表·春秋四裔表》卷三十九接杜注"肥累城"下云:"在今直隸真定府藁城縣西南七里。"《漢書·地理志》"肥累"隸真定國,云"故肥子國"。王先謙《補注》云:"戰國趙地,亦稱肥下,見《趙世家》,《五行志》作'肥累'。"楊伯峻注:"肥,國名,蓋鼓與肥皆鮮虞屬國,故《經》言'晉伐鮮虞'。十五年'圍鼓',《經》亦云'伐鮮虞圍鼓',皆以'鮮虞'貫之。肥在今河北藁城縣西南七里。"又云:"今河北盧龍縣西北有肥如城,山東有肥城縣,蓋晉滅肥後,肥民散處之地。江永《考實》謂燕封肥子於盧龍,不足據。"

　　因此,刀銘之"郥"應該就是河北藁城西南之"肥"。至於"非邑刀"出在山西盂縣,則是當時貨幣流通的結果,盂縣乃"仇由"國所在地,仇由與肥同爲白狄,屬鮮虞。

《先秦貨幣研究》頁248—249,2001;原載《中國錢幣》1998-2

䣝

璽彙1879

○**何琳儀**(1998)　　䣝,从邑,和聲。

　　晉璽䣝,讀和,姓氏。見和字。

《戰國古文字典》頁839

郳

璽彙2228

○**何琳儀**（1998）　郰，从邑，叟聲。

趙方足布郰，讀鄃。《漢書·宣帝紀》"瘐死獄中"，注："瘐字或作庮。"是其佐證。見《漢書·地理志》清河郡。今山東平原西南。

《戰國古文字典》頁 376

酓阝

****包山 132　　　包山 139 反

○**何琳儀**（1998）　酓阝，从邑，酓聲。

包山簡酓阝，讀陰，地名。見《漢書·地理志》南陽郡。在今湖北光化西。

《戰國古文字典》頁 1393

○**劉信芳**（2003）　簡 133、134、135 作"酓"。《左傳》昭公十九年："楚工尹赤遷陰於下陰。"杜預《注》："陰，縣，今屬南鄉郡。"《水經注·沔水》："沔水又東南逕陰縣故城西，故下陰也。"楊守敬《疏》："漢縣屬南陽郡，後漢因，魏屬南鄉郡，晉屬順陽郡，宋屬廣平郡，齊梁因。在今光化縣西。"《春秋大事表》卷六："襄陽府光化縣西，漢水東岸有古陰城，爲楚下陰地。昭十九年楚工尹赤遷陰於下陰，即此。"

《包山楚簡解詁》頁 57

【酓阝侯】包山 51

○**劉信芳**（2003）　楚國封君或稱君，或稱侯。《戰國策·楚策》有州侯、夏侯。"酓阝侯"封地即下陰。簡文"侯"之字形同"侯"之古文。

《包山楚簡解詁》頁 58

鈊阝

鈊阝包山 180

○**何琳儀**（1998）　鈊阝，从邑，金聲。

包山簡鈊阝，或作酓阝，地名。見酓阝字。

《戰國古文字典》頁 1395

【鈊阝君】包山 180

○**劉信芳**（2003）　楚國封君，鈊阝讀爲"淦"，《漢書·地理志》豫章郡有"新淦"

縣,應劭《注》:“淦水所出,西入湖漢也。”《水經注・贛水》:“淦水出其縣下,注於贛水。”楊守敬《疏》:“在今清江縣東北六十里。”

《包山楚簡解詁》頁 188

鄃

漢瓦硯齋古印叢

○**石志廉**(1980) “鄃氏”大陶瓷

此璽曾經桐鄉馮汝玠竇商君殘戟室收藏,任熹《漢瓦硯齋古印叢》著録。方形鼻紐,通高 6.1 釐米,寬 8.4 釐米,長 8.1 釐米。陰文“鄃氏”二字,爲戰國璽印字形最大者。故宫博物院藏有戰國“十年俞氏”戟。美國芝加哥賈坎克所藏湖南長沙近郊出土戰國“鄃氏”銀皿上有畫刻題銘“二十九年,俞氏麥西□□□册”。戰國鄃氏方肩方足布,其鄃字作,按鄃氏即綸氏,爲地名,在今河南登封西南。《竹書紀年》:“楚吾得帥師及秦伐鄭,取綸氏。”事在楚懷王廿五年(公元前 304 年)。《左傳・哀公元年》:“虞思於是妻之以二姚,而邑諸綸。”注:虞邑。俞氏銀皿作於楚懷王廿九年。

這紐大陶印不同於三晉式,應爲楚印。湖南長沙出土的楚“郲葦鉢”三合璽節,郲書作,邑旁作,與此璽鄃字作的邑旁風格甚相近似。但戰國時楚之貨幣,只見有蟻鼻錢及郢爰、鈑金等,尚未見有方肩方足布。戰國時的方肩方足布多爲三晉之物,故鄃氏方肩方足布應爲楚懷王廿五年前的三晉貨幣。

《中國歷史博物館館刊》1980-2,頁 108

○**梁曉景**(1995) 【鄃氏・平襠方足平首布】戰國晚期青銅鑄幣。鑄行於韓國,流通於三晉、兩周等地。屬小型布。面文“鄃氏”。背無文。“鄃”,通作綸。“綸氏”,古地名,戰國屬韓。《水經注・伊水》引《竹書紀年》:“楚吾得帥師及秦伐鄭,圍綸氏。”在今河南登封西南。通長 4.4、身長 3、肩寬 2.4、足寬 2.6釐米。罕見。

《中國錢幣大辭典・先秦編》頁 282

○**何琳儀**(1996) “鄃氏”(《辭典》252),讀“綸氏”。《水經・伊水注》引《竹書紀年》:“楚吾得帥師及秦伐鄭,圍綸氏。”在今河南登封西。

《古幣叢考》(增訂本)頁 204

○**何琳儀**（1998）　鄃，从邑，侖聲。

韓器"鄃氏"，讀"綸氏"，地名。見侖字。

《戰國古文字典》頁 1346

䣓

包山 165　　包山 172

包山 190

○**何琳儀**（1998）　䣓，从邑，朋聲。䣓之省文。《說文》：“䣓，右扶風鄠鄉。从邑，崩聲。沛城父有䣓鄉。讀若陪。”

包山簡"䣓郢"，地名。疑即䣓鄉，在今安徽亳縣東南。

《戰國古文字典》頁 157

△**按**　包山 190 字下增形符"土"，爲其繁構。

【䣓郢】包山 165

○**劉彬徽、彭浩、胡雅麗、劉祖信**（1991）　䣓郢，楚別都之一。

《包山楚簡》頁 51

○**劉信芳**（2003）　何浩、劉彬徽認爲地在漢晉時的城父䣓鄉（《包山楚簡中的幾處楚郢地名》，《包山楚墓》附錄二四）。《說文》：“䣓，……沛城父有䣓鄉。”段玉裁《注》：“今安徽潁州府亳州州東南七十里有故城父城是也。”城父境内有地名乾溪，建有楚王行宫，《左傳》昭公十二年：“楚子次於乾溪，以爲之援。”杜預《注》：“在譙國城父縣南。”顧棟高《春秋大事表》卷七：“今江南潁州府亳州東南七十里有乾溪，與城父村相近，即漢城父縣也。”陸賈《新語·懷慮》：“楚靈王居千里之地，享百邑之國……作乾溪之臺，立百仞之高，欲登浮雲，窺天文。”乾溪之臺又被稱作"章華之臺"，《續漢書·郡國志》汝南郡：“城父故屬沛，春秋時曰夷，有章華臺。”據此，春秋時乾溪、戰國時䣓郢應在漢晉時城父境内。

《包山楚簡解詁》頁 175

䣙

璽彙 3273

○**何琳儀**（1992）　马戰國文字中从"马"（巳）諧聲者甚多,其中若干字舊或不識,或誤釋。自中山王圓壺""被識出之後,以此爲基點,其他銅器、璽印、縑帛文字中的"马"及从"马"得聲之字皆可貫通。今疏證如次:

（中略）（六）""（《璽彙》三二七三）,應隸定爲"郖",讀"肥",在璽文"郖象"中是姓氏。肥氏或云《戰國策》趙賢人肥義之後。"肥"从"巳"聲。《璽彙》一六四二作""。

《古文字研究》19,頁 483—484

○**何琳儀**（1998）　郖,从邑,肥聲。

晉璽郖,讀肥,姓氏。其先有封於肥鄉者,以地爲氏。見《風俗通》。趙賢人肥義之後。見《通志·氏族略·以鄉爲氏》。

《戰國古文字典》頁 1299

△**按**　《璽彙》未釋。

郾

珍秦 23

○**何琳儀**（1998）　郾,从邑,从土,尼聲。

晉璽郾,讀尸,姓氏。見尸字。

《戰國古文字典》頁 1229

郖

璽彙 0182　　陶彙 5·59　　陶彙 5·41　　陶彙 5·75

○**劉慶柱、李毓芳**（1983）　以"咸里"開頭的四字陶文,目前見到的以秦都咸陽故址西部、今長陵車站一帶出土的爲多,如"咸里郖會、咸里郖宦、咸里郖射、咸里郖驕、咸里郖竭、咸里郖跂、咸里郖駔、咸里郖疆、咸里郖新、咸里郖貝、咸里郖角、咸里郖亥"和"咸里郳夫、咸里郳奢"等。郖、郳與屈、完通假。屈、完爲楚姓。《左傳》昭公十九年載:"楚使令子瑕聘於秦,拜夫人。"《通志·氏族略》載:"楚武子瑕,食采於屈,因以爲氏。"瑕爲屈氏,與秦聯姻,屈氏家族部分成員可能客居咸陽。又《史記·秦始皇本紀》載:"始皇二十六年,徙天下豪富於咸陽十二萬戶。"楚國豪門大姓屈氏徙於咸陽是必然的。我們推測那些屈姓陶文的陶器可能即戰國秦或秦代居住在咸陽的楚人屈氏掌管的製陶作坊產品。

《古文字論集》1,頁 77—78

○何琳儀(1998)　郎,從邑,屈聲。

秦器郎,地名。

《戰國古文字典》頁 1236

○王輝(2001)　22.咸郎里驕(《秦印輯》11,《魏石》78 頁)

出土秦陶文有"咸郎里罌、咸郎里宣、咸郎里致、咸郎里通"(《集徵》圖版 151·233、234,152·235、236),郎字與此同。秦咸陽遺址出有"咸郎里□"陶印,呈四棱錐體,側面下部橫穿一小孔。由此可知此類陶文亦戳印而成。

郎里爲咸陽里名,"驕"則陶工私名。

《四川大學考古專業創建四十周年暨馮漢驥教授百年誕辰紀念文集》
頁 302、303、304

△按　"郎"字所從之"屈",皆作從"尾""出"聲,後世從"尸""出"聲者爲其省體。

郲

璽彙 2102　　郲璽彙 2103

○吳振武(1983)　2101 郲羍·郲(肄)羍(觴)。

2102、2103"郲"字同此釋。

《古文字學論集》(初編)頁 503

○何琳儀(1998)　郲,從邑,隶聲。

晉璽郲,讀逮,姓氏。河朔有逮姓。見《漢書》注。

《戰國古文字典》頁 1245

△按　字所從之"隶",爲"逮"之本字。

邕

邕 曾侯乙 26

○**何琳儀**（1998）　邋，从邑，陷聲。

隨縣簡邋，讀佾。《廣雅·釋詁》一：“佾，列也。”

《戰國古文字典》頁 1103

鄑

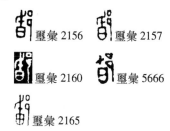

璽彙 2156　　璽彙 2157

璽彙 2160　　璽彙 5666

璽彙 2165

○**何琳儀**（1998）　鄑，从邑，昏聲。

晉璽鄑，讀昏，姓氏。見《集韻》。

《戰國古文字典》頁 1312

△**按**　《璽彙》未釋。

郑　梛　邧

集成 2610 廿七年大梁司寇鼎　　　三晉 114　　　璽彙 1705　　　璽彙 1707

包山 165　　　包山 169

包山 179

○**羅福頤等**（1981）　或从邑，與大梁鼎梁字同。

《古璽文編》頁 126

○**劉彬徽、彭浩、胡雅麗、劉祖信**（1991）　郑，簡文作梛，字又作梁。《竹書紀年》：“梁惠成王九年四月甲寅，徙於大梁。”此後，魏國也稱作梁。出土的魏國銅器自銘爲梁，如“梁廿七年鼎”等。梁人即遷都大梁之後的魏人。

《包山楚簡》頁 51

○**何琳儀**（1998）　郑，从邑，柔聲。疑邧之繁文。

晉璽郑，讀梁，姓氏。見邧字。晉璽“郑宎”，讀“梁余”，複姓。晉下軍大夫梁余子養之後，本衛人。見《元和姓纂》。魏器郑，讀梁，地名。見邧字。

《戰國古文字典》頁 698

郱,从邑,刱聲。

包山簡郱,讀梁,地名。見刅字。

《戰國古文字典》頁699

刅,金文作(觶)。从刃,刀柄施斜筆表示被刀所傷。指事。戰國文字承襲金文。或作,連接兩斜筆。或誤作、,與刃字相混。《説文》:"刅,傷也。从刃从一。創,或从刀,倉聲。"刅爲指事,創爲形聲,乃一字之孳乳。

刅,从邑,刅聲。郱字省文。見郱字。

梁□庫鐓刅,讀梁,地名,魏國都城,或稱大梁。《史記·魏世家》惠王卅一年"安邑近秦,於是徙居大梁"。在今河南開封。

相公子矰戈刅,讀梁,姓氏。伯益之後。秦仲有功,周平王封其少子康於夏陽梁山。子孫以國爲氏。見《通志·氏族略·以國爲氏》。

包山簡刅,讀梁,地名。《左·哀四》:"楚爲一昔之期,襲梁及霍。"《國語·楚語》:"惠王以梁與魯陽文子。"在今河南臨汝西。

《戰國古文字典》頁697

△**按**　"刅、郱、郱"三字應是一字之繁簡,《戰國文字編》(444頁)已將以上三字的例字都統一歸在"郱"字頭下,《楚文字編》(409頁)也將"郱、刅"視爲一字。

郤

包山85　包山186　包山193　新蔡甲三322

○**何琳儀**(1998)　郤,从邑,臽聲。

包山簡郤,讀閻,姓氏。見胎字。

《戰國古文字典》頁1444

郗

璽彙2139

○**何琳儀**(1998)　郗,从邑,备聲。

晉璽郗,讀原,姓氏。原氏,周文王第十六子原伯之後,封河内,周有原莊公,世爲周卿士,故以邑爲氏。見《通志·氏族略》。

《戰國古文字典》頁1014—1015

△按　《戰國文字編》:"同郦。"字所从之"备",當是"遠"之省體,"遠"古作🔲(陳公子𤼈),小篆作🔲,可證。

郣

🔲 包山 153　　🔲 包山 154

○**何琳儀**(1998)　郣,从邑,彔聲。

包山簡郣,地名。

《戰國古文字典》頁 382

【郣君】包山 154

○**劉信芳**(2003)　簡 190 作"䝞君",楚國封君,其封地在六。《兩周金文辭大系圖録考釋》著録周穆王時三件彔器,郭沫若云:"彔國殆即《春秋》文王五年'楚人滅六'之六,舊稱皋陶之後。"《漢書·地理志》六安國有六縣。《水經注·沘水》:"淠水又西北逕馬亭城西,又西北逕六安縣故城西。縣故皋陶國也。"楊守敬《疏》:"在今六安州北十三里。"其地在今安徽六安。

《包山楚簡解詁》頁 158

△按　包山簡有"安郣",何琳儀讀爲"安陸",認爲在今安徽六安(參"郣"字條)。若此,則"郣、郣"乃聲符不同之異體字。

郭

🔲 集成 11310 越王者旨於賜戈

△按　字从邑,亭聲,鳥蟲書。

郮

🔲 璽彙 1697　　🔲 璽彙 1698

○**何琳儀**(1998)　郮,从邑,亮聲。

晉璽郮,讀亮,姓氏。見亮字。

《戰國古文字典》頁 640

○**施謝捷**(1998)　1697 🔲遊·郮(亮)游。

1698 同此改。

《容庚先生百年誕辰紀念文集》頁 647

䢜

　璽彙 2214

○**何琳儀**(1998)　䢜，从邑，胡聲。
　　晉璽䢜，讀胡，姓氏。見胡字。

《戰國古文字典》頁 473

△按　《璽彙》未釋。

鄴

　包山 170　　新蔡甲三 233

○**何琳儀**(1998)　鄴，从邑，枼聲。
　　包山簡鄴，讀諜，地名。見鰈字。

《戰國古文字典》頁 1432

郈

　包山 93　　包山 133　　包山 134　　包山 164

○**李運富**(1997)　包山簡有从"肖"(𦣻、𦣻、𦣻)之字，見簡 138 反、170、267、134、133、271、268 等，《包簡釋文》皆楷而未釋。張桂光《楚簡文字考釋二則》認爲"肖"當釋"冑"，相應地，从心之㥣則楷定爲憒，釋爲"㤜"；从邑之郈則釋爲"鄩"，讀爲"郹"；从糸之綪則釋爲"綪"，而讀爲"綢"。

　　今按，上舉各形从"肉"無疑，而自甲骨金文以來並無从肉由聲之"冑"。《説文》冑字"从冃由聲"，訓"兜鍪"，即頭盔。頭盔之冑金文作𦥑、𦥑、𦥑、𦥑等形（《金文編》546 頁），乃从目會意之字，既不从肉也不从由。按古文字的一般演變規律，金文冑字上部𦥑、𦥑等形可以變成古、古，即將圓點拉長爲橫或增加短橫，正與包簡"鞈"（𦥑）字所从由同，侯馬盟書"冑"字作𦥑(200-26)，"皇"字作𦥑(156-22)，上部短橫左右出頭，正是金文冑上帽子形的演變，《説文》冑字从由也是這麼演變來的。帽子由形的初文及其變體,與上舉肖字所从的占、占或占絶非一字,象頭盔之形的占、占是不可能演變成占、占、占等形的。"肖"字下从肉,上不从由,兩個構件都無法與"胄"字認同,因知決不能釋爲"胄",那麼从"肖"各字當然也就不能釋爲从"胄"的各字了。且如張釋,揆之文例並不通暢。如簡138反:"與其來,有息,不可證;同社同里同官,不可證;匿至從父兄弟,不可證。"張釋息爲"怵",訓"憂恐",解句義説"證人被逼來了,又憂恐,不平靜,因而未能作證"。此大謬。一則盟證是舒叴要求的,對他有利,根本不用"逼來",也不會"憂恐";二則"又(有)息不可證"應是與"同社……不可證"並列的幾項法律要求,並非對來者個人的描述,否則後面的兩個"不可證"就無法解釋了。又釋絹爲繢而讀爲"綢",認爲是動詞,訓纏繞,亦不通。簡文絹字都有定語修飾,應爲名詞。又釋从邑之字爲鄣而讀作郇,其地望、姓氏淵源及與楚國的關係亦不甚明了。由此看來,張釋形義皆未安,殊可疑也。

其實,上述各字所从之占、肖、肖就是《説文》的"肖",因而从心的當釋"怋",从邑的當釋"郇",从糸的當釋"絹"。大徐本《説文·肉部》云:"肖,小蟲也。从肉口聲。一曰空也。烏玄切。臣鉉等曰:'口音韋。'"今按,韋音與肖隔遠,不可信。所以林義光《文源》説:"口非聲。肖象頭身尾之形,即蜎之古文。"但正如《段注》所云,蜎爲"蟲之至小者",即井水中的孑孒。蟲小到連肉眼都不易看清,如何能象其頭身尾之形來造字?大凡象形字,都是用來表達自身形體顯明易見的事物,因知"肖"字不必爲象形。疑《説文》所云"从肉口聲"之"口"當音"圓",其形作"〇",爲"圓"字初文,于省吾先生認爲"袁"从"〇"聲,裘錫圭先生認爲奐、奐也从"〇"聲,皆其例。(參裘錫圭《釋殷墟甲骨文里的"遠""玣"〔邇〕及有關諸字》,收入裘先生《文字學論集》,于先生説據該文引。)《説文·員部》謂"員"字"从貝口聲",其"口"也正當音圓,堪稱"肖"字从"口"音圓之佳證。查"〇"(圓)"肖"古音同在元部,又同爲喉音,用〇作肖之聲符當之無愧。應劭《風俗通·姓氏篇》"楚有賢者環淵",《漢書·藝文志》作"蜎淵",是環、蜎音同近,蓋其聲母皆爲〇也。从肉〇聲之"肖"見於信陽簡"絹"字,2-13作絹,2-15作絹,〇已異化與口同形。大概由於"〇"已不單用,其音轉晦,而其形又與口相混同,所以楚文字因其口形置換成與〇音近之占,另造了从肉占(占、直)聲的異構字(肖、肖);也可能是〇訛變爲口,而口與甘古文字常混同(猷字左上原作口,後亦變作甘),故又換用與甘音近的占。《字寶》載戡、掂之異構作拈,知甘、占談侵旁轉可通。但占、甘與〇據現有音系似不音近,不過楚方音當自成系,不必合於現有其他音系,正如楚文字用酓爲熊亦不合現有音系。總之,"占"或"卣"即占卜之占,這樣比較容易解釋"肯"字的構形。楚簡中的"占"字獨用時亦有"占""卣"兩種寫法,前者見 197、198、208、250 等簡,凡 31 次;後者見簡 200、204、210、245 等,凡 9 次。"肯""肯"同字,"占""卣"亦同字,此非偶然的巧合,乃是"占"字在系統中書寫變體的對應表現(中略)。

釋"息"爲"悁"、"緔"爲"絹"、"郒"爲"鄖",投之簡文句意,皆能暢通無礙。如簡 138 反的"又息"即"有悁","悁"當訓仇怨。《説文·心部》:"悁,忿也。"《史記·魯仲連鄒陽傳》"棄忿悁之節,定累世之功",《楚辭·九歎·逢紛》"腸憤悁而含怒兮",所用"悁"皆怨恨之義。"有悁,不可證"者,言與乙方有仇怨之人,不可爲甲方作證説話。這樣理解正好跟後兩句言有親情關係者不可爲親友作證的意思相對並列。楚簡文每言"緔絹之×","緔絹"即"生絹",也就是未經練染的繒絲。《玉篇》:"絹,生繒也。"因事關絲織物,又與从糸之"絹"字相連,故"生"字俗寫類化增糸而成"緔"。(中略)"緔絹之×"即用生絹編織之物。(中略)"郒"之釋"鄖",則爲"鄖"之異構。《漢語大字典·邑部》:"郒,同鄖,國名。《字彙補·邑部》:'郒,國名。'按《左傳·桓公十一年》:'我以鋭師宵加于鄖。'"又《説文·邑部》:"鄖,漢南之國。从邑,員聲。漢中有鄖關。"朱駿聲《説文通訓定聲》:"鄖,字亦作邧,今湖北德安府安陸縣。"《左傳·桓公十一年》"鄖人軍於蒲騷"杜預(編按:原文誤作"豫")注:"鄖國在江夏,雲杜縣東南有鄖城。"鄖國春秋時爲楚所滅,其地屬楚。古代地名姓氏往往相因,有其地則有其姓。"鄖"亦既爲地名,又爲姓氏。《字彙·邑部》:"鄖,姓。"包簡中無"鄖"字,而有"郒、邧",用法上似有分工:鄖姓用"郒"(鄖)表示,鄖地則用"邧"表示。邧字見於簡 22-1、24-1、30-1、151-1、191-3,凡 5 次,形作 . 同符異構字按義項分工使用,是楚國簡帛文獻用字的規律性現象,如"斀"與"剢"異構同詞,而"斀"作地名用,"剢"則用爲姓氏,正與此同。我們將在字用學中系統研究這種現象,此從略。

《古漢語研究》1997-1,頁 91—93

○陳偉(1998) 在包山簡第 131—139 號這一組簡中,"子郒公"共出現四次,即簡 133 一次(用重文符號表示的一次未計入),簡 134 兩次,簡 139 反面一次。前三次"郒"字右上部的"占"中多出一横,第四個字則没有這一横,顯示這個字可有繁簡不同的寫法。另在一片馬甲上有漆書"郒公"二字,"占"字中也没有一横。此外,在第 93、122、164、170、183、192 號六支簡中,也寫有"郒"

字,用作地名或姓氏,其右上部的"占"中均無一橫。這個字左部的"阝(邑)"應是表示地名的義符,其右部的"肙"則爲釋讀的關鍵所在。在包山簡第138號反面有一個從"肙"從"心"的字,作"有肙(從心)不可證"。又267號簡有從"肙"從"糸"的字,作"生(從糸)肙(從糸)"。望山楚簡中也有"肙"字,作"肙緅"。關於"肙"或從"肙"之字學者間有不同認識。望山簡中的"肙"字,高明先生以爲即《玉篇》之"胋"字。中山大學古文字研究室《戰國楚簡研究》釋爲"肙";張桂光先生從之。朱德熙、裘錫圭、李家浩先生所作的《望山一、二號墓竹簡釋文與考釋》則説:"戰國文字'甾、由'等偏旁往往相混,疑'肙'爲從'肉''甾'聲之字,'肙緅'當讀爲'緇紬',即黑色之綢。"劉信芳先生先在一篇論文中將包山簡中的這個字隸定爲"郇";隨後又在另一篇論文中指出"肙"從"占"聲,將從"糸"從"肙"的字讀爲"絹"。李運富先生亦將"肙"讀爲"肙",指出此字從肉占聲,是"肙"的異構字;由此將從"糸"之字讀爲"絹",將從"心"之字釋爲"悁",將從"邑"之字釋爲"郇"。對於信陽簡中直接從"糸"從"肙"之字,劉、李二位看作是"絹"的另外一種寫法。劉信芳先生認爲是從"囗(圈)"得聲,"囗(圈)、占(點)""古本同詣"。李運富先生則認爲是從"〇(圓)"得聲。

　　在包山所出簡牘中,由第271、276、269、270號4支連成的一組簡書,與牘1都是關於同一輛"正車"的裝飾和裝備的記載。二者在記述同一件物品時,用字往往有一些差異,因而大致可以看作是通假字或者異體字。其中簡271第11個字左旁作"糸",右旁自上而下由"占(中有一橫)、止、肉"三個部分組成。在牘1中對應字的右邊自上而下則由"止、囗、肉"三個部分組成。簡271第17字左旁作"糸",右旁作"呈"。牘1中對應字的右旁則由"占(中有一橫)、壬"組成。這表明在楚國文字中,"占"與"囗"這兩個部分有時確實可以替換。由此看來,劉信芳、李運富二位的讀法雖然還有進一步推敲的餘地,但大致可以憑信。

　　讀"肙"爲"肙",那麼"肙"旁從"糸"大概就是"絹"字或"鞙"字,從"心"應該就是"悁"字。《説文》云:"絹,繒如麥稍者。""鞙,大車縛軛靬鞙也。"究竟哪一個更合乎簡書文意,有待進一步探討。又《説文》云:"悁,忿也。"包山簡138號反面説"有悁不可證",大概是指"(對當事人)懷有忿恨的人不能充當證人"。此外,"肙、夗"二字古音同爲元部影組,從這兩個字得聲的字也許可以通假。因而包山簡中的這句話也可能應讀作"有怨不可證",具體含義與讀"悁"略同。

　　上述分析爲我們認識"鄗"字提供了一個思路。這個字可能是一個從"冐"從"邑"的字。不過我們在古書中並沒有看到楚國有這一地名,甚至這種字在古書中並沒有出現過。然則這個字很可能與從"夗"得聲的字通假,實際上就是我們熟悉的"宛"或"苑"的本字。

《武漢大學學報》1998-6,頁 105—106

○**劉信芳**(2003)　陳偉釋爲"宛"(《包山楚簡中的宛郡》,《武漢大學學報》1998 年 6 期),可信。《戰國策·楚策二》記有楚昭鼠爲宛公,又《西周策》:"韓慶爲西周謂薛公曰:君以齊爲韓、魏攻楚,九年而取宛、葉以北以强韓魏。"《説苑·指武》:"吳起爲苑守。"苑讀爲"宛",其地在漢南陽郡,今河南南陽市。我們曾將"鄗"釋爲職官名,此據以訂正。簡 133 有"子鄗公",乃宛地縣公。

《包山楚簡解詁》頁 88

△**按**　郭店楚簡《緇衣》10"悁"字作𢙏,所從與"鄗"同,故釋"鄗"可信。"鄗"通"宛",亦可從。

鄢

𨽍 包山 13　　𨾉 包山 183　　𨾔 曾侯乙 157　　𨾓 上博二·容成 26

𨾏 集成 12113 鄂君啟舟節　　𨾕 璽彙 1679

○**吳振武**(1983)　1678 鄢□·鄢(易)□。

《古文字學論集》(初編)頁 500

○**何琳儀**(1998)　鄢,從邑,易聲。

　　齊璽"鄢門",讀"陽門"。《淮南子·地形》:"東南方曰被母之山,曰陽門。"注:"據天下諸城東南角門曰陽門。"又複姓。陽門,《禮記》陽門介夫之後。見《萬姓統譜》。

　　齊陶鄢,讀陽,姓氏。陽,古國名。周惠王時,齊人遷陽,子孫以國爲氏。見《姓考》。

　　燕璽鄢,讀陽。姓氏。周景王封少子於陽樊,後裔避周亂適燕,因邑命氏。望出玉田。見《廣韻》。

《戰國古文字典》頁 668

○施謝捷（1998）　　0325 𦼫門枋・鄔（陽）門枋。

《容庚先生百年誕辰紀念文集》頁 645

【鄔氏】包山 13、183

○劉信芳（1995）　《包山楚簡》之陽氏似有二支，一爲从邑之“陽”，有三人，見 13、174、183 簡；一爲从阜从土之“陽”，爲一大族姓，有二十餘人，居官位者亦不少，見 40、62、65、78、85……諸簡，字繁不録。

　　《左傳》昭公十七年：“陽匄爲令尹。”杜預注：“陽匄，穆王曾孫令尹子瑕。”孔穎達疏引《世本》：“穆王生王子揚，揚生尹，尹生令匄。”若此，陽匄當是由王父之字而得氏。昭公二十七年有陽令終、陽令憲、陽令佗。《潛夫論・志氏姓》謂楚公族有“陽氏”。

《江漢論壇》1995-1，頁 60

鄅

鄅
聖彙 2134　　　　鄅
聖彙 2369

○羅福頤等（1981）　《説文》所無，《玉篇》：“鄅，地名。”

《古璽文編》頁 152

○吳振武（1983）　　2134 鄅肯・鄅（禺）□。

《古文字學論集》（初編）頁 504

○何琳儀（1998）　鄅，从邑，禺聲。
　　晉璽鄅，讀禺，姓氏。見㒎字。

《戰國古文字典》頁 353

△按　“禺”可作地名，《山海經・大荒北經》載“夸父不量力，欲追日影，逮之於禺谷”。

郹

包山 186

○何琳儀（1998）　郹，从邑，是聲。
　　包山簡“鄩郹”，地名。

《戰國古文字典》頁 752

△按　《包山楚簡》釋"邼",恐非是。

鄮

璽彙 2230

○**何琳儀**（1998）　鄮,從邑,冒聲。

　　晉璽鄮,讀冒,姓氏。楚芈冒之後。如皋冒姓,自宋以來爲茂族。見《姓氏考略》。

《戰國古文字典》頁 260

郖

郖侯馬 200:16

○**陳漢平**（1989）　盟書人名有字作郖,字表未釋。按盟書邯字作"邯",郖字從邯,復從函,爲附加聲符,是爲雙重聲符文字,仍當釋邯,乃邯字之繁複體。

《屠龍絶緒》頁 357

○**何琳儀**（1998）　郖,從邑,畾聲。下從曰猶從皿。《集韻》:"郖,鄉名。在廣陵。縣名。在蜀。"

　　侯馬盟書郖,人名。

《戰國古文字典》頁 1310

鄬

鄬包山 133　　鄬包山 145　　鄬包山 145　　鄬望山 1·7

○**劉彬徽、彭浩、胡雅麗、劉祖信**（1991）　鄬,簡文中的魏、威等字均用"畏"作聲符。鄬疑讀作魏。

《包山楚簡》頁 49

○**朱德熙、裘錫圭、李家浩**（1995）　罪豹,人名。一七號、五四號、九四號諸簡的"罪豹"與此應是一人。罪字當從"邑""歸"聲（《説文》"歸"字籀文作"㱑"）,"鬼""歸"音近,"罪"應即"罪"的異體。

《望山楚簡》頁 88—89

○**何琳儀**（1998）　郒，從邑，畏聲。疑郮之繁文。《廣韻》：“郮，郮郂，不平。”

　　楚簡郒，讀歸或夔，地名。《書·微子之命》“王命唐叔歸周公於東”，《史記·魯周公世家》歸作餽。《戰國策·秦策》一“狀有歸色”，注：“歸當爲愧，音相近，故爲歸耳。”《山海經·中山經》“多夔牛”，《爾雅·釋獸》夔作魏。是其佐證。《史記·楚世家》“滅夔”，索隱：“譙周作滅歸。歸，即夔之地名歸鄉也。”在今湖北秭歸。

《戰國古文字典》頁 1187

○**劉信芳**（2003）　整理小組疑字讀爲“魏”。按楚地尚未見以“魏”名者，字應讀爲“威”。《璽彙》0318“郒閒愄大夫鉨”，“愄大夫”即“威大夫”，乃墓區中管理楚威王墓地的大夫（説參拙文《蒿宮、蒿閒與蒿里》，《中國文字》新廿四期）。“郒右司馬”與“愄大夫”同例。

《包山楚簡解詁》頁 130

△按　字之右邊隸定爲“畏”，可從。包山楚簡整理小組疑字讀爲“魏”，傳世文獻“畏”與“魏、威”均有通用之例。《楚文字編》（頁 408）亦在秦 M13“郒”字下注云：“魏國之魏。”

郑

璽彙 4073

○**何琳儀**（1998）　郑，從邑，采聲。

　　晉璽郑，人名。

《戰國古文字典》頁 1242

△按　郑字所從偏旁釆，見於《璽彙》1513、2473、5596、2474、0438、0552、3765 等號璽，隸定爲“采”，即“秀”字，參見劉釗《璽印文字釋叢（二）》（《考古與文物》1998 年 3 期）。

郵

陶彙 4·162　集粹　璽彙 2031　璽彙 2002

璽彙 3400

古陶文字徵，頁 243　陶彙 3·1382

○**顧廷龍**（1936）　郲，《説文》所無。按，字從邑從東，疑即陳字。《説文・𨸏部》陳，宛丘，舜後嬀滿之所封。竊謂封地之字。如郘，炎帝之後姜姓所封；郕，周文王所封；㽤，夏后同姓所封，戰於甘者。鄭，周厲王子友所封。字多在邑部。是則此乃舜後嬀滿所封之本字也。𨸏部之陳，攴部之𢾅，殆皆軍陣字叚爲姓氏字。

《古匋文舂録》卷6，頁4—5

○**吳振武**（1983）　1986 郵枼・郵（童）枼。

1987—2042"郵"字同此釋。

《古文字學論集》（初編）頁502

○**高明、葛英會**（1991）　《説文》所無，此或從重，或從東，應即郵字。《集韻》郵，音童，地名。

《古陶文字徵》頁243

○**何琳儀**（1998）　郵，從邑，重聲。

戰國文字郵，讀重。見重字。或讀董。

《戰國古文字典》頁365

△**按**　此字亦可分析爲從"東"從"邑"，增構件"土"屬繁化。

郯

　𨜓 包山10　　𨜓 包山163　　𨜓 包山172　　𨜓 包山180

○**徐少華**（1996）　1987年，湖北荊門出土的包山楚簡，有一些關於復地的記載：

　　簡10：郯域之少桃邑；

　　簡164：郯尹之人；

　　簡165和189並載：郯命（令）之州加公苟滔；

　　簡159：郯□荊之告。

　按"郯域"即郯地，類似之簡文還有"章域"（簡77）、"鄝域"（簡142）等，"域"當是某一地區的泛稱。"郯尹"即郯地之官吏，楚官多稱"尹"，如中央有令尹、左尹、攻尹等，地方亦仿中央置有縣尹、攻尹等，如簡文之"鄀尹"（簡184）、"栽尹"（簡194），即屬此類，從"尹"前直接貫以地名的情況來看，"郯尹"應是楚國郯縣之縣尹。

　　“鄓命”即鄓令,當爲楚鄓縣的主要長官,類似之簡文還有“汾令”(簡2)、“佗大令”(簡5)等。“令”是戰國以後縣級主要官吏的通稱,戰國時期即有較多的使用,《史記·秦本紀》(卷五)載商鞅變法“並諸小鄉聚,集爲大縣,縣一令”,裴駰《集解》引《漢書·百官表》曰:“縣令、長皆秦官。萬户以上爲令……減萬户爲長……皆有丞尉。”楚國在戰國時亦有縣令之稱,據《淮南子》之《人閒訓》(卷一八)和《道應訓》(卷一二)記載,戰國中期楚宣、威王之時有“上蔡令”子發,是楚滅蔡後在蔡國故地所設的縣令;又《史記·荀卿列傳》(卷七四)説:“齊人或讒荀卿,荀卿乃適楚,而春申君以爲蘭陵令。”即以荀卿任楚之蘭陵縣令。簡文之“鄓令”,當與“上蔡令、蘭陵令”同類,即楚國鄓縣之縣令。而“鄓令”與“鄓尹”或爲一正一佐。

　　楚鄓縣、鄓域的情況,簡文整理者未作説明,當存疑以待後考。我們認爲,楚鄓縣、鄓域當沿古復國而來,按復、鄓均從“复”得聲,音同義通,古文字中,從“彳”與從“邑”之字並無區別,可以互用,如古徐國之“徐”,文獻作“徐”,出土銅器之《徐王鼎》《宜桐盂》等皆作“鄐”;傳世《徐王義楚耑》,學者一致認爲器銘之“徐王義楚”即《左傳》昭公六年所載的“徐義楚”,銘文之“徐”亦作“鄐”,是爲明證。楚復(即鄓,爲方便起見,下皆統一作“復”)縣應是楚人在占有復地之後所置之縣,以加强對復國故地的管理。自春秋以來,滅國設縣是楚國的一項基本國策,以加强其中央集權的實力,從而促進了楚國由弱到强的迅速發展,如楚文王先後滅申、息兩國即於其故地置申、息二縣;楚莊王滅陳國而置陳縣;楚靈王滅蔡後而設蔡縣等,例證甚多,楚滅復國而置復縣亦屬此類。

《中國歷史地理論叢》1996-1,頁115—116

○何琳儀(1998)　　鄓,從邑,复聲。

　　包山簡鄓,讀復,地名。疑即後世復州,在今湖北沔陽西。

《戰國古文字典》頁255

○劉信芳(2003)　　地名,從有關簡文看,是楚國一較重要區域。此地之官員有“鄓尹、鄓令、連敖”,參簡159、163、164、165、172、180、189等。簡文稱“上連囂”,知“鄓戲”分上、下。文獻所記載楚地無以“鄓”爲名者,僅一“復陽縣”,爲漢元延二年置。因疑“鄓”讀爲“父”,如從“父”之“釜”又作“鍑”,知音近可通也。《漢書·地理志》潁川郡有“父城”,《續漢志》同。《後漢書·光武帝紀》:“光武自父城馳詣宛謝。”李賢《注》:“父城,縣,古應國也,屬潁川郡,故城在今許州葉縣東北。”《水經注·汝水》:“北流際父城縣故城東。昔楚

平王大城城父以居太子建。故杜預曰：即襄城之城父縣也。”則直以“城父”爲
“父城”。清代學者戴震、趙一清並辨城父、父城爲二縣。《漢志》城父在沛郡；
《續漢志》在汝南郡，地與下蔡近，其勢不容相混矣。父城在今河南襄城西。
楊守敬《水經注疏》云：“疑今本《漢志》爲傳寫之誤倒，後人又以改《續志》《晉
志》，而他書亦多沿訛也。”認爲《漢志》“父城”應是“城父”，其説與戴、趙不
同。又徐少華釋“鄹”爲漢之“復陽縣”（《包山楚簡釋地十則》，《文物》1996
年 12 期），與拙説不同。有關問題還值得繼續研究。

《包山楚簡解詁》頁 16

△按　戰國時地名用字多直接加注“邑”旁構成，鄹讀“復”可從。

鄑

璽彙 2231

○何琳儀（1998）　鄑，從邑，峕聲。加曰繁文。疑邿之異文。
　　晉璽鄑，讀時，姓氏。見時字。

《戰國古文字典》頁 48

△按　《璽彙》未釋，左邊從“止”下“昌”，恐非“峕”字。

郭

𐤉𐤉三晉 120　　𐤉𐤉三晉 120　　𐤉𐤉三晉 120　　𐤉𐤉貨系 2213　　𐤉𐤉貨系 2216

○**黃錫全**（1993）

| 2213—2219 | 𐤉 | 梟邑（疑代邑） | 郭（駣或怡） | 河南中部 | 韓 | 方 |

《先秦貨幣研究》頁 355，2001；原載《第二屆國際中國古文字學研討會論文集》
○石永士（1995）　【郭·平襠方足平首布】戰國晚期青銅鑄幣。鑄造國別不
詳，流通三晉、燕等地。屬小型布。面文“郭”，字形多變。背無文。“郭”，古
地名，地望待考。或隸定爲“郭”，即莘，春秋虢地，戰國屬魏，在今河南陝縣東
南。1956 年以來山西芮城、陽高、浮山，河北易縣燕下都遺址、靈壽等地有出
土。一般通長 4.2—4.3、身長 2.9—3、肩寬 2.3—2.4、足寬 2.5 釐米，重 5 克。

《中國貨幣大辭典·先秦編》頁 303

○**何琳儀**（1996）　"郣"（2213），疑讀"駘"或"怡"。《路史·後紀》四："伊、列、舟、駘、淳、戲、怡、向、州、薄、甘、隋、紀，皆姜姓國也。""駘、怡"地望不詳，估計在今河南中部。

《古幣叢考》（增訂本）頁 203

○**何琳儀**（1998）　鄆，从邑，軍聲。

趙方足布鄆，地名，疑讀駘或怡。《路史後記》四："伊、列、舟、駘、淳、戲、怡、向、州、薄、甘、隋、紀，皆姜姓國也。"

《戰國古文字典》頁 60

郎

　𝍂𝍂 三晉 122　　𝍂𝍂 三晉 122

○**吳榮曾**（1992）　二、𧵐（圖 2）

　　此字从貧从邑，也作𧵐者。在先秦文字中，从貝之字有時也可多出一貝，如《説文》"則"之古文，以及《汗簡》中之"敗"字，都作雙貝重疊之狀，和此幣正同。此字舊釋郎，不確。《大系》先秦卷疑爲鄭。不過鄭字上部从酉，至爲清楚，與此字明顯不同。

　　在戰國銅器刻銘和璽印文中也能見到此字，這對於正確釋讀此字大有幫助。在古璽印中有"佟鄆左司馬"一印（《古璽彙編》49），佟鄆在此似屬城邑之名，和幣文中之郎是否爲一地則不詳。

　　值得注意的是，在銅器刻銘中，貧字常是府字所从之字，例如：

　　1. 少貧 少府盉　上博藏品　　　2. 中𧶛 中府碯　《三代》20.29
　　3. 少𧶛 中府杖首　《三代》18.31　4. 少𧶛 銀器　《文物》980 年 7 期 2 頁
　　5. 𧶛 兆域圖　《文物》1979 年 1 期 23 頁

　　例 1 之府从广从𠃌从貝，而其餘幾例之貝字皆省作目，這在戰國文字中乃常有的現象。從府字的結構來看，广象屋字，貝表示屋内所藏爲財貨，而𠃌則爲府字之聲符。然而戰國時府字也有不从𠃌而从付者，有以下諸例：

　　1. 少𢓅 少府小器　《三代》18.40　　　2. 梁𢓅 稱幣權　《文物》1982 年 8 期 74 頁
　　3. 行𢓅 行府之璽　《古璽彙編》0128、0129　4. 中𢓅 春成侯鐘　《三代》18.19
　　5. 少府 十三年矛 歷博藏品

　　通過以上諸例，看出戰國府字演變的過程。最初似作𢓅，後改從付作𢓅，最後省去貝作府。漢代篆隸中府的寫法即從此沿襲而來。從府字的結構來分析，府先从𠂢，後來𠂢爲付所取代，則𠂢和付必同音，故知𠂢之讀音爲付。實際此字即負之本字。小篆中負字从刀从貝，今據戰國文字，知道刀顯然是𠂢之訛變，如从刀就不會有負的讀音了。將𠂢字和府字比較剖析的結果，明確了錢文上从負从邑之字，應寫作𨟠，是當時的一個城邑名，其讀音和付或府相同。

𨟠地在何處？由於在古籍中無徵，故還須從其讀音來尋找線索。古無輕脣音，於是清錢大昕指出，扶、苻、服等字應分別讀作酺、蒲、暴，而負當讀如背或倍。錢氏又云：

> 負亦老母之稱。《漢書·高帝紀》："常從王媼、武負貰酒。"如淳曰："俗謂老大母爲負。"師古曰：劉向《烈女傳》，"魏曲沃負者，魏大夫如耳之母也"。此則古語謂老母爲負耳。武負，武家之母也，案古稱老嫗爲負，若今稱婆，皆重脣，非輕脣。(《十駕齋養新錄》卷五。)

既然負和婆讀音相近，則《漢書·地理志》河內郡屬縣之一的波，疑即錢文上的𨟠。波廢於晉，但《水經注》曾提到其故址，在濟水條中述及溴水時云："溴水又東北逕波縣故城北。"又湛水條亦言"又東逕波縣之北"。據《清一統志》，漢代之波城在河南濟源東南二十里。戰國時這一帶屬魏，𨟠布爲魏的錢幣。

《中國錢幣》1992-2，頁 3—4

○何琳儀(1996)　《中國歷代貨幣大系》1886 著錄一枚上海博物館所藏方足布(圖1)，原書闕釋，又疑釋"鄭"。該布銘文右旁非"邑"，左旁亦非"奠"，故釋"鄭"顯然不妥。

一、首先討論左字。从該旁得聲的字有：

A　1　𨟠 中山 82　　　2　𨟠 中山 82

B　1　𨟠 文編 264　　　2　𨟠 文編 284　　　3　𨟠 貨系 1884

　　4　𨟠 璽彙 0049　　　5　𨟠 貨系 1874　　　6　𨟠 文編 264

C　1　𨟠 少府銀節約　　2　𨟠 璽彙 5343　　　3　𨟠 長陵盉

　　4　𨟠 中山鐵　　　　5　𨟠 璽彙 0304　　　6　𨟠 璽彙 5414

D　　𨟠 陶彙 3·749　　E　　𨟠 璽彙 0504

以上各字最能説明問題的是 C 字。絶大多數學者都認爲 C 應讀"府"，如"少府"(C1、C3)、"中府"(C4)、"䱐府"(C5)等。不過對 C 字的隸定有兩種不同的理解：隸定"𠂢"，讀"府"。隸定"𢆶"，讀"府"。

第一種隸定的主要根據是上揭 C6(圖2)，應釋"𠂢"，C 各體均爲"𠂢"之省簡(省"又")。其實這方官璽應釋"又𠂢"二字，讀"右府"(見燕國右府尹象尊），不一定必釋一字“廎”。因此，筆者傾向第二種解釋，即釋“廎”，讀“府”。

從字形分析，上揭 A—E 各字均从“負”。秦文字“負”作：負 雲夢 24·34 明確从“人”从“貝”，與《説文》吻合。上揭六國文字“負”所从“人”作 N 形，其右側一斜筆爲飾，乃“人”形之變體，參見：

及 ⿰ 侯馬 300　　　胎 ⿰ 璽彙 2976　　　長 ⿱ 璽彙 0878　　　夏 ⿰ 璽彙 0015

六國文字“負”所从“貝”或省作“目”形，在戰國文字中屢見不鮮，勿庸舉例。至於 B5、B6 从雙“貝”，屬“重疊偏旁”現象，筆者曾舉大量例證説明。故 A—E 各字均可以釋讀。

A.“頒”，應釋“塯”（戰國文字“土”旁往往作“立”旁），“坿”之異文。“負、付”雙聲可通。《莊子·大宗師》：“彼以生爲附贅縣疣。”《荀子·宥坐》注引“附”作“負”，是其佐證。“坿”作“頒”，與“府”作“廎”屬於平行異文現象。《説文》：“坿，益也。从土，付聲。”中山王墓雜器“塯”均爲人名。

B.“鄏”。B2 所从“人”旁比較特殊，如果參照 A2，知其應是 N 形之訛變。《古幣文編》264 誤釋 B2 爲“囗邑”二字，據該布拓本（圖 3）似應釋一字。諸如此類舊釋爲“囗邑”者，其實均是从“邑”从“囗”的字。如“邟、郖、鄏、邧”等，只能釋一字，而不能釋“囗邑”二字。關於“鄏”的地望，詳下文。“佫鄏”應讀“洛府”，因此該璽很可能爲周璽。三晉文字“府”作“廎”（上文所引銅器銘文），或作“坿”（《璽彙》0009、0352、1386、3442），而周文字作“鄏”，這説明戰國時代早已淪爲蕞爾小國的東、西周，文字方面仍保留自己的特點。或釋“佫鄏”爲“咎郎”，非是。

C.“廎”，諸傢均讀“府”。“少府、中府”是習見的官府名。“又廎”讀“右府”顯然是與“中府”相對而言。至於“饋廎”應讀“貸府”，應是古代原始信貸的機構，參見《周禮·地官·泉府》。

D.“藚”，“藚”之繁文。《説文》：“藚，王藚也，从艸，負聲。”陶文“藚”應讀“負”，姓氏，舜之後。舜遷於負，以國爲氏，見《姓氏考略》。“藚”亦可讀“苻”，姓氏，出有扈氏，見《十六國春秋》。

E.“饋”，“餔”之異文。《廣韻》：“餔，餔餾曰食也。”晉璽“饋”，人名。

圖1　　　　　　圖2　　　　　　圖3

《古幣叢考》（增訂本）頁 194—197

○**何琳儀**(1998)　⿰負阝,从邑,負聲。

方足布⿰負阝,疑讀負,地名。“負疋”之省稱。參負字。《姓氏考略》載有負姓,舜之後,舜遷於負,以國爲氏。晉璽⿰負阝,讀府。

《戰國古文字典》頁123

△**按**　字或釋爲“鄭”,非是。釋“⿰負阝”可從。

⿰皇阝

詛楚文

○**何琳儀**(1998)　⿰皇阝,从邑,皇聲。《集韻》:“⿰皇阝,縣名,在會稽。”

詛楚文“新⿰皇阝”,地名。參邦字。

《戰國古文字典》頁631

⿰美阝

包山168

○**何琳儀**(1998)　⿰美阝,从邑,美聲。

包山簡⿰美阝,疑讀養,姓氏。見样字。

《戰國古文字典》頁676

△**按**　包山簡又有“⿰羕阝”字,與“⿰美阝”近同。參“⿰羕阝”字條。

⿰⿱宀身阝

包山132

○**何琳儀**(1998)　⿰⿱宀身阝,从邑,⿱宀身聲。

包山簡“東⿰⿱宀身阝”。地名。

《戰國古文字典》頁1140

△**按**　《戰國文字編》(414頁)將此字歸在“竆”字下,恐非是。此字从宀,不从穴。

鄈

陶彙 3·347

○**何琳儀**（1998）　鄈，从邑，旅聲。都之異文。《古文四聲韻》上平二十七都作 ，其左明顯爲旅。《汗簡》中之一·三十三都作 ，其左旁稍有訛變。旅、都聲韻相通，故燕系文字、傳抄古文均以鄈爲都。或直接釋鄈爲都，則欠精確。或據三體石經《僖公》諸作 ，遂釋燕系文字 旁爲者，尤誤。蓋石經以旅爲諸。者从朱，而《説文》：“朱，古文旅字。”是其確證。

燕器鄈，讀都。《左·隱元年》：“大都不過參國之一，中五之一，小九之一。”《戰國策·秦策》：“王不如因而賂一名都。”注：“都，邑。”

《戰國古文字典》頁 566

△**按**　《戰國文字編》（437 頁）隸定爲“鄈”，从旂，不確。古文“都”所从之“旅”，亦有可能是從“者”訛變而來。從古文字材料來看，像 （者汈鐘）、 （中都戈“都”旁）一類寫法的“者”字訛變成 ，與“旅”成爲同形字，是完全可能的。新出上海博物館所藏戰國楚竹書“者”字多有類“旅”形者，如《緇衣》篇“又國者”之“者”字作 ，與“旅”字幾無別。當然，“都”字所从之“旅”，就算是由“者”訛變而來，但在共時系統裏，認爲其從“旅”得聲，也是可以的。

鄱

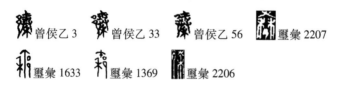

曾侯乙 3　　曾侯乙 33　　曾侯乙 56　　璽彙 2207

璽彙 1633　　璽彙 1369　　璽彙 2206

○**裘錫圭、李家浩**（1989）　鄱，从“邑”“秦”聲，即秦國之“秦”的專用字。

《曾侯乙墓》頁 504

○**何琳儀**（1998）　鄱，从邑，秦聲。

晉璽鄱，讀秦，姓氏。見秦字。

隨縣簡鄱，讀秦，國名。見秦字。

《戰國古文字典》頁 1157

△**按**　當爲“秦”之地名或姓氏之專用字。《楚文字編》（410 頁）：“秦國

之秦。"

䣄

璽彙 2130

○**吳振武**(1983)　2130 䣄疢・䣄(素)疢。

《古文字學論集》(初編)頁 504

○**何琳儀**(1998)　䣄,从邑,素聲。

晉璽䣄,讀素,姓氏。見《姓苑》。

《戰國古文字典》頁 585

△**按**　宋王應麟《姓氏急就篇》載"後魏有并州刺史素延"。

鄟

包山 26　　包山 26　　包山 193

○**朱活**(1983)　鄟鍰,鄟的地望在山東南部,本爲古代小國,春秋時,魯之附庸,後滅於魯。《春秋》《左傳》中,鄟字凡三見:一見《春秋・成公六年》"取鄟",再見《春秋・昭公二十六年》"盟於鄟陵",三見《左傳・襄公九年》"門於鄟門"。按鄟門爲鄭地,而"取鄟、盟於鄟陵"其地皆近魯,一説在山東沂州府郯城縣東北。戰國時,楚的疆域是"東裹郯邳",楚滅魯,其疆(編按:當脱"域"字)深入山東,所以鄟屬楚。一説鄟在今山東濟寧南。總之,鄟(編按:原文作"专",誤)鍰的鑄造應(編按:當補"是"字)在鄟入楚以後的事。

《江漢考古》1983-3,頁 33

○**何琳儀**(1998)　鄟,从邑,專聲。

齊璽鄟,讀博,地名。《左・哀十一年》:"公會吳子伐齊克博。"在今山東泰安東南。

包山簡"鄟昜",讀"復陽",地名。《易・需》"有孚",釋文:"孚又作専。"漢帛書作復。是其佐證。"復陽"見《漢書・地理志》南陽郡。在今河南桐柏西北。

《戰國古文字典》頁 599

【鄟昜】包山 26

○**徐少華**(1997) 簡26:八月壬申之日,郙陽大正鄧生鈢受期,八月癸巳之日不將郙陽邑大夫以廷,升門又敗;簡193:辛巳,郙邑人秀鬲、欒□。

這是有關郙陽臣民糾紛案的兩條記載,"郙邑"當是郙陽邑之簡稱,其地望應在淮北泗沂地區,即春秋之偪陽國,漢晉傅陽縣所在,故址在今山東棗莊市南、臺兒莊西北一帶。

按郙、傅均从"甫"得聲,古音同義通,可以互用。又傅、偪古音相近,常互爲用,《左傳》之偪陽,《穀梁傳》作"傅陽",漢晉時於其他(**編按**:當爲"地"之誤)置傅陽縣,即爲明證。

有關古偪陽國的歷史地理,我們曾結合文獻記載和銅器銘文作過綜合分析,其爲古祝融八姓之一的妘姓宗支所立,西周時當在今陝西朝邑縣西北的"輔氏城",西周滅亡後東遷淮北泗沂地區。據《左傳》記載,魯襄公十年(公元前563年),偪陽爲晉荀偃、士匄所率的諸侯之師所伐滅,並將其部分族嗣遷於晉境。然從出土文物和包山、望山楚簡的有關記載來看,戰國早中期偪陽國似仍存在,我們推測當是晉滅偪陽之後,又爲楚人所復立的緣故,只是將其地域由原來的泗沂之閒西遷到故蔡國境内,即文獻所載的故上蔡之郙亭、郙鄉一帶。

晉及諸侯之師滅偪陽之後,其故地的歸屬情況,記載不明,從當時的形勢分析,當爲齊魯所據有,其地入楚當在公元前447年楚滅蔡取州來之後,"東侵,廣地至泗上"至前431年"北伐滅莒"期閒。簡文稱"傅陽",與《穀梁傳》及漢晉記載相一致,由此可見,傅陽乃偪陽國之正稱,"偪陽"是《左傳》所用的同音假借字,在這一問題上,《穀梁傳》的記載更近於史實。

《武漢大學學報》1997-4,頁107

○**劉信芳**(2003) "郙"之字形可參"敷"(142)、"搏"(133)、"嫥"(185)、"團"(172),字或隸作"鄟",非是。"郙昜"關係到楚史研究中的一個重要問題。楚金幣有"郙稱",發現於1930年,今藏上海博物館。學者多釋"郙"爲"鄟",認爲即魯地之"鄟",誤。楚亡魯係考烈王十四年,鄟地離楚主要經濟活動區太遠,楚不太可能在魯地設鑄幣機構。從字形看,"郙爯"之"郙"與本簡"郙昜"之"郙"是一字無疑。《左傳》桓公十一年:"鄖人軍于蒲騷,將與隨、絞、州、蓼伐楚師。"杜預《注》:"蒲騷,鄖邑。"鄖地在今湖北安陸西南。又《左傳》昭公元年有"蒲宮",服虔《注》:"蒲宮,楚君離宮。"

郙、蒲讀音相近,例可通轉,"郙昜"應在"蒲騷"附近,"蒲宮"亦應在此。黄錫全《橅比堂圻布應是楚幣》一文釋"専爯、郙昜"(湖北錢幣學會1994年討論會論文,後載《中國錢幣》1995 年 2 期,有删節),説與拙見合。惟黄氏云：
"鄌昜"當即"傅昜","地在今山東棗莊或江蘇沛縣一帶。"按此"傅陽"古稱
"偪陽",包山簡作"福陽",説參簡 37 注。何琳儀云："金版銘文'尃'讀'鄌'。
《説文》：'鄌,汝南上蔡亭。從邑,甫聲。'在今河南上蔡西南。"

《包山楚簡解詁》頁 40—41

△按 "鄌"與"鄿"非一字,參見"鄿"字條。

鄌

包山 68　　曾侯乙 144　　包山 143　　曾侯乙 60
包山 110　　包山 118　　包山 168　　包山 184

○何琳儀（1998） 鄌,從邑,鬲聲。《字彙》："鄌,戎國名。"酈之異文。《龍龕
手鑒》："酈,戎國名。俗體作鄌。"鄌即酈之訛變。

　　楚系文字鄌,讀酈,地名。即《漢書·地理志》南陽郡"酈縣"。在今河南
南陽北。

《戰國古文字典》頁 764

○劉信芳（2003） 讀爲"櫟",鄌從鬲聲,《説文》"鬲"又作"歷",從瓦,麻聲。
而從麻之櫪又用作"櫟",張衡《南都賦》："楓柙櫨櫪。"李善《注》："櫪與櫟
同。"《左傳》昭公四年："吳伐楚,入棘、櫟、麻。"杜預《注》："棘、櫟、麻皆楚東
鄙邑。譙國酇縣東經有棘亭,汝陰新蔡縣東北有櫟亭。"《水經注·汝水》："汝
水又東,逕櫟亭北,《春秋》之棘櫟也……今城在新蔡故城西北,城北半淪水。"
《春秋大事表》卷七："今河南汝寧府新蔡縣北二十里有野櫟店,即古櫟城也。"
1974 年河南扶溝曾出土楚金幣"鄌爯"一塊(《河南扶溝古城村出土的楚金銀
幣》,《文物》1990 年 10 期),該金幣即鑄於鄌地。學者或釋"鄌"爲"酈",認爲
其地在今河南南陽。按讀"鄌"爲"酈"在音理上可備一説,惟無實證。朱活讀
"鄌"爲"櫟",但認爲即《左傳》莊公十四年"鄭厲公自櫟侵鄭"之"櫟"(《楚金
雜譚》,《江漢考古》1983 年 3 期)。按該"櫟"戰國時爲"陽翟"之所在,曾爲韓
國都城,簡文另有地名"易翟",因而楚簡、金幣之"櫟"不可能是春秋時鄭國之
"櫟"。又蔡運章釋"鬲"爲"歷",謂歷陽之地,《漢志》九江郡有歷陽縣,其地
在今安徽省和縣西三十里(《鄌爰考》,《甲骨金文與古史研究》)。按此説亦
頗有參考價值,郭店《窮達以時》簡 2"鬲山"即"歷山"。惟"鄌"與"歷陽"畢

竟名稱不同,是此説困難之處。

《包山楚簡解詁》頁 102

△**按**　字之"帚"旁上部有兩種不同寫法,《楚文字編》據此分爲兩個"鄗"字,分別見《楚文字編》409、411 頁。當合併。

【鄗冉】《先秦》頁 27

○**朱活**(1983)　鄗爰,鄗即櫟,亦作歷,本爲鄭邑,《左傳·莊公十四年》:"鄭厲公櫟侵鄭。"戰國時曾爲韓都陽翟所在地,《路史·國名記》:"陽翟,櫟也。"今河南省禹縣。或謂櫟即櫟陽。《路史·國名記》:"昭公四年,吳入櫟,有故櫟城在新蔡故城西北。"

《江漢考古》1983-3,頁 33

○**曹桂岑**(1983)　鄗爰:僅河南省扶溝縣古城村出土一塊,被切割成方形的金版,正面有三整鈐印和二半鈐印。"鄗"字即"鄗"字,是楚國的一個地名,"鄗爰"還是首次發現。

《楚文化研究論文集》頁 133

○**蔡運章**(1984)　1974 年 8 月,河南省扶溝縣古城村出土了一批春秋戰國時期楚國的金銀幣,其中的一塊鄗爰,在以往的著録中未曾見過,爲研究楚國的貨幣制度提供了珍貴的新資料。但是,鄗爰是楚國何地鑄造的貨幣? 目前尚未得到解決。我們僅就這個問題,粗抒淺見,以供參考。

　　這批金銀幣中,有一塊金版的正面鈐有"鄗爰"二字的小方印。因這塊金版爲稱量貨幣,出土時已被切割使用過,尚保存着三整印和二半印。其中的"鄗"字,《河南扶溝古城村出土的楚金銀幣》釋爲"鄗"字,並指出"係楚國一重要地名",這種看法是很正確的。

　　但是,"鄗"究爲何地? 錢幣學界存在着不同的看法。黃盛章（編按:當作"璋"）先生認爲:"楚國地名無从'帚'之字,當是'酈'字異寫……按酈《説文》'从邑麗聲',古音與歷皆在佳部,音韻皆同,酈食其、酈商雖爲高陽人,但得姓必與酈有關,其姓至今仍有,顏注於酈姓'音歷'(即'郎益反'之音),最爲可據,而'帚'聲與'麗、酈、歷'古音韻皆同,作爲地名,初無完字,可取音同,故鄗即櫟,可以無疑。"朱活先生認爲:"按鄗即櫟,春秋鄭國別都,在今河南禹縣,戰國時稱陽翟,曾爲韓都。不知何年入楚。"這些解釋都單憑音韻立説,缺乏更多的證據,實難令人信服。我們認爲,"鄗"當是"歷"的假借字,"鄗爰"應是戰國時期楚國歷陽鑄造的貨幣。

　　"鄗"乃帚字的異體。我們知道,帚在用作地名時,爲了加強其作爲地名的表意成分,可以增置邑旁。這種現象在古文字中屢見不鮮,例如:豐亦作鄷,會亦作鄶,未亦作邾,息亦作鄎,皆是其證。《正字通》説"鄏,地志本作鬲",是其直接的佳證。

鬲,通作歷。因歷、鬲古音相近(同在錫部),可以通假。《説文·鬲部》云:"甌,鬲或从瓦。鬛,漢令鬲,从瓦,麻聲。"《集韻》説:"鬛,音歷,瓦器,或作甌。"《廣雅·釋器》王念孫疏證:"鬲,漢令作鬛,或作甌。"由此可見"鬲"通作"麻"。然而,"麻"乃"歷"之古文。《易·革辭》:"治麻明時。"《漢書·律曆志上》作"治曆明時"。《尚書·堯典》:"麻象日月星辰。"《漢書·律曆志上》、《藝文志》皆作"曆象日月星辰"。《論語·堯曰》:"天之麻數在爾躬。"《漢書·律曆志》作"天之曆數在爾躬"。《莊子·天下篇》:"麻物之意。"王夫之注:"麻同歷。"《釋文》云:"麻,古歷字。"凡此足證"鬲、歷"可以通用。《史記·滑稽列傳》載:"銅歷爲棺。"《索隱》按:"歷即釜鬲也。"《説文》鬲字段玉裁注:"魏三體石經以鬲爲大誥嗣無疆大歷服之歷。"更是其直接的佳證。由此可見,鬲、歷古相通假,當無疑問。

先秦時期以"歷"爲地名的地方很多。如齊、晉兩國皆有歷山,楚國有歷陽等。但是,這種金爰的鑄造地名和出土地域都説明它是戰國時期楚國的鑄幣。因此,"鄏爰"的鑄造地只能是楚國的歷陽,齊、晉兩國的歷山當排除在外,不予考慮。(中略)

歷陽爲先秦古邑,因歷水得名,秦時已置縣,漢爲九江郡治,地在今安徽省和縣西三十里,戰國時屬楚國疆土。

綜上所述,我們認爲"鄏爰"乃戰國時期楚國歷陽鑄造的貨幣,是較爲妥當的。

《中國錢幣》1984-3,頁 11、54

○**吳興漢**(1987) 鄏爰:1974 年河南扶溝古城村出土一塊,這種鄏爰金幣乃是首次發現,雖不完整,但保存着三整印和二半印。對印記中的"釋"字,諸家有不同的看法,朱活先生認爲:"按鄏即櫟,春秋鄭國别都,在今河南禹縣,戰國時稱陽翟,曾爲韓都,不知何年入楚。"蔡運章先生則認爲:"鄏"當是"歷"的假借字,鄏爰應是戰國時期楚國歷陽鑄造的貨幣。此説可信。《讀史方輿紀要》卷二十九載:"歷陽廢縣,今(和)州治,秦縣也。"又載:"歷湖,(和)州西三十里,周圍七十里,舊稱巨漫。一作歷湖,又爲歷陽湖。"可見歷陽爲先秦古邑,因歷水得名,戰國時屬楚國疆土,其地在今安徽和縣西三十里。

《楚文化研究論集》1,頁 138

○**羅運環**（1995）　　過去所釋的“鄖爰（或孚）、陳爰（或孚）、郘爰”，都應改釋爲“鄖爯、陳爯、郘爯”。

《江漢考古》1995-3，頁 68

○**蔡運章**（1995）　　【郘爯·金版】或名“郘爰”。戰國黃金稱量貨幣。鑄行於楚國。略呈長方版狀碎塊。面鈐陰文方印，印文“郘爯”。“郘”，通作歷，爲地名，戰國屬楚。《史記·項羽本紀》：“歷陽侯范增。”《正義》引《地括志》：“和州歷陽縣，本漢舊縣，南有歷水，故曰歷陽。”在今安徽和縣西。或謂郘即櫟，在今河南禹縣。1974 年河南扶溝發現 2 件，分別爲三整印和二半印，大者長 2.9，寬 2.5 釐米。

《中國錢幣大辭典·先秦編》頁 27

△**按**　　“郘爰”乃“郘爯”之舊釋，應改“郘爯”。

鄇

璽彙 2143

○**吳振武**（1983）　　2143 鄇目·鄇（駒）目。

《古文字學論集》（初編）頁 504

○**何琳儀**（1998）　　鄇，從邑，駒省聲。參駒字。
　　晉璽鄇，讀駒，姓氏。晉大夫郤克，食采於駒稱駒氏。見《左傳》。

《戰國古文字典》頁 345

△**按**　　隸定爲“鄇”可從。

啟邑

豸
包山 63　　豸
包山 182　　豸
包山 191　　豸
上博二·容成 53

○**何琳儀**（1998）　　啟邑，從邑，攴聲。
　　包山簡啟邑，讀啟，姓氏。見攴字。

《戰國古文字典》頁 744

△**按**　　“殷”字增益邑旁之繁體，參卷八月部“殷”字條。《戰國古文字典》隸定爲“啟邑”。

鄈

璽彙 2087　　 璽彙 2089

璽彙 3425

○**何琳儀**（1998）　鄈，从邑，裘聲。

　　戰國文字鄈，讀狄，姓氏。見狄字。

《戰國古文字典》頁 757

△**按**　《璽彙》將 2087、2089 釋爲“狄”，而對 3425 則無釋。3425 左右偏旁互置，釋“鄈”可從。

鄴

考古 1990-2，頁 171　鄴右庀戈

○**何琳儀**（1998）　鄴，从邑，乘聲。

　　鄴右戟鄴，讀乘，地名，即“乘氏”。見《漢書·地理志》濟陰郡，又名“乘丘”。氏與丘均地名後綴。《括地志》：“乘丘，在瑕丘縣西北，居之者以爲氏。”在今山東鉅野西。

《戰國古文字典》頁 146

鄒

包山 153

○**何琳儀**（1998）　鄒，从邑，隻聲。

　　包山簡鄒，地名。

《戰國古文字典》頁 443

△**按**　《包山楚簡》隸作“郓”，當正。

鄙

貨系 1678

○**李家浩**（1992）　《貨幣》著録的 1678 平肩方足布，面文一字，作如下之形：⿰⿱田田丂

此字應當釋爲“鄑”（編按：原書凡“鄑”皆作“鄶”，當爲印刷錯誤，直接改正，下同），原書釋爲“留邑”二字，非是。戰國貨幣面文如果是一個由左右兩個偏旁組成的字，往往將左右偏旁的距離寫得比較開，很像是兩個字。（中略）平肩空首布絶大多數面文只有一字，前人多認爲有一部分文字是地名，其中有面文“留”。平肩空首布的年代比平肩方足布早，大概在春秋晚期至戰國早期。如果平肩空首留布的“留”確實像前人所説的那樣是地名，那麽與平肩方足鄑布的“鄑”當是同一個地名的不同寫法。戰國文字往往在地名之字上加注意符“邑”，以表示那個字是地名。“鄑”從“邑”，應該是地名留後起的專字。

關於平肩空首留布之“留”的地理位置，舊有兩種説法：一、指屯留（或作“純留”），在今山西屯留縣南；二、指見於《左傳》襄公元年等的留，在今安徽沛縣東南。經分析，這兩種説法都不可信。一、平肩方足布面文既有“鄑”，又有“屯留”，説明鄑與屯留是兩個不同的地名，平肩空首留布的留不可能是屯留的省稱；二、據目前對先秦貨幣的認識，沛縣不是鑄造平肩空首布和平肩方足布這兩種形態貨幣的地區，因此平肩空首留布之留不可能是指位於今天沛縣東南的留。

《詩·王風·丘中有麻》説：“丘中有麻，彼留子嗟……丘中有麥，彼留子國。”毛傳：“留，大夫氏；子嗟，字也……子國，子嗟父。”清人陳奐《詩毛氏傳疏》對毛傳作了疏證，原文説：

> 留，即春秋劉子邑。《漢書·地理志》“河南郡緱氏劉聚，周大夫劉子邑”。《水經·洛水注》云“合水北與劉水合，水出半石東山，西北流注於劉聚，三面臨澗，在緱氏西南。周畿内劉子國，故謂之劉澗”。蓋其地也。考桓十一年《公羊傳》“古者鄭國處於留”。鄭滅鄶在春秋前。隱十一年《左傳》“王取鄔、劉、蔿、邘之田於鄭”，杜注云：“河南緱氏縣北有劉亭。”“劉”與“留”通。“王”，桓王也。春秋之前爲鄭邑，至桓王時爲周邑，定王時劉康公始食采於劉，其後子孫世有其采地，劉夏、劉卷皆是矣。《詩》言“留子嗟、留子國”，是在桓、莊之際，“留”乃子國、子嗟之采邑。傳云“留，大夫氏”者，是其爲周之大夫，以邑爲氏，猶劉夏、劉卷之比也。

馬瑞辰《毛詩傳箋通釋》也有類似的説法。“劉”字繁體作“劉”與“留”字都從“卯”得聲，可以通用。《爾雅·釋鳥》“鷚，劉疾”，陸德明《釋文》：“劉字或作‘留’，音留。”此是其例。陳氏認爲留子國、留子嗟的采邑“留”，就是春秋時

劉康公的采邑"劉",是非常正確的。不過陳氏又認爲《詩》之"留"與《公羊傳》"古者鄭國處於留"之"留"是指同一個邑卻是錯誤的。據《漢書·地理志》引孟康曰,鄭之"留"後爲陳所併,名爲"陳留",其地在今河南陳留縣,與劉子邑無關。劉康公采邑劉在今河南偃師西南,春秋戰國時屬周。

我們認爲幣文的"鄮"或"留",就是《詩》留子國、留子嗟的采邑留,也就是《漢書·地理志》等所説的劉子邑。若此,留布和鄮布都是周留(劉)邑所鑄造的貨幣。

《著名中年語言學家自選集·李家浩卷》頁 167—169,2002;
原載《中國錢幣學會成立十周年紀念文集》

○ **黃錫全**(1993)

1678	𨜚	留邑	鄮(劉)	河南偃師縣西南	周	方

《先秦貨幣研究》頁 354,2001;原載《第二屆國際中國古文字學研討會論文集》

○ **梁曉景**(1995)　【鄮·平裆方足平首布】戰國晚期青銅鑄幣。鑄行於周王畿,流通於三晉、兩周等地。屬小型布。面文"鄮"。背無文。"鄮"古地名,戰國屬周。《公羊傳·桓公十一年》:"古者鄭國處於留。"在今河南偃師西南。通長 4.8、身長 3.2、肩寬 2.4、足寬 2.5 釐米。罕見。

《中國錢幣大辭典·先秦編》頁 294

○ **何琳儀**(1996)　《貨系》1678 著録方足布,銘文一字(圖 4)。原釋"留邑",非是。其實該布銘文只有一字,從"邑"從"留",即"鄮"字。方足布獨字銘文往往加"邑"旁表示地名,例不贅舉,參另文。

方足布"鄮"應讀"留",周畿内國名。《詩·王風·丘中有麻》:"丘中有麻,彼留子嗟。"傳:"留,大夫氏。"陳奐曰:"留,即春秋劉子邑。"《漢書·地理志》:"河南郡緱氏劉聚,周大夫留子邑。"在今河南偃師西南,戰國應屬西周國。

《古幣叢考》(增訂本)頁 76

○ **何琳儀**(1998)　鄮,從邑,留聲。

周方足布鄮,讀留,地名。見留字。

《戰國古文字典》頁 263

鄌

𨜳 璽彙 3624

○**何琳儀**（1998）　郎，从邑，䏏聲。

　　楚璽郎，讀自，姓氏。見自字。

《戰國古文字典》頁 1273

△**按**《璽彙》隸定爲“郎”。

郑

集成 11027 郑戈　　　包山 169　　　包山 166

○**何琳儀**（1998）　郑，从邑，羕聲。

　　楚系器郑，讀養，地名。見養字。

《戰國古文字典》頁 676

△**按**　包山簡又有“郑”字，參上“郑”字條。

鄜

包山 175　　　包山 190
包山 174

○**何琳儀**（1993）　原篆作，應隸定“鄜”，釋“鄜”。下文“鄜邑人”175 之“鄜”不从“止”，是其確證。

《江漢考古》1993-4，頁 62

○**何琳儀**（1998）　鄜，从邑，鹿（下或加止繁化）聲。《廣韻》屋韻禄小韻“盧谷切”下“鄜，地名”，而《集韻》：“鄜，《說文》在馮翊縣，或作鄜。”檢《廣韻》虞韻敷小韻“芳無切”下“鄜，鄜州，漢鄜縣”，舊說多以鄜爲鄜之省文，而歸入上古音宵部（或幽部）。其實鄜自有“盧谷切”之音，可歸入上古音來紐侯部。鄜、鄜或非一字，鄜入宵部，鄜入侯部。《集韻》以鄜、鄜爲一字，可疑。或說鄜、鄜爲宵、侯旁轉，故有“芳無、盧谷”二音。

　　包山簡鄜，地名，疑即“鹿邑”。《左·成十六年》：“知武子佐下軍，以諸侯之師侵陳，至於鳴鹿。”注：“陳國武平縣西南有鹿邑。”在今河南鹿邑西。

《戰國古文字典》頁 381—382

△**按**　《包山楚簡》（30 頁）將簡 174 之隸定爲“隵”，不妥，“邑”旁應居右邊。

【鄜邑】包山 174、175

○**徐少華**（1997）　簡 174：乙酉，鹿邑人陽越；簡 175：乙酉，鹿邑人鄧甫；簡 190：戊寅，鹿邑人鄧□。

　　簡文之"鹿邑"，當即春秋之鳴鹿，隋至金代的鹿邑縣所在。《左傳》成公十六年載"諸侯之師侵陳，至於鳴鹿"，杜預注："陳國武平縣西南有鹿邑。"《後漢書・郡國二》陳國"武平"縣下劉昭補注亦有此說，則鳴鹿爲故陳地，後來轉屬於楚。武平縣，爲東漢所置，魏晉沿用不改，故城在清代鹿邑縣（即今河南鹿邑縣）西北 40 里，而位於漢晉武平縣西南的鹿邑、春秋之鳴鹿，當不出今河南鹿邑縣以西的試量至辛集鄉一帶，約在故陳城（今河南）東北 60 里左右。

　　若此說不誤，則表明陳之鳴鹿在春秋戰國之際楚滅陳、其地轉屬於楚之後不久即改名爲鹿邑，漢晉之鹿邑、隋至今之鹿邑縣當沿楚之舊稱而來，從而又可補文獻記載之缺如。

《武漢大學學報》1997-4，頁 104

○**劉信芳**（2003）　簡 175、190 作"鄜邑"。《左傳》成公十六年："知武子佐下軍，以諸侯之師侵陳，至於鳴鹿。"杜預《注》："陳國武平縣西南有鹿邑。"《水經注・陰溝水》："渦水又東逕鹿邑城北，世謂之虎鄉城，非也。《春秋》之鳴鹿矣，杜預曰：陳國武平西南有鹿邑亭，是也。"楊守敬《疏》："《元和志》鹿邑故城在鹿邑縣西十三里。《寰宇記》鳴鹿臺在縣城內。城在今鹿邑縣西六十里。"鹿邑在今河南省，地與安徽交界。

《包山楚簡解詁》頁 203

郲

 璽彙 2551

○**何琳儀**（1998）　郲，從邑，㚼聲。

　　楚璽"郲卲"，與楚璽"㚼卲"疑爲一人之印，唯繁簡有別。見㚼字。

《戰國古文字典》頁 80

酇

璽彙 1616　　　璽彙 1613　　　璽彙 1615

○**何琳儀**（1998） 酁，从邑，曹聲。國名、姓氏專用字。

《戰國古文字典》頁 231—232

鄿

𩵋璽彙 2178　　**𩵋**貨系 2488

○**何琳儀**（1990） “鄿”（2488）（圖 3），即“莧”。《説文》：“莧，山羊細角者。从兔足，莔聲。”徐鉉注：“莔非聲，疑象形。”按，幣文純爲象形，其上从羊角形，與“山羊細角者”正合。“鄿”，讀“䕍”（詳拙文《三孔布幣考》）。

《古幣叢考》（增訂本）頁 148，2002；原載《中國錢幣》1990-3

○**何琳儀**（1993） “鄿”（2488）（圖 3）。此字又見《古璽彙編》2178。“莧”及从“莧”之字在戰國文字中習見，如廿四年申陰戈“莧”（**中略**）等。筆者舊讀“鄿”爲“元”，失之迂遠。今改釋“䕍”。《説文》：“䦢，呼也。从䀠，莧聲。讀若讙。”是其佐證。《燕策》一：“䕍之難，燕再戰不勝，趙弗救。”此後又見《齊策》二，時間相當周顯王三十六年（公元前 333 年）。程恩澤曰：“《元和志》桓州真定縣北有（**編按：**“有”字衍）二十里有故䕍城，即古之犍鄉也。後漢建武元年，賈復與王校戰於真定，大破之。即此地，今在正定縣北二十里。”在今河北正定北，戰國先屬燕國，後屬趙國。

《古幣叢考》（增訂本）頁 159—160，2002；原載《中國錢幣》1993-4

○**黃錫全**（1993）

2488	𩵋	□邑（疑鹿邑）	鄿	或讀䕍，在今河北正定北	魏	孔

《先秦貨幣研究》頁 356，2001；原載《第二屆國際中國古文字學研討會論文集》

○**梁曉景**（1995） 【𩵋·三孔平首布】戰國晚期青銅鑄幣。鑄行於趙國，流通於三晉等地。面文“𩵋”，待考。或釋爲“鄿”，通作元，古地名，戰國屬趙。《漢書·地理志》魏郡有元城，在今河北大名東。按形制有大小兩種：大型者一般通長 6.9、身長 4.8、面寬 3.5 釐米。小型者背鑄“十二朱”，背首穿孔上有數字“二”。一般通長 5.3、身長 3.4、面寬 2.8 釐米，重 6.8 克。極罕見。

《中國貨幣大辭典·先秦編》頁 387

○**何琳儀**（1998） 鄿，从邑，莧聲。

晉璽鄿，姓氏，疑讀寬。見《奇姓通》。

趙三孔布鄿，讀䕍，地名。《説文》：“䦢，呼也。从䀠，莧聲。讀若讙。”是其佐證。《戰國策·燕策》一:"權之難,燕再戰不勝,趙弗救。"在今河北正定北。

《戰國古文字典》頁 986

△按　《璽彙》2178 字迹模糊,《璽彙》隸定爲"鄭"。釋"鄬"當可從。

鄬

鄲 璽彙 1870　　鄲 璽彙 1871　　鄲 璽彙 1872

○**李先登**(1978)　泥質灰陶,口沿下有弦紋,印旁飾繩紋。殘高 8.1 釐米,殘寬 5.4 釐米。豎向捺印銘文,印文外框高 2 釐米,寬 2.1 釐米。内框高 1.75 釐米,寬 1.75 釐米。《陶璽文字合證》一著録之陶片及銅璽均與此同文,而尤以銅璽與本片酷似,疑本片乃該銅璽所捺印者。北京故宫博物院藏有一方銅璽,與此同文。

彈,隸定爲鄮,从專省,即鄮字。《春秋·成公六年》:"(魯)取鄮。"《穀梁傳》以爲國名,在今山東省剡城東北,《公羊傳》以爲邾國之邑。幣即師字,古代職官名。市師乃戰國職官名,是管理市場的官吏,見於《周禮》。璽字即坏字,印璽也。因此,本片陶文係官印所捺印。

《天津師院學報》1978-2,頁 93

○**吴振武**(1983)　1870　鄮安·鄮(史)安。

1871—1873"鄮"字同此釋。

《古文字學論集》(初編)頁 501

○**何琳儀**(1998)　鄮,从邑,專聲。

晉璽鄮,讀專,姓氏。見專字。

《戰國古文字典》頁 1025

△按　釋"鄮"可從。木部"槫"字作**槫**(《璽彙》0254),所從與"鄮"字同,可參。

都

都 曾侯乙 147　　**都** 曾侯乙 167　　**都** 曾侯乙 170　　**都** 曾侯乙 182

○**何琳儀**(1998)　都,从邑,奢聲。

隨縣簡都，讀奢，姓氏。黃帝臣有奢比。見《路史》。

《戰國古文字典》頁 517

鄢　邱

 璽彙 0577　　湖南 18

○**何琳儀**（1998）　鄢，從邑，區聲。

齊璽鄢，人名。

《戰國古文字典》頁 350

△**按**　古"區"字可省從一"口"，或從二"口"（古陶文）。《璽彙》該字缺釋。

�

 集成 10829 �戈　　包山 164

○**何琳儀**（1998）　�，從邑，㚔聲。（㚔，奎之繁文。參甲骨文執作，金文圉作。）

�戈�，讀執。地名。《漢書·地理志》北海郡"瓡，侯國"，注："瓡，即執字。"在今山東濰坊東。

包山簡�，讀摯，地名。《詩·大雅·大明》"摯仲氏任"，傳："摯，國名。"在今河南汝南。

《戰國古文字典》頁 1381

鄑　郇

包山 103 　　包山 115

○**劉彬徽、彭浩、胡雅麗、劉祖信**（1991）　鄑郇，地名。《左傳·哀公四年》："晉師在敖鄑之閒。"杜注："二山在滎陽西北。"一説爲陸渾山。

《包山楚簡》頁 46

○**湯餘惠**（1993）　　103 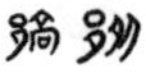　　115　　注 172："鄑郇，地名。《左傳·哀公四年》：'晉師在敖鄑之閒。'杜注：'二山在滎陽西北。'"從簡文看，鄑郇確係地名。"郇"同"郇"，字左爲閒字的省寫，不省之形作，見於戰國楚器曾姬無卹

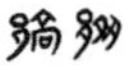

壺,《説文》古文稍訛作闋。鄘郿爲楚地,與《左傳》的"敖鄘"恐非一事,不得於滎陽以北求之。我以爲簡文"鄘郿"大概就是曾壺的"蒿閒",壺銘云:"聖趄之夫人曾姬無卹,墨安茲漾陵蒿閒之無駆。"後半句頗費解,説者紛紜。我的看法,"安"當解爲"自安於夫鐘"之"安"(《左·文十一年》),居止之義。漾陵、蒿閒下屬之邑里,而蒿閒則似當從屬於漾陵,確切地理位置有待進一步考證。

《考古與文物》1993-2,頁 71—72

○**何琳儀**(1998)　郿,从邑,刵聲。

包山簡"鄘郿",參閒字。

《戰國古文字典》頁 913

△**按**　字从"閒"省,《戰國文字編》《楚文字編》皆隸定作"郿",亦可從。

郅

璽彙 1912　 璽彙 1915　 璽彙 1916

○**何琳儀**(1998)　郅,从邑,垩聲。疑郅之繁文。《集韻》:"郅,地名。"

晉璽郅,讀采,姓氏。見采字。

《戰國古文字典》頁 97

△**按**　"郅"字从"采",非从"采"。"郅"增"土"而爲"郅"之繁構,可從。

鄩

三晉 99　 三晉 100　 三晉 100

○**黃錫全**(1993)

1993		鄩	鄩	泫,山西高平縣	魏	方

《先秦貨幣研究》頁 355,2001;原載《第二屆國際中國古文字學研討會論文集》

○**何琳儀**(1998)　尋,甲骨文作𥁰(前六·一八·一)。从受从目,會雙手聚目以引視之意。《集韻》:"尋,手循。"金文作𥁰(曼龏父盨曼作𥁰)。戰國文字承襲金文。目訛日形。《説文》失載。

鄩,从邑,尋聲。

魏幣"鄩氏",讀"泫氏"。《顏氏家訓·書證》:"擐當作撏。"《説文》𩢷讀若弦,又若環。是其佐證。《竹書紀年》晉烈公九年"趙獻子城泫氏"。在今山西高平。

《戰國古文字典》頁 1054

【鄩氏】貨系 1441、1442

○丁福保（1938）　鄩氏　見第三一五—三一八圖

　　《古金待問録》右三品左文爲千，右文當是二字，其中一字，《路史》有作𠦛者，王存乂以爲軒轅之幣，謂古軒轅字合爲一，此幣𪓑字近之，姑記之俟考。

　　培按，（中略）朱氏分首一字爲二字，且以𠦛字證之，近於附會。《後漢書·郡國志》，河南有鄩聚，古鄩氏，今名蠻中，注引《左傳》昭十六年楚殺蠻子，杜預曰：縣東南有蠻城。今按《左傳》：“楚子聞蠻氏之亂也，與蠻子之無質也，使然丹誘戎蠻子嘉殺之，遂取蠻氏。”高氏《地名考》云：戎蠻子，《公羊》作戎曼子，《集韻》“鄩一音蟎”，因知古人文字音義不特鄩與蠻同，抑且曼即鄩省，蠻氏即鄩氏可知，所引杜注縣字上尚有河南新城四字，此布首一字從𦣻從弓，《古文四聲韻》慢字作𪏮，亦略相近，此則是鄩字無疑，蓋戎蠻國名，蠻氏地名，《大事表》：“今河南汝州西南有蠻城。”（以上《古泉匯考》）

　　韓鄩氏布，此布文曰鄩氏，見《古泉匯》，按《春秋左氏傳》昭二十三年，“二師圍郊，癸卯，郊、鄩潰”。杜注：“鄩，周邑，河南鞏縣西南有地名鄩中。”《水經注》云：“周大夫鄩，胖之舊邑也。”《七國輿地考》：“有南鄩北鄩之分，皆以洛水所經而得名，其地後入於韓，更名什谷。”《國策》“張儀説秦王曰‘下兵三川，塞什谷之口’”是也。此品乃入韓後未更名時所鑄，故仍爲鄩氏云。【彙志】

《古錢大辭典》頁 2168，1982

　　鄩氏　見第三一五—三一八圖

　　鄩氏　文小異，《左傳》昭二十三年：“二師圍郊，癸卯，郊、鄩潰。”注：“鄩，周邑。”《匯考》釋爲鄩，云：《左傳》戎蠻子，《公羊》作戎曼子，此加邑旁。【錢匯】

　　右小布面文二字曰郎牙

　　按郎古作𨛜，與此略同，𠂤上作平筆，與氏作𠂤上作𠃌不同，是爲牙字之省，《史記》：秦始皇二十六年，南登琅邪，“乃徙黔首三萬户琅邪臺下。”蓋琅邪即郎牙也。【文字考】

　　右布面文（中略）孫淵如訓爲鄩氏，鄩亦周地，《春秋》昭二十二年傳杜注：“河南鞏縣西南有地名鄩中。”高士奇曰：“《後漢志》有尋谷水，《史記》張儀下兵三川，塞什谷之口，徐廣曰：即鄩邑。”京相璠曰：“今鞏洛渡北，有鄩谷水，東入洛，謂之下鄩，亦謂之北鄩，是即杜氏所本也。古有上潯下潯北潯南潯之名,《括地志》:故鄩城在鞏縣西南五十八里。《輿地志》:偃師東北十四里有鄩溪,是又鄩之支流。或謂即夏之斟鄩,誤,斟鄩在北海郡平壽縣。

【錢略】

尚齡按:此布趙北嵐釋其文爲鄩氏,《左傳》昭公二十三年:"二師圍郊,癸卯,郊、鄩潰。"杜注:"鄩,周邑,子朝所得。"【所見錄】

此品文曰鄩氏,《春秋傳》昭二十三年:"二師圍郊,癸卯,郊、鄩潰。"注:"周邑。"《七國輿地考》有南鄩北鄩之分,南鄩後謂之上鄩,北鄩又謂之下鄩,皆由洛水所經而得名也,後入於韓,又名什谷。張儀説秦王曰:"下兵三川,塞什谷之口。"即謂此也。【遺篋錄】

《古錢大辭典》頁 1230—1231,1982

○**鄭家相**(1943)　按右布文曰"鄩氏",見昭二十三年,杜注"周邑"。《括地志》故鄩城,在鞏縣西南五十八里。戰國屬韓。

《泉幣》17,頁 12

○**鄭家相**(1958)　文曰鄩氏,見昭二十三年,杜注:"周地。"《括地志》:"故鄩城在鞏縣西南五十八里。"戰國屬韓。

《中國古代貨幣發展史》頁 100

○**朱德熙**(1983)　"尋,循也",又《釋詁二》"撏,貪也"。《汗簡·頁部》引碧落碑宣字作𩕛。此字所从的𡩋和撏字所从的尋正是甲骨的𠬶字,𡩋和尋只是隸定的不同。上引《汗簡》顫字,《廣韻·仙韻》須緣切下作顝,从尋,注云:"頭圓也。"此字又見《龍龕手鑒》,訛爲顝,注云:"徒亂反,面圓也。"此外《廣韻·仙韻》須緣切下還有一個圍字,注云"面圓也"。

尋字在卜辭中用作人名或地名,無義可尋。

《古泉匯》著錄有鄩氏布(元三·一六又《續泉匯》元一·一二):𬳍𩫖

右側一字舊釋鄩,疑此字從邑從尋。目旁簡化爲日字形,與戰國尋字一般从目而匋文或簡化爲从日者同例。"鄩氏"疑當讀爲端氏。《史記·趙世家》"成侯十六年,與韓魏分晉,封晉君以端氏"。端氏漢屬河東郡,故地在今山西沁水縣東北。

《古文字研究》8,頁 16

○**何琳儀**(1992)　鄩氏半釿(圖5)　1442

"鄩氏",又見方足布(《貨系》1980),舊釋"鄩氏",殊誤。近或隸定"鄩氏",破讀"端氏"(原注:朱德熙《古文字考釋四篇》,《古文字研究》8 輯 16 頁,1983 年)。檢"端氏"先屬趙(《趙世家》肅侯元年),後屬韓(《趙策》一),未聞屬魏。

　　按，“鄩氏”應讀“泫氏”。《顔氏家訓·書證》：“《禮記·王制》云：贏股肱。鄭注云：謂捋衣出其臂脛。今書皆作攐甲之攐。國子博士蕭該云：攐當作捋，音宣。”可見“捋、攐”實爲一字。“睘、玄”音近。《説文》：“駽（駽），馬一歲也。从馬絆其足。讀若弦。一曰：若環。”是其佐證。

　　“泫氏”，見《水經·沁水注》引《竹書紀年》：“晉烈公元年，趙獻子城泫氏。”時值戰國初年。《太平御覽》卷一六三州郡部引古本《竹書紀年》：“梁惠王九年，晉取泫氏。”又《太平寰宇記》卷四澤州高平縣所引相同。朱右曾云：“晉即魏也，以榆次、陽邑易泫氏也。”參《水經·洞過水注》引《竹書紀年》：“梁惠王九年，與邯鄲、榆次、陽邑。”可證魏惠王徙都大梁之前，泫氏已屬魏國版圖。在今山西高平。

　　《古幣叢考》（增訂本）頁 178—179，2002；原載《吉林大學社會科學學報》1992-2

○**黃錫全**（1993）

1440—1442	釿发弌鄩	鄩氏半釿	鄩氏半釿	或讀泫氏，山西高平	魏	橋
1980—1992	斤鄩	鄩氏	鄩氏	泫氏，山西高平縣	魏	方

《先秦貨幣研究》頁 354、355，2001；
原載《第二屆國際中國古文字學研討會論文集》

○**白光**（1995）　鄩氏：1 枚，完好，重 5 克。布長 4.9、寬 2.8 釐米。平首平肩方足布，平襠，束腰。鄩氏兩字從右向左讀，爲“鄩、氏”。

《文物春秋》1995-2，頁 85

○**梁曉景**（1995）　【鄩氏半釿·弧襠方足平首布】戰國早中期青銅鑄幣。鑄造國別不詳，流通於三晉等地。屬小型布。面文“鄩氏半釿”，書體多變。背無文。“鄩氏”，古地名，地望待考。“半釿”爲貨幣單位。一般通長 4.2—4.4、身長 2.7—3、足寬 2.6—2.8 釐米，重 6.9 克左右。罕見。

《中國錢幣大辭典·先秦編》頁 220

○**何琳儀**（1996）　“鄩氏”（1980），讀“泫氏”。《水經·沁水注》引《竹書紀年》：“晉烈公元年，趙獻子城泫氏。”在山西高平。戰國早期屬趙，後屬魏。《太平御覽》卷一六三引《竹書紀年》：“梁惠王九年，晉取泫氏。”

《古幣叢考》（增訂本）頁 212

△**按**　字先釋“鄩”，非；後釋“鄩”，或隸作“鄩”，可從。

鄵

鄵 陶彙 3·323　　鄵 陶彙 3·329　　鄵 陶彙 3·324

○**顧廷龍**(1936)　鄵,《説文》所無。𨸏部,陶,再成丘也,在濟陰,从𨸏,匋聲。《夏書》曰:"東至于陶丘。"陶丘有堯城,堯嘗所居。故堯號陶唐氏。按,《説文》地名字多从邑,疑此从邑之鄵爲陶丘之本字,而𨸏部陶乃再成丘之本字也。

《古匋文香録》卷6,頁5

○**何琳儀**(1998)　鄵,从邑,脎聲。
　齊陶鄵,讀脎(見脎字),地名。

《戰國古文字典》頁221

　鄵,从邑,絲聲。
　齊陶鄵,同鄺,讀脎。見鄺字。

《戰國古文字典》頁221

△**按**　字所从之𠂤的考釋,參見曾憲通《説絲》(《古文字研究》10 輯,中華書局 1983 年;又見《古文字與出土文獻叢考》,中山大學出版社 2005 年)。

鄌

鄌 璽彙 3227　　鄌 璽彙 2081
鄌 璽彙 2082　　鄌 璽彙 2083　　鄌 璽彙 2085　　鄌 璽彙 2086

○**吳振武**(1983)　2082　鄌御·鄌(魚)御。
　2083—2086"鄌"字同此釋。

《古文字學論集》(初編)頁503

○**何琳儀**(1998)　(編按:璽彙 2082—3086)鄌,从邑,魚聲。
　晉璽鄌,讀魚。姓氏。見魚字。

《戰國古文字典》頁502

　(編按:璽彙 3227)鄠,从邑,票聲。《集韻》:"鄠,地名。"
　晉璽鄠,讀飄,姓氏。見《奇姓通》。

《戰國古文字典》頁1465

△按　古璽"郻"字作 （《璽彙》2078），與"鄎"字易混。《璽彙》2074—2080皆"鄎"字，《璽彙》皆隸定爲"郻"。參見"鄎"字條。《璽彙》2082、2083、2085、2086 或可視爲"郻"之省體。

鄎

璽彙 1927

────────────

○何琳儀（1998）　鄎，从邑，殷聲。
　　楚璽鄎，人名。

《戰國古文字典》頁 1230

鄢

包山 124　　包山 125
　曾侯乙 213　　陶彙 3·833

────────────

○劉彬徽、彭浩、胡雅麗、劉祖信（1991）　郹，鄢。郹與《説文》敢字古文同。地名。

《包山楚簡》頁 48

○何琳儀（1998）　鄢，从邑，敢聲。
　　齊器鄢，讀闞，姓氏。齊卿闞止之後，望出會稽。見《尚友録》。

《戰國古文字典》頁 1450—1451

○劉信芳（2003）　讀爲"獥"，《説文》："南陽新野有獥鄉。"疑"耶蒮"即此地。《水經注·淯水》："淯水又南入新野縣，枝津分派。東南出，隰衍苞注，左瀆爲陂，東西九里，南北十五里。陂水所溉，咸爲良沃。""蒮"謂水邊由隄防形成的耕種、居住區域，説參簡 77 注。

《包山楚簡解詁》頁 115—116

△按　《説文》"敌（敢）"字古文作 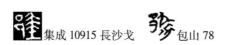，包山簡所从省"又（攴）"。

鄪

集成 10915 長沙戈　　包山 78

────────────

○**何琳儀**（1998）　郻，从邑，㞑聲。或从小聲，下加土旁繁化（尾、小、土共用一豎筆）。《汗簡》上一九徙作，亦从土。

楚器“長郻”，讀“長沙”，地名。

《戰國古文字典》頁883

△**按**　《戰國文字編》（頁441）將字隸作“䣝”，注云：“讀作‘沙’。”今合併。字所从之“㞑”的考釋，參見曾憲通《楚文字釋叢》（《中山大學學報》1996年3期，又載《古文字與出土文獻叢考》，中山大學出版社2005年）。

鄛　鄝

包山179

○**劉彬徽、彭浩、胡雅麗、劉祖信**（1991）　鄝，簡文作。《汗簡》遼字作，寮字作、，長沙子彈庫帛書寮字作，均與簡文相似。

《包山楚簡》頁52

○**何琳儀**（1998）　尞，甲骨文作，（後上二四·七）。从火从木，會火燃木之意。諸點表示火焰飛騰。金文作（鄜伯䢅簋）。金文寮作（矢令彝）、（毛公鼎），疊加吕爲音符。鄝、吕均屬來紐。戰國文字吕旁訛變爲日旁，木旁也因收縮下部而不顯。漢代文字繚作、（秦漢九二六），從中可見吕的消失過程，即、、。《説文》：“尞，柴祭天也。从火从昚，昚，古文慎字。祭天所以慎也。”《古文四聲韻》二·六尞作。

鄝，从邑，尞聲。鄝之異文。《集韻》：“鄝，《説文》地名。或作鄝。”

包山簡鄝讀鄝，地名。《左·文五年》：“楚子燮滅鄝。”在今河南固始北。

《戰國古文字典》頁316—317

△**按**　隸定爲“鄝”可從。《戰國文字編》《楚文字編》都隸定作“鄛”。

鄜

侯馬185：3

○**何琳儀**（1998）　鄜，从邑，㾊聲。

侯馬盟書鄜，人名。

《戰國古文字典》頁39

犚

犚吉大38　　犚璽彙2070　　犚璽彙2071

○**吳振武**（1983）　2069　犚□·犚（犢）□。

　　2070—2072犚字同此釋。

《古文字學論集》（初編）頁503

○**曹錦炎**（1983）　戰國印文裏有關寫作犚、犚等形的字：

　　（1）長縣犚彙0860　　（2）□犚彙3461　　（3）犚犀（？）彙3264　　（4）梁犚彙1703
羅福頤先生主編的《古璽文編》均入於附錄。按這個字可分析成上下兩部分：
上部從齿（齿），下部從牛。從牛之字，牛旁往往都作爲形符，所以，把這個字看
成從牛，齿聲的字，是可以的。

　　金文中有"賣"及從"賣"的"價"字：

賣　　賣舀鼎　　　　價君夫簋

舀鼎的賣字，舊釋爲賣買之賣，劉心源始改釋爲賣，他說："賣舊釋賣，非。賣
從出買作賣，賣從貝齿作賣……此從齿，即賣，篆法賣不得從目也。"此說甚確。
從古文字看，賣字中從目，賣字中從网，兩字區別甚顯，而楷書兩字無別，所以
從賣之字今都從賣作，遂使賣、賣相溷。

　　《説文》："價，見也。從人，賣聲。""賣，衒也。從貝，齿聲。齿，古文睦，讀
若育。"根據許慎的分析，賣是一個從貝，齿聲的形聲字。我們如將金文中的賣
及價所從的齿與上引古印諸字的聲符作比較，不難發現兩者是十分相似的，特
別是君夫簋的價字所從，更是如此。再者，傳世的漢印中，有不少從賣之字，
除了常見作賣形外，還有作下列形的：

犚徵2·3　　犚徵2·3　　犚徵7·18　　犚徵7·18

所從賣字的聲符齿，除了目旁豎寫外，與古印犚字的上半是完全相同的。

　　根據上面的分析，上引古印的犚字，沒有問題是一個從牛齿聲的字，隸定
作犚。

　　在先秦古文字裏，有許多形聲字，它們的聲旁往往與小篆有繁簡的不同，
如時字，古印作旹（文7·1），小篆作時；璽字，古印作坽（文13·7），小篆作
璽；蠶字，《説文》古文作蚕，小篆作蠶。所以，我們認爲，古印的犚字，應該就
是後世犢字的初文。

需要特別指出的是,古印中有好幾個从𡨄的字,但卻沒有从賣之字。從形聲字的角度來分析,𡨄和賣都是以“峀”作爲聲符的,這兩個字在用作聲符時,理所當然是可以通假的。應該看到,在先秦古文字中,形聲字的聲旁往往還沒有固定,一個字可以有多種寫法。因此,當𡨄字在作爲聲符時替代賣字,是完全可能的。明確了這一點,見於古印中的幾個从𡨄之字,便可以辨認出來了。(中略)

(1)𨟧胉彙 2072 (2)𨟧參彙 2070 (3)𨟧苙(?)彙 2069 (4)𨟧均彙 2071

此字《文》也入於附録。𨟧,本是一個以𡨄爲地名的專用字。在戰國文字裏,用作地名、姓氏的文字中,常常加注邑旁,造成專用字。如曹作鄪、呂作郘(均見《文》),例子很多,不備舉。上引諸印中的𨟧,都用作姓氏,應即犢或賣字之異構。

《史學集刊》1983-3,頁 87—89

○**何琳儀**(1998) 鄪,从邑,𡨄聲。

晉璽鄪,讀犢,姓氏。見𡨄字。晉璽鄪,地名。

《戰國古文字典》頁 401

△**按** 字从𡨄从邑,《戰國文字編》隸定“𨟧”,不合原形。關於“犢”的考釋,可參看朱德熙《古文字考釋四篇》(《古文字研究》8 輯 16—18 頁)。

鄘

集成 287 曾侯乙鐘

包山 176 包山 181 新蔡乙四 79

包山 191 包山 201 包山 214

包山 204 新蔡甲三 113

○**何琳儀**(1998) 鄘,从邑,雍聲。

包山簡鄘,讀應,姓氏。應氏,侯爵,武王第四子。今汝州葉縣故應城是也。見《通志・氏族略・以國爲氏》。曾樂律鐘鄘,讀應,古國名。見鷹字。

《戰國古文字典》頁 133

鄘,从邑,雁聲。

鄘,讀雁,姓氏。見《姓苑》。

《戰國古文字典》頁 978

△按　"鄜、鄜"一从隹,一从鳥,爲異體字。《戰國古文字典》將包山 176、201、204 之字分置兩處,而隸定不同,解釋各異,當合併。

鄯　鄯

吉大 39

○**何琳儀**(1998)　鄯,从邑,嗇聲。

　　晉璽鄯,姓氏。

　　　　　　　　　　　　　　　　　　　　《戰國古文字典》頁 320

△按　"鄯"當即"鄯"之繁。

鄴

包山 183

包山 41　　　　包山 48

○**何琳儀**(1998)　鄴,从邑,羑聲。《字彙補》:"鄴,國名。"《路史・國名紀》:"鄴,上甲微居,即桐。"

　　包山簡"鄴昜",讀"濮陽",地名。見《漢書・地理志》東郡,在今河南濮陽西南。

　　　　　　　　　　　　　　　　　　　　《戰國古文字典》頁 395

鄙

璽彙 2177

○**何琳儀**(1998)　鄙,从邑,咠聲。

　　齊璽鄙,讀聶,姓氏。衛大夫食采於聶,因氏焉。見《元和姓纂》。

　　　　　　　　　　　　　　　　　　　《戰國古文字典》頁 1434

鄿

包山 149　　　　包山 188

○**何琳儀**(1998)　鄪,从邑,贵聲。

包山簡鄪,地名。

《戰國古文字典》頁 1068

△按　字之右邊爲"貴",當隸定爲"鄪",郭店簡《老甲》29"貴"作𧴧,包山簡265"貴"作𧴧,皆可爲證。參見"貴"字條。

鄒

集粹　璽彙 2140

○**何琳儀**(1998)　鄒,从邑,筍聲。(《説文》:"筍,竹胎也。从竹,旬聲。")旬旁下加心旁(與旬借用一筆)爲裝飾部件。

晉璽鄒,讀郇,姓氏。周文王子封郇,晉武公滅郇,以賜大夫原,是爲郇叔。見《姓苑》。

《戰國古文字典》頁 1112

㹍

侯馬 93:1　侯馬 105:2

○**何琳儀**(1998)　郲,从邑,狄聲。

侯馬盟書郲,讀從,姓氏。見狄字。

《戰國古文字典》頁 430

△按　《侯馬盟書》隸定爲"㹍",可從。

鄦

璽彙 2074　璽彙 2075　璽彙 2077　璽彙 2078　璽彙 2079

○**李家浩**(1980)　古璽"鄦"字作:《古璽文字徵》6·6

"譙"字作:　《古璽文字徵》3·3

所從"雀"旁可以看做从"焦"从"小"聲或从"火"从"雀"聲,即"焦"字的異體。鄦和礁又分別寫作:

《古璽文字徵》6·6　《古璽文字徵》3·3

二字都从"叟"。"焦、魚"二字形近,故"焦"旁或寫作"魚"旁。

《著名中年語言學家自選集·李家浩卷》頁165,2002;原載《古文字研究》3

○**吴振武**(1983)　2074 鄦沪·鄦(鄦—焦)沪。

2075—2080　"鄦"字同此改。

2081 鄦酉·鄦(焦)酉。

《古文字學論集》(初編)頁503

○**何琳儀**(1998)　鄦,从邑,焦聲。

侯馬盟書、晉璽鄦。讀焦,姓氏。見焦字。

《戰國古文字典》頁318

△**按**　古文字"焦"與"魚"易混,參見"鄦"字條。

鄡

　包山128　　　包山141　　　包山143

○**劉彬徽、彭浩、胡雅麗、劉祖信**(1991)　隓,鄡字異體。

《包山楚簡》頁48

○**何琳儀**(1998)　鄵,从邑,繞聲。

包山簡鄵,疑讀鄡,地名。見鄡字。

《戰國古文字典》頁673

△**按**　《包山楚簡》把簡128隸定爲"隓",把簡141、143隸定爲"鄡",當以後者爲是。《楚文字編》亦隸定爲"鄡",《戰國文字編》則隸定爲"綁"。

鄱

　　侯馬1:42

○**何琳儀**(1998)　鄱,从邑,喬聲。(《説文》:"喬,以錐有所穿也。从矛,冏聲。"冏、邑借用口旁。)

侯馬盟書鄱,人名。

《戰國古文字典》頁1259

鄭

　　包山22

包山 30　　包山 62　　包山 167

○**湯餘惠**（1993）　🐝₂₂　陏、隓（隋）　《説文》：“隓，敗城阜曰隓。从阜，差聲。壔，篆文。”簡文此字从邑，隓聲，當即古隋字。簡中用作姓氏應源於地名。24 簡人名有“陏得”，與此不是一字，陏字待考。

《考古與文物》1993-2，頁 69

○**何琳儀**（1998）　邍，从邑，陀聲。左或繁化爲差，或省彳形。
　　包山簡邍，讀隋，姓氏。見陀字。包山簡“下邍”，地名。

《戰國古文字典》頁 879

△**按**　《楚文字編》（415 頁）：“隓及其省形當即隋姓之隋。卷十四重見。”

鄔

三晉 79　　三晉 79

○**鄭家相**（1943）　按右布文曰彘邑，彘字筆畫繁簡無定，不同甚多，《春秋》昭二十六年傳：“居於彘。”《國語》注：“彘，晉邑，在今霍州南有彘水，有彘城。”戰國屬趙。

《泉幣》20，頁 28

○**鄭家相**（1958）　文曰彘邑。《春秋》昭二十六年傳，“居於彘”。《國語》注：“彘，晉邑，在今霍州南，有彘水，有彘城。”戰國屬趙，此布文字變化甚多。

《中國古代貨幣發展史》頁 101

○**石永士**（1995）　【鄔·平襠方足平首布】戰國晚期青銅鑄幣。鑄行於趙國，流通於三晉、兩周、燕等地。屬小型布。面文“鄔”，即彘，形體多變。背無文，或鑄以數字。“彘”，古地名，春秋屬晉，戰國歸趙。《左傳·昭公二十六年》：“居王於彘。”在今山西霍縣東北。1957 年以來北京，内蒙古涼城、土默特左旗，山西陽高、屯留、祁縣，河北易縣、靈壽，河南鄭州等地屢有出土。一般通長 4.2—4.5、身長 3—3.1、肩寬 2.4—2.6、足寬 2.7—2.9 釐米，重 5.2—7 克。

《中國錢幣大辭典·先秦編》頁 268

○**何琳儀**（1996）　“鄔”（1814），讀“彘”。《周本紀》：“厲王出奔於彘。”即《地理志》河南郡“彘縣”。在今山西霍縣。

《古幣叢考》（增訂本）頁 208

○**何琳儀**(1998)　鄥,从邑,甈聲。

魏方足布鄥,讀甈,地名。見甈字。

《戰國古文字典》頁 1226—1227

郞

曾侯乙 130

○**何琳儀**(1998)　郞,从邑,厫聲。

隨縣簡郞,讀廄,姓氏。楚令尹子文曾孫棄疾爲宮廄尹,因以爲氏。見《姓考》。

《戰國古文字典》頁 1463

△**按**　《戰國文字編》隸定爲"郞"(446 頁)。

鄵

包山 127

○**何琳儀**(1993)　與其季父殘連囂墮必同室。₁₂₇

△原篆作殘,應釋"郊邳"合文,即"宗正",見《璽彙》0092,官名。《史記·淮安王傳》"天子使宗正以符節治"。

《江漢考古》1993-4,頁 58

○**劉信芳**(2003)　讀爲"宗",古國名。《左傳》文公十二年:"群舒叛楚,夏,子孔執舒子平及宗子,遂圍巢。"杜預《注》:"宗、巢二國,群舒之屬。"其地在今安徽廬江、舒城一帶。

《包山楚簡解詁》頁 118

郖

侯馬 200:70

○**何琳儀**(1998)　郖,从邑,詠聲。(《篇海類篇》:"詠,子石切,音跡。")

侯馬盟書郖,人名。

《戰國古文字典》頁 552

⿰雍阝

璽彙 2182 璽彙 2183

○**何琳儀**（1998） ⿱雝邑，从邑，雝聲。（或雝雝聲）。

晉璽⿱雝邑，讀雝，地名。見雝字。

秦器⿱雝邑，讀雝，地名。《左・僖十三年》："秦於是乎輸粟于晉，自雍及絳相繼。"在今陝西鳳翔南。

《戰國古文字典》頁 404

⿰憙阝

包山 20 包山 90

○**何琳儀**（1998） ⿰憙阝，从邑，憙聲。

包山簡⿰憙阝，或作喜，地名。

《戰國古文字典》頁 4

○**劉信芳**（2003） 簡 47 作"⿰喜頁"，字並讀爲"釐"。凡《左傳》周僖公、魯僖公、晉僖公、齊僖公，《史記》皆作"釐"。《左傳》成公十七年："舒庸人以楚師之敗也，道吳人圍巢，伐駕，圍釐、虺。"杜預《注》："巢、駕、釐、虺，楚四邑。"簡 54 記"喜"之地名有"長陵邑"，其地在今河南新息縣東 80 里，則"⿰喜阝"應在新息一帶。

《包山楚簡解詁》頁 33

⿱⿰菐刂邑

包山 43 包山 140 反

○**何琳儀**（1998） ⿱⿰菐刂邑，从邑，⿰菐刂聲。

包山簡⿱⿰菐刂邑，讀濮，地名。見⿰菐刂字。

《戰國古文字典》頁 396

鄎

 璽彙 2243

○**何琳儀**（1998）　鄎，從邑，帛聲。

　　晉璽鄎，姓氏，疑讀蒂。《漢書·王莽傳》有中常侍蒂恽。見《萬姓統譜》。

《戰國古文字典》頁 749

△**按**　《璽彙》未釋。隸定爲“鄎”可從。

酆

 璽彙 2137

△**按**　《璽彙》隸定爲“酆”，《戰國文字編》隸定爲“酆”。或爲“酆”之繁構。

鄵

 集成 12110 鄂君啟車節　 包山 63　 包山 184

○**劉彬徽、彭浩、胡雅麗、劉祖信**（1991）　鄵，《春秋·襄公七年》：“鄭伯髠頑……卒於鄵。”杜注：“鄵，鄭地。”在今河南新鄭至魯山一帶。

《包山楚簡》頁 44

○**何琳儀**（1998）　鄵，從邑，喿聲。《廣韻》：“鄵，鄭地名。”

　　鄂君車節“居鄵”，地名。包山簡鄵，地名。《左·襄七年》：“丙戌卒於鄵。”在今河南新鄭至魯山之閒。

《戰國古文字典》頁 326

【鄵市】包山 63

○**劉信芳**（2003）　簡 184 省稱爲“鄵”。《説文》：“酆，南陽棘陽鄉。”鄵、酆音通，如繅絲之“繅”又作“繰”，“藻”或從喿作“薻”，“勦”又通作“剿”，皆其證。《水經注·淯水》：“又南逕棘陽縣故城西。應劭曰：縣在棘水之陽，是知斯水爲棘水也。”楊守敬《疏》：“在今新野縣東北七十里。”鄂君啟節記有地名“居鄵”，與此“鄵市”恐不是一處地名。

《包山楚簡解詁》頁 65

鄲

璽彙 0302   璽彙 2719

璽彙 0303   璽彙 1905

璽彙 1906

○**何琳儀**(1998)　鄲,从邑,睘聲。

齊璽鄲,讀還,姓氏。見還字。

晉璽"鄲史",讀"縣吏"。見睘字。

晉璽"鄲丞",讀"縣丞"。《史記・商君傳》:"揤令邑聚爲縣,置令丞。"趙器鄲,讀縣。

《戰國古文字典》頁 990

△**按**　戰國時代各國用來表示"縣"的字有"縣、睘、鄲"和"宛",參見李家浩《先秦文字中的"縣"》(《文史》28 輯)、趙平安《戰國文字的"宛"及其相關問題研究》(《第四屆國際中國古文字學研討會論文集》,香港中文大學 2003 年)。

郚

包山 169　　包山 175

○**何琳儀**(1993)　鄧人(169)

△原篆作𡏳,又見 175,地名,曾侯乙鐘"𡏳"作𡏳(《集成》569.2),與△右旁應是一字。△右下"="表示"司"之口與"子"之口借用,本應作𡏳(《集成》319.2),故△應釋定"郭",釋"郚"。

《江漢考古》1993-4,頁 59

○**何琳儀**(1998)　郭,从邑,𡏳聲。

包山簡郭,地名。

《戰國古文字典》頁 111

○**劉信芳**(2003)　原簡爲合文,其右下部件作"于",或將該部件隸定爲"子",非是。字又見簡 175,均爲地名。讀爲"司吾",吾、于一音之轉,古多通用,《漢書・地理志》東海郡有司吾縣,《水經注・沭水》:"其水西南流,逕司吾山東,又逕司吾縣故城西。《春秋左傳》吳執鍾吾子,以爲司吾縣。"熊會貞《參疏》:"在今宿遷縣北六十里。"《左傳》昭公三十年:"吳子使徐人執掩餘,使鍾吾人執燭庸。二公子奔楚,楚子大封而定其徙。"戰國時,鍾吾已入楚。

《包山楚簡解詁》頁 195

△按　包山簡整理小組原釋"鄭"(參見《包山楚簡》51—52 頁),非是。隸定爲"郭"可從。

鄦

包山 86

○劉彬徽、彭浩、胡雅麗、劉祖信(1991)　鄦,簡文作,于省吾先生釋爲詹(參閲《"鄂君啟節"考》,《考古》1963 年 8 期)。

《包山楚簡》頁 45

○何琳儀(1998)　鄦,从邑,詹聲。

包山簡"鄦易",地名。疑與澹水有關。

《戰國古文字典》頁 1456

鄑

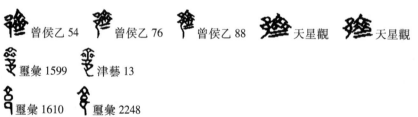

曾侯乙 54　　曾侯乙 76　　曾侯乙 88　　天星觀　　天星觀

璽彙 1599　　津藝 13

璽彙 1610　　璽彙 2248

○吳振武(1983)　1598 鄑君水・鄑(齊)君水。

1599—1610"鄑"字同此釋。

《古文字學論集》(初編)頁 499

○何琳儀(1998)　鄑,从邑,齊聲。

齊璽鄑,讀齊,姓氏。炎帝姜姓之後,太公望姜子牙,受封營丘爲齊國氏焉。見《元和姓纂》。

燕璽鄑,見 a。

晉器鄑,見 a。

楚系器郪,讀齊,國名。見《史記·齊太公世家》。

《戰國古文字典》頁 1269

△按　"齊"地名之專用字,所从"齊"旁繁簡不一,變化殊甚。

鄈

包山 18　　　　包山 206　　　　仰天湖 17　　　　曾侯乙 214　　　　集成 12110 鄂君啟車節

包山 66　　　　包山 191　　　　璽彙 2188

包山 130　　　　璽彙 0097

璽彙 0309

○**中大楚簡整理小組**(1977)　鄈作𨞒,从邑,𡍺聲,𡍺爲蔡,春秋蔡國之器蔡字作𥝱。此字从邑,如第 8 簡越國之越作𫓧意同。

《戰國楚簡研究》4,頁 13

○**商承祚**(1995)　蔡爲地名,故从"邑"作"鄈"。

《戰國楚竹簡彙編》頁 69

○**何琳儀**(1998)　鄈,从邑,大聲。疑鄒之異文。《説文》:"鄒,周邑也。从邑,祭聲。"

齊璽鄈,讀蔡,姓氏。見蔡字。

楚器"下鄈",讀"下蔡",地名。楚系諸器鄈,讀蔡,姓氏。見蔡字。仰天湖簡鄈,讀蔡,國名。見《史記·管蔡世家》。

《戰國古文字典》頁 943

△按　《戰國文字編》隸定爲"鄈"。

鄲

陶彙 5·250　　　　陶彙 5·251

○**何琳儀**(1998)　鄲,从邑,監省聲。

古陶鄲,官名。疑讀監。

《戰國古文字典》頁 1451

鄐

璽彙 2132

○**何琳儀**（1998）　鄐，从邰从爪，疑邰之繁文。《説文》：“邰，晉邢侯邑。从邑，畜聲。”或説爪聲。

晉璽鄐，即邰，姓氏。漢有邰熙，爲東海太守。見《廣韻》。

《戰國古文字典》頁 161

鄻

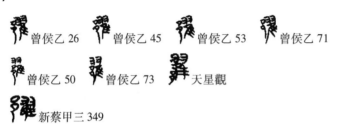

曾侯乙 26　　曾侯乙 45　　曾侯乙 53　　曾侯乙 71

曾侯乙 50　　曾侯乙 73　　天星觀

新蔡甲三 349

○**何琳儀**（1998）　鄻，从邑，翟聲。

隨縣簡“鄻輪”，讀“翟輪”（參望山簡翟字）。疑以翟羽裝飾之車輪。

《戰國古文字典》頁 313

鄑

璽彙 0061　　　璽彙 0120　　　璽彙 0086

○**何琳儀**（1998）　鄑，从邑，晶聲。《集韻》：“鄑，地名。”

燕璽“鄑邞”，地名。

《戰國古文字典》頁 1264

△**按**　《古璽彙編》隸定爲“鄙”。《戰國文字編》隸定爲“鄑”。

鄳

包山 44

○**何琳儀**（1998）　鄳，从邑，罼聲。

包山簡酁,或作罩,地名。

《戰國古文字典》頁 1104

鄸　　䣛

集成 2498　　鄸子莒塦鼎

○**何琳儀**（1998）　鄸,从邑,莽聲。

鄸子莒塦鼎鄸,地名。疑讀邊,與邊城有關。在今河南光山南。

《戰國古文字典》頁 1075

鄑

璽彙 1594　　璽彙 1595　　璽彙 1596

○**吳振武**（1983）　1594 鄑安·鄑(魯)安。

1595、1596"鄑"字同此釋。

《古文字學論集》(初編)頁 499

○**何琳儀**（1998）　鄑,从邑,魯聲。

晉璽鄑,人名。

《戰國古文字典》頁 505

鄗

包山 77

○**高智**（1996）　包山楚簡有字作" "（77）、" "（132 反）、" "（141）、
" "（166）、" "（193）五形,《包山楚簡》放於未隸定字表中。我以爲此字都
从" "形,上" "爲"崔",《古文四聲韻》《汗簡》均作" "形,"衰"作" 、
"形," "亦本爲"衰",是" "之省形," "正象人之衰瘦之意。上從" "
爲人,下從"刂"似以刀削斷其腿肉。《呂覽·去宥》:"人之老也,形益衰。"
注:"肌膚消也。"又《太元·衆兵》:"衰衰。"注:"瘦瘠之皃。"爲後來之"瘝"
字,意爲"減也,消退之總稱"。經傳皆以本字"衰"爲之,故" "當是"衰"之
本字,由於"衰、崔"音同,故古文字中借"衰"爲"崔"字。因此,77 簡增"邑"

作爲地名之專字,當是“崔”(鄱)。其他均爲姓氏之“崔”字。有時增“人”爲意符作“”,或省作“”,如《父鼎》中“父”是爲“崔(催)父”。《叀中鐘》有字作“”形,當與簡 166、簡 141 所从同,爲“崔”(催)。

《于省吾教授百年誕辰紀念文集》頁 184—185

○**何琳儀**(1998) 鄬,从邑,鄬聲。鄬見正編。

包山簡鄬,地名。

《戰國古文字典》頁 1474

△**按** 高文謂“‘’正象人之衰瘦之意。上从‘’爲人”,非是。“”非爲人形。乃蓑衣之象形,爲“蓑”之本字。字本作“衰”,因借爲衰減義,故又加艸作“蓑”。簡中的基本字形,當分析爲从刖,衰聲。

鄺

璽彙 2106 璽彙 2107

○**何琳儀**(1998) 鄺,从邑,虘聲。

晉璽鄺,讀盧,姓氏。見虘字。

《戰國古文字典》頁 452

△**按** 字下从“又”,當爲贅符。

鄿

集成 10977 鄿公戈 包山 174

○**何琳儀**(1998) 鄿,从邑,龍聲。

包山簡“鄿城”,讀“龍城”,地名。見龍字。

《戰國古文字典》頁 428

【鄿城】包山 174

○**劉信芳**(2003) “鄿”字从邑,龍聲,鄿城即龍城。《水經注·獲水》:“獲水又東歷龍城,不知誰所創築也。”楊守敬《疏》:“《地形志》龍城縣有龍城。《梁書·蘭欽傳》作籠城,誤。《寰宇記》龍城在蕭縣東三十里。在今縣東。”蕭縣在今安徽省,蕭本古國,《左傳》宣公十二年:“楚子伐蕭。”《經》言“楚子滅蕭”。1975 年江陵雨臺山 169 號墓出土一戈,内上刻有三字:“鄿公戈。”“鄿

公"應是龍城縣公。何琳儀引《璽彙》0278"龍城餃鉨",謂"龍城"即包簡"龍城",已指其地望在今安徽蕭縣東(《古兵地名雜識》,《考古與文物》1996 年 6 期)。按"餃"字應釋爲"政",別有説。

《包山楚簡解詁》頁 202

鄺

貨系 2485

○**杜金娥**(1986)　"戲邑"三孔布殘長 4.3,寬 2.8 釐米,現重 5.35 克,形制同前,殘有上半部。面文爲"戲邑",背文爲"十二朱",背首上端有記數符號"二十"。《左傳》昭公九年,晉荀盈如齊逆女,還卒於戲陽,戲陽和戲邑疑爲一地,戲地在河南內黃北,戰國早期趙攻衛時曾攻到黃城(今河南內黃北),後此地屬魏,但在當時列國兼併戰爭拉鋸形勢下,毗連交錯地區歸屬無常,也不排除一度屬趙。安陽、渝陽、戲邑其地望確如上所述,它們之間相距甚近,且都在黃河以北,這是已知三孔布鑄行地點的南限,但同屬於趙國東半部三孔布流行區則是無疑的。

《廣東首屆年會錢幣論文集》頁 139

○**黃錫全**(1993)

2485	鄺	□□(疑戲邑)	鄺	河南內黃縣西北	魏	孔

《先秦貨幣研究》頁 356,2001;原載《第二屆國際中國古文字學研討會論文集》

○**梁曉景**(1995)　【鄺・三孔平首布】戰國晚期青銅鑄幣。鑄行於趙國,流通於三晉等地。屬小型布。面文"鄺",背部鑄"十二朱",背首穿孔上有數字"十二"。"鄺"同戲,古地名,戰國屬趙。《逸周書・世俘解》:"呂他命伐越、戲、方。"朱右曾注:"戲,戲陽,在彰德府內黃縣北。"在今河南內黃北。殘長 4、面寬 2.7 釐米。極罕見。

《中國錢幣大辭典・先秦編》頁 386

○**何琳儀**(1998)　鄺,从邑,戲聲。

　　趙三孔布鄺,讀戲,地名。《逸周書・世俘解》"呂他命伐越、戲、方",注:"越、戲、方,紂三邑也。"在今河南內黃西北。

《戰國古文字典》頁 449

鄜

集成 10897 鄜戈

○**何琳儀**（1998）　鄜，从邑，盧聲。

魏兵鄜，讀虛，地名。《戰國策·秦策》四：“拔燕、酸棗、虛、桃人。”在今河南封丘北。

《戰國古文字典》頁 503

鄹

璽彙 2129

○**何琳儀**（1998）　鄹，从邑，緜聲。

晉璽鄹，讀繁，姓氏。見緜字。

《戰國古文字典》頁 1070

△**按**　《戰國文字編》隸定爲“鄹”，《古璽彙編》隸定作“鄹”。

鄹

![望山1·63] 望山 1·63　　![望山1·54] 望山 1·54　　![望山1·173] 望山 1·173

○**朱德熙、裘錫圭、李家浩**（1995）　鄹豹，人名。一七號、五四號、九四號諸簡的“鄹豹”與此應是一人。“鄹”字當从“邑”“歸”聲（《説文》“歸”字籀文作“歸”），“鬼”“歸”音近，“鄹”應即“鄹”的異體。

《望山楚簡》頁 88—89

○**何琳儀**（1998）　鄹，从邑，歸聲。

望山簡鄹，讀歸，姓氏。見歸字。

《戰國古文字典》頁 1215

△**按**　《戰國文字編》字形出處分別標爲望山 1·28、1·57、1·65，恐誤。《望山楚簡》隸作“鄹”。《楚文字編》（414 頁）：“異文作郒。”參見“郒”字條。

鄒

集成 10373 鄒客問量　包山 22

包山 83

○**劉彬徽、彭浩、胡雅麗、劉祖信**（1991）　鄒，又稱羅，古國名。《漢書・地理志》：“江沱出西，東入江是也，其故地故羅國，蓋羅徙也。羅故居宜城西山，楚文王又徙之於長沙，今羅縣是也。”

《包山楚簡》頁 45

○**何琳儀**（1998）　鄒，从邑，羅聲（或羅省聲）。

長沙銅量、包山簡八三鄒，讀羅，地名，見《漢書・地理志》長沙國。在今湖南湘陰河市鄉。包山簡二二鄒，讀羅，姓氏。見羅字。

《戰國古文字典》頁 870

○**劉信芳**（2003）　簡文又作“羅”，《漢書・地理志》長沙國有羅縣，應劭《注》：“楚文王徙羅子自枝江居此。”師古《注》引盛弘之《荊州記》：“縣北帶汨水，水原出豫章艾縣界，西流注湘。沿汨西北去縣三十里，名爲屈潭，屈原自沉處。”今湖南湘陰縣有古羅國“皇城遺址”，東距汨羅江約 200 米有一小土洲，洲上有方形土城，東西長 490 米，南北寬 400 米，出土遺物有繩紋鬲、細把豆和罐形器口沿多種，並有繩紋筒瓦和板瓦殘片，時代在春秋戰國之際。

《包山楚簡解詁》頁 80

鄴

包山 268

○**劉彬徽、彭浩、胡雅麗、劉祖信**（1991）　鄴，讀如翟。《說文》：“翟，山雉尾長者。”《周禮・春官・巾車》“王后之五路，重翟……”，注：“重翟，雉之羽也者。”

《包山楚簡》頁 65

○**何琳儀**（1998）　鄴，从邑，糴聲。

包山簡鄴，或作糴，見糴字。

《戰國古文字典》頁 314

酈

包山 117

○**何琳儀**（1998）　酈，從邑，囂聲。

包山簡"莫酈"，楚官名。

《戰國古文字典》頁 283

廬β

近出 4 公孫潮子鎛　　齊幣 301　　貨系 3792

○**何琳儀**（1998）　廬β，從邑，籚聲。籚，從竹，膚聲。疑籚之異文。參籚字。

齊器廬β，讀莒。春秋晚期廬β侯簠之廬β，亦讀莒。《左·昭二十七年》："吳王闔廬。"《淮南子·泰族》廬作閭。《史記·衛將軍驃騎列傳》"濟弓閭"，《漢書·衛青傳》閭作廬。是其佐證。《春秋·隱二年》："莒人入向。"在今山東莒縣。

《戰國古文字典》頁 451

△**按**　幣文一般用作"莒國"之"莒"，參見卷五竹部"籚"字條。

鎁

三晉 117　　　三晉 117　　　貨系 2264

○**黄錫全**（1993）

2264—2269		鑄邑	郇（注）	河南臨汝縣西	韓	方

《先秦貨幣研究》頁 355,2001；原載《第二屆國際中國古文字學研討會論文集》

○**石永士**（1995）　【鎁·平襠方足平首布】戰國晚期青銅鑄幣。鑄行於韓國，流通於三晉、兩周、燕等地。屬小型布。面文"鎁"，形體多變。背無文。"鎁"，古地名，在今河南臨汝西（詳"鑄·平襠方足平首布"條）。1961 年以來山西祁縣，河北易縣燕下都遺址、靈壽等地有出土。一般通常 4.3—4.6、身長 3.1—3.2、肩寬 2.5、足寬 2.7—2.8 釐米，重 4.5—6.3 克。

《中國錢幣大辭典·先秦編》頁 289

○**何琳儀**（1998）　鄶，从邑，鹽聲。

魏方足布鄶，讀注或鑄。見鹽字。

祝其亭陶文“鄶邧”，讀“祝其”，地名。《禮記・樂記》“封帝堯之後於祝”，注：“祝或爲鑄。”《淮南子・俶真訓》“冶工之鑄器”，注：“鑄讀作祝。”是其佐證。《左・定十年》：“公會齊侯子于祝其，實夾谷。”隸《漢書・地理志》東海郡。在今江蘇東海北。

《戰國古文字典》頁 206

○**何琳儀**（2002）　十二、“鄗”（2264），釋“鏽”，讀“注”。《魏世家》：文侯“三十二年，伐鄭，城酸棗，敗秦於注”。正義：“《括地志》云：注城在汝州梁縣四十五里。注，或作鑄也。”在今河南臨汝西北。地亦一度屬魏。

十三、“盨”（2270），釋“鑄”，讀“注”，見上條。

《古幣叢考》（增訂本）頁 203

鄶

曾侯乙 142　　曾侯乙 163　　曾侯乙 172

○**何琳儀**（1998）　鄶，从邑，鱻聲。鄶之繁文。

隨縣簡鄶，地名。

《戰國古文字典》頁 1396

△**按**　“鱻”爲“集”之本字。

璽彙 2090　　璽彙 2091　　山東 160

○**何琳儀**（1998）　郖，金文作（格伯簋墿作）。从二邑，會里巷之意。戰國文字承襲金文。《說文》：“郖，鄰道也。从邑从㠯。闕。”郖疊加音符共爲䣛。《說文》：“䣛，里中道。从郖从共。皆在邑中所造也。藺，篆文从郖省。”隸省作巷。

晉璽郖，讀巷，姓氏。周寺人巷伯之後。見《元和姓纂》。

《戰國古文字典》頁 407

鄉 𨜇

𨜇 官印 0081   𨜇 官印 0084   𨜇 睡虎地·效律 28   𨜇 上博二·容成 47

○**劉信芳**(1991)　東鄉、南鄉各一馬:"鄉"同"向",《日書》多見,如 824 簡
"北鄉門"、825 簡"南鄉門"、826 簡"東鄉門"、827 簡"西鄉門",其"鄉"皆同
"向"。

《文博》1991-4,頁 66

○**劉樂賢**(1994)　按:饒宗頤先生云:"鄉即腳。《廣雅·釋器》:'腳、臐,香
也。'腳字見《儀禮·公食大夫禮》鄭注:'古文腳作香。'"

《睡虎地秦簡日書研究》頁 311

△按　《説文》:"鄉,國離邑民所封鄉也,嗇夫別治。封圻之内六鄉,六鄉治
之。从䣌,皀聲。""鄉、卿"當爲同源分化之字。

【鄉夫】里耶秦簡[8]157 正

○**湖南省文物考古研究所、湘西土家族苗族自治州文物處**(2003)　[8]157
正:卅二年正月(1)戊寅朔甲午,啟陵鄉夫(2)敢言之:成里典(3)、啟陵郵人
缺,除(4)士五(伍)成里匄成(5),[成]爲典,匄爲郵人。謁令、尉以從事,敢
言之。(中略)

鄉夫,鄉嗇夫之省,縣以下小吏均可稱嗇夫。

《中國歷史文物》2003-1,頁 13

【鄉司空】里耶秦簡[16]5 背

○**湖南省文物考古研究所、湘西土家族苗族自治州文物處**(2003)　[16]5
背:三月丙辰,遷陵丞歐敢告尉(14),告鄉司空、倉主(15),前書已下,重聽書
從事。尉別都鄉(16)司空,[司空]傳。(中略)

(15)鄉司空、倉主,鄉嗇夫都輔佐者。

《中國歷史文物》2003-1,頁 21

【鄉俗】睡虎地·語書 1

○**睡簡整理小組**(1990)　鄉俗,地方風俗。《淮南子·覽冥》:"七國異族,諸侯
制法,各殊習俗。"《漢書·地理志》:"凡民函五常之性,而其剛柔緩急,音聲不
同,繫水土之風氣,故謂之風;好惡取捨,動靜亡常,隨君上之情欲,故謂之俗。"

《睡虎地秦墓竹簡》頁 14

巷　　巷

　睡虎地・封診 79　　璽彙 1882　　集成 11678 八年相邦劍

　曾侯乙 167

○張守中（1994）　《説文》𦀄，篆文从𨛜省。《段注》：“《説文》𨛜，今作巷。”

《睡虎地秦簡文字編》頁 101

○何琳儀（1998）　巷，从邑，共聲。秦系文字邑旁或省作巳旁。《説文》：“𨛜，里中道。从𨛜从共。皆在邑中所共也。𦀄，篆文从𨛜省。”𨛜、𨛜、巷、巷均一字之變。巷（巷）與郕則有別。

八年相邦劍𨛜，姓氏。周寺人巷伯之後。見《元和姓纂》。

《戰國古文字典》頁 418

△按　古有从行或从辵的“巷”字作𡣿（集證 134・18）、𨒙（包山 144）、𨕂（郭店・緇衣 1）等，詳見卷二行部“衖”字條。隨縣 167 之“𦓨”字，《戰國文字編》（452 頁）另立字頭，《楚文字編》歸爲“巷”字，可從。